Dr. Barbara Weitz

Atlas
der
Anatomie

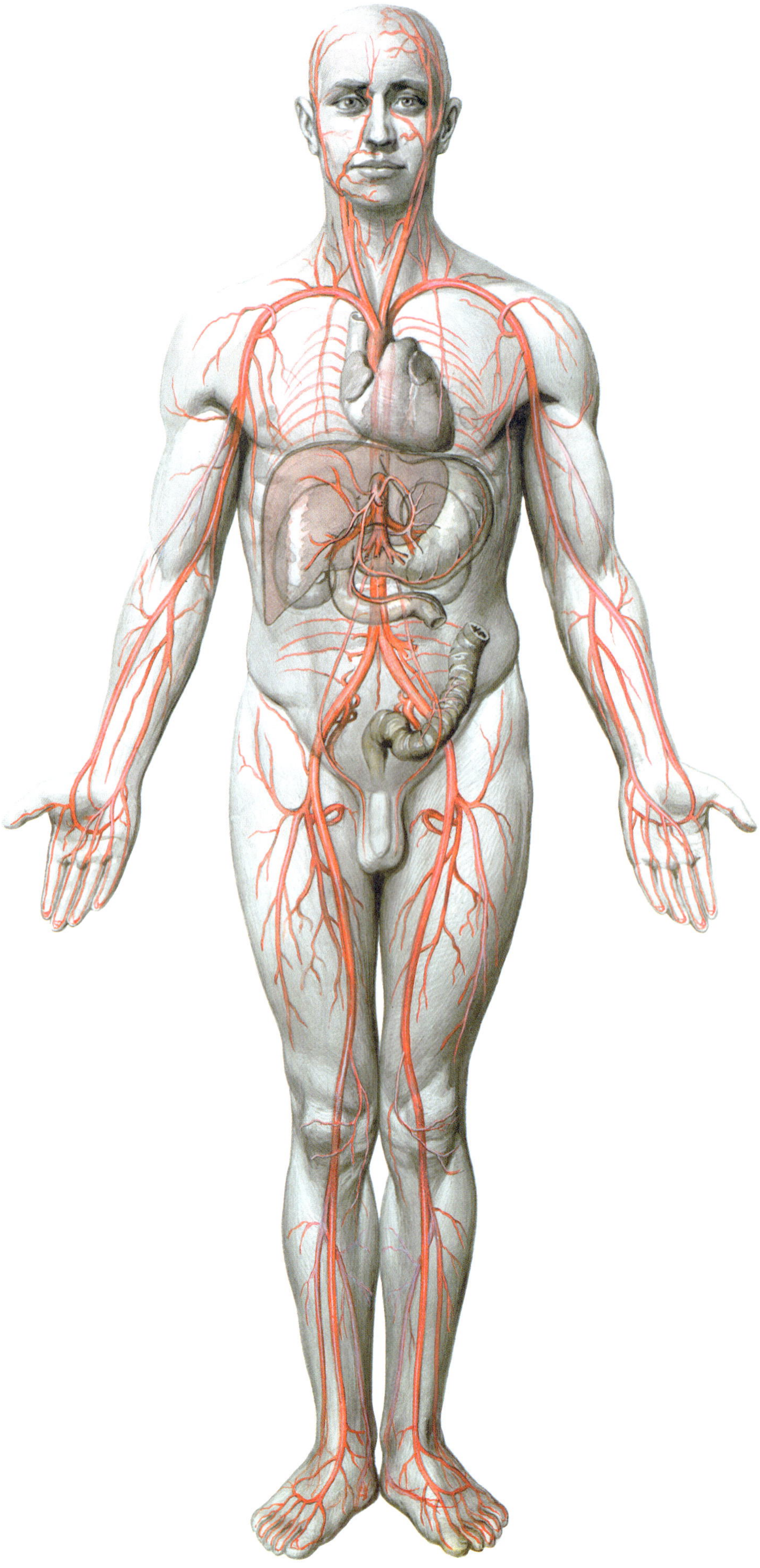

Dr. Barbara Weitz

Atlas der Anatomie

Organsysteme und Strukturen in 439 Bildern

Weltbild Verlag

Redaktion: Sieglinde Bogensberger, Dr. med. Ursula Osterkamp-Baust, Walburga Rempe-Baldin, Dr. med. Günter Wangerin

Einführungstexte: Dr. med. Barbara Weitz

Herstellung: Renate Hausdorf

Gesamtgestaltung: Parzhuber & Partner, München

Repro: Typodata, München
Druck und Bindung: Neue Stalling, Oldenburg
Printed in Germany

ISBN 3-89604-739-6

Aller Anfang ist Anatomie

Wer den Menschen verstehen will, muß ihn von Grund auf kennen. Viele Fragen zu Gesundheit und Krankheit, zu körperlichen Leistungsmöglichkeiten und Fehlfunktionen des Menschen führen zurück auf die Anatomie und lassen sich nur mit der genauen Kenntnis der menschlichen Organsysteme und Strukturen beantworten. Nicht umsonst beginnen alle gründlichen Ausbildungsgänge im Gesundheitswesen – sei es in der Medizin oder Krankenpflege, sei es in der Physiotherapie oder in der Ausbildung zum Heilpraktiker – mit dem gründlichen Studium der Anatomie. Und in einer Zeit, in der jeder Mensch die größtmögliche Verantwortung für seinen eigenen Körper übernehmen möchte, empfiehlt es sich, es den Profis gleichzutun und stets ein anatomisches Grundlagenwerk zur Hand zu haben, wenn es um die Fragen der eigenen Gesundheit geht. Genau dieses verständliche Grundlagenwerk halten Sie mit dem vorliegenden Atlas der Anatomie in Händen.

Einladung zu einer Entdeckungsreise

Der vorliegende Atlas der Anatomie lädt Sie zu einer abenteuerlichen Entdeckungsreise durch den menschlichen Körper ein. Ihre Reise beginnt beim äußeren Erscheinungsbild und endet in der menschlichen Zelle.

Die „Reisestationen" im einzelnen:

- Äußeres Erscheinungsbild
- Muskulatur, Knochen, Gelenke
- Gehirn und Nervensystem
- Auge
- Ohr und Gleichgewichtsorgan
- Riech- und Geschmacksorgan
- Atemwege und Lunge
- Herz
- Blutgefäße und Kreislauf
- Lymphsystem
- Milz
- Verdauungssystem
- Nieren und Harnwege
- Hormonsystem
- Geschlechtsorgane
- Die Zelle

Perfekte „Reisebegleitung" garantiert

Jeder der 16 „Reisestationen" ist zum besseren Verständnis ein erläuternder Text mit besonders anschaulichen halbschematischen Abbildungen vorangestellt. Damit wird ein Grundverständnis für die dann jeweils folgenden Bildtafeln aufgebaut.

Das anatomische Bildmaterial dieses Atlasses ist aus einem Fundus ausgewählt worden, der zu den besten der Welt gehört: 439 Bilder, in der Mehrzahl klassische Zeichnungen in Farbe, dazu einige erläuternde Schemata, Röntgenbilder und ein Sonogramm.

Alle anatomischen Strukturen sind mit deutschen Bezeichnungen versehen. Wo lateinische Fachbegriffe bereits zum allgemeinen Sprachgebrauch gehören, sind sie zusätzlich aufgenommen. Verständliche Bildlegenden erklären das Abgebildete. Auf anatomische Strukturen, an denen es häufig zu krankhaften Veränderungen oder Verletzungen kommt, wird besonders eingegangen. Ein ausführliches Register ermöglicht schließlich den schnellen Zugriff zu jedem gewünschten Thema.

„Gute Reise" wünscht Ihnen
Ihr Weltbild Verlag

Inhalt

Äußeres Erscheinungsbild

Die Anatomie ist erst von Andreas Vesalius (1514 bis 1564), dem belgischen Leibarzt Kaiser Karls des V., zur eigenen Wissenschaft erhoben worden. Sie befaßt sich vor allem mit dem Feinbau des Körpers, mit Muskeln, Knochen und Organen bis hin zu kleinsten Strukturen auf zellulärer Ebene, die nur noch licht- bzw. elektronenmikroskopisch zu erfassen sind. In den Bereich der Anatomie gehört aber auch die Untersuchung der verschiedenen Körperbaumerkmale, die Einteilung in Körperregionen und die Beschreibung der Haut als äußerer Hülle des Körpers.

Körperbau

Ob jemand groß oder klein, breit oder schmal ist, wird wesentlich durch seinen Körperbau bestimmt. Auch das Geschlecht des Menschen läßt sich meist auf den ersten Blick am Körperbau erkennen. Während Männer eher breitschultrig sind und ein schmales Becken haben, ist es bei Frauen genau umgekehrt: Ihre Schultern sind schmal und ihr Becken breiter angelegt, um während einer Schwangerschaft dem heranwachsenden Kind den nötigen Platz zu bieten. Außerdem sind bei Frauen die Brustdrüsen entwickelt, die beim Mann nur in der Anlage vorhanden sind. Die weiblichen Körperformen sind insgesamt weicher und runder, was durch einen höheren Anteil an Fettgewebe unter der Haut bedingt ist. Der männliche Körper ist dagegen eckiger geformt. Zudem haben Männer in der Regel einen kräftigeren Knochenbau und sind im Durchschnitt größer als Frauen. Auch die Muskulatur ist beim Mann vergleichsweise stärker ausgebildet als bei der Frau. Typisch für den Mann ist der größere Kehlkopf und die stärkere Körperbehaarung, vor allem im Gesicht und am Unterbauch.

Die Unterschiede in bezug auf den Körperbau sind allerdings nicht nur vom Geschlecht abhängig. Auch Konstitution und äußere Faktoren wie Klima und Ernährungsweise spielen eine Rolle.

Körperregionen

Um sich - schriftlich oder mündlich - auch international schnell über die Lokalisation von krankhaften Veränderungen verständigen zu können, hat man den Körper in Regionen unterteilt und diese Regionen lateinisch benannt. Die Bezeichnung der Körperregionen orientiert sich an den anatomischen Strukturen. So wird z.B. der Bereich am Oberarm nach dem dort verlaufenden Deltamuskel als Regio deltoidea bezeichnet, die Region um den Nabel als Regio umbilicalis (lateinisch umbilicus = Nabel) und der Oberbauchbereich zwischen Rippenbögen und Nabel als Regio epigastrica (griechisch epi = neben, gastricus = zum Magen gehörig).

Haut

Die Haut überzieht die gesamte Körperoberfläche. Sie setzt sich aus drei Lagen zusammen: Oberhaut, Lederhaut und Unterhaut. Die Oberhaut besteht aus mehreren Schichten flacher, verhornter Zellen und der darunterliegenden Keimschicht. An den Stellen, die am meisten beansprucht werden, ist sie besonders dick, beispielsweise an der Handinnenfläche und am Ellenbogen. Abgestorbene Hornhautzellen schuppen sich laufend ab und werden durch neue Zellen ersetzt. Diese stammen aus der Keimschicht. In die Oberhaut sind außerdem Pigmentzellen eingelagert, die der Haut ihre Farbe verleihen. Horn- und Keimschicht der Oberhaut werden, da sie keine Blutgefäße enthalten, über die Lymphflüssigkeit mit Nährstoffen versorgt. Die Lederhaut ist wellenförmig mit der Keimschicht verzahnt und besteht aus elastischem Bindegewebe, das ihr Festigkeit und Elastizität verleiht. Im Gegensatz zur Oberhaut ist sie mit zahlreichen kleinen Blut- und Lymphgefäßen versehen. Außerdem verlaufen hier viele kleine Nervenäste, die von den sogenannten Lamellenkörperchen ausgehen. Bei diesen Körperchen handelt es sich um zwiebelschalenförmig angeordnete Sinneszellen, die sich größtenteils in der Unterhaut befinden und die Wahrnehmung von Berührungs- und Temperaturreizen vermitteln.

Die Unterhaut besteht aus Fett- und Bindegewebe und ist verschieblich mit dem darunterliegenden Gewebe verbunden. Auch sie ist von einem Netz kleiner Blut- und Lymphgefäße sowie Nervenfasern durchsetzt. Die Dicke der Unterhaut ist sowohl vom Grad der körperlichen Beanspruchung als auch vom Alter und Geschlecht abhängig.

Haare, Nägel sowie Schweißdrüsen werden zu den Hautanhangsgebilden gerechnet. Das Wachstum der Haare geht von der Haarzwiebel aus, die in das Unterhautgewebe hineinreicht. Etwas oberhalb von ihr setzt ein kleiner Muskel am Haar an, der dieses bei Kälteeinwirkung aufrichtet. Talgdrüsen liegen um das Haar herum und erzeugen Talg (= Fett), der in den Austrittsgang des Haares entleert wird. Talgdrüsen gibt es aber auch an weniger behaarten Stellen des Körpers wie Nase, Ohr und Rücken. Sie sondern den Talg über die Poren nach außen ab.

Die Schweißdrüsen reichen mit ihrem knäuelartigen Ende in die Lederhaut und teilweise auch bis in das Unterhautfettgewebe. Ihr Sekret wird über einen spiralig gewundenen Ausführungsgang an die Hautoberfläche abgegeben.

Die Finger- und Fußnägel bestehen aus dünnen gebogenen Hornplatten. Sie bilden ein Widerlager beim Tasten und Greifen. Außerdem schützen sie Finger- und Zehenkuppen vor Verletzungen.

Funktionen der Haut

Die Haut mit ihren drei Schichten bildet vor allem eine Schutzhülle für den Körper. Das Fett ihrer Talgdrüsen und der von den Schweißdrüsen erzeugte Säureschutzmantel sorgen dafür, daß möglichst wenig Krankheitserreger wie Bakterien oder Pilze in den Körper eindringen können. Die Pigmentzellen in der Oberhaut wirken als Filter für die ultraviolette Strahlung des Sonnenlichts und bewahren die Haut bei stärkerer Sonneneinstrahlung vor einem Sonnenbrand. Die Haut ist außerdem maßgeblich an der Wärmeregulation des Körpers beteiligt und sorgt dafür, daß die Körpertemperatur konstant gehalten wird. Besteht z. B. eine hohe Außentemperatur, erweitern sich die kleinen Blutgefäße der Haut. Die dadurch bewirkte Vergrößerung des Querschnitts der Hautgefäße läßt das Blut langsamer fließen, wodurch vermehrt Wärme nach außen abgeleitet werden kann. Bei Kälte ziehen sich die Blutgefäße der Haut zusammen, dadurch tritt der umgekehrte Effekt ein: Die Haut bildet jetzt sozusagen eine Isolierschicht gegen die Umwelt, die Wärme wird im Körper gehalten. Auch eine vermehrte Produktion von Schweiß, bei dessen Verdunstung Kälte erzeugt wird, dient der Abgabe von Wärme. Über den Schweiß kann der Körper außerdem mehr als zwei Liter Wasser am Tag ausscheiden, ein z. B. bei Nierenerkrankungen durchaus erwünschter Effekt.

Die Haut fungiert auch als Sinnesorgan, weil sie über sehr viele kleine Nervenendigungen Tast-, Schmerz- und Temperaturreize aufnehmen kann. Der Mensch erspürt über sie die Umwelt.

Spannungslinien der Haut

Ein charakteristisches Merkmal der Haut besteht darin, daß sie nicht überall dieselbe Elastizität besitzt. Dadurch ergeben sich sogenannte Spannungslinien, die immer in Richtung der geringsten Dehnbarkeit verlaufen. Hautschnitte im Rahmen kleinerer chirurgischer Operationen sollten deshalb – besonders im Bereich von Händen und Füßen – immer in bzw. parallel zu diesen Linien verlaufen.

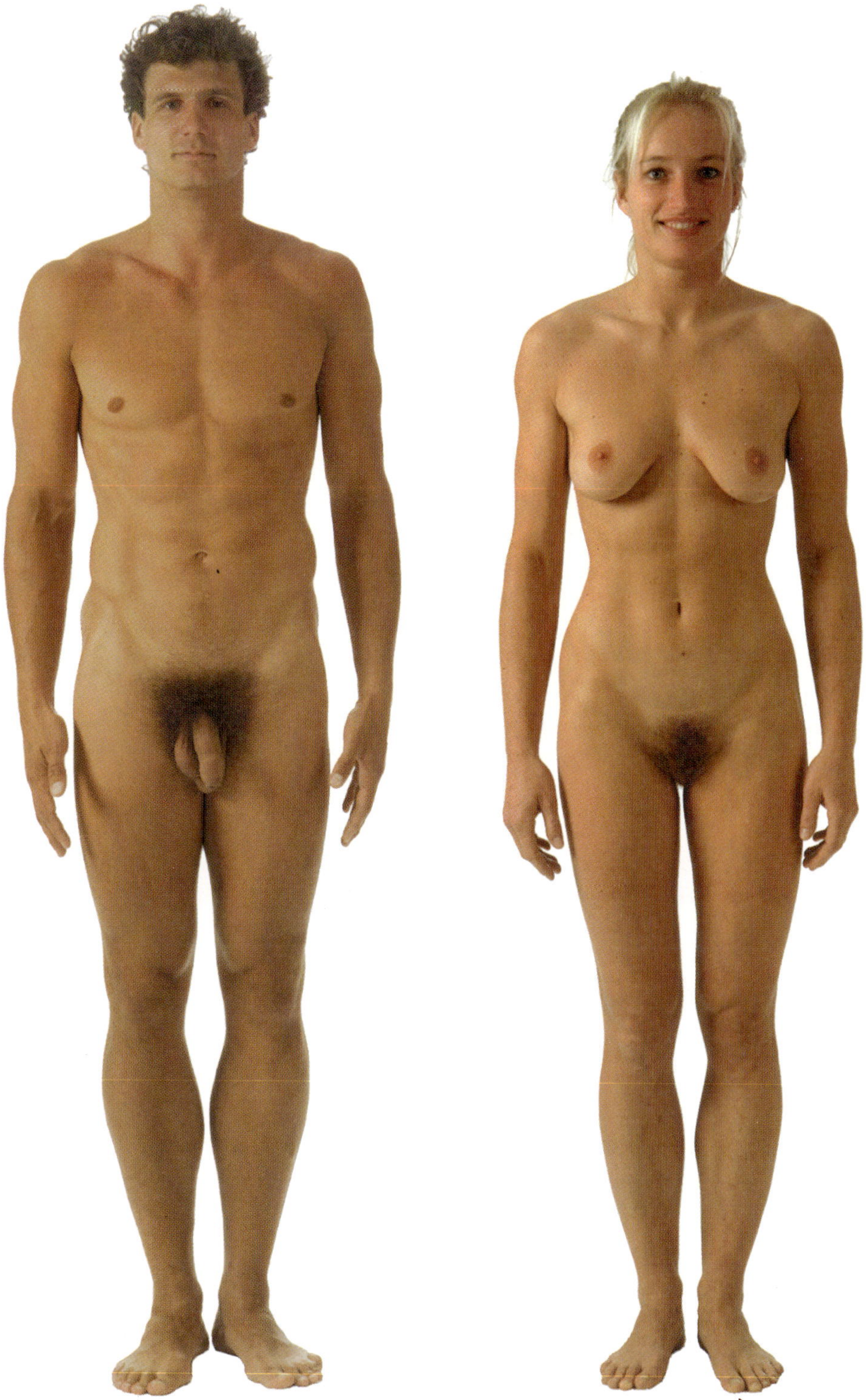

Abb. 1
Unterschiede des Körperbaus bei Mann und Frau. Der männliche Körper ist eckiger geformt, die Muskulatur meist stärker ausgeprägt und die Schultern sind im Verhältnis zum Becken breiter als bei der Frau. Der weibliche Körper weist eine typische Sanduhrform auf. Eindeutige Unterschiede ergeben sich durch die weibliche Brust bzw. die Geschlechtsorgane.

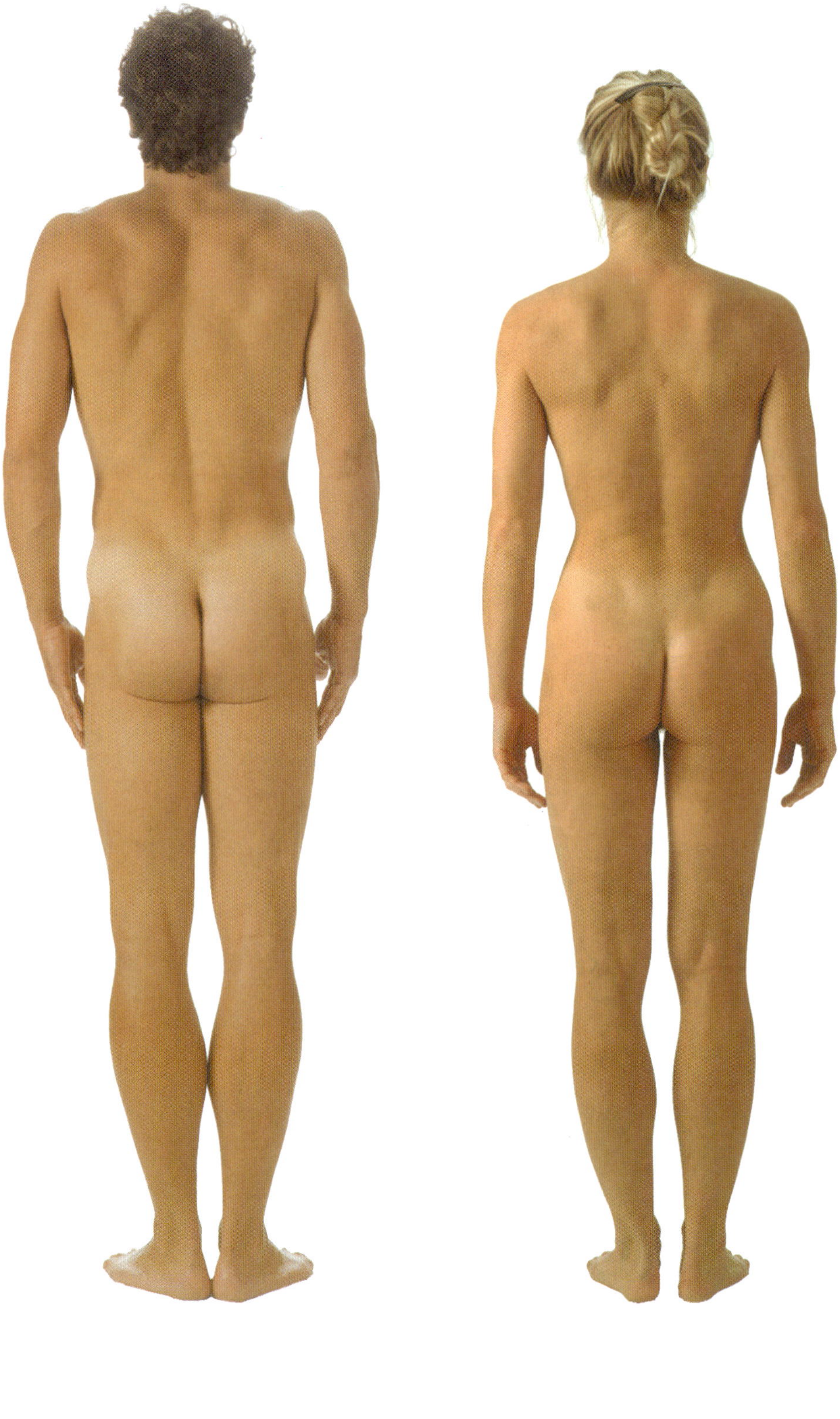

◆
Abb. 2
Körperbauunterschiede bei Mann und Frau von hinten.

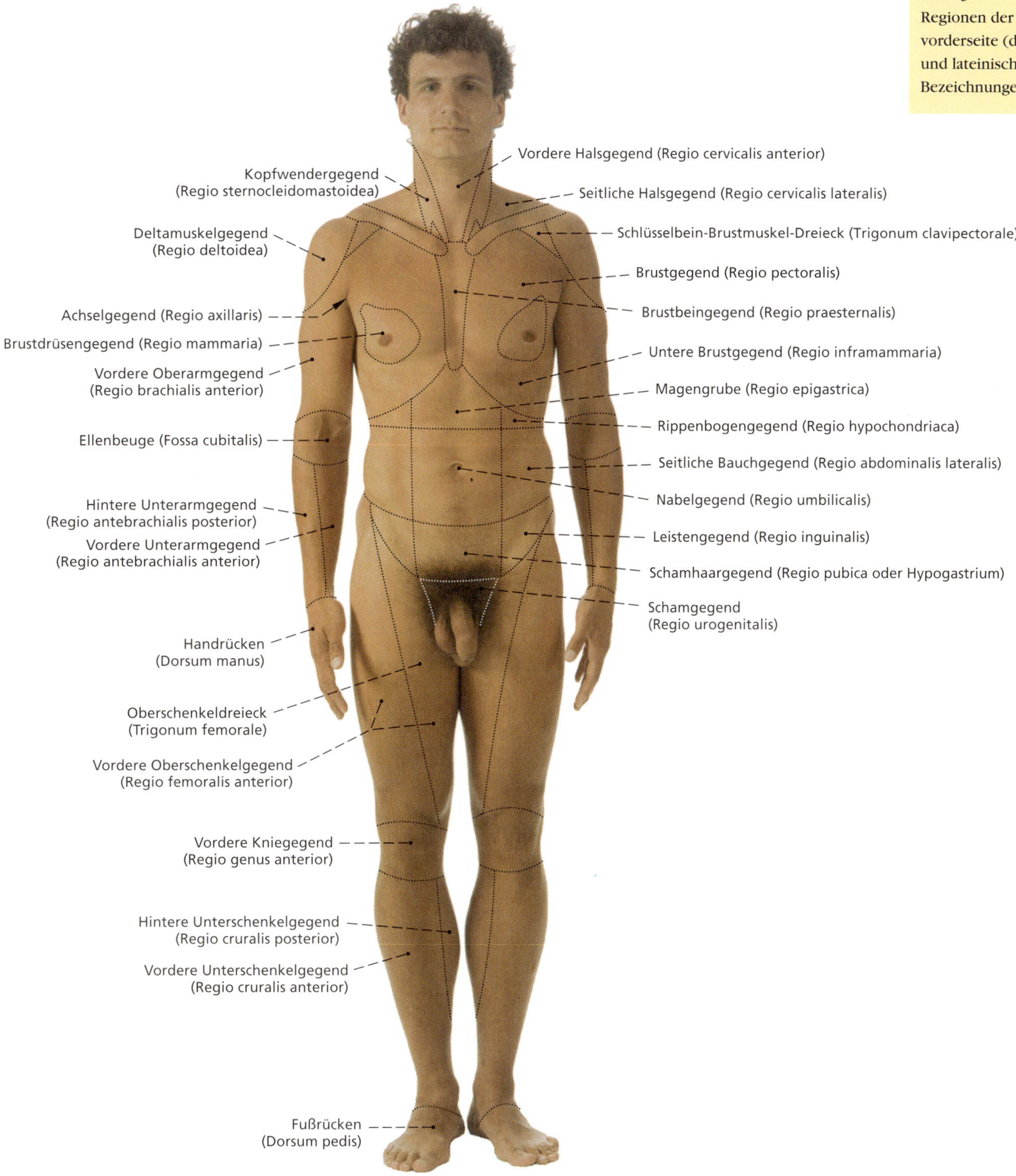

Abb. 3
Regionen der Körpervorderseite (deutsche und lateinische Bezeichnungen).

◆
Abb. 4
Regionen der Körperrückseite.

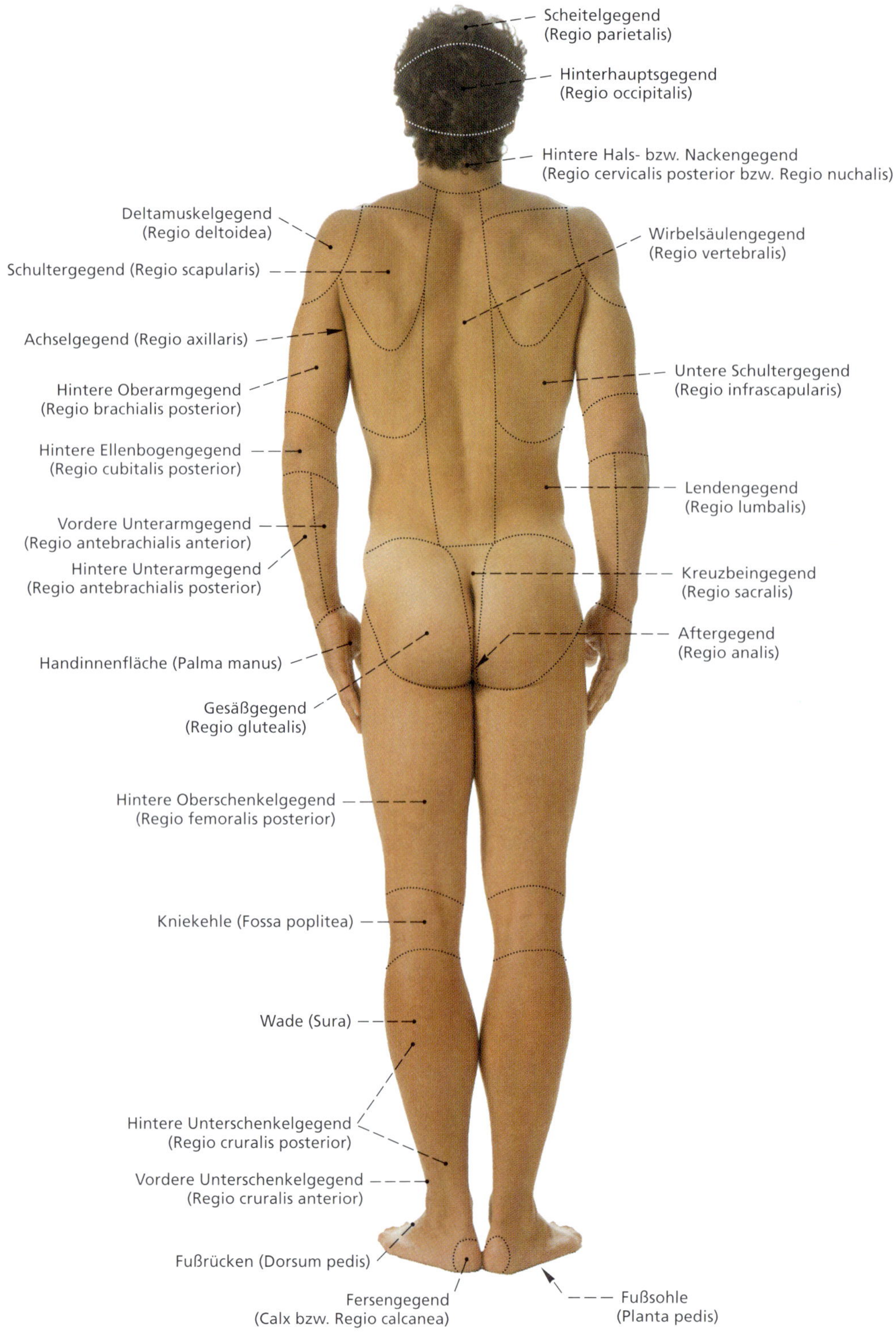

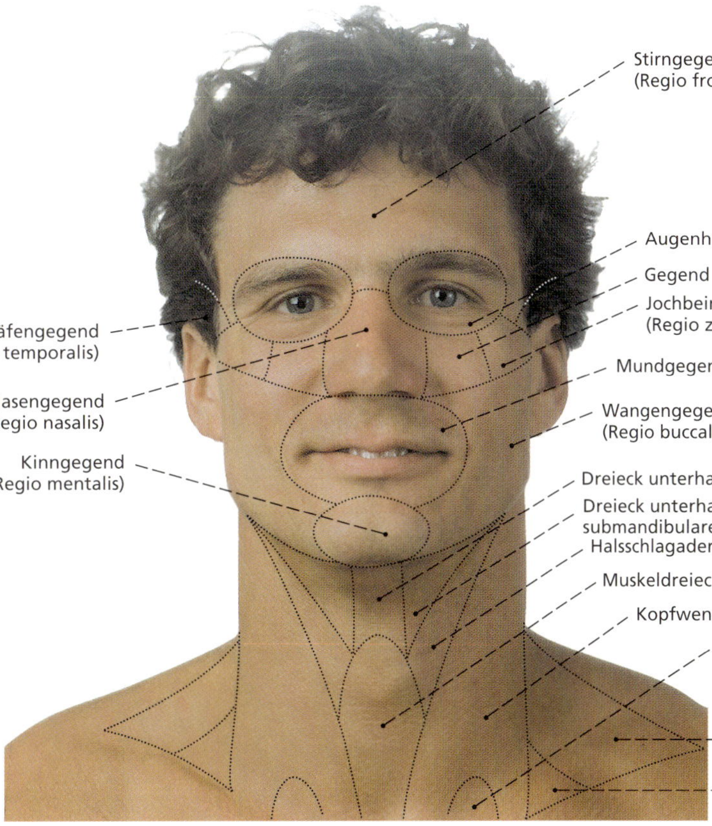

◆
Abb. 5
Kopf- und Halsregionen von vorne.

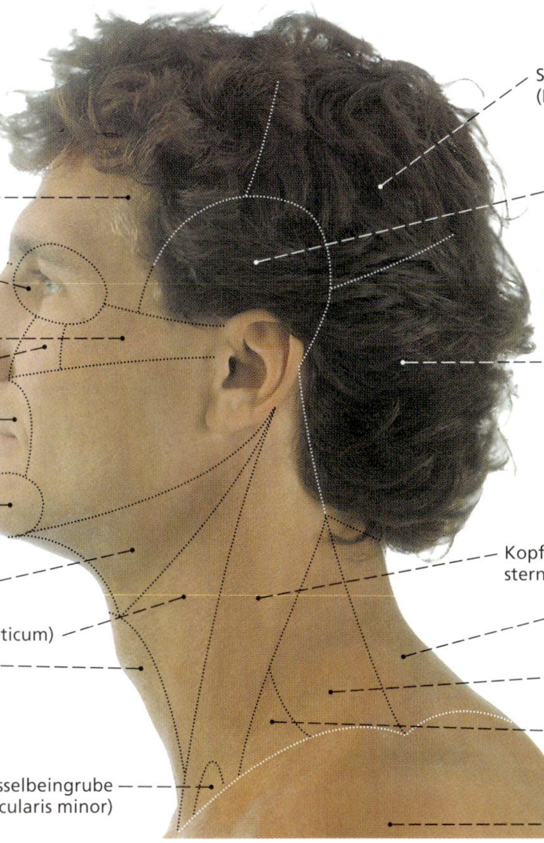

◆
Abb. 6
Kopf- und Halsregionen von der Seite.

◆
Abb. 7
Hautausschnitt. Man unterscheidet drei Schichten: 1. die Oberhaut mit einer Horn- und Keimschicht, 2. die Lederhaut und 3. die Unterhaut mit dem Fettgewebe. Die Lamellenkörperchen in der Unterhaut und an der Grenze zur Lederhaut sind Strukturen des Tastsinns.

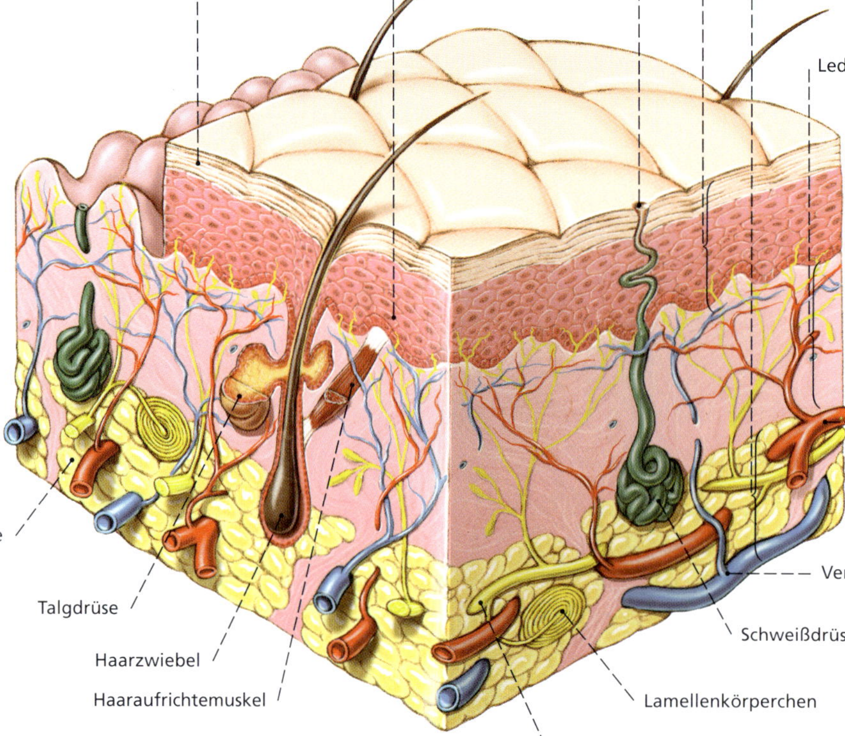

◆
Abb. 8
Vergrößerter Ausschitt der Oberhaut unter dem Mikroskop. Basalschicht und Stachelzellschicht bilden die Keimschicht. Die sogenannte Glanzschicht und Körnerschicht geben der Haut ihre Farbe.

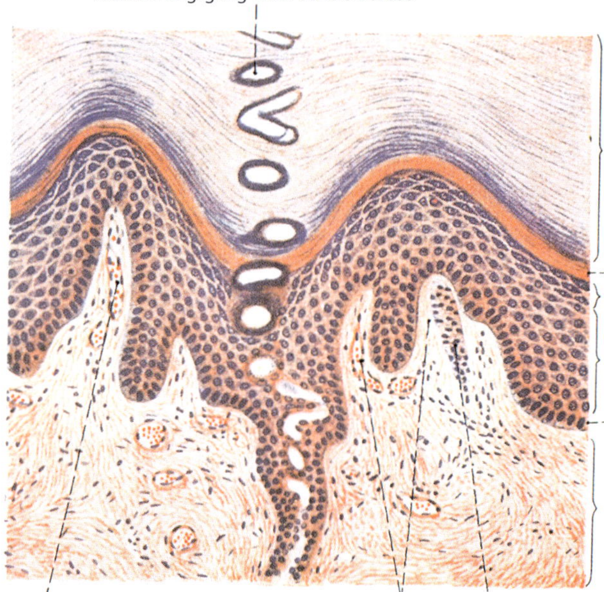

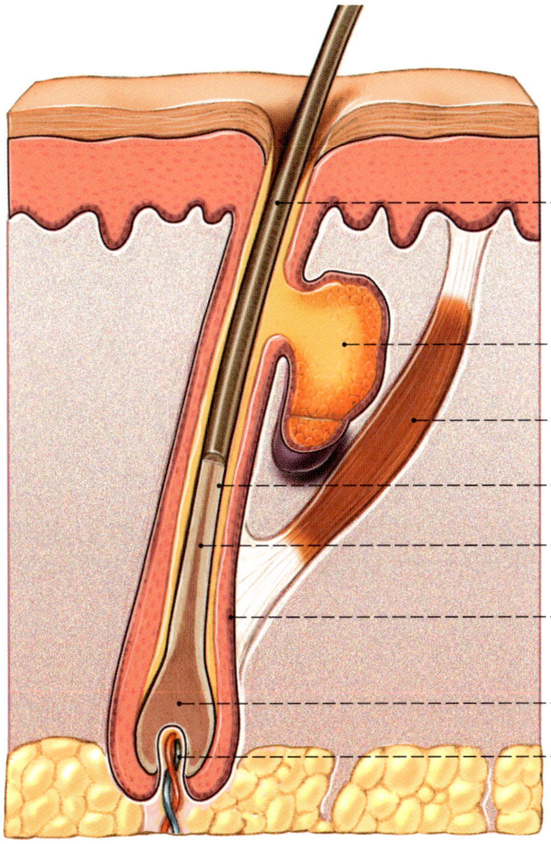

◆
Abb. 9
Bestandteile des Haares (Längsschnitt).

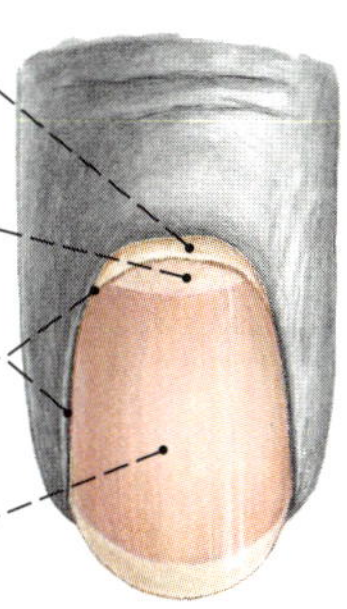

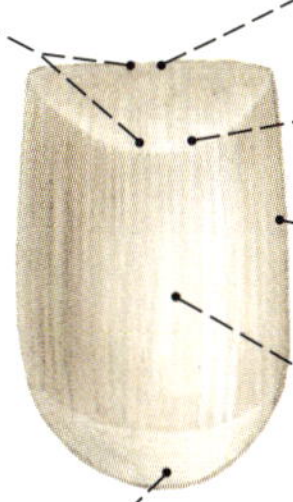

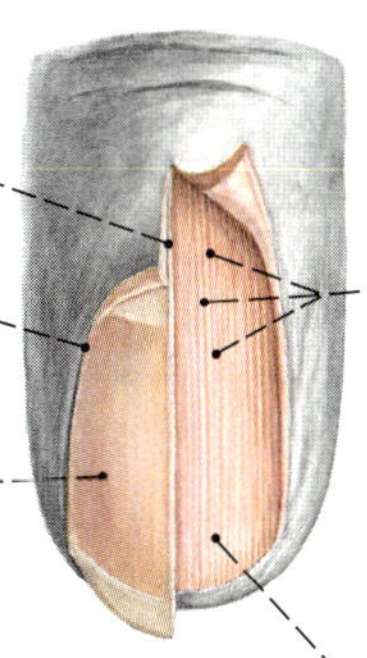

◆
Abb. 10
Strukturen des Fingerendglieds mit Nagel.

◆
Abb. 11
Anteile des Fingernagels.

◆
Abb. 12
Fingerendglied nach teilweiser Entfernung des Nagels.

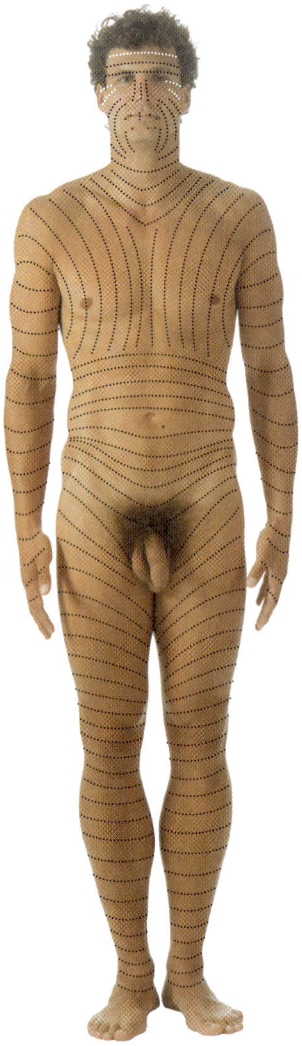

◆
Abb. 13
Spannungslinien der Haut von vorne.

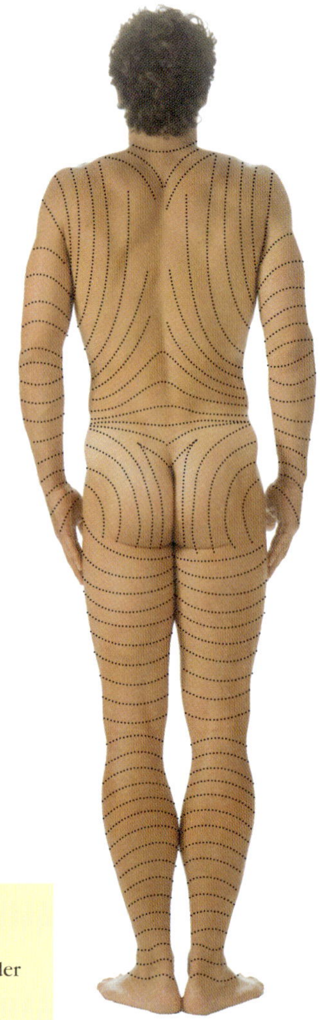

◆
Abb. 14
Spannungslinien der Haut von hinten.

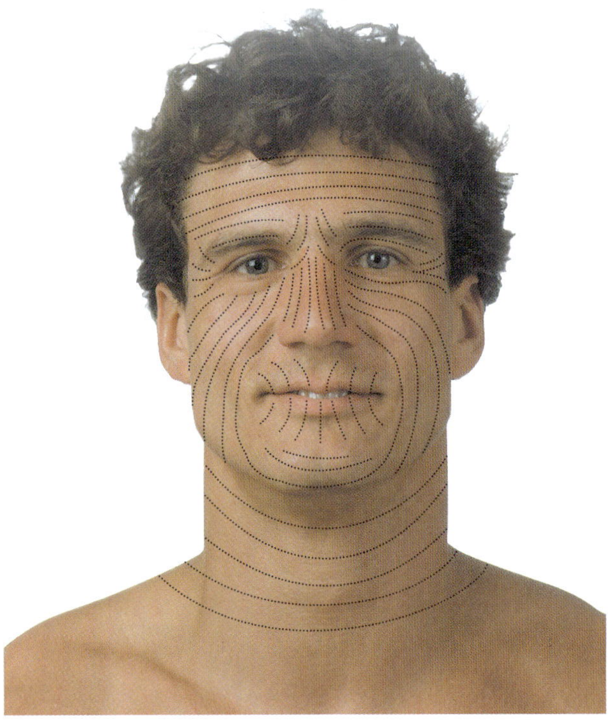

a

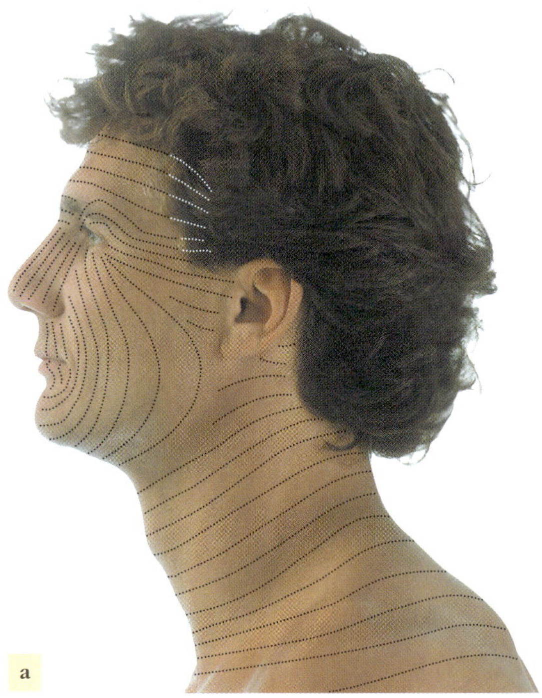

b

◆
Abb. 15
Spannungslinien der Haut im Kopf- und Halsbereich von vorne (a) und von der Seite (b). Die Spannungslinien entsprechen v.a. im Gesichtsbereich der Faltenbildung im Alter.

Muskulatur, Knochen, Gelenke

Knochen, Muskeln, Gelenke und Bänder werden unter der Bezeichnung Bewegungsapparat zusammengefaßt. Während die Knochen ein festes Gerüst, das Skelettsystem, bilden und für die nötige Stabilität sorgen, verdanken wir Gelenken und Muskulatur unsere Beweglichkeit.

Muskeln

Die äußere Gestalt eines Menschen wird nicht nur durch Größe und Länge seiner Knochen geprägt, sondern auch durch die Muskeln, die sie bewegen. Die Muskulatur macht rund vierzig Prozent des Körpergewichts aus. Man unterscheidet zwei Arten von Muskeln: die quergestreifte Muskulatur des Skelettsystems und die glatte Muskulatur der inneren Organe. Während die Bewegungen der (unter dem Mikroskop erkennbar) quergestreiften Muskulatur über Nerven des zentralen Nervensystems bewußt, also willkürlich gesteuert werden können, sind die Bewegungen der glatten (unter dem Mikroskop nicht gestreiften) Muskulatur nicht dem Willen unterworfen. Glatte Muskulatur findet sich an den Wänden der inneren Hohlorgane (Magen, Darm, Blase, Gallenblase), der Blutgefäße und Bronchien. Ihre Bewegungen werden sowohl durch Dehnungsreize ausgelöst als auch über das vegetative Nervensystem gesteuert.

Jeder Skelettmuskel besteht aus zahlreichen, zylindrisch geformten Muskelfasern und diese wiederum aus kleinsten, sich verkürzenden Fäden, den Muskelfibrillen. Verschiedene Muskelfasern werden durch Bindegewebe zu Bündeln zusammengefaßt, so daß jeder Muskel aus zahlreichen Faserbündeln besteht. Die äußere Hülle bildet bei den meisten Muskeln eine derbe Haut, die sogenannte Faszie. Diese Haut trennt die verschiedenen Muskelgruppen voneinander und ermöglicht, daß sie sich unabhängig voneinander bewegen können.

Fast alle Muskeln, besonders die der Arme und Beine, setzen nicht direkt am Knochen an, sondern münden in eine Sehne. Da diese fest mit dem Knochen verwachsen ist, kann sie die Bewegung vom Muskel auf den Knochen übertragen. Vor allem an den Beugeseiten der Gliedmaßen verlaufen die (dort relativ langen) Sehnen in speziellen Gleitröhren, den Sehnenscheiden.

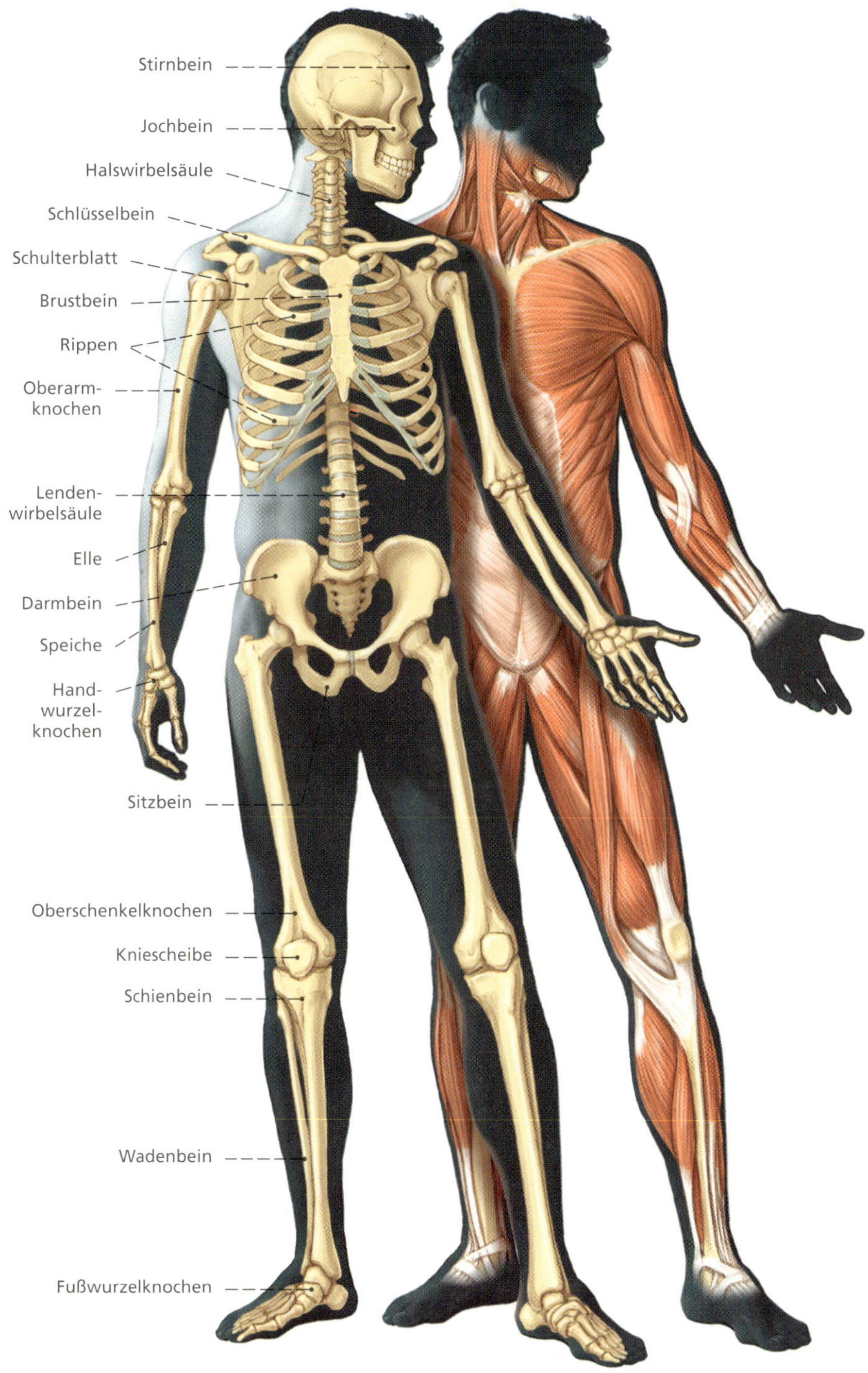

Abb. 16
Der Bewegungsapparat des Menschen besteht aus Skelettmuskulatur mit Sehnen, Knochen und Gelenken mit Bändern.

Muskelbewegung

Jeder Muskel kann sich verkürzen oder auch - ohne sich zu verkürzen - seine Spannung (sogenannter Tonus) erhöhen. Der Impuls dafür geht bei quergestreiften (Skelett-)Muskeln vom zentralen, bei den glatten Muskeln vom vegetativen Nervensystem (s.a. Gehirn und Nervensystem) aus. Um beispielsweise den Arm im Ellenbogengelenk zu beugen oder zu strecken, treten verschiedene Muskeln in Aktion, die Ober- und Unterarmknochen miteinander verbinden. Eine Beugung wird erreicht, indem der zweiköpfige Muskel (Bizeps) an der Vorderseite des Oberarms sich zusammenzieht, wodurch sich der Abstand zwischen seinen Fixierungspunkten am Ober- und Unterarm verkürzt. Umgekehrt wird eine Streckung des Arms dadurch erreicht, daß sich die Muskeln auf seiner Rückseite zusammenziehen.

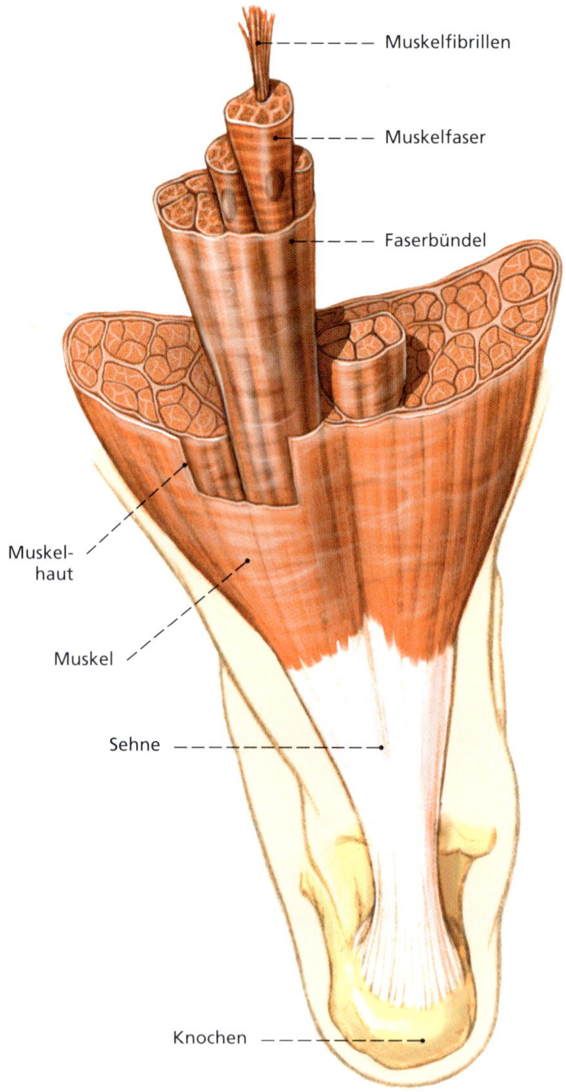

Abb. 17
Der Aufbau eines Skelettmuskels gliedert sich in Muskelfibrillen, Muskelfasern und Faserbündel. Der ganze Muskel ist von einer sehnigen Haut, der Muskelfaszie, überzogen.

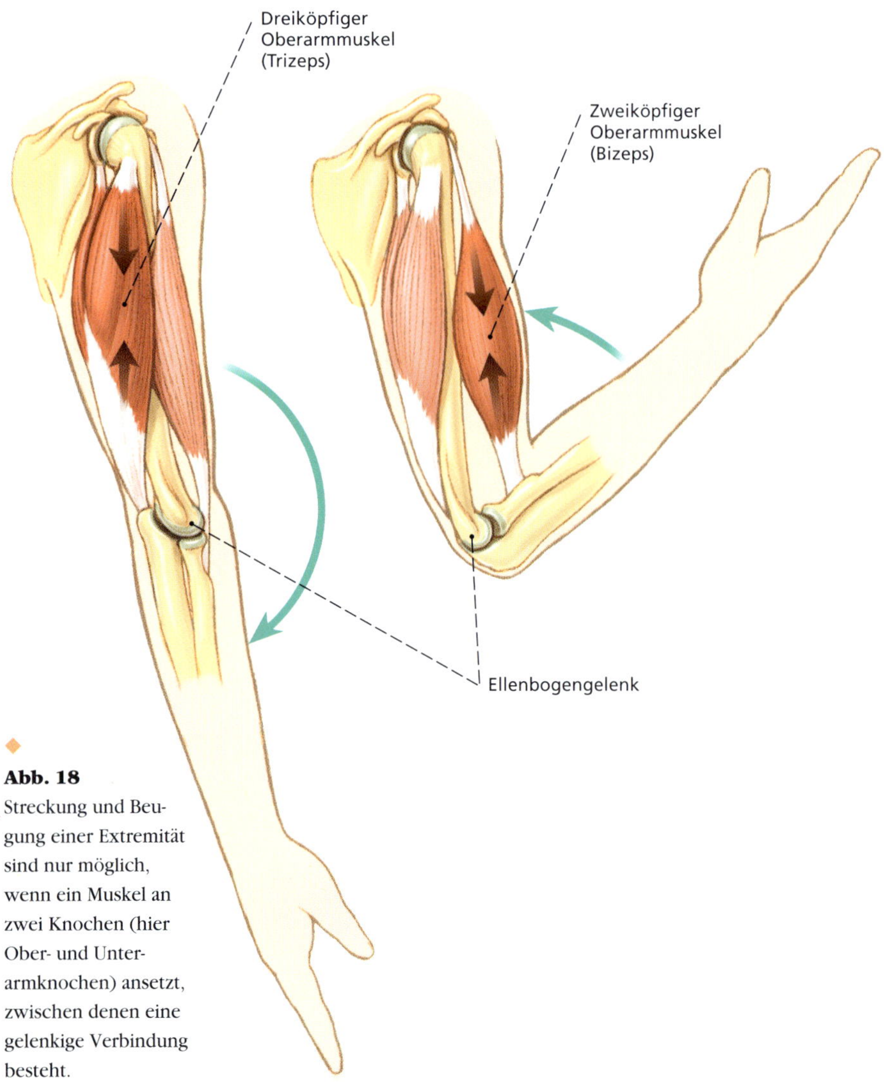

Abb. 18
Streckung und Beugung einer Extremität sind nur möglich, wenn ein Muskel an zwei Knochen (hier Ober- und Unterarmknochen) ansetzt, zwischen denen eine gelenkige Verbindung besteht.

Gelenke und Bänder

Körperbewegungen finden an den Verbindungsstellen zwischen den einzelnen Knochen, den Gelenken, statt. Hier stehen sich in der Regel zwei, seltener auch mehrere Knochenenden gegenüber, die von einer festen Knorpelschicht, dem Gelenkknorpel, überzogen sind. Die Knochenenden werden von einer Kapsel aus straffem Bindegewebe umhüllt, die fest mit dem Knochen verwachsen ist und häufig noch durch straffe elastische Bänder verstärkt wird. Gelenke bestehen demnach aus drei Teilen: der mit Knorpel überzogenen Gelenkfläche, der Gelenkkapsel und dem spaltförmigen Raum zwischen den Gelenkflächen, der Gelenkhöhle. In dieser Höhle befindet sich eine zähe Flüssigkeit, die Gelenkschmiere. Sie wird von der Gelenkinnenhaut gebildet und ermöglicht ein reibungsloses Gleiten der Gelenkflächen aufeinander.

Welche Bewegungen man im jeweiligen Gelenk ausführen kann, hängt in erster Linie von der Gelenkform ab. Während beispielsweise in einem Scharniergelenk wie dem Ellenbogengelenk lediglich Bewegungen um eine Achse möglich sind, bietet ein Kugelgelenk wie das Schulter- oder Hüftgelenk vielfältige Bewegungsmöglichkeiten in allen Ebenen.

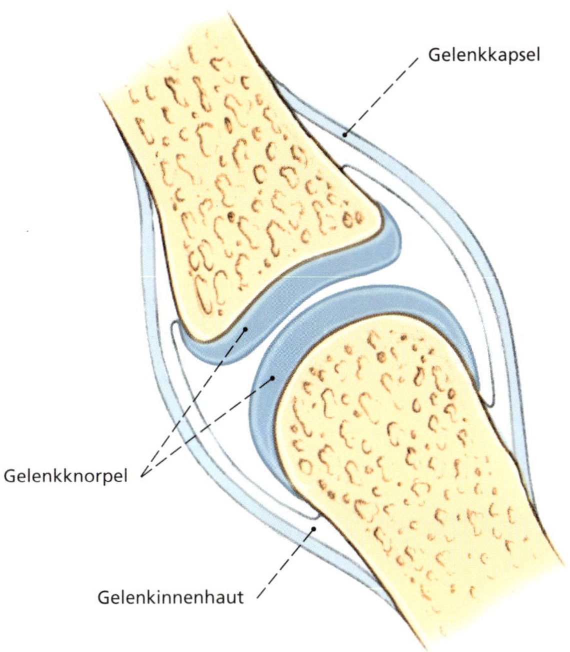

Abb. 19
Bestandteile eines Gelenks.

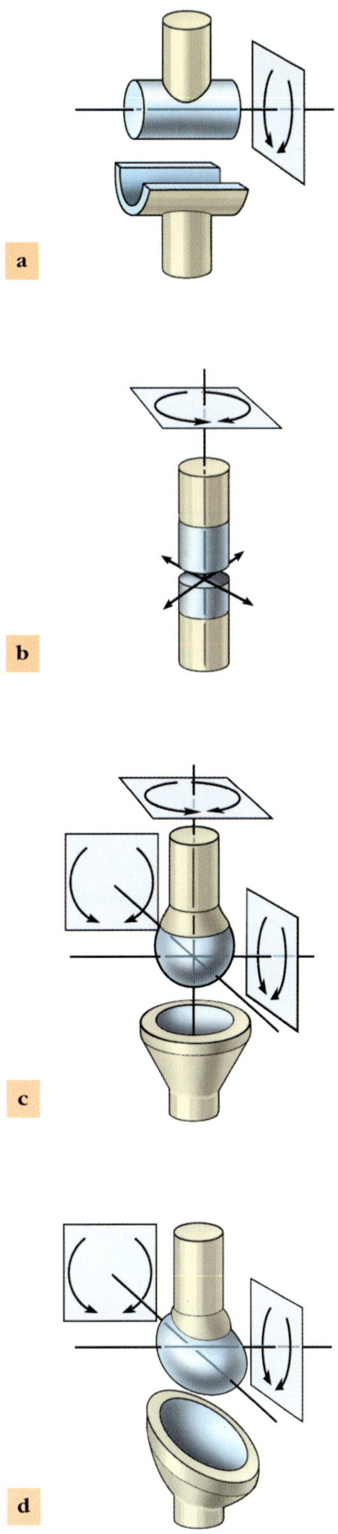

Abb. 20
Die verschiedenen Gelenkformen.
(a) Scharniergelenk: Beugung und Streckung zweier Knochen gegeneinander in einer Achse. Beispiel: Ellenbogengelenk.
(b) ebenes Gelenk: Drehbewegungen um die Längsachse. Beispiel: Gelenke zwischen den Wirbelkörpern.
(c) Kugelgelenk: Bewegungen in allen Ebenen. Beispiel: Schulter- und Hüftgelenk.
(d) Eigelenk: Bewegungen in zwei Ebenen. Beispiel: Daumengelenk.

Knochen

Die rund 200 Knochen des menschlichen Körpers bilden das Skelett. Es verleiht dem Körper nicht nur die nötige Stabilität, sondern prägt auch den Körperbau. So kann man bereits anhand der Skelettform Männer und Frauen voneinander unterscheiden. Während Männer einen kräftigeren Knochenbau und ein schmales Becken haben, ist dieses bei Frauen breiter angelegt, um im Fall einer Schwangerschaft dem Kind genügend Raum zu bieten.

Das Skelettsystem ist außerdem Speicher für Mineralstoffe wie Kalzium und Phosphat. Diese Mineralsalze werden bei erhöhtem Bedarf, beispielsweise während Schwangerschaft und Stillzeit, Knochen- und Zahnbildung bei Säuglingen oder in Wachstumsphasen bei Kindern und Jugendlichen dem Knochen entzogen und ins Blut abgegeben. Viele Knochen haben zusätzlich noch eine weitere Funktion: Sie dienen als Produktionsstätte für Blutzellen.

Jeder Knochen besteht aus balkenförmig angeordneten Eiweißfasern (sogenannten kollagenen Fasern) und Kalksalzen. Beides verleiht ihm eine erhebliche mechanische Belastbarkeit und macht ihn widerstandsfähig gegenüber Druck und Biegung. Das Knochengewebe ist ständigen Umbauprozessen unterworfen, für die spezielle Zellen verantwortlich sind: knochenbildende Zellen (Osteoblasten) und solche, die das Knochengewebe abbauen (Osteoklasten). Diese Vorgänge werden durch Hormone der Nebenschilddrüse und Schilddrüse gesteuert. Besonders wichtig ist das Vitamin D, das in grünem Gemüse, Butter, Fisch und Eiern enthalten ist und das wir mit der Nahrung aufnehmen. Es sorgt für die Aufnahme von Kalzium aus dem Darm und dessen Einbau in die Knochensubstanz.

Aufbau der Knochen

Sämtliche Knochen werden von einer derben Haut, der Knochenhaut (Periost) umhüllt, durch die Blutgefäße und Nerven ins Knocheninnere ziehen. Auf diese Haut folgt nach innen eine harte Rindenschicht (Kompaktknochen). Das Innere des Knochens besteht aus einem schwammartigen, mit Hohlräumen versehenen Gewebe, der Spongiosa, in die das Knochenmark eingelagert ist, das sich bei langen Röhrenknochen auch in der sogenannten Markhöhle findet. Nach ihrer Form und Funktion werden die Knochen in verschiedene Typen eingeteilt:

- Röhrenknochen (Beispiel: Arm- und Beinknochen). Sie bestehen aus einem röhrenförmigen Schaft, der ihnen besondere Stabilität verleiht, und zwei verdickten Enden.
- kurze Knochen (Beispiel: Handwurzelknochen). Sie sind meist würfel- oder quaderförmig und haben eine dünne Außenschicht.
- platte Knochen (Beispiel: Schädel, Rippen, Brustbein, Beckenschaufeln). Im Mark dieser Knochen werden Blutzellen gebildet.
- lufthaltige Knochen (Beispiel: Oberkieferknochen). Diese hohlen Knochen sind innen mit einer Schleimhaut ausgekleidet, die eine Flüssigkeit (Sekret) absondert.

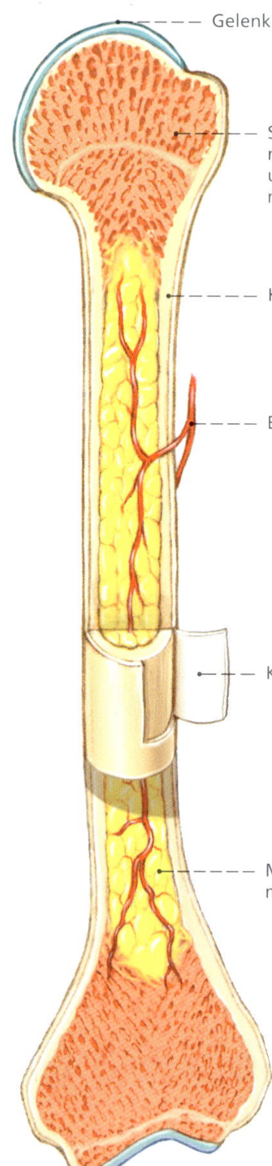

Abb. 21
Aufbau eines Knochens (Oberarmknochen). Die Knochensubstanz ist in den gelenknahen Abschnitten (hier oben und unten) bälkchenartig angeordnet und von schwammartigem Aussehen (lateinisch Spongiosa = Schwamm). Diese Struktur garantiert eine hohe Festigkeit gegen Druck und Zugspannungen.

◆
Abb. 22
Skelettmuskulatur des Menschen von vorne (a) und von hinten (b).

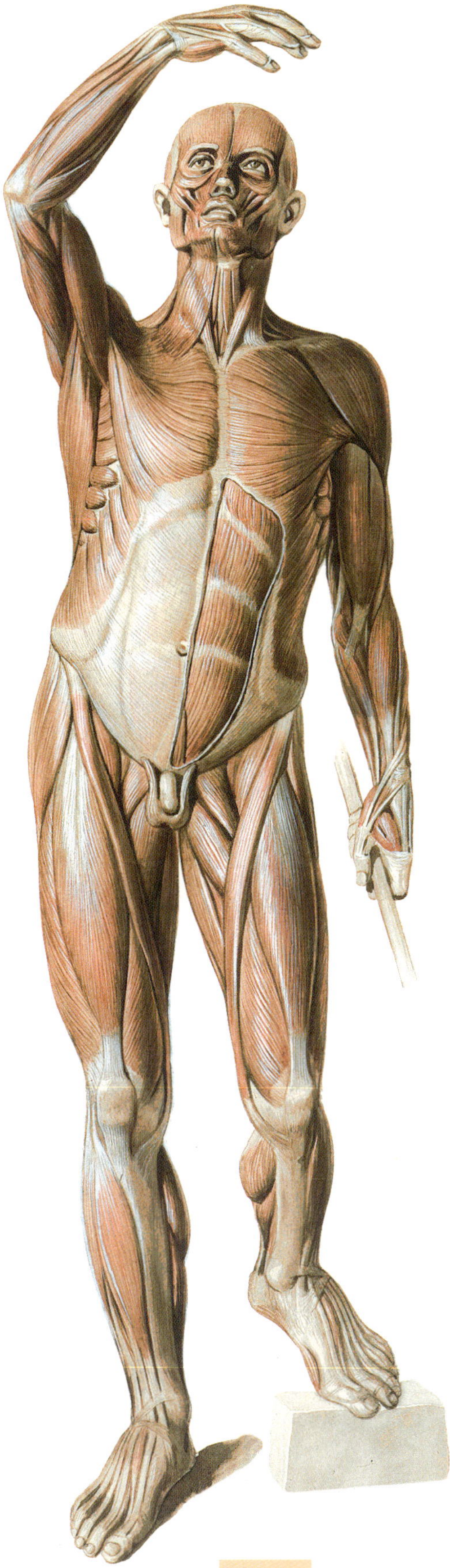

Abb. 22a

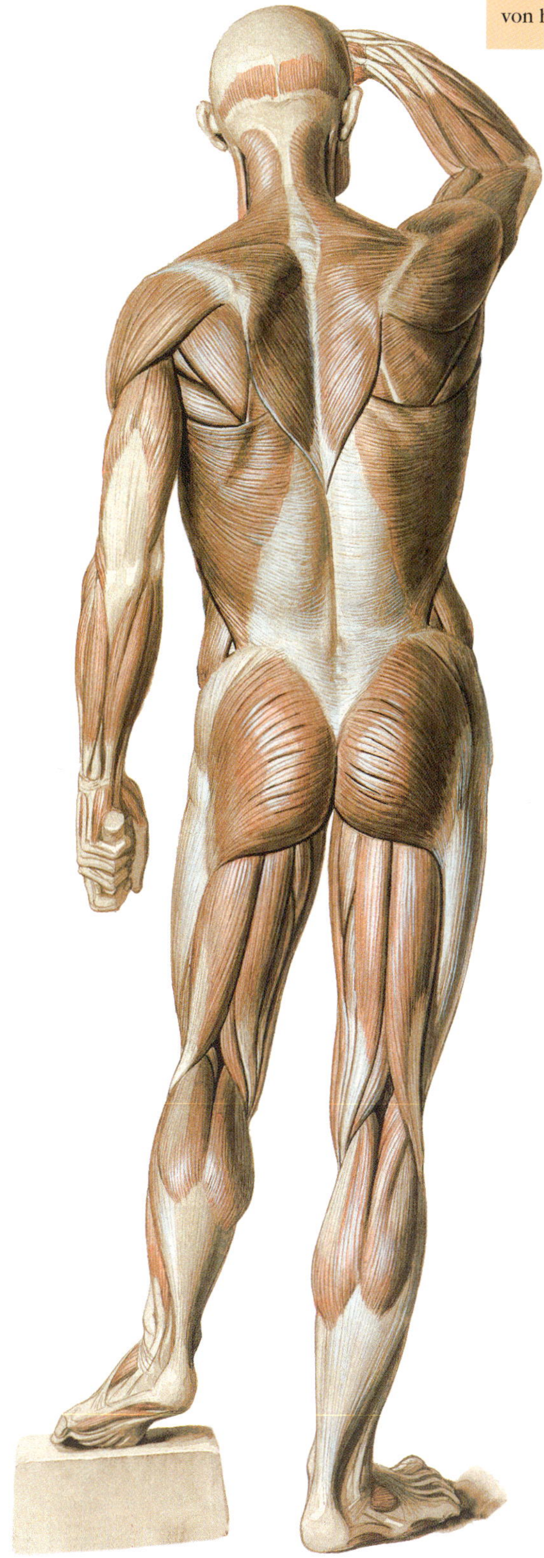

Abb. 22b

◆
Abb. 23
Gesichtsmuskeln von der Seite.

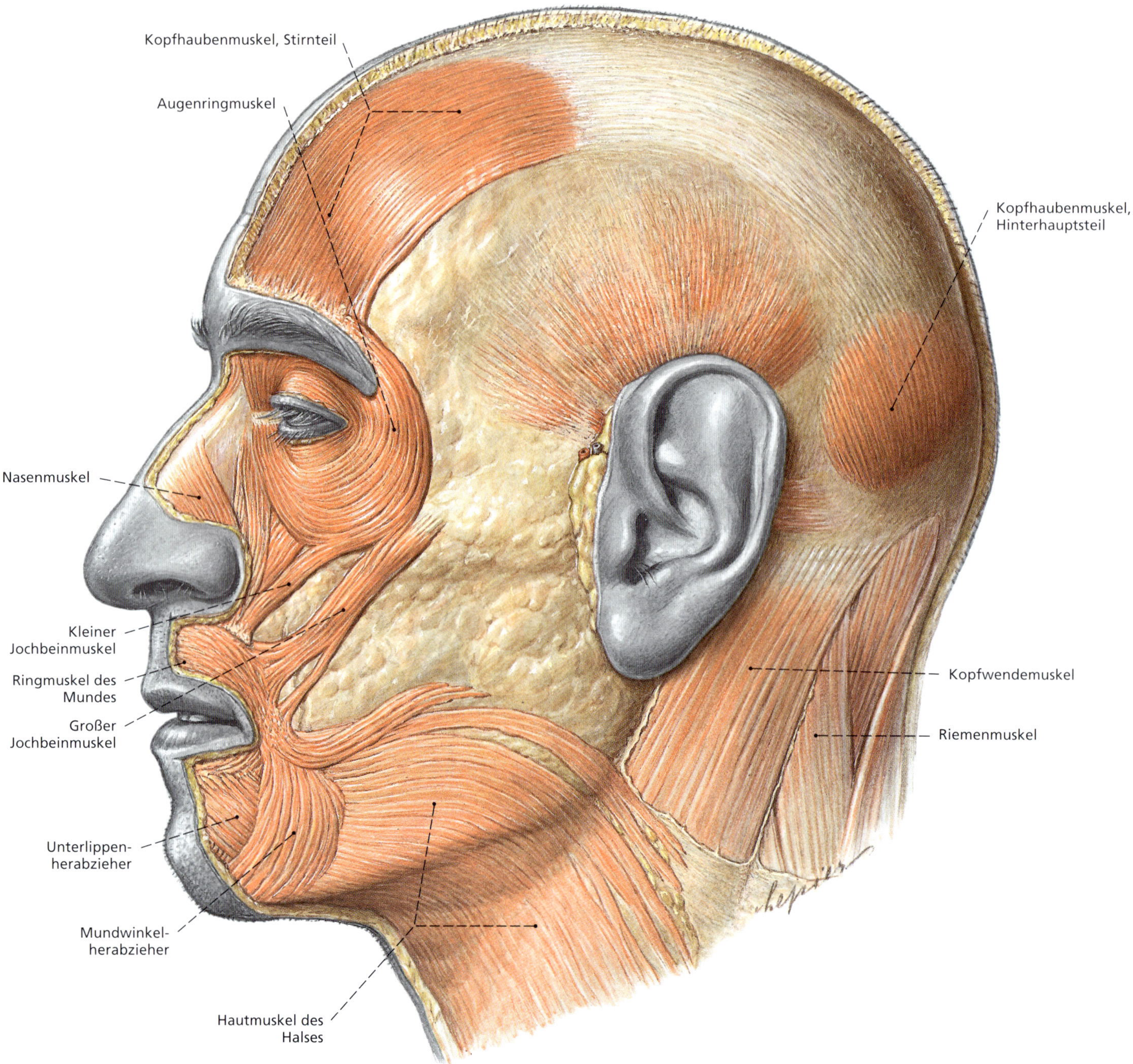

◆
Abb. 24
Gesichts- und Kaumuskeln von der Seite. Die Muskelhaut und kleinere Muskeln sind teilweise entfernt.

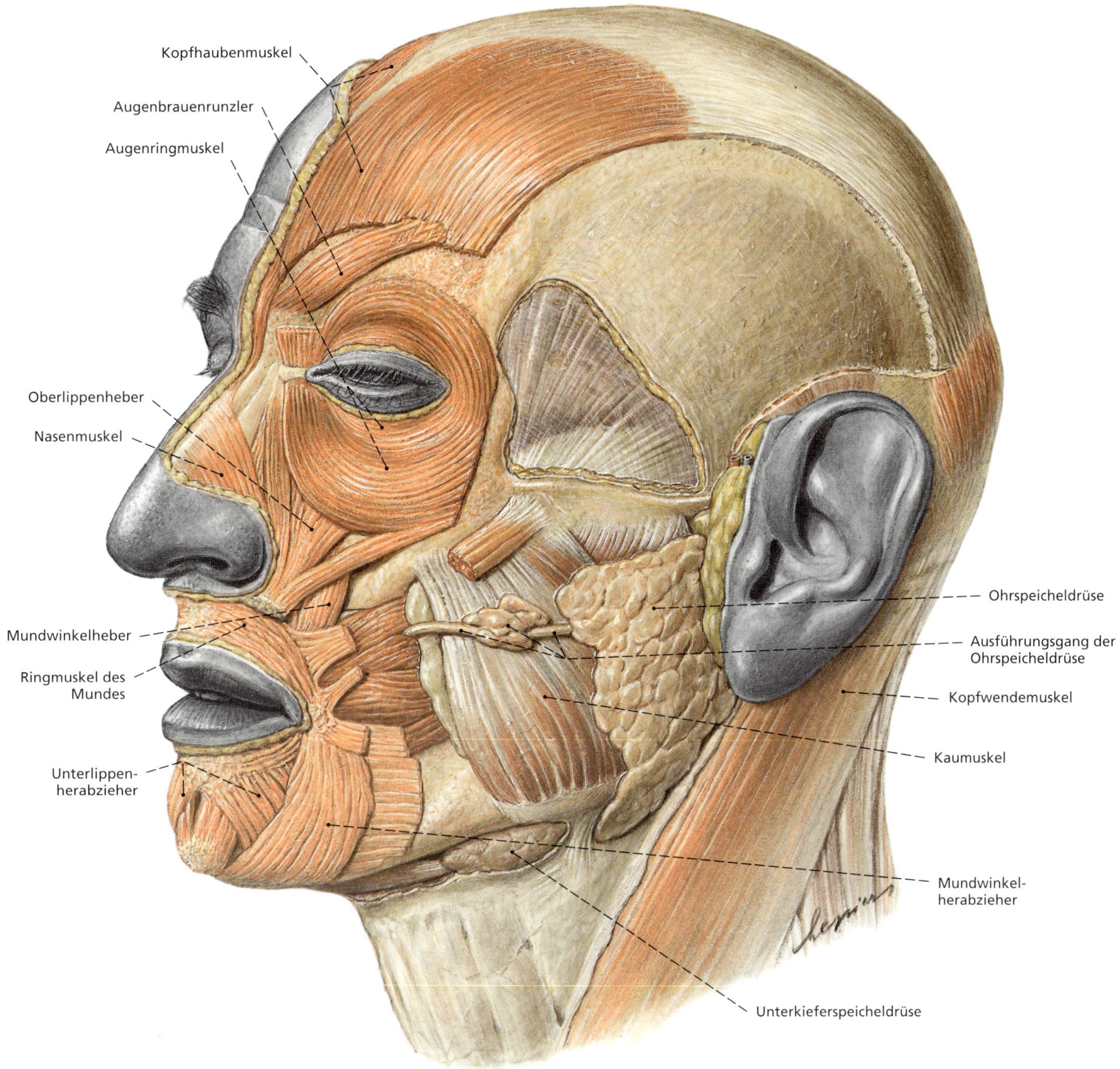

◆
Abb. 25
Oberflächliche (linke Körperseite) und tiefe Halsmuskeln (rechte Körperseite) von vorne.

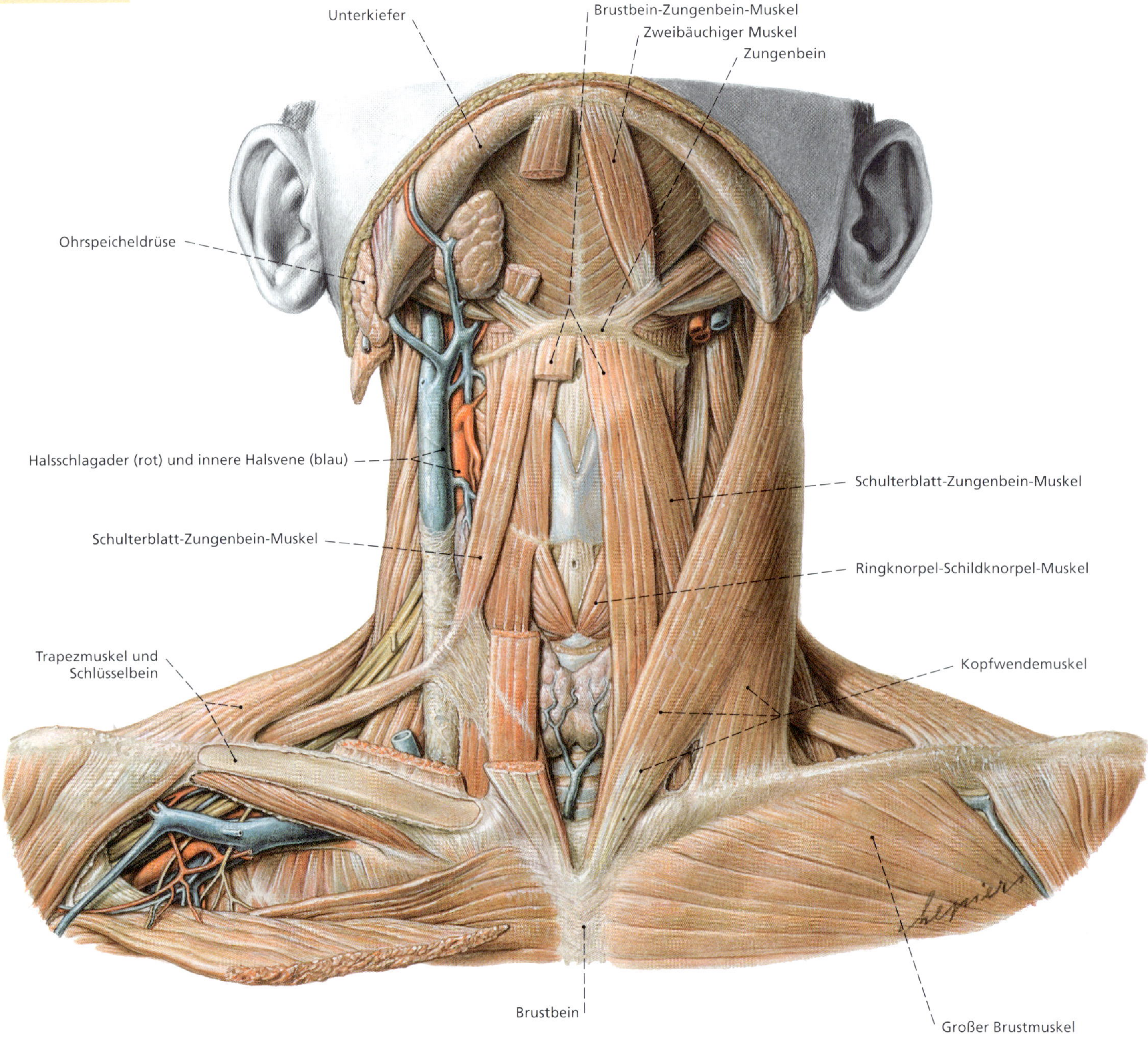

◆
Abb. 26
Tiefe Nackenmuskeln und oberster Anteil der Rückenmuskeln.

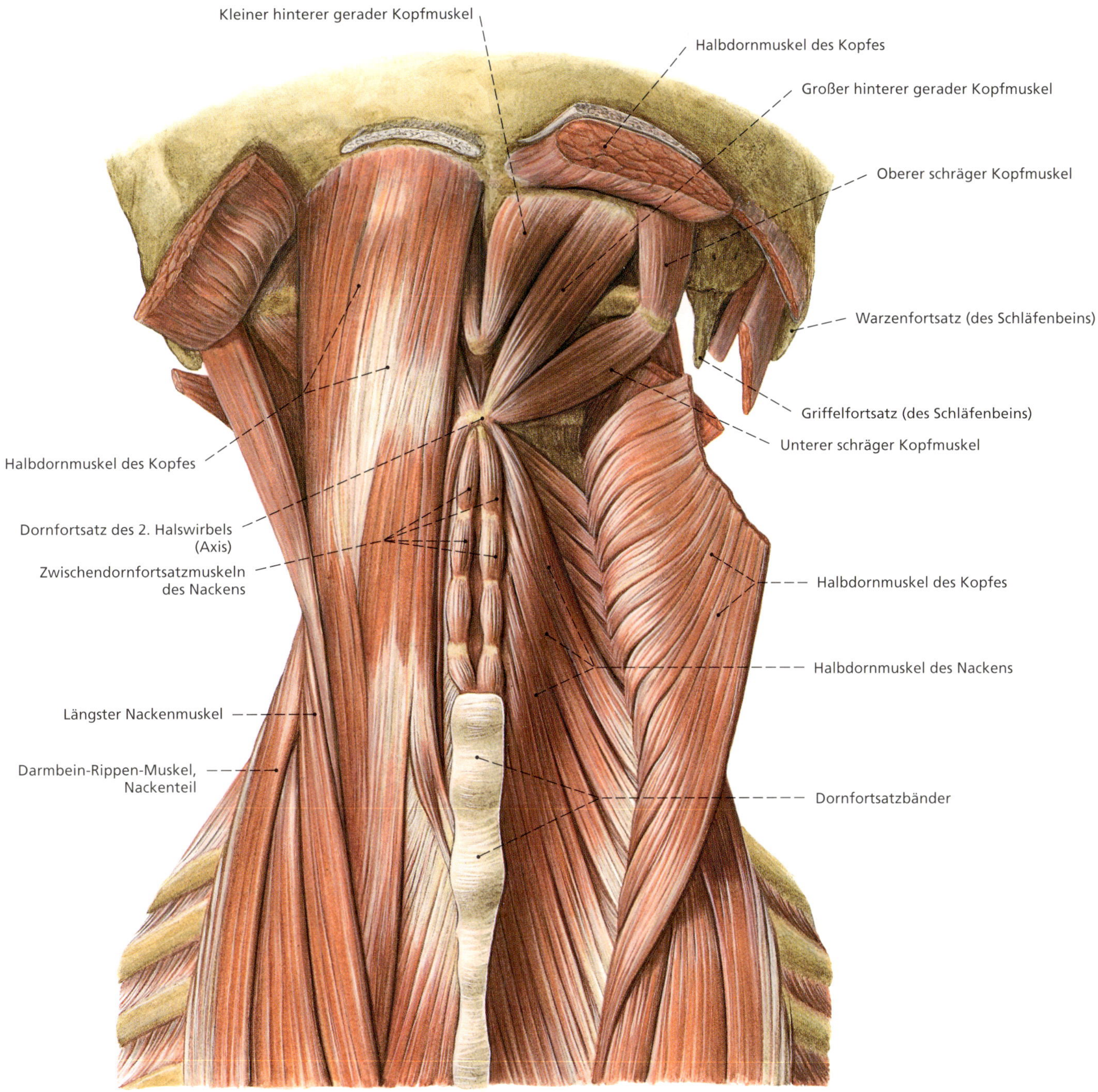

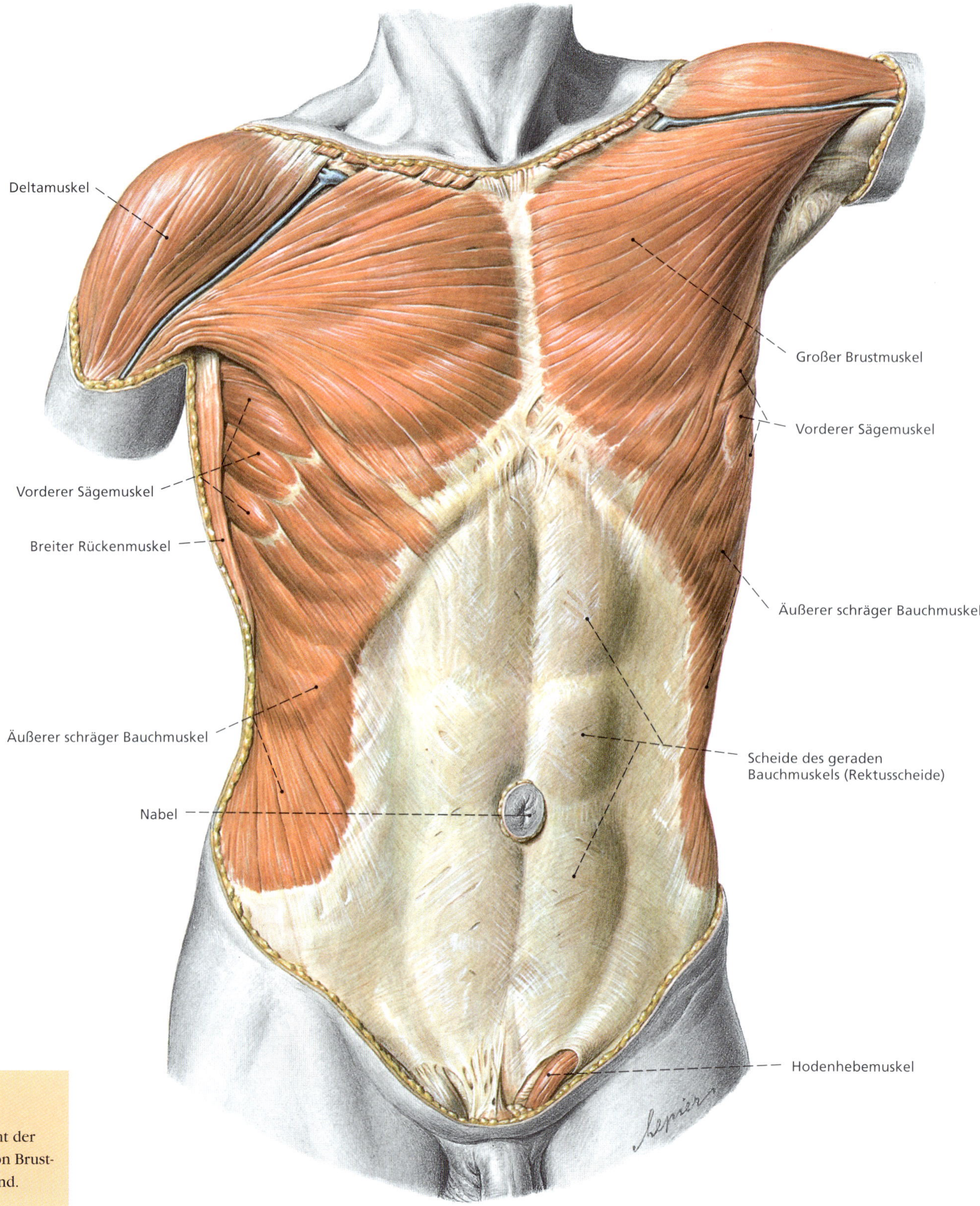

◆
Abb. 27
Äußere Schicht der Muskulatur von Brust- und Bauchwand.

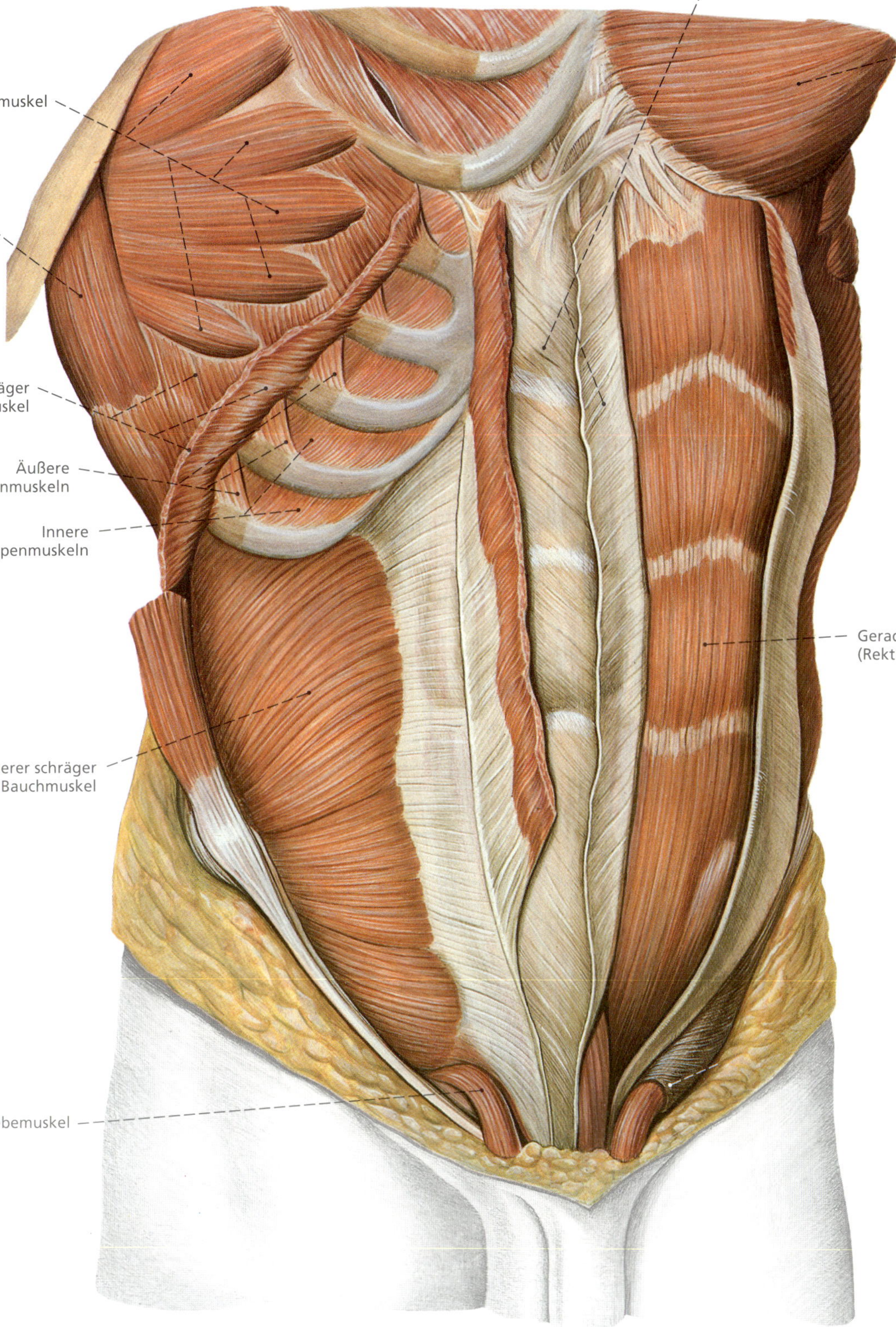

◆
Abb. 28
Bauchmuskulatur von seitlich vorne. Auf der linken Körperseite ist das vordere Blatt des geraden Bauchmuskels (Rektusscheide) eröffnet. Rechts ist der äußere schräge Bauchmuskel durchtrennt.

◆
Abb. 29
Zwerchfellkuppel mit ihren verschiedenen Anteilen bei extremer Ausatmung. Zu sehen sind auch die Durchtrittsstellen von Blutgefäßen und Speiseröhre. Einige Rippen sowie ein Teil des Brustbeins sind vorne entfernt.

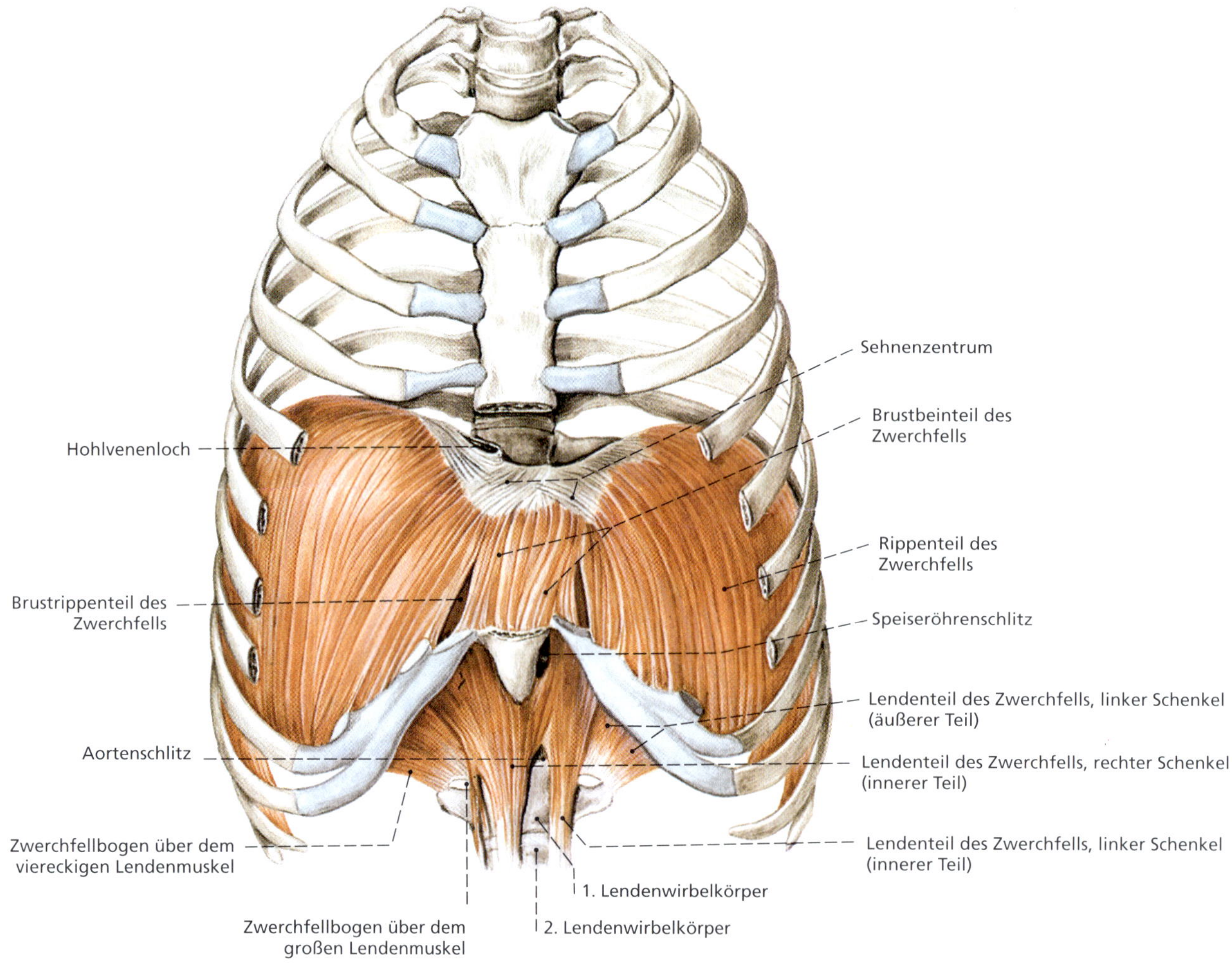

◆
Abb. 30
Verhalten der Zwerchfellkuppeln und der Bauchdecke bei Ein- und Ausatmung.

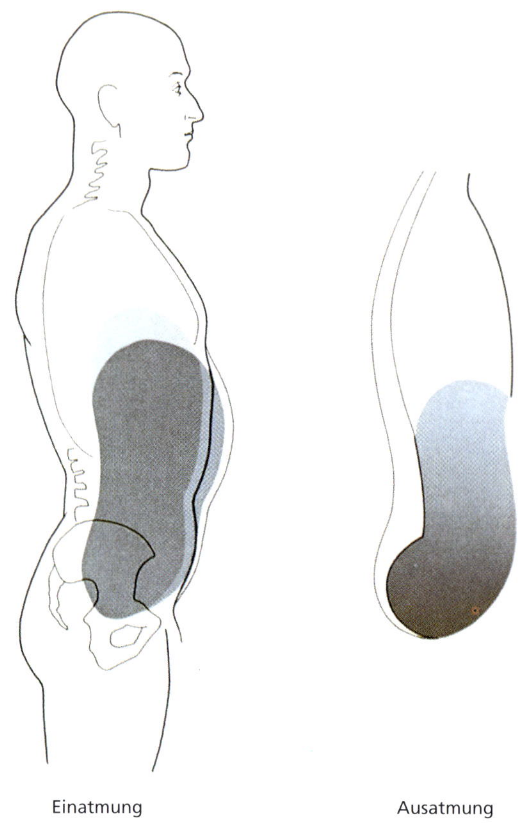

◆
Abb. 31
Zwerchfell und innere Bauchmuskeln von vorne. Die Baucheingeweide sind entfernt.

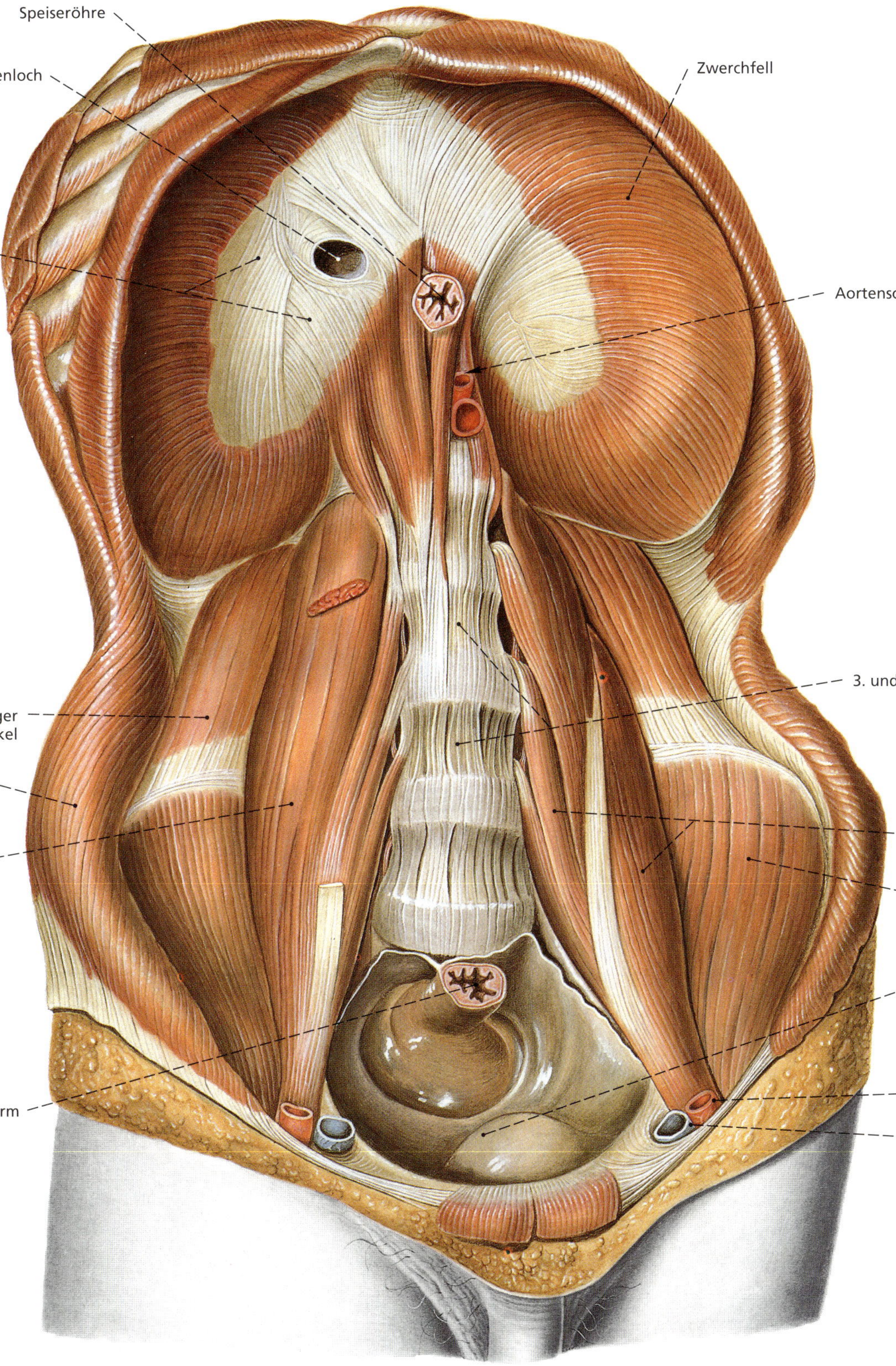

◆
Abb. 32
Rückenmuskulatur, oberflächliche Schicht.

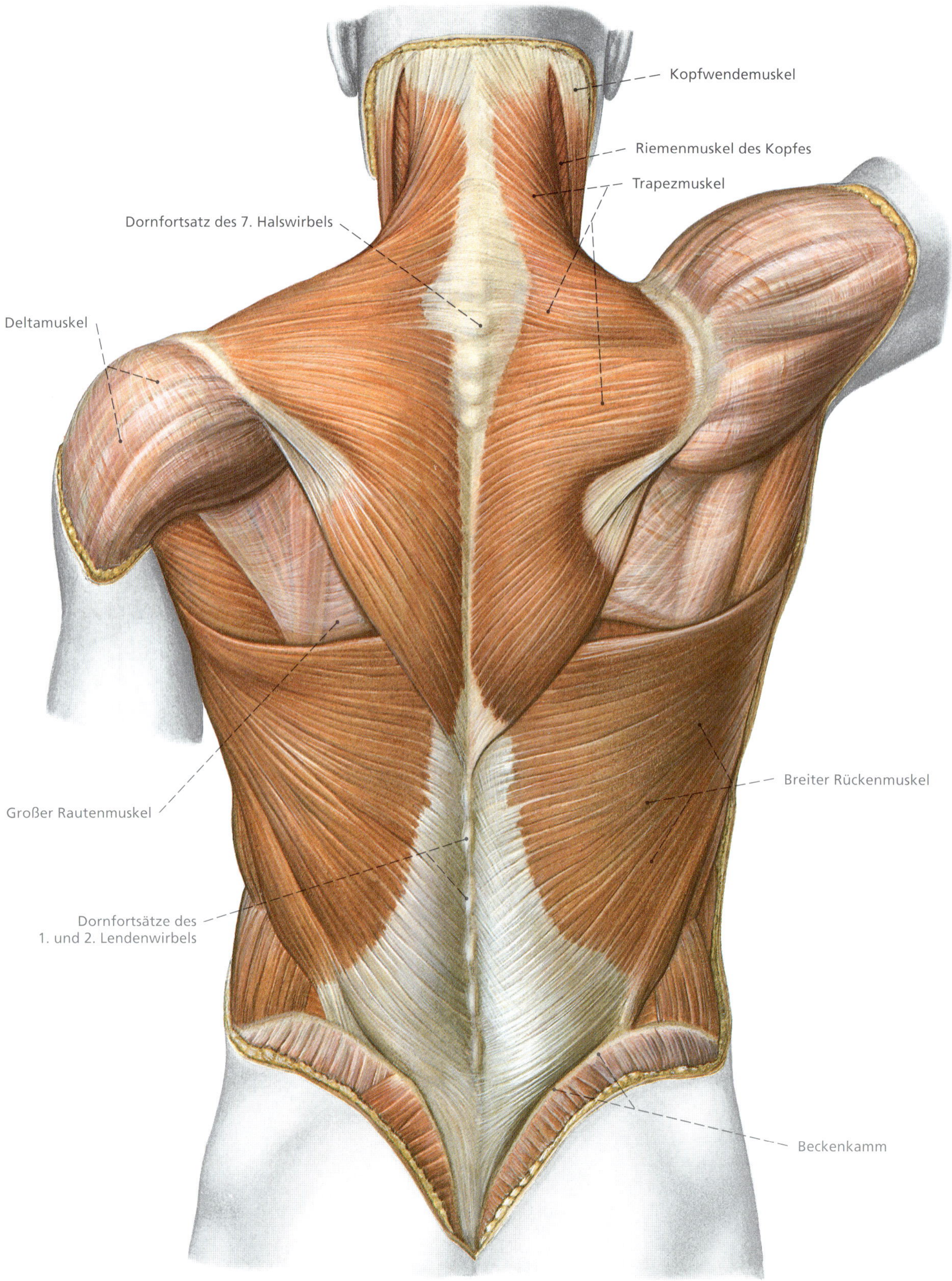

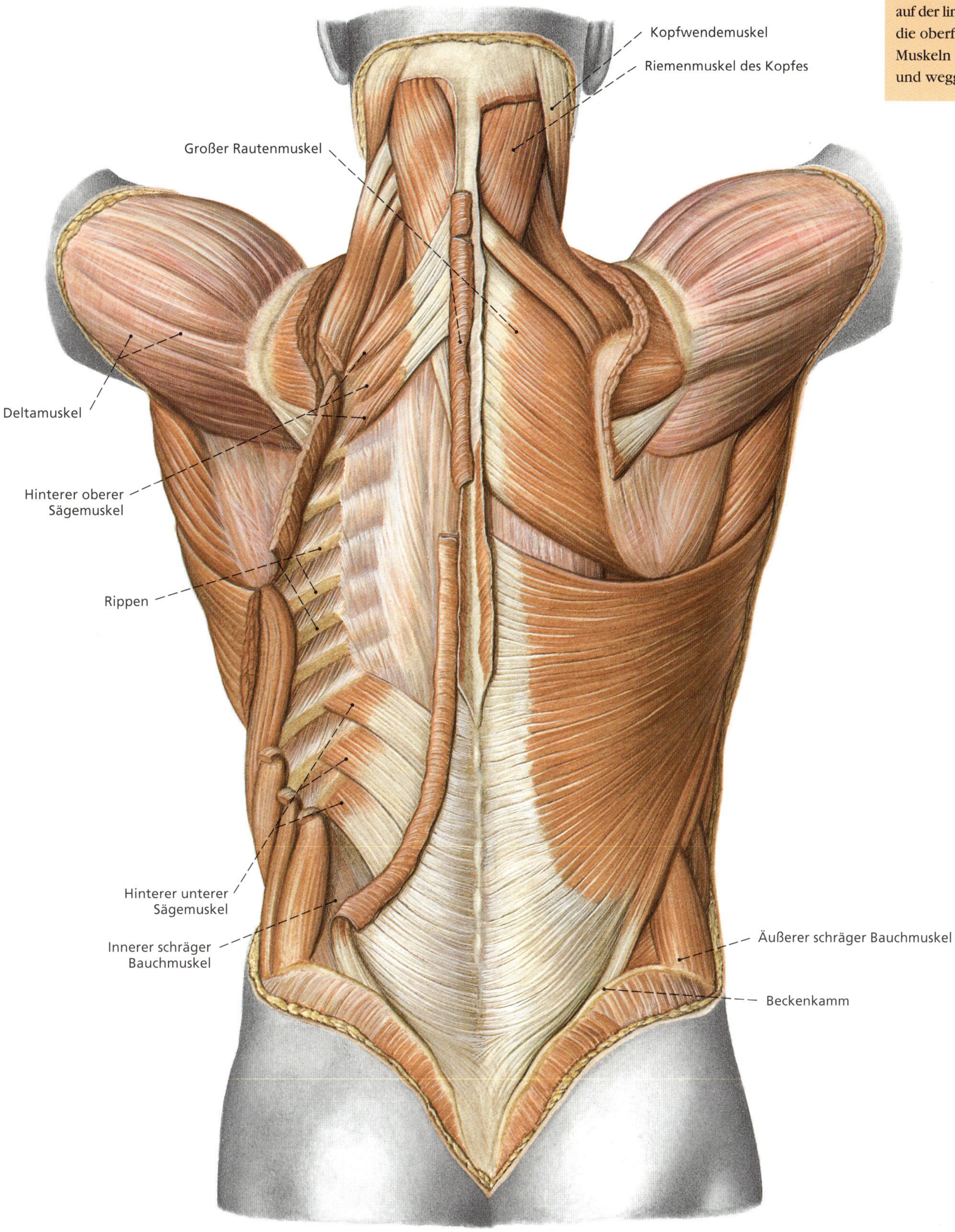

◆
Abb. 33
Rückenmuskulatur, tiefe Schicht. Vor allem auf der linken Seite sind die oberflächlichen Muskeln durchtrennt und weggeklappt.

◆
Abb. 34
Tiefe Schicht der Rückenmuskeln im Bereich der Dornfortsätze der Wirbel und der Rippenansätze.

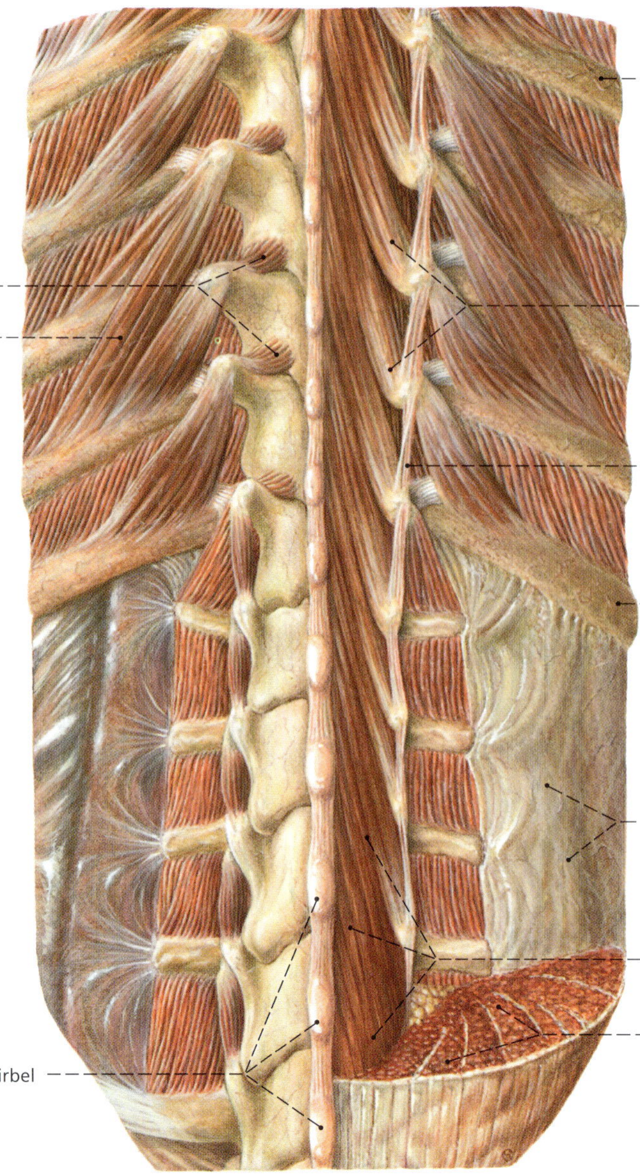

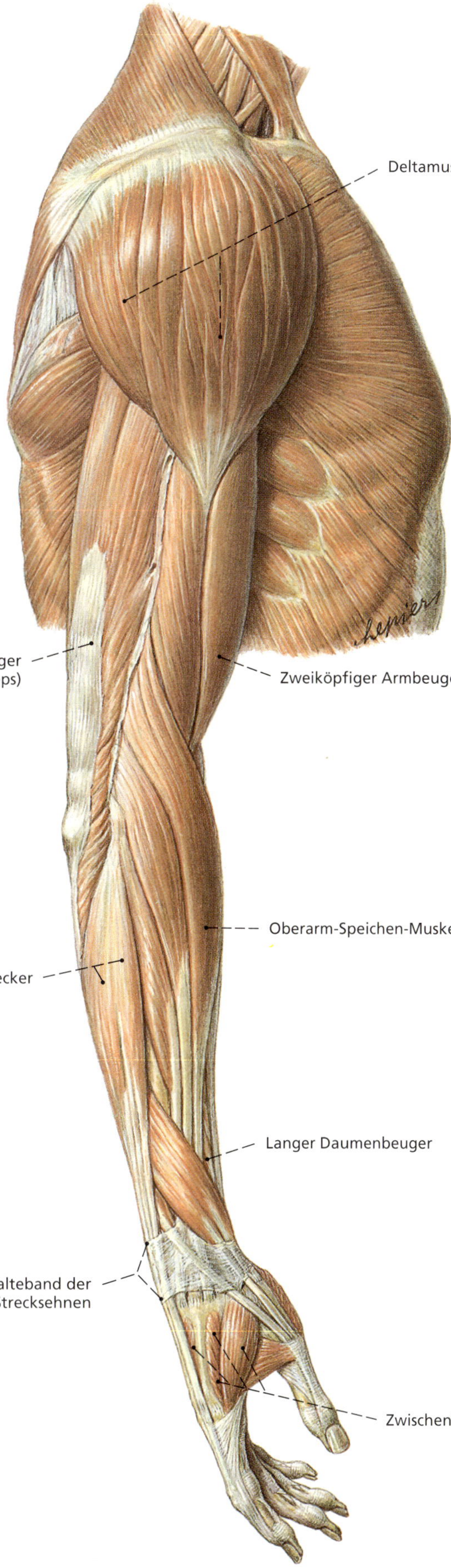

◆
Abb. 35
Muskulatur des rechten Arms von der Seite.

◆
Abb. 36
Muskulatur des linken Oberarms von vorne.

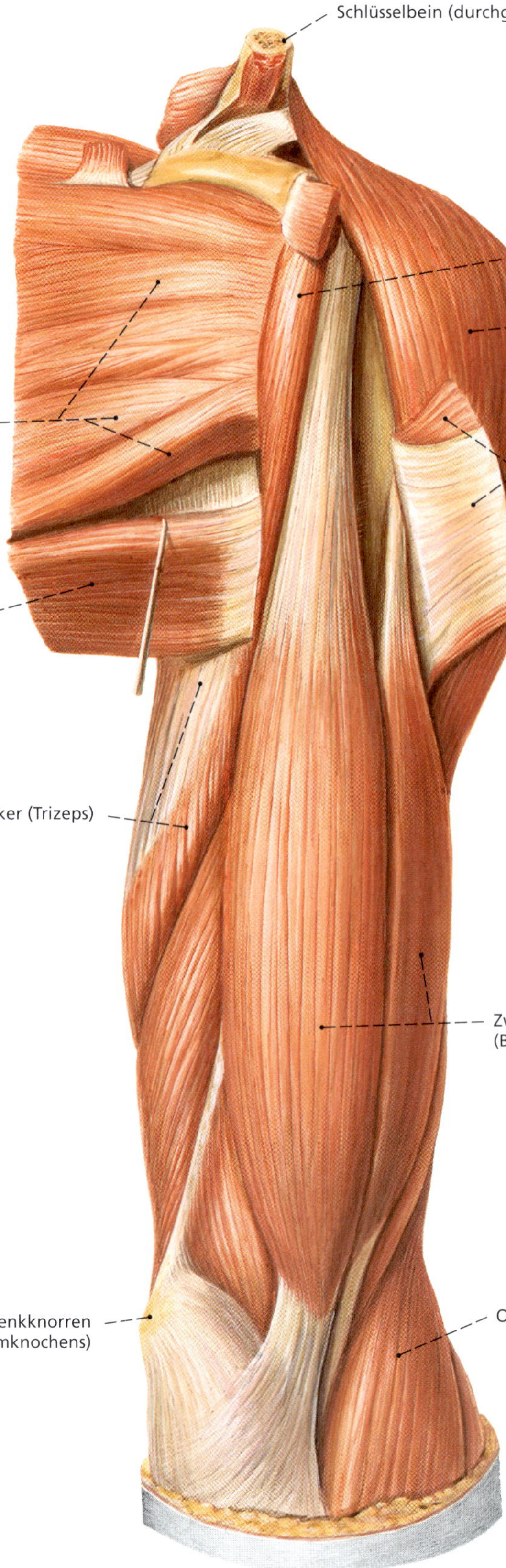

◆
Abb. 37
Muskulatur des linken Oberarms von hinten.

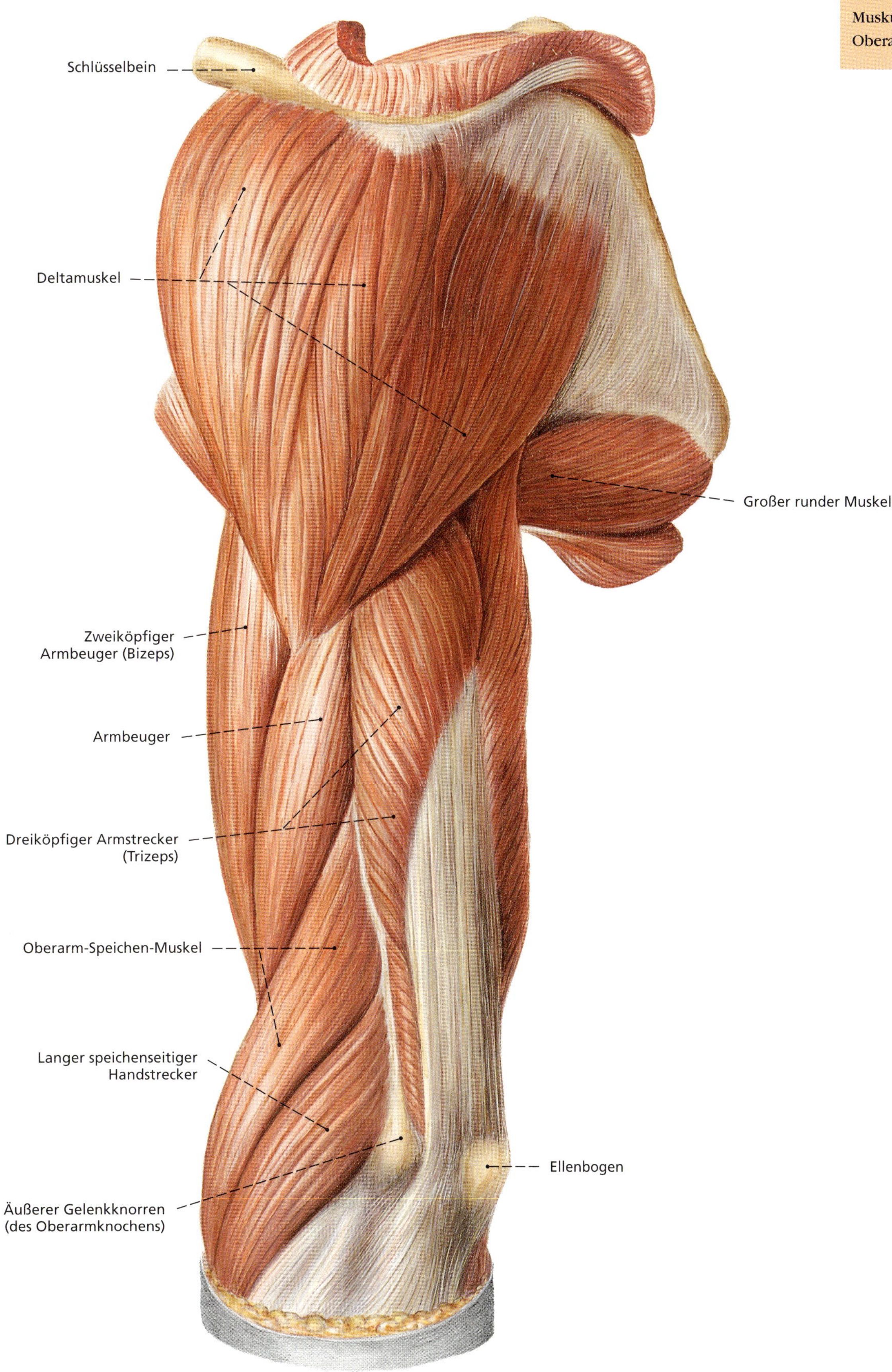

◆
Abb. 38
Muskulatur des linken Unterarms von vorne.

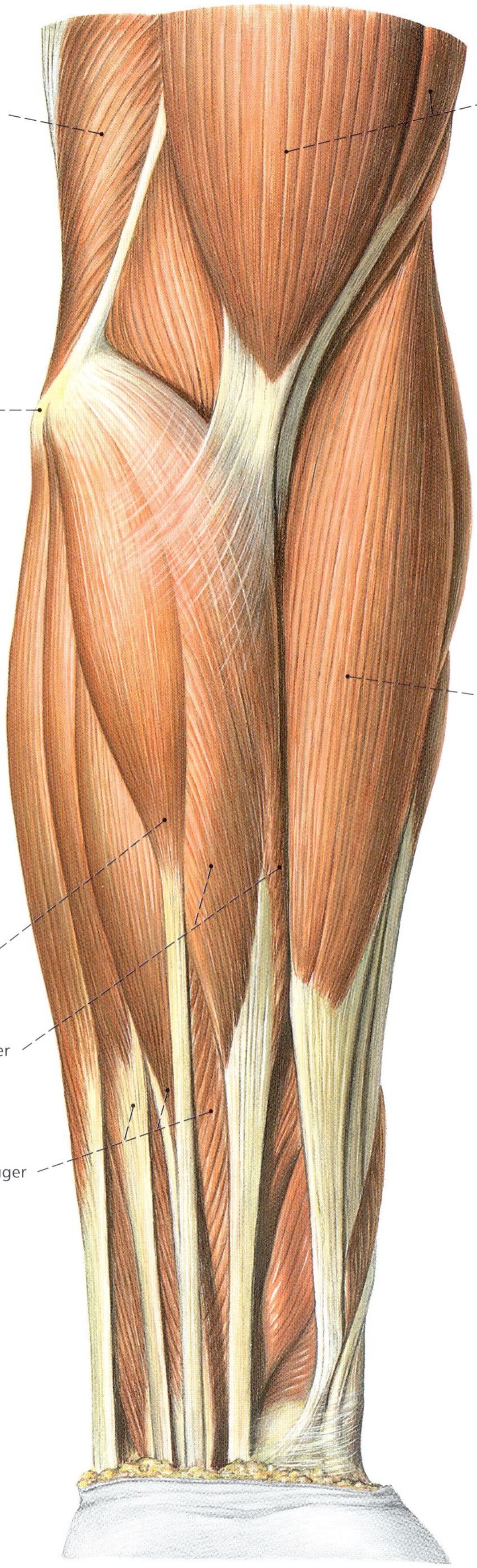

◆
Abb. 39
Muskulatur des linken Unterarms von der Seite.

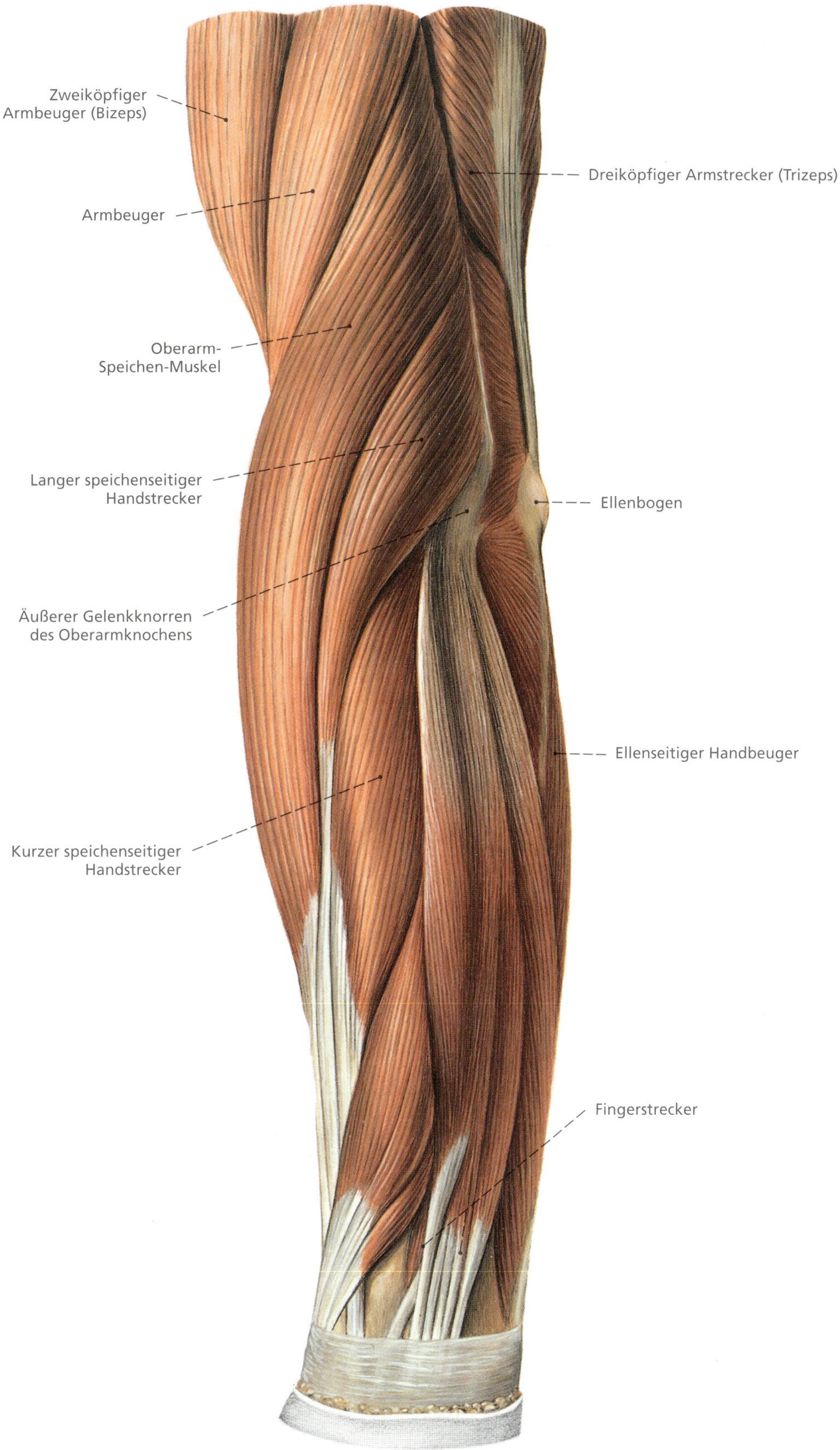

◆
Abb. 40
Muskulatur des linken Unterarms von hinten.

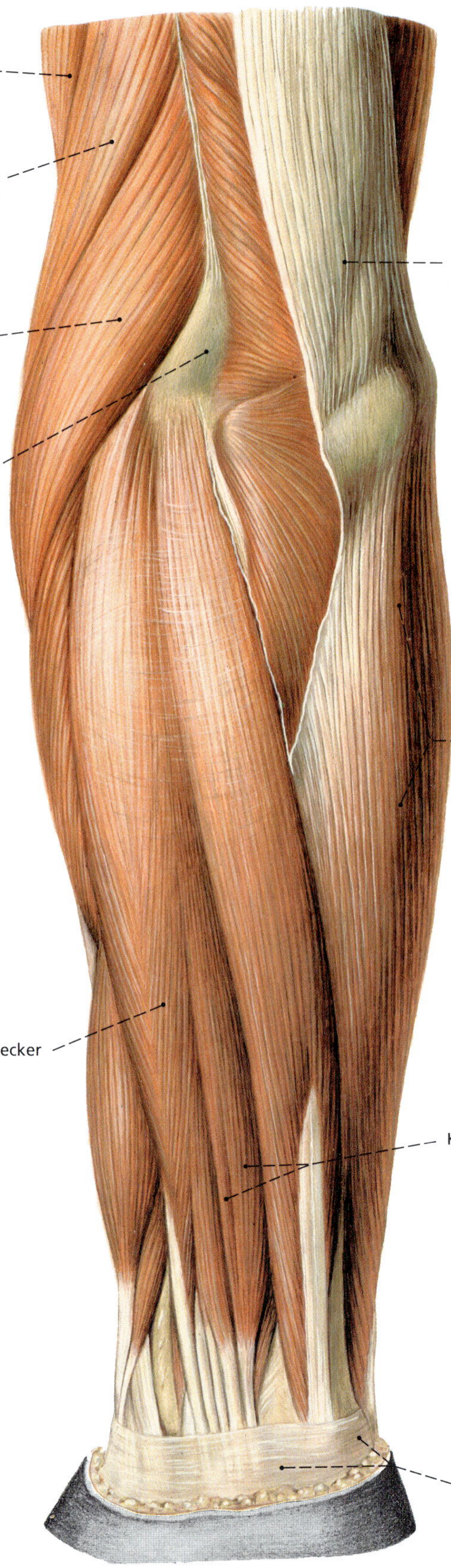

◆
Abb. 41
Oberflächliche Muskeln der Handinnenfläche. Die Sehne des langen Hohlhandmuskels verbreitert sich zu einer Sehnenplatte.

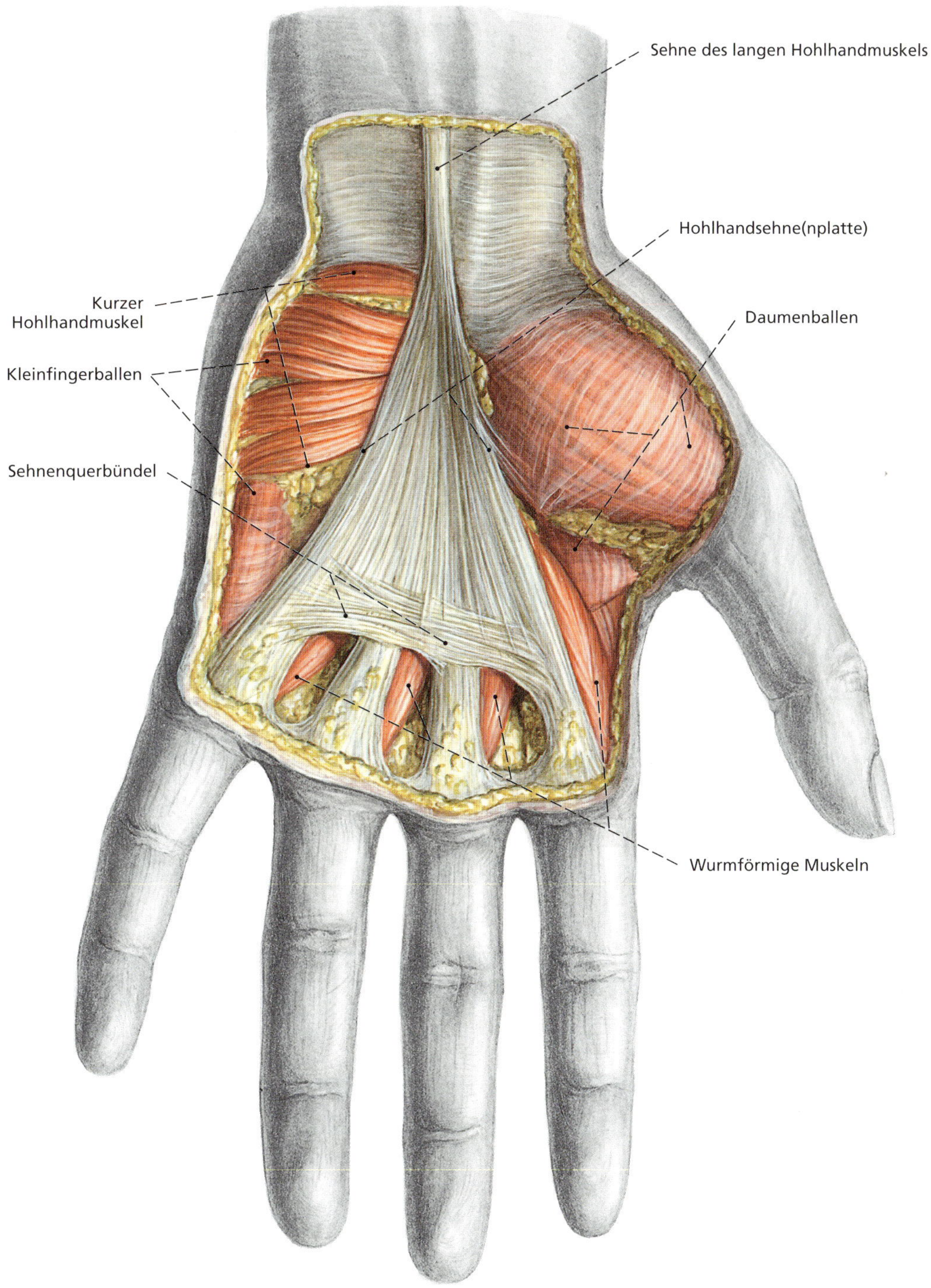

◆
Abb. 42
Sehnenscheiden der Hohlhand.

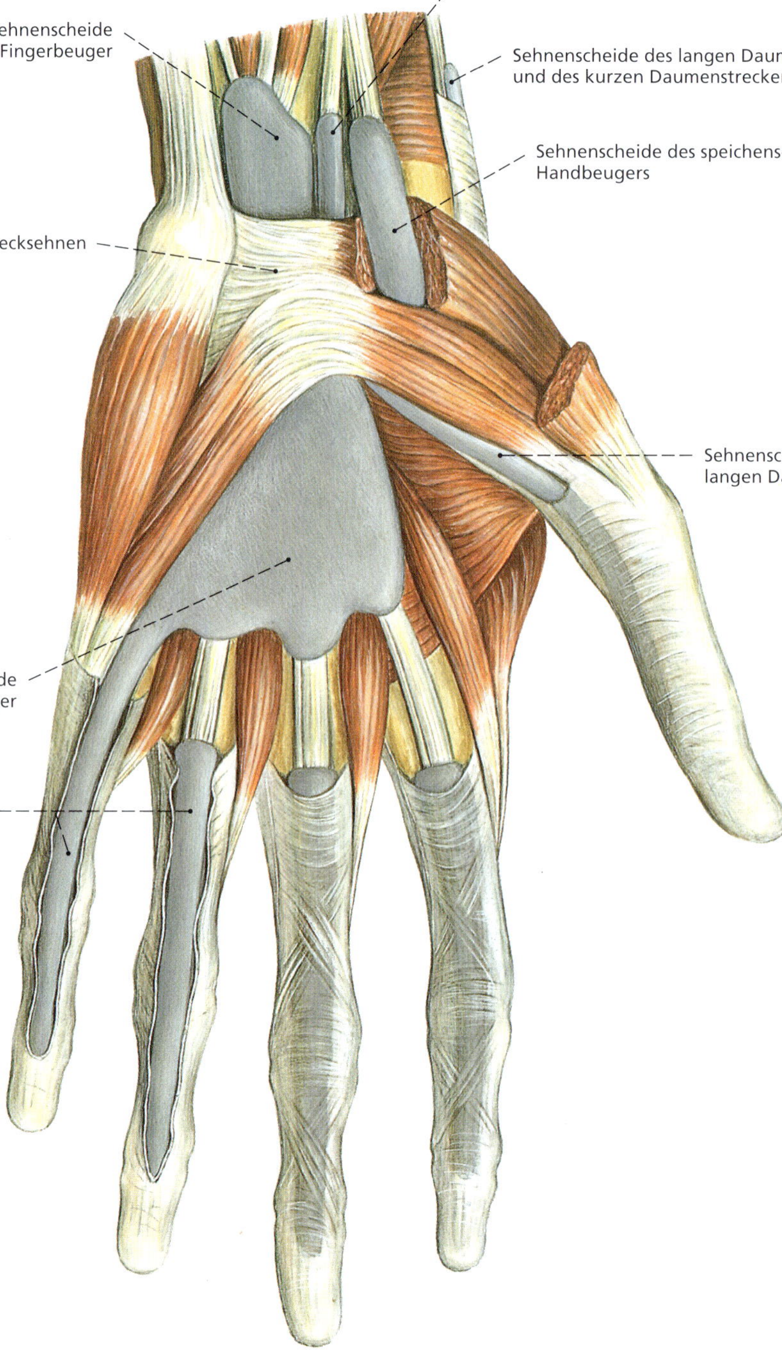

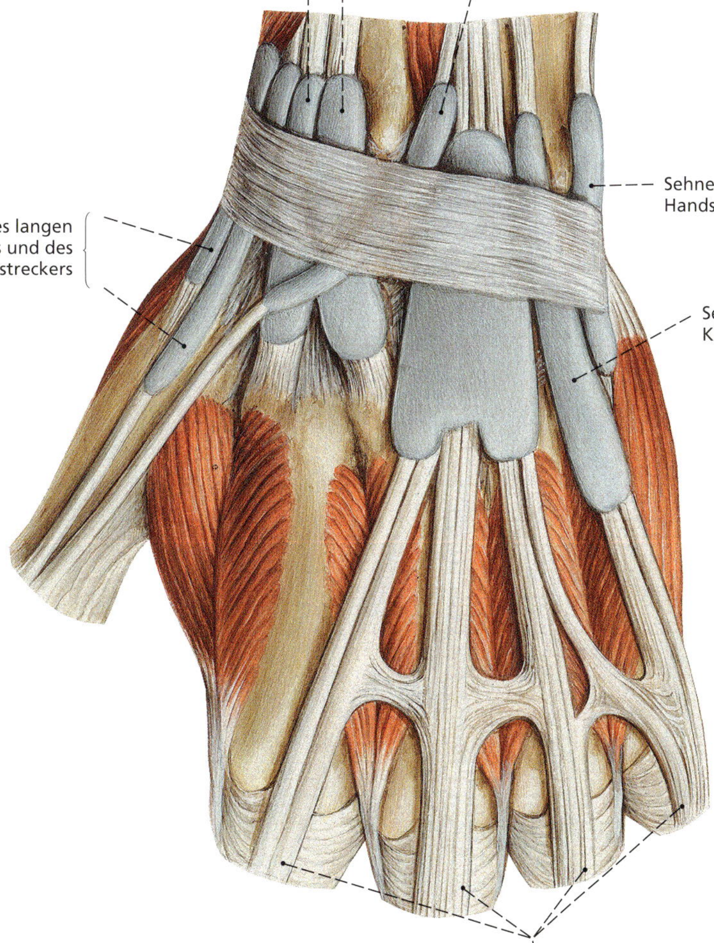

Abb. 43
Sehnenscheiden des Handrückens.

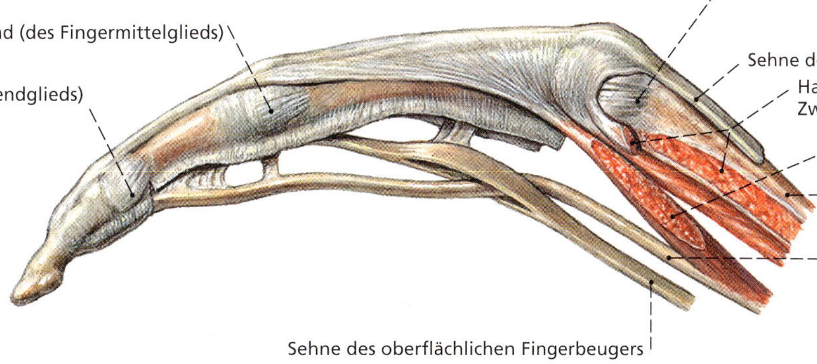

Abb. 44
Fingersehnen. Die Sehnen der Fingerbeugemuskeln sind aus der Sehnenscheide gelöst.

◆
Abb. 45
Muskulatur des Handrückens mit Sehnen.

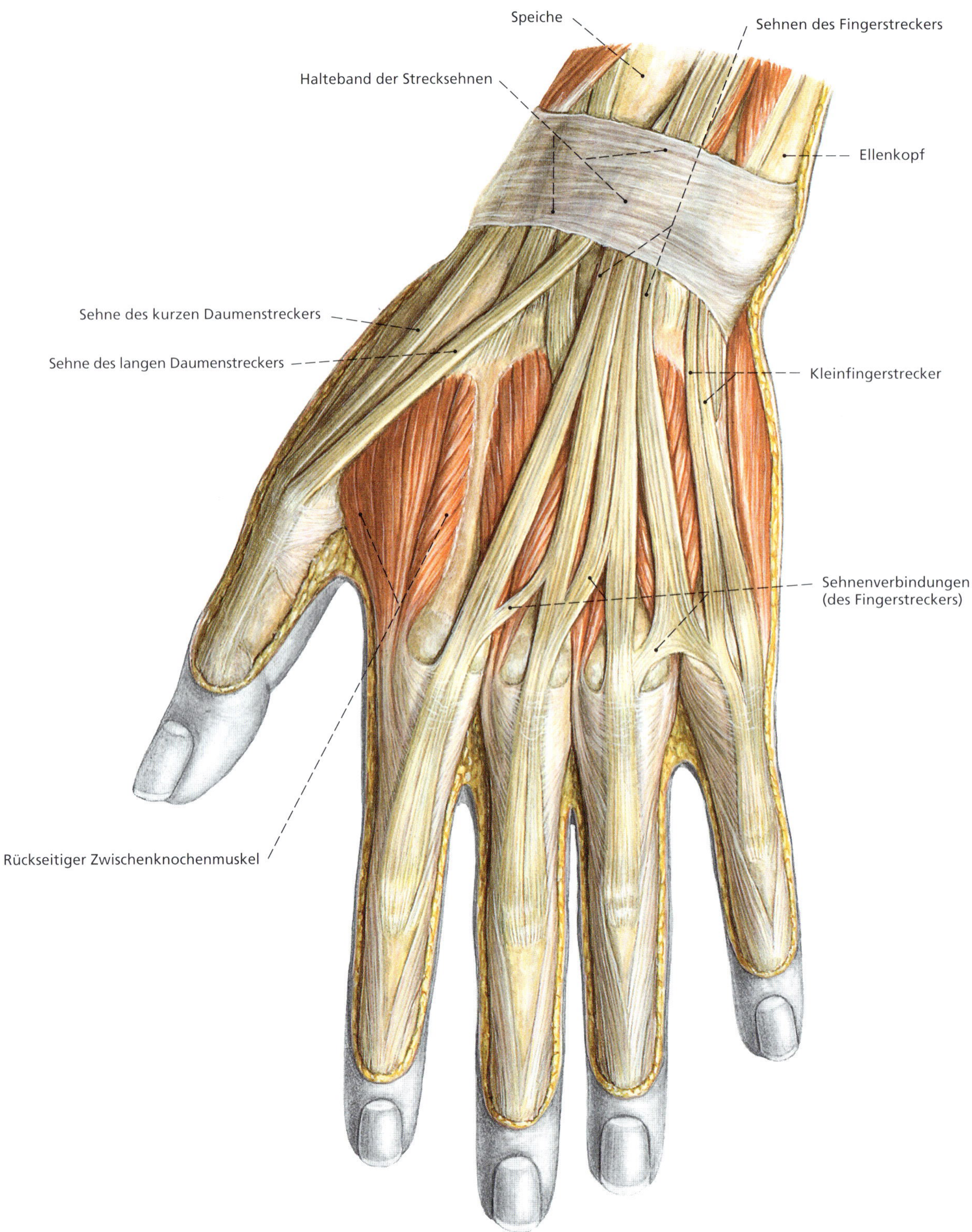

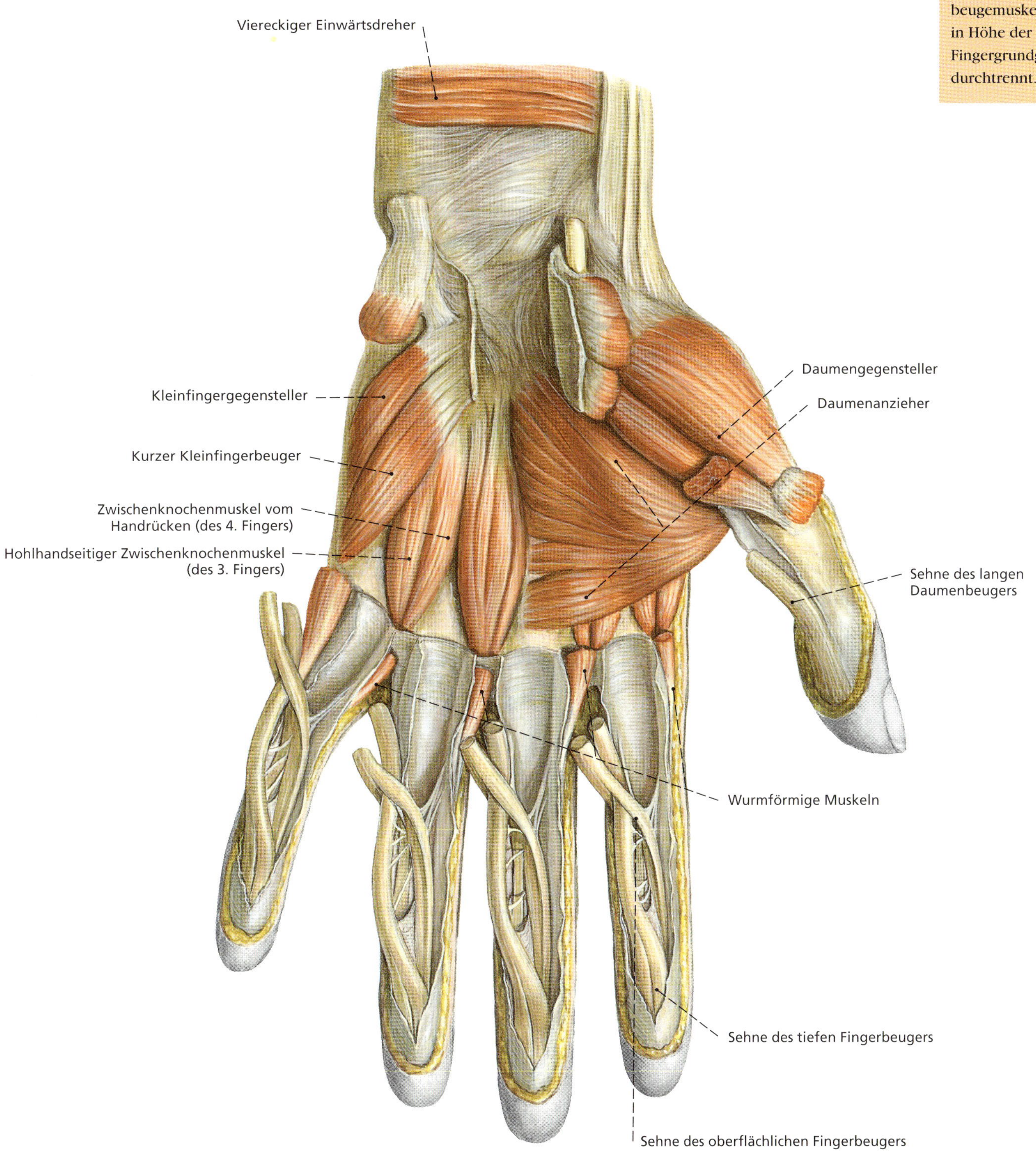

◆
Abb. 46
Tiefe Schicht der Muskeln der Handinnenfläche. Die Sehnen der Fingerbeugemuskeln sind in Höhe der Fingergrundgelenke durchtrennt.

◆
Abb. 47
Oberschenkelmuskulatur von der Seite (rechts).

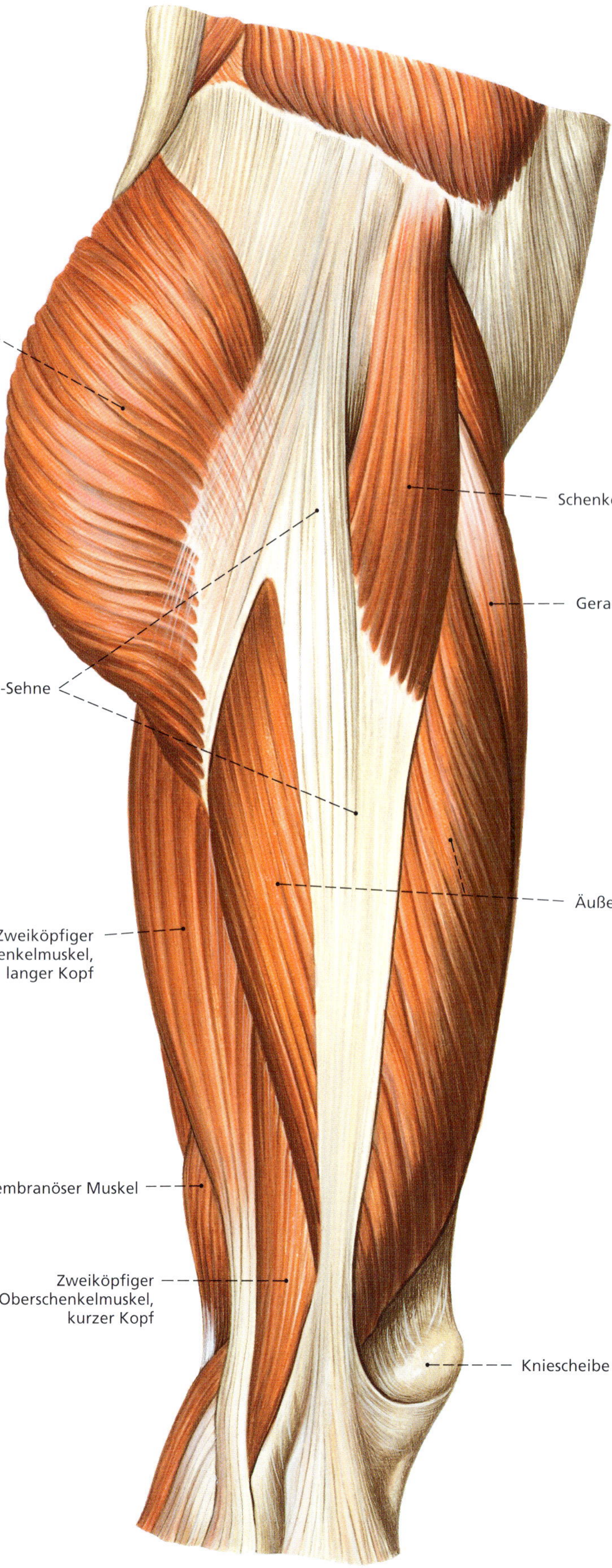

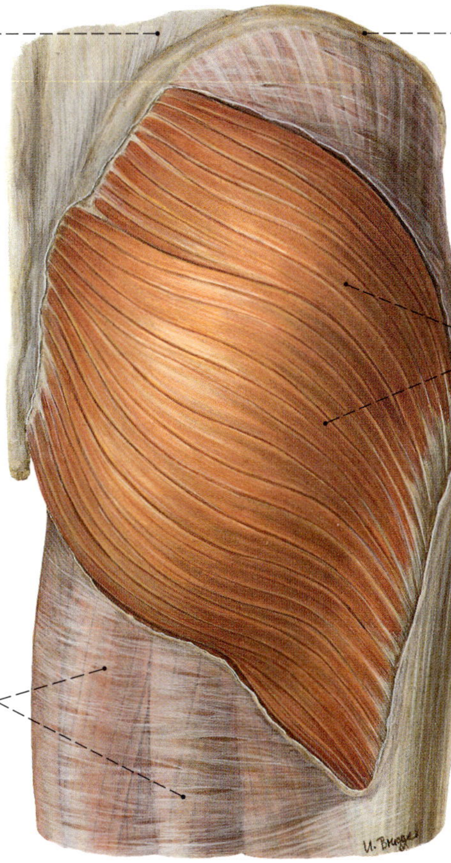

◆
Abb. 48
Gesäßmuskel von hinten (rechts) nach Entfernung der Muskelhaut (= Faszie).

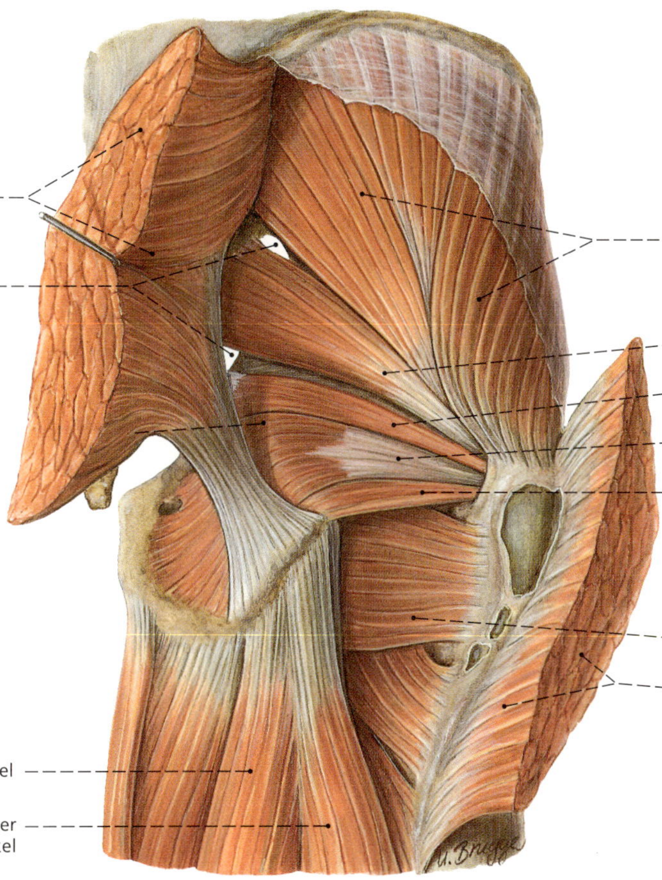

◆
Abb. 49
Tiefe Schicht der Gesäßmuskulatur. Der große Gesäßmuskel ist durchtrennt und weggeklappt. Durch die Öffnung unterhalb des birnenförmigen Muskels gelangt der Ischiasnerv in den Oberschenkel (rechts).

◆
Abb. 50
Oberschenkelmuskulatur von vorne (rechtes Bein).

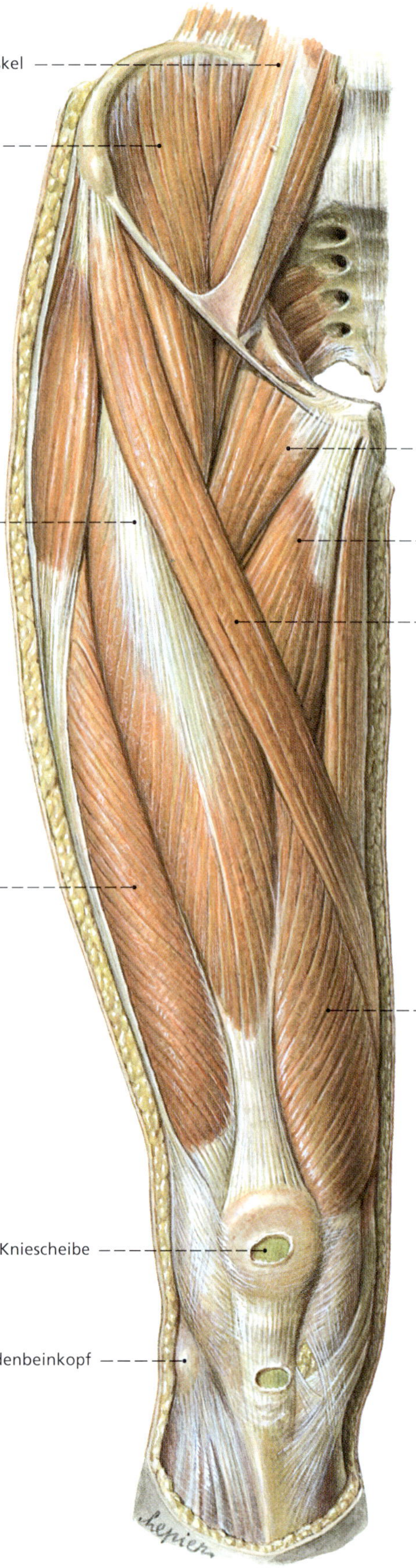

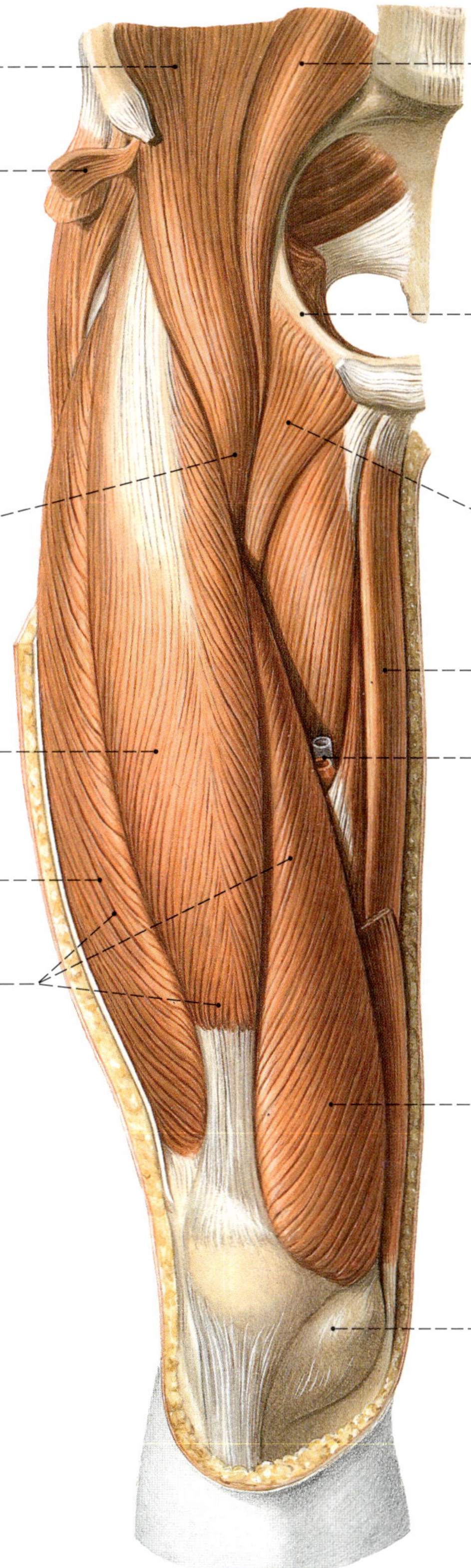

◆
Abb. 51
Oberschenkelmuskulatur von vorne nach Entfernung des Schneidermuskels und der Oberschenkelsehnenplatte (rechtes Bein).

◆
Abb. 52
Muskulatur des Oberschenkels und der Hüfte von hinten (rechtes Bein). Großer und mittlerer Gesäßmuskel sind zum Teil entfernt.

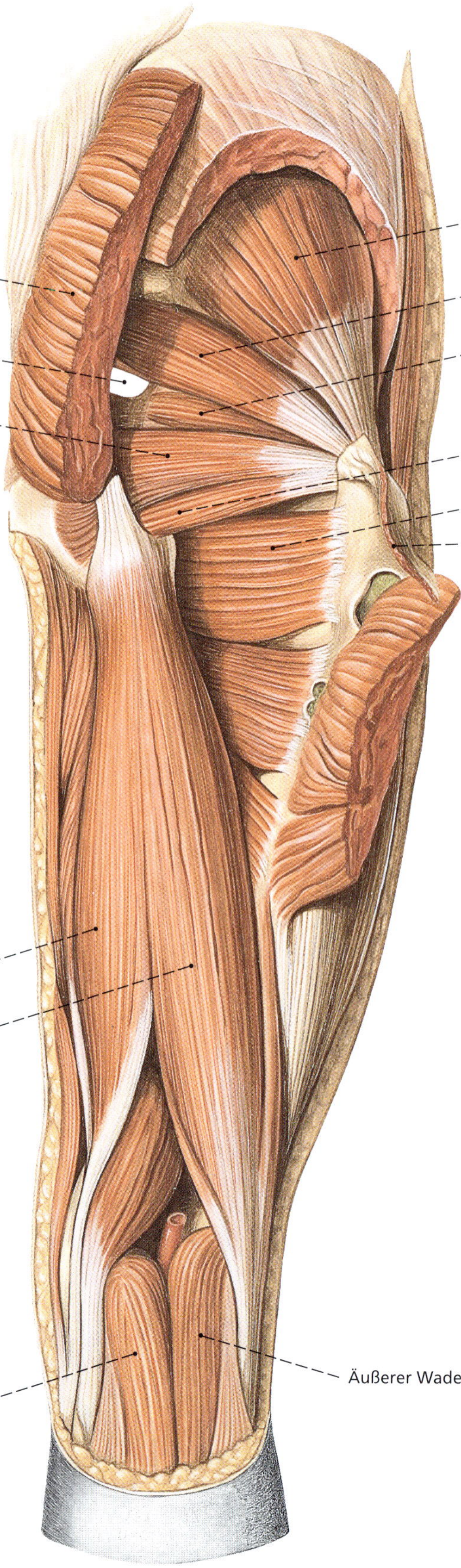

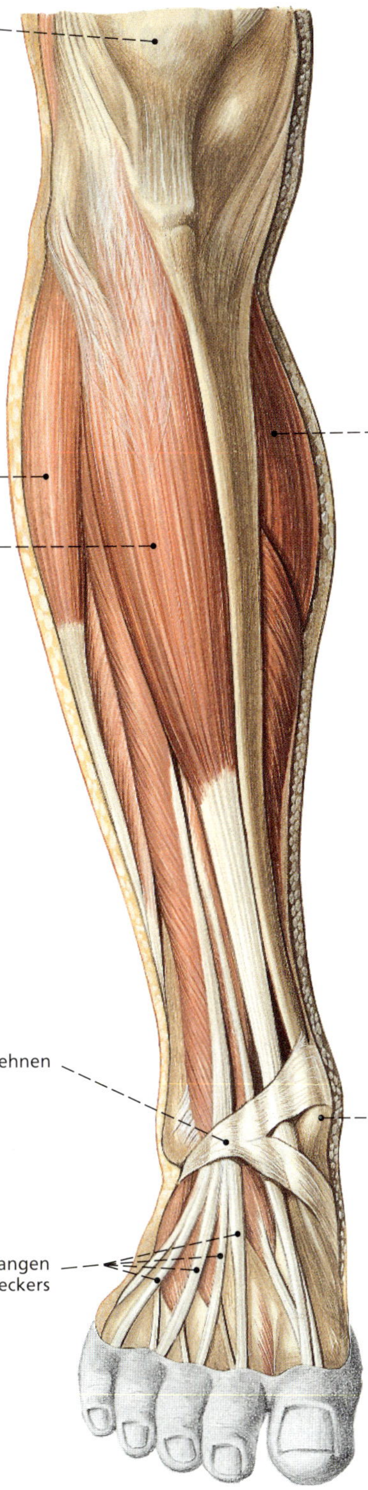

◆
Abb. 53
Muskulatur des rechten Unterschenkels von vorne.

◆
Abb. 54
Muskulatur des rechten Unterschenkels und Fußes von der Außenseite.

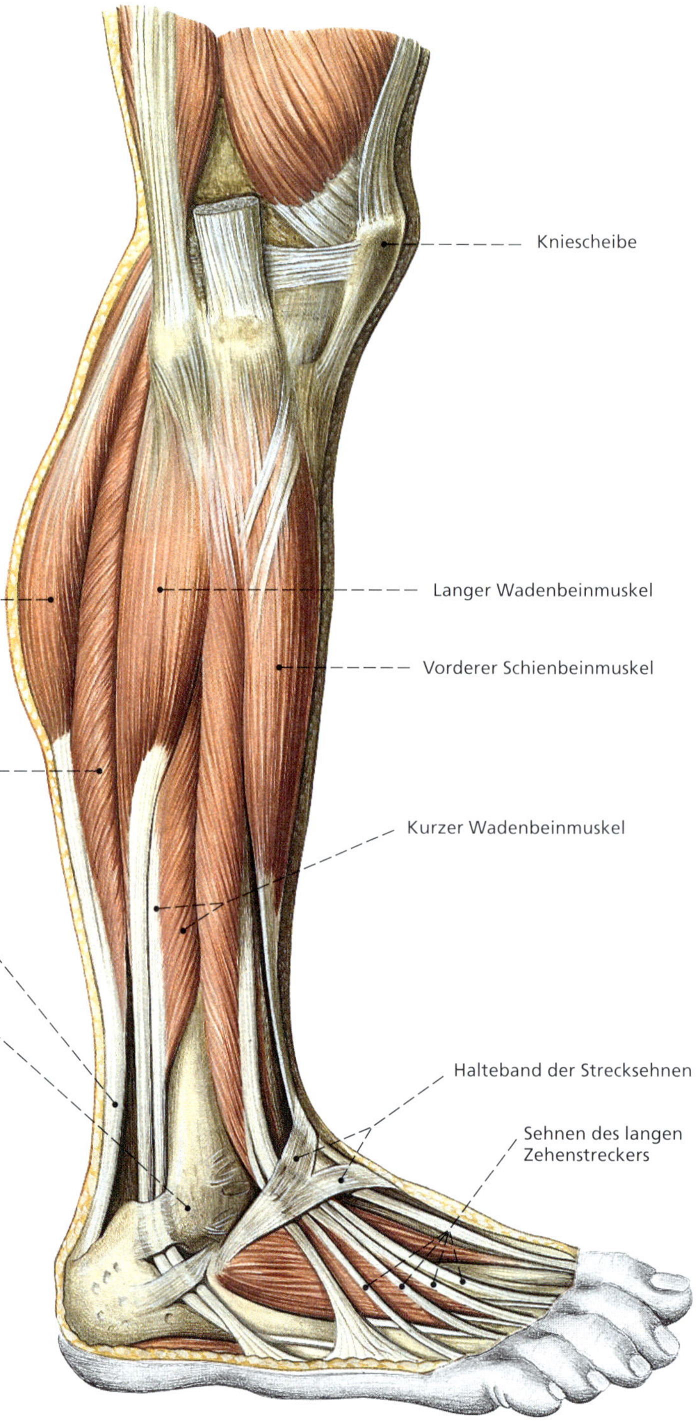

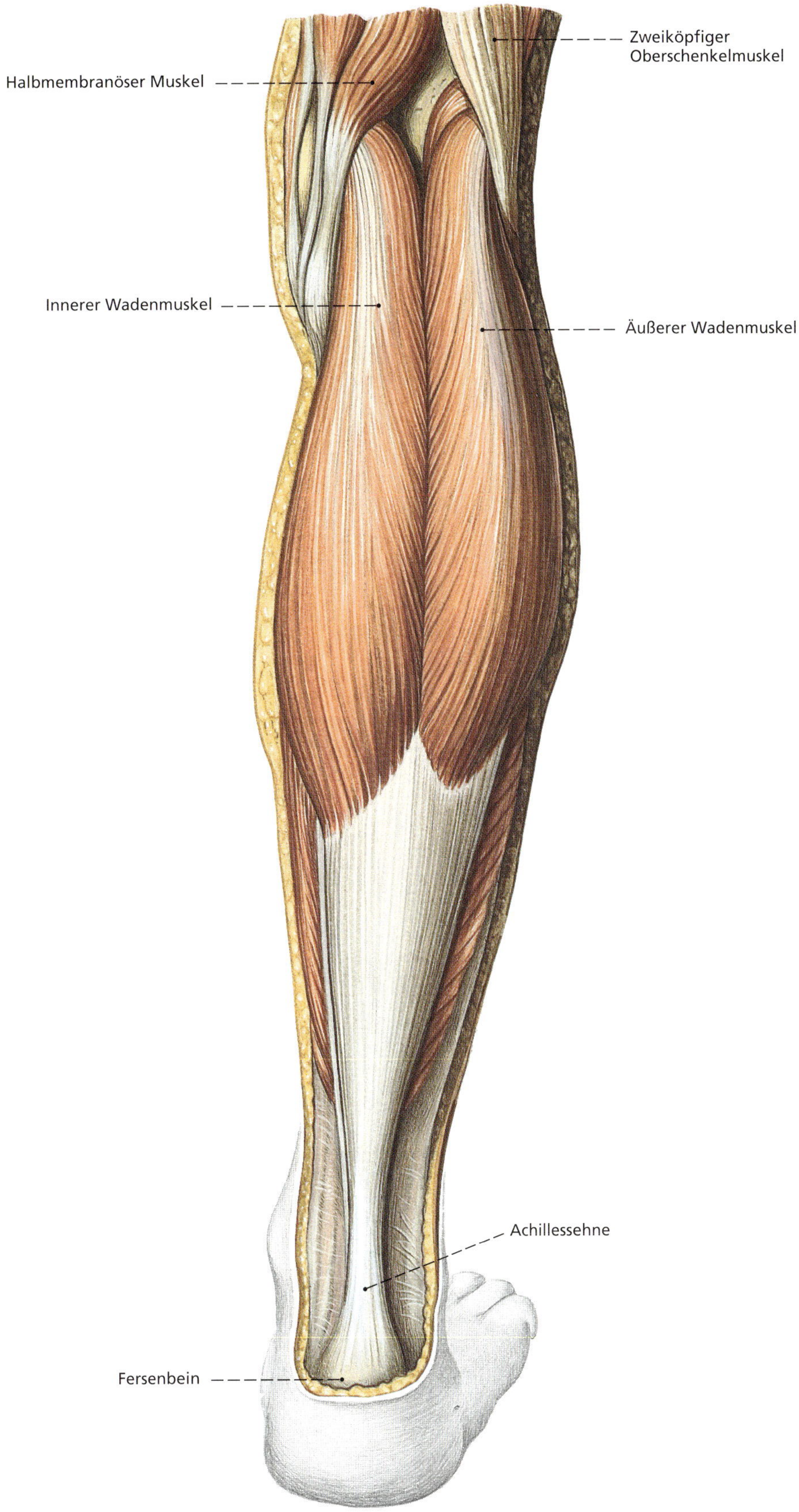

◆
Abb. 55
Muskulatur des rechten Unterschenkels von hinten.

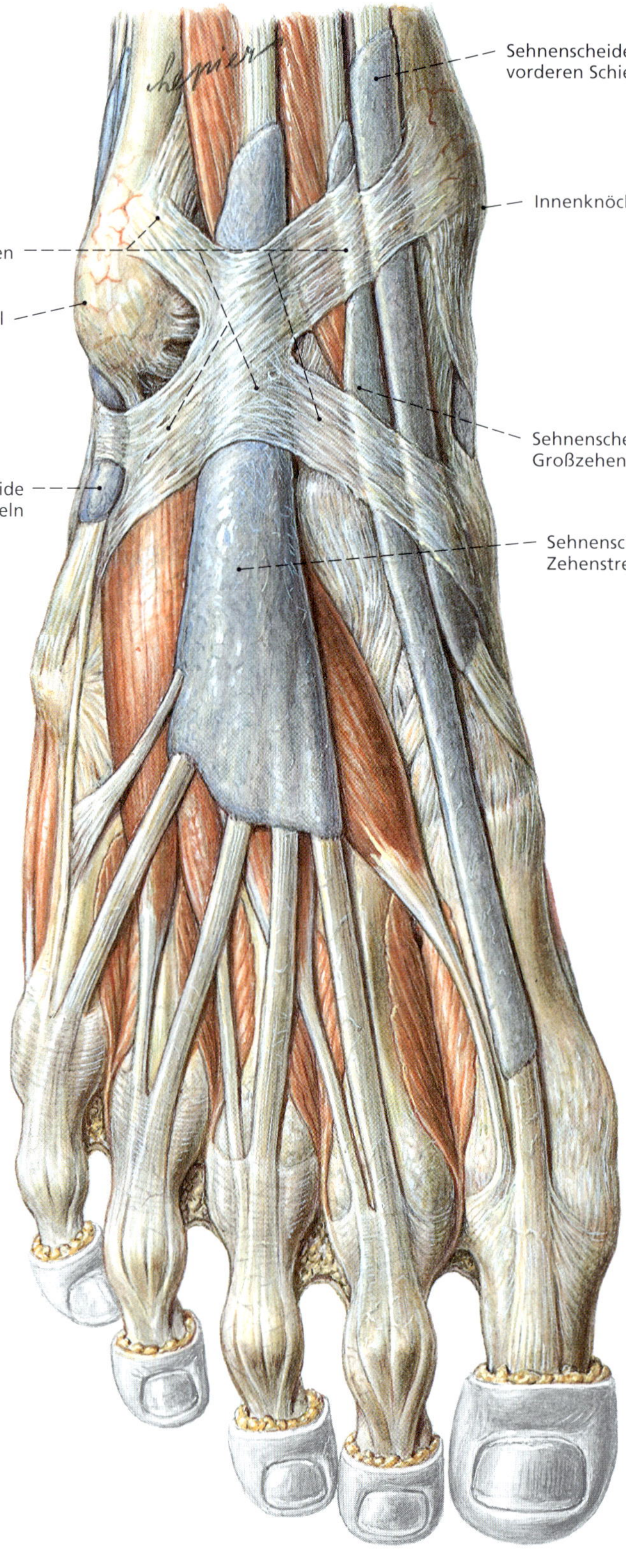

◆
Abb. 56
Sehnenscheiden des rechten Fußrückens.

◆
Abb. 57
Sehnenscheiden des rechten Fußes von der Innenseite gesehen.

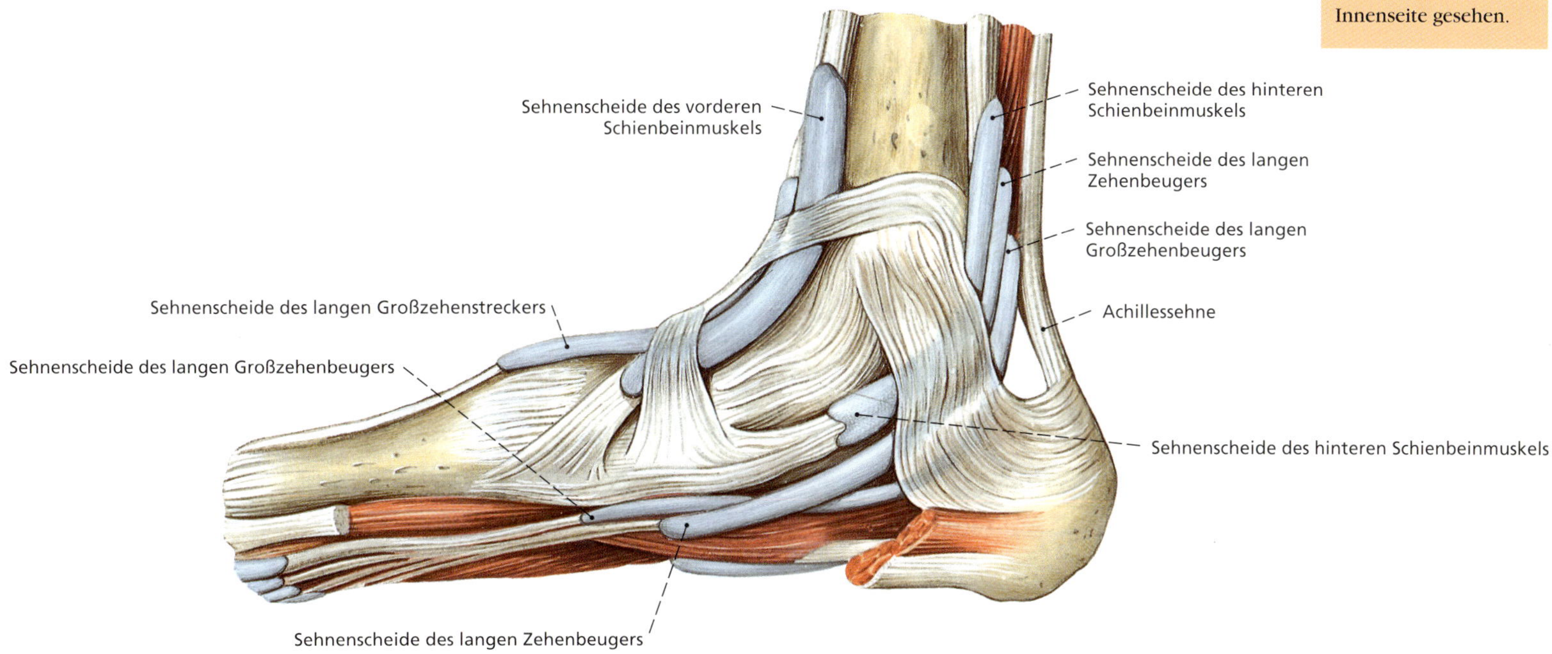

◆
Abb. 58
Sehnenscheiden des rechten Fußes von der Außenseite gesehen.

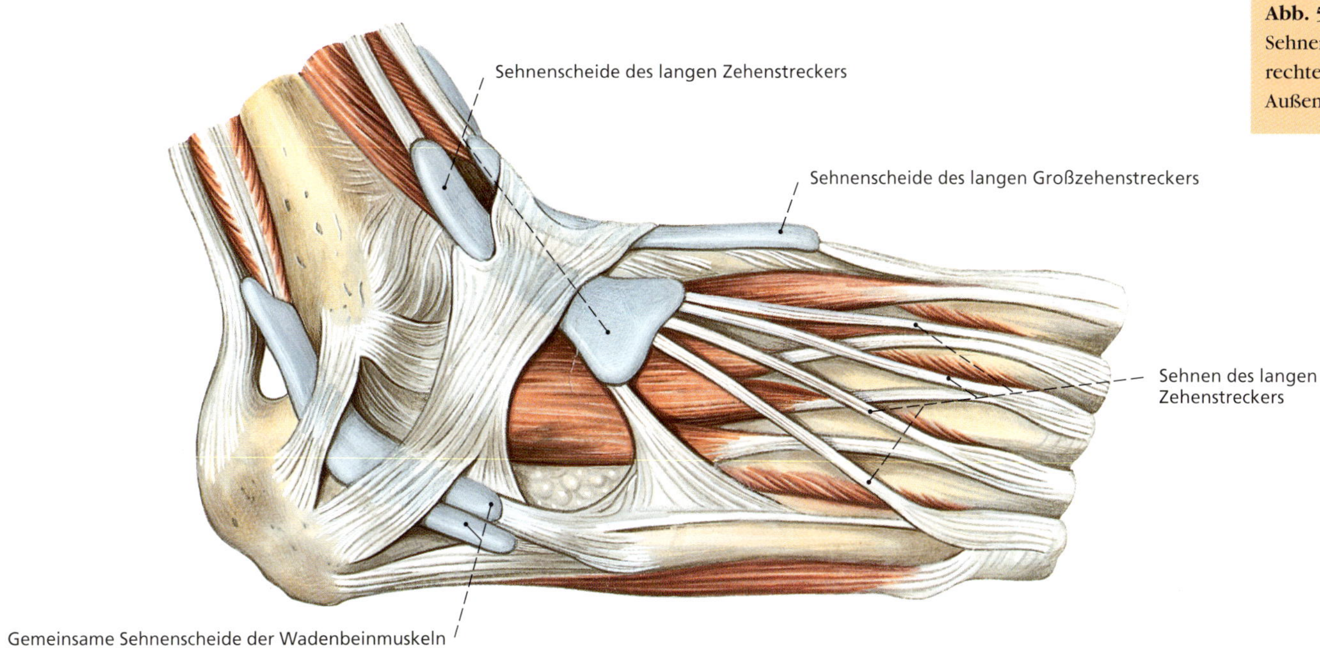

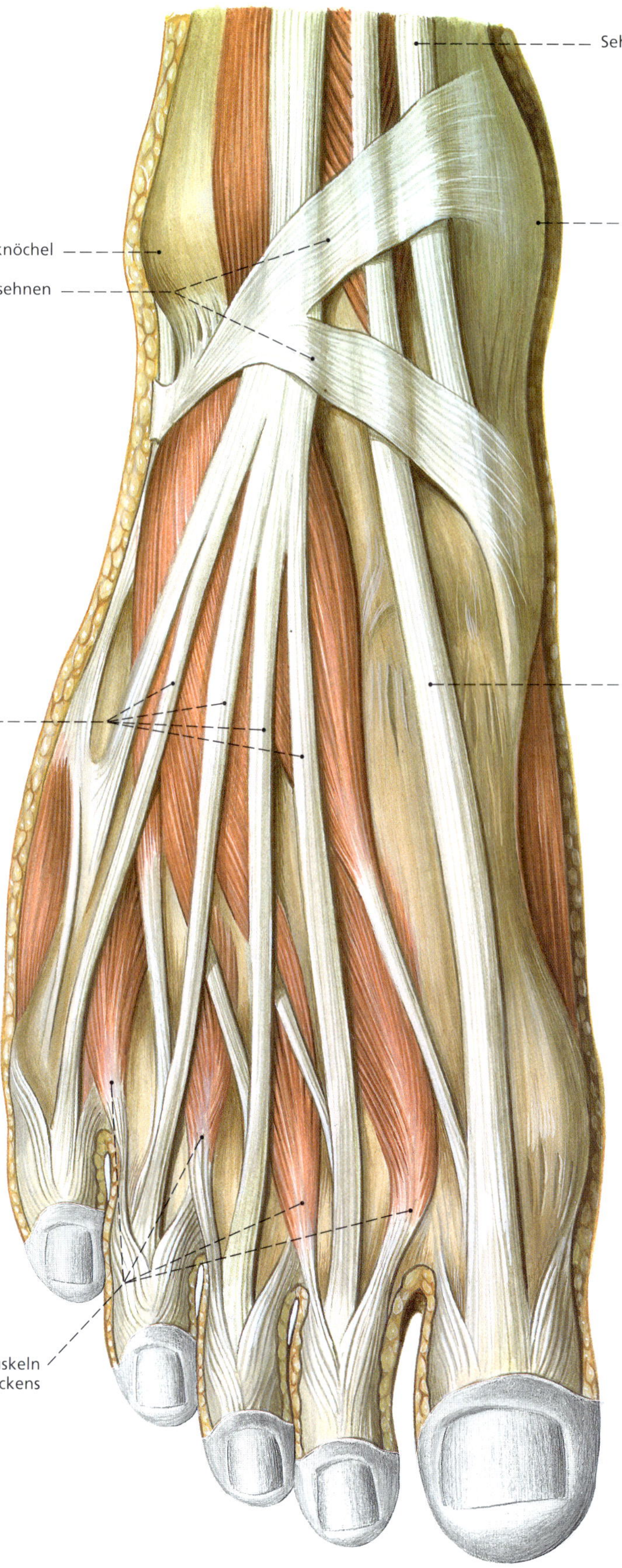

◆
Abb. 59
Muskeln und Sehnen des rechten Fußrückens nach Entfernung der Sehnenscheiden.

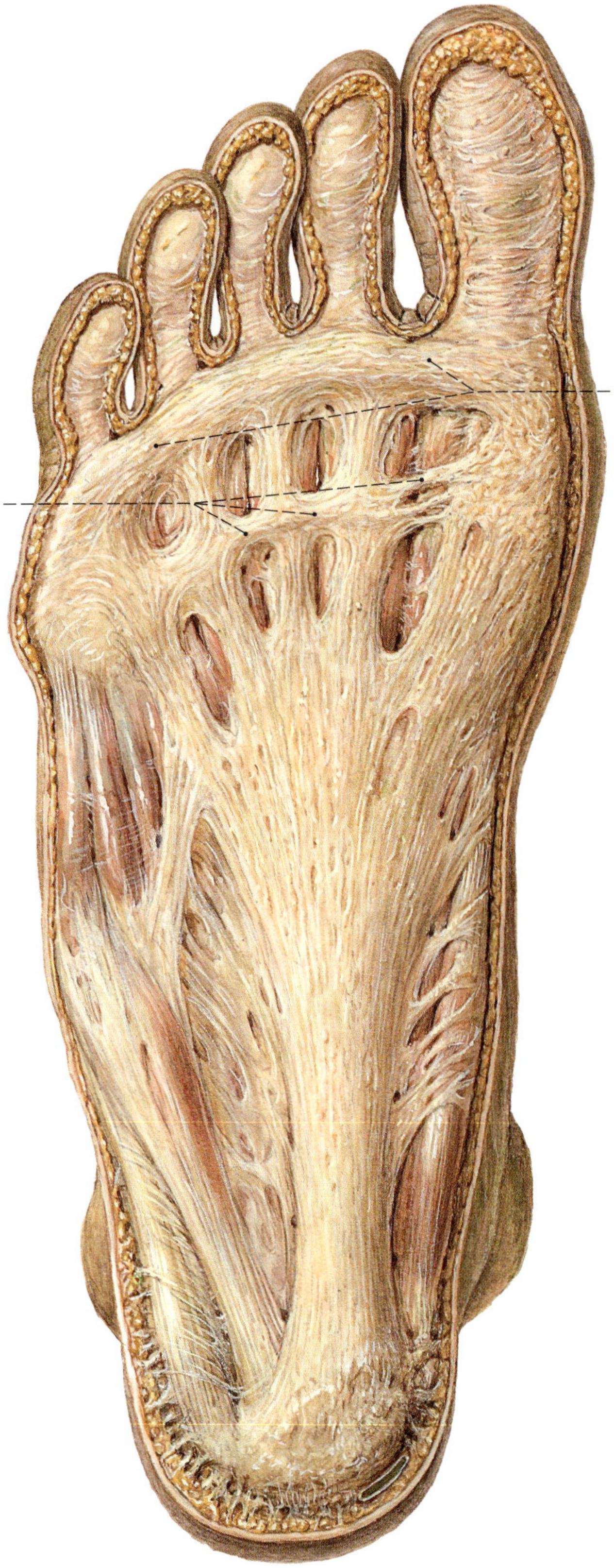

◆
Abb. 60
Sehnenplatte der rechten Fußsohle.

◆
Abb. 61
Muskulatur der rechten Fußsohle nach Entfernung der Fußsohlensehnenplatte.

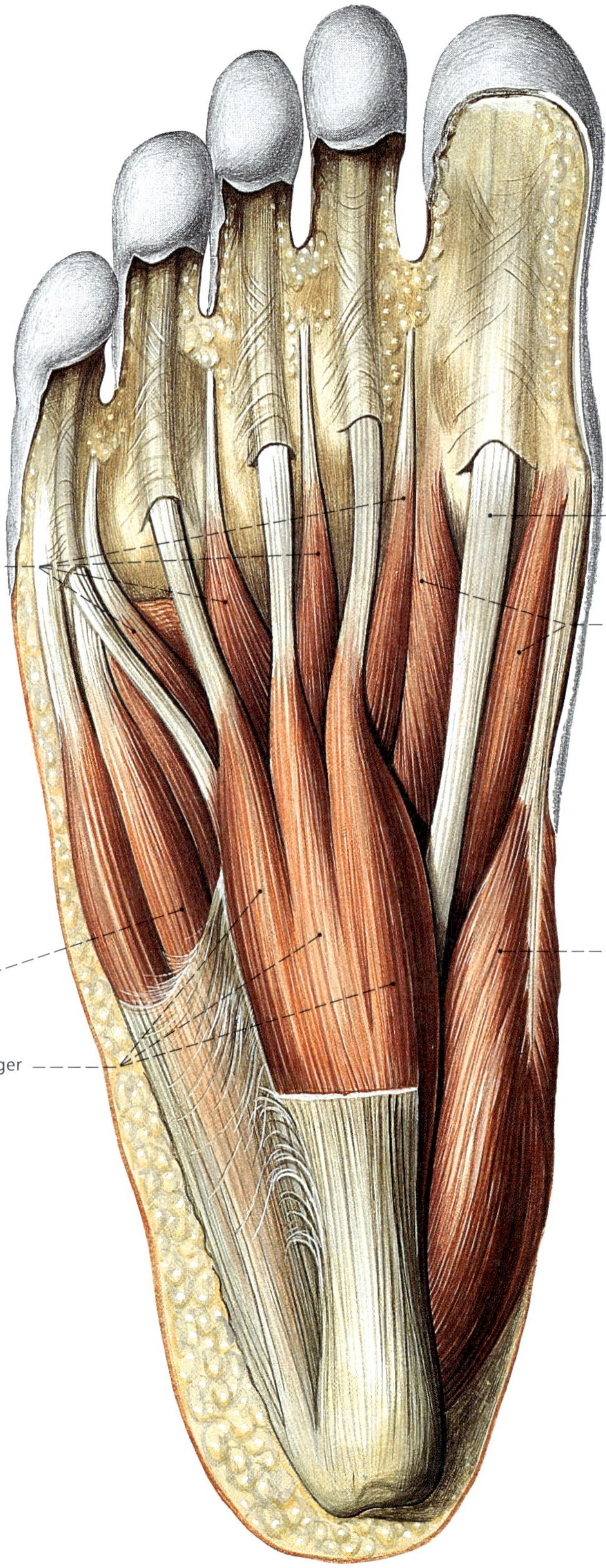

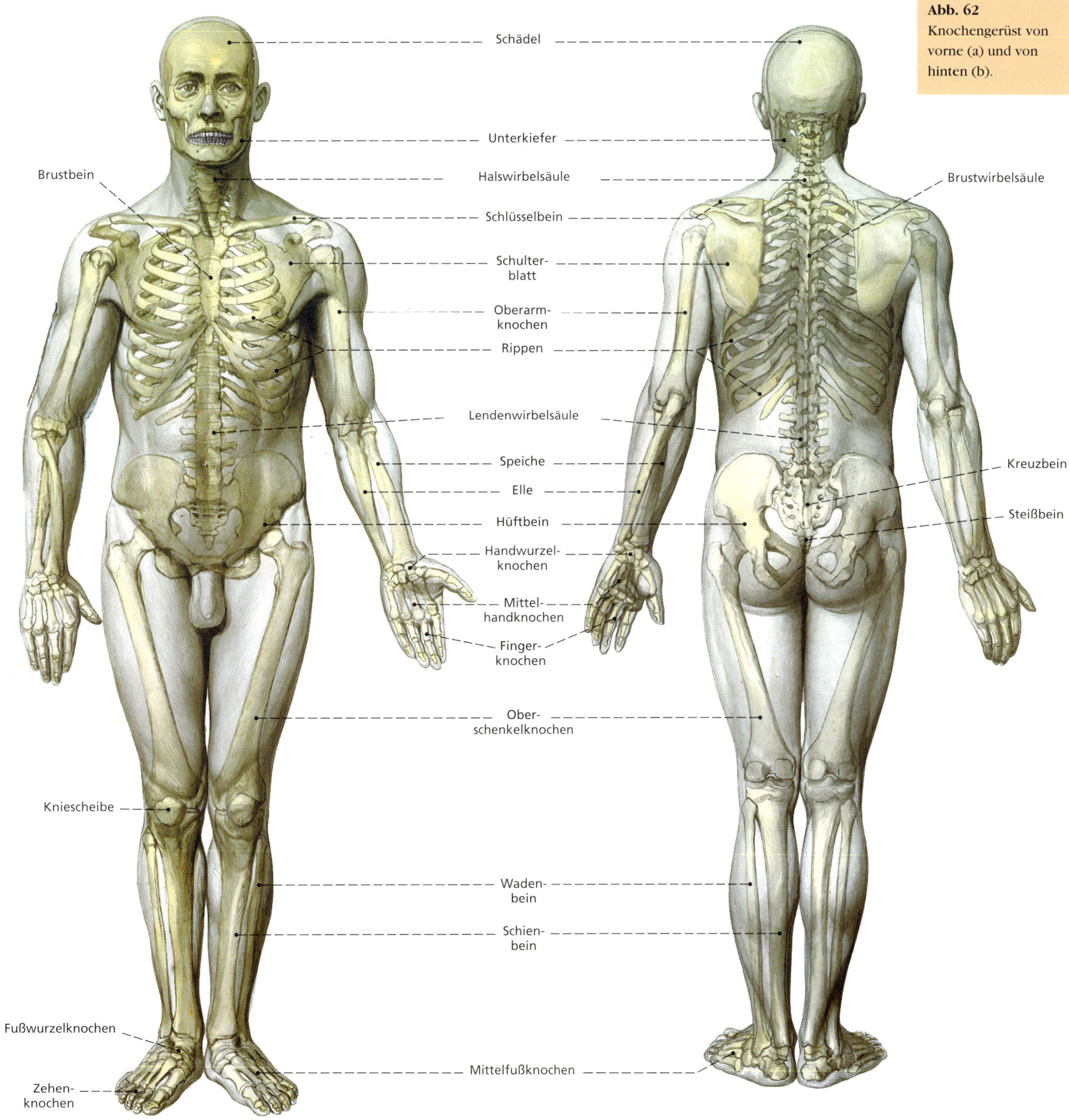

a

b

◆
Abb. 62
Knochengerüst von vorne (a) und von hinten (b).

◆
Abb. 63
Schädel von vorne. Die einzelnen Schädelknochen sind farbig markiert.

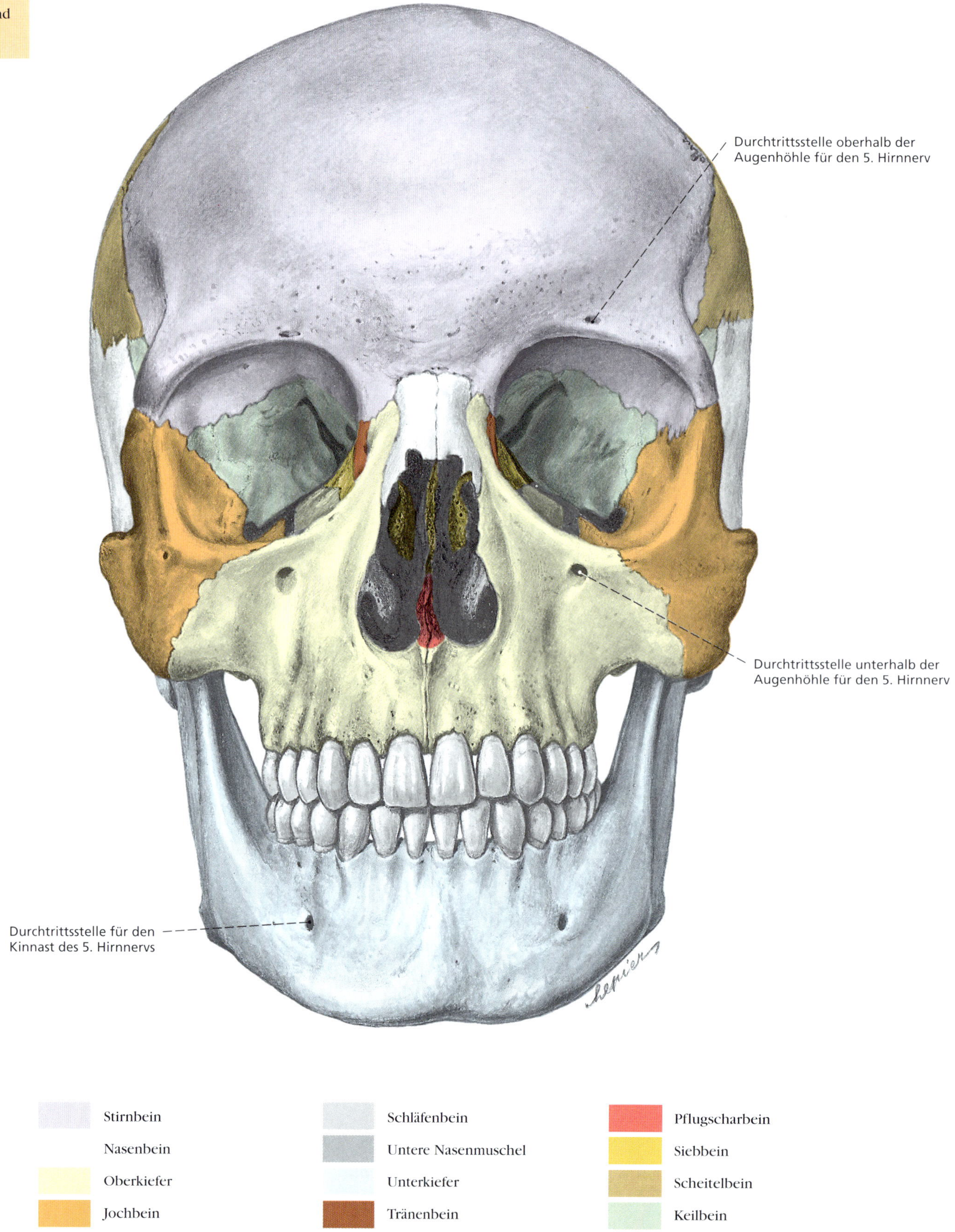

◆
Abb. 64
Schädel von der Seite. Die einzelnen Schädelknochen sind farbig markiert.

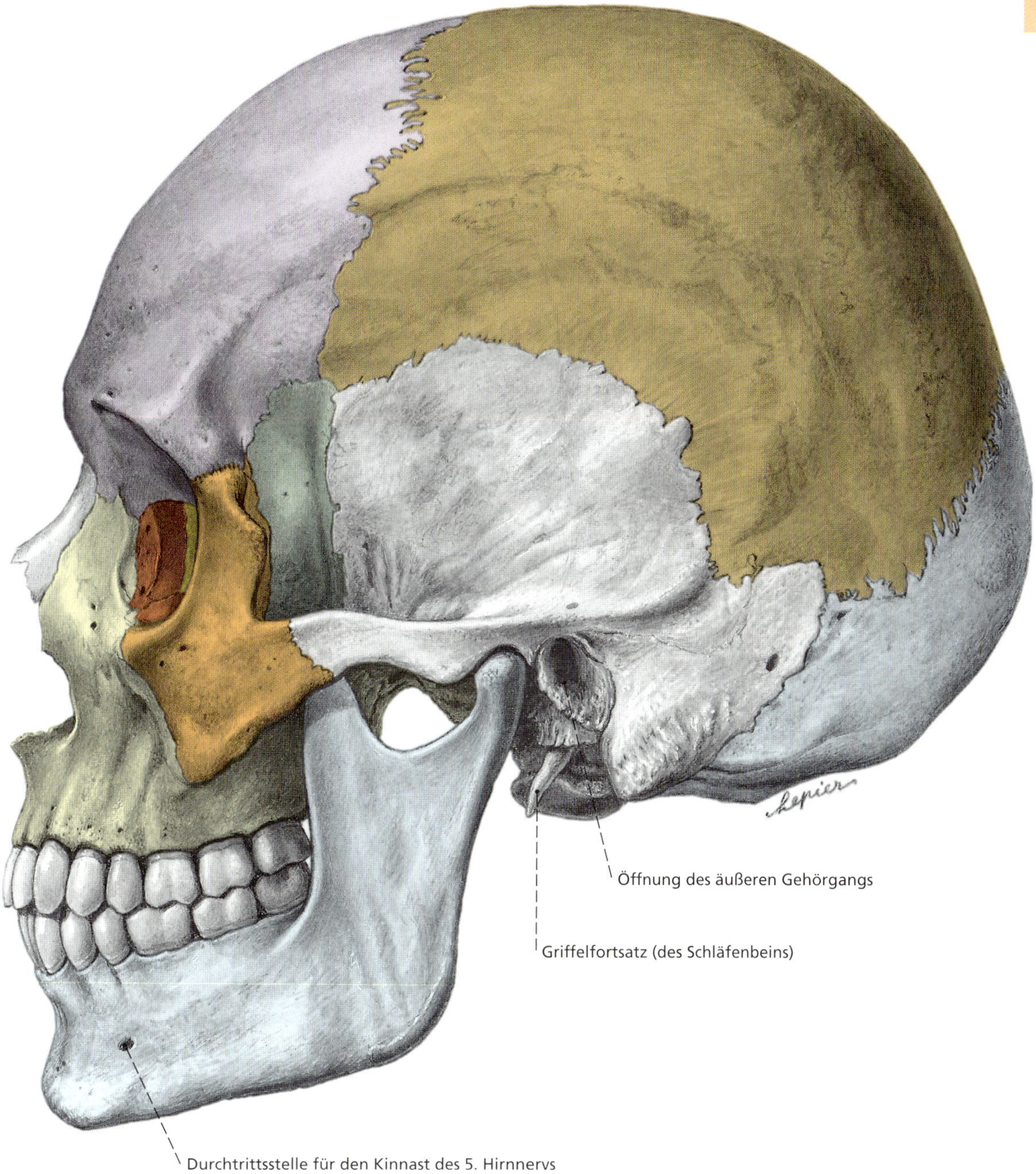

- Stirnbein
- Scheitelbein
- Hinterhauptsbein
- Nasenbein
- Tränenbein
- Jochbein
- Keilbein
- Siebbein
- Schläfenbein
- Oberkiefer
- Unterkiefer

◆
Abb. 65
Schädelknochen von hinten.

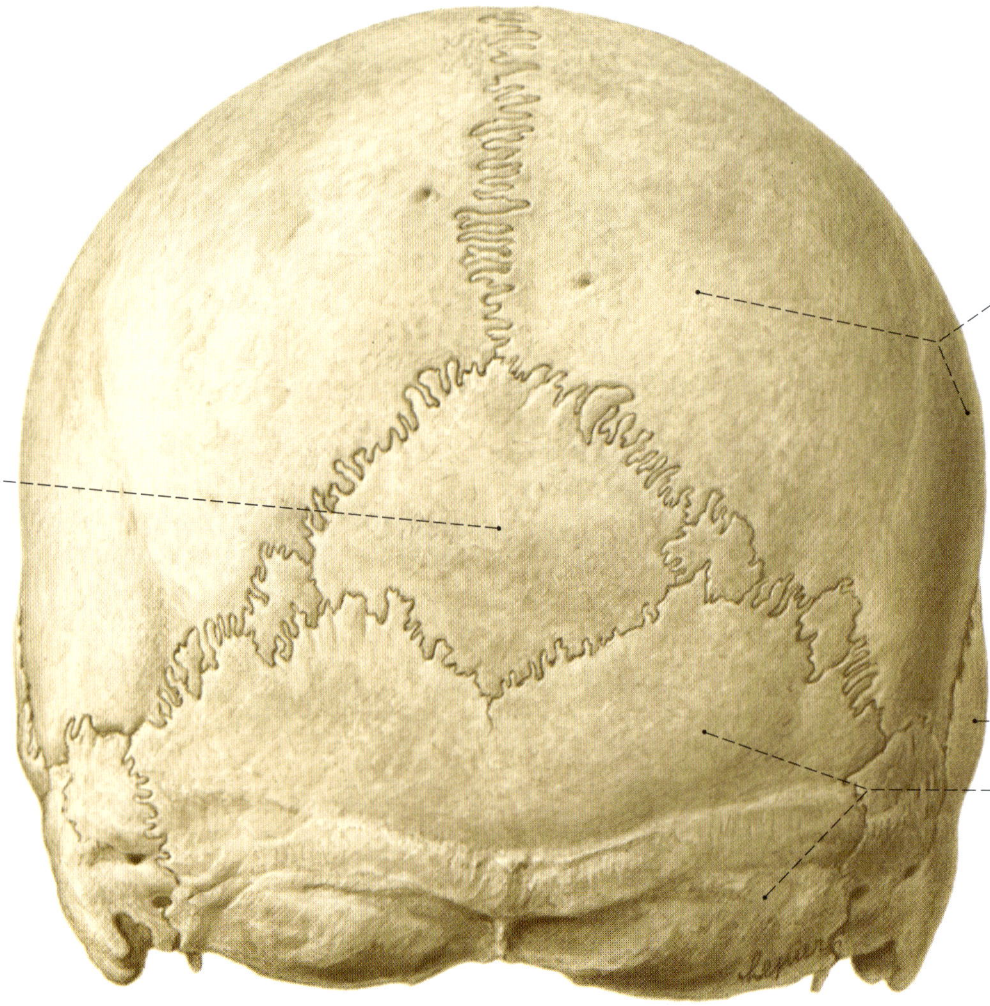

Abb. 66
Schnitt durch den Schädel, Seitenansicht. Die einzelnen Schädelknochen sind farbig markiert.

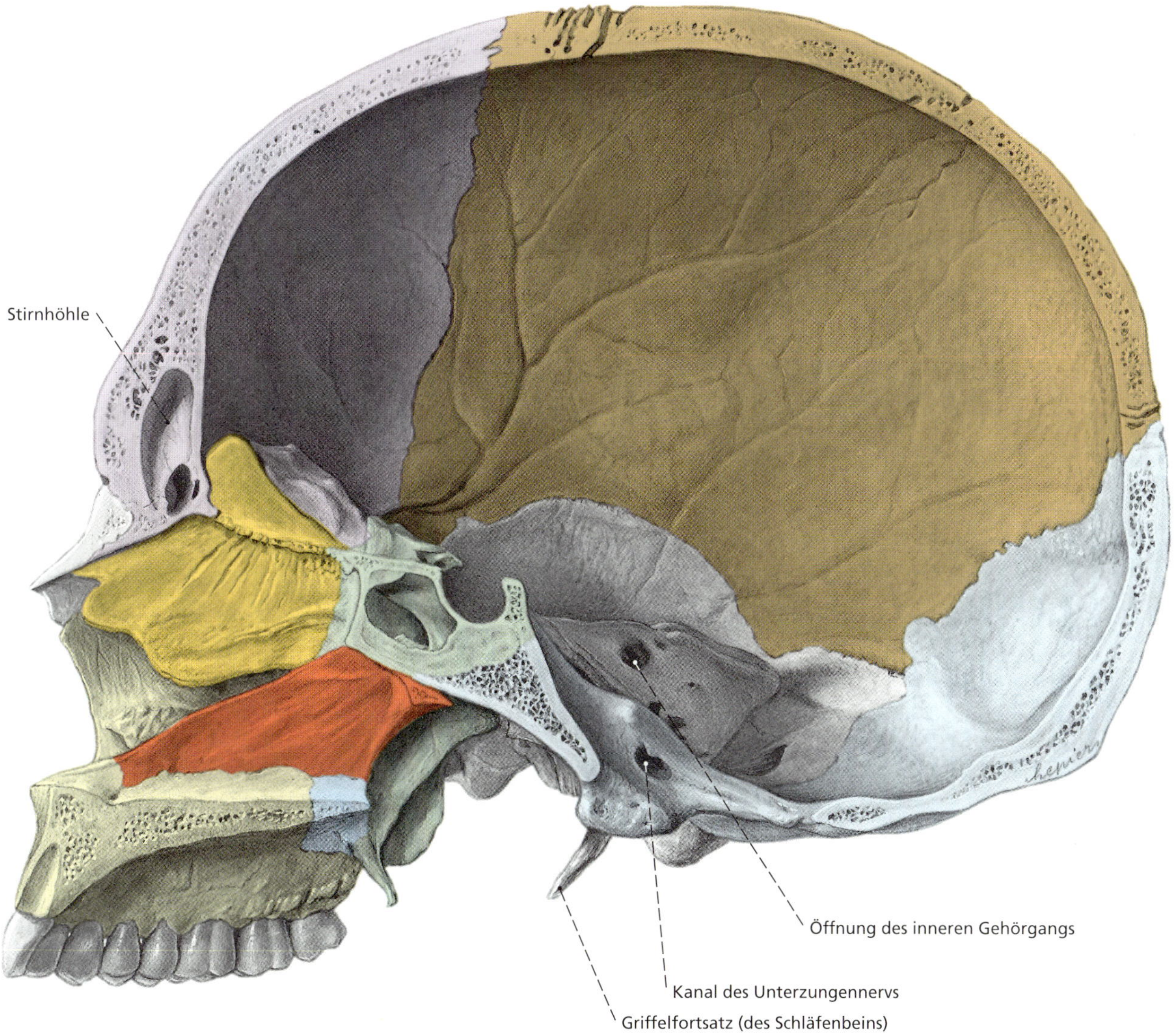

- Stirnbein
- Scheitelbein
- Hinterhauptsbein
- Nasenbein
- Siebbein
- Keilbein
- Schläfenbein
- Oberkiefer
- Pflugscharbein
- Gaumenbein

◆
Abb. 67
Schädelbasis (von oben und innen betrachtet) mit Öffnungen für Gefäße und Nerven. Die einzelnen Schädelknochen sind farbig markiert.

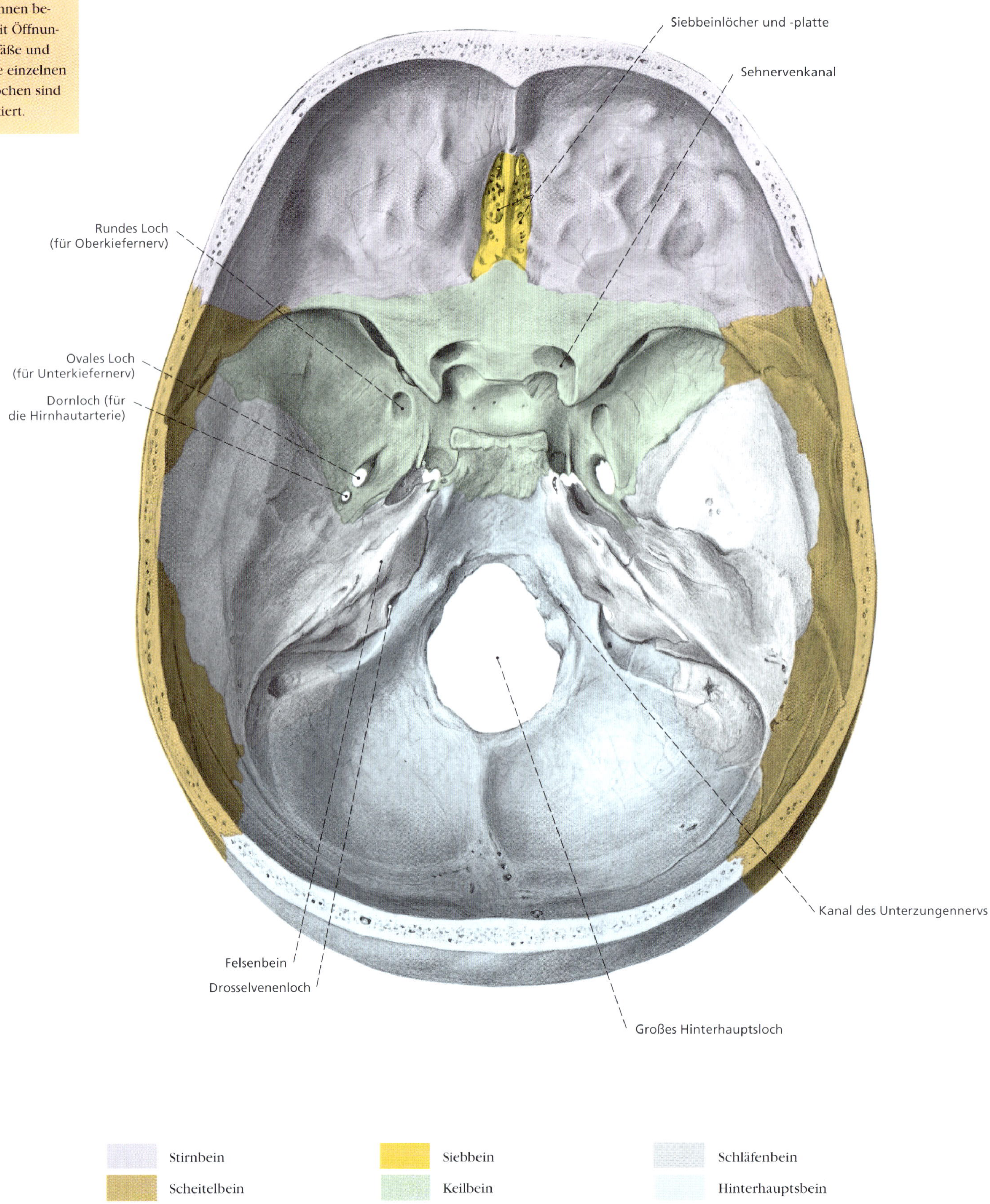

◆
Abb. 68
Schädelbasis (von unten und außen betrachtet) mit Öffnungen für Gefäße und Nerven. Die einzelnen Schädelknochen sind farbig markiert.

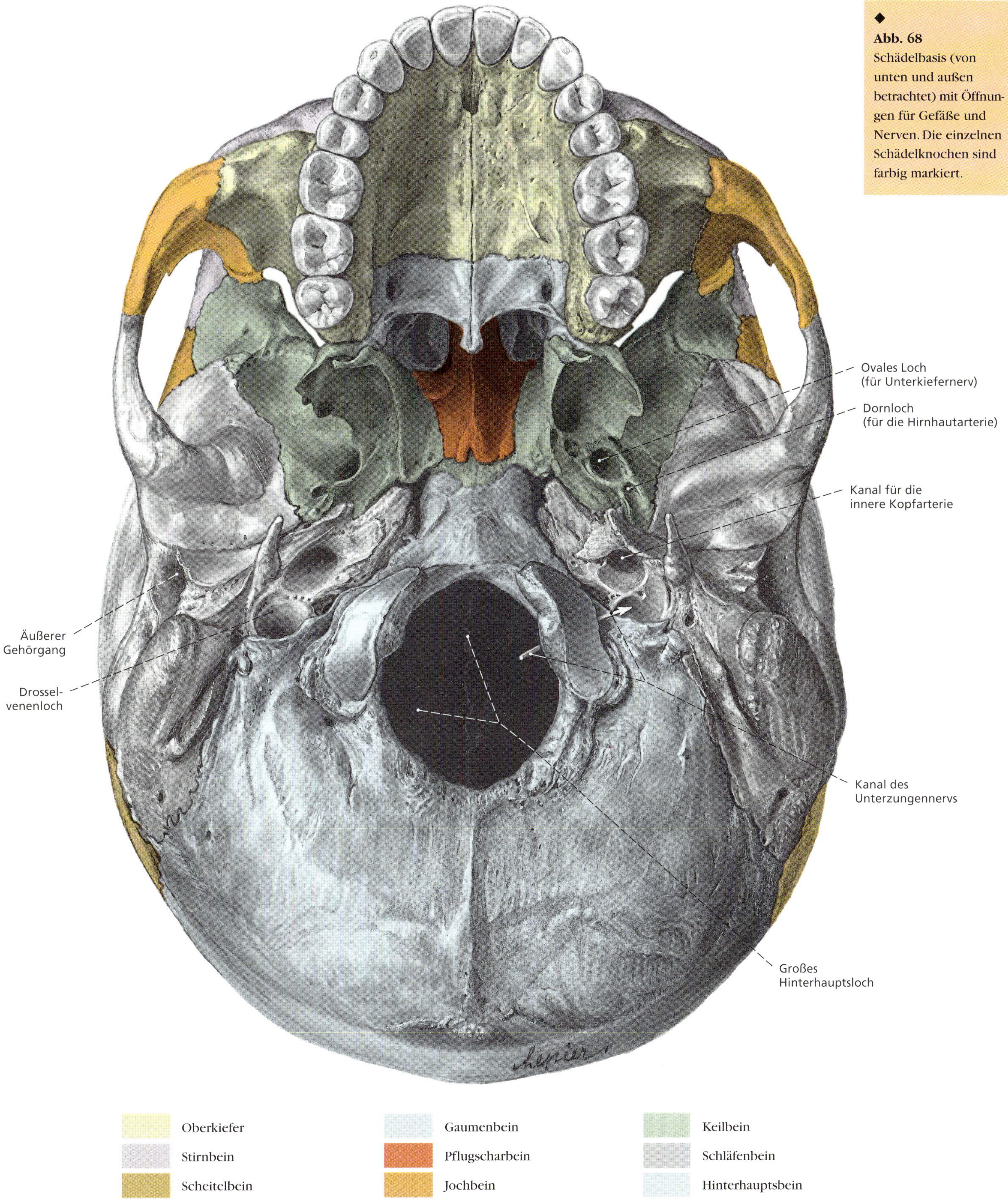

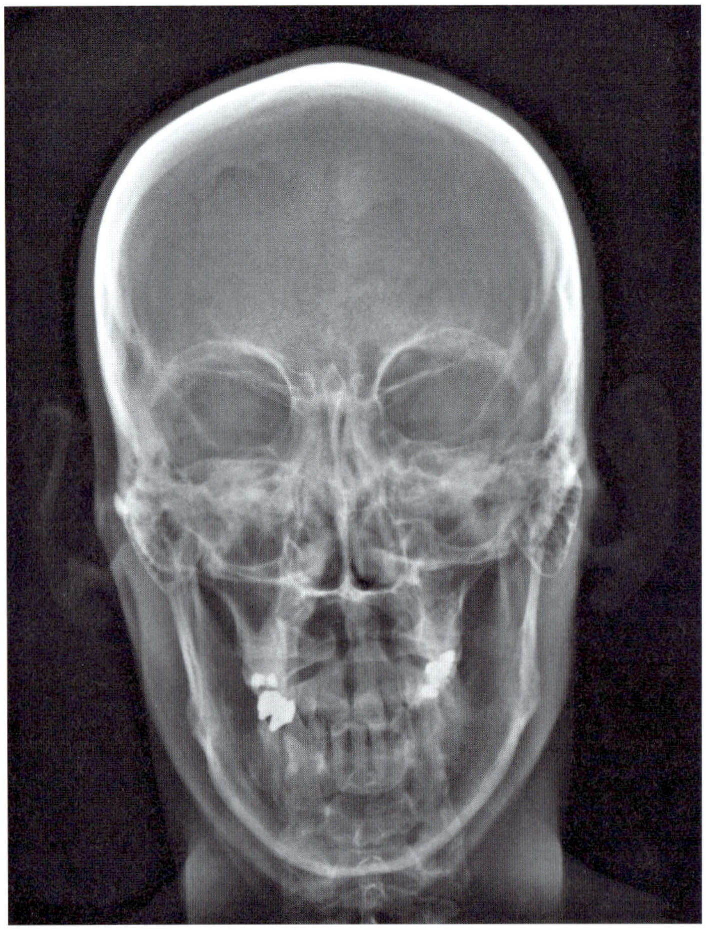

◆
Abb. 69
Röntgenaufnahme des Schädels von vorne. Zahnfüllungen im Ober- und Unterkiefer erscheinen weiß.

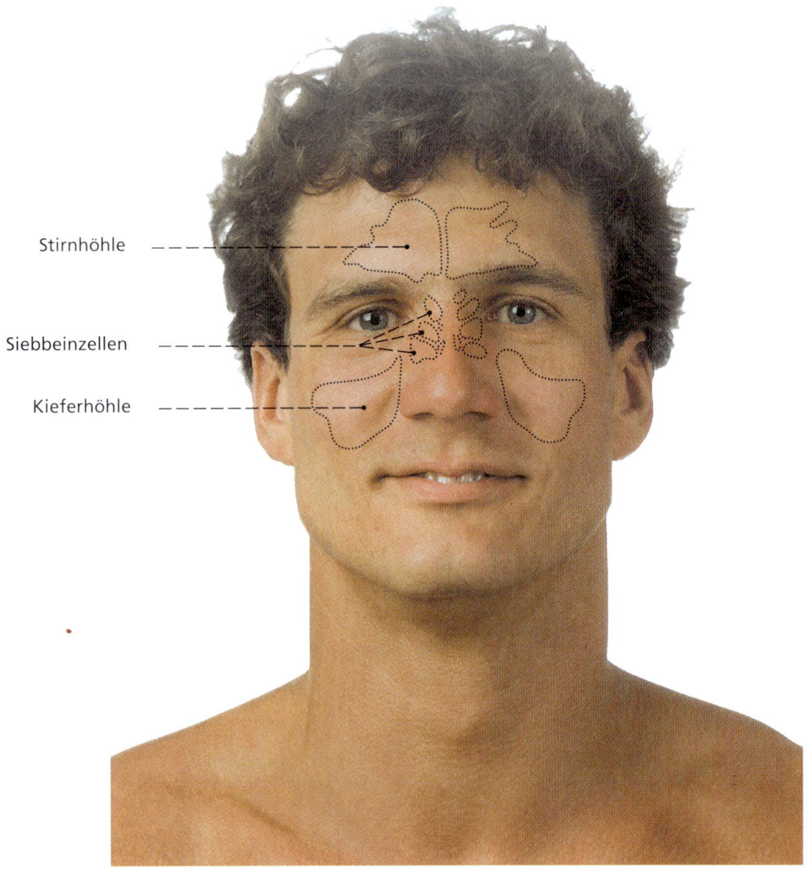

◆
Abb. 70
Die Nasennebenhöhlen sind auf die Gesichtshaut aufgezeichnet.

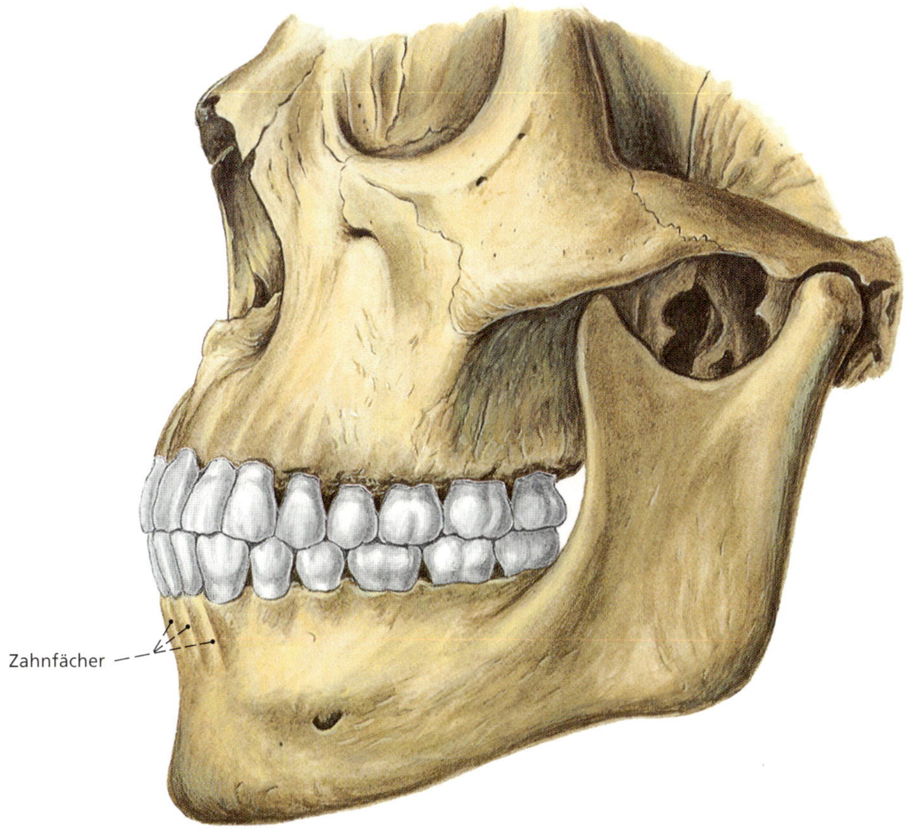

◆
Abb. 71
Ober- und Unterkiefer von der Seite.

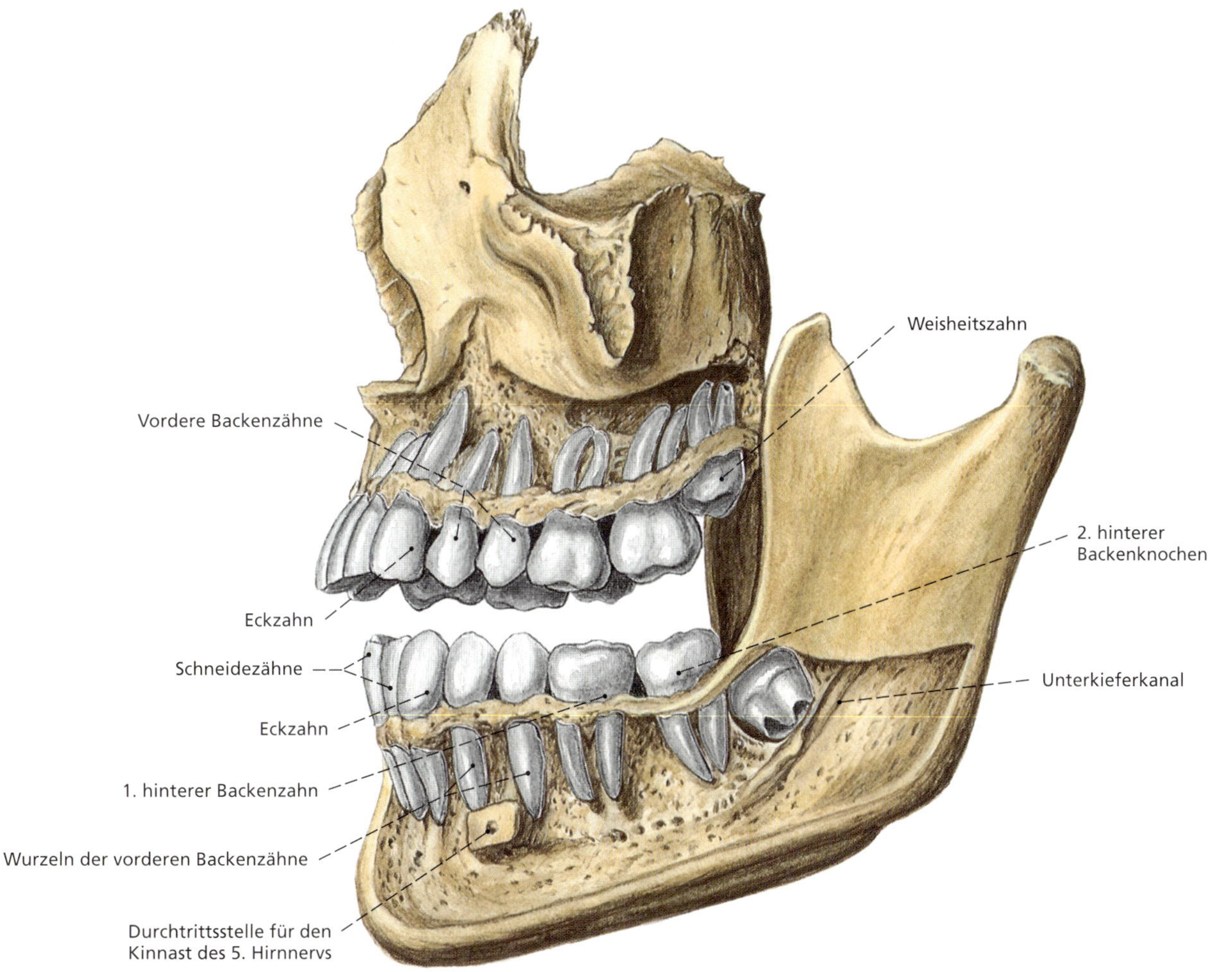

◆
Abb. 72
Ober- und Unterkiefer mit Zähnen nach Entfernung der äußeren Knochenschicht. Dadurch sind die Zahnwurzeln sichtbar.

◆
Abb. 73
Längsschnitt eines Schneidezahns. Nerven und Gefäße ziehen durch eine Öffnung in der Wurzelspitze in den Wurzelkanal.

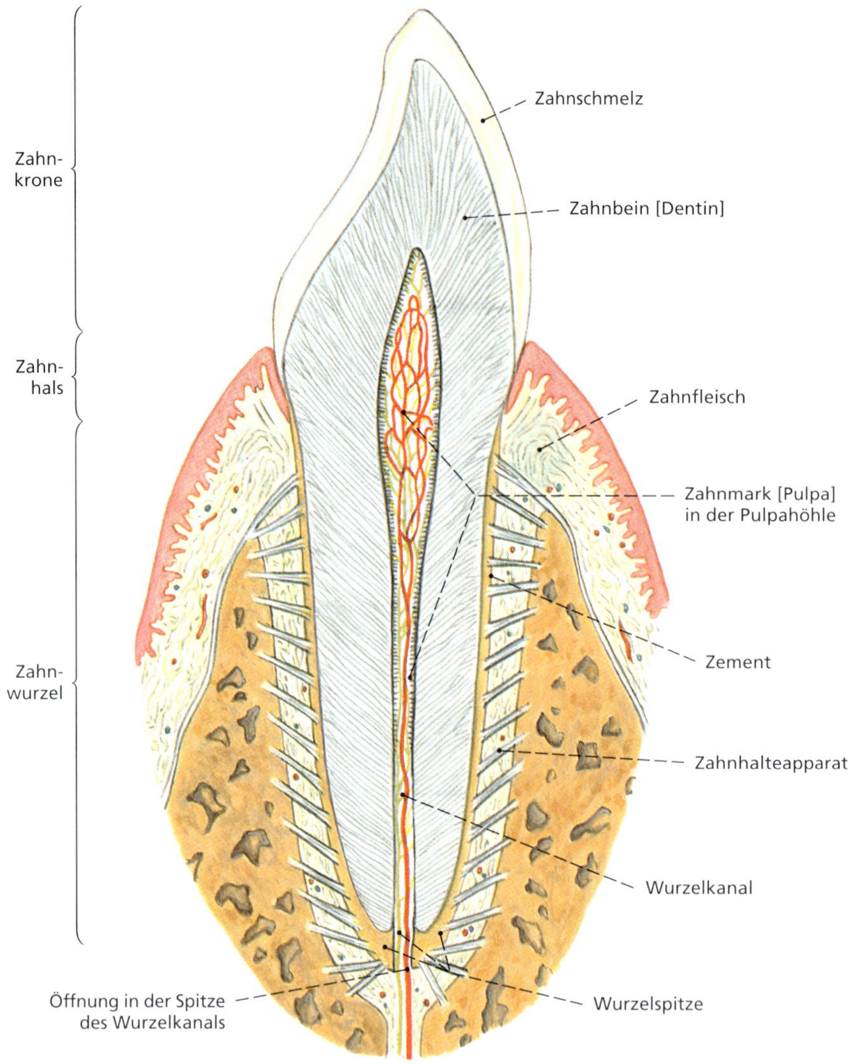

◆
Abb. 74
Bleibender unterer Eckzahn mit einer Wurzel (a) und zweiter Milchbackenzahn (b) mit zwei Wurzeln.

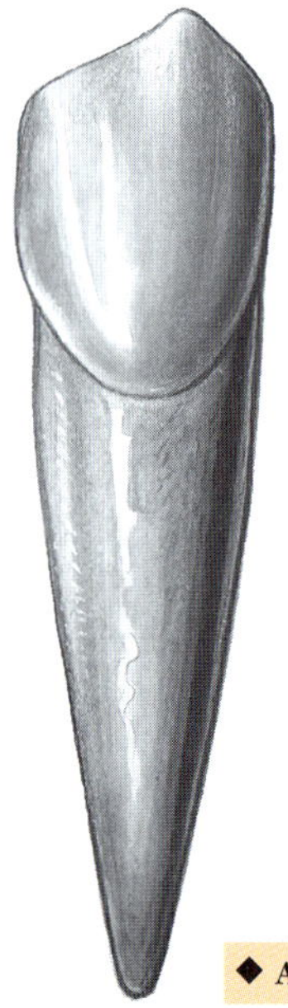
◆ **Abb. 74a**

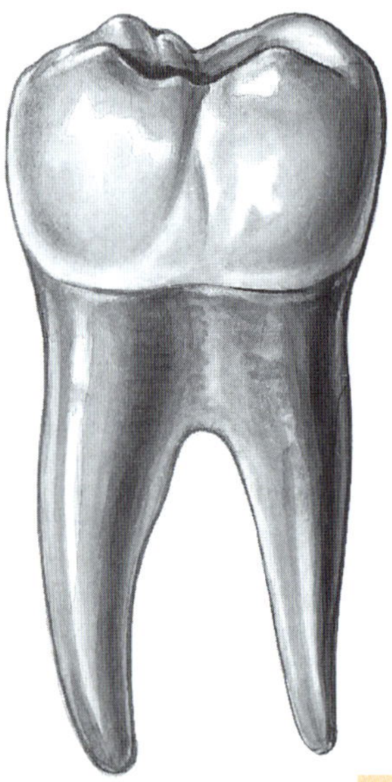
◆ **Abb. 74b**

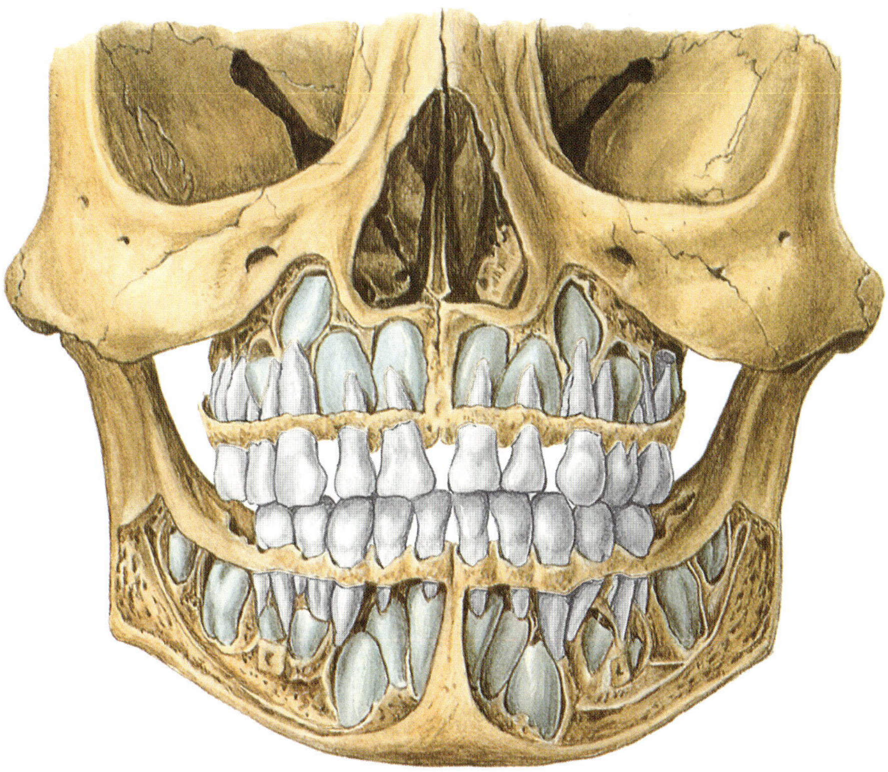

◆
Abb. 75
Gesichtsschädel. Die äußere Knochenschicht von Ober- und Unterkiefer ist entfernt, um die Zahnanlagen der bleibenden Zähne freizulegen (blau).

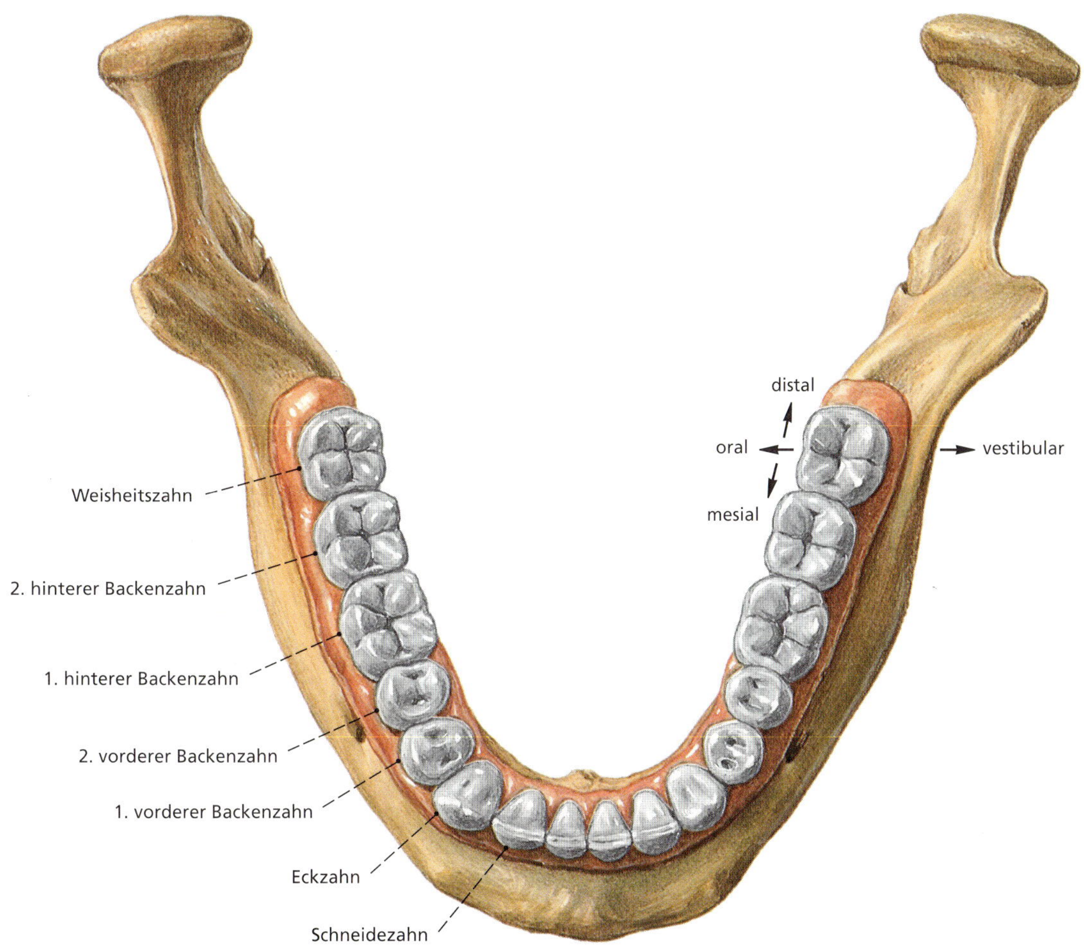

◆
Abb. 76
Unterkiefer eines Erwachsenen von oben. Ober- und Unterkiefer haben jeweils 16 Zähne. Die Bezeichnungen distal, oral, mesial und vestibular dienen als Orientierungshilfe z.B. für die örtliche Bestimmung eines Zahnschadens (distal = nach hinten, oral = zur Mundhöhle hin, mesial = zur Kiefermitte hin, vestibular = auf der Seite der äußeren Kieferfläche).

◆
Abb. 77
Wirbelsäule mit Brustkorb und Becken in der Mitte längsgespalten; a) von rechts, b) von links.

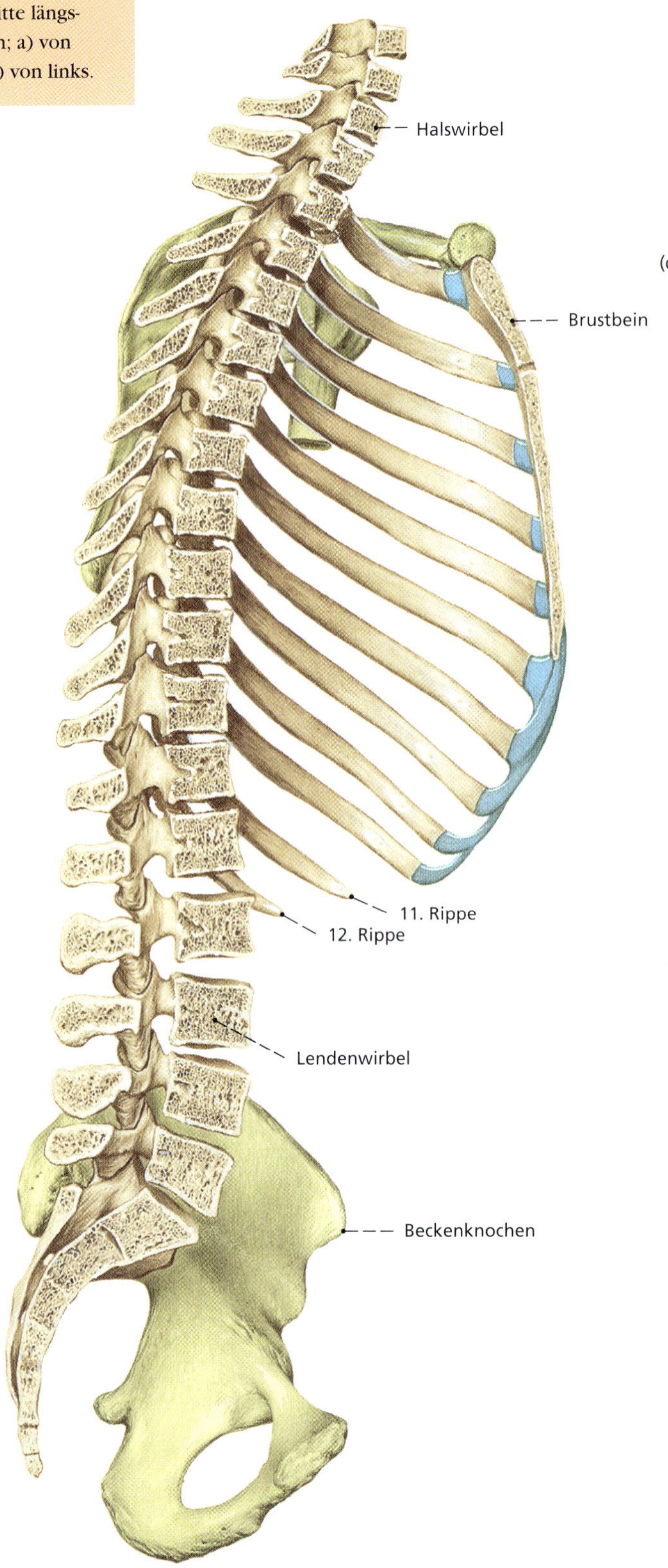

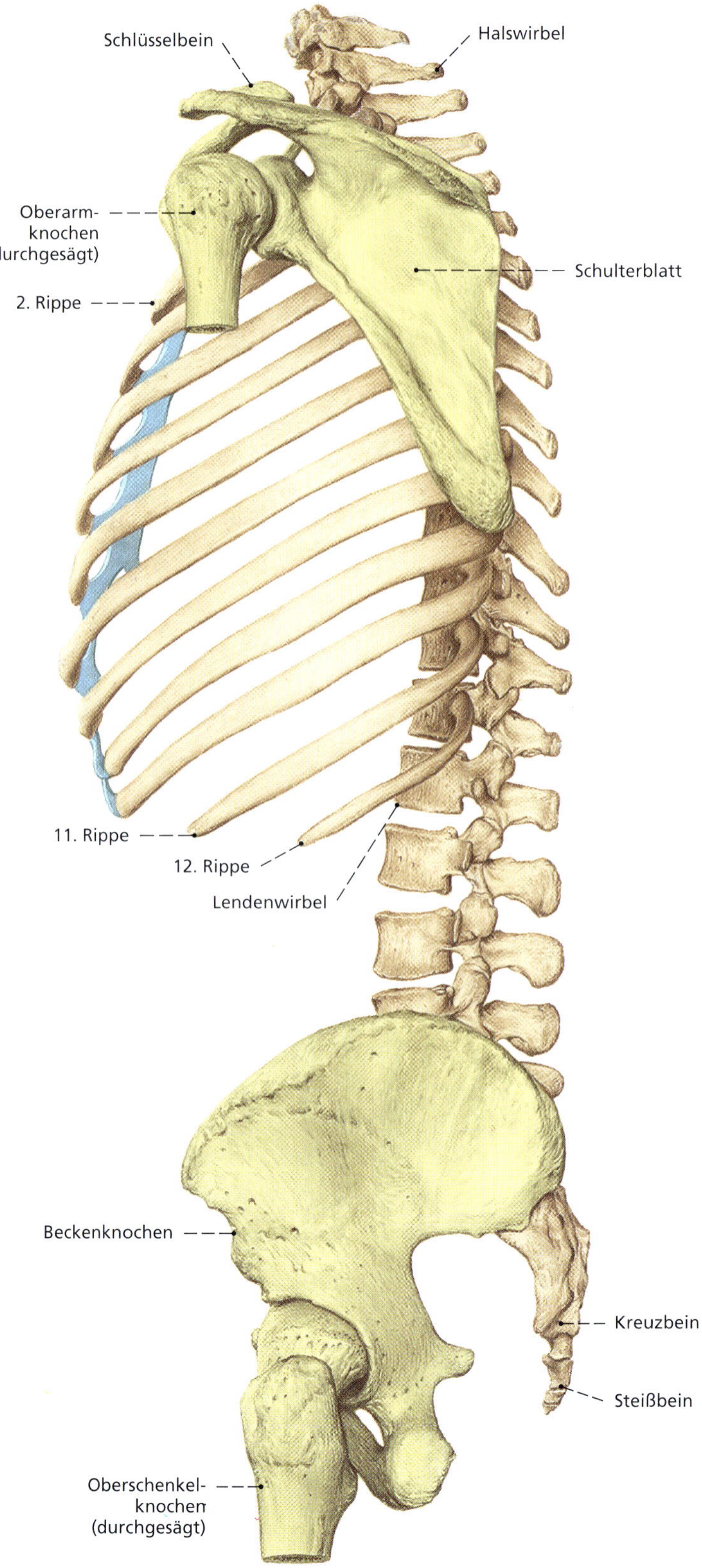

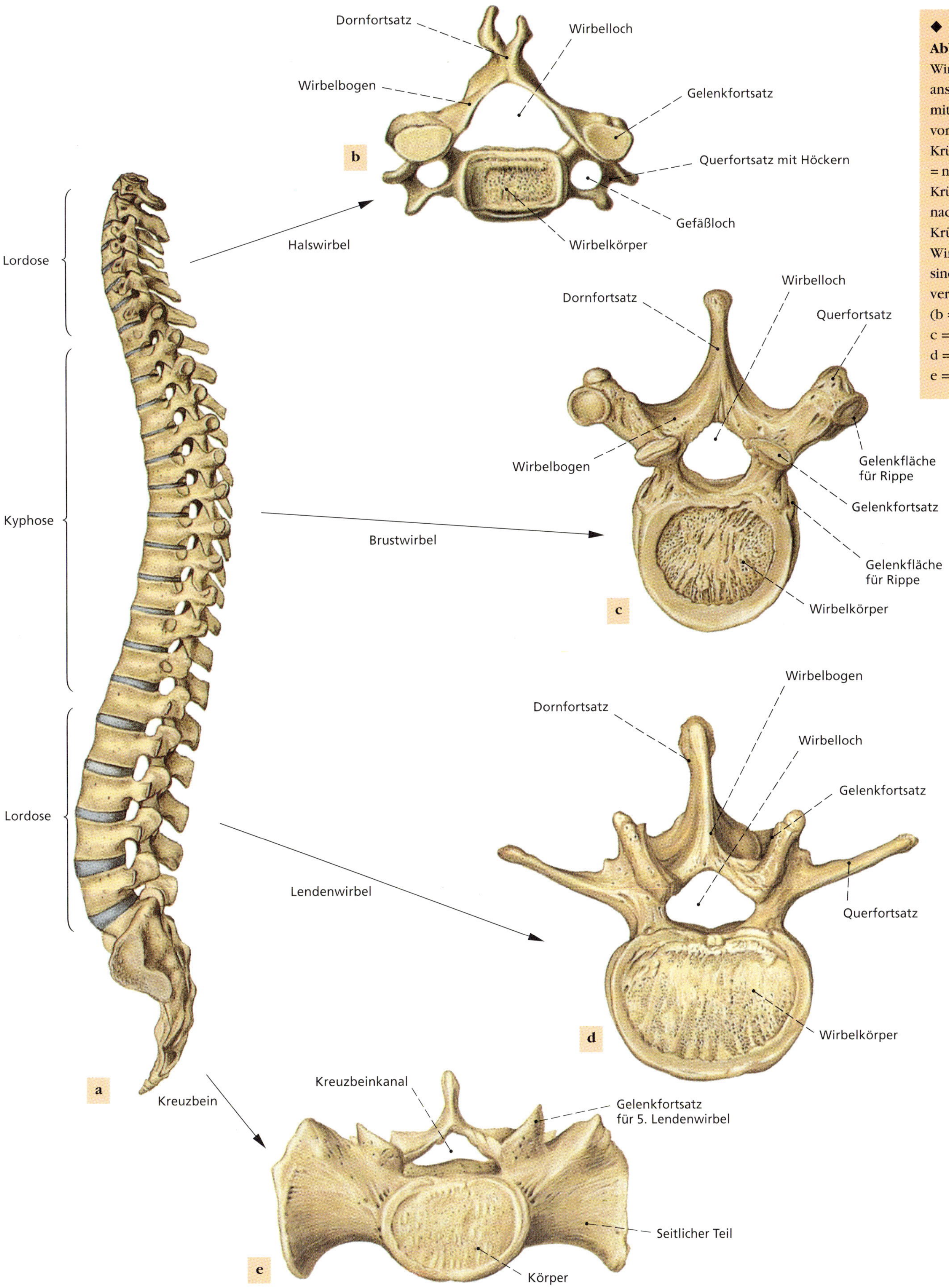

◆
Abb. 78
Wirbelsäule in Seitenansicht von links (a) mit den in der Regel vorhandenen Krümmungen (Lordose = nach vorne gerichtete Krümmung, Kyphose = nach hinten gerichtete Krümmung). Je nach Wirbelsäulenabschnitt sind die Wirbelkörper verschieden geformt (b = Halswirbel, c = Brustwirbel, d = Lendenwirbel, e = Kreuzbein).

◆
Abb. 79
Bänder der Wirbelsäule und der Gelenke zwischen Wirbeln und Rippen. Seitliche Anteile des vorderen Längsbandes sind entfernt.

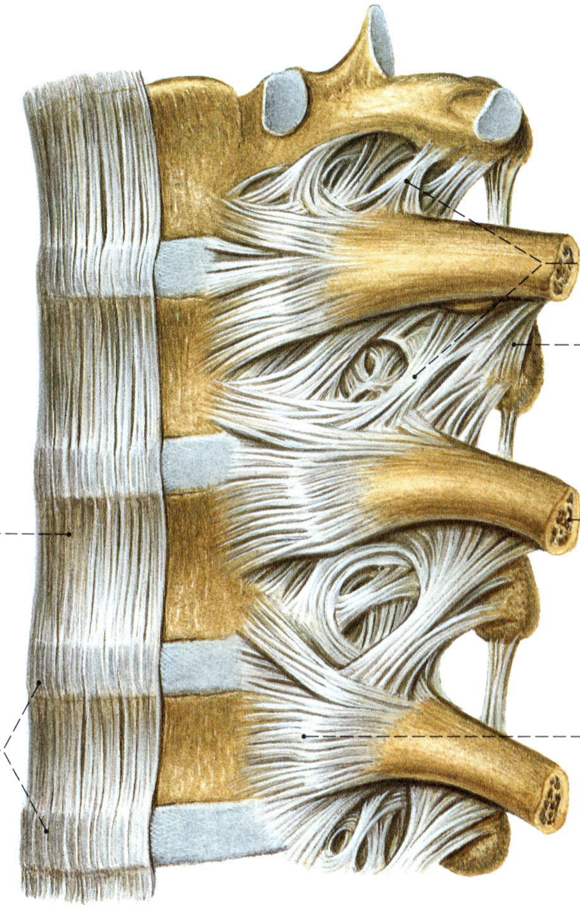

◆
Abb. 80
Darstellung eines Bewegungsabschnitts (sog. Bewegungssegment) im Lendenwirbelbereich.

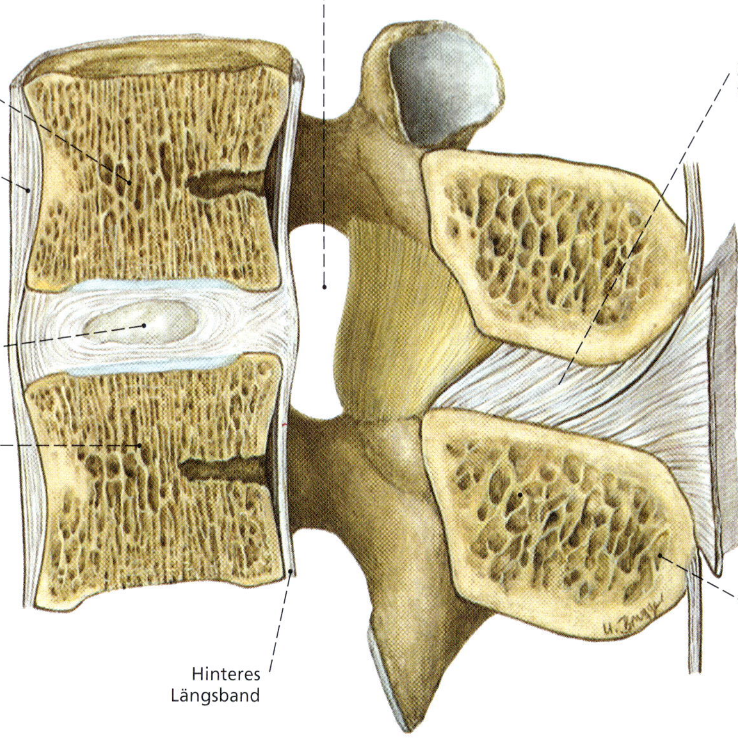

◆
Abb. 81
Brustkorb mit linkem Schlüsselbein und Schulterblatt. Die Knorpelanteile (Rippenansätze am Brustbein; Bandscheiben) sind hellblau gefärbt.

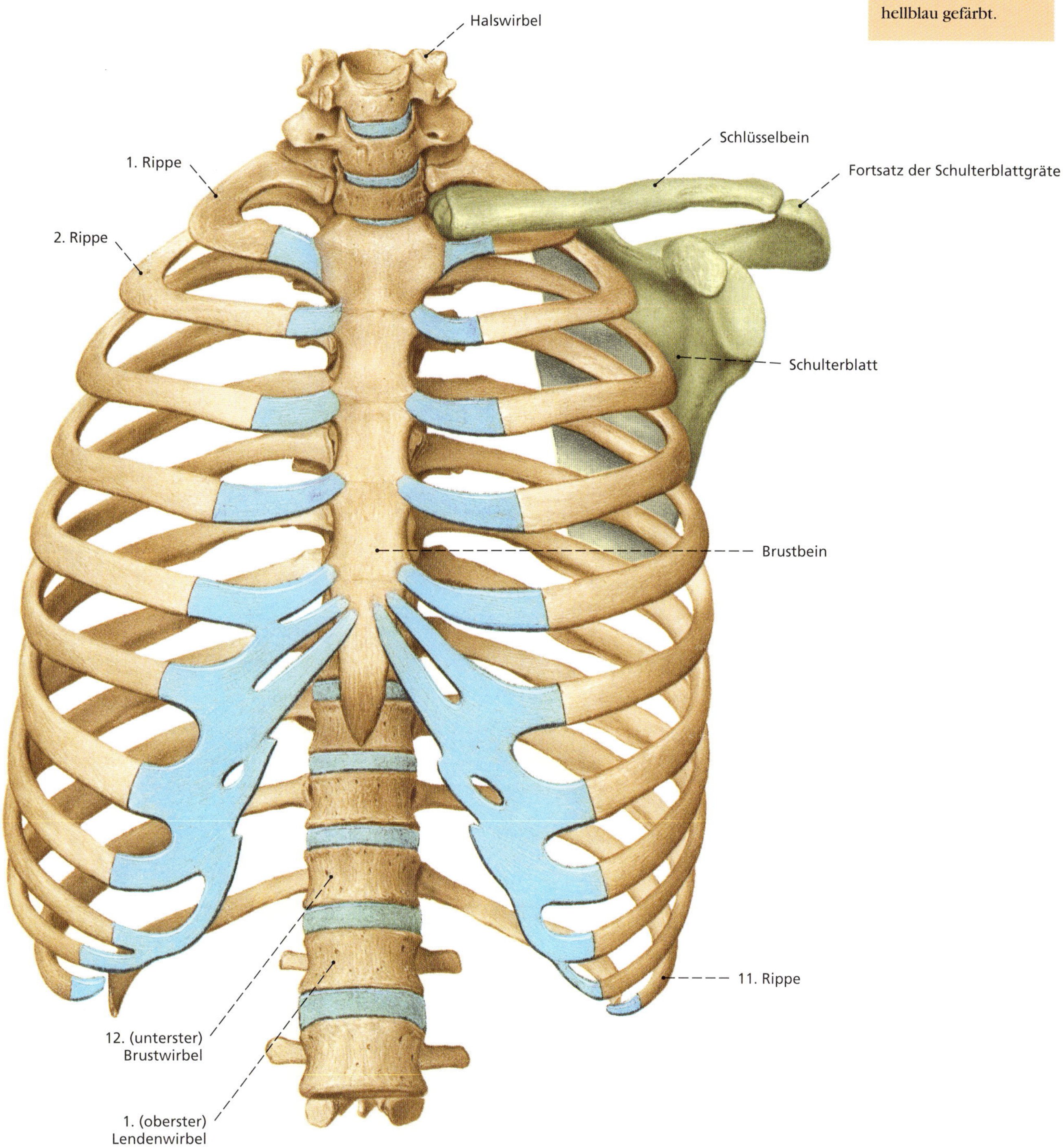

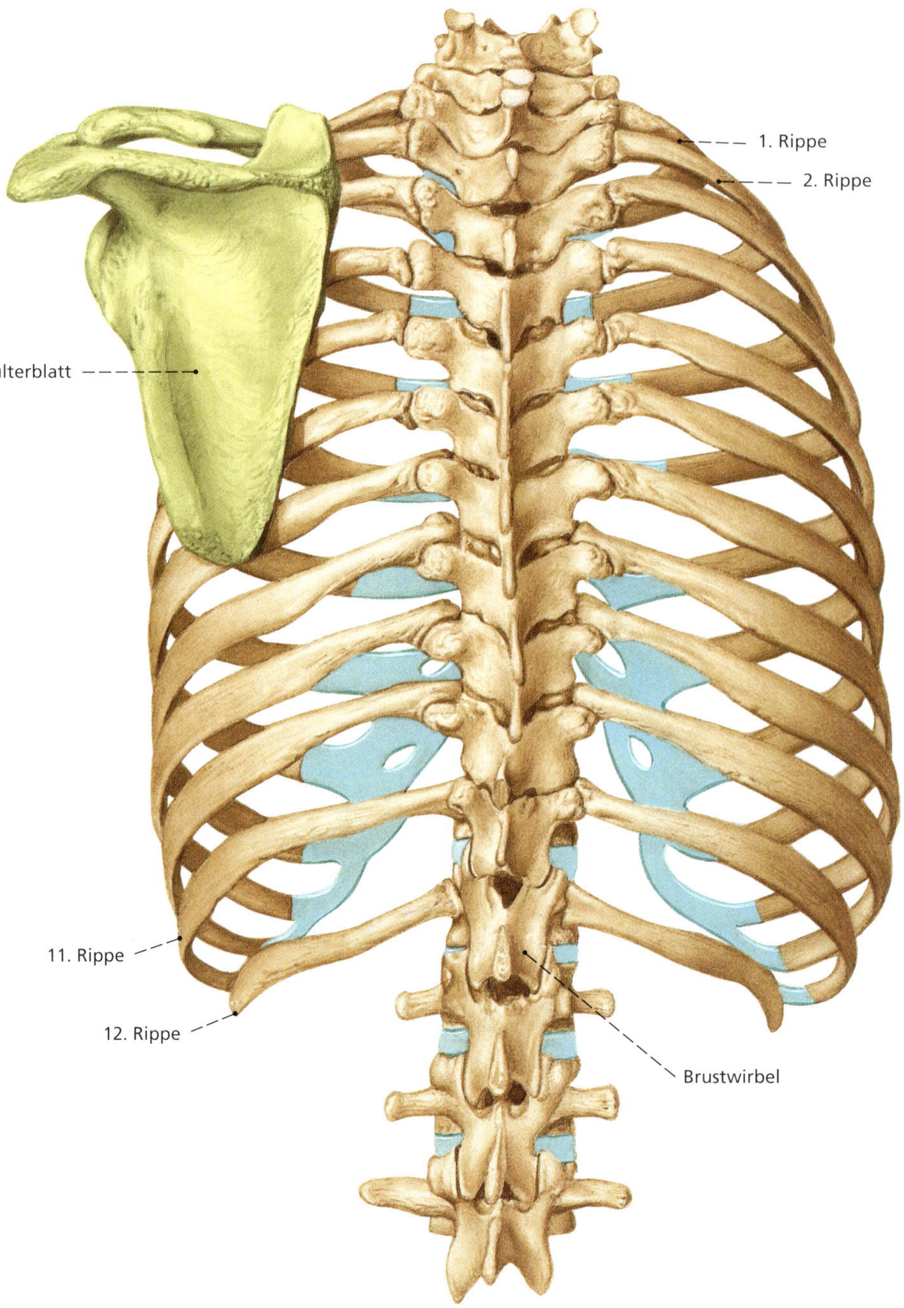

◆
Abb. 82
Brustkorb mit linkem Schulterblatt von hinten. Die Knorpelanteile (Rippenansätze am Brustbein vorne; Bandscheiben) sind hellblau gefärbt.

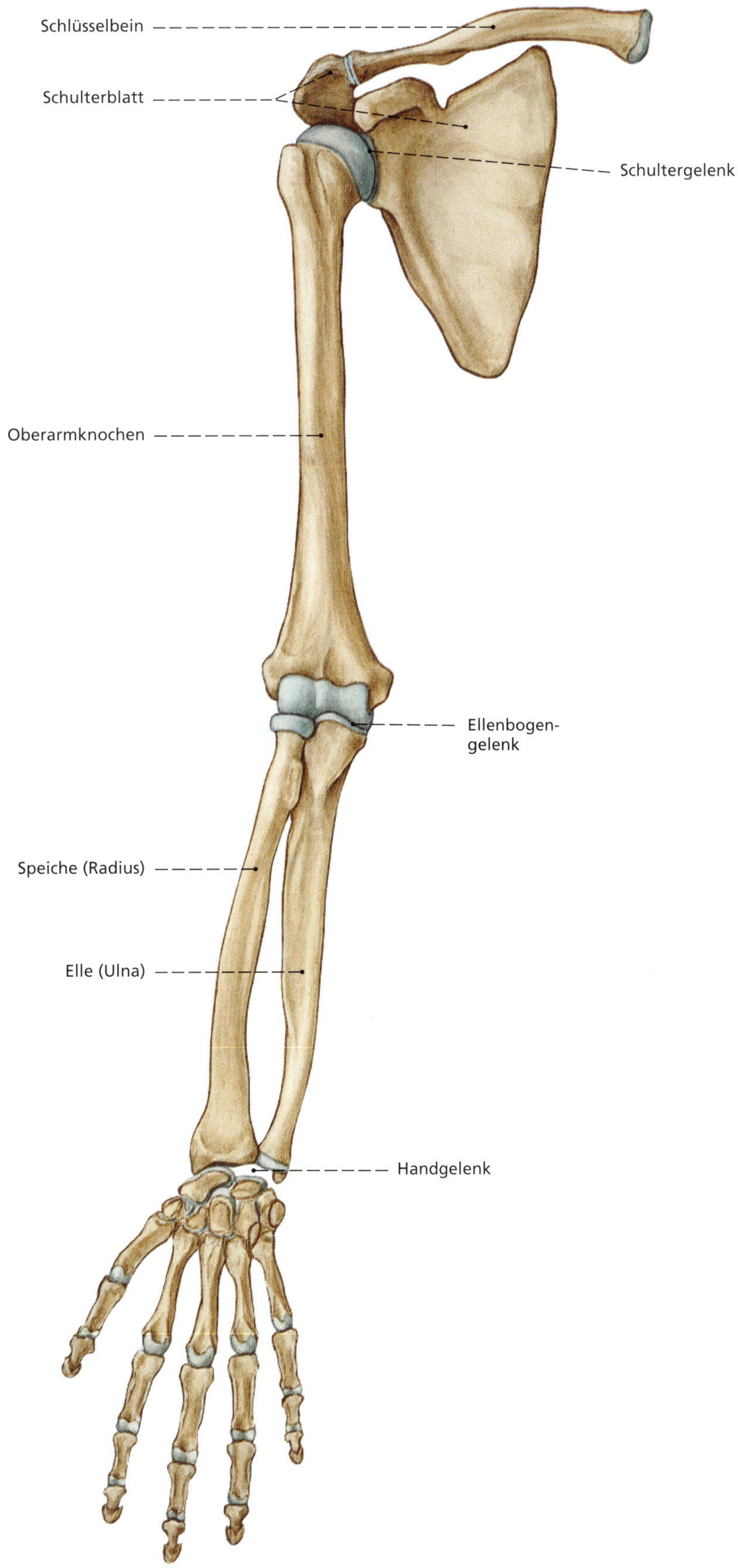

◆
Abb. 83
Knochen und Gelenke des rechten Armes.

◆
Abb. 84
Linker Oberarmknochen (Humerus) von vorne (a) und hinten (b).

a

b

◆
Abb. 85
Unterarmknochen: linke Elle (Ulna) von vorne (a), von hinten (b) und von der linken Seite (c).

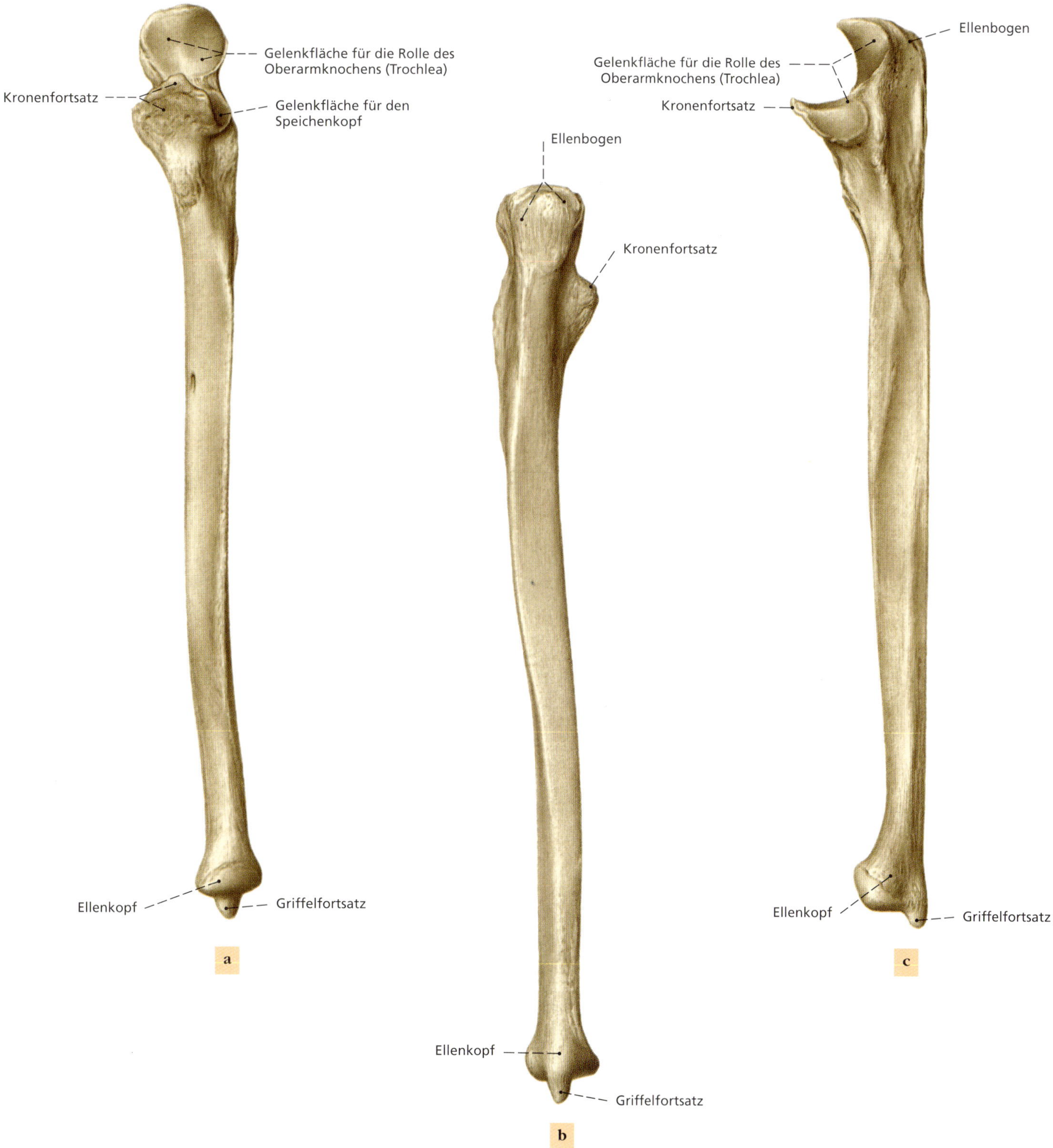

◆
Abb. 86
Unterarmknochen:
linke Speiche (Radius)
von vorne (a),
von hinten (b) und
von rechts (c).

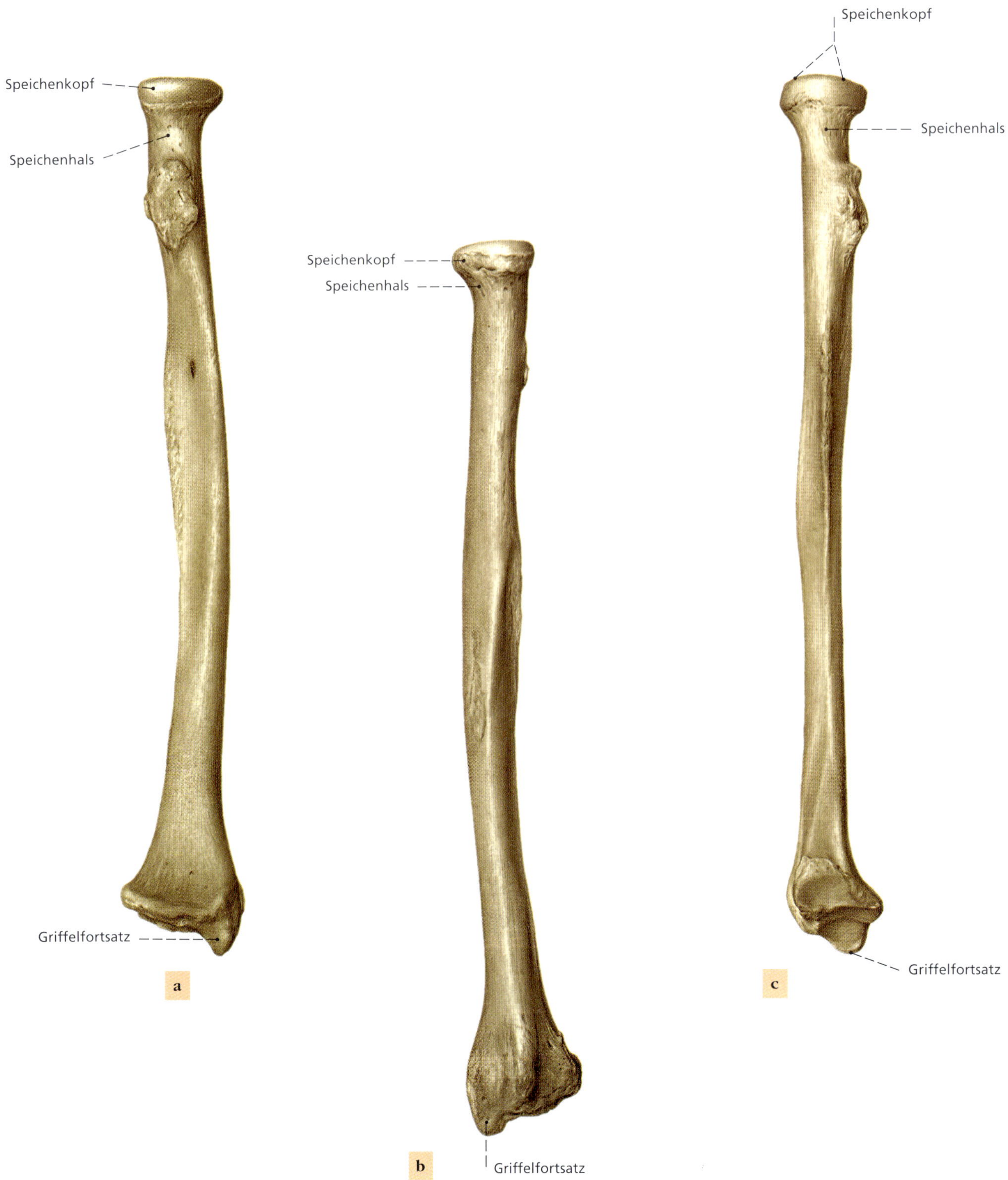

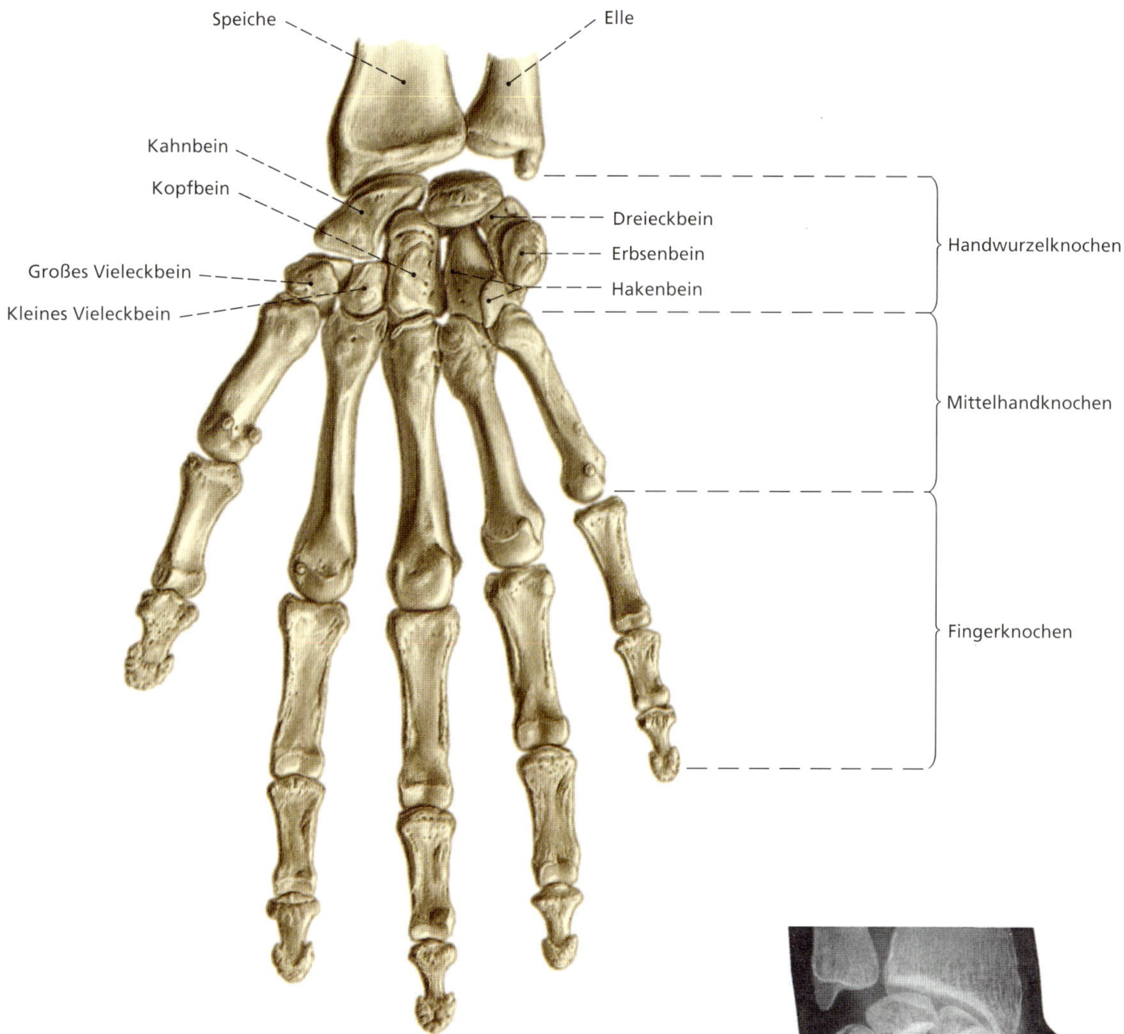

◆
Abb. 87
Knochen der rechten Hand von der Handfläche her betrachtet.

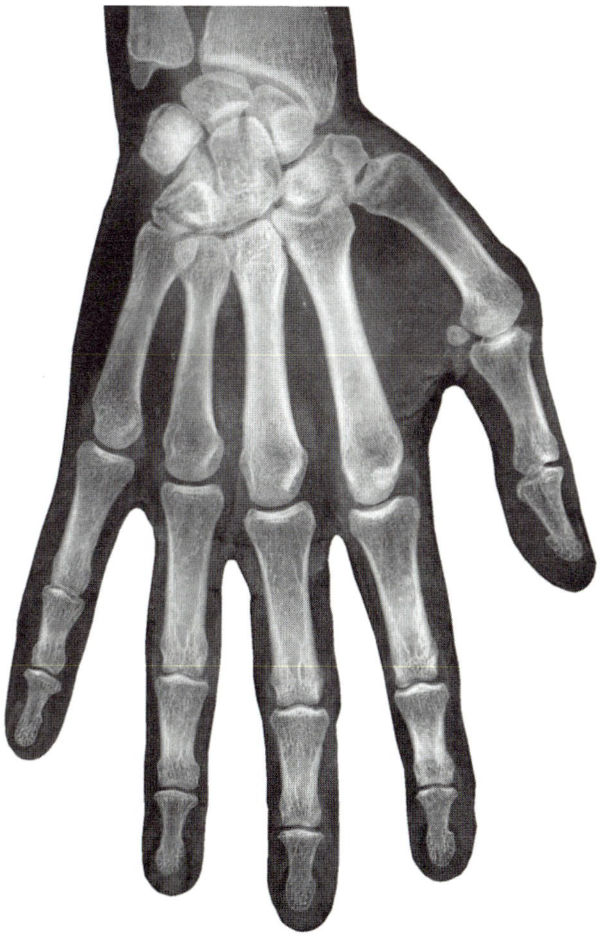

◆
Abb. 88
Röntgenaufnahme der rechten Hand vom Handrücken her betrachtet.

◆
Abb. 89
Knochen und Gelenke des rechten Beins von vorne.

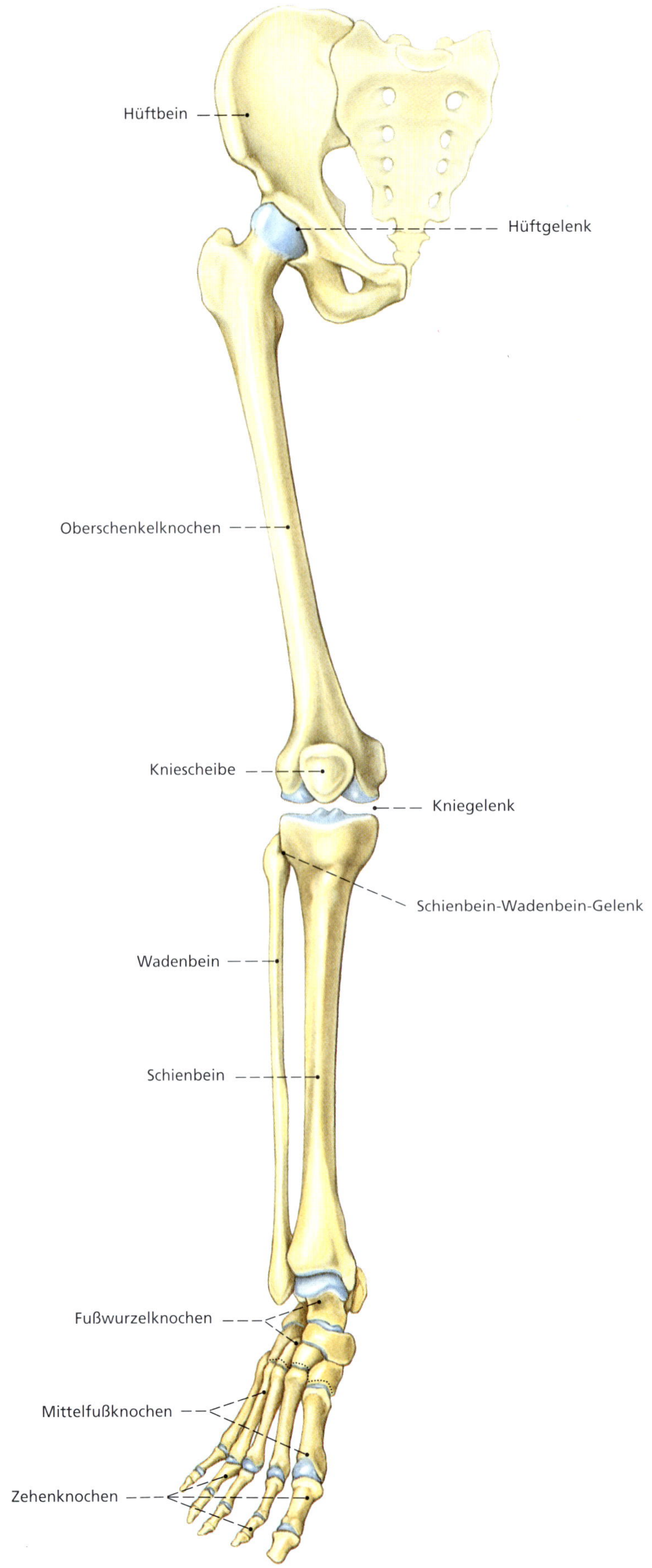

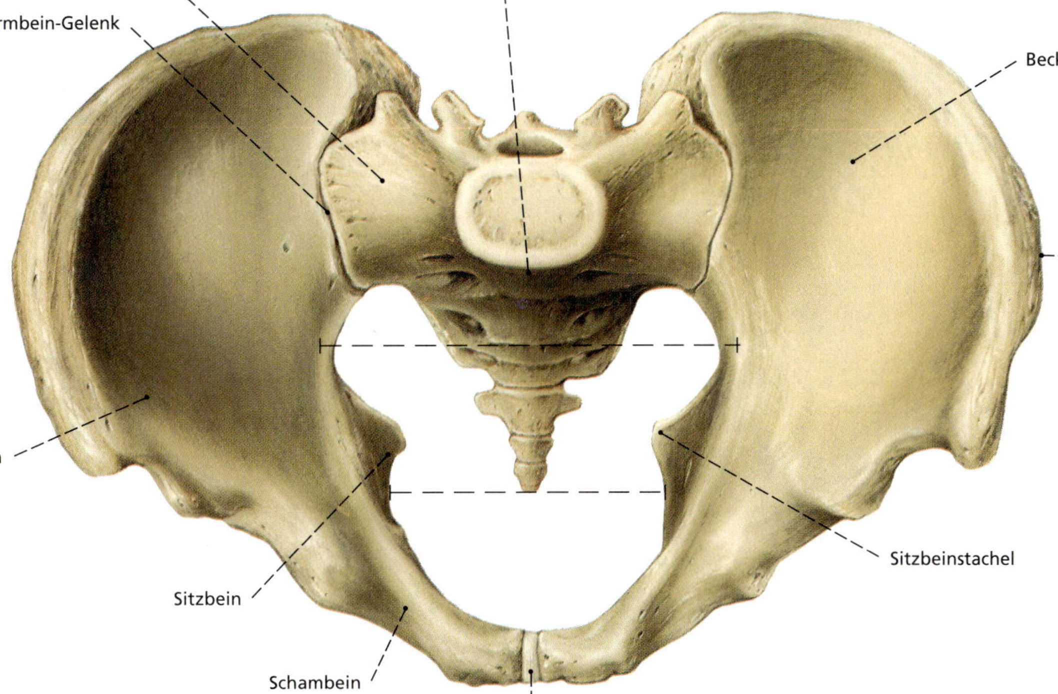

◆
Abb. 90
Beckengürtel von oben. Die gestrichelte Linie oberhalb des Sitzbeinstachels bezeichnet den Durchmesser des großen, die gestrichelte Linie unterhalb des Sitzbeinstachels den Durchmesser des kleinen Beckens.

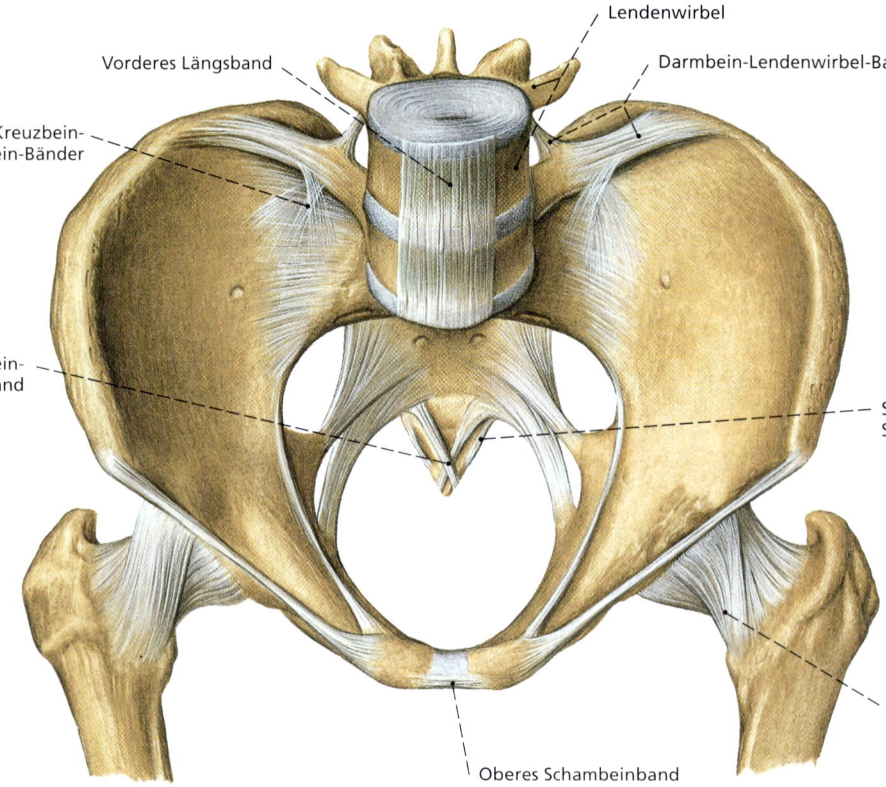

◆
Abb. 91
Knochenverbindungen des Beckens beim Mann von vorne. Die Beckenöffnung ist deutlich enger als bei der Frau (s.u.).

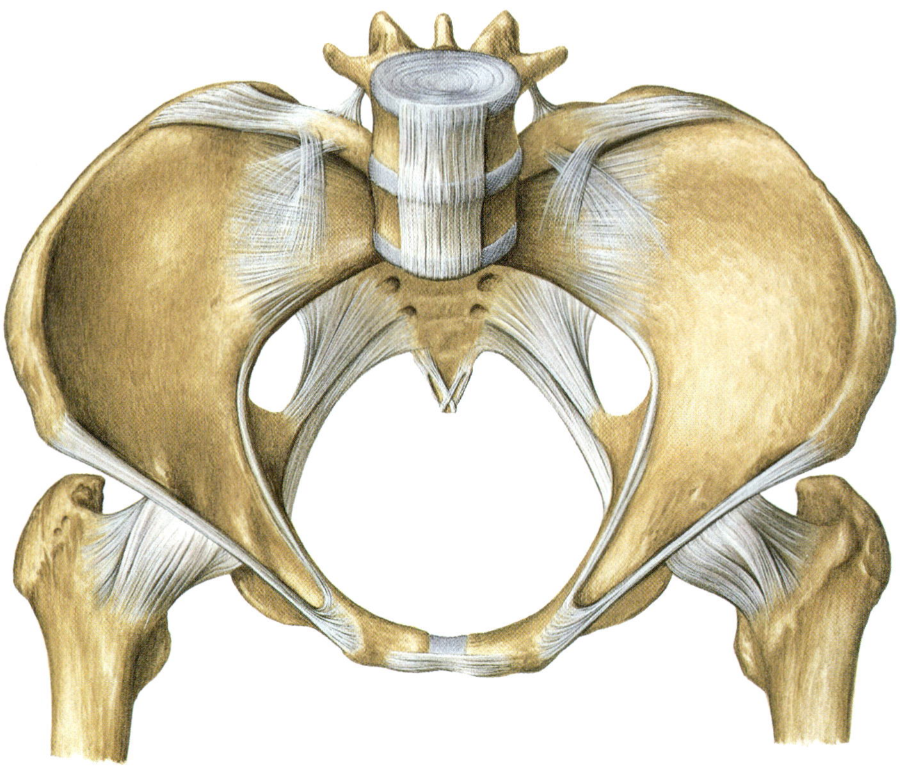

◆
Abb. 92
Knochenverbindungen des Beckens bei der Frau von vorne.

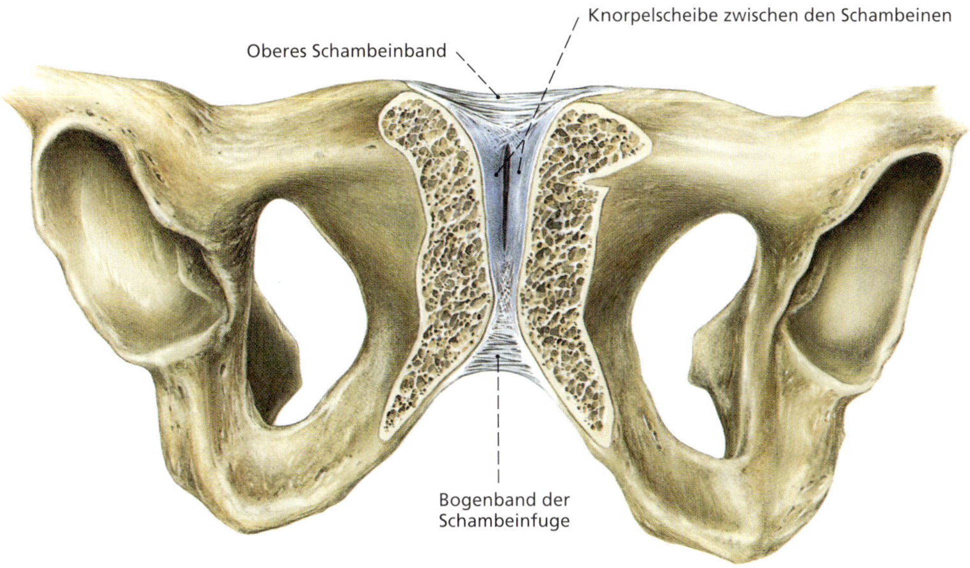

◆ **Abb. 93** Schambeinfuge (Symphyse) des Beckens mit beiden Hüftgelenkflächen von unten vorne. Schrägschnitt in Richtung der Längsachse der Schambeinfuge. Knorpelanteile sind hellblau gefärbt.

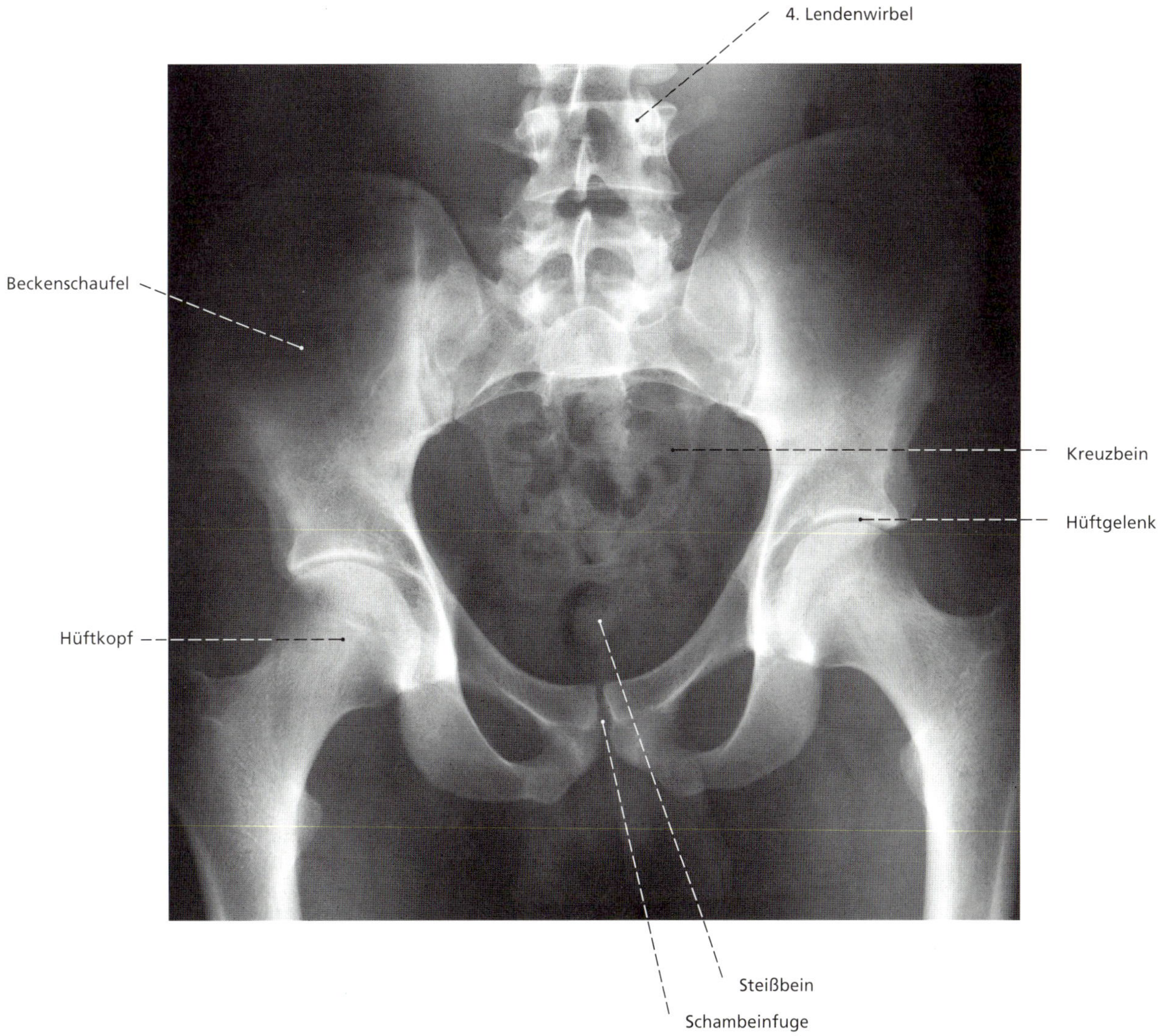

◆ **Abb. 94** Röntgenaufnahme des Beckens von vorne.

◆
Abb. 95
Oberschenkelknochen des rechten Beins (Femur) von vorne (a) und hinten (b).

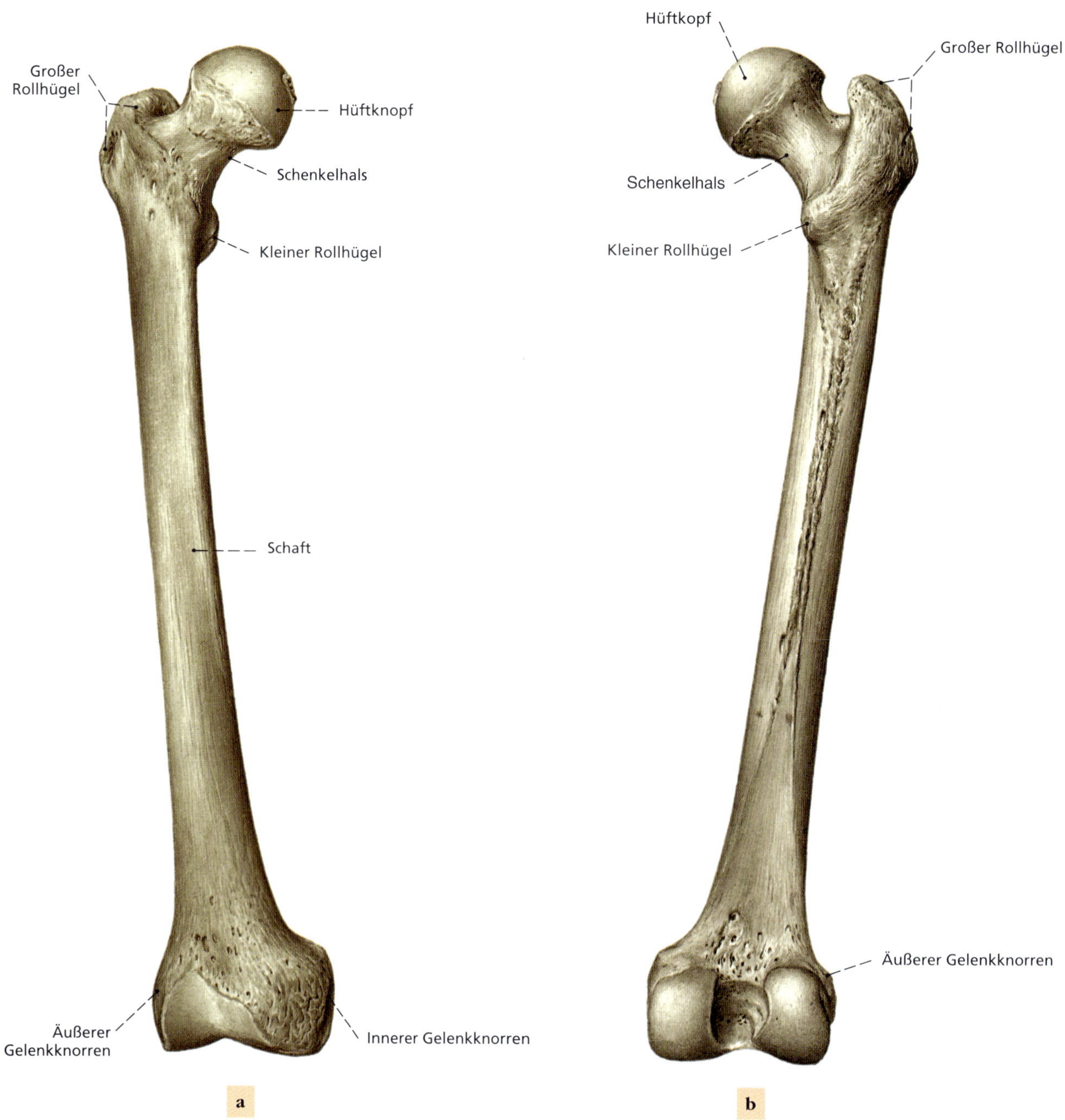

◆
Abb. 96
Querschnitt durch den rechten Oberschenkelknochen in Schaftmitte.

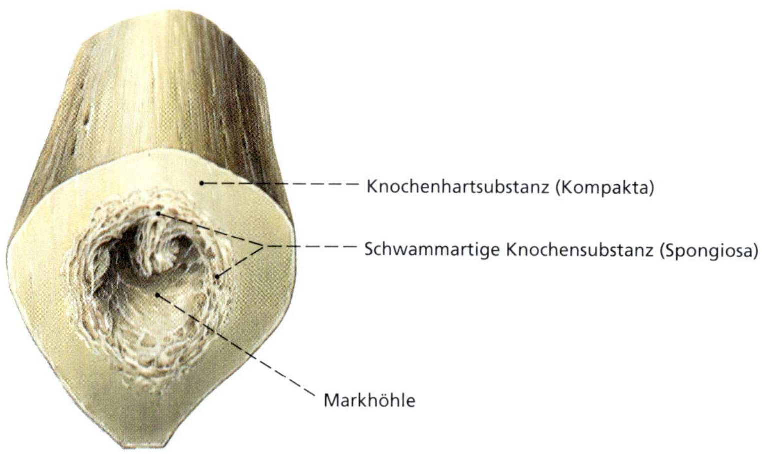

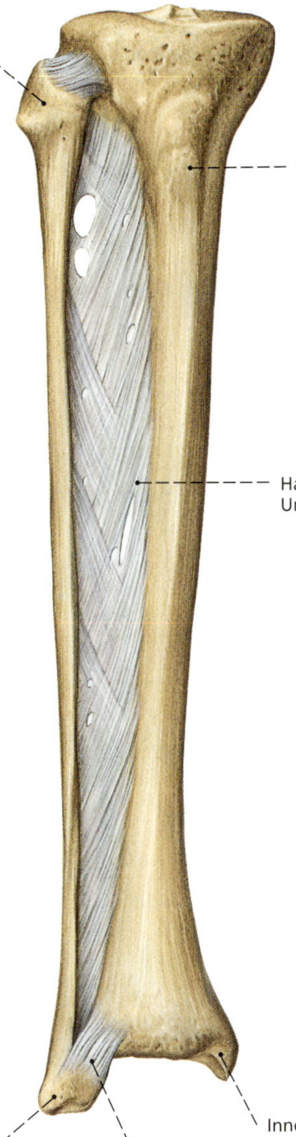

◆
Abb. 97
Knochenverbindung des rechten Unterschenkels. Ansicht von vorne.

◆
Abb. 98
Knochenverbindung von rechtem Schienbein (Tibia) und Wadenbein (Fibula). Blick von unten auf die Gelenkfläche ohne Knorpelanteil.

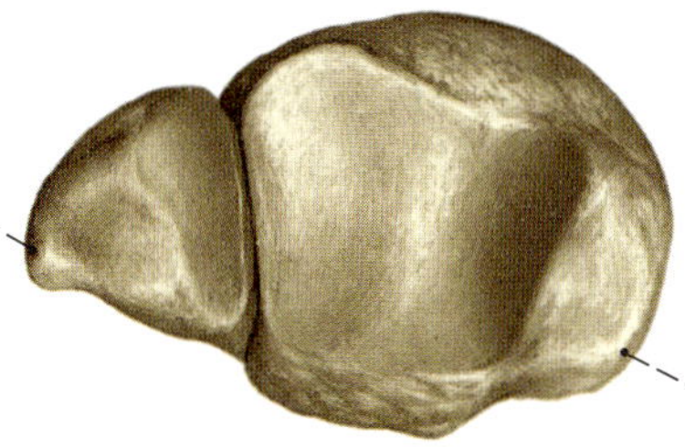

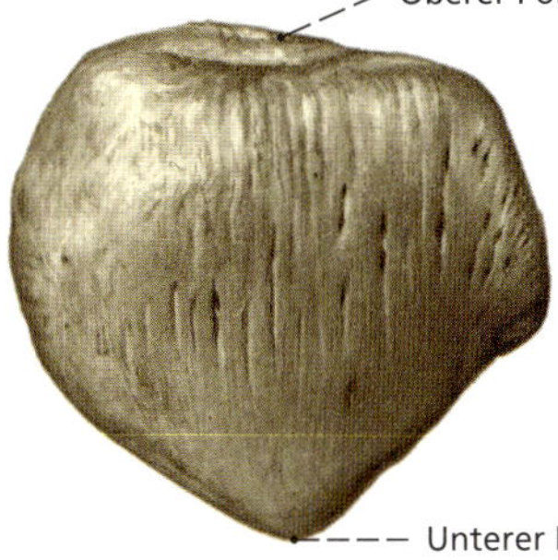

◆
Abb. 99
Rechte Kniescheibe (Patella) von vorne.

◆
Abb. 100
Skelett des rechten Fußes von oben.

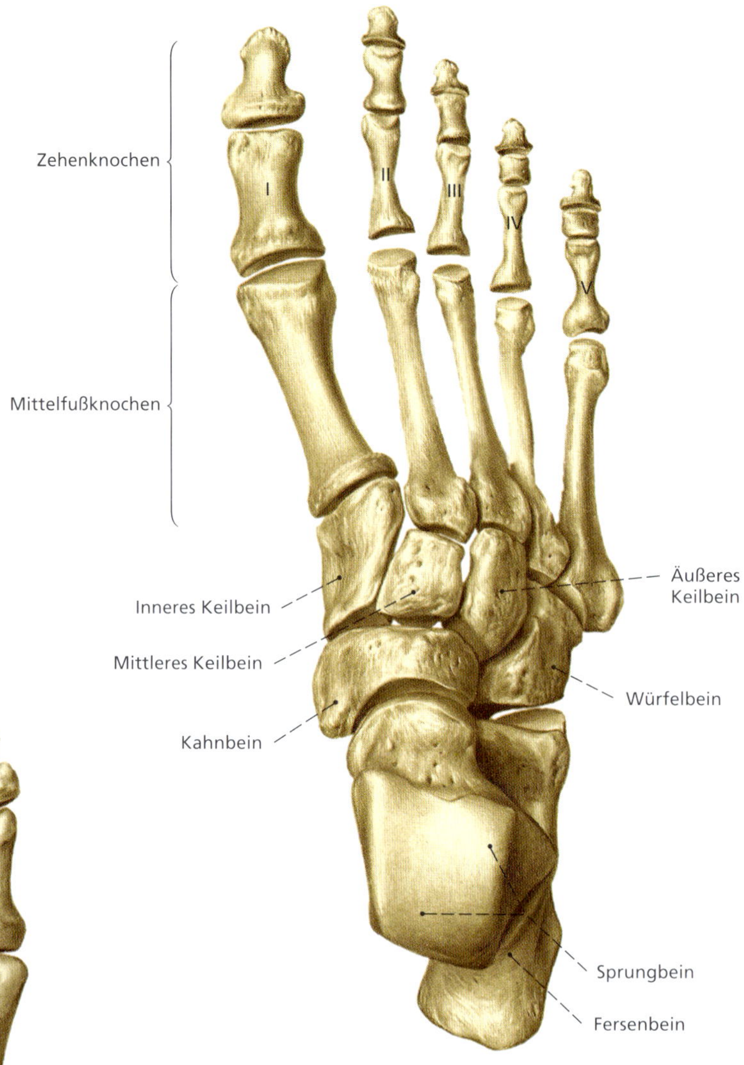

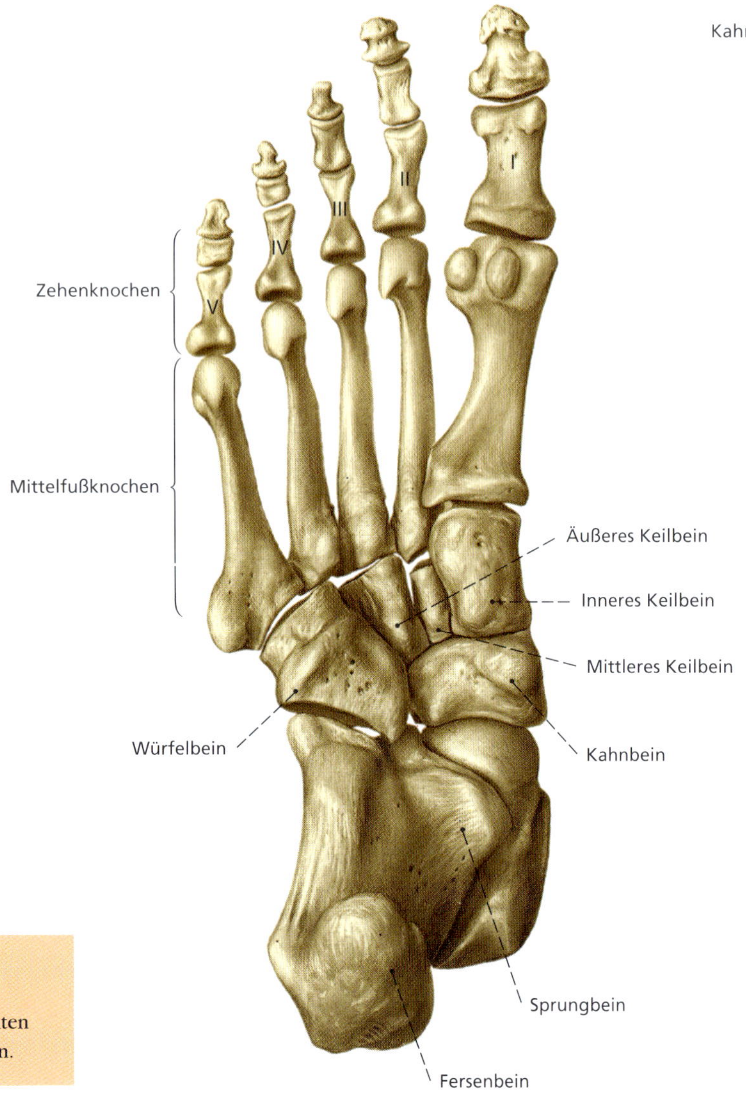

◆
Abb. 101
Skelett des rechten Fußes von unten.

◆
Abb. 102
Skelett des rechten Fußes. Ansicht der Innenseite.

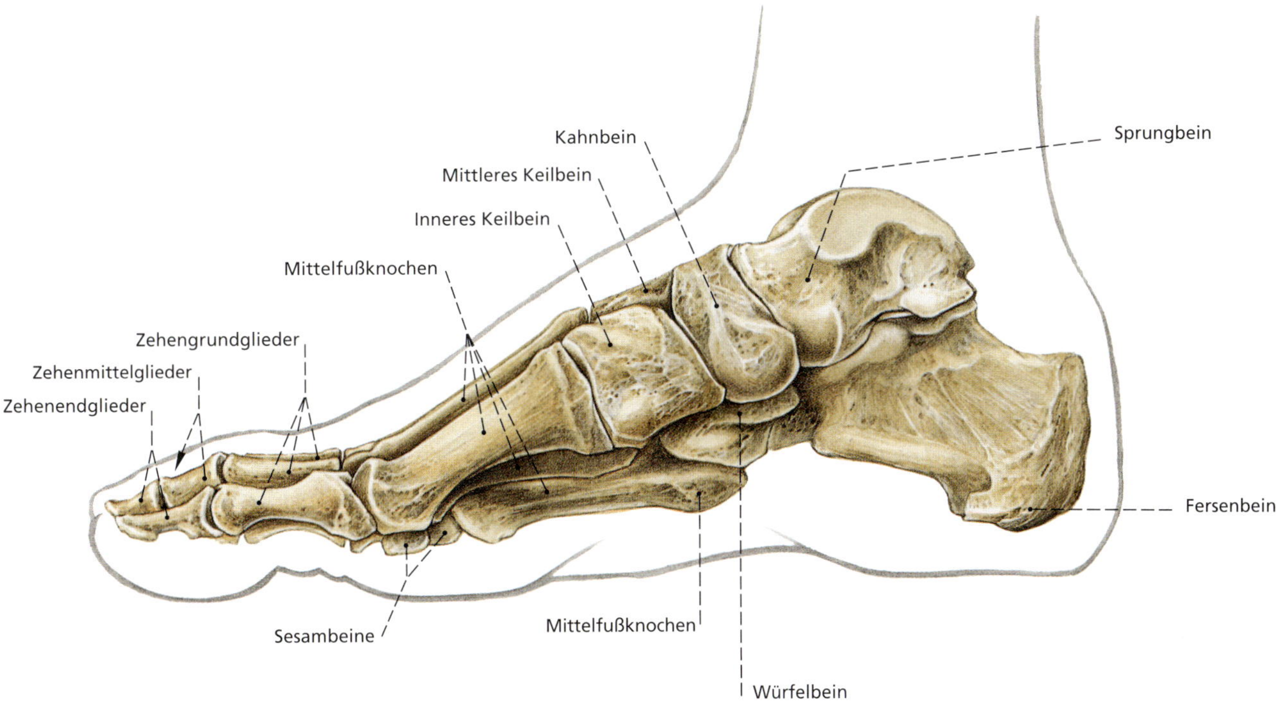

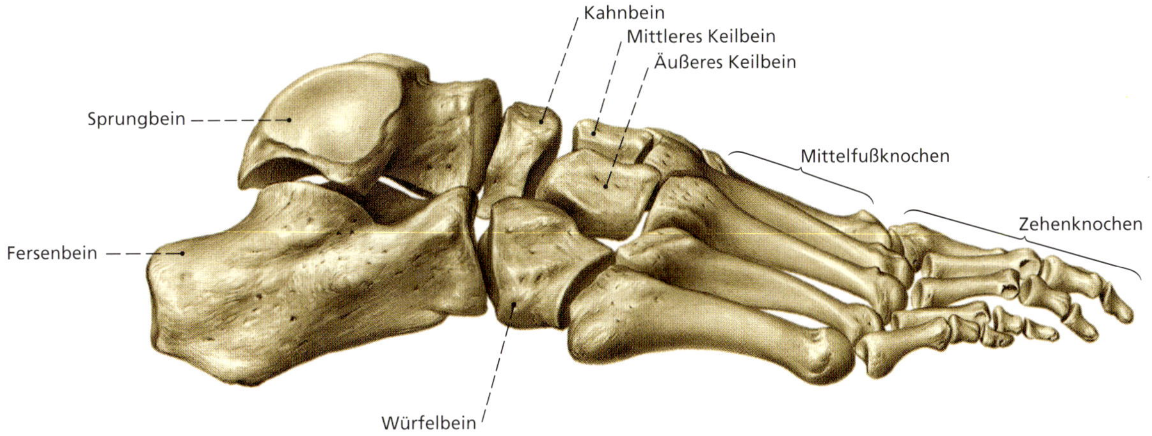

◆
Abb. 103
Skelett des rechten Fußes. Ansicht der Außenseite.

◆
Abb. 104
Röntgenaufnahme der Halswirbelsäule. Ansicht von der linken Seite. Bezeichnet sind die beiden ersten Halswirbel Atlas und Axis. Deutlich erkennbar ist die konvexe Krümmung (Lordose) der Halswirbelsäule.

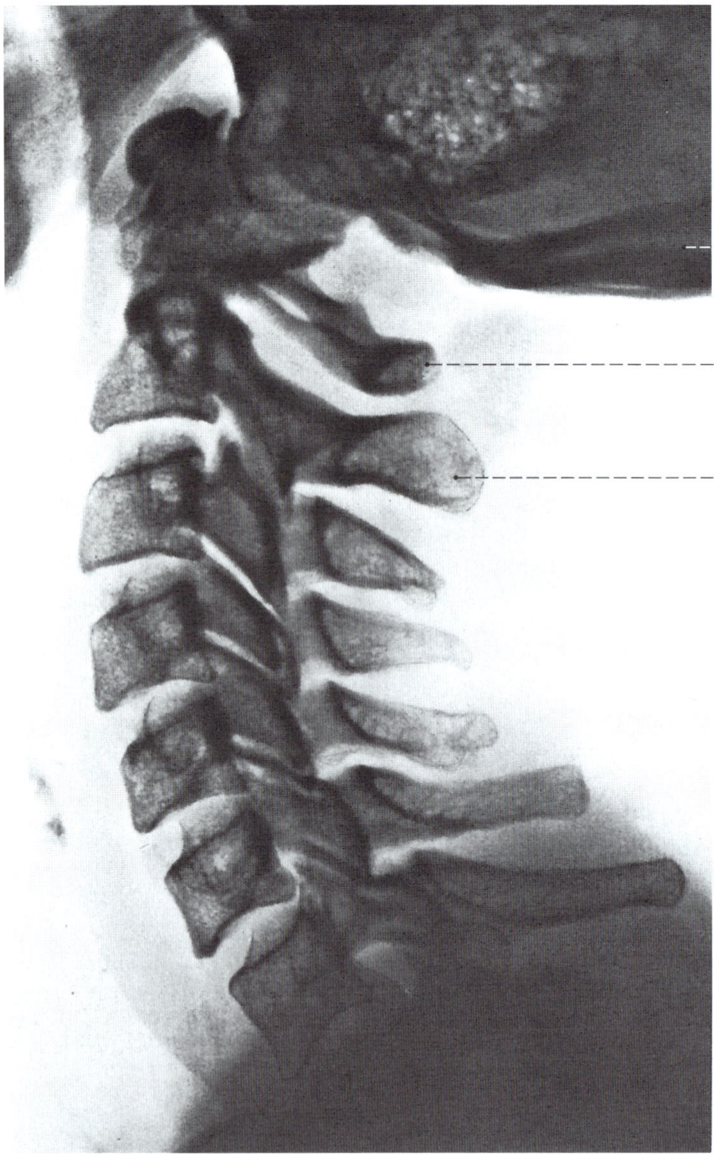

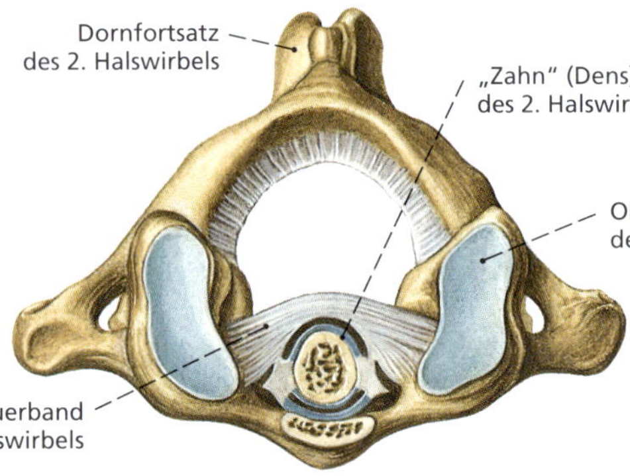

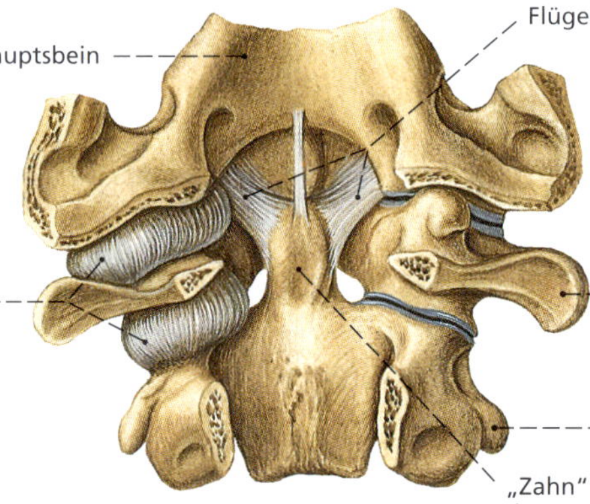

◆
Abb. 105
Kopfgelenke von oben. Zu sehen sind die mit dem Schädelknochen in Verbindung stehenden Gelenkflächen des 1. Halswirbels (Atlas) sowie der quergeschnittene „Zahn" (Dens) des 2. Halswirbels.

◆
Abb. 106
Kopfgelenke von hinten. Senkrechter Schnitt durch das Hinterhauptsbein, von dem nur ein kleiner Teil zu sehen ist; Entfernung der Wirbelbögen des 1. und 2. Halswirbels. Auf der linken Seite sind die Bänder der Gelenkkapseln zu erkennen.

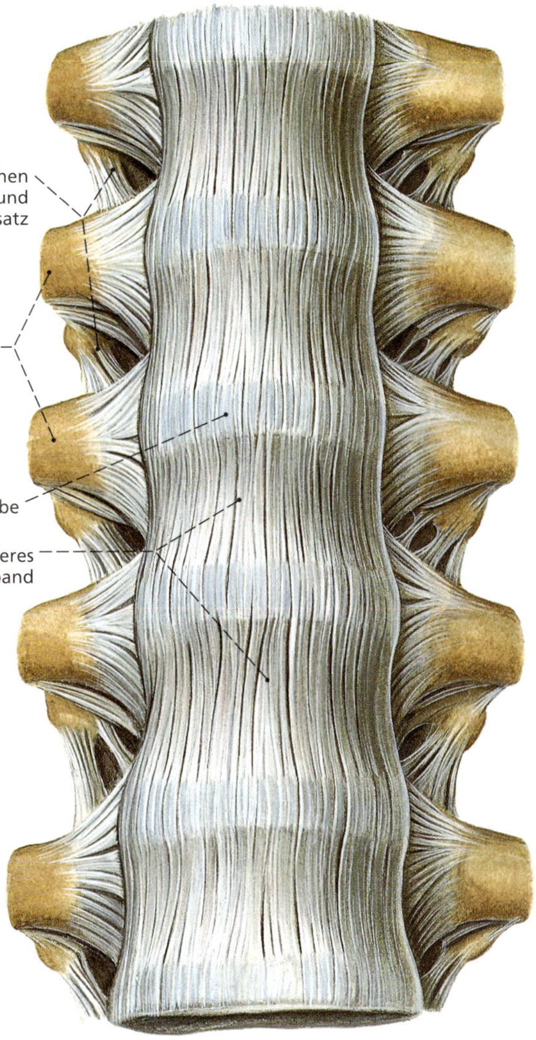

◆ **Abb. 107**

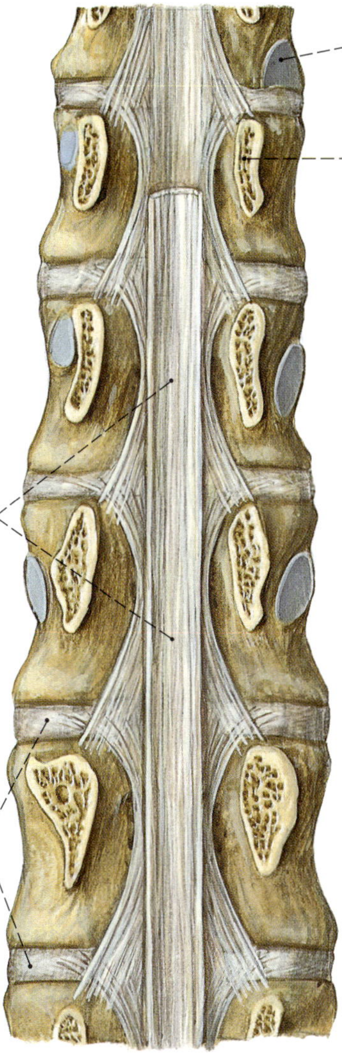

◆ **Abb. 108**

◆
Abb. 107
Bandapparat der Wirbelsäule am Beispiel des unteren Brustwirbelbereichs von vorne. Besonders auffallend ist das vordere Längsband, das die Wirbelkörper über die ganze Länge der Wirbelsäule überzieht.

◆
Abb. 108
Bandapparat der Wirbelsäule von hinten (unterer Brust- und oberer Lendenwirbelbereich), der Wirbelkanal ist durch Entfernung der Wirbelbögen eröffnet. Das hintere Längsband zieht im Wirbelkanal vom Hals- bis in den Lendenbereich, ist aber deutlich schmaler als das vordere Längsband.

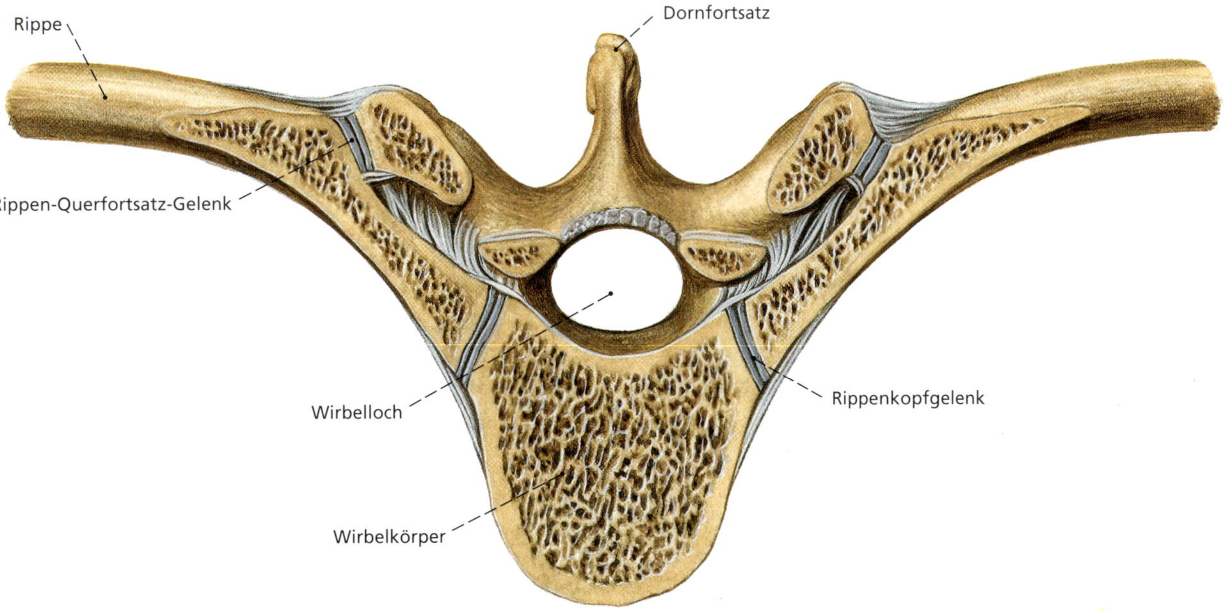

◆
Abb. 109
Rippenwirbelgelenke. Querschnitt auf Höhe des unteren Anteils eines Rippenkopfgelenks von oben.

◆
Abb. 110
Lendenwirbelsäulenabschnitt mit Bandscheibe. Senkrechter Schnitt durch die Wirbelkörpermitte, von der linken Seite gesehen.

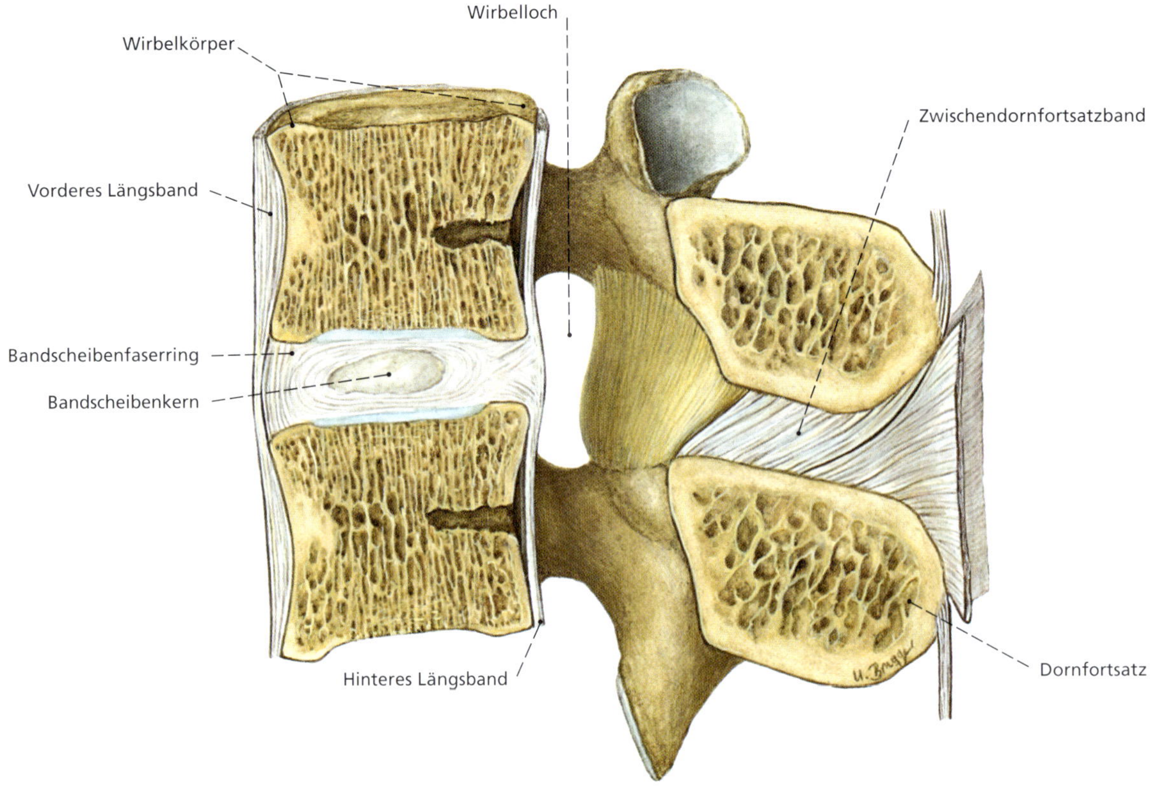

◆
Abb. 111
Bandscheibenvorfall nach vorne (a) und zur Seite (b). Ansicht von oben. Die Bandscheibe drückt entweder direkt auf die senkrecht im Wirbelkanal verlaufenden Nervenfaserbündel oder auf die seitlich austretenden Nervenwurzeln.

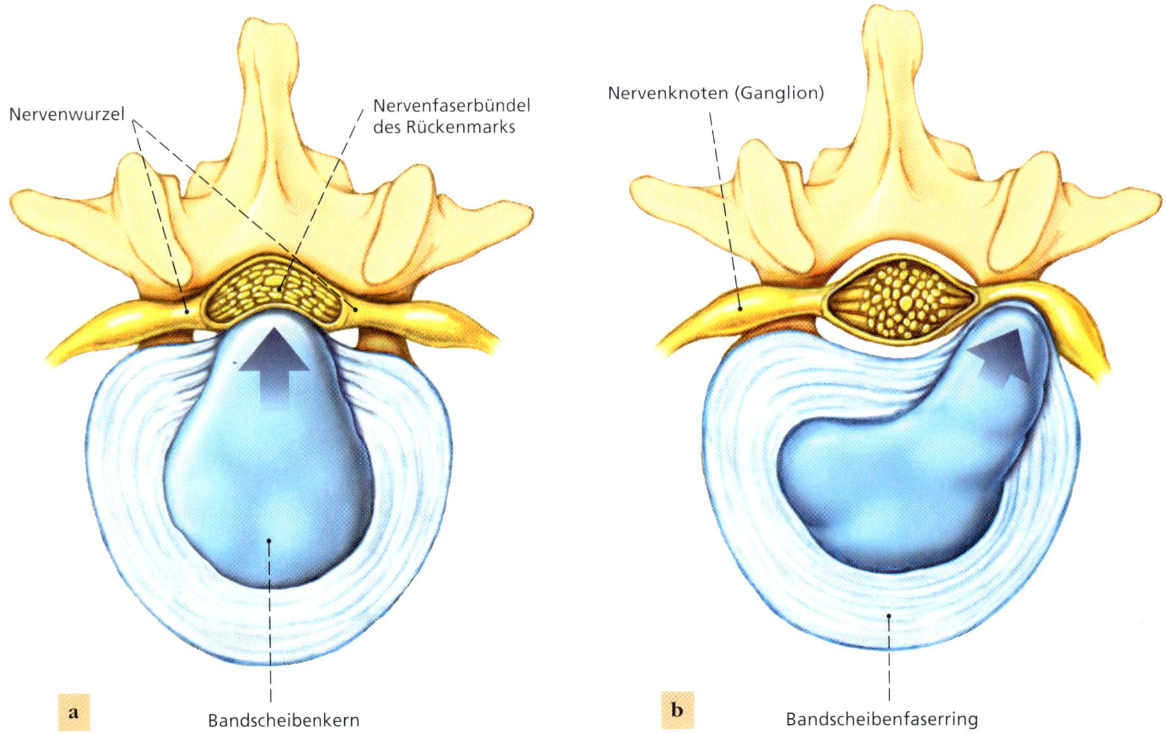

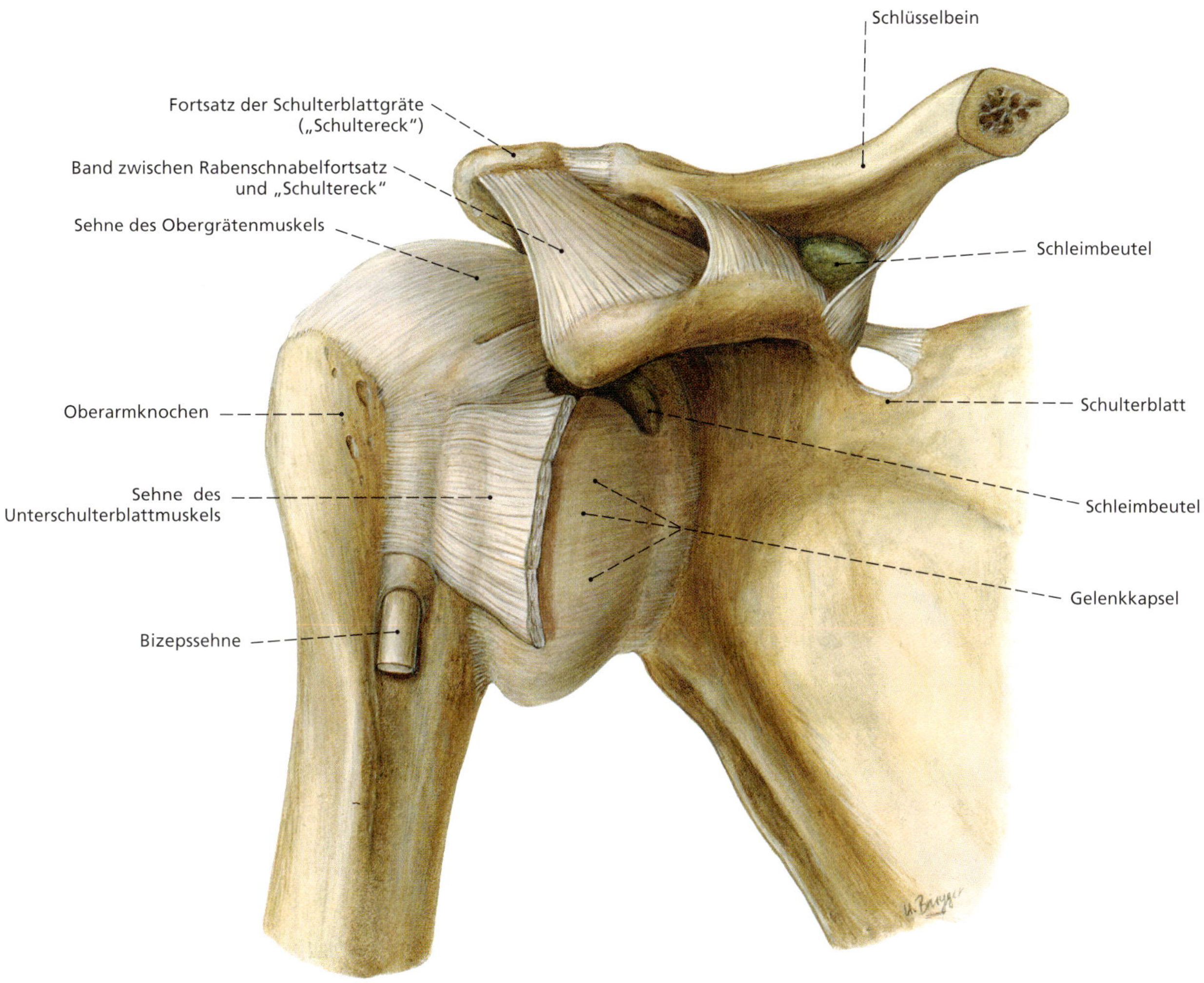

◆
Abb. 112
Bänder des rechten Schultergelenks von vorne.

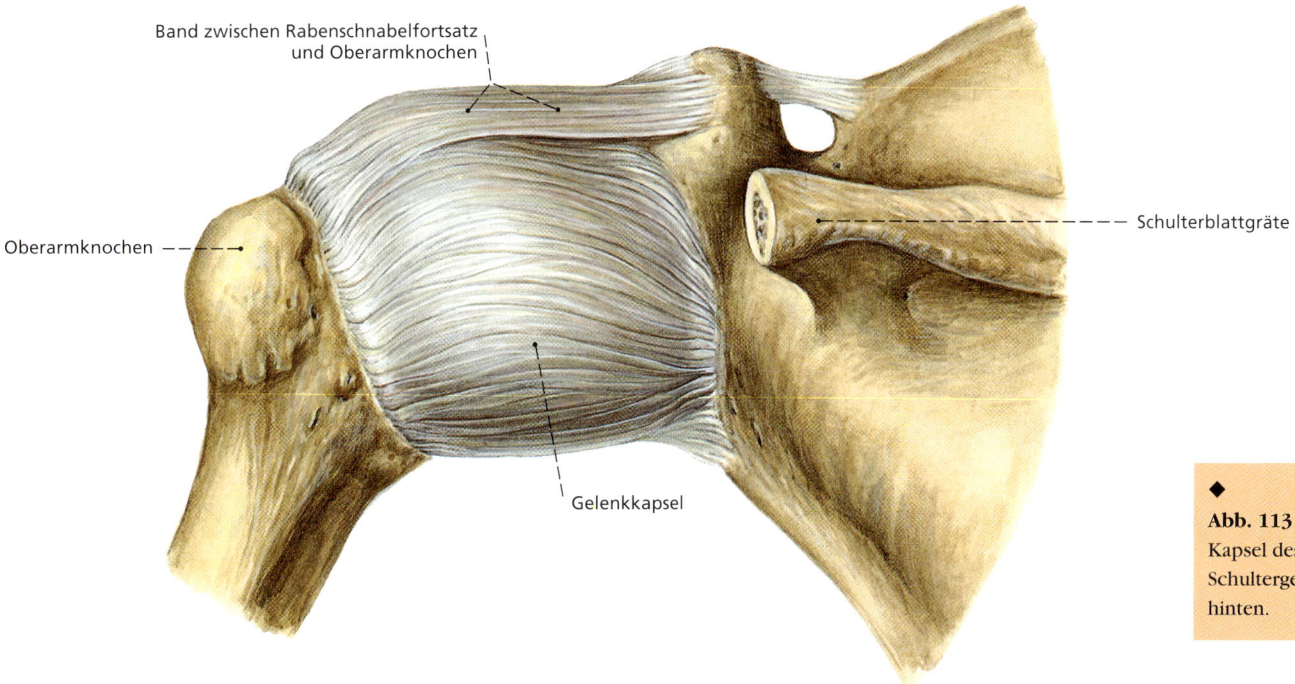

◆
Abb. 113
Kapsel des linken Schultergelenks von hinten.

◆
Abb. 114
Schultergelenk (rechts). Senkrechter Schnitt von vorne. Der Gelenkknorpel ist hellblau gefärbt.

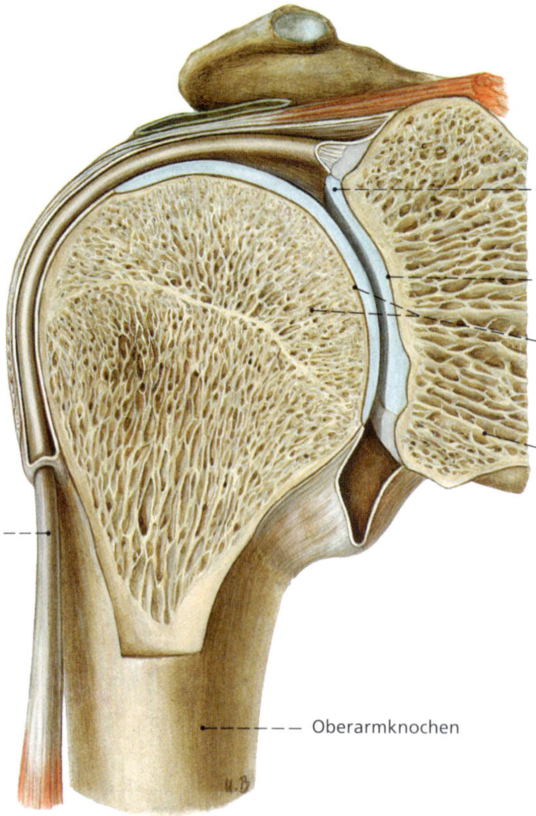

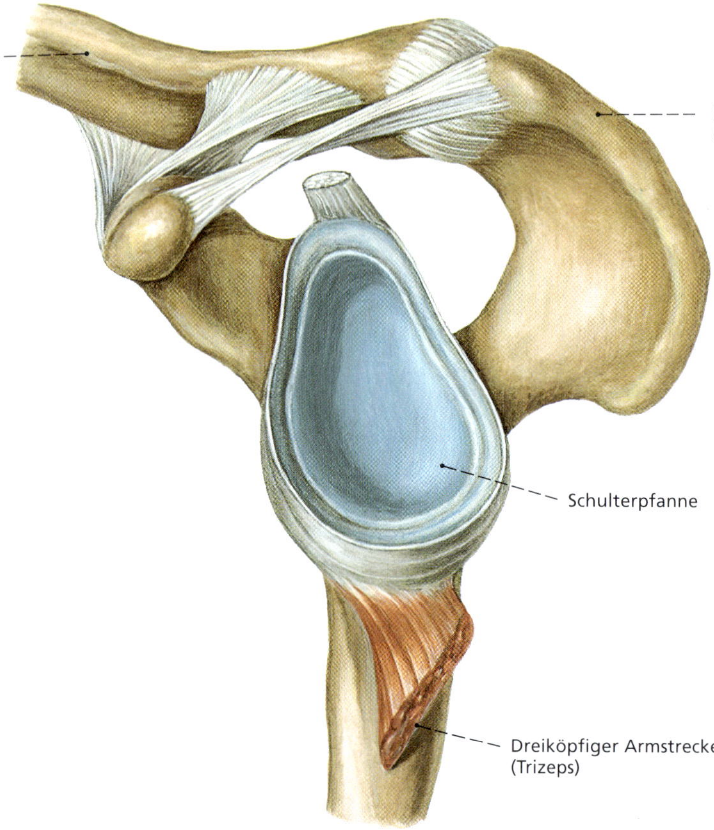

◆
Abb. 115
Schultergelenk (links). Blick auf die Gelenkpfanne des Schulterblatts von der Seite her nach Durchtrennung der Gelenkkapsel und Entfernung des Oberarmkopfes. Der Gelenkknorpel ist hellblau gefärbt.

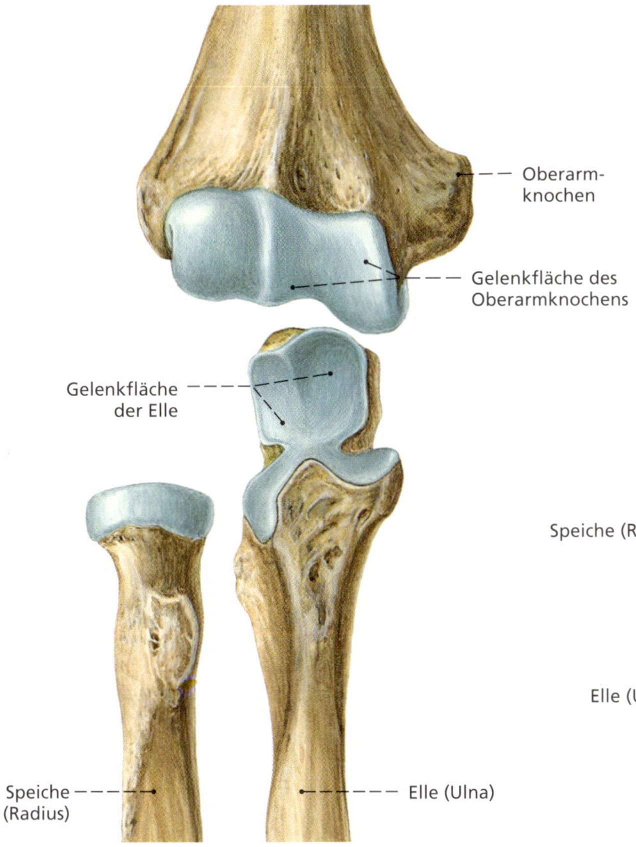

◆ **Abb. 116**

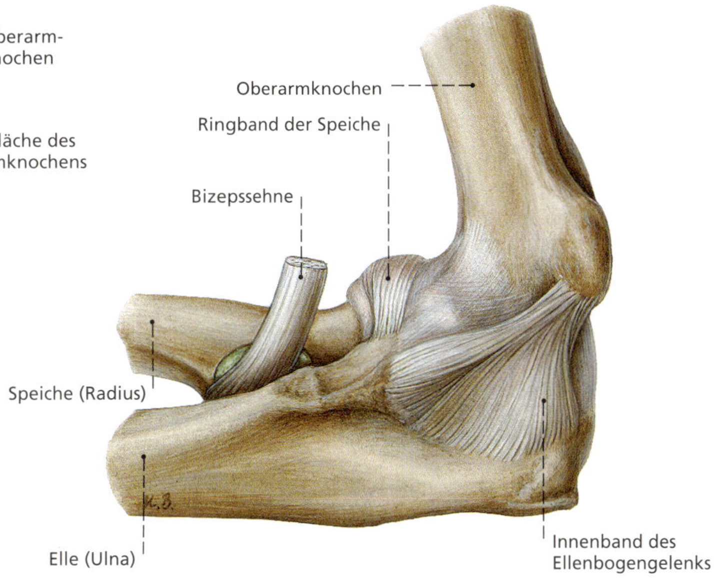

◆ **Abb. 117**

◆
Abb. 116
Knochen des rechten Ellenbogengelenks. Knorpelanteile hellblau gefärbt. Die Abstände zwischen den Gelenkkörpern sind zur Veranschaulichung vergrößert.

◆
Abb. 117
Rechtes Ellenbogengelenk (von der Innenseite) in Beugestellung mit Bandverstärkung der Gelenke.

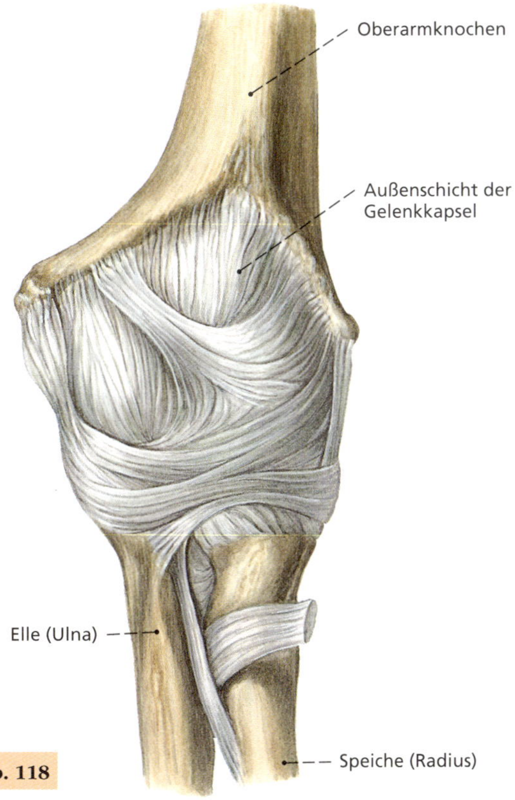

◆ **Abb. 118**

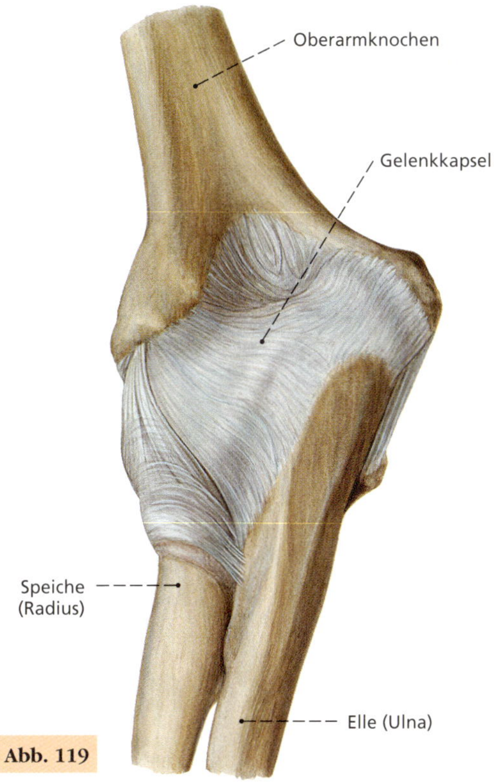

◆ **Abb. 119**

◆
Abb. 118
Linkes Ellenbogengelenk (von vorne) in Streckstellung mit Seitenbändern und Vorderfläche der Gelenkkapsel.

◆
Abb. 119
Linkes Ellenbogengelenk (von hinten) in Streckstellung mit Seitenbändern und Hinterfläche der Gelenkkapsel.

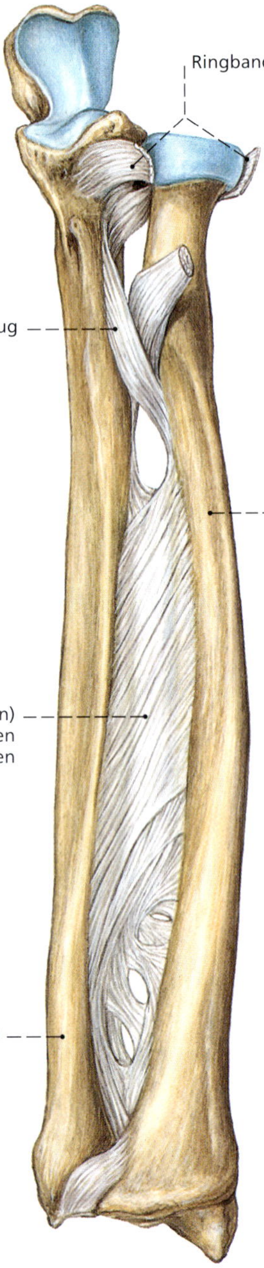

◆
Abb. 120
Knochenverbindung des linken Unterarms. Gelenkknorpel hellblau gefärbt.

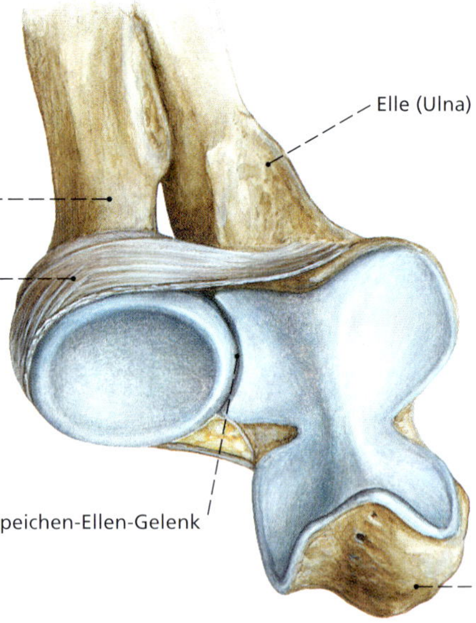

◆
Abb. 121
Ellenbogennahes Gelenk zwischen linker Speiche und Elle von oben und vorne. Verstärkt wird es durch das Ringband der Speiche. Knorpelanteile hellblau gefärbt.

◆
Abb. 122
Querschnitt durch beide Knochen des linken Unterarms von unten.

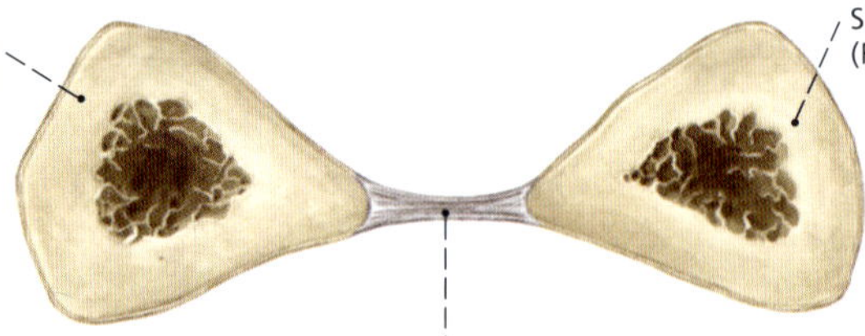

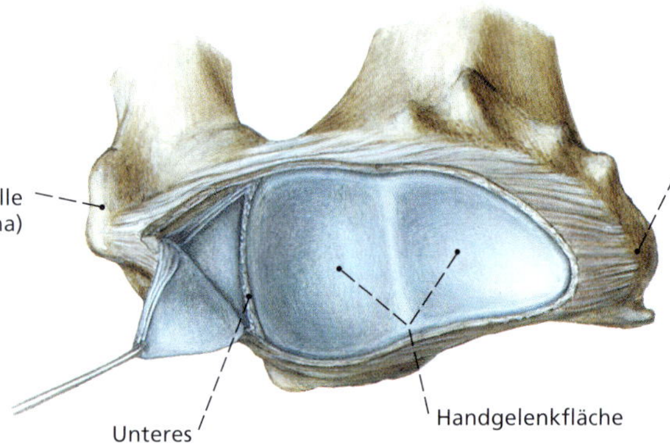

◆
Abb. 123
Gelenkverbindung zwischen Elle und Speiche im linken Handgelenksbereich. Die Knorpelfläche der Gelenkpfanne der Speiche ist hellblau gefärbt.

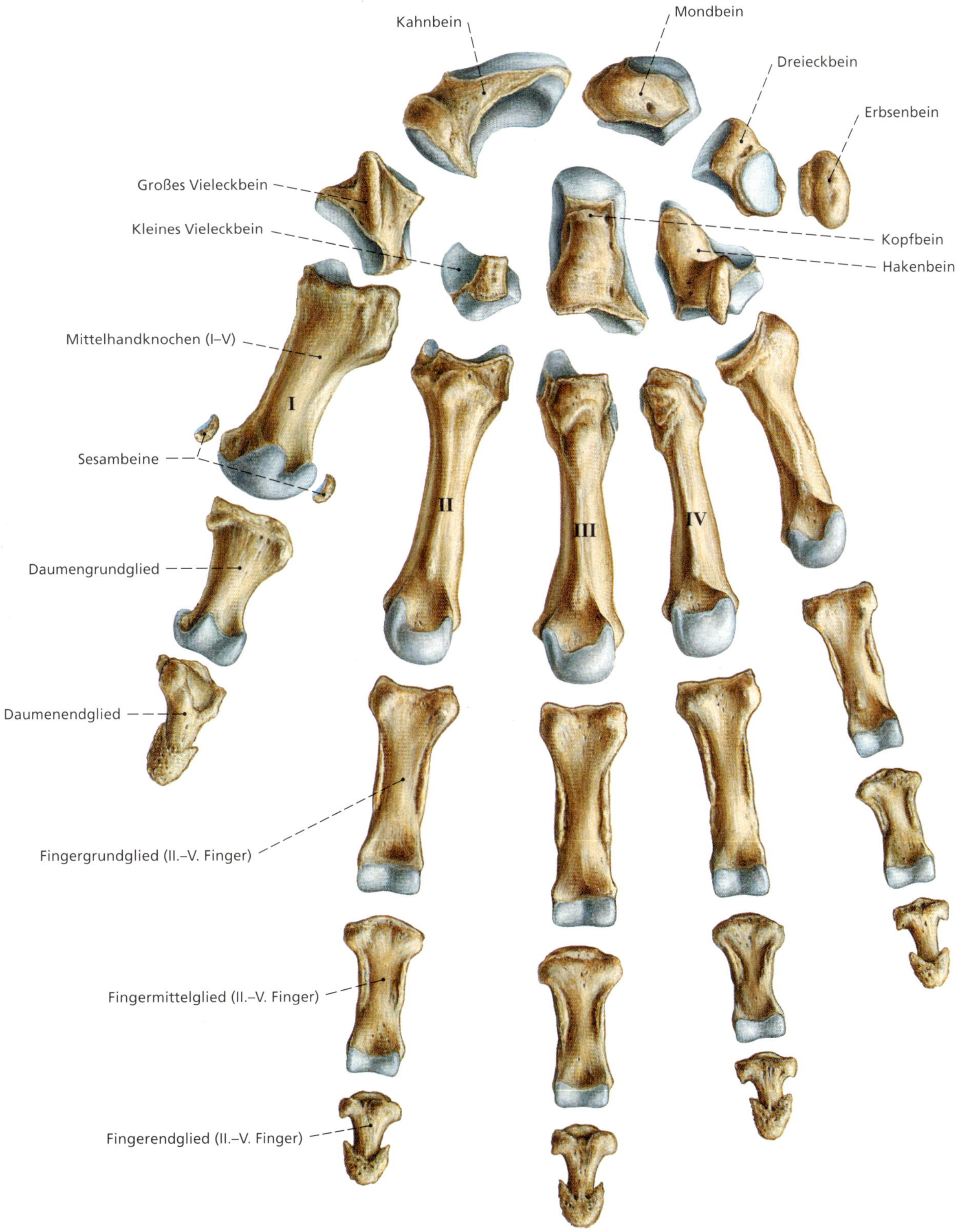

◆
Abb. 124
Knochen der rechten Hand. Ansicht der Innenfläche. Die Abstände zwischen den einzelnen Knochen sind zur Veranschaulichung vergrößert (I–V = Mittelhandknochen von Daumen bis Kleinfinger).

◆
Abb. 125
Knochenverbindungen des weiblichen Beckens von vorne. Senkrechter Querschnitt von oben.

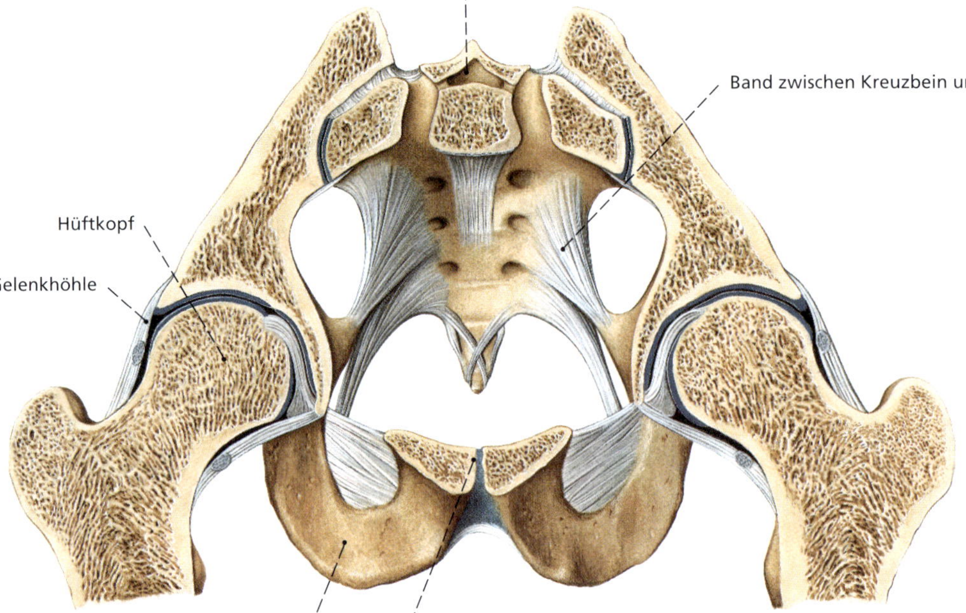

◆
Abb. 126
Knochenverbindungen des weiblichen Beckens von der Seite. Längsschnitt durch die Schambeinfuge und die Wirbelkörpermitte.

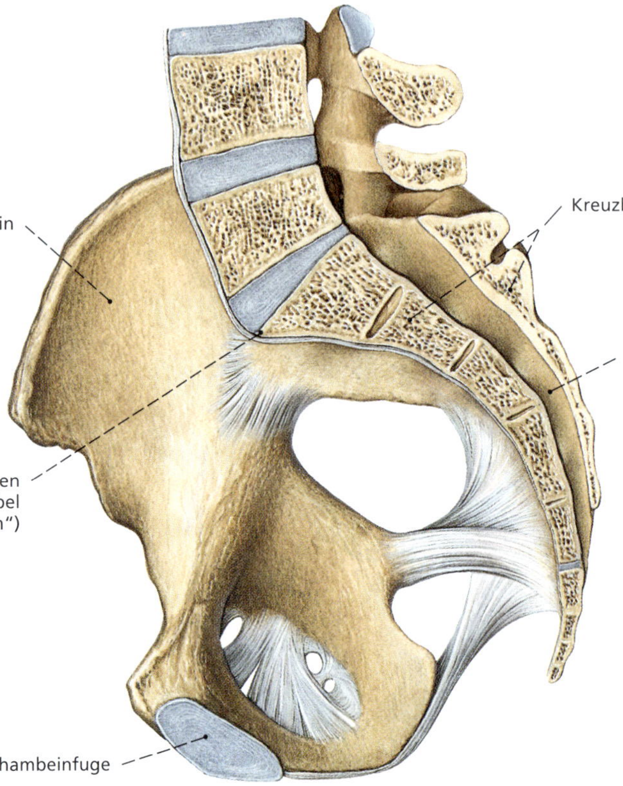

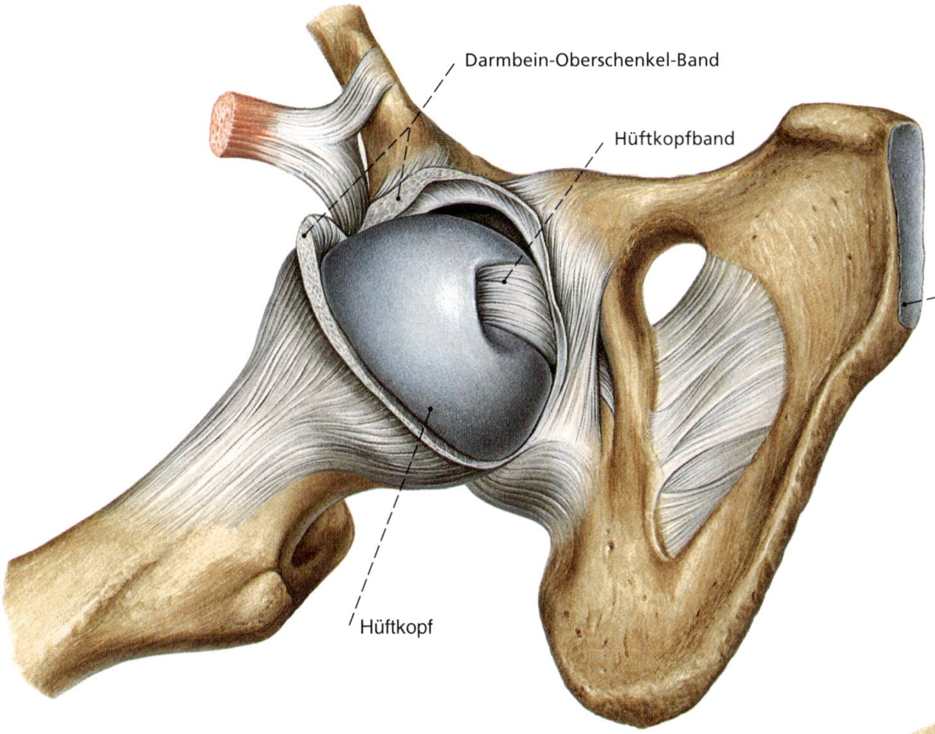

◆
Abb. 127
Rechtes Hüftgelenk von der Seite und unten her gesehen. Der Kopf des Oberschenkelknochens (Hüftkopf) ist aus dem Gelenk herausgedreht, die Gelenkkapsel eröffnet. Knorpelanteile sind hellblau gefärbt.

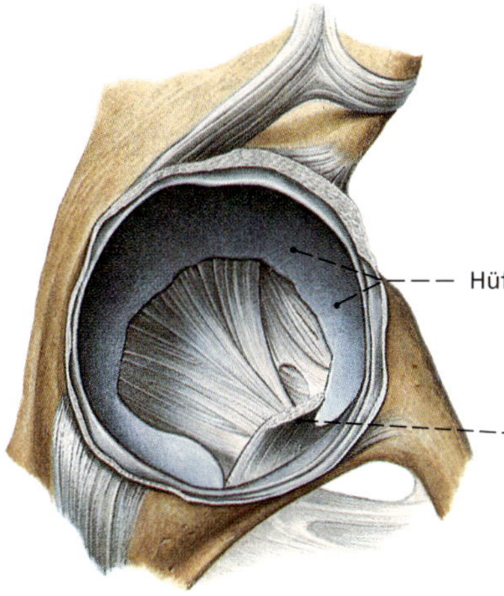

◆
Abb. 128
Rechte Hüftpfanne nach Durchtrennung der Gelenkkapsel und Entfernung des Oberschenkelknochens.

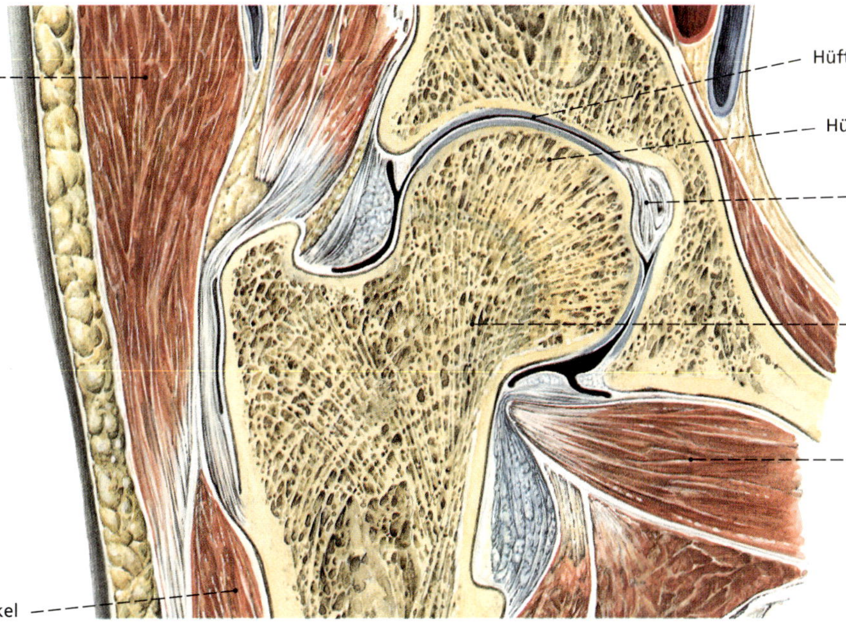

◆
Abb. 129
Senkrechter Schnitt durch das rechte Hüftgelenk mit Muskulatur von vorne gesehen.

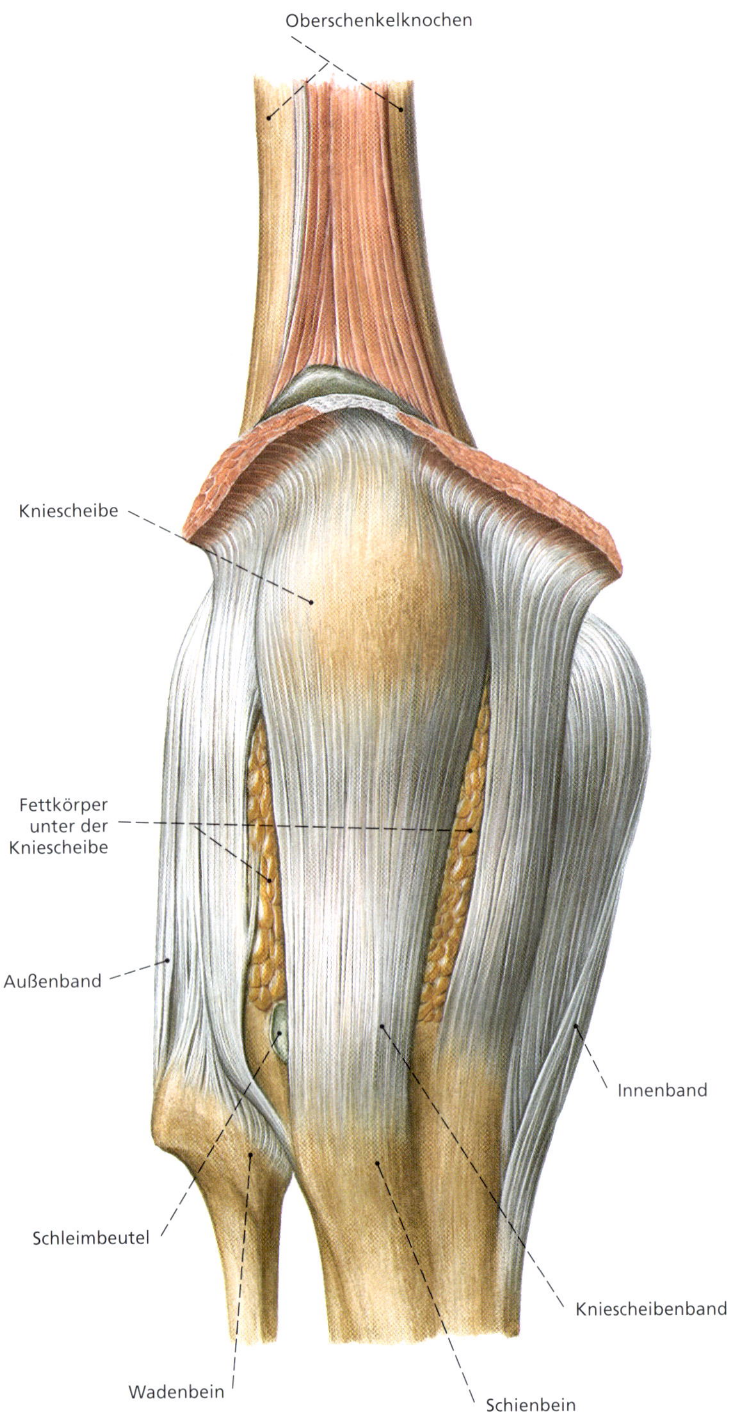

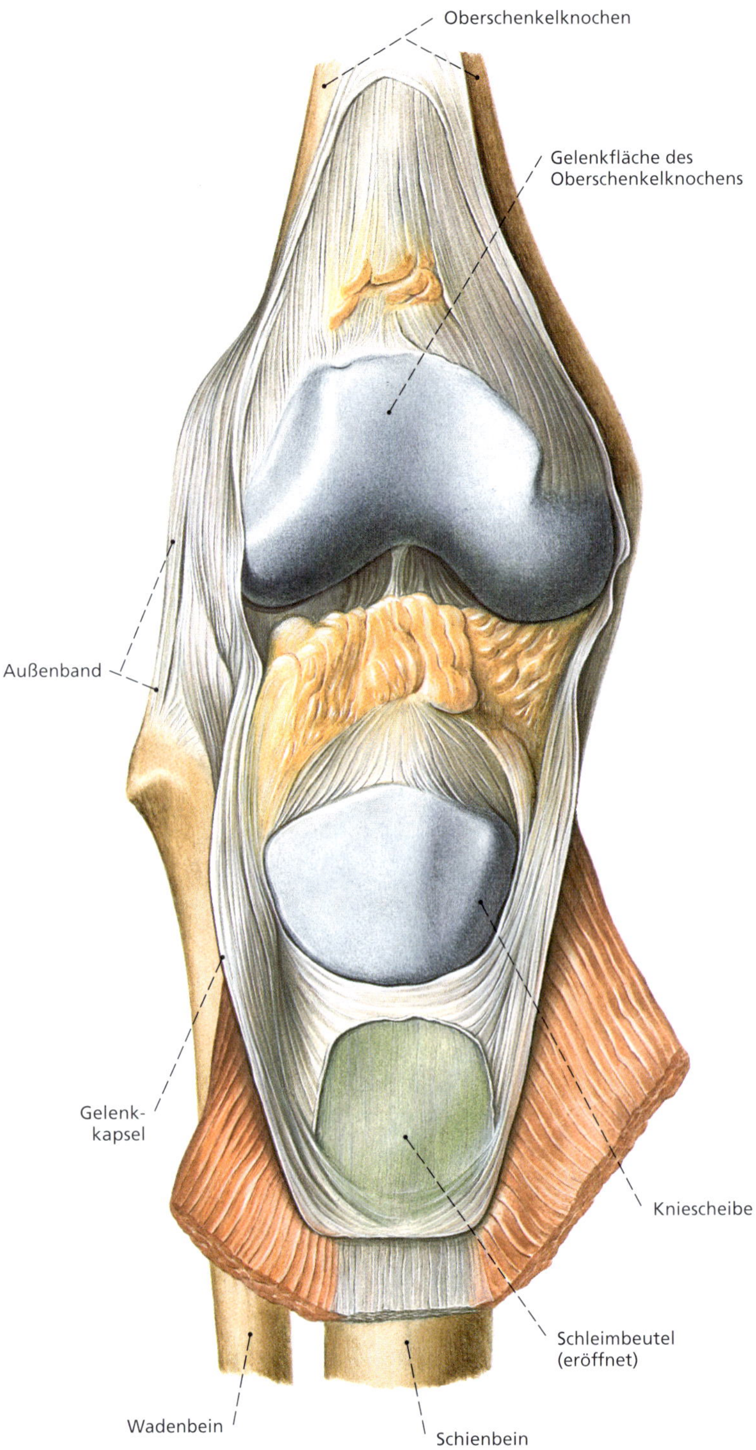

◆
Abb. 130
Rechtes Kniegelenk von vorne mit geschlossener Gelenkkapsel.

◆
Abb. 131
Rechtes Kniegelenk von vorne. Der vordere Kapselanteil ist nach Durchtrennung der Oberschenkelmuskulatur nach unten geklappt. Knorpelanteile hellblau gefärbt.

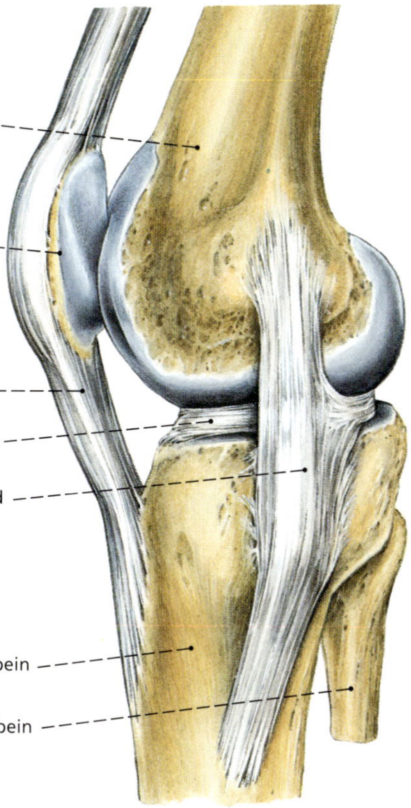

◆
Abb. 132
Rechtes Kniegelenk in Streckstellung mit innerem Seitenband, von der Körpermitte her gesehen. Die hinteren Faseranteile des Innenbands sind mit dem inneren Meniskus verwachsen. Knorpelanteile hellblau, Bänder grau gefärbt.

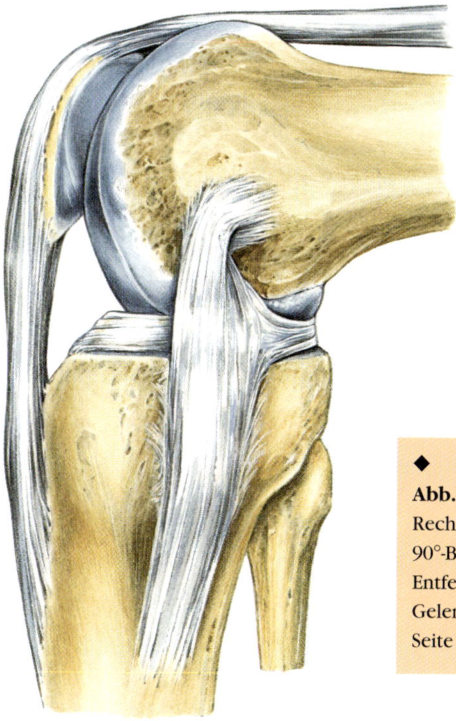

◆
Abb. 133
Rechtes Kniegelenk in 90°-Beugestellung nach Entfernung der Gelenkkapsel von der Seite gesehen.

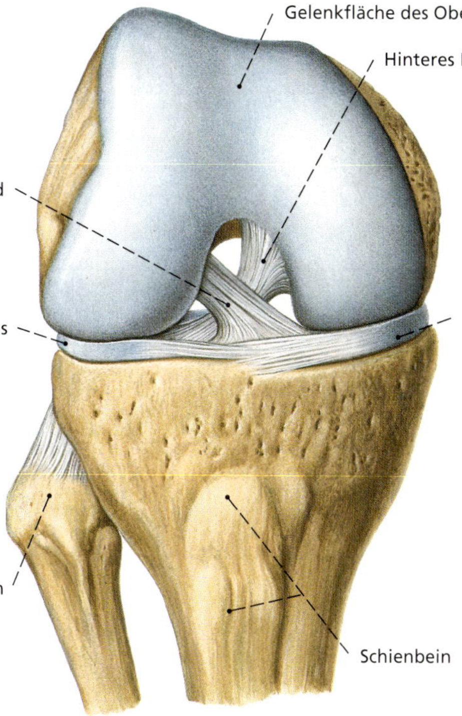

◆
Abb. 134
Rechtes Kniegelenk in 90°-Beugestellung von vorne nach Entfernung von Gelenkkapsel und Seitenbändern. Deutlich zu sehen sind vorderes und hinteres Kreuzband.

◆
Abb. 135
Rechtes Kniegelenk. Längsschnitt durch den seitlichen Gelenkanteil (von der Seite betrachtet). Gelenkflächen und Außenmeniskus hellblau gefärbt.

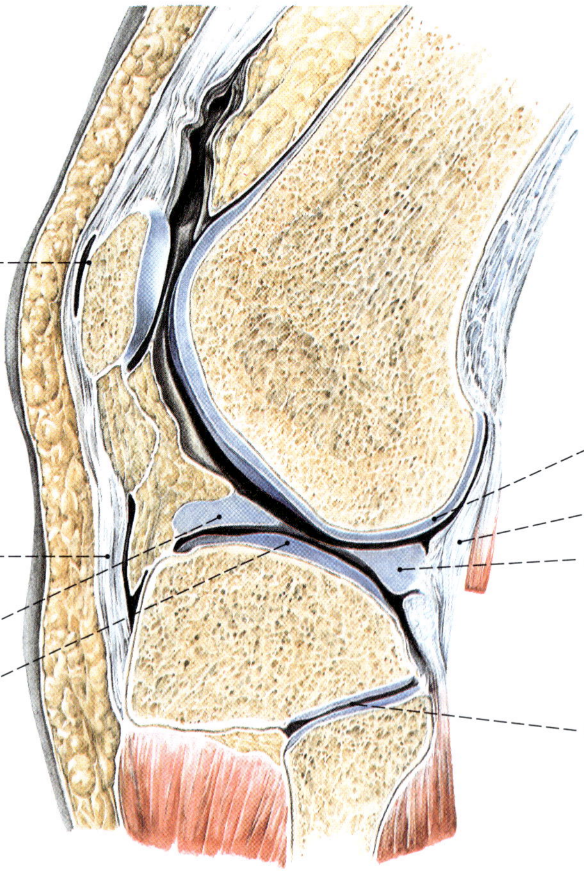

◆
Abb. 136
Längsschnitt durch das rechte Kniegelenk in Gelenkmitte (von vorne betrachtet).

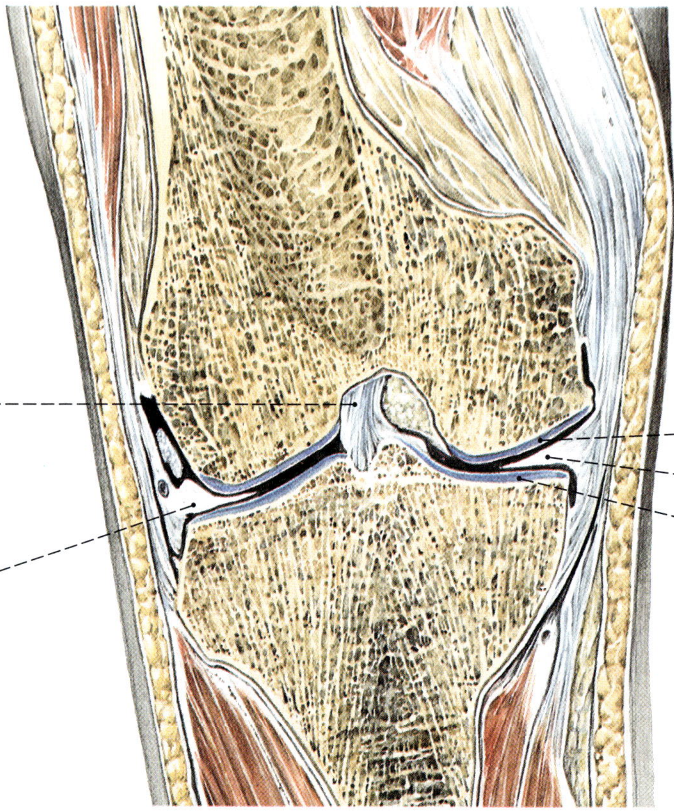

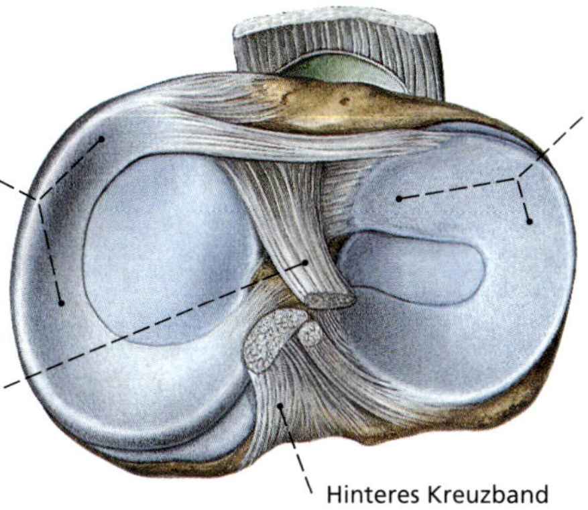

Abb. 137
Rechtes Kniegelenk von oben nach querer Durchtrennung von Gelenkkapsel, Kreuz- und Seitenbändern. Zu sehen sind Außen- und Innenmeniskus.

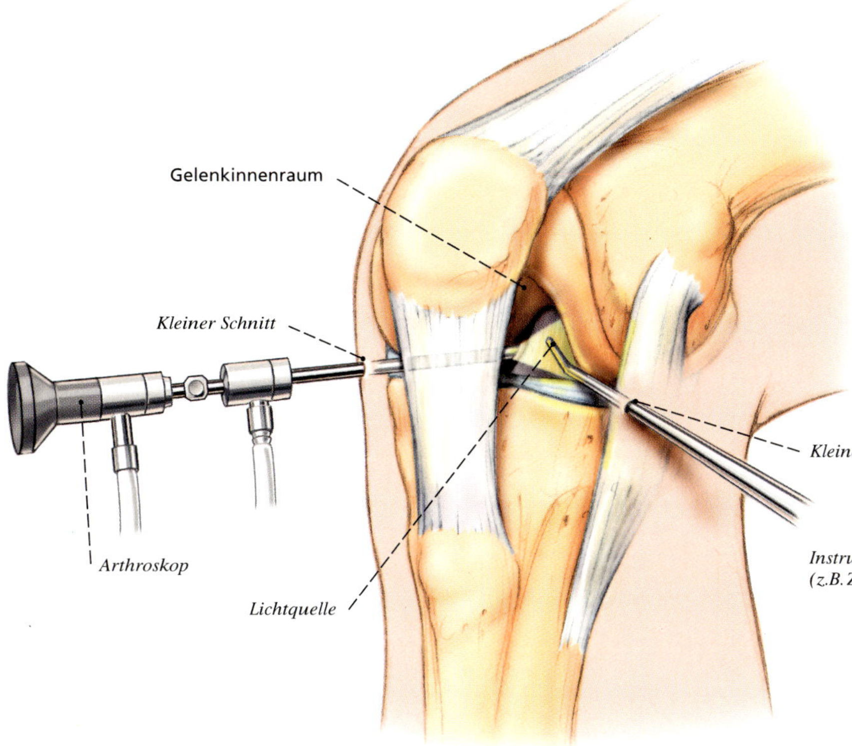

Abb. 138
Endoskopische Entfernung eines geschädigten Meniskus mit dem Arthroskop. Im Unterschied zur früher üblichen breiten Eröffnung des Kniegelenks sind bei diesem Eingriff heute nur kleine Hautschnitte notwendig.

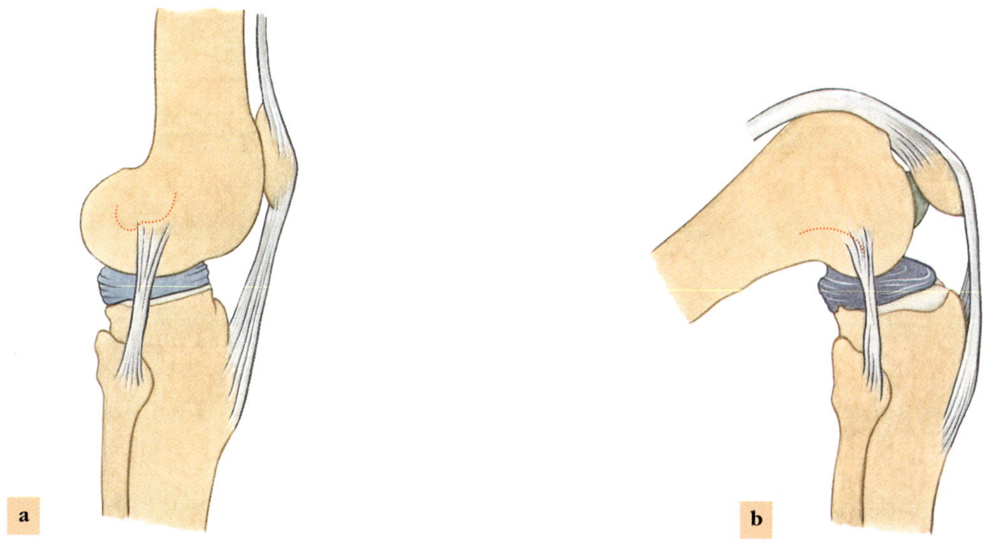

Abb. 139
Verschiebung von Innen- und Außenmeniskus bei Bewegung des rechten Kniegelenks von der Außenseite her gesehen: (a) in Streckstellung, (b) in Beugestellung. Die Verschiebung der Beuge-/Streckachse im Bewegungsablauf ist rot gestrichelt.

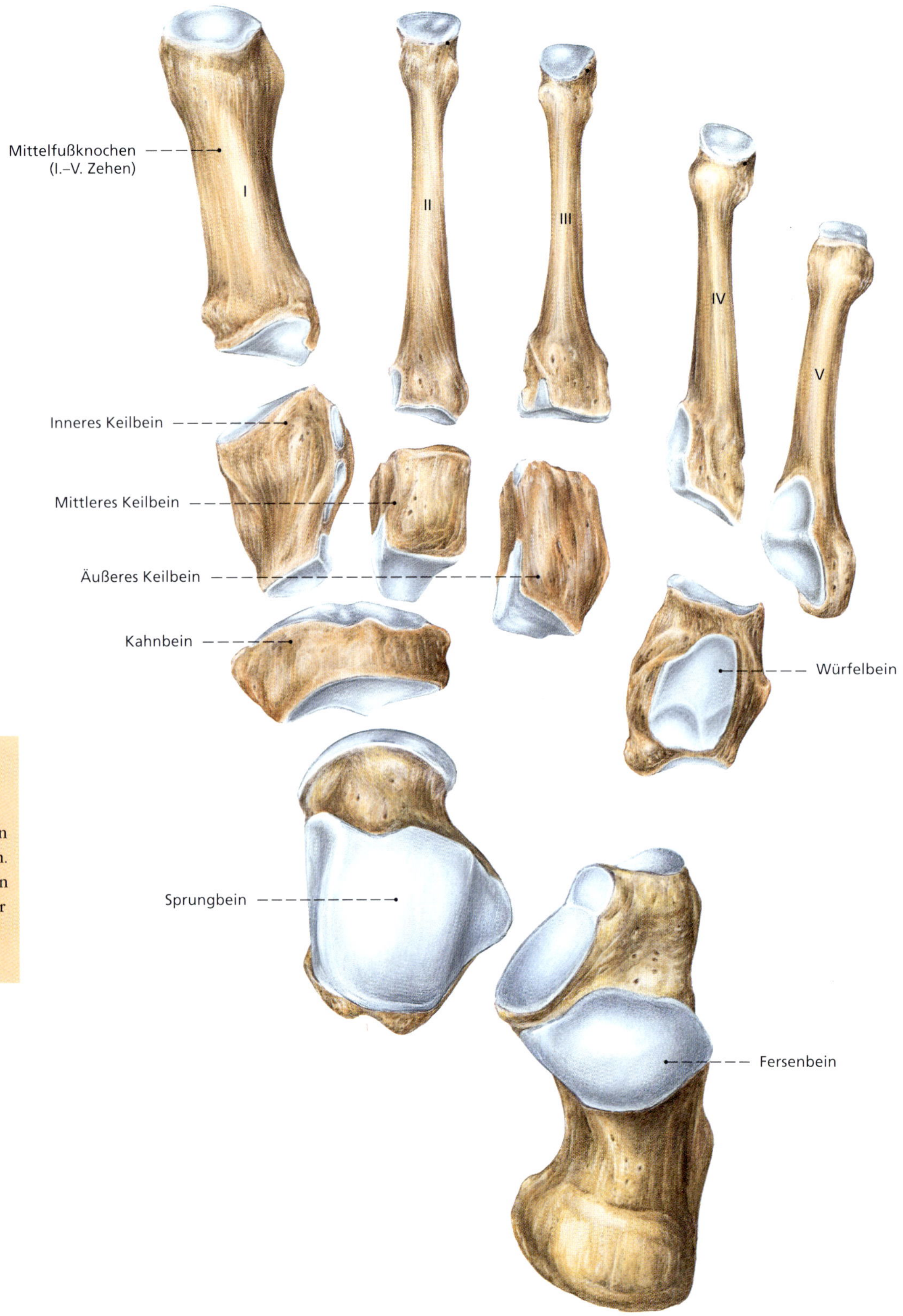

◆
Abb. 140
Fußwurzelknochen und Mittelfußknochen (rechter Fuß) von oben. Die Abstände zwischen den Knochen sind zur Veranschaulichung vergrößert.

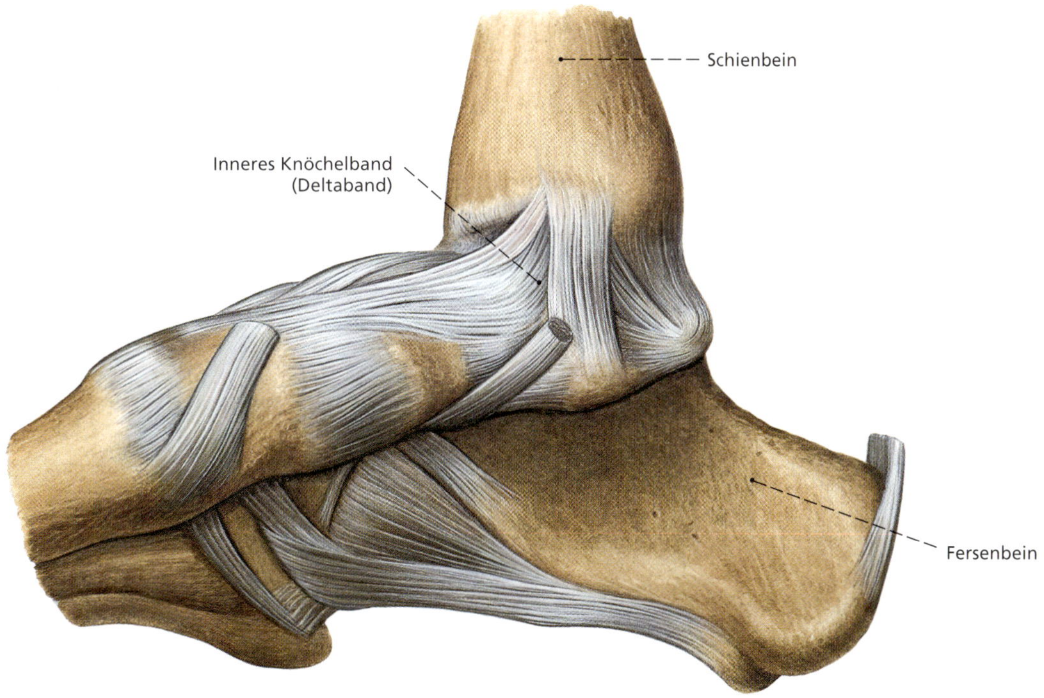

◆
Abb. 141
Bänder und Sehnen der Gelenke des rechten Fußes von der Innenseite her gesehen.

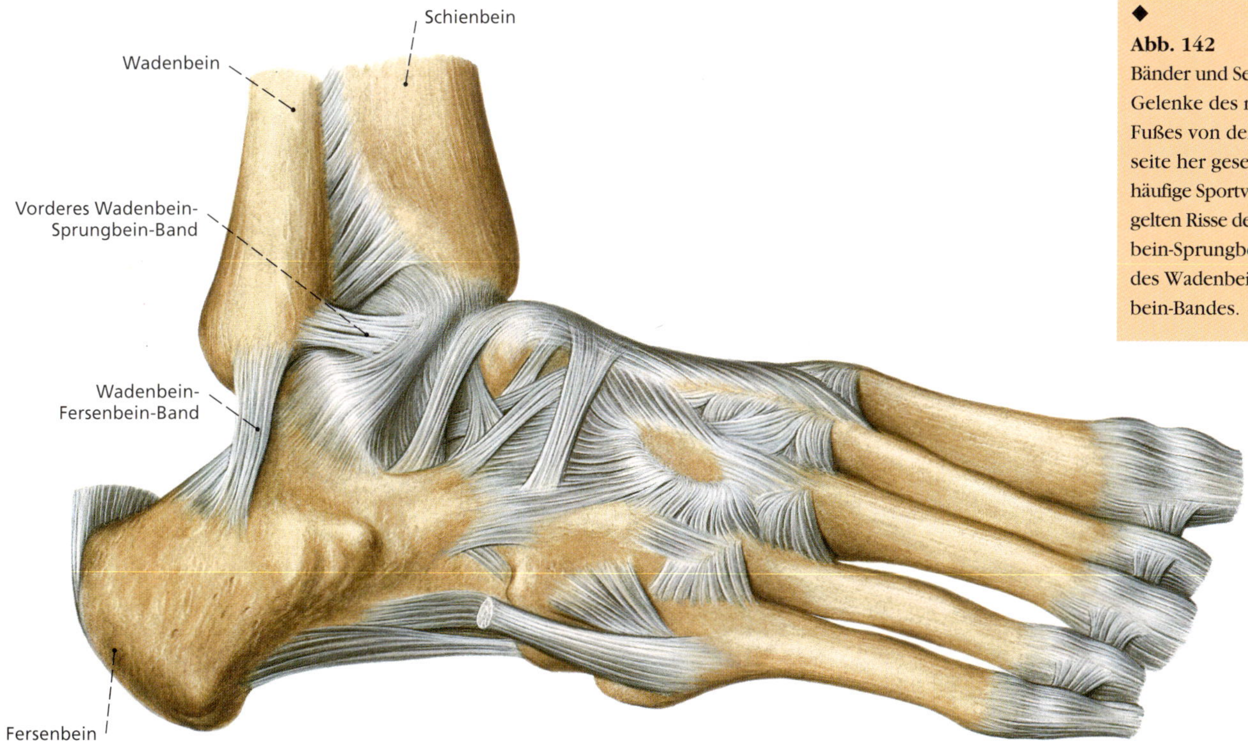

◆
Abb. 142
Bänder und Sehnen der Gelenke des rechten Fußes von der Außenseite her gesehen. Als häufige Sportverletzung gelten Risse des Wadenbein-Sprungbein- und des Wadenbein-Fersenbein-Bandes.

Gehirn und Nervensystem

Das Nervensystem hat die Aufgabe, alle Vorgänge im Körper miteinander zu koordinieren. Zu diesem Zweck stehen ihm spezielle Empfangsapparate (Sinneszellen) zur Verfügung, die verschiedene innere und äußere Reize (Licht, Schall, Wärme u.a.) aufnehmen und über spezielle Leitungen (Nervenfasern) an die zentralen Sammelstellen (Gehirn und Rückenmark) weiterleiten. Hier werden die Informationen entweder nur verarbeitet oder zusätzlich in Befehle umgewandelt, die an bestimmte Körperorgane gesendet werden und dort eine Reaktion auslösen.

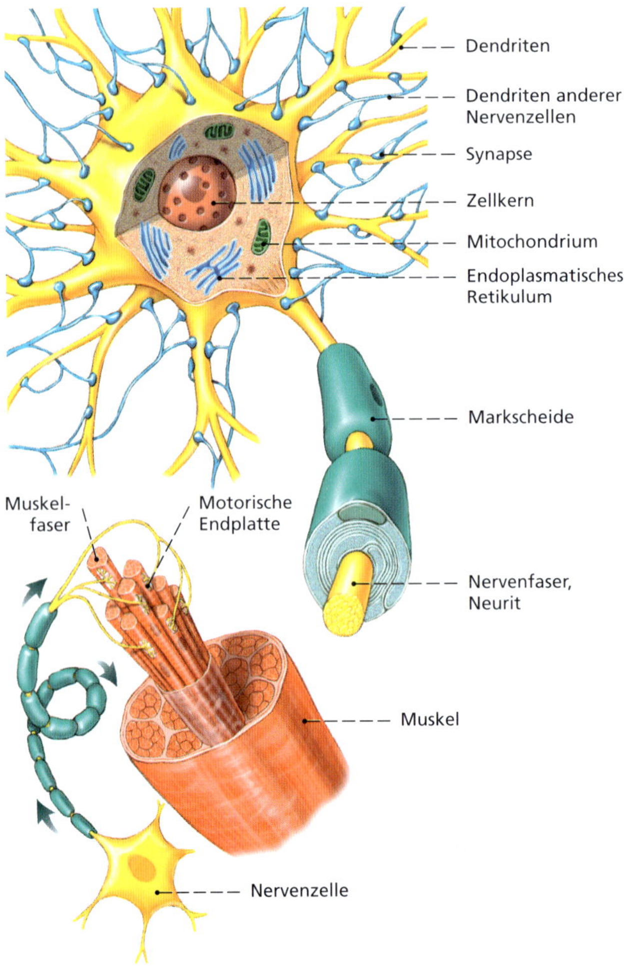

Abb. 143
Nervenzellen haben viele Zellfortsätze. Über diese sogenannten Dendriten stehen sie mit anderen Nervenzellen in Verbindung. Dendriten besitzen an ihren Enden kolbige Auftreibungen, die auf andere Nervenzellen aufsetzen. Die Verbindungsstelle zwischen Dendrit und Nervenzelle wird als Synapse bezeichnet. Mitochondrium und endoplasmatisches Retikulum sind für Zellatmung und Zellstoffwechsel zuständig. Die Hauptnervenfaser (Neurit) ist von einer Markscheide umgeben und leitet einen elektrischen Impuls geringer Stärke in das Erfolgsorgan, z.B. in die motorische Endplatte des Muskels, weiter und löst dort eine Reaktion aus.

Nach funktionellen Gesichtspunkten unterscheidet man

- das willkürliche Nervensystem, das auf Sinneseindrücke spezialisiert ist und den Menschen dazu befähigt, auf seine Umwelt bewußt zu reagieren, und
- das vegetative (unwillkürliche) Nervensystem, das lebenswichtige Körperfunktionen, die nicht willentlich zu beeinflussen sind, koordiniert.
  Das vegetative Nervensystem besteht aus zwei Teilen: dem Sympathikus, der besonders bei energiefordernden Prozessen (körperliche Arbeit, Streß) in Aktion tritt, und dem Parasympathikus, der vor allem für Regeneration und Wiederherstellung der Energiereserven zuständig ist. Die reibungslose Zusammenarbeit dieser beiden „Partner" macht es möglich, daß sich der Körper den jeweiligen Erfordernissen anpassen kann.

Wichtigstes Bauelement des Nervensystems ist die Nervenzelle. Im Gegensatz zu allen anderen Körperzellen kann sie sich weder teilen noch regenerieren. Zerstörte Nervenzellen gehen dem Körper also auf Dauer verloren. Jede Nervenzelle besteht aus einem Zellkörper mit Zellkern, Mitochondrien und endoplasmatischem Retikulum (siehe Kapitel „Zelle") sowie mehreren dünnen Fortsätzen (Dendriten). Über diese Dendriten sind immer mehrere Nervenzellen netzartig miteinander verbunden. Jede Nervenzelle besitzt zusätzlich noch einen langen Hauptfortsatz, die eigentliche Nervenfaser (Neurit), die von einer Scheide aus fettähnlichen Substanzen (Markscheide) umhüllt ist. Die Nervenfaser leitet die Erregung, die sie von der Nervenzelle empfangen hat, als Impuls an andere Nervenzellen oder Organe weiter. Mehrere solcher Nervenfasern sind zu einem Strang zusammengefaßt, dem Nerv. Diese Nervenstränge bilden in Gehirn und Rückenmark die weiße Substanz, die Nervenzellen, der Ursprung der Nervenfasern, dagegen die graue Substanz.

Allerdings stehen die verschiedenen Nervenfasern weder miteinander noch mit ihren „Zielorganen", beispielsweise Muskelfasern, in direkter Verbindung. Deshalb findet die Impulsübertragung vom Nerv auf sein Zielorgan an bestimmten Umschaltstellen statt, den Synapsen. Hier wird der elektrische Impuls in ein chemisches Signal umgewandelt und auf diese Weise weitergegeben.

Das Gehirn

Das menschliche Gehirn wiegt etwa 1500 g und ist von den Hirnhäuten umgeben. Seine wichtigsten Funktionen sind die Wahrnehmung von Sinnesreizen, das Denken,

Lernen und Erinnern sowie der Informationsaustausch zwischen den einzelnen Wahrnehmungszentren. Während das Großhirn mit seinen zahlreichen Furchen die oberste Steuerstelle des bewußten Handelns ist, dienen die tiefer gelegenen Strukturen des Gehirns als Umschaltstelle für Signale aus dem Körper und greifen - teilweise hormongesteuert - in den Stoffwechsel ein. Der Gehirnbereich (sog. Stammhirn) oberhalb des Übergangs zum Rückenmark steuert lebenswichtige Funktionen wie Atmung und Kreislauf. In seinem hinteren unteren Teil schließt sich dem Großhirn das von zahlreichen Querfurchen durchzogene Kleinhirn an. Es ist für Körperhaltung, Gleichgewicht und Koordination der Körperbewegungen zuständig.

Tief im Inneren des Gehirns liegt ein Hohlraum mit mehreren Kammern, sogenannten Hirnventrikeln, die mit einer flüssigkeitsproduzierenden Haut ausgekleidet sind und das Hirnwasser (Liquor) enthalten. Dieser Hohlraum steht über ein spezielles Gefäßsystem mit den Spalten zwischen dem Gehirn bzw. dem Rückenmark und den sie umgebenden Knochenstrukturen in Verbindung. Das Hirnwasser (etwa 100-150 ml) umgibt Gehirn und Rückenmark als schützender Flüssigkeitsmantel.

Rückenmark

Das Rückenmark wird durch einen dicken Strang von Ner-venfasern gebildet, der gut geschützt im knöchernen Kanal innerhalb der Wirbelsäule verläuft. Zu beiden Seiten treten insgesamt jeweils 31 Nerven aus dem Rückenmark aus (sog. Spinalnerven) und ziehen in die verschiedenen Kör-perregionen.

Das Rückenmark „hängt" gleichsam in einem mit Liquor gefüllten Sack. Zusammen mit dem Gehirn bildet es das zentrale Nervensystem, verfügt aber nicht nur über Leitungsbahnen zum Gehirn, sondern ist gleichzeitig auch Schalt- und Reflexzentrum. Hier werden einerseits Befehle des Gehirns für willkürliche Bewegungen umgeschaltet und an die ausführende Muskulatur weitergeleitet. Andererseits gehen vom Rückenmark direkt Impulse für unwillkürliche (Schutz-)Bewegungen aus, die Reflexe.

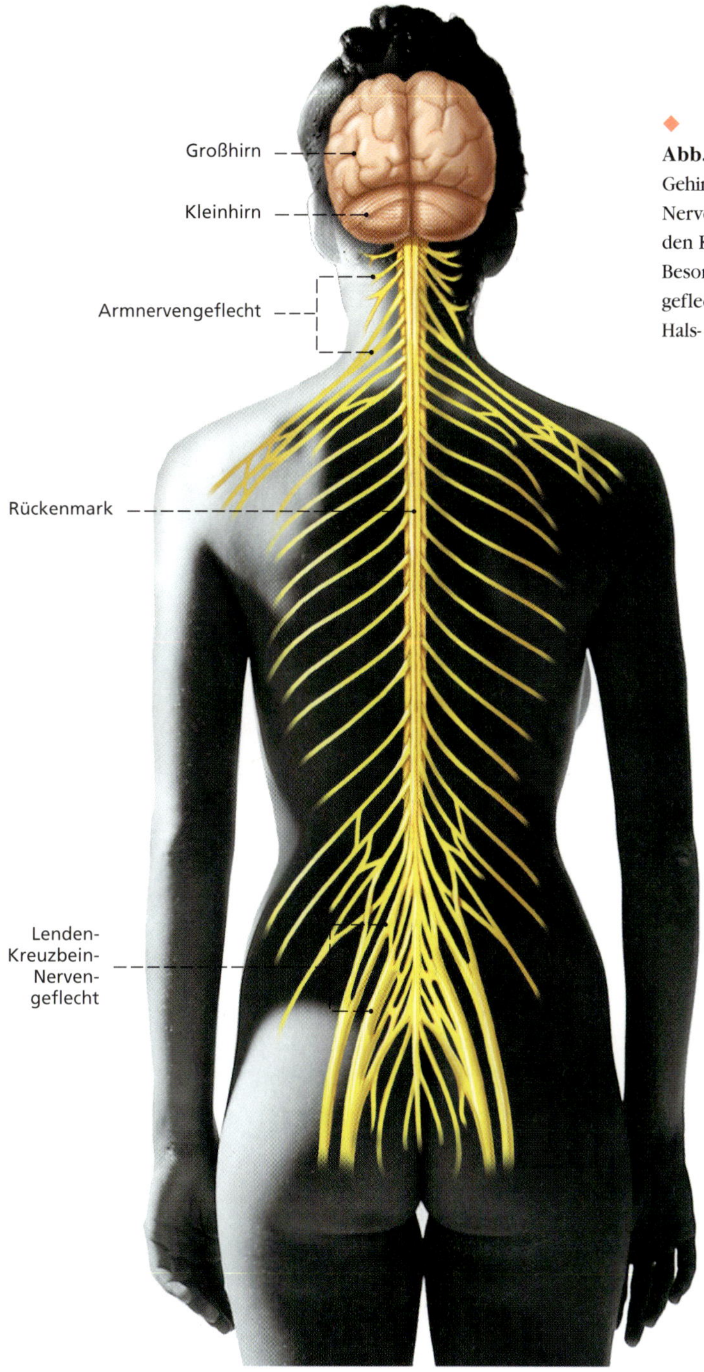

Abb. 144
Gehirn und Rückenmark mit Nervenaustrittsstellen auf den Körper aufgezeichnet. Besonders dichte Nervengeflechte finden sich im Hals- und Lendenbeich.

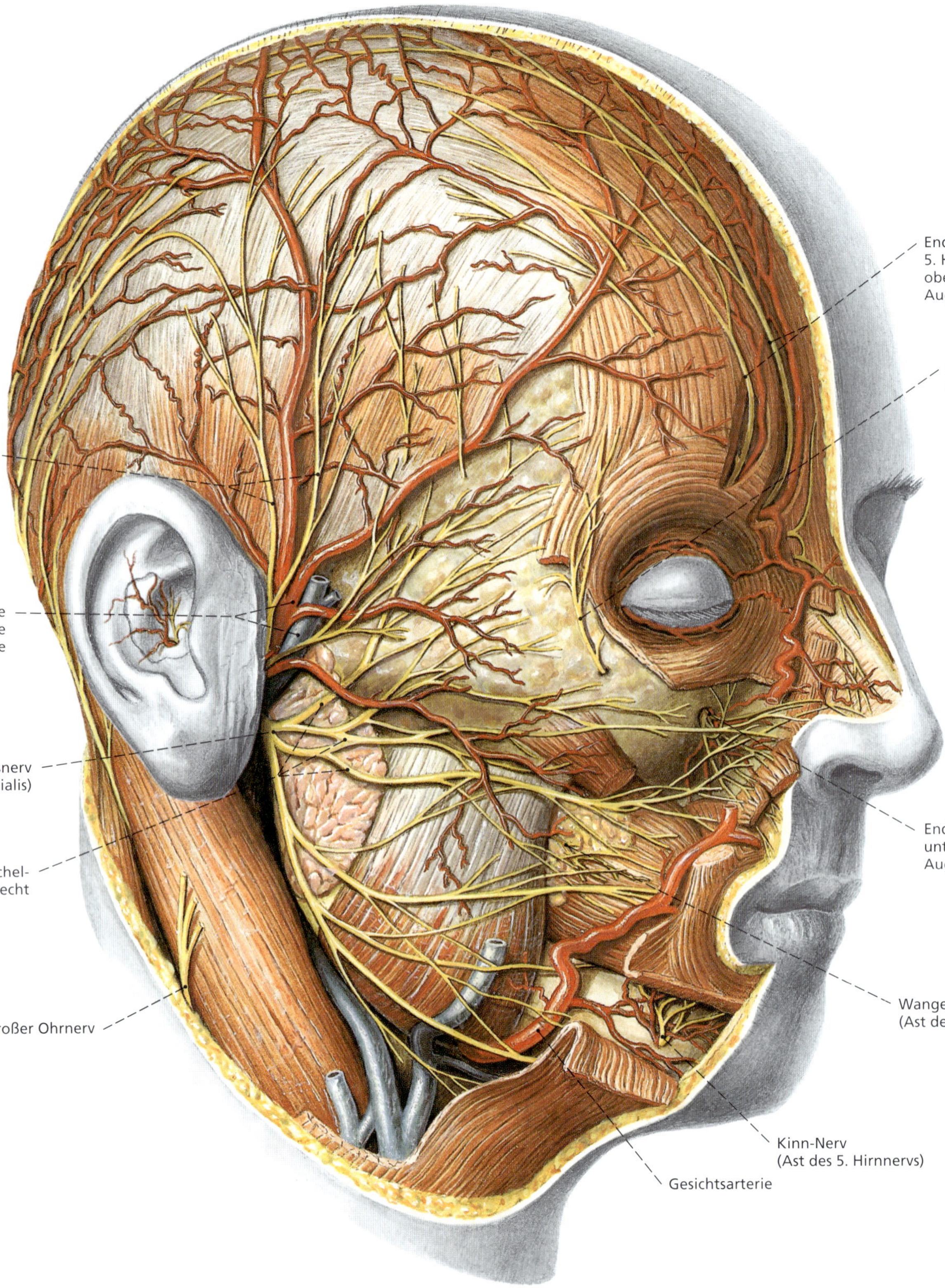

◆
Abb. 145
Nerven des Kopfes. Deutlich sichtbar ist das Nervengeflecht im Bereich der Ohrspeicheldrüse. Es enthält Fasern des Gesichtsnervs (Fazialis).

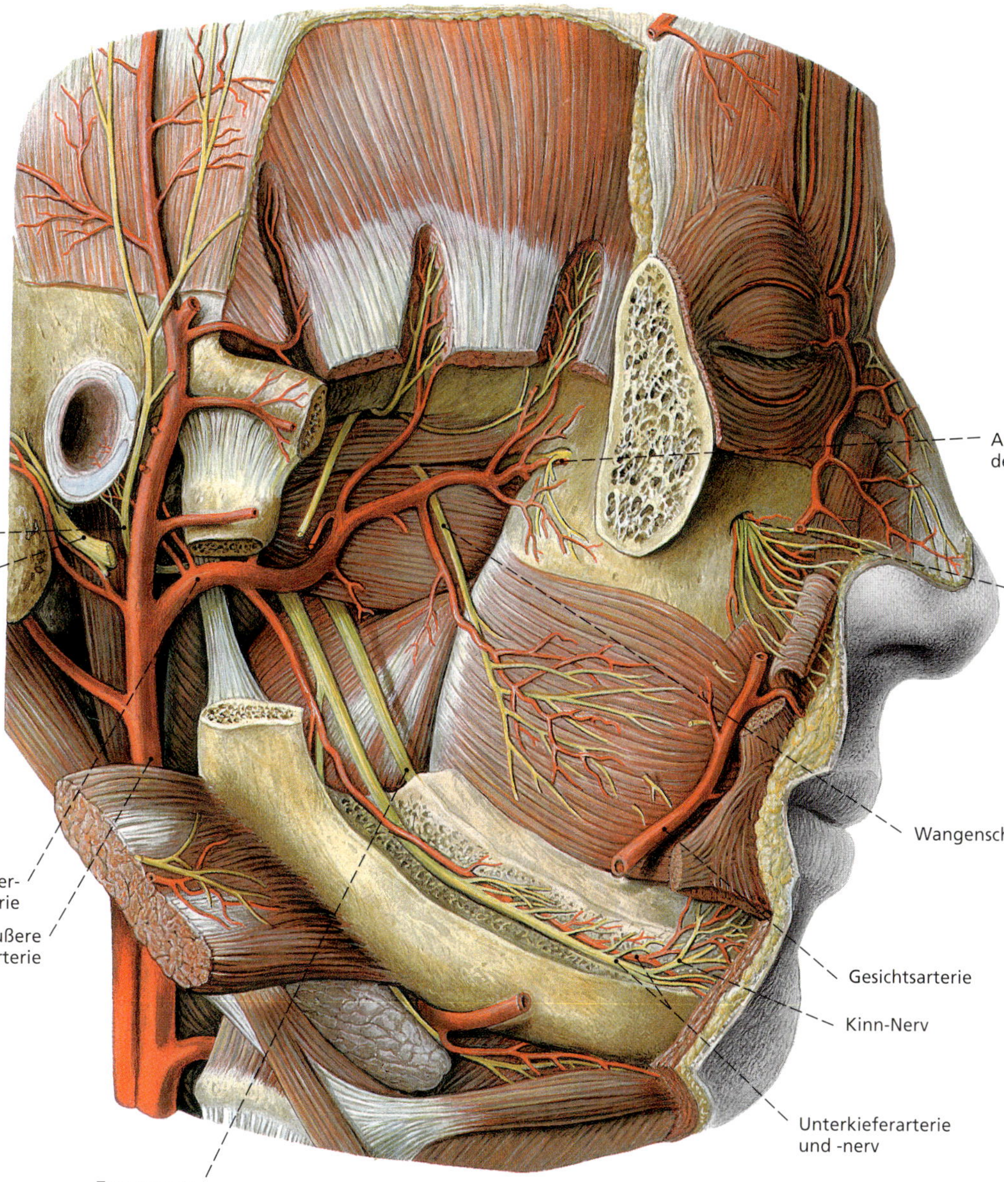

◆
Abb. 146
Nerven im Kiefer- und Wangenbereich nach Entfernung des Jochbeins und teilweiser Durchtrennung und Aufmeißelung des Unterkieferknochens.

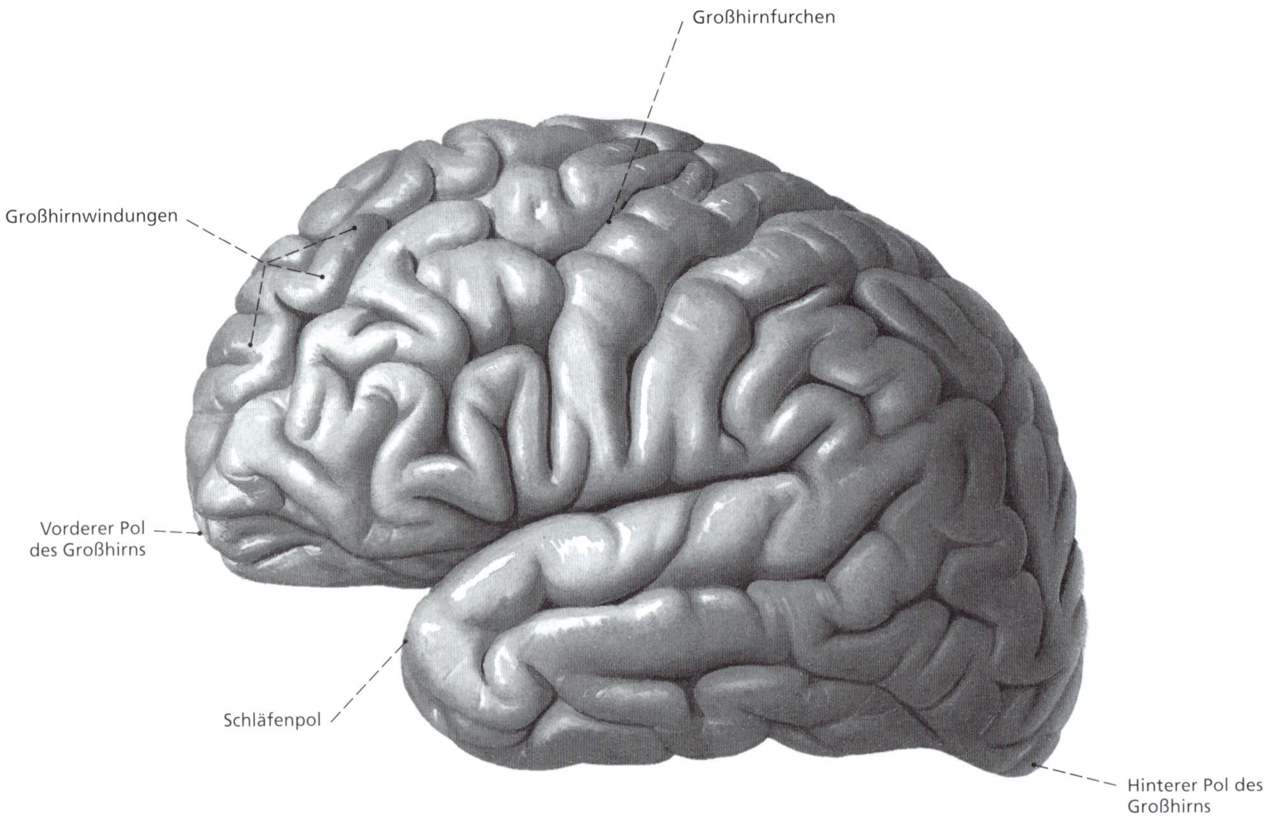

◆
Abb. 147
Großhirnhälfte von der linken Seite her gesehen.

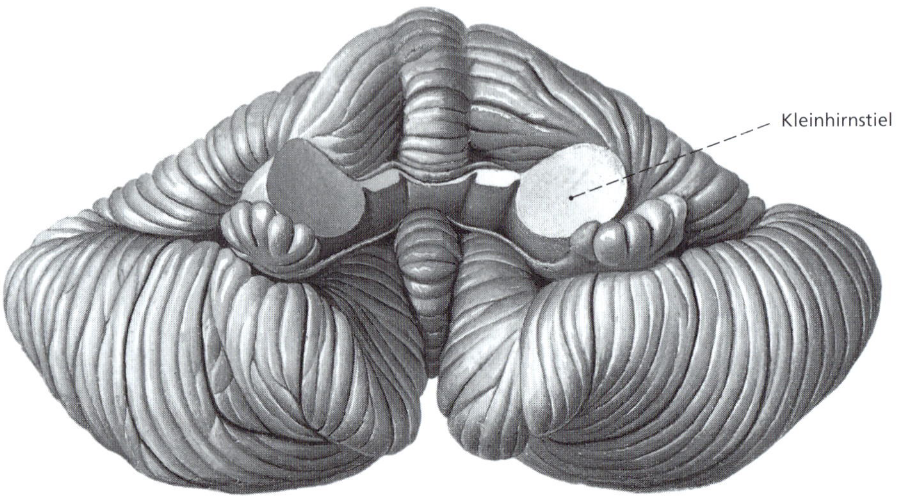

◆
Abb. 148
Kleinhirn nach Durchtrennung der Kleinhirnstiele. Auffallend ist seine (im Vergleich zum Großhirn) enge Furchung ohne Windungen. Es befindet sich hinten unter dem Großhirn.

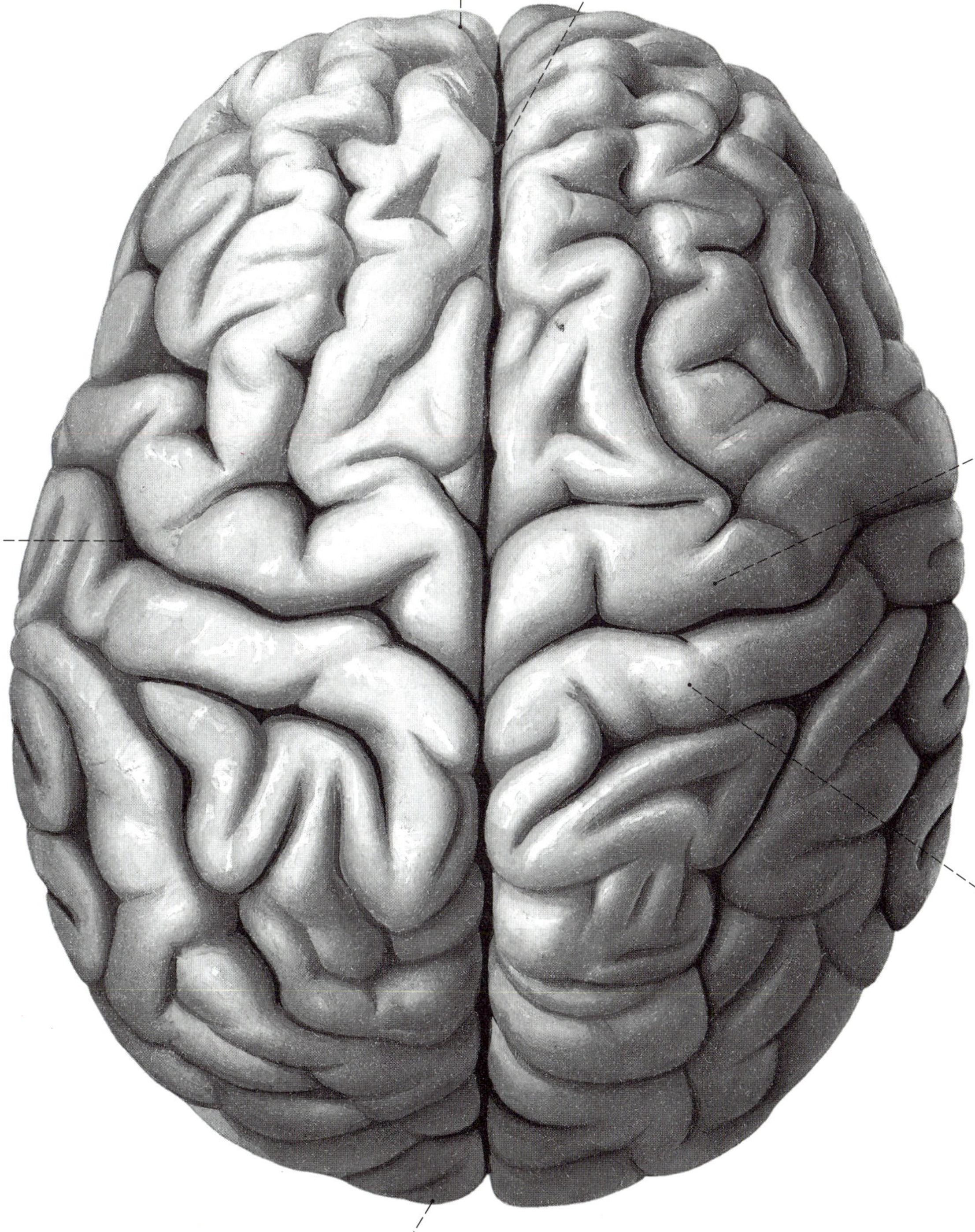

◆
Abb. 149
Blick auf das Großhirn von oben nach Ablösung der weichen Hirnhaut.

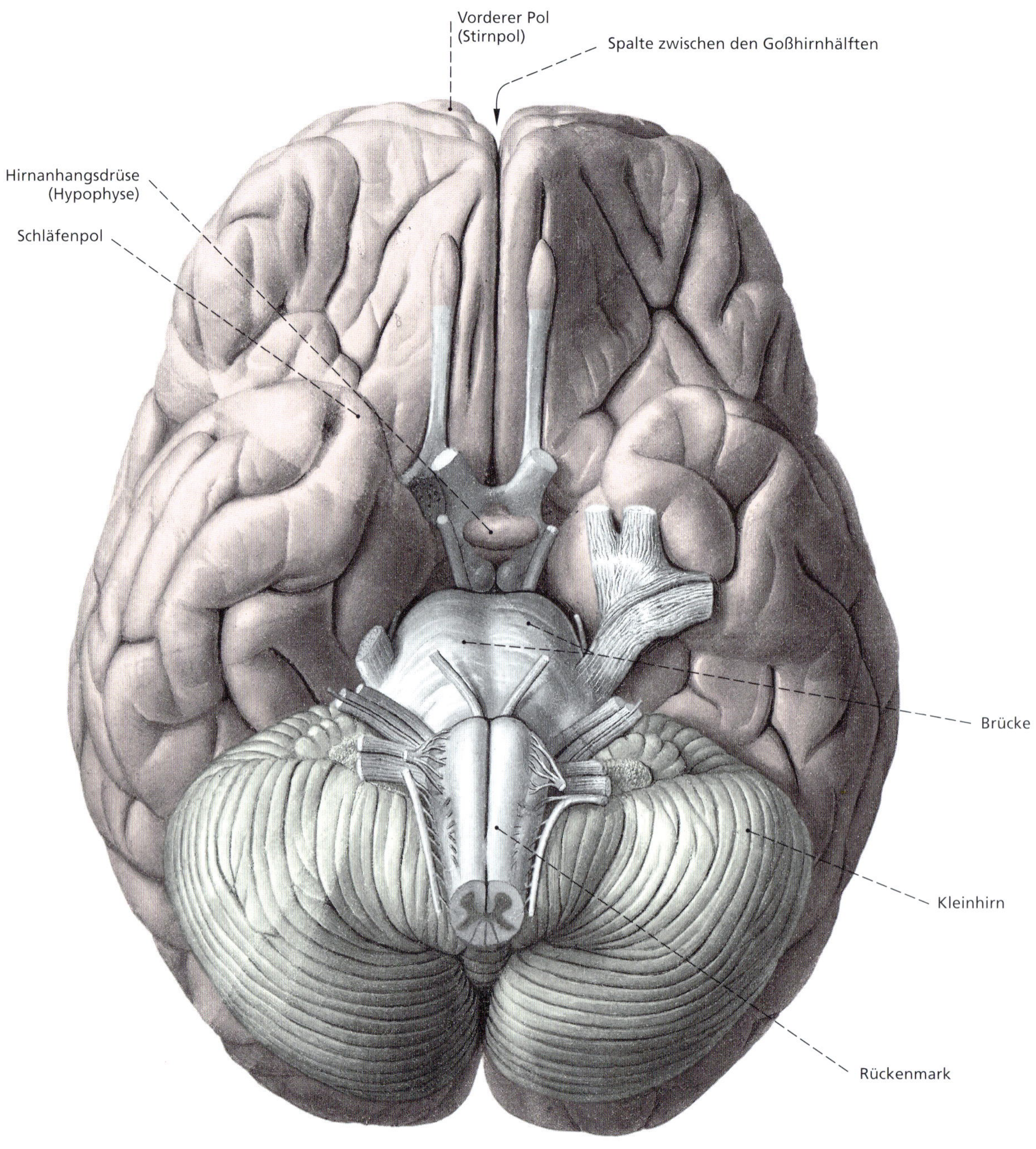

◆
Abb. 150
Gehirn mit Kleinhirn und oberem Anteil des Rückenmarks von unten betrachtet.

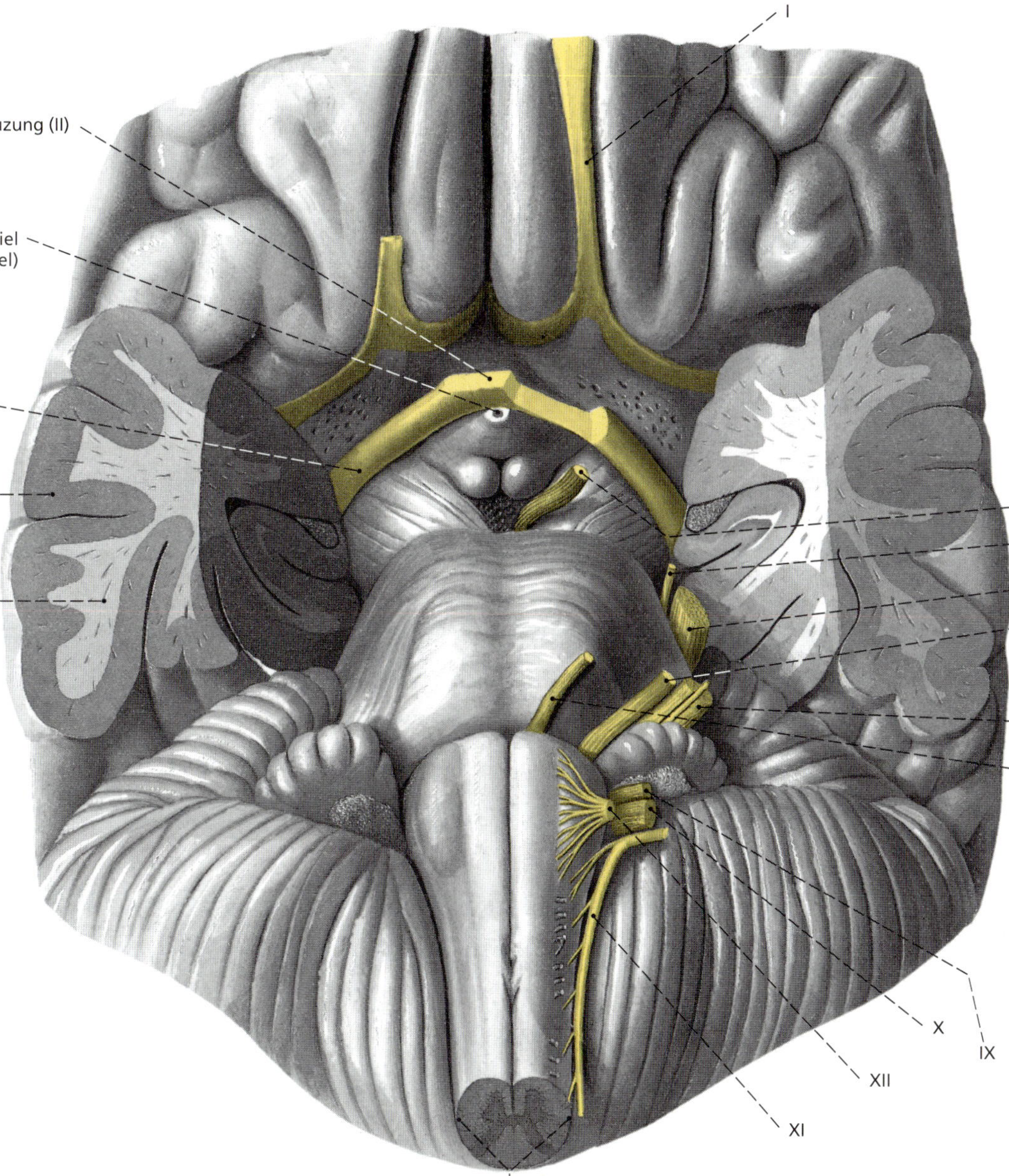

I = 1. Hirnnerv, Riechnerv (Nervus olfactorius)
II = 2. Hirnnerv, Sehnerv (Nervus opticus)
III = 3. Hirnnerv, Augenbewegungsnerv (Nervus oculomotorius)
IV = 4. Hirnnerv, Augenrollnerv (Nervus trochlearis)
V = 5. Hirnnerv, Drillingsnerv (Nervus trigeminus)
VI = 6. Hirnnerv, Augenabziehnerv (Nervus abducens)
VII = 7. Hirnnerv, Gesichtsnerv (Nervus facialis)
VIII = 8. Hirnnerv, Hör- und Gleichgewichtsnerv (Nervus vestibulocochlearis)
IX = 9. Hirnnerv, Zungen-Rachen-Nerv (Nervus glossopharyngeus)
X = 10. Hirnnerv, sog. Lungen-Magen-Nerv (Nervus vagus)
XI = 11. Hirnnerv, Beinerv (Nervus accessorius)
XII = 12. Hirnnerv, Unterzungennerv (Nervus hypoglossus)

◆
Abb. 151
Austrittsstellen der Hirnnerven (I–XII) aus der Gehirnbasis.

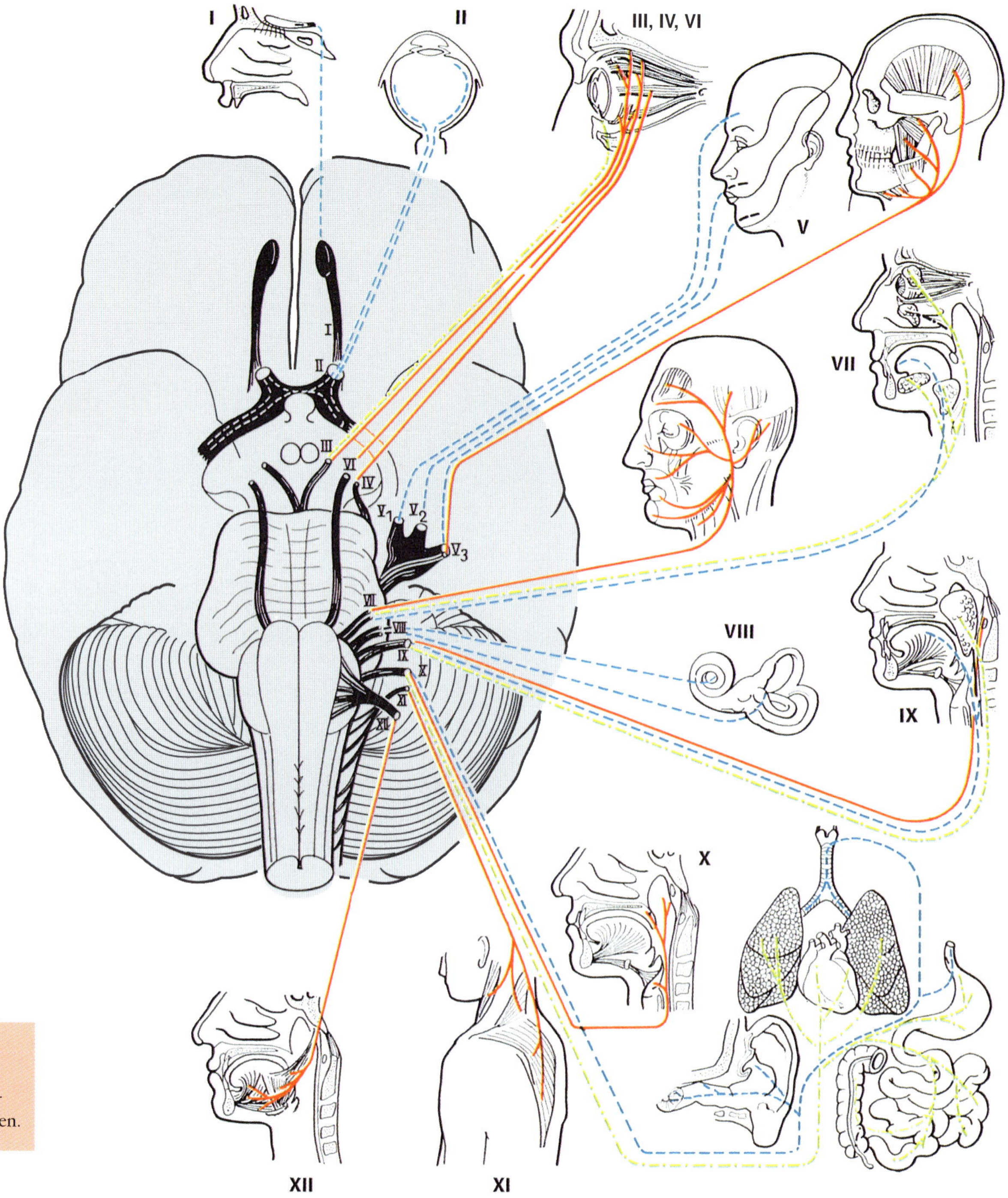

◆
Abb. 152
Funktion der Hirnnerven im einzelnen.

- I: Riechen
- II: Sehen
- III: Augenbewegungen
- IV: Augenrollen
- V: Innervation von Gesichtshaut, Augenhöhle, Zähnen, Muskulatur von Ober- und Unterkiefer
- VI: Augenbewegungen
- VII: Gesichtsbewegungen (Mimik), Sekretion von Tränendrüse, Unterzungendrüse und Unterkieferdrüse, der kleinen Gaumen- und Nasendrüsen, Geschmack im Bereich der vorderen zwei Drittel der Zunge
- VIII: Hören, Gleichgewicht
- IX: Rachenmuskelbewegungen (Schluckakt), Schleimhautsensibilität von Rachen und Paukenhöhle des Ohrs, Geschmack im hinteren Zungendrittel
- X: Kehlkopfbewegungen (auch Stimmbänder), Versorgung der Rachenmuskulatur, Sensibilität des äußeren Gehörgangs, Versorgung von Herz, Lunge, Magen und Darm
- XI: Kopfwendung, Versorgung des Trapezmuskels des Rückens
- XII: Zungenbewegungen

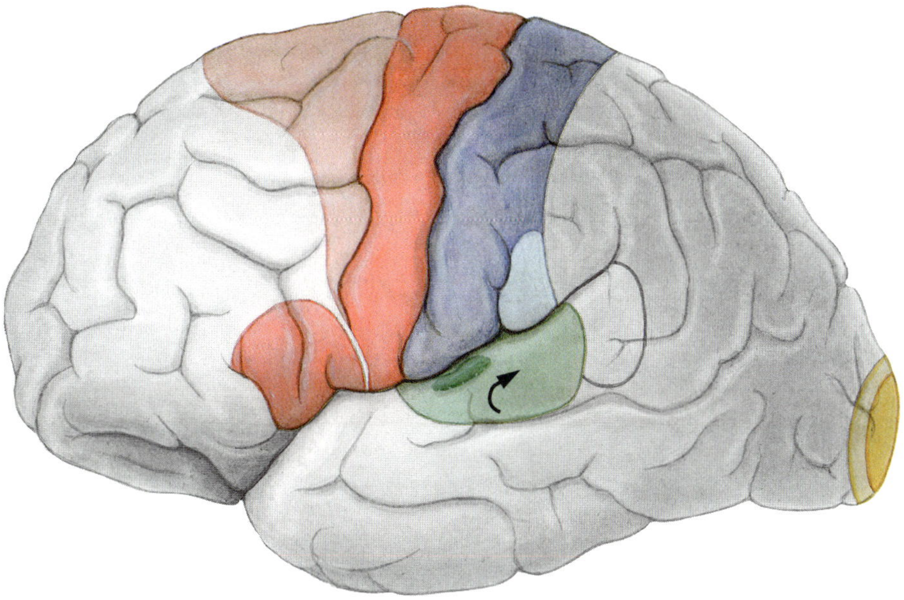

Projektionsfeld der Motorik
Assoziationsfeld der Motorik
Projektionsfeld der Sensorik
Assoziationsfeld der Sensorik
Projektionsfeld des Hörens
Assoziationsfeld des Hörens
Projektionsfeld des Sehens
Assoziationsfeld des Sehens

* Motorik = willkürlich gesteuerte Bewegungsabläufe
Sensorik = Wahrnehmung von Reizen

◆
Abb. 153
Rindenfelder des Großhirns. Blick von der linken Seite. Projektionsfelder sind abgegrenzte Gehirnbereiche, zu denen direkt Nervenfasern eines Empfindungsorgans (z.B. Innenohr, Sehnerv, Muskel, Haut) ziehen. Assoziationsfelder hingegen sind umschriebene Bezirke des Gehirns, von denen Verbindungen zu anderen Gehirnbereichen bestehen. Solche Assoziationsfelder dienen höheren geistigen Funktionen, z.B. der bewußten Verarbeitung eines Bildes oder einer Hörempfindung. Das Projektionsfeld des Hörens (Pfeil) erstreckt sich über die Oberkante des Schläfenlappens hinweg auf dessen Innenfläche.

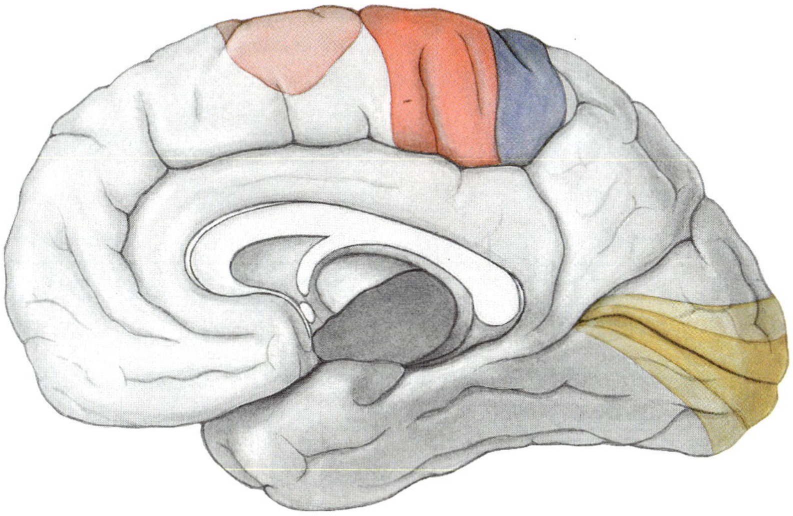

◆
Abb. 154
Rindenfelder des Großhirns von der Mittellinie des Gehirns aus gesehen.

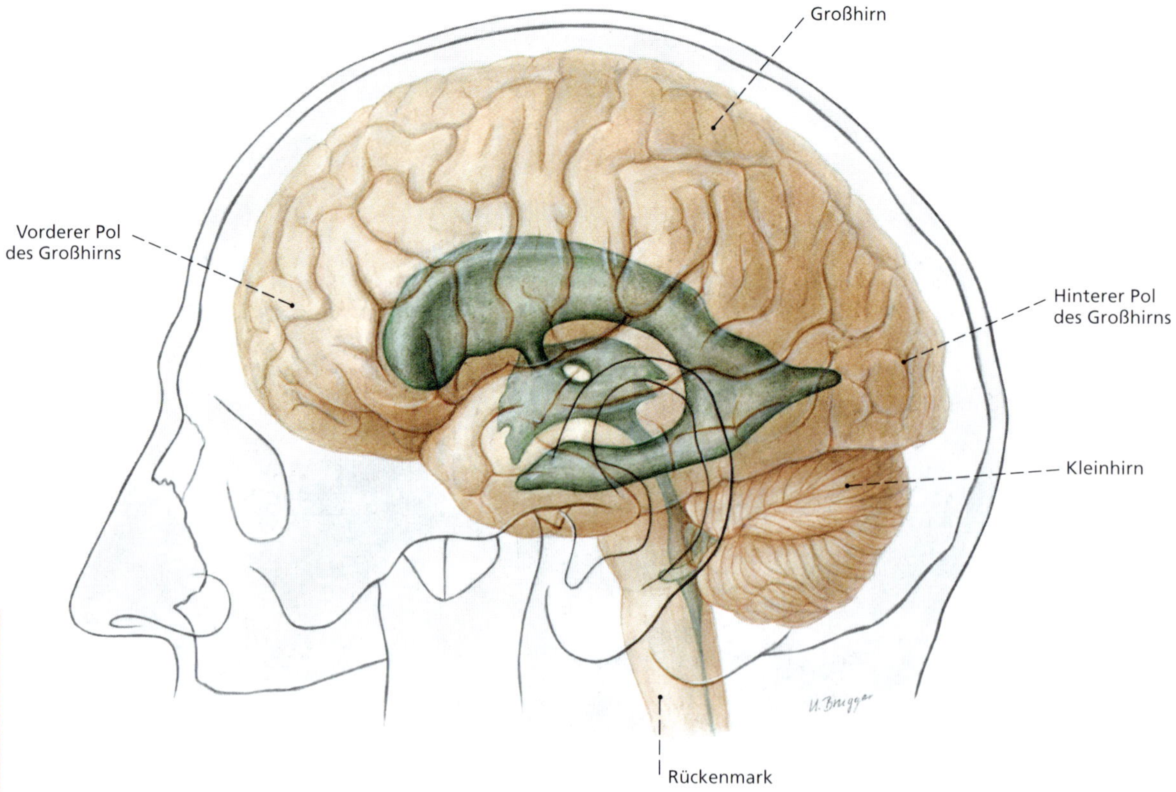

◆
Abb. 155
Hirnkammern (Ventrikel) von der Seite gesehen, in Grün auf die Großhirnrinde aufgezeichnet.

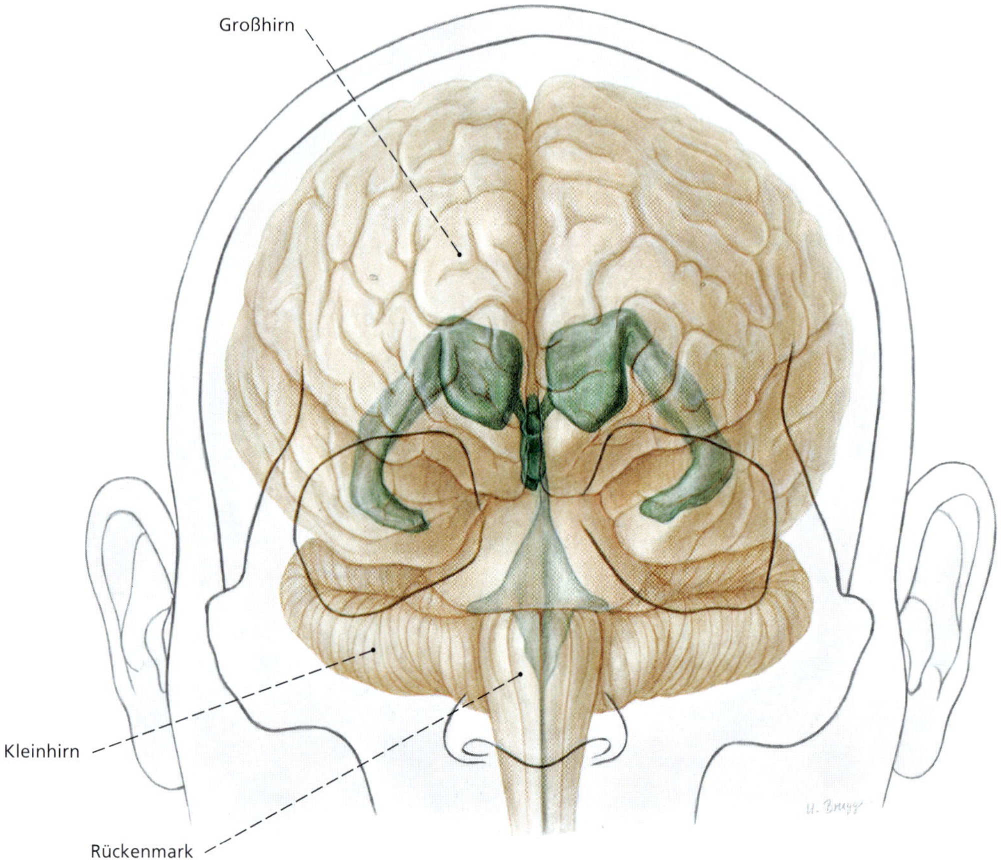

◆
Abb. 156
Hirnkammern von vorne.

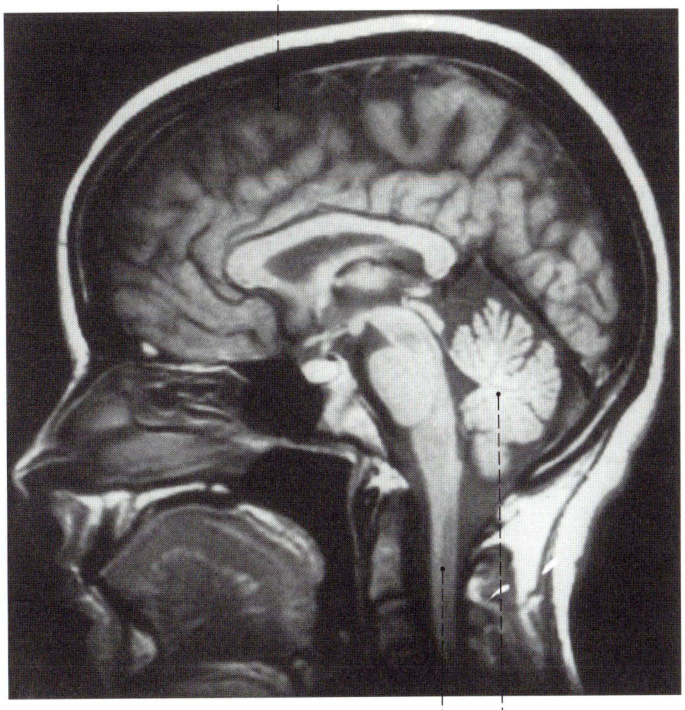

◆
Abb. 157
Bildliche Darstellung des Gehirns und seiner Hohlräume in einem Kernspintomogramm. Der Vorteil dieser Methode gegenüber der üblichen Röntgenaufnahme besteht darin, daß sie nicht nur die Knochen, sondern auch alle anderen Körpergewebe abbildet.

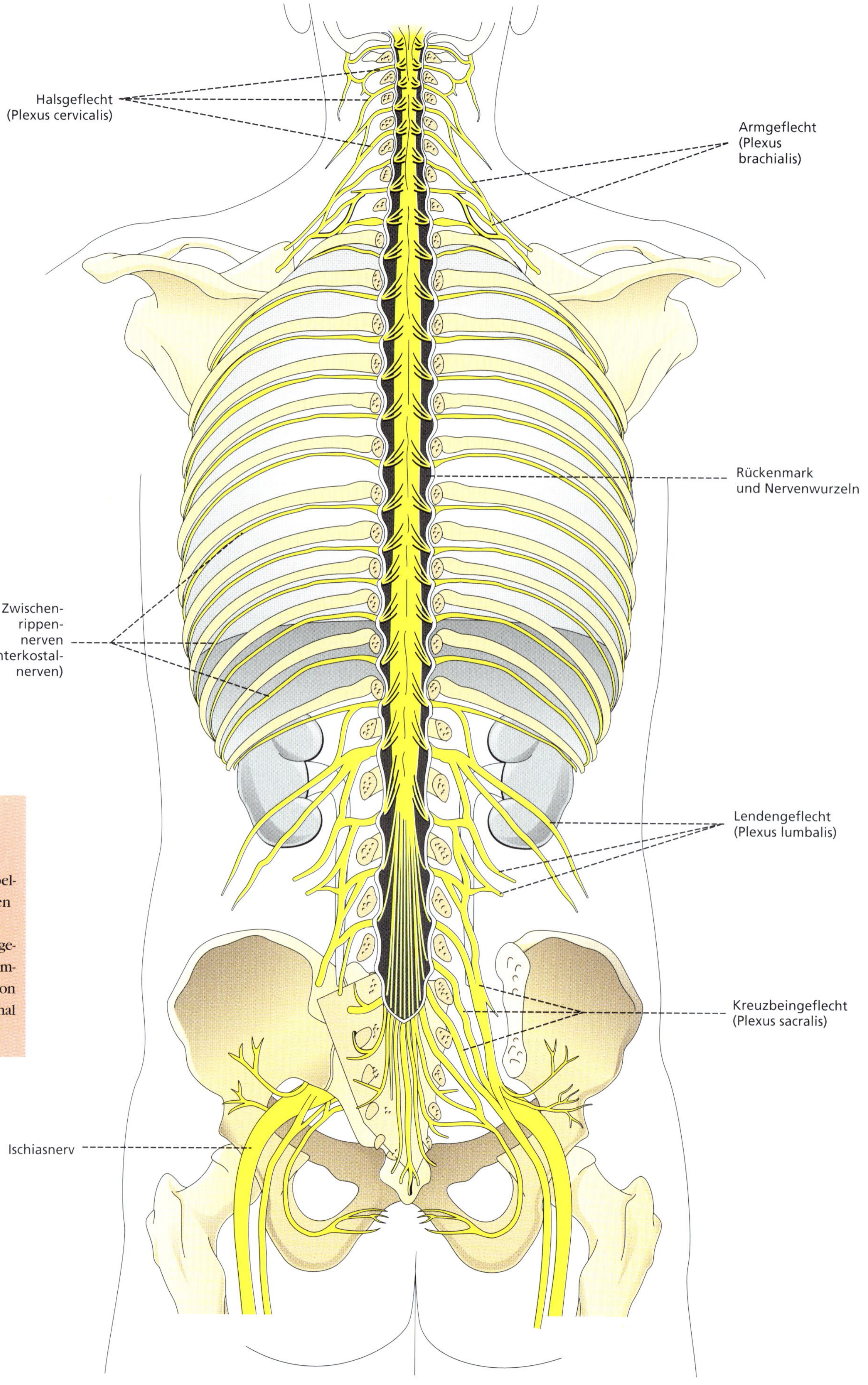

◆
Abb. 158
Rückenmark mit seitlich aus den Wirbelkörpern austretenden Nerven (sog. Spinalnerven) und Nervengeflechten im Hals-, Arm- und Lendenbereich von hinten. Der Wirbelkanal ist eröffnet.

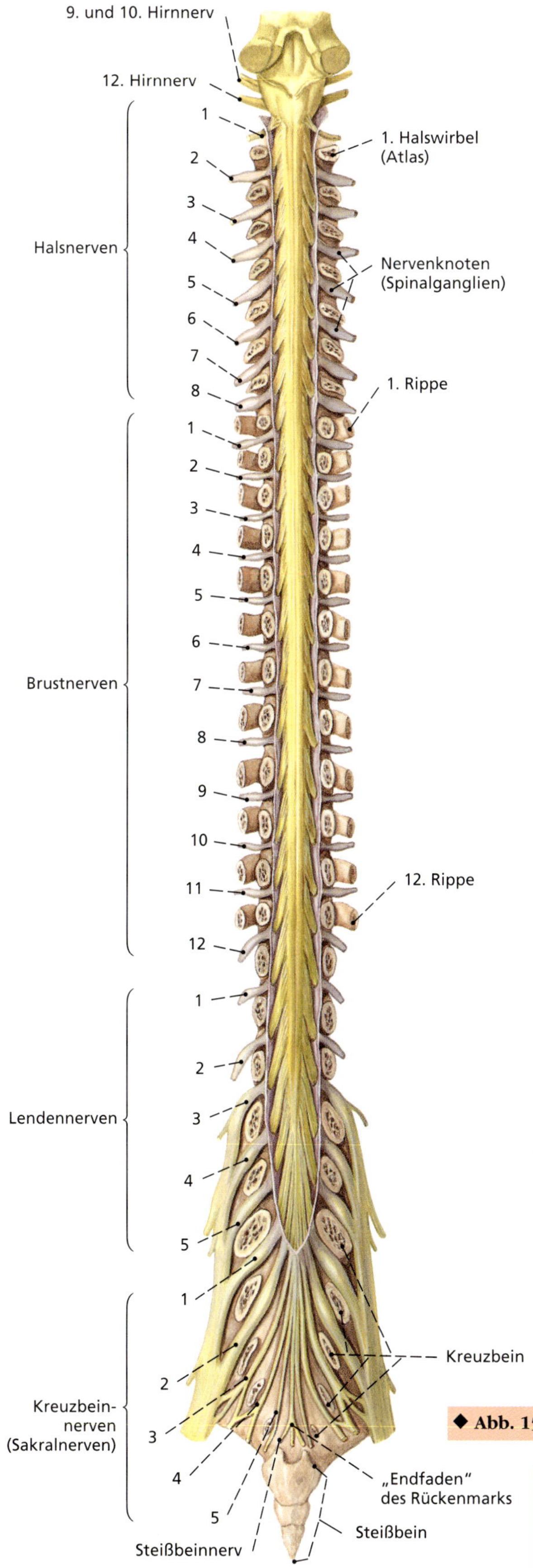

◆ Abb. 159a

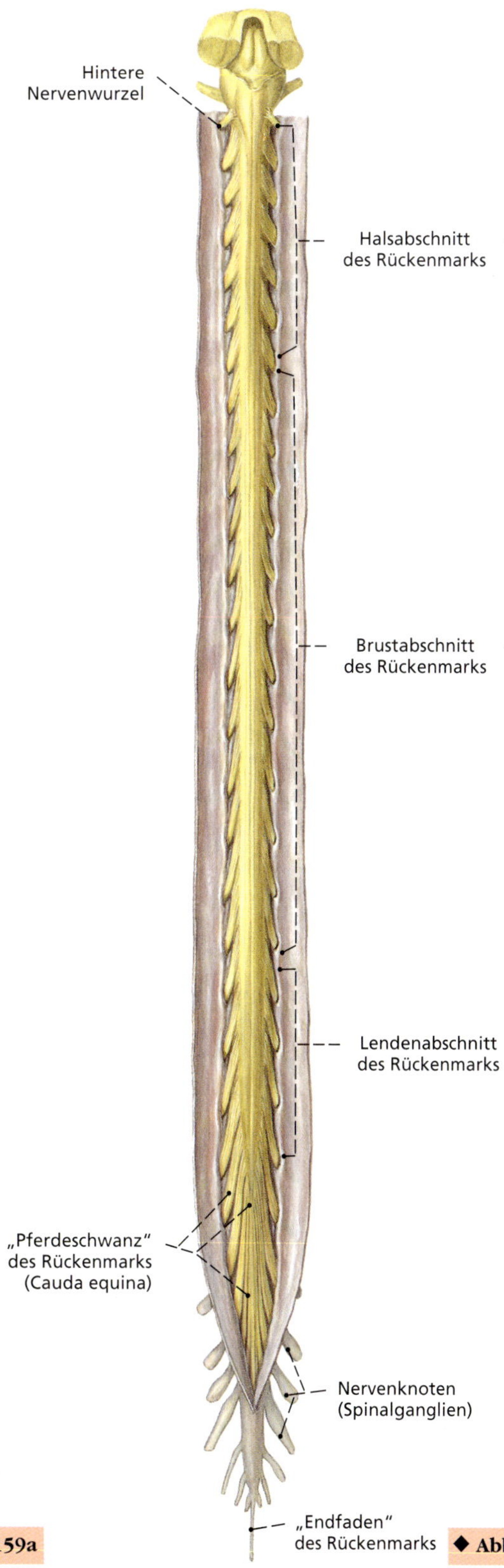

◆ Abb. 159b

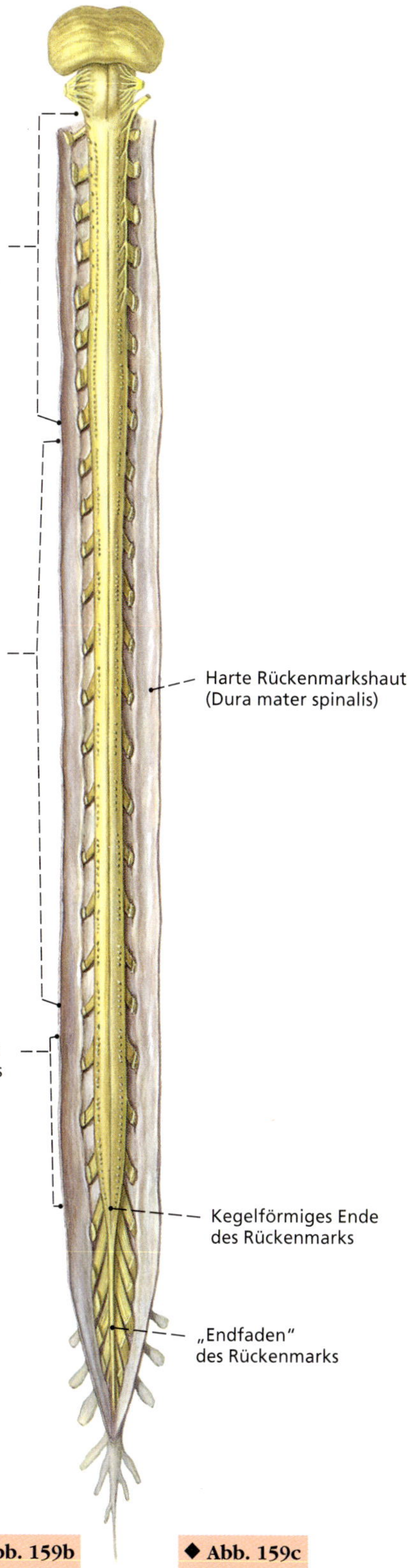

◆ Abb. 159c

◆

Abb. 159

a) Rückenmark mit Austrittsstellen der Spinalnerven von hinten. Der Wirbelkanal ist eröffnet, ebenso die harte Rückenmarkshaut (Dura mater). Seitlich treten je 8 Hals-, 12 Brust-, 5 Lenden- und 5 Kreuzbeinnerven aus.

b) Rückenmark ohne Wirbel von hinten.

c) Rückenmark ohne Wirbel von vorne.

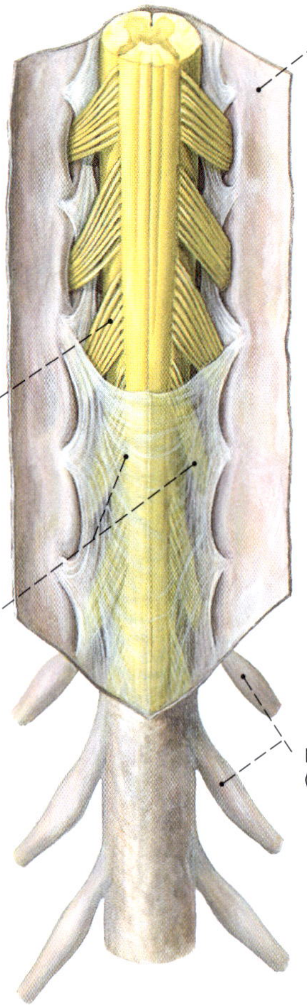

◆ Abb. 160a

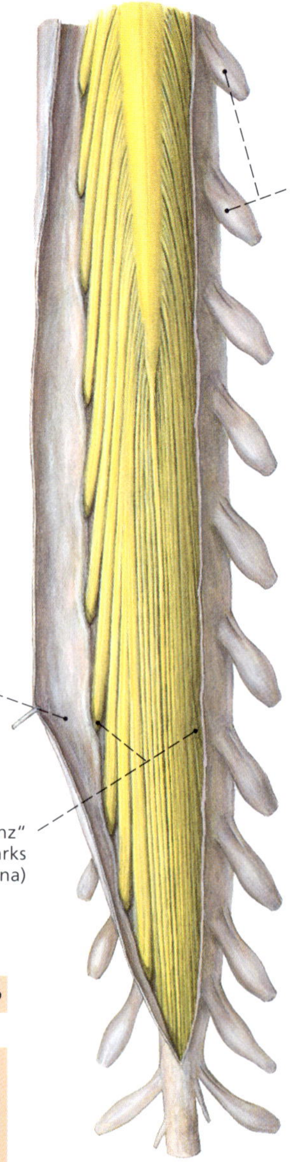

◆ Abb. 160b

◆
Abb. 160

a) Rückenmarksausschnitt mit Rückenmarkshäuten von hinten. Die harte Rückenmarkshaut ist eröffnet. Zu sehen ist auch die sog. Spinnwebenhaut (Arachnoidea).

b) Unterster Abschnitt des Rückenmarks nach Eröffnung der harten Rückenmarkshaut von vorne. Auf der rechten Seite sind die Rückenmarksnervenknoten (Spinalganglien) zu erkennen.

◆
Abb. 161
Spinalnervenwurzeln im Hals- (a), Brust- (b) und Lendenbereich (c). Man unterscheidet eine vordere und eine hintere Wurzel. Die vordere Wurzel führt motorische, die hintere sensible Nervenfasern.

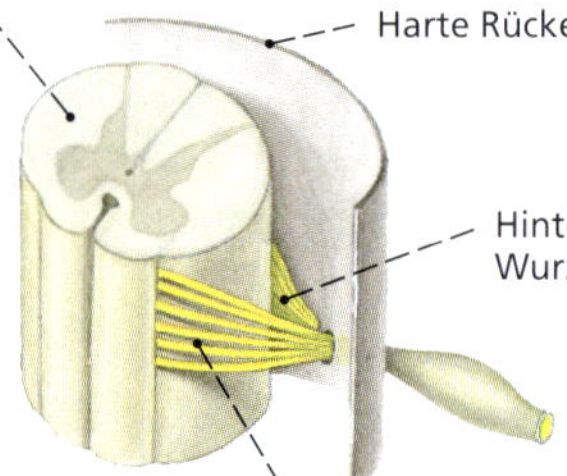

◆ Abb. 161a

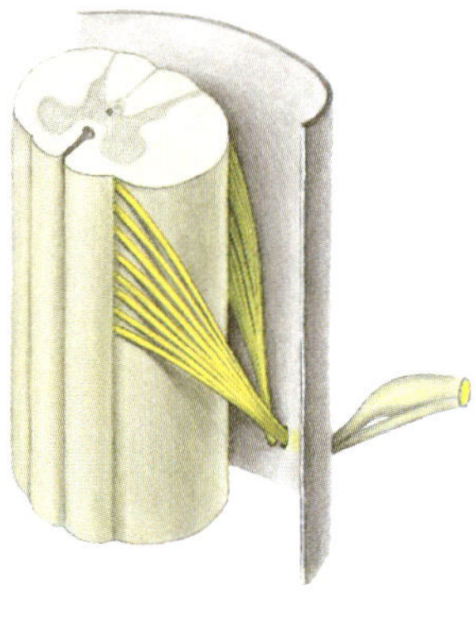

◆ Abb. 161b

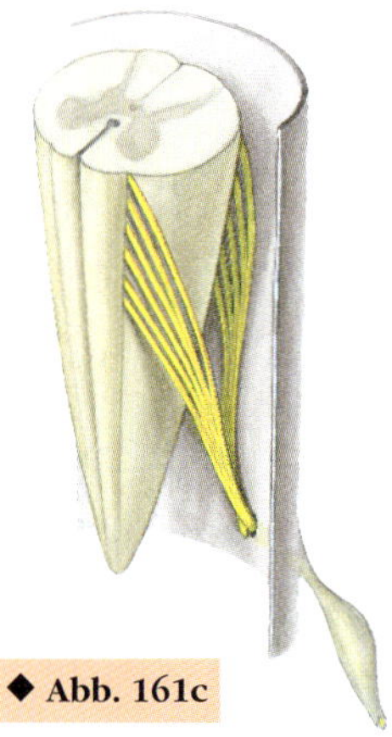

◆ Abb. 161c

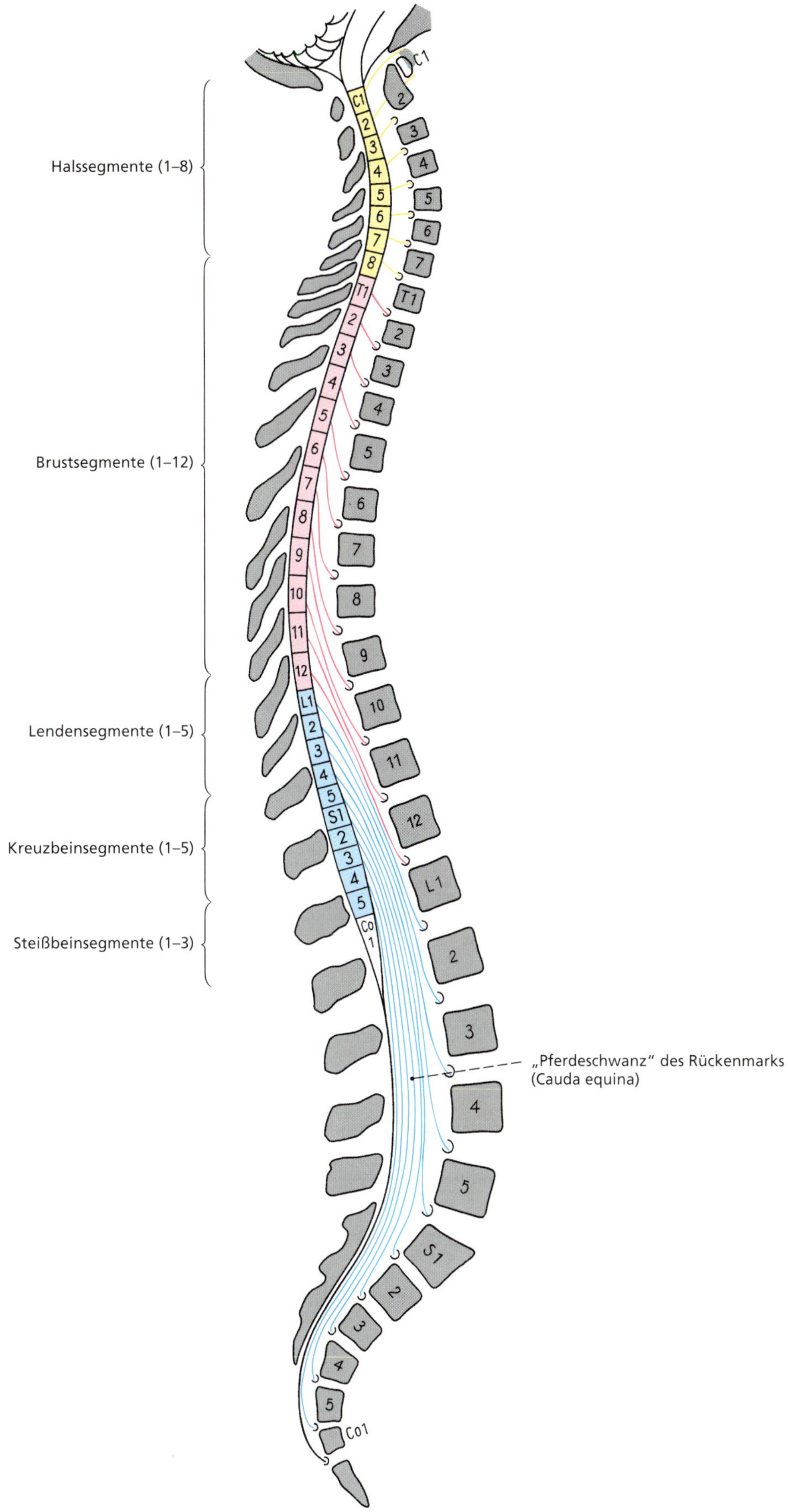

◆
Abb. 162
Schematische Darstellung der Rückenmarksabschnitte (Segmente) von der Seite (der Kopf ist in der Abbildung nach rechts gerichtet). Hals-, Brust- und Lendensegmente sind farbig hervorgehoben. Die grau unterlegten Strukturen bezeichnen die Wirbelkörper. Das untere Ende des Rückenmarks reicht etwa bis in die Höhe des zweiten Lendenwirbels.

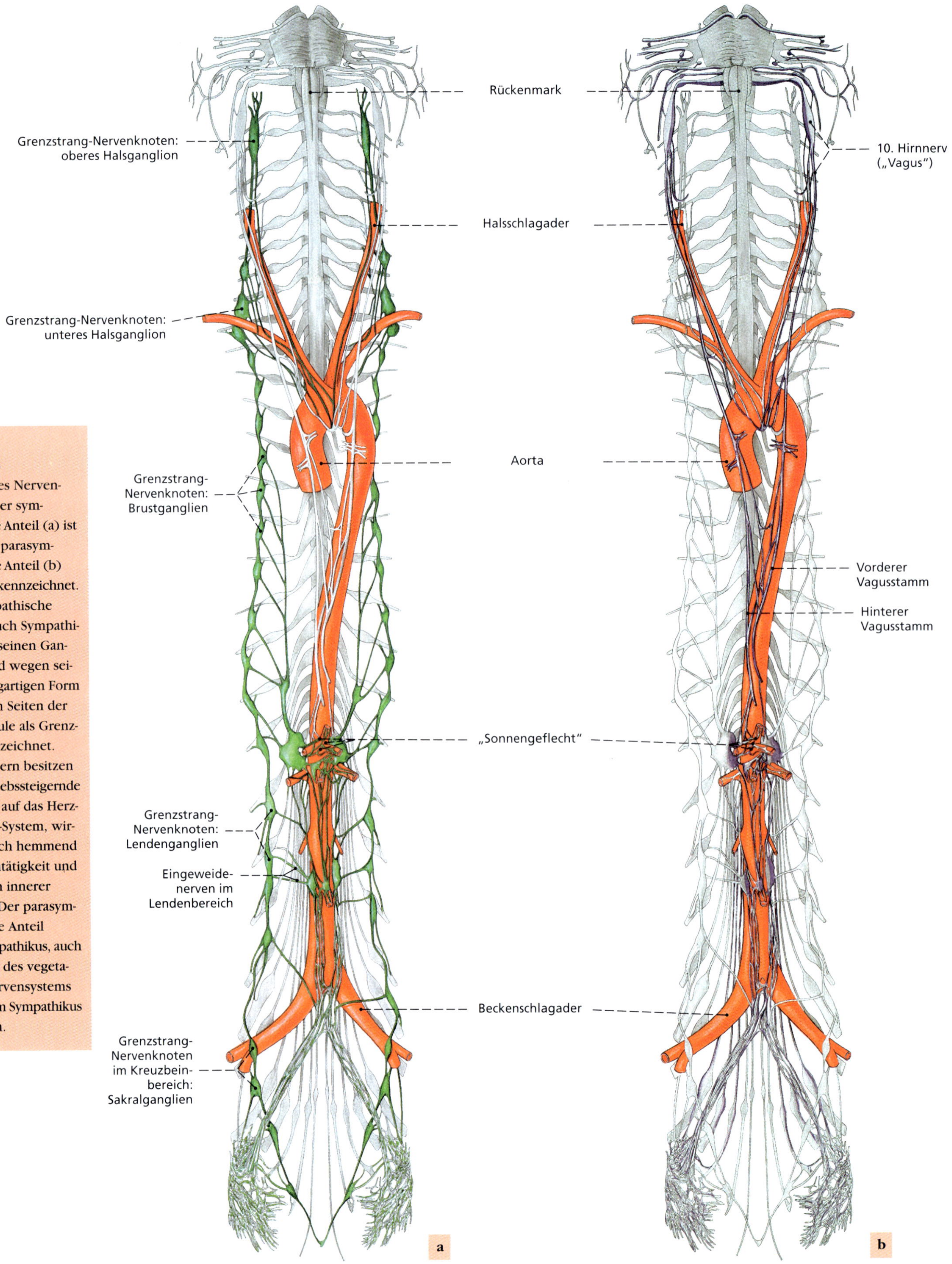

◆
Abb. 163
Vegetatives Nervensystem. Der sympathische Anteil (a) ist grün, der parasympathische Anteil (b) violett gekennzeichnet. Der sympathische Anteil (auch Sympathikus) mit seinen Ganglien wird wegen seiner strangartigen Form zu beiden Seiten der Wirbelsäule als Grenzstrang bezeichnet. Seine Fasern besitzen eine antriebssteigernde Wirkung auf das Herz-Kreislauf-System, wirken jedoch hemmend auf Darmtätigkeit und Sekretion innerer Drüsen. Der parasympathische Anteil (Parasympathikus, auch „Vagus") des vegetativen Nervensystems wirkt dem Sympathikus entgegen.

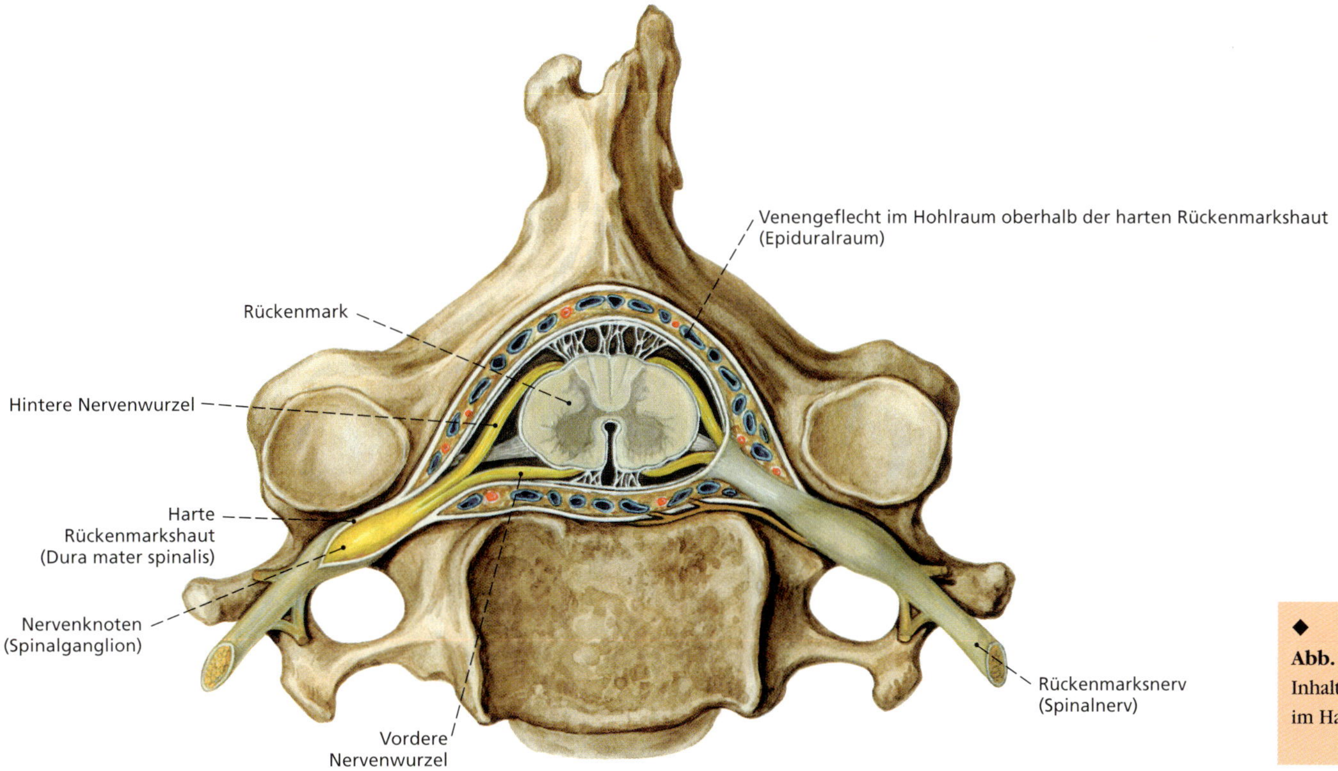

◆ **Abb. 164** Inhalt des Wirbelkanals im Halswirbelbereich.

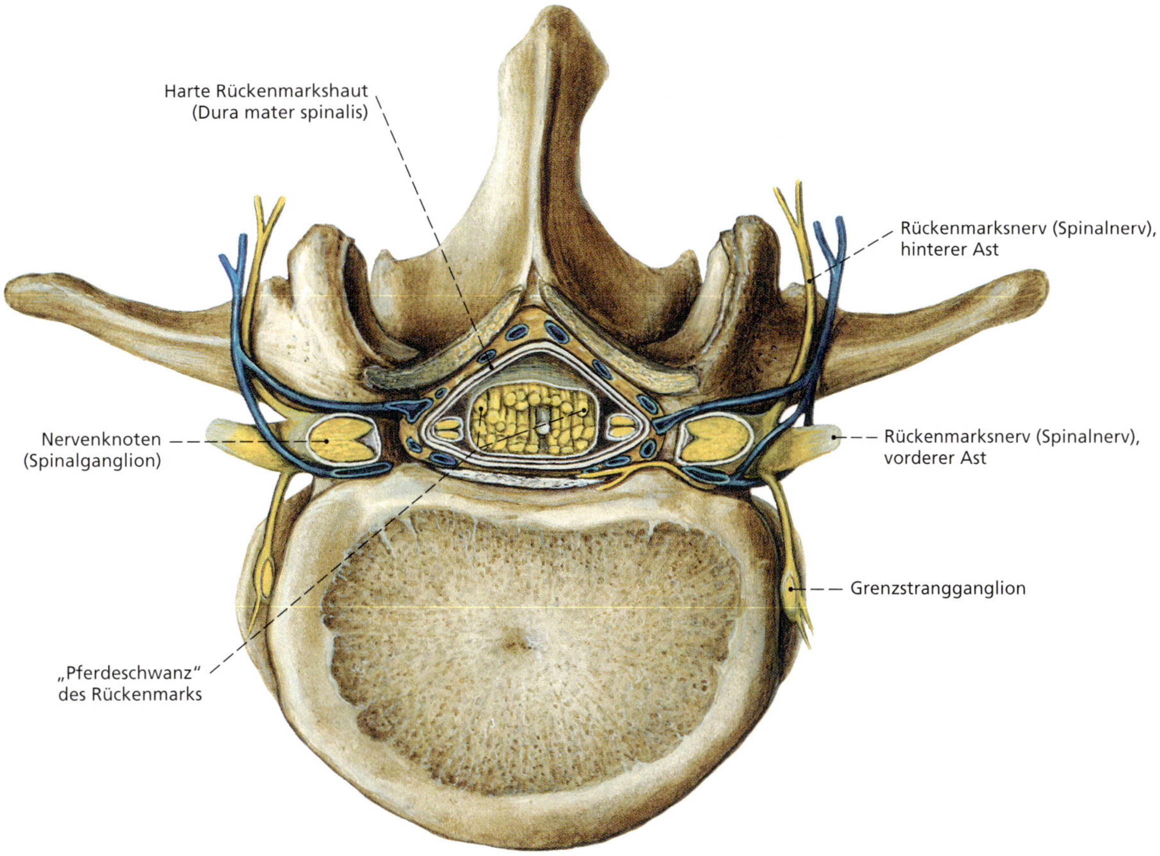

◆ **Abb. 165** Inhalt des Wirbelkanals in Höhe des dritten Lendenwirbels.

◆
Abb. 166
Schematische Darstellung eines Spinalnervs (gelb) im Brustbereich.

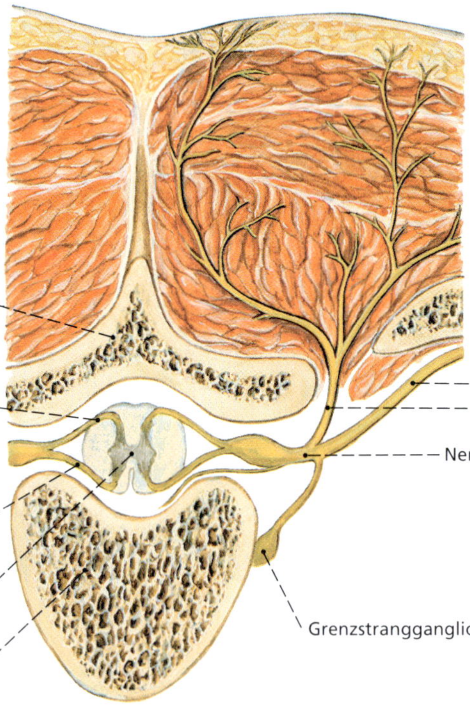

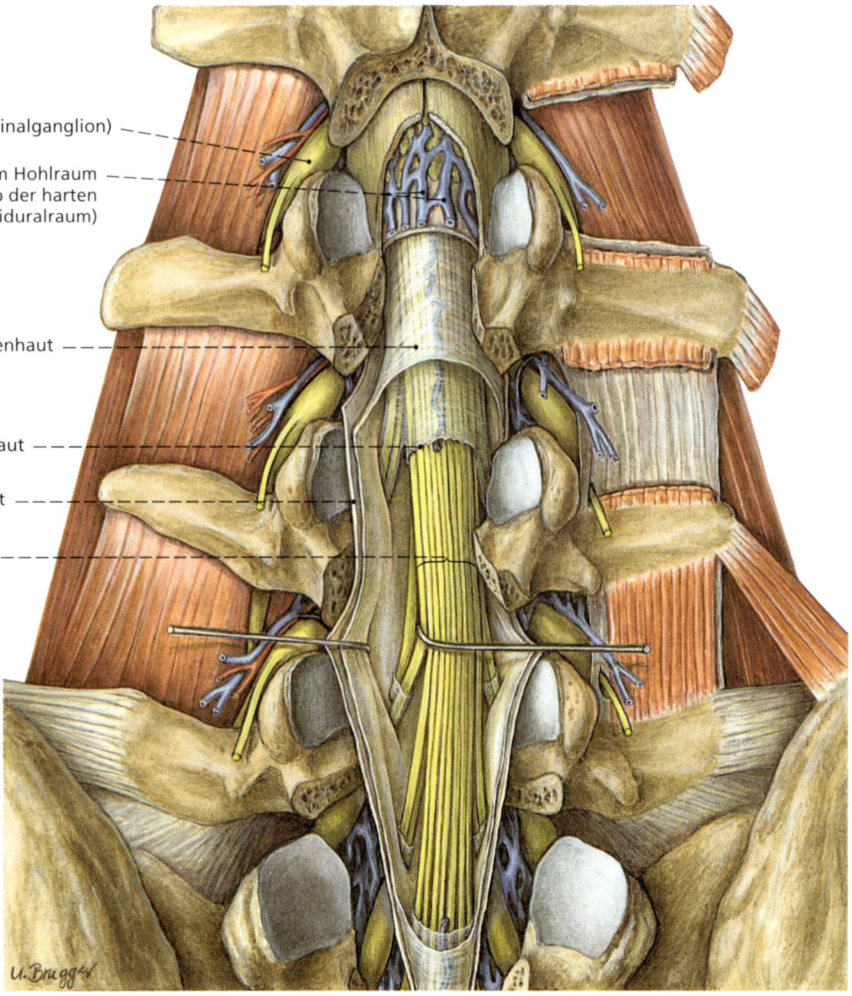

◆
Abb. 167
Inhalt des Wirbelkanals am Übergang vom Lendenwirbel- zum Kreuzbeinbereich. Die Wirbelbögen sind entfernt. Neben dem Venengeflecht im Epiduralraum (oberer Bildanteil, s.a. S. 113 oben) sind im Wirbelkanal deutlich die eröffneten Häute des Rückenmarks (harte und weiche Rückenmarkshaut sowie Spinnwebenhaut) zu erkennen.

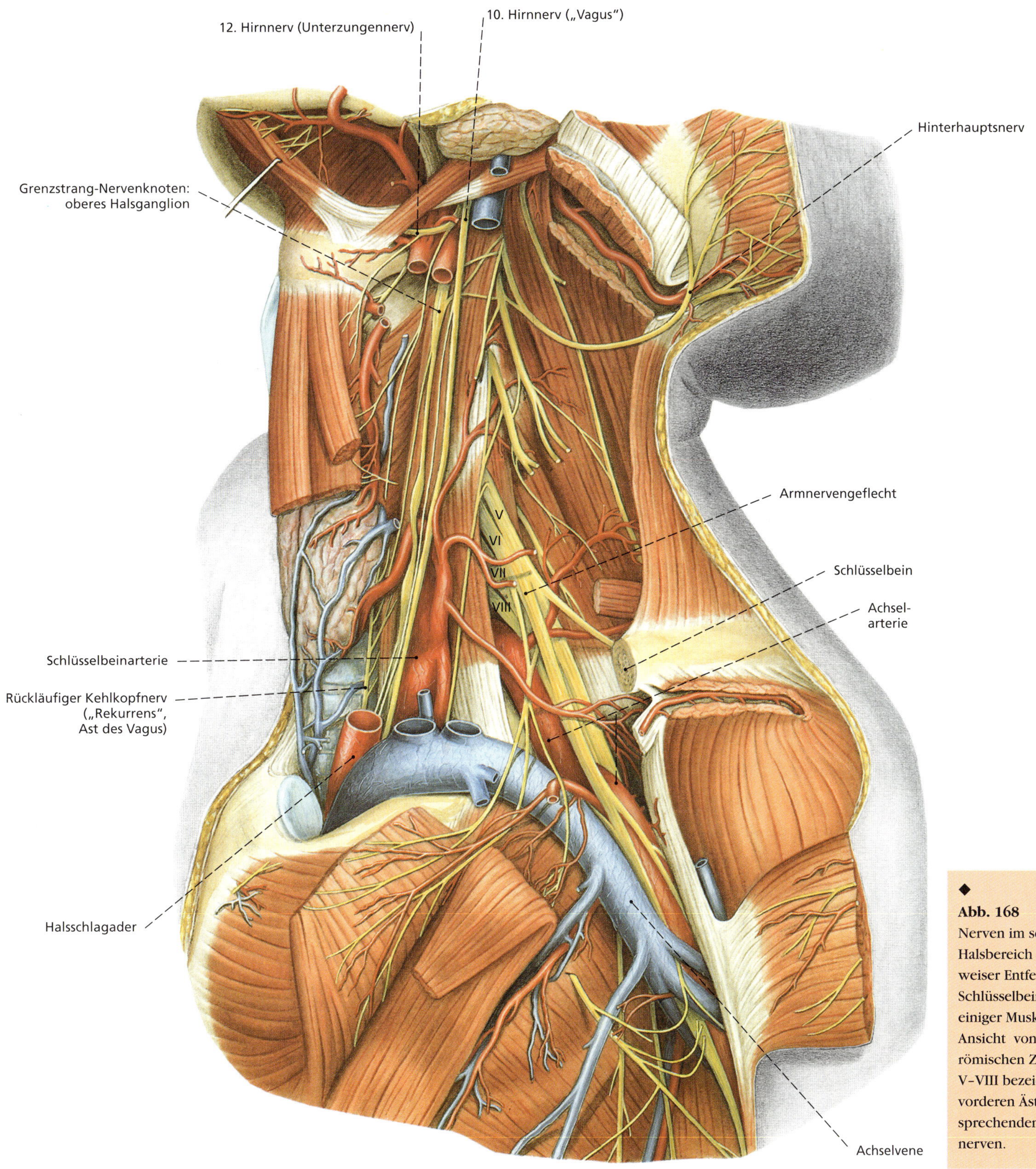

◆ **Abb. 168** Nerven im seitlichen Halsbereich nach teilweiser Entfernung des Schlüsselbeins und einiger Muskeln. Ansicht von links. Die römischen Zahlen V–VIII bezeichnen die vorderen Äste der entsprechenden Halsnerven.

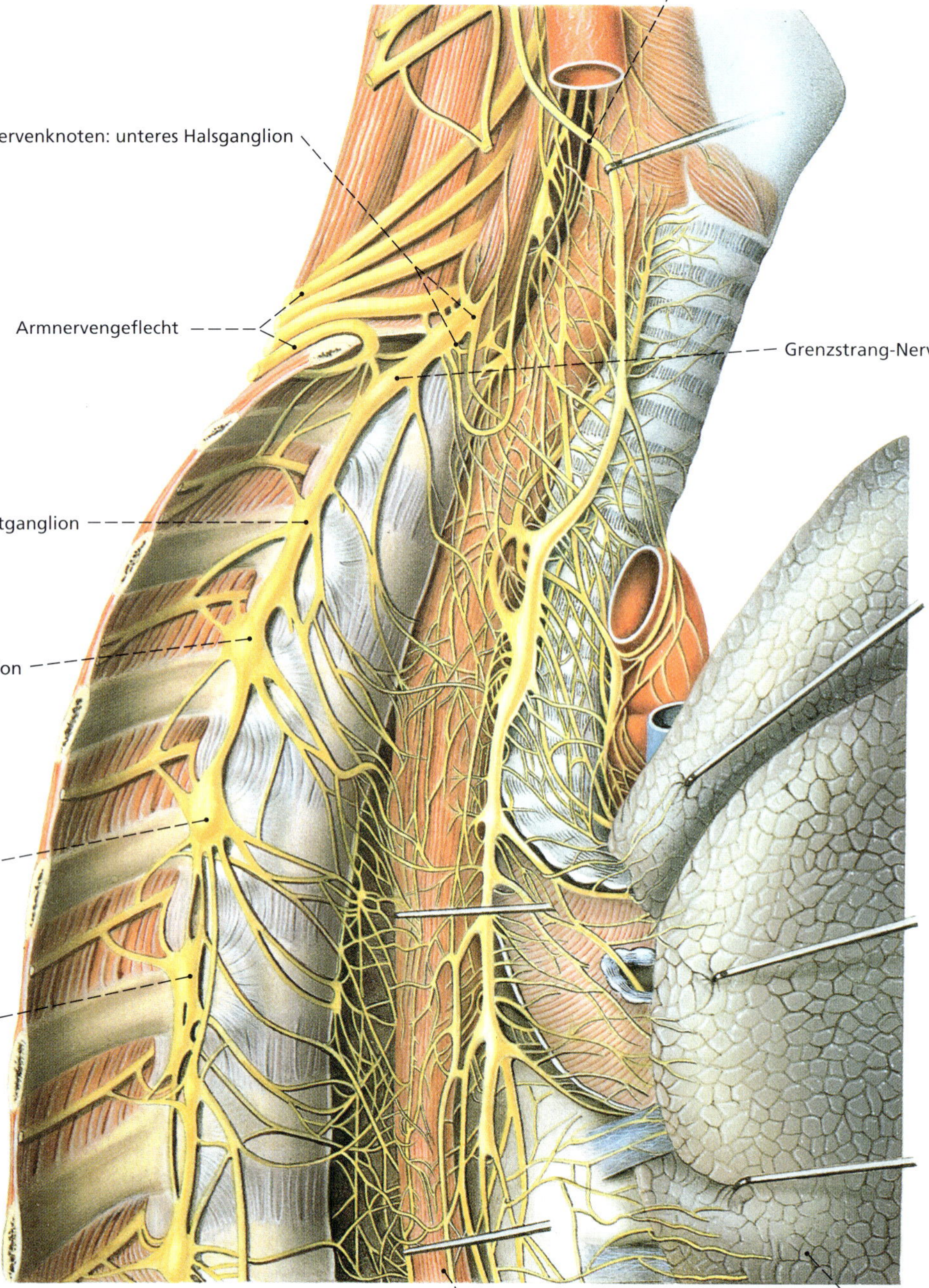

◆
Abb. 169
Nerven im unteren Hals- und oberen Brustabschnitt mit Anteilen des vegetativen Nervensystems, Ansicht von rechts. Der Vagusnerv und die rechte Lunge sind zur Darstellung der Speiseröhre nach vorne gezogen.

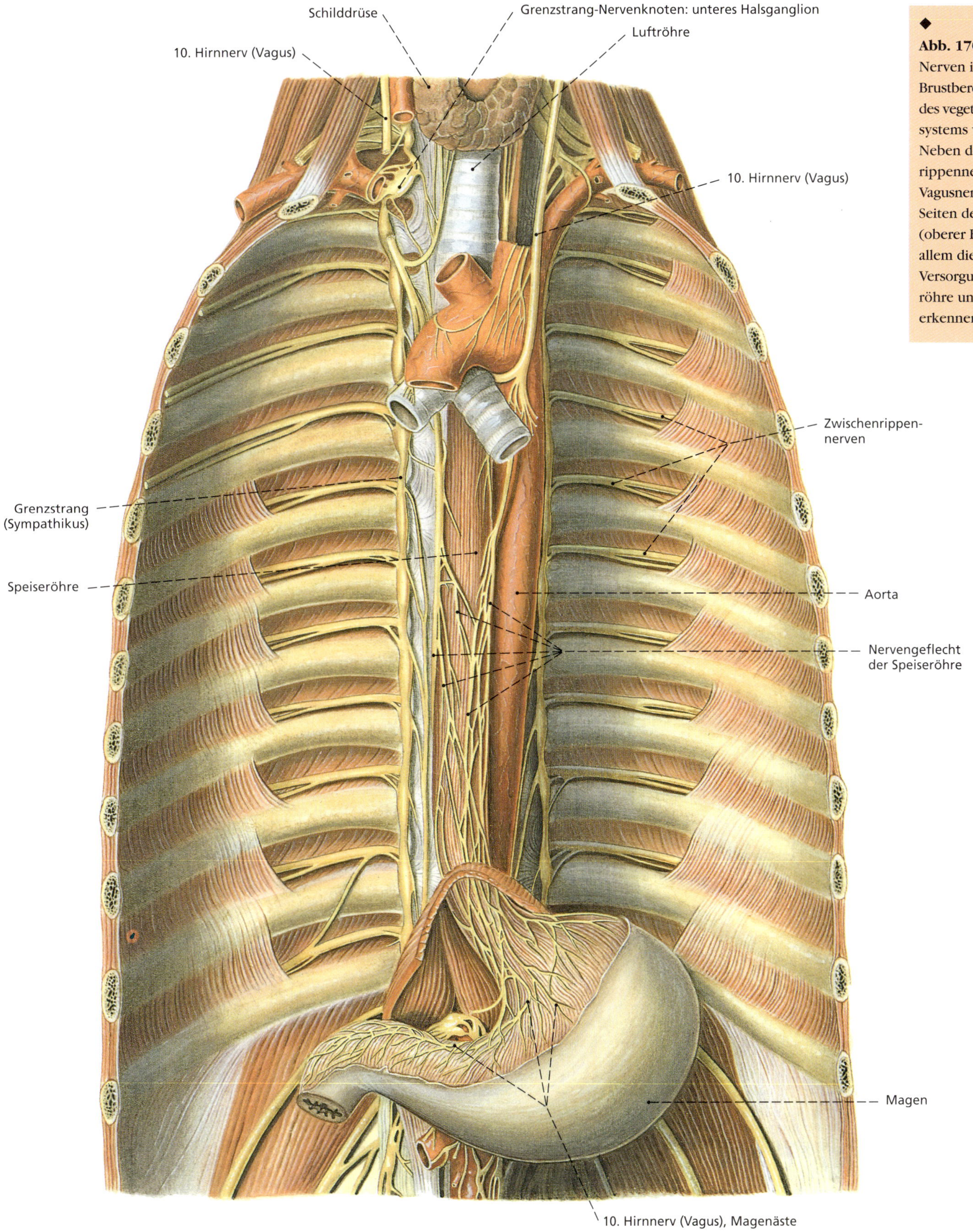

Abb. 170
Nerven im hinteren Brustbereich mit Teilen des vegetativen Nervensystems von vorne. Neben den Zwischenrippennerven und den Vagusnerven zu beiden Seiten der Schilddrüse (oberer Bildteil) ist vor allem die nervöse Versorgung von Speiseröhre und Magen zu erkennen.

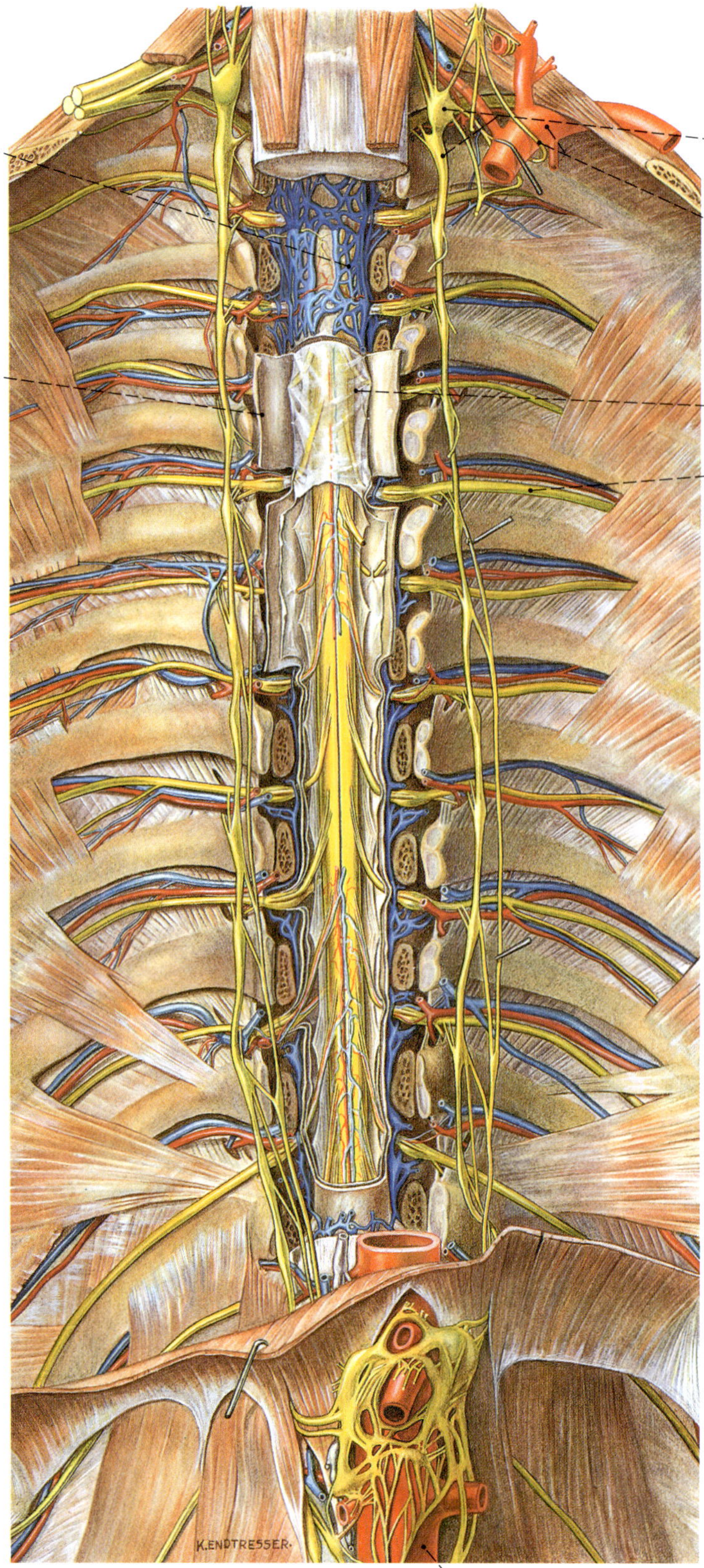

◆
Abb. 171
Rückenmark im eröffneten Wirbelkanal von vorne (Brustbereich). Im unteren Bildteil ist das Nervengeflecht der Bauchschlagader (Bauchaorta) erkennbar.

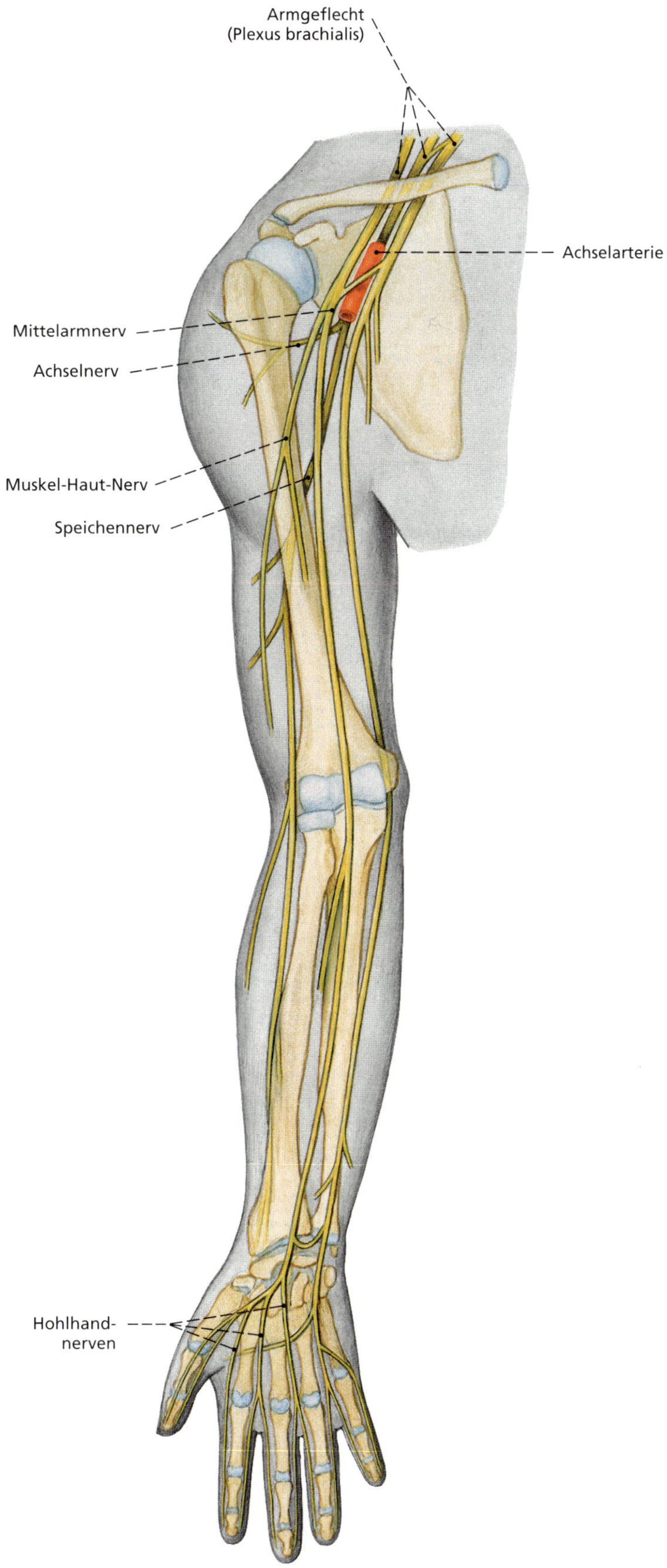

◆
Abb. 172
Armnerven von vorne. Der Verlauf der Achselarterie (kurzer rotgefärbter Abschnitt), die zwischen den Armnerven in den Oberarm zieht, ist nur angedeutet.

◆
Abb. 173
Nerven des Oberarms von vorne.

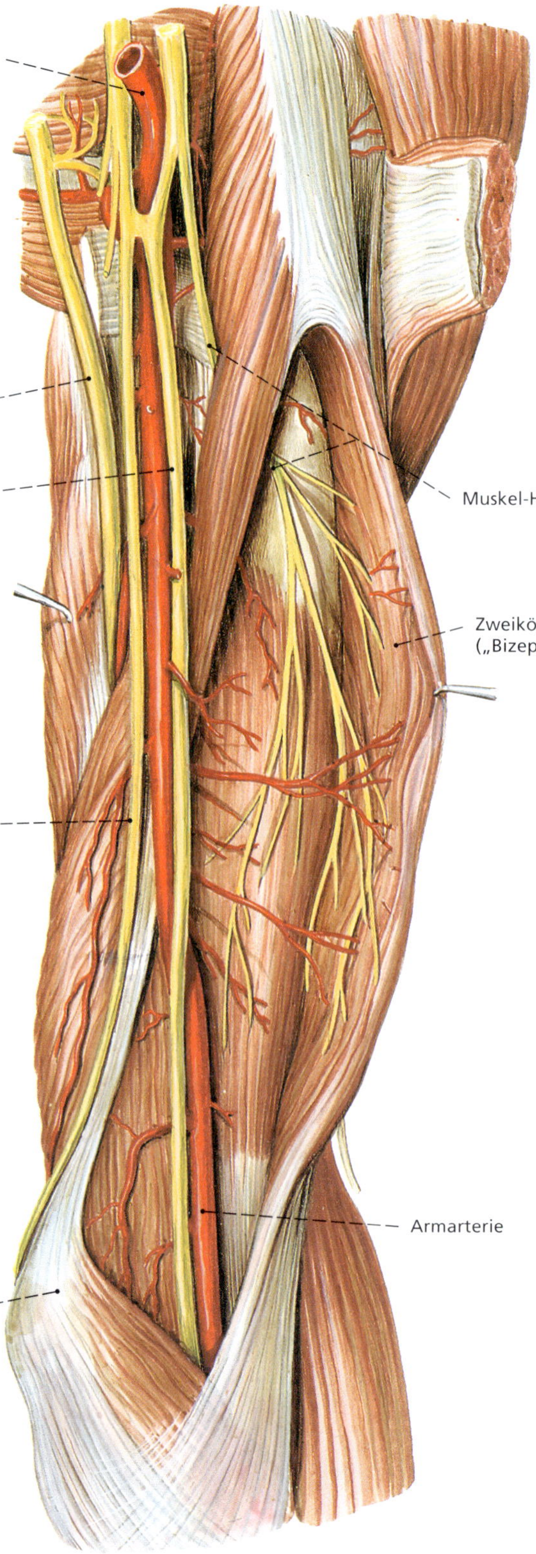

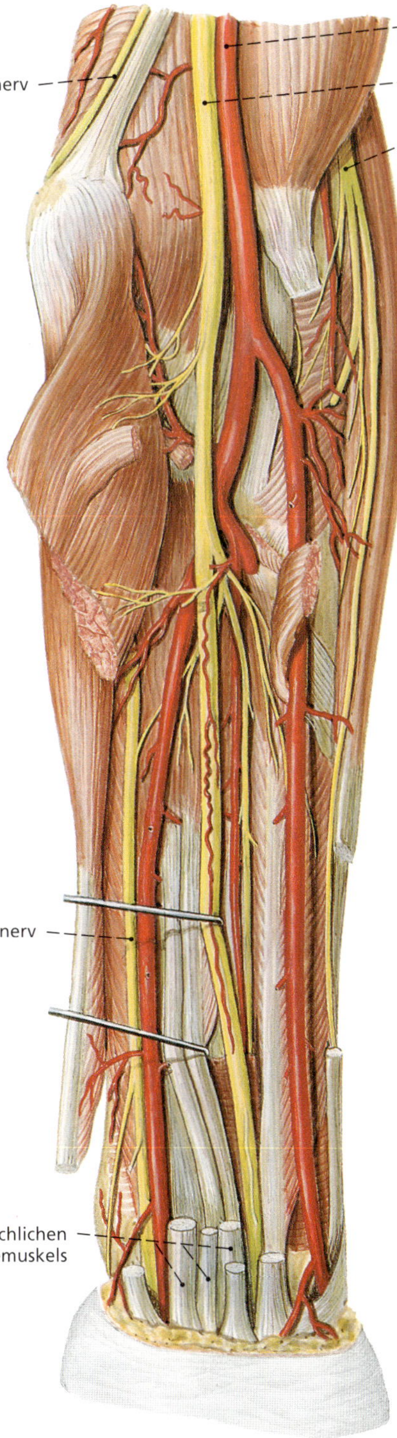

◆
Abb. 174
Nerven des linken Unterarms von vorne. Der oberflächliche Fingerbeugemuskel ist teilweise entfernt.

◆
Abb. 175
Nerven der Hohlhand links.

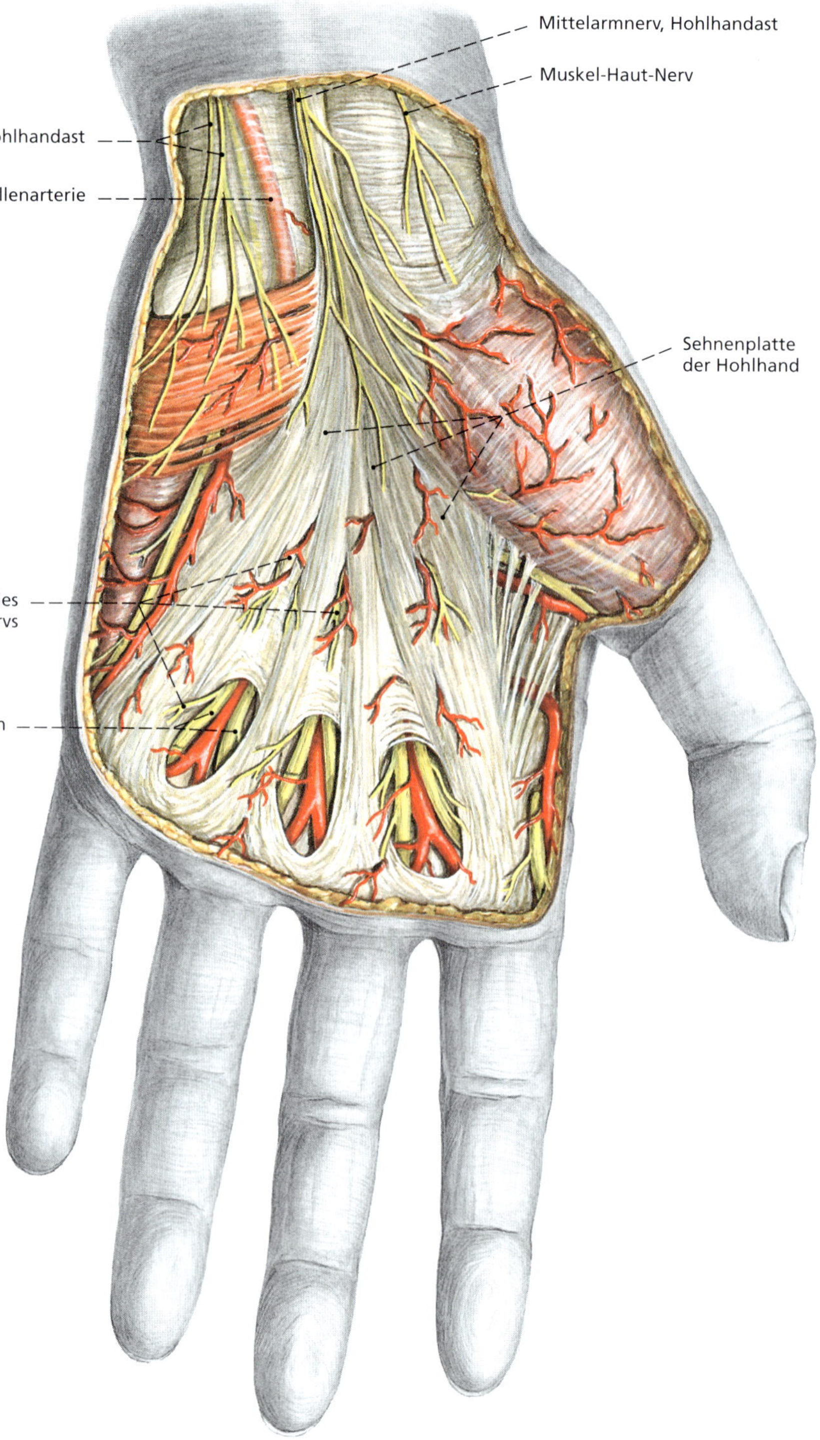

◆
Abb. 176
Nerven des Zeigefingers von der Daumenseite aus gesehen.

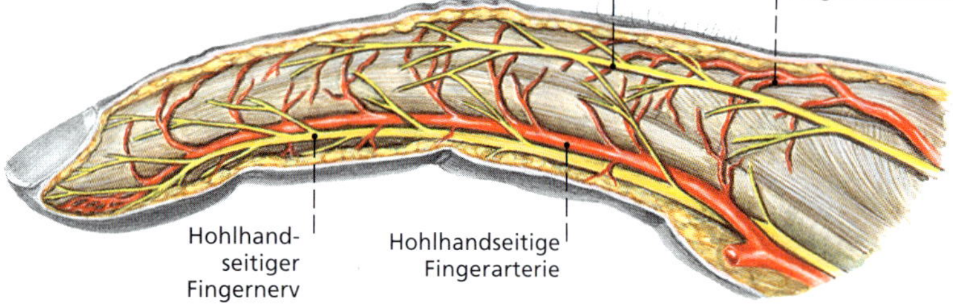

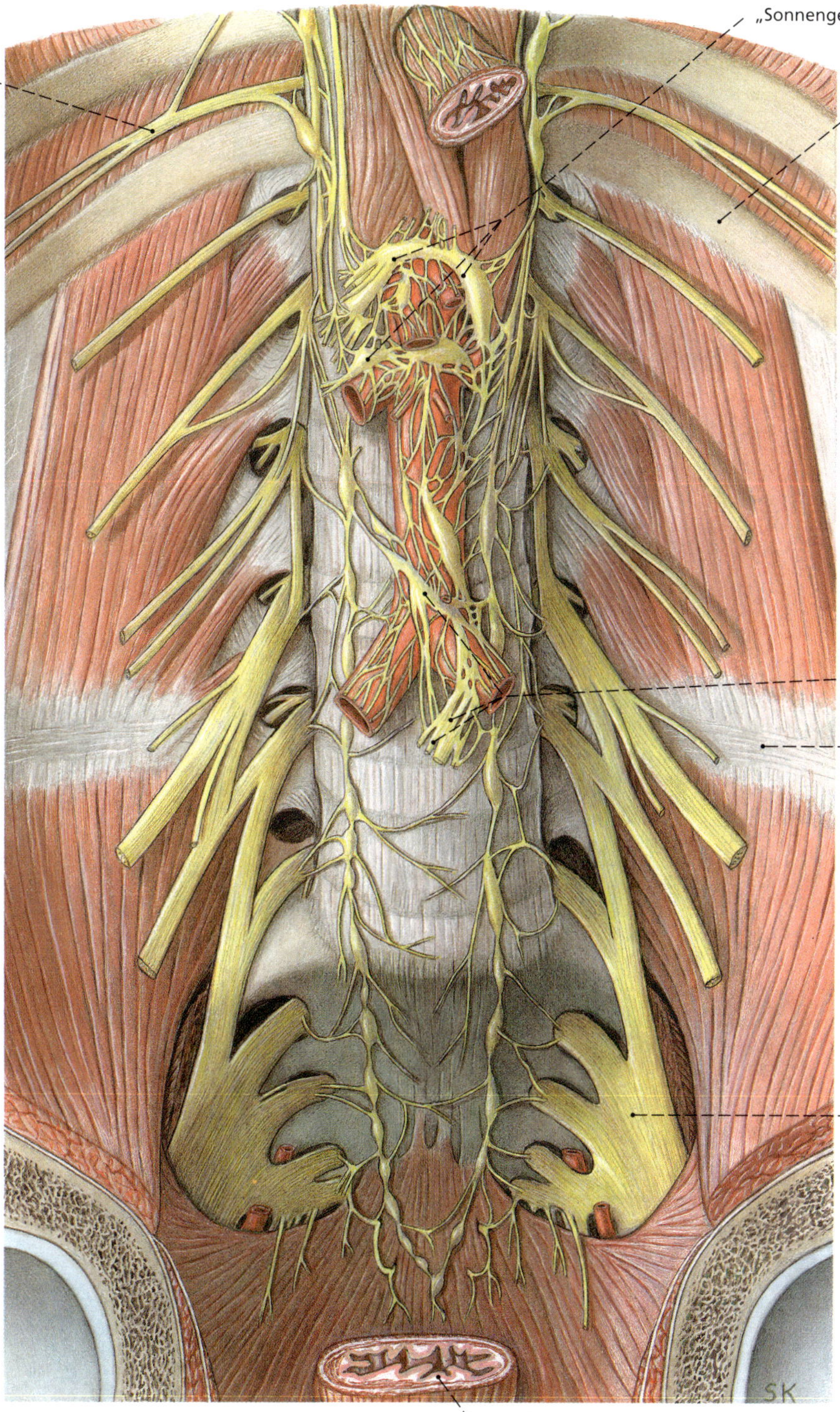

◆
Abb. 177
Nervengeflechte der hinteren Bauchwand, Ansicht von vorne.

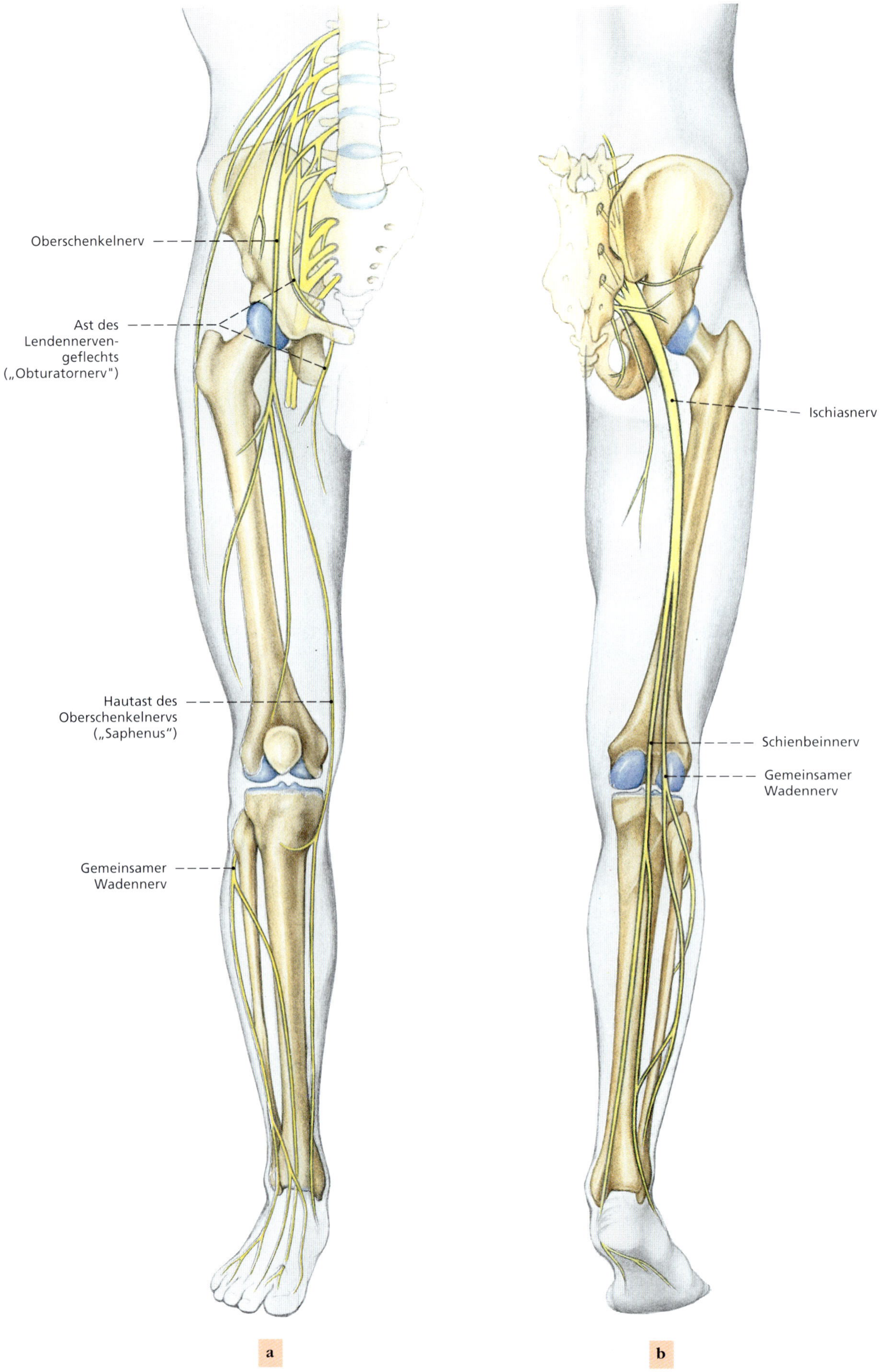

◆
Abb. 178
Nerven des rechten Beins von vorne (a) und hinten (b).

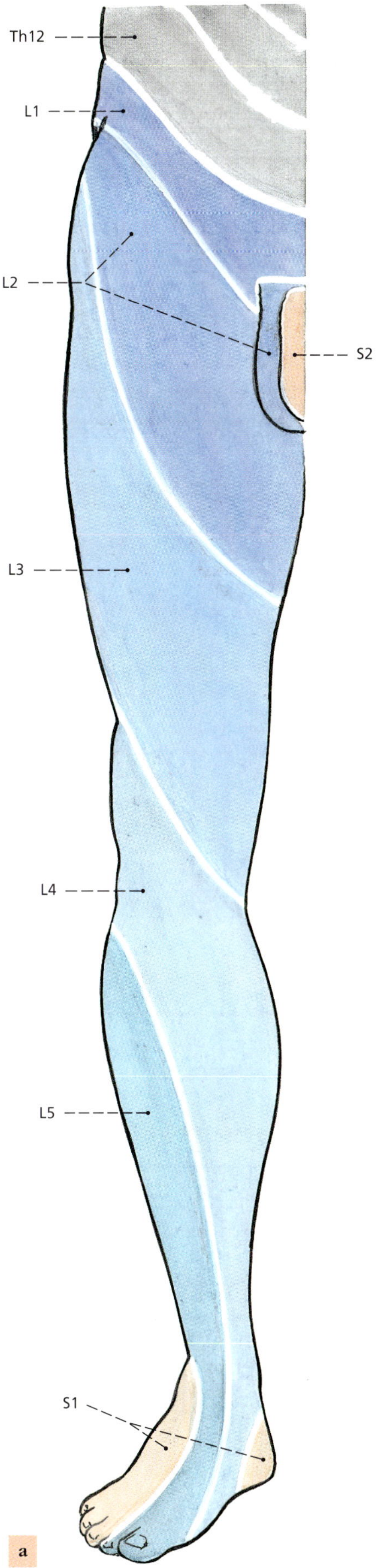

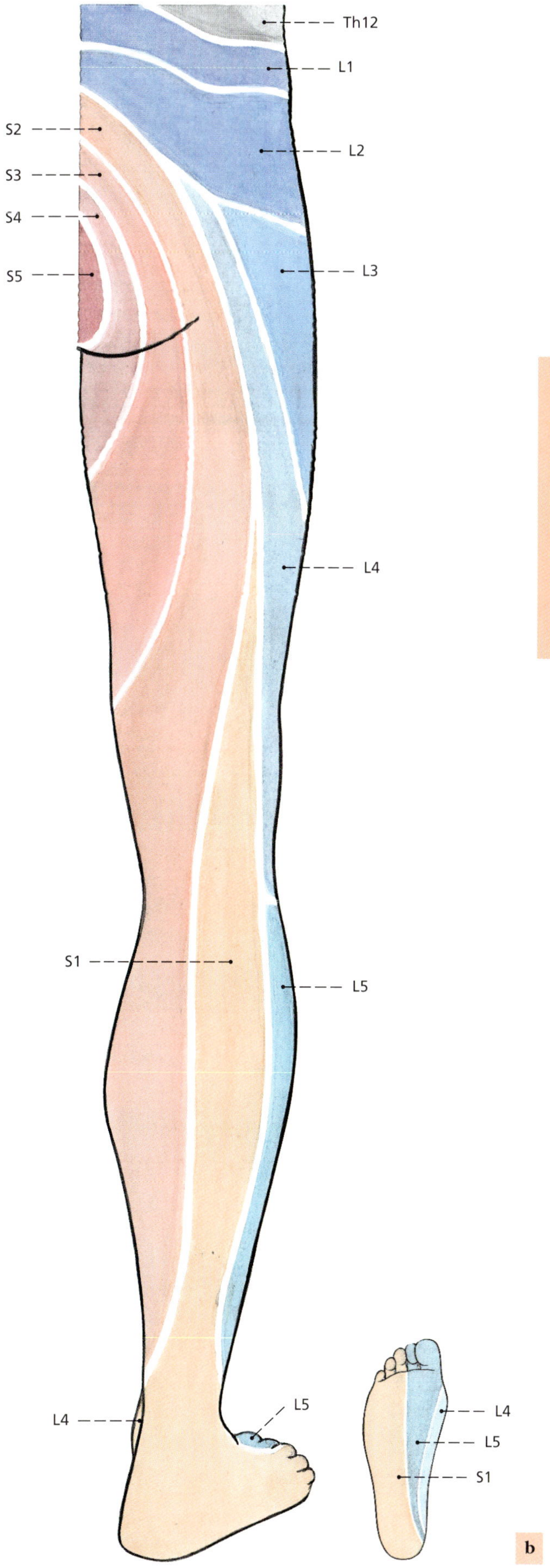

◆
Abb. 179
Nervenversorgung (Dermatome) der Haut des rechten Beines von vorne (a) und hinten (b). Die Dermatome entsprechen den Abschnitten (Segmenten) des Rückenmarks (s. S. 111).

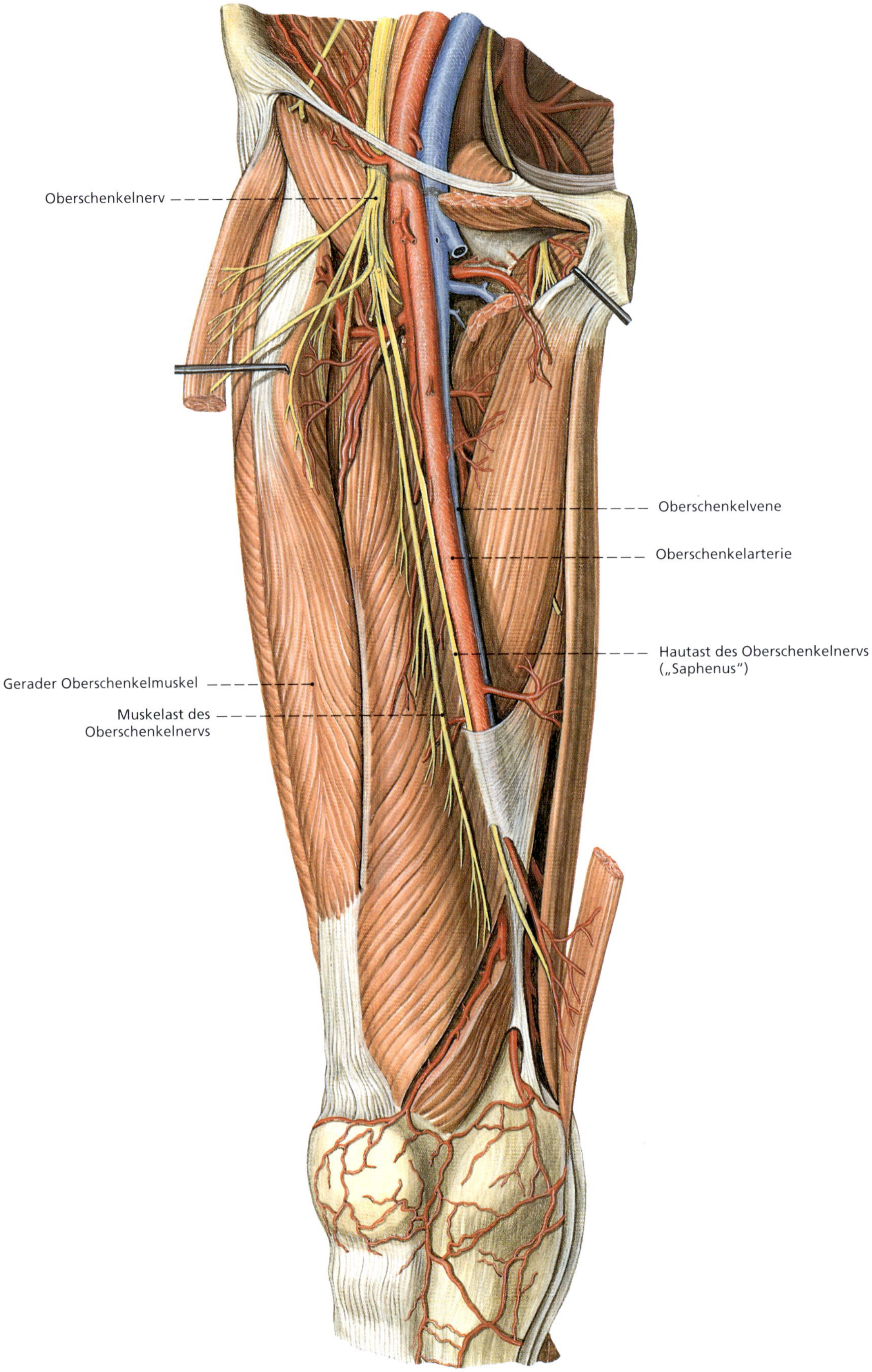

◆
Abb. 180
Nerven des Oberschenkels nach teilweiser Entfernung oberflächlicher Muskeln.

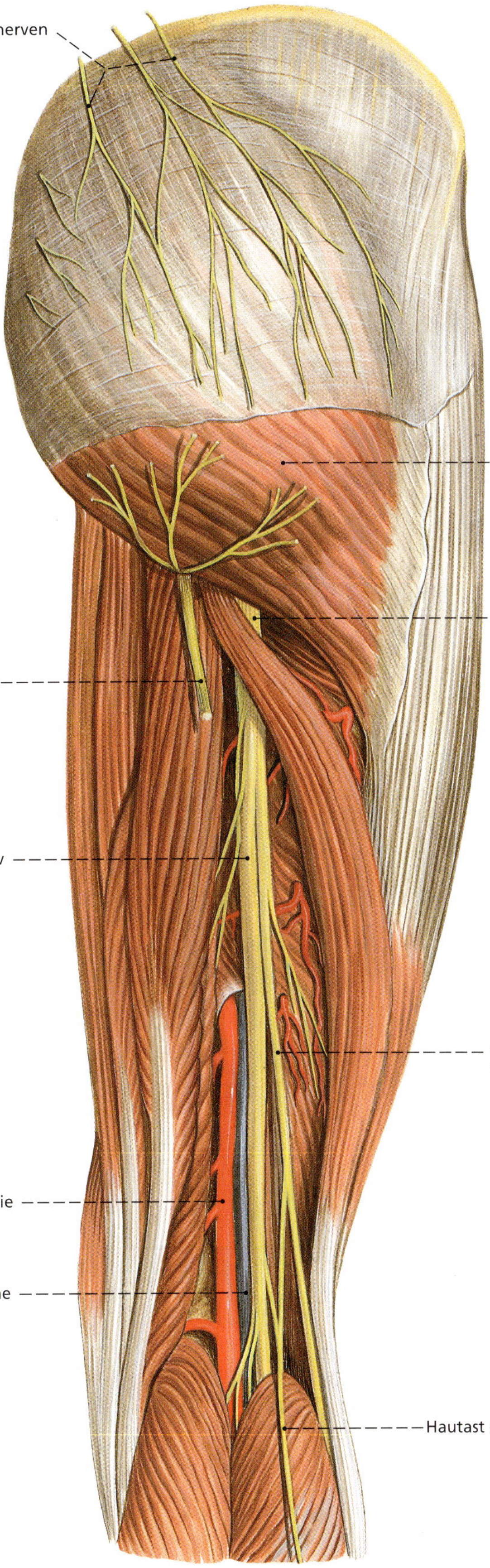

◆
Abb. 181
Nerven des Gesäßbereichs und des Oberschenkels von hinten (rechts). Besonders auffallend ist der Ischiasnerv, dessen Fasern bis zur Fußsohle ziehen.

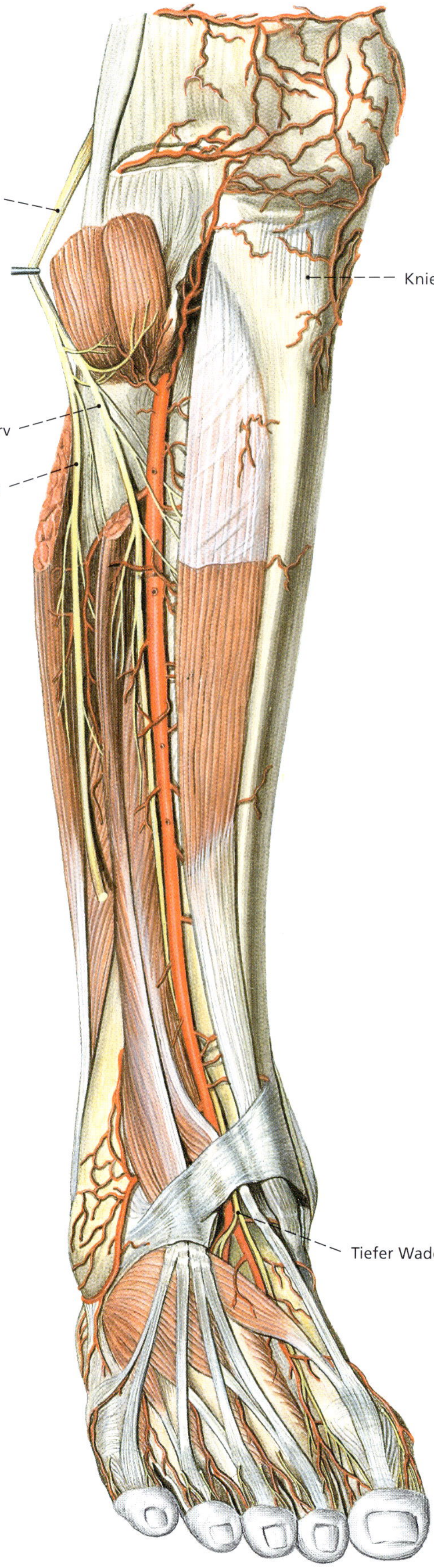

◆
Abb. 182
Nerven des rechten Unterschenkels von vorne nach teilweiser Entfernung der Unterschenkelmuskulatur.

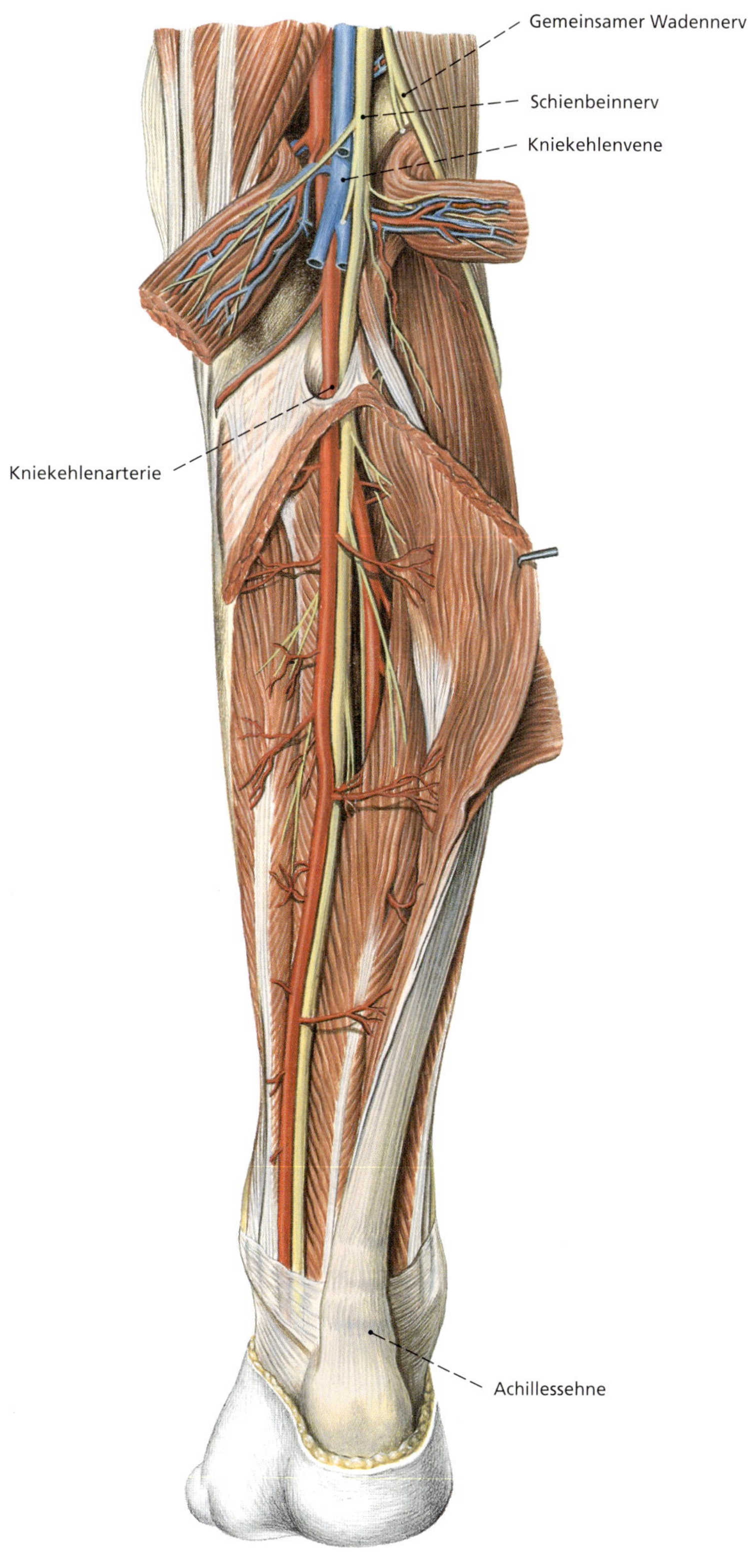

◆
Abb. 183
Nerven der Kniekehle und des Unterschenkels von hinten (rechts). Die oberflächlichen Wadenmuskeln sind entfernt.

◆
Abb. 184
Nerven des Fußrückens nach teilweiser Entfernung der Zehenstreckmuskeln.

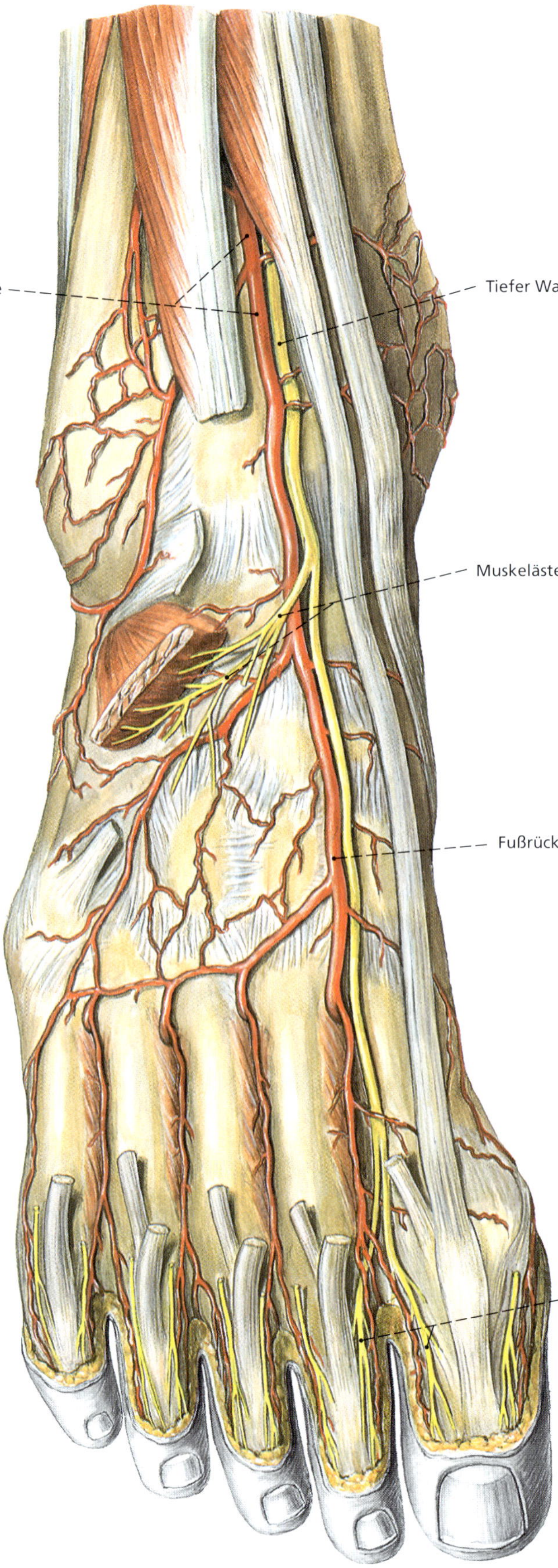

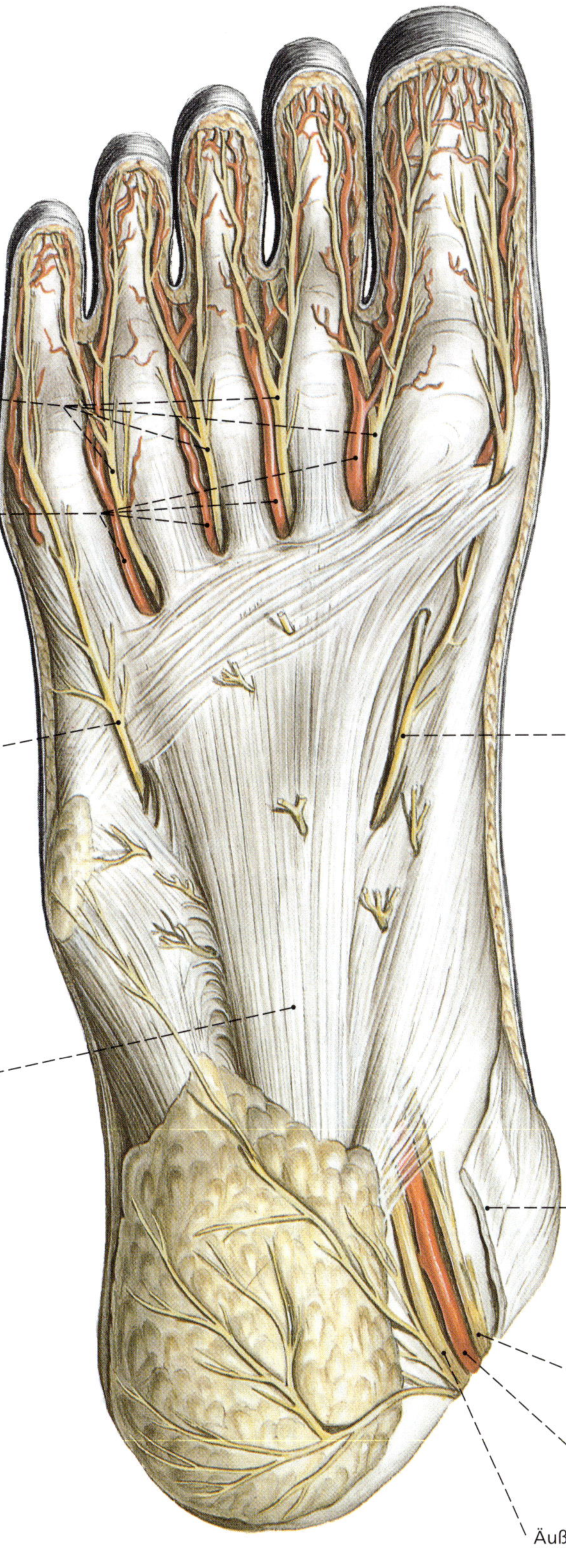

◆
Abb. 185
Nerven der Fußsohle nach teilweiser Entfernung des Haltebandes der Beugesehnen (rechts im Bild).

Auge

Lichtreize aller Art nehmen wir mit den Augen auf. Sie können nicht nur hell und dunkel unterscheiden, sondern auch Farben erkennen. Jedes Auge liegt, vor Verletzungen von außen geschützt, in einer knöchernen, durch Fett- und Bindegewebe gepolsterten Höhle. Augenlider und Augenbrauen schirmen das Auge vor eindringenden Fremdkörpern ab. Seine Beweglichkeit verdankt der Augapfel sechs kleinen Augenmuskeln, die ihn in die gewünschten Richtungen drehen.

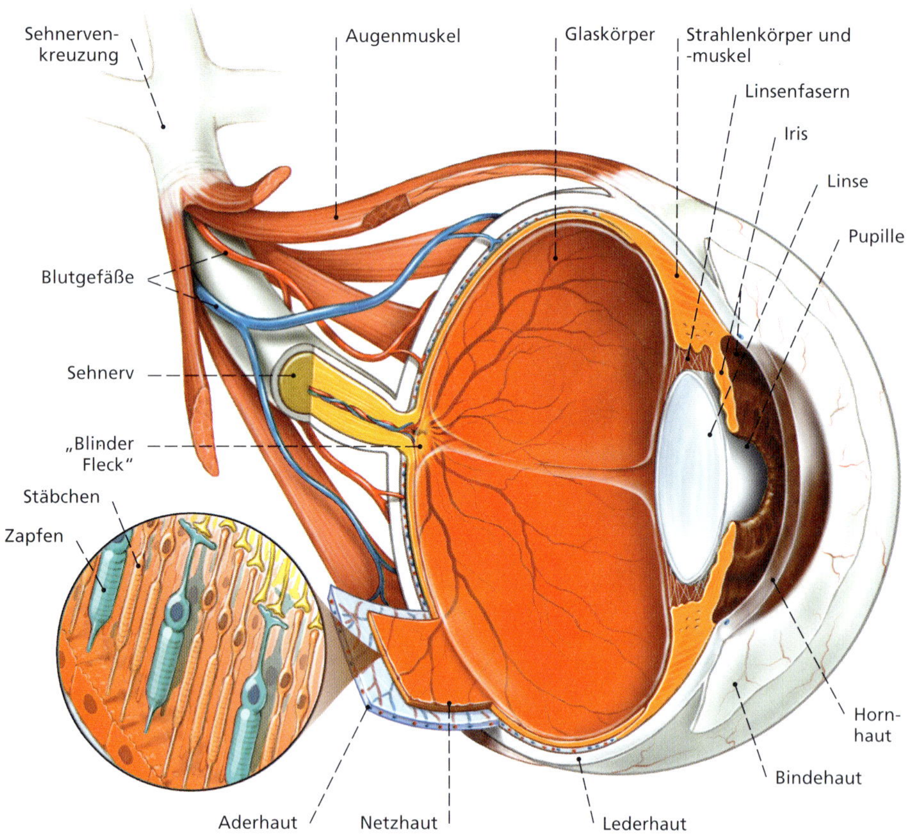

Abb. 186
Das Lichtstrahlenbündel tritt durch die Pupille ins Augeninnere und passiert die Linse. Die Sehzellen der Netzhaut (Stäbchen und Zapfen) wandeln den Lichtreiz in einen elektrischen Impuls um. Dieser Impuls wird über den Sehnerv an das Sehzentrum im Gehirn weitergeleitet. Muskeln, die direkt am Augapfel ansetzen, ermöglichen seine Beweglichkeit in verschiedene Richtungen.

Aufbau des Auges

Wenn wir unsere Augen im Spiegel betrachten, fällt zunächst die kreisförmige Iris (die die Augenfarbe bestimmt) mit der zentral gelegenen Pupille auf. Den größten Anteil macht das „Weiße" im Auge, der Glaskörper, aus. Er besteht aus einer durchsichtigen, gallertigen Masse und wird durch eine straffe Bindegewebshülle, die Lederhaut (Sklera), in Form gehalten. Diese Haut geht vorn in die durchsichtige, stark gekrümmte Hornhaut (Kornea) über. Der sichtbare vordere Abschnitt der Lederhaut sowie Hornhaut und Innenseite der Augenlider sind mit einer dünnen Schleimhaut, der Bindehaut, überzogen. Sie wird durch die Tränenflüssigkeit feuchtgehalten. Diese Flüssigkeit stammt aus den Tränendrüsen oberhalb des äußeren Augenwinkels und wird mit jedem Lidschlag über die vordere Augenfläche verteilt. Dringen Staubteilchen in das Auge ein, werden sie durch die Tränenflüssigkeit herausgespült.

Den farbigen Anteil des Augapfels bildet die Iris. Sie besteht aus ringförmig angeordneten Muskelfasern und liegt unmittelbar über der Linse. In ihrer Mitte befindet sich ein Loch, die Pupille. Diese kann sich durch Eng- und Weitstellen, vergleichbar mit der Blende eines Fotoapparats, flexibel an die jeweils herrschenden Lichtverhältnisse anpassen.

Zwischen Iris und Glaskörper befindet sich die durchsichtige Linse. Ihre Aufgabe besteht darin, die einfallenden Lichtstrahlen so zu bündeln, daß auf der Netzhaut ein scharfes Bild entstehen kann. Sie wird durch ihren Aufhängeapparat (Linsenfasern) in ihrer Position fixiert. Ringförmig angeordnete Muskeln, die Strahlenmuskeln, verändern die Wölbung der Linse und regulieren damit die Brechung der Lichtstrahlen. In den bindegewebigen Fortsätzen dieser Muskeln, dem Strahlenkörper, wird das Kammerwasser gebildet. Es fließt über kleine Kanäle in den vorderen Augenabschnitt ab. Normalerweise halten sich Kammerwasserproduktion und -abfluß die Waage, so daß immer ein gleichbleibender Augeninnendruck herrscht.

Die Netzhaut bildet die innerste Schicht des Auges. Sie nimmt mit ihren Sinneszellen die einfallenden Lichtreize auf und leitet sie über Nervenfortsätze an das Gehirn weiter. Diese Fortsätze sind zu einem großen Bündel, dem Sehnerv, zusammengefaßt. Er zieht von der Rückseite des Augapfels (dem sogenannten blinden Fleck) zur Großhirnrinde.

Der Sehapparat

Ehe ein Gegenstand scharf auf der Netzhaut abgebildet und wahrgenommen werden kann, hat der „optische Apparat" des Auges einige Vorarbeit zu leisten. Zunächst müssen die ins Auge einfallenden Lichtstrahlen gebrochen und gebündelt werden. Diese Aufgabe übernehmen Hornhaut und Augenlinse. Die Linse ist flexibel: Je näher ein fixierter Gegenstand am Auge liegt, desto stärker muß sie sich wölben, um die einfallenden Strahlen zu bündeln. Befindet sich der Gegenstand in größerer Entfernung, flacht sie sich ab. Diesen Vorgang, der von den Strahlenmuskeln gesteuert wird, bezeichnet man als Akkommodation.

Um die auf der Netzhaut eintreffenden Lichtstrahlen in Bilder umzusetzen, bedarf es spezieller Sinneszellen: der

Stäbchen und der Zapfen. Während die sehr lichtempfindlichen Stäbchen das Sehen in der Dämmerung und bei Dunkelheit vermitteln, sind die Zapfen für das Farbensehen verantwortlich.

Stäbchen und Zapfen sind auf der Netzhaut unterschiedlich dicht verteilt. Besonders viele Zapfen befinden sich am Ort des schärfsten Sehens (sogenannter gelber Fleck). Deshalb stellt sich das Auge beim Scharfsehen immer so ein, daß der Brennpunkt der einfallenden Strahlen genau mit diesem Punkt zusammenfällt. Außerhalb dieser Stelle dominieren die Stäbchen, die besonders sensibel auf Helligkeitsunterschiede reagieren. Deshalb sehen wir sich bewegende Personen oder Gegenstände bei Dunkelheit am besten „aus den Augenwinkeln", also ohne sie direkt zu fixieren. Das Auge ist auch in der Lage, sich verschiedenen Lichtverhältnissen anzupassen (Adaptation). Dieser Vorgang wird sowohl über eine Veränderung der Pupillenweite als auch über die Sinnesrezeptoren der Netzhaut gesteuert. Während die Anpassung von der Helligkeit an die Dunkelheit mehrere Minuten in Anspruch nimmt, reagiert das Auge auf den Übergang vom Dunklen ins Helle wesentlich flexibler.

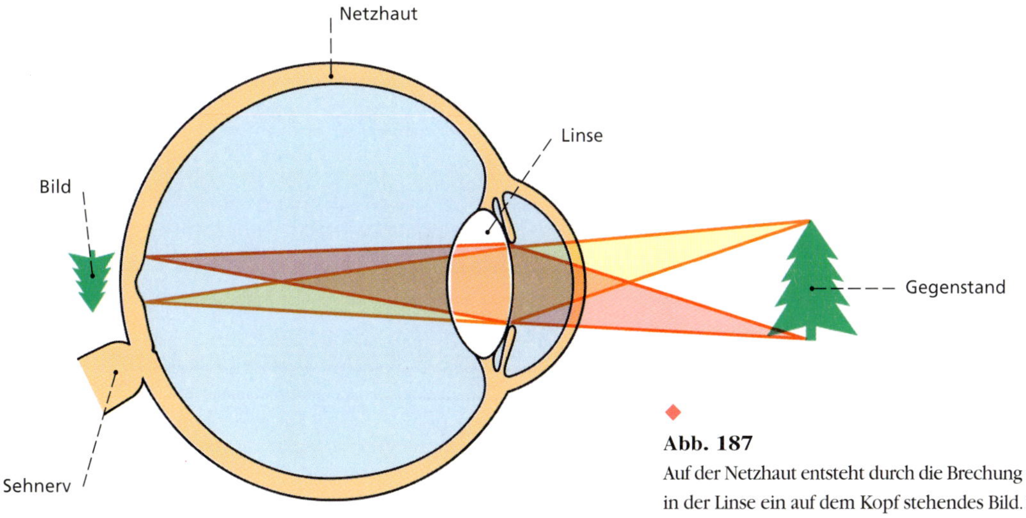

Abb. 187
Auf der Netzhaut entsteht durch die Brechung und Bündelung der Lichtstrahlen in der Linse ein auf dem Kopf stehendes Bild. Erst im Sehzentrum des Gehirns wird dieser Seheindruck korrigiert.

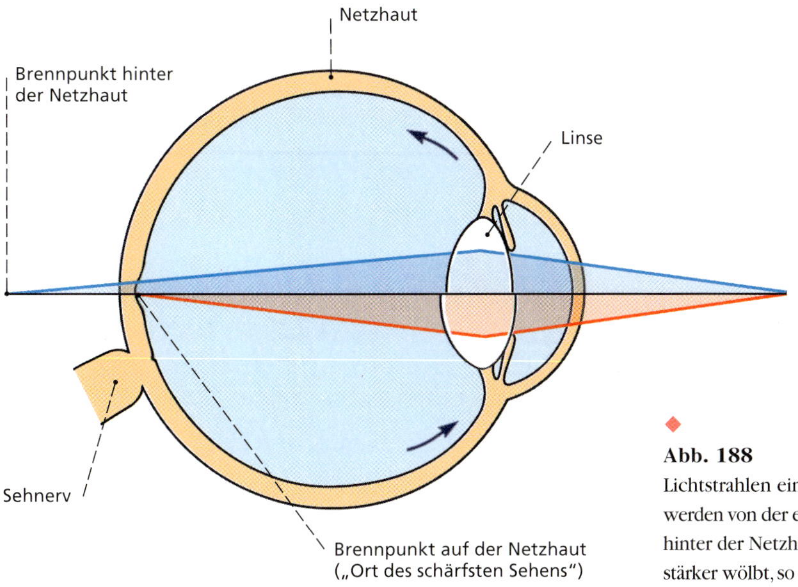

Abb. 188
Lichtstrahlen eines Gegenstands, der sich nahe vor dem Auge befindet, werden von der entspannten Linse zunächst so gebrochen, daß der Brennpunkt hinter der Netzhaut liegt. Ein scharfes Bild entsteht erst, indem sich die Linse stärker wölbt, so daß der Brennpunkt der Lichtstrahlen genau in der Netzhaut zu liegen kommt.

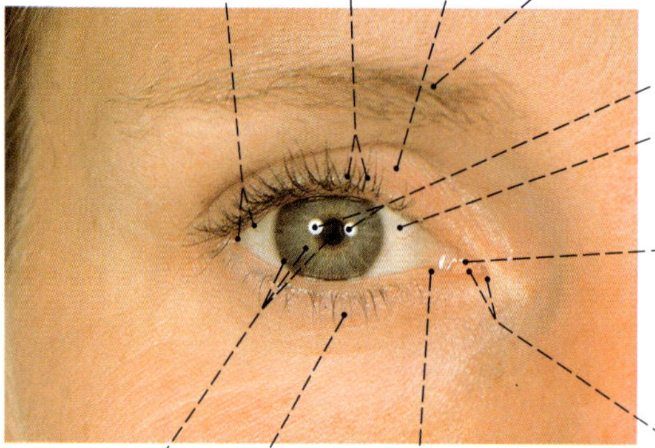

◆
Abb. 189
Strukturen des Auges in geöffnetem Zustand (rechts).
* Lichtreflexe.

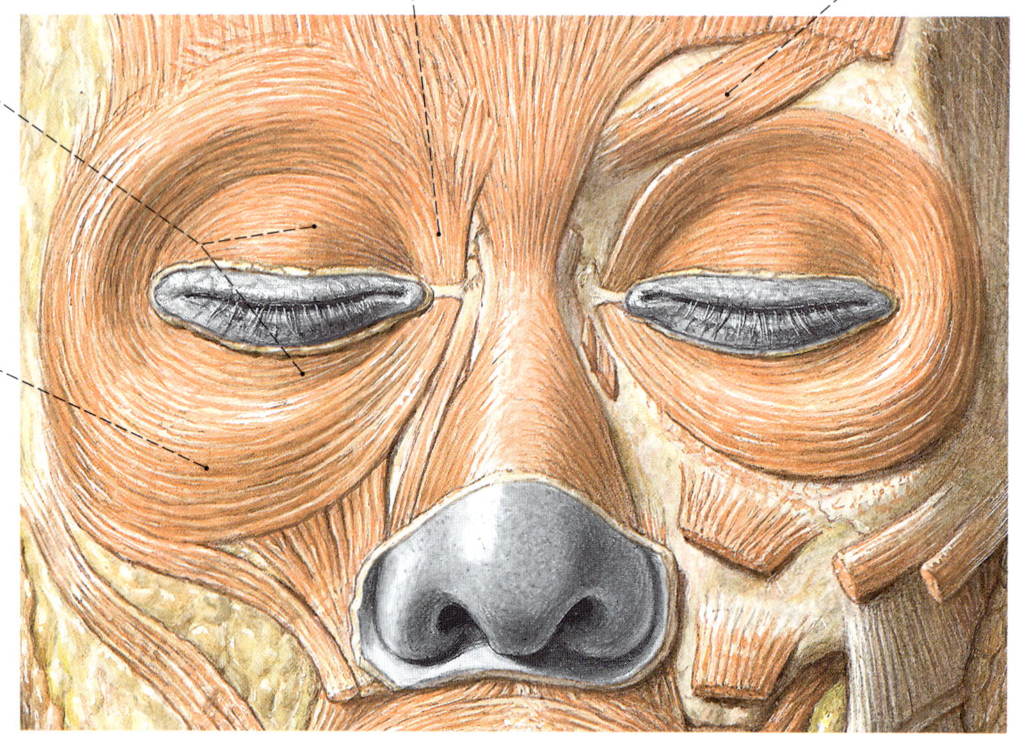

◆
Abb. 190
Muskeln in der Umgebung des Auges. Der Augenringmuskel schließt die Augen.

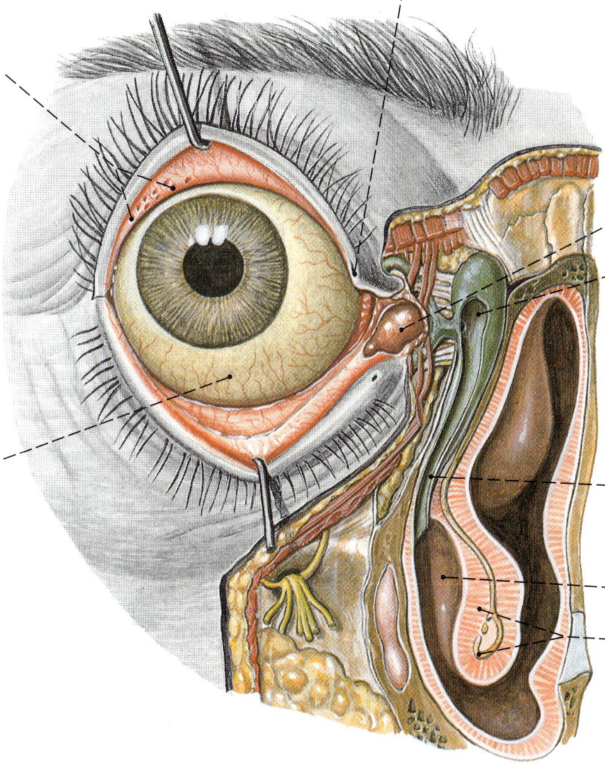

◆
Abb. 191
Auge mit Tränenapparat. Der Tränen-Nasengang ist bis zu seiner Mündung unterhalb der unteren Nasenmuschel eröffnet.

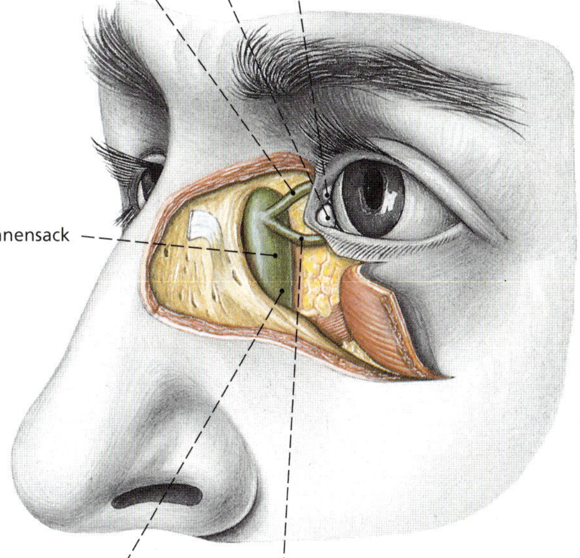

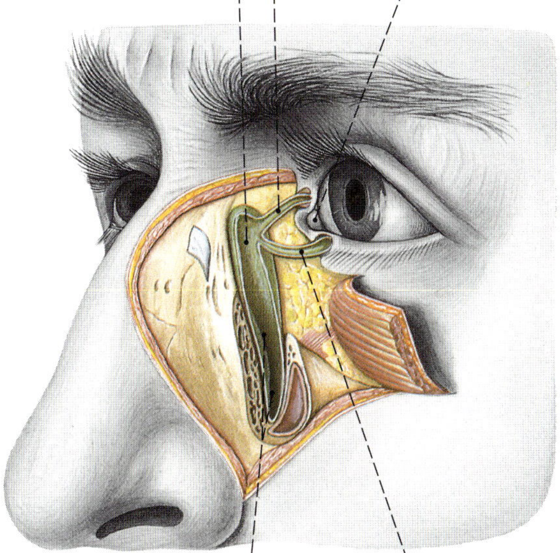

◆
Abb. 192
Tränenapparat nach Entfernung des Augenringmuskels vom Knochen.

◆
Abb. 193
Tränenapparat nach Eröffnung des Tränen-Nasengangs und der beiden Tränenkanälchen.

◆
Abb. 194
Augenmuskeln nach Entfernung der seitlichen Augenhöhlenwand (linkes Auge).

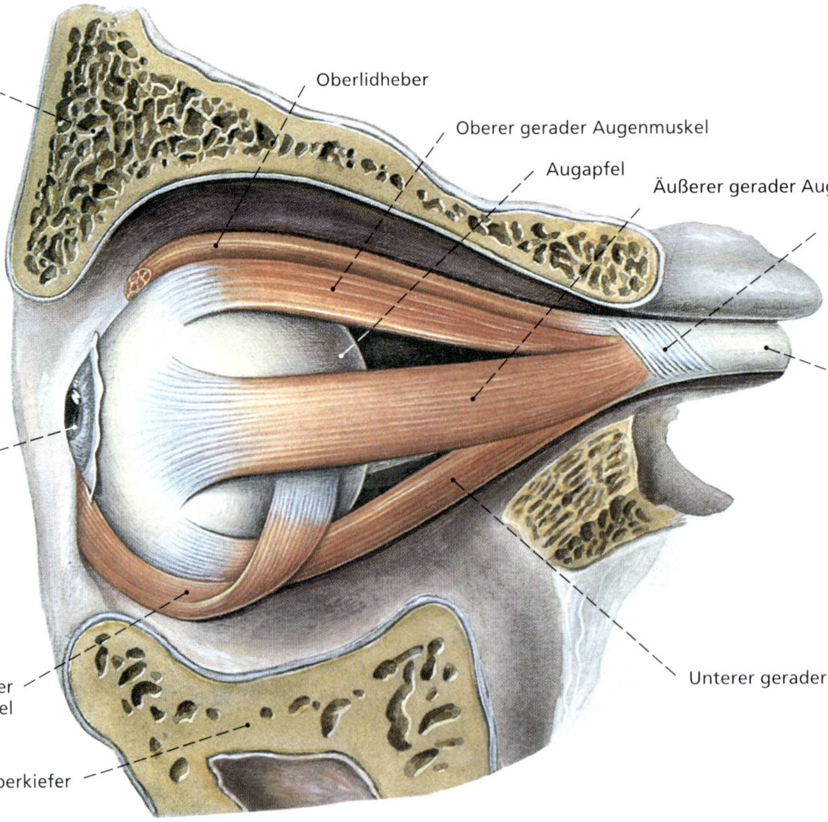

◆
Abb. 195
Blick von vorne in die linke Augenhöhle. Die meisten Augenmuskeln setzen am gemeinsamen Sehnenring um den Sehnerv an.

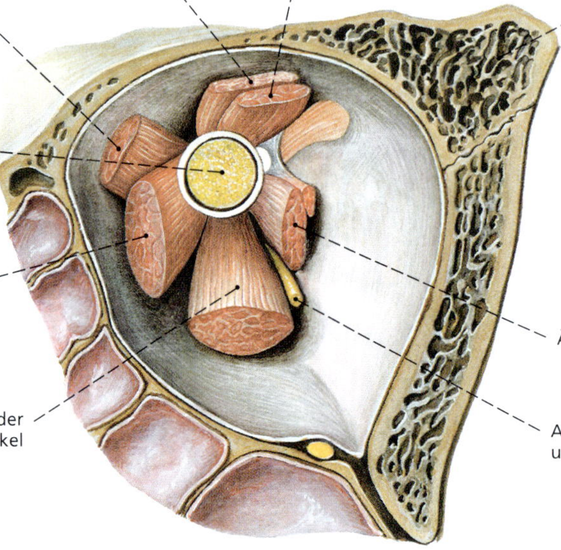

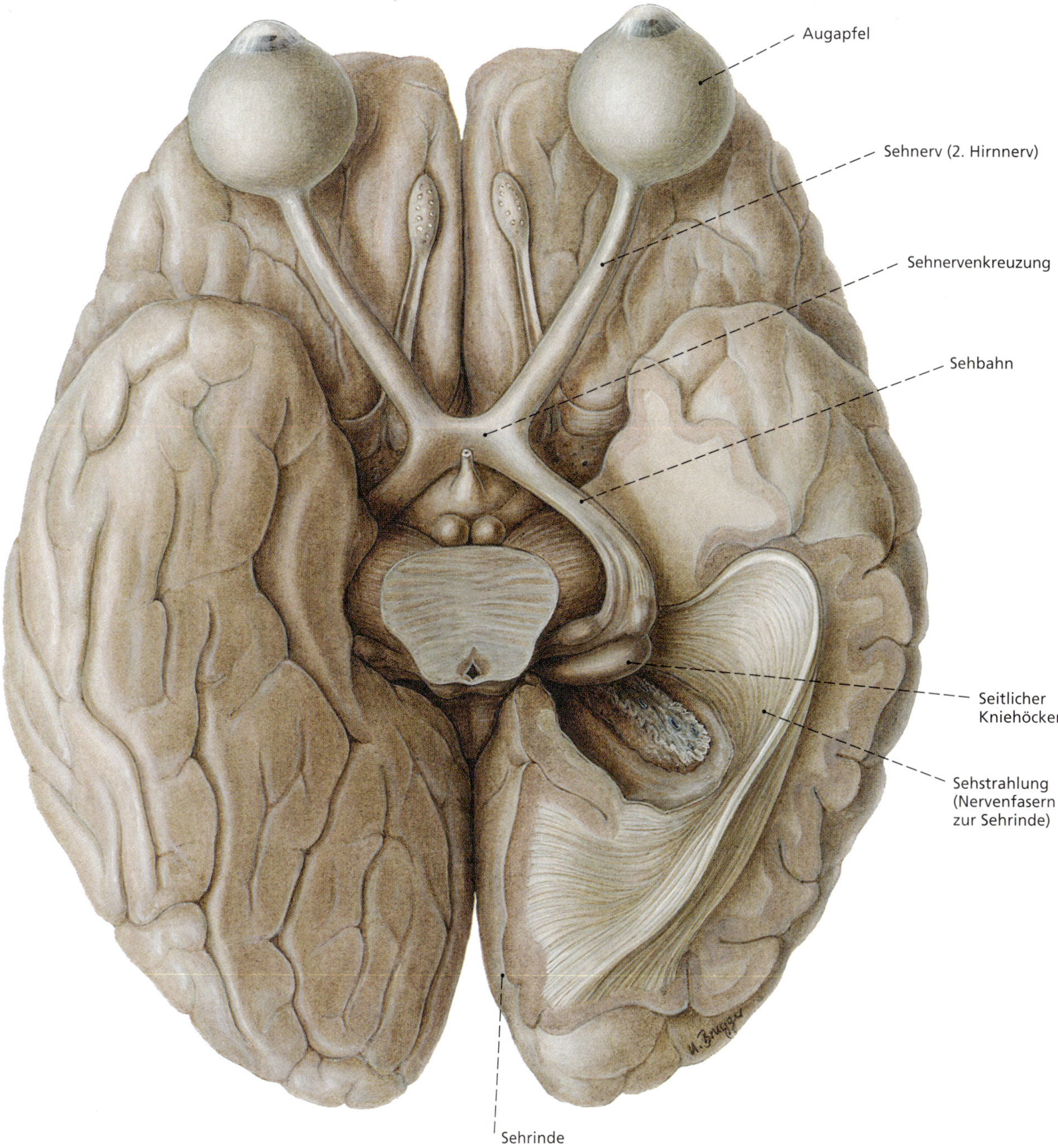

◆

Abb. 196

Blick von unten auf die Sehnervenkreuzung an der Unterfläche des Gehirns. Teile des linken Schläfen- und Hinterhauptslappens sind entfernt, so daß Strukturen der Sehbahn (s.S. 138) sichtbar werden.

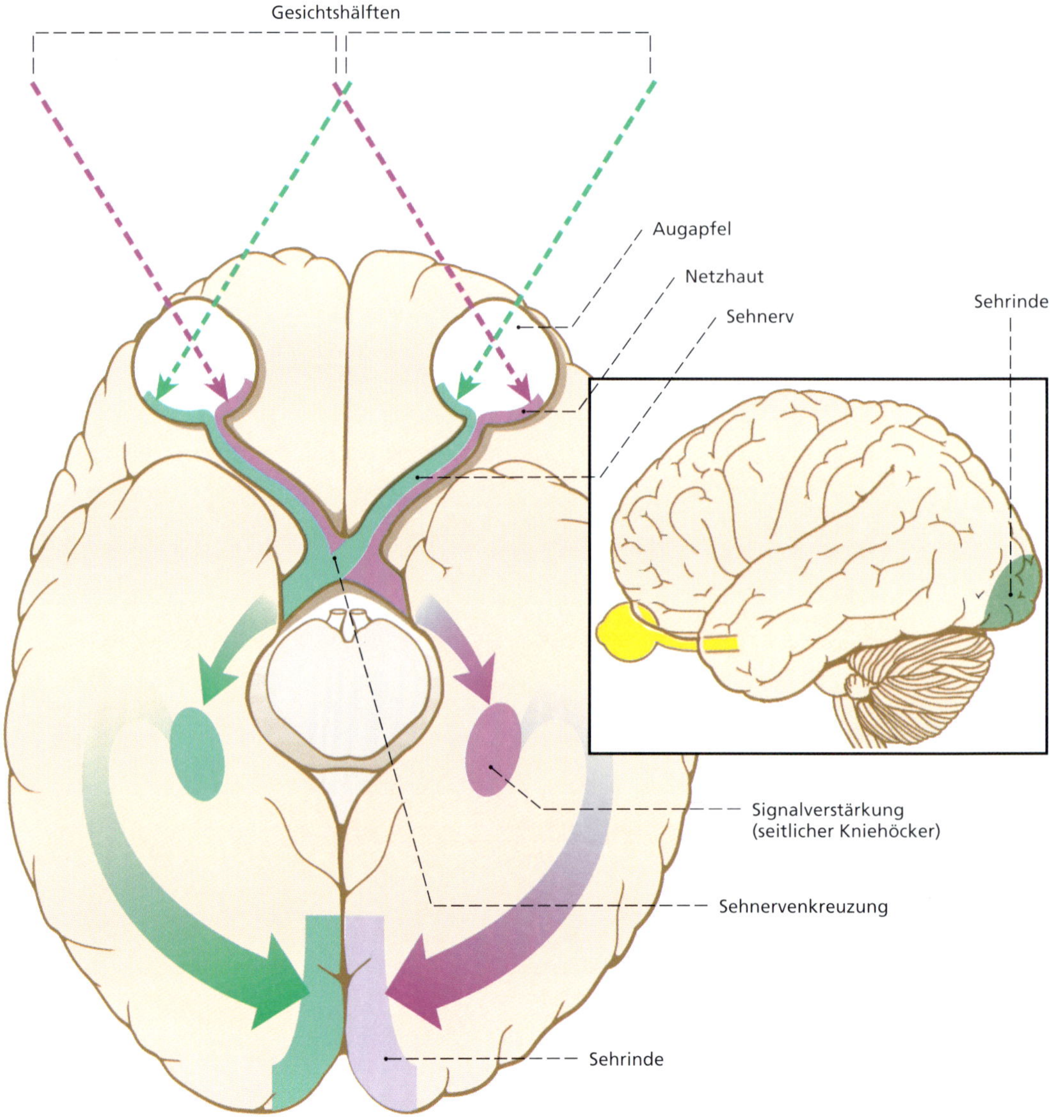

◆
Abb. 197
Schematische Darstellung des Verlaufs der Sehbahn vom Augapfel bis zur Großhirnrinde. Die Seheindrücke beider Gesichtshälften werden in der Netzhaut des Augenhintergrunds in elektrische Impulse umgewandelt. Diese gelangen über die Sehnervenkreuzung zu den oval gezeichneten Schaltstellen des Gehirns (sog. seitliche Kniehöcker). Dort werden sie verstärkt und in die Sehrinde weitergeleitet. In der Sehrinde erfolgt die Umwandlung der Impulse aus beiden Gesichtshälften zu einem plastischen Bild.

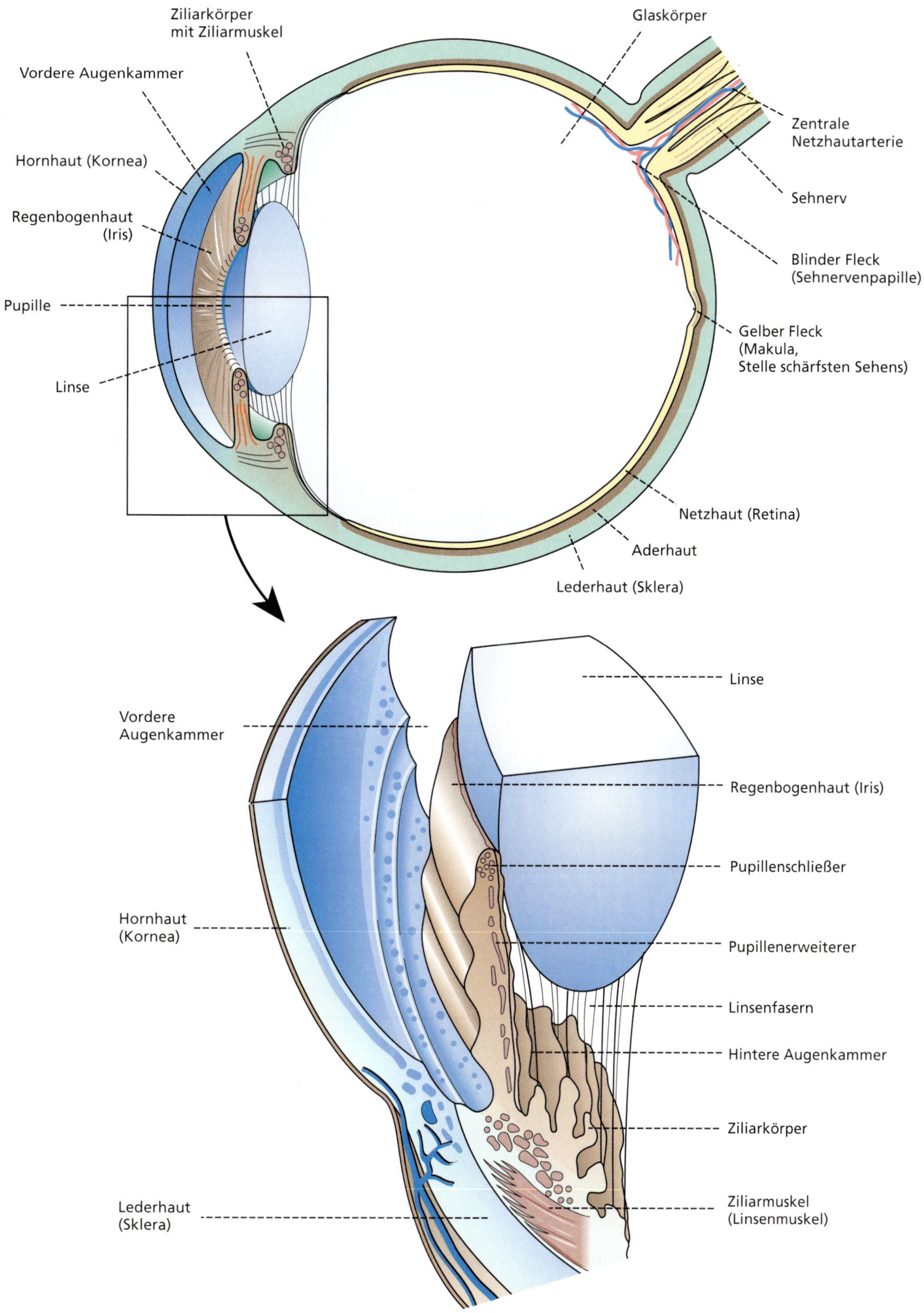

◆
Abb. 198
Augapfel im Querschnitt (oben), vergrößerter Ausschnitt mit Hornhaut, Regenbogenhaut und Linse (unten).

◆
Abb. 199
Arterien und Venen der Netzhaut des rechten Auges. Blick auf den Augenhintergrund. Venen sind blau, Arterien rot gefärbt.

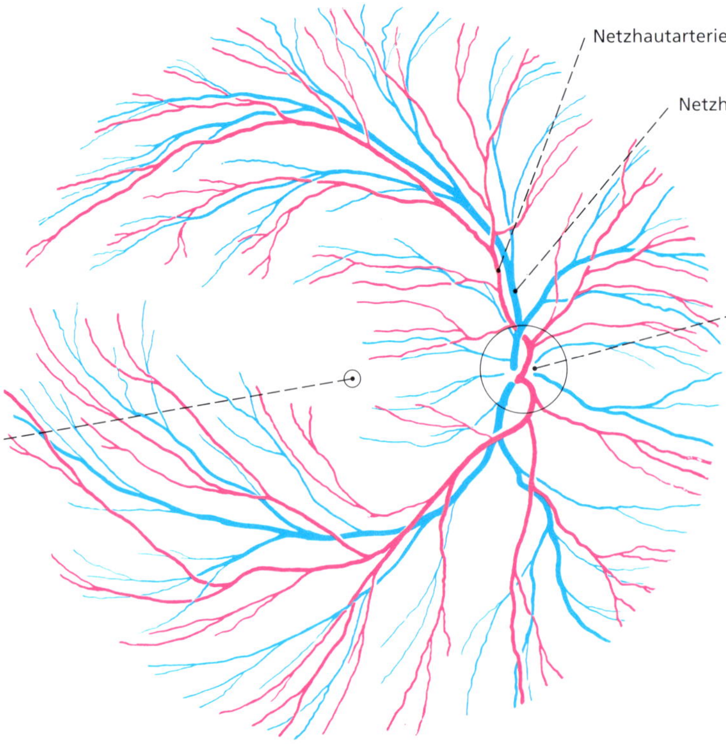

◆
Abb. 200
Augenhintergrund des rechten Auges. Blick durch den Augenspiegel des Arztes. Der sogenannte gelbe Fleck (Makula) links im Bild bezeichnet die Stelle des schärfsten Sehens auf der Netzhaut, die an dieser Stelle nur Zapfenzellen besitzt. Die starke Aufhellung rechts kommt durch den Eintritt des Sehnerven zustande. Weil hier keine Sehzellen vorhanden sind, nennt man diesen Bereich auch „blinder Fleck".

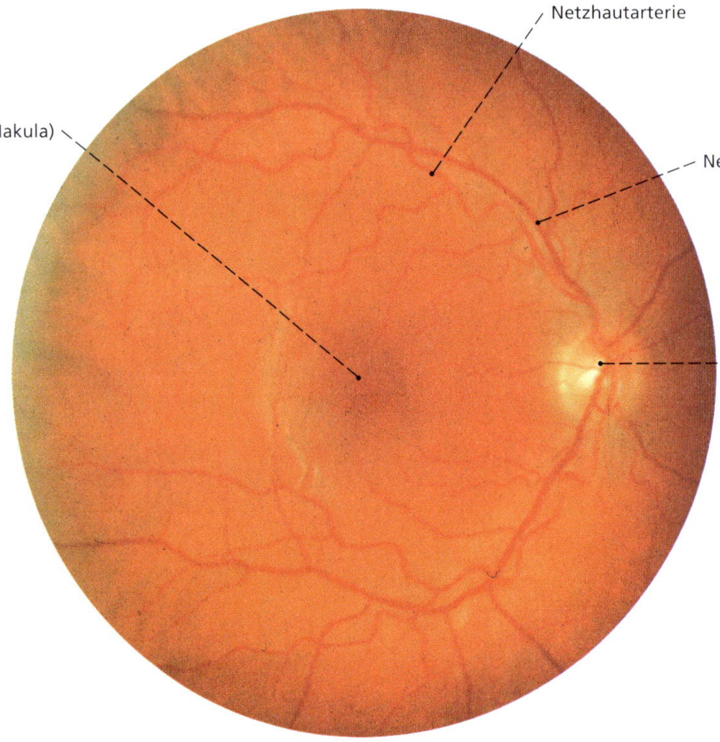

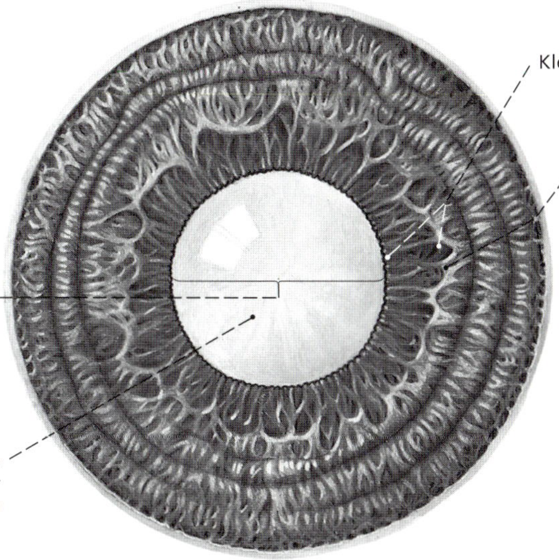

◆
Abb. 201
Regenbogenhaut (Iris) nach Entfernung der Hornhaut. Ansicht von vorne.

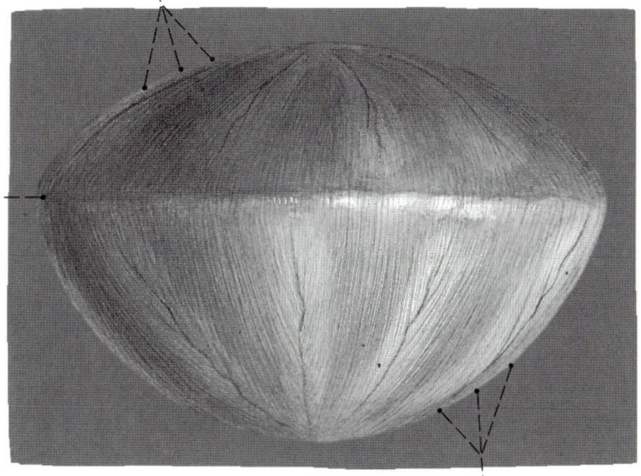

◆
Abb. 202
Linse des Auges vom Linsenäquator her gesehen.

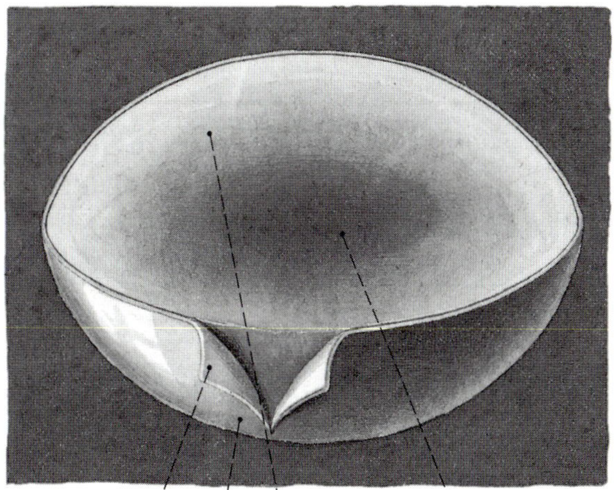

◆
Abb. 203
Linse des Auges, quer durchgeschnitten. Die Linsenkapsel ist im unteren Bereich eröffnet und aufgeklappt.

Ohr und Gleichgewichtsorgan

Hör- und Gleichgewichtsorgan sind äußerst sensible Sinnesorgane, die gut geschützt in einem Hohlraum des Schädelknochens (Felsenbein) untergebracht sind. Zwar liegen beide Organe dicht beieinander, haben aber ganz unterschiedliche Aufgaben. Während das Ohr die Schallreize von außen aufnimmt und an das Gehirn weiterleitet, ist das Gleichgewichtsorgan für die Orientierung im Raum und die aufrechte Körperhaltung zuständig.

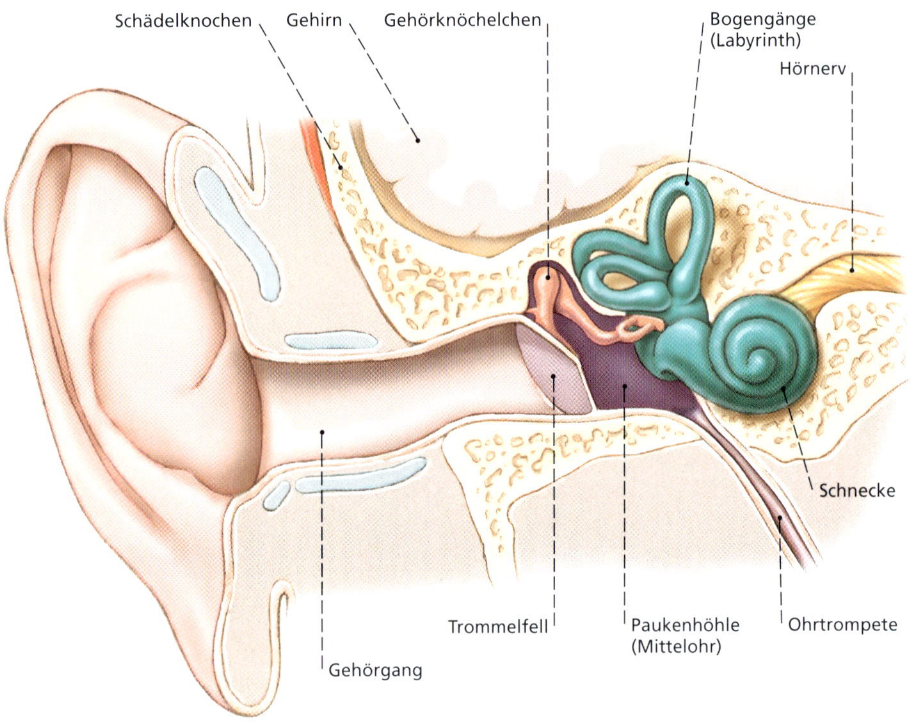

Abb. 204
Ohrmuschel, Gehörgang und Mittelohr mit Gehörknöchelchen dienen der Schalleitung zu den Sinneszellen des Innenohrs, die sich in der Schnecke befinden. Die Schnecke ist mit den Bogengängen verbunden, die Sinneszellen zur Wahrnehmung von Lageveränderungen des Körpers enthalten. Innere Anteile des Hörorgans und das Gleichgewichtsorgan sind in das Felsenbein des Schädelknochens eingebettet.

Ohr

Das Ohr wird in drei Abschnitte unterteilt: das äußere Ohr mit Ohrmuschel und äußerem Gehörgang, das Mittelohr mit Trommelfell, Paukenhöhle, Gehörknöchelchen und Ohrtrompete und das Innenohr mit der Schnecke. Hier liegt auch das Gleichgewichtsorgan (sogenannter Vestibularapparat).

Äußeres Ohr

Die Ohrmuschel hat bei jedem Menschen eine andere Größe und Form. Wie ein Schalltrichter fängt sie die Geräusche aus der Umgebung auf und leitet sie über den äußeren Gehörgang an das Trommelfell weiter. Im äußeren Gehörgang befinden sich Haare und Talgdrüsen. Sie verhindern, daß Fremdkörper in das Ohr eindringen.

Mittelohr

Das Mittelohr besteht hauptsächlich aus einem luftgefüllten Hohlraum, der Paukenhöhle. Sie wird durch eine Bindegewebsmembran, das Trommelfell, zum äußeren Ohr hin begrenzt und steht über die Ohrtrompete mit dem oberen Rachenraum in Verbindung. Beim Schlucken oder Gähnen wird dieser Verbindungsraum geöffnet und somit ein Druckausgleich mit der Außenluft geschaffen. Dadurch kann ein unangenehmes Druckgefühl auf dem Ohr beseitigt werden, wie es oft nach Überwindung größerer Höhendifferenzen auftritt, beispielsweise im Flugzeug oder bei Fahrten mit der Seilbahn.

Die Schallübertragung vom Trommelfell auf das Innenohr erfolgt über drei Gehörknöchelchen, die gelenkig miteinander verbunden sind. Sie werden aufgrund ihrer äußeren Form als Hammer, Amboß und Steigbügel bezeichnet. Der Hammer ist fest mit dem Trommelfell verbunden. Er nimmt die Schallwellen auf und gibt sie über den Amboß an den Steigbügel weiter, der sie am ovalen Fenster auf die Schnecke im Innenohr überträgt. Der Schalldruck wird durch zwei kleine Muskeln an Trommelfell und Steigbügel reguliert.

Innenohr

Das Innenohr mit dem empfindlichen Schallaufnahme- und Gleichgewichtsorgan befindet sich in einem Hohlraum des Schädelknochens, dem sogenannten knöchernen Labyrinth. Die spiralenförmig gewundene Gehörschnecke enthält drei Gänge, die mit einer klaren, lymphähnlichen Flüssigkeit gefüllt sind. Der obere Gang führt vom ovalen Fenster zur Schneckenspitze. Dort geht er in einen zweiten Gang über, der parallel wieder zurück zum Mittelohr führt und an einer Membran endet, dem sogenannten runden Fenster. Die Sinneszellen für die Schallaufnahme befinden sich in dem mittleren – dritten – Gang. Gerät das Trommelfell durch eine Schallwelle in Schwingungen, setzen sich diese über die Gehörknöchelchen fort und werden am ovalen Fenster auf die Endolymphe in der Schnecke übertragen. Dort werden die feinen Härchen der Sinneszellen gereizt und leiten diese

Impulse über Nervenfortsätze an das Gehirn weiter. Tausende dieser Nervenfasern bilden zusammen den Hörnerv, der zum Hörzentrum des Großhirns zieht. Die Schallwellen treffen nur dann gleichzeitig auf beide Ohren, wenn ihr Ursprung direkt vor uns liegt. Im anderen Fall erreichen sie unsere Ohren zu unterschiedlichen Zeiten. Deshalb können wir feststellen, aus welcher Richtung ein Geräusch kommt.

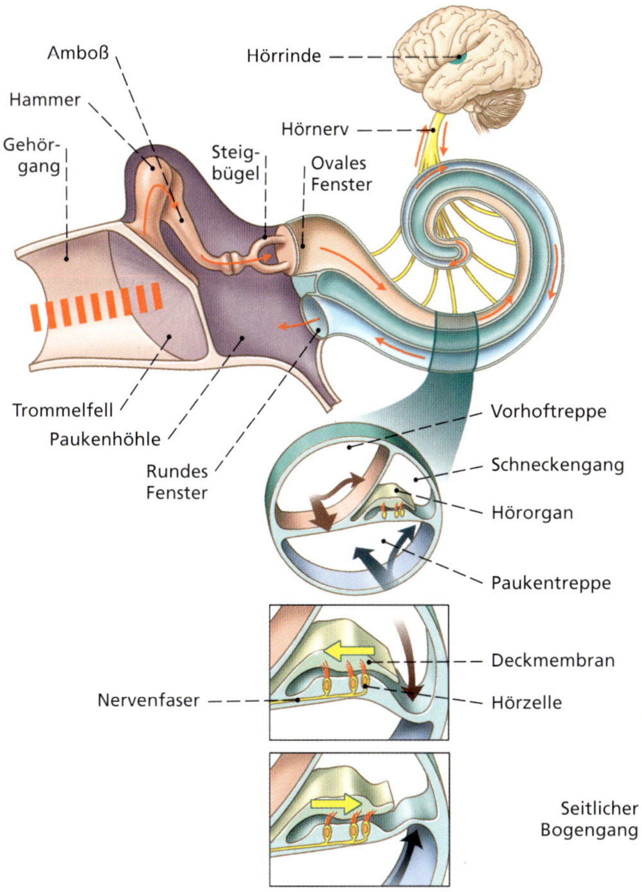

Abb. 205
Schwingungen werden über die Gehörknöchelchen auf die Membran des ovalen Fensters übertragen. Im ersten Schneckengang (sogenannte Vorhoftreppe) erfolgt die Umwandlung der Schwingungen in eine Flüssigkeitswelle. Diese setzt sich auf ihrem Rückweg über die sogenannte Paukentreppe in den Schneckengang fort *(Detail Mitte)*.
Im Schneckengang befinden sich die Sinneszellen, deren Härchen in ein dünnes Häutchen hineinragen (Deckmembran). Durch die Flüssigkeitswelle wird dieses Häutchen bewegt und damit eine Erregung der Sinneszellen ausgelöst.

Gleichgewichtsorgan

Dieses Organ besteht aus drei knöchernen Bogengängen, die senkrecht zueinander in drei räumlichen Ebenen angeordnet sind. Die mit Endolymphe gefüllten Gänge stehen miteinander in Verbindung und sind mit Sinneszellen ausgestattet. Auch diese Zellen reagieren auf Flüssigkeitswellen, die bei der Bewegung des Kopfes oder des gesamten Körpers entstehen, und leiten ihre Impulse über Nerven an verschiedene Zentren im Gehirn weiter. Da die Bogengänge in unterschiedlichen Raumebenen verlaufen, werden die Härchen ihrer Sinneszellen bei Lageveränderungen unterschiedlich stark bewegt bzw. gereizt. Ihre Signale vermitteln eine bewußte Wahrnehmung von Drehbewegungen und ein Gefühl von oben und unten. Die Impulse der Sinneszellen werden nicht nur an die Großhirnrinde weitergegeben, sondern auch an das Rückenmark (über das die Muskelreflexe gesteuert werden), das Kleinhirn (das den Ablauf der Bewegungen reguliert) und an andere Gehirnbereiche. So ist auch zu erklären, daß bei starker Reizung des Gleichgewichtsorgans, beispielsweise bei Flug- oder Schiffsreisen, Erscheinungen wie Übelkeit, Schwindel, Erbrechen und Kopfschmerzen auftreten können.

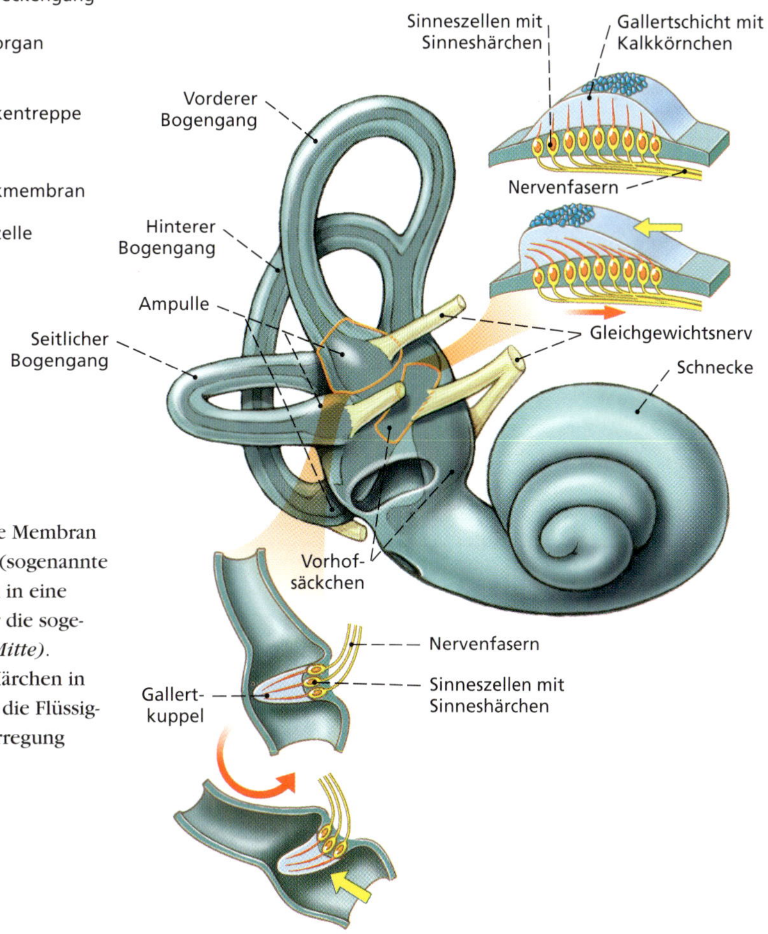

Abb. 206
In den Ampullen *(Detail unten)* und in den Vorhofsäckchen der Bogengänge des Labyrinths *(Detail oben)* befinden sich Sinneszellen, deren Härchen in eine Gallertschicht hineinragen. Bei jeder Lageveränderung bewegen sich diese Härchen, wodurch in den Sinneszellen eine Erregung ausgelöst wird. In den Vorhofsäckchen liegen der Gallertschicht zusätzlich winzige Kalkkörnchen auf, durch deren Masse die Erregung verstärkt wird.

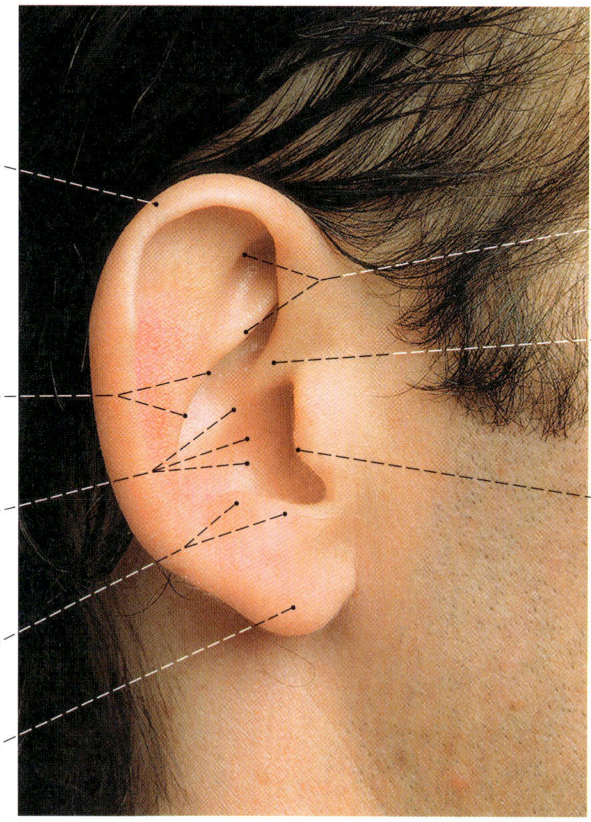

◆
Abb. 207
Äußerlich sichtbare Strukturen des Ohrs.

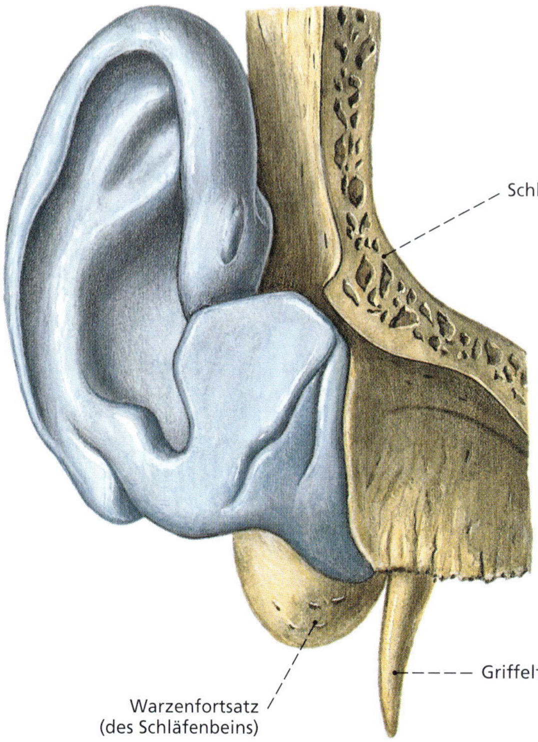

◆
Abb. 208
Knorpelskelett des rechten Ohrs von schräg vorne.

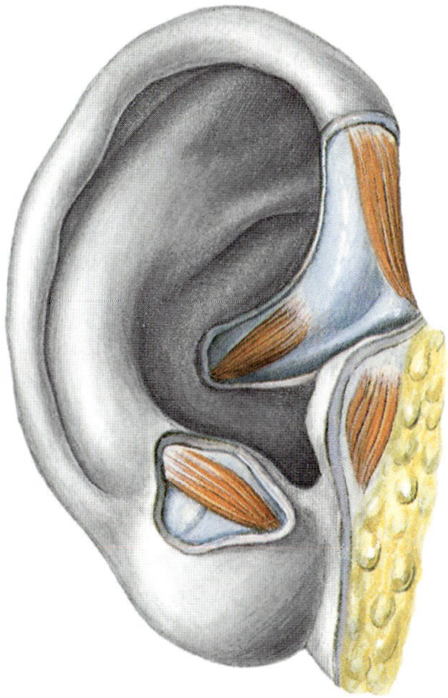

◆
Abb. 209
Muskeln des rechten Ohrs von vorne.

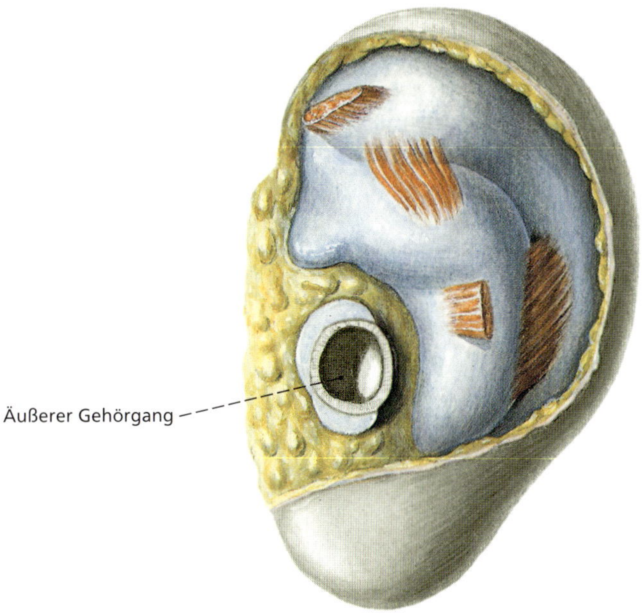

◆
Abb. 210
Muskeln des rechten Ohrs von hinten. Die Mündung des äußeren Gehörgangs in die Ohrmuschel ist angeschnitten (das Ohr ist etwas nach vorne geklappt).

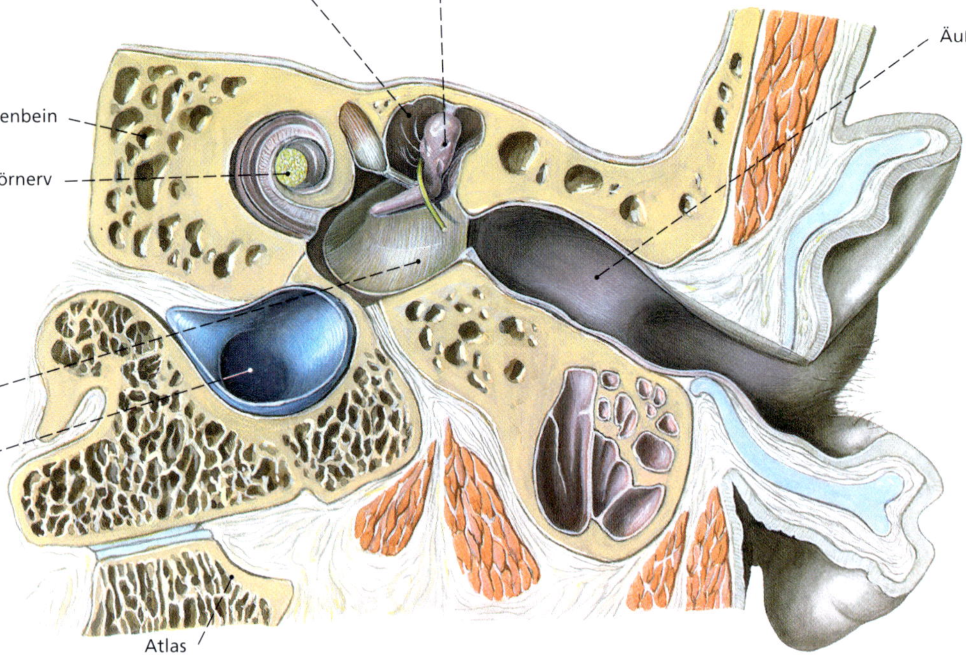

◆
Abb. 211
Längsschnitt durch den äußeren Gehörgang mit Mittelohr (Paukenhöhle) und Innenohr. Ansicht von hinten. Das Gehörorgan ist in das Felsenbein des Schädelknochens eingebettet.

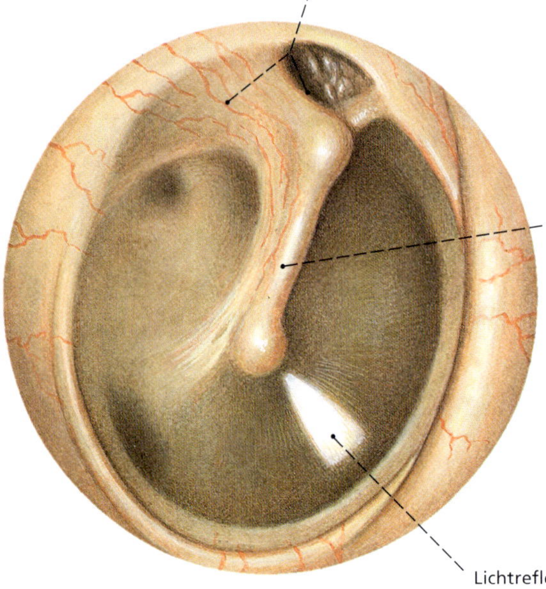

◆
Abb. 212
Trommelfell. Ansicht durch den Ohrenspiegel des Arztes. Der Hammergriff (Bildmitte) scheint durch das Trommelfell hindurch. Der Lichtreflex ist bei Mittelohrerkrankungen weniger deutlich zu erkennen.

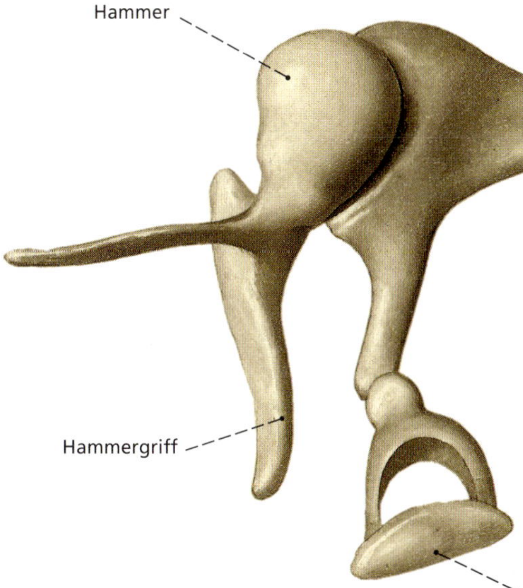

◆
Abb. 213
Gehörknöchelchen in ihrer natürlichen Lage.

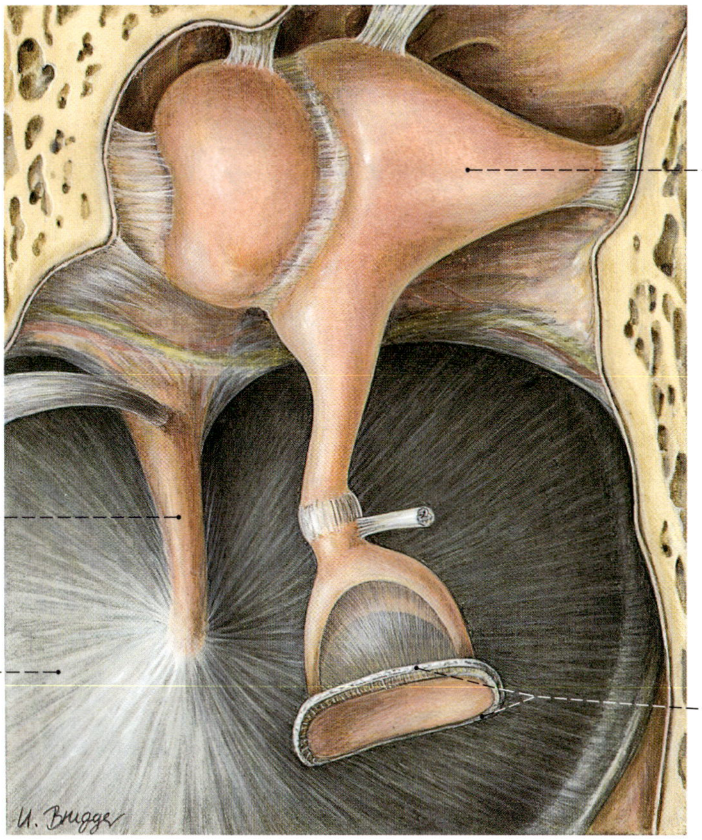

◆
Abb. 214
Gehörknöchelchen mit Gelenken und Bändern.

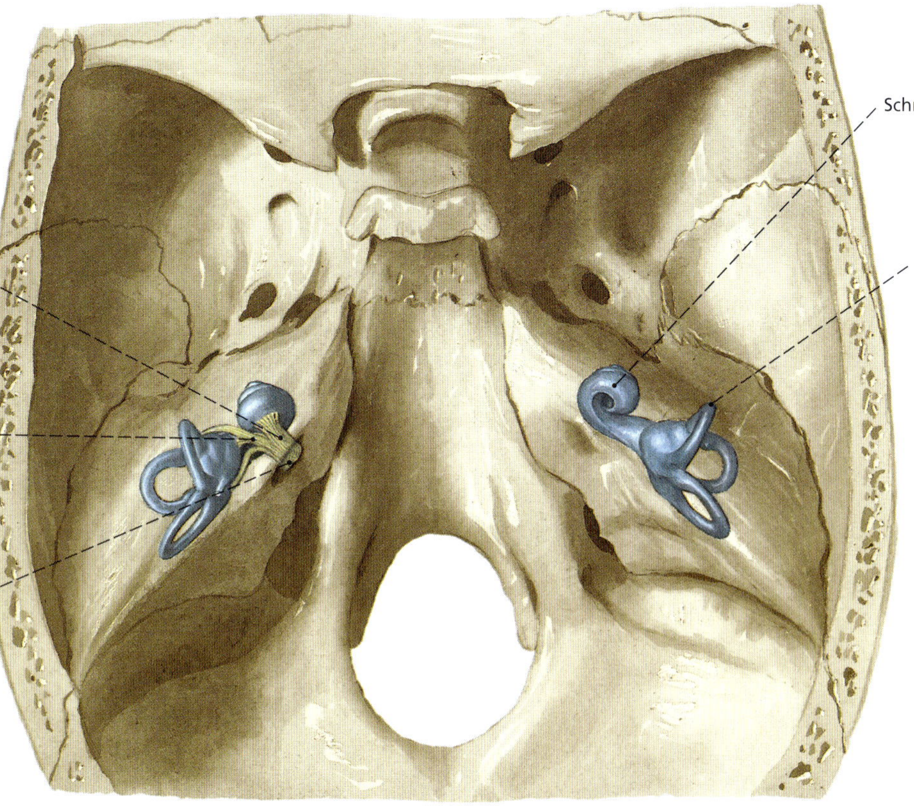

◆
Abb. 215
Lage von Schnecke und Bogengängen in der Ansicht von oben bei geöffnetem Schädel. Beide Strukturen sind zur besseren Veranschaulichung blau gefärbt und auf das darunterliegende Felsenbein des Schädelknochens aufgezeichnet. In Wirklichkeit sind sie in das Felsenbein eingebettet.

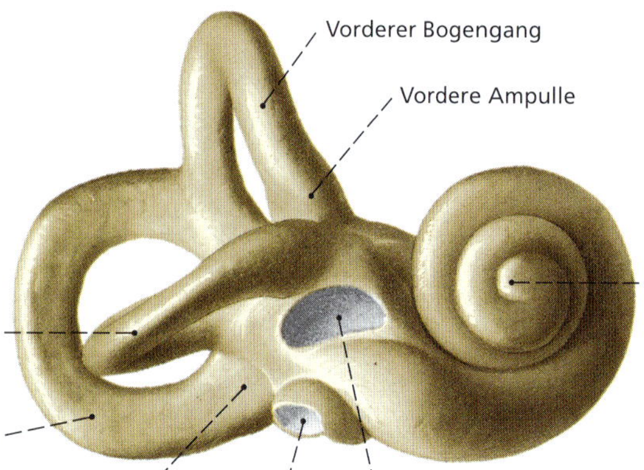

◆
Abb. 216
Labyrinth und Schnecke aus dem Felsenbein herausgefräst, Ansicht von vorne rechts.

Riech- und Geschmacksorgan

Geruchs- und Geschmackssinn bilden für den Menschen ein sehr wichtiges Warn- und Kontrollsystem. So bedeutet ein sehr unangenehmer, z.B. brenzliger Geruch das Signal, Maßnahmen zu seiner Beseitigung zu ergreifen oder schnellstens das Weite zu suchen. Ein ekelerregender Geschmack ruft eine Abwehrreaktion hervor und kann im Extremfall sogar Erbrechen auslösen. Andererseits wirkt ein angenehmer Geruch äußerst verlockend, und ein wohlschmeckendes Essen kann das Leben durchaus bereichern.

Geruchssinn

Der Mensch nimmt Geruchsempfindungen über spezielle Riechzellen in der Nasenschleimhaut wahr. Sie befinden sich in einem kleinen, nur ca. 2,5 Quadratzentimeter großen Areal an der oberen Nasenmuschel, also direkt unterhalb des Nasendachs des Schädelknochens. Diese (10 - 25 Millionen) Zellen verfügen über feine Riechhärchen, die in die Nasenhöhle hineinragen und dadurch mit Geruchsstoffen in der Atemluft in Berührung kommen. Am intensivsten ist dieser Kontakt (und damit die Geruchswahrnehmung), wenn sich - wie beispielsweise beim Schnuppern - Luftwirbel bilden. Die Geruchsempfindung wird über feine Nervenfasern an der Basis der Riechzellen zum Gehirn weitergeleitet. Da auch Nervenverbindungen zu Gehirnzentren bestehen, die den Speichelfluß anregen bzw. für die Gefühlswelt zuständig sind, kann eine Geruchsempfindung vieles bewirken: vermehrten Speichelfluß, wenn man etwas Gutes gerochen hat, aber auch innere Ablehnung, wenn man jemanden im wahrsten Sinne des Wortes „nicht riechen" kann.

Die meisten Menschen können mehrere tausend Gerüche „erschnuppern", die aber größtenteils Mischungen bestimmter Duftklassen oder „Primärgerüche" (faulig, blumig, stechend u.a.) sind. Bei häufigem Kontakt mit einem bestimmten Duftstoff tritt ein Gewöhnungseffekt ein. Der Geruch hat dann kaum noch eine Eigenqualität.

Der Verlust der Geruchsempfindung, z.B. nach einer Schädelhirnverletzung, wird von den Betroffenen als äußerst unangenehm empfunden. Das liegt daran, daß das Riechen ein sehr wichtiger Bestandteil der Erlebnisfähigkeit ist. Bestimmte Gerüche gelangen ein einziges Mal in die Nase und bleiben ein Leben lang in der Erinnerung haften. Sie können im positiven wie im negativen Sinn auf die Stimmungslage und die Gedankenwelt einwirken. Für manche chemische Stoffe, z.B. die übelriechenden Schwefelwasserstoffverbindungen, besteht eine außerordentlich hohe Geruchsempfindlichkeit, so daß sie noch in geringsten Konzentrationen registriert werden.

Geschmackssinn

Ob und wie etwas schmeckt, melden die Geschmacksknospen, die sich auf der Zunge befinden, an das Gehirn.

Geschmacksknospen oder -papillen sind wallblatt- bzw. pilzförmige Gebilde, die mit Sinneszellen (im Säuglingsalter 10000, im Alter nur noch 2000) ausgestattet sind. Sie treten über eine obere Öffnung, den Geschmacksporus, mit den Speisen in Kontakt. Der Geschmack wird als Reiz von den Geschmacksstiftchen der Sinneszellen aufgenommen, die in den Geschmacksporus ragen, anschließend in einen elektrischen Impuls verwandelt und über feine Nervenfasern des 7. (VII = Gesichtsnerv), 9. (IX = Zungen-Rachen-Nerv) und 10. Hirnnervs (X. = Lungen-Magen-Nerv) an das Gehirn weitergeleitet. Die Geschmacksqualität einer Substanz kann von den Geschmacksknospen allerdings nur festgestellt werden, wenn sie in gelöster Form mit ihnen in Berührung kommt. Stoffe, welcher Art auch immer, schmeckt man daher erst, wenn wenigstens ein kleiner Teil von ihnen durch den Speichel gelöst ist.

Es gibt vier verschiedene Geschmacksempfindungen: süß, salzig, sauer und bitter. „Süß" wird an der Zungenspitze, „salzig" am vorderen und seitlichen Zungenrand, „sauer" am hinteren Zungenrand und „bitter" am Zungengrund wahrgenommen.

Da die Geschmacksempfindung nicht nur die Unterscheidung von süß, sauer, bitter und salzig umfaßt, sondern gleichzeitig den ganz speziellen Geruch einer Substanz miteinschließt, ist bei Störungen des Geruchssinns auch die Geschmacksempfindung beeinträchtigt. Deshalb schmeckt man z.B. bei Schnupfen, weil auch der Geruchssinn in Mitleidenschaft gezogen ist, manchmal kaum noch, was man ißt.

◆
Abb. 217
Nasenskelett mit knorpeligen (blau) Anteilen.

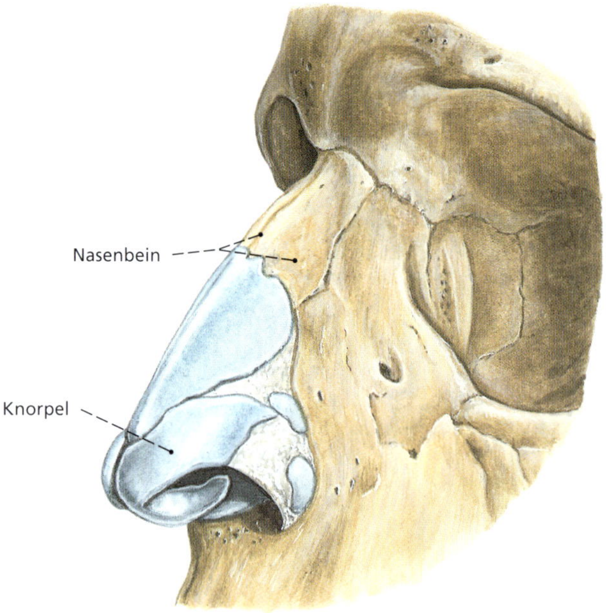

◆
Abb. 218
Linke seitliche Wand der Nasenhöhle. Im oberen Anteil (Riechzone) ist die Schleimhaut teilweise entfernt.

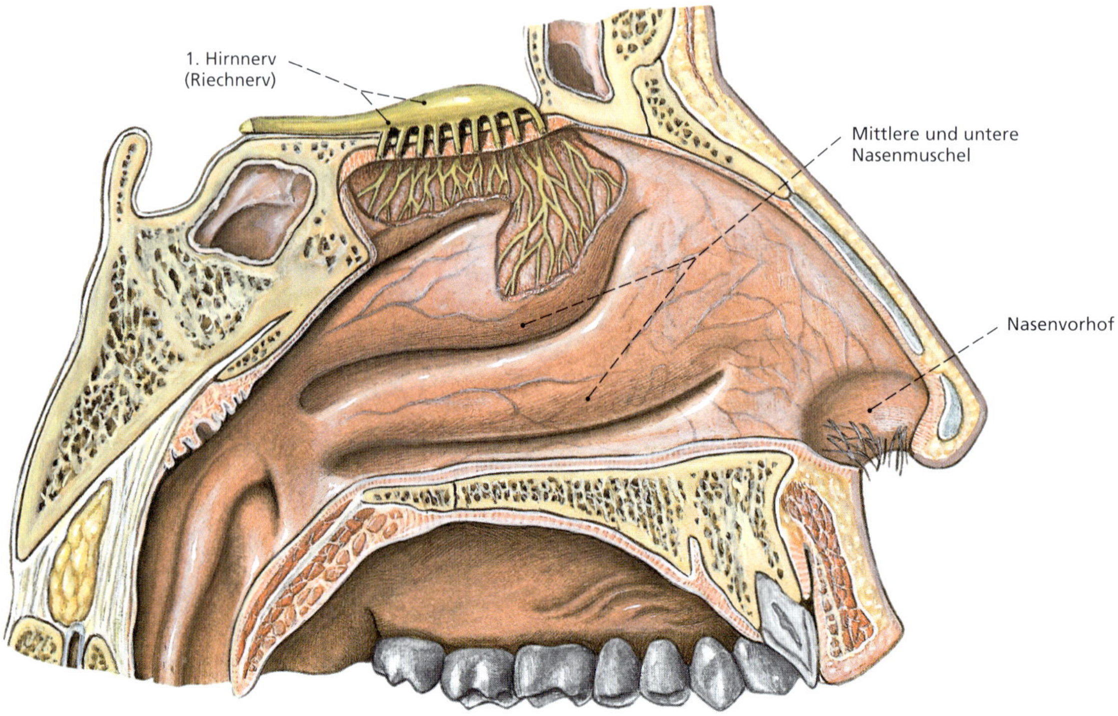

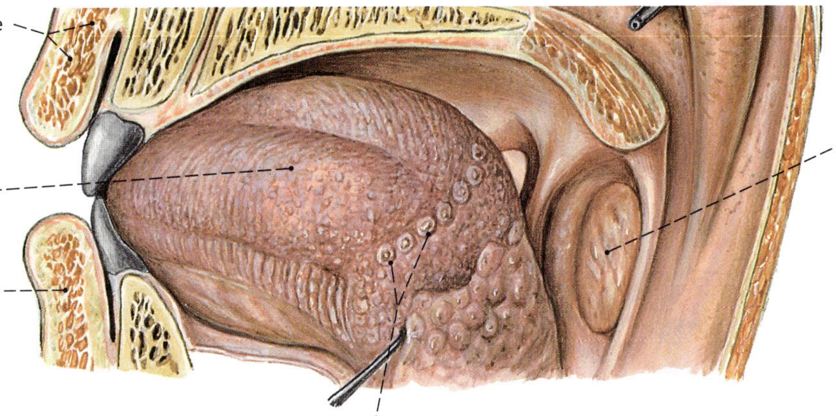

◆ **Abb. 219**
Schnitt durch die Mundhöhle. Die Zunge ist zur Darstellung der Geschmacksknospen am Zungenrand etwas zur rechten Wangenseite hin gedrückt.

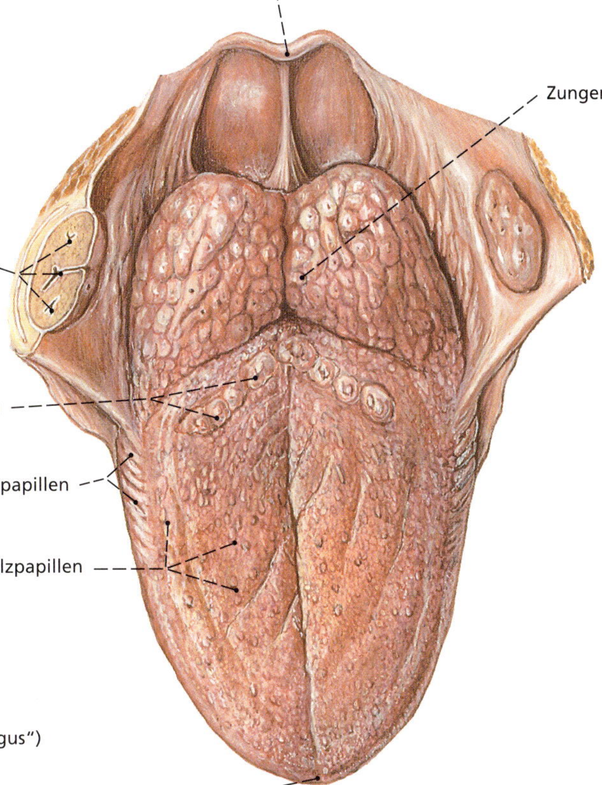

◆ **Abb. 220**
Zungenrücken mit Zungenwurzel und Gaumenmandeln. Die rechte Gaumenmandel ist aufgeschnitten. Wall-, Blatt- und Pilzpapillen sind geschmacksempfindliche Warzen in der Zungenschleimhaut.

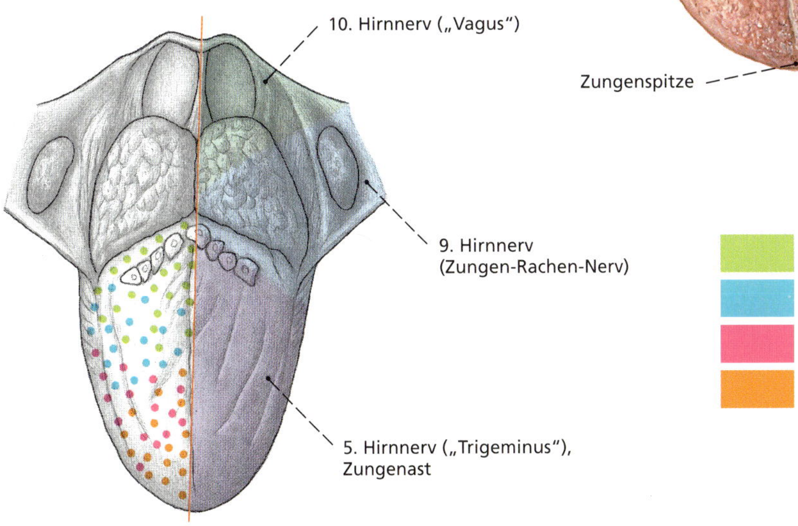

◆ **Abb. 221**
Zunge mit Einzeichnung der Geschmackszonen (linke Hälfte) und den zugehörigen Nerven (rechte Hälfte).

Atemwege und Lunge

Menschliches Leben ist ohne Sauerstoff nicht möglich. Daß den Körperzellen immer Sauerstoff in ausreichender Menge zur Verfügung steht, ist die Aufgabe von Lunge und Atemwegen: Sie sorgen dafür, daß Sauerstoff aus der Außenluft in die Lungenbläschen gelangt und gleichzeitig Kohlendioxid, das wichtigste Endprodukt des Stoffwechsels, „abgeatmet" und somit ausgeschieden wird.

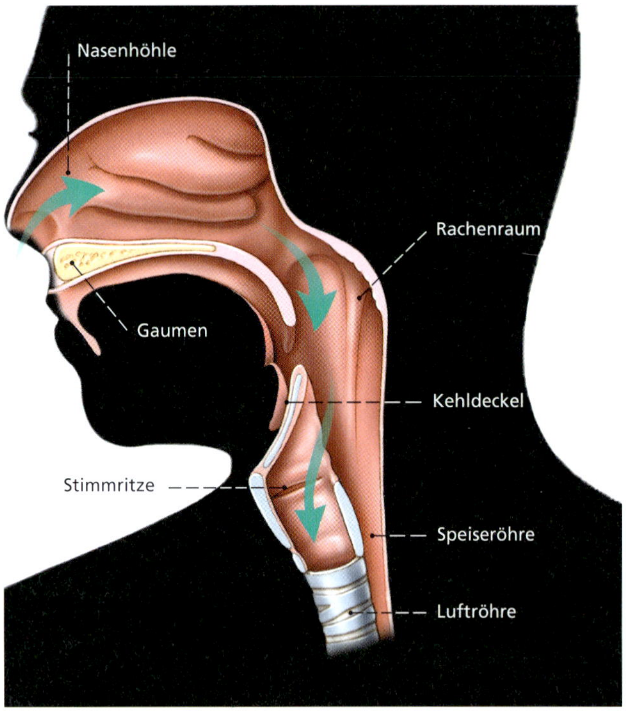

Abb. 222
Obere Luftwege. Der Nasen-Rachen-Raum reicht von der Nasenhöhle bis zum Kehldeckel und dient vor allem dazu, die Atemluft zu reinigen, anzufeuchten und zu erwärmen.

Beim Einatmen gelangt die Luft über Nase, Rachen und Kehlkopf in die Luftröhre. Diese teilt sich in zwei große Äste (Bronchien) auf, die in den rechten und linken Lungenflügel ziehen und sich dort – wie die Äste eines Baumes – immer weiter verzweigen. Die kleinsten Äste dieses Bronchialbaumes enden in kleinen Bläschen, den Alveolen. Man unterteilt die Atemwege in zwei Abschnitte:

- die oberen Atemwege, denen Nase und Rachenraum zugeordnet werden, und
- die unteren Atemwege mit Kehlkopf, Luftröhre und Bronchialbaum.

Die Atemwege schaffen eine Verbindung zwischen Außenluft und Lunge. Ihre Aufgabe erschöpft sich aber nicht darin, der Lunge die erforderliche Sauerstoffmenge zuzuführen. Sie reinigen außerdem die Atemluft von Schmutzpartikeln, erwärmen sie auch bei Minustemperaturen auf die Körpertemperatur von 37 Grad Celsius und feuchten sie an. Für diese Zwecke ist die Schleimhaut, die die Nase, den Kehlkopf und die Bronchien innen auskleidet, besonders ausgerüstet: An den Nasenhaaren bleiben Staubteilchen hängen, kleine Flimmerhärchen in den gesamten Atemwegen fangen noch kleinere Partikel und Bakterien ab, die mit der Außenluft eingeatmet worden sind. Schleimproduzierende Zellen sorgen für die erforderliche Feuchtigkeit der Luft.

Aufbau und Funktion der Lunge

Die beiden Lungenflügel füllen den Brustkorb fast ganz aus. Zwischen ihnen liegt linksseitig das Herz. Demzufolge ist die linke Lungenhälfte kleiner und besteht nur aus zwei, der rechte Lungenflügel dagegen aus drei Lappen.

Sowohl die Lunge als auch die Innenwand des Brustkorbs sind von einer festen, mit einem Flüssigkeitsfilm bedeckten Haut, dem Lungen- und dem Brustfell, überzogen. Ein Unterdruck zwischen diesen beiden Häuten sorgt dafür, daß die Lunge, die aus elastischem Gewebe besteht, auch beim Ausatmen an der Brustwand haften bleibt und nicht in sich zusammenfällt. Außerdem ermöglicht der Flüssigkeitsfilm bei den Atembewegungen ein reibungsloses Gleiten der beiden Häute gegeneinander.

Der Gasaustausch, d.h. die Abgabe von Kohlendioxid und die Aufnahme von Sauerstoff, findet in den Lungenbläschen (Alveolen) statt, deren Gesamtoberfläche fast hundert Quadratmeter beträgt. Beim Einatmen füllen sich die Alveolen mit Sauerstoff. In sie hinein wird bei der Ausatmung Kohlendioxid abgegeben. Die Alveolen werden von einem dichten Netz feinster Blutgefäße, den sogenannten Lungenkapillaren, umhüllt. Die zuführenden Gefäße enthalten kohlendioxidreiches Blut aus der rechten Körperhälfte. Die Lungenkapillaren, deren dünne Wand direkt der Alveolenwand aufliegt, geben Kohlendioxid in die Alveolen ab, gleichzeitig nehmen sie von dort Sauerstoff auf. Dieser Austausch geht im Bruchteil einer Sekunde vor sich. Das abführende Blutgefäß enthält nun wieder sauerstoffreiches Blut, das von der Lunge aus ins linke Herz gelangt und von dort über die große Körperschlagader (Aorta) in den Körper gepumpt wird.

Mit jedem Atemzug wird etwa ein halber Liter Luft ein- bzw. ausgeatmet. Die Lunge faßt aber ein weitaus größeres Volumen, nämlich rund fünf Liter, so daß bei erhöhtem Sauerstoffbedarf durchaus noch Reserven für den Gasaustausch verfügbar sind.

Die Atmung wird vom Atemzentrum im Gehirn gesteuert. Es erhält seine Informationen über Fühler (sogenannte Chemorezeptoren) in den Blutgefäßen und im Gehirn, die ständig den Sauerstoff- und Kohlendioxidgehalt im Blut messen. Sinkt die Sauerstoffkonzentration im Blut ab, wird die Atmung verstärkt, steigt sie dagegen an, verringert sich die Atemfrequenz.

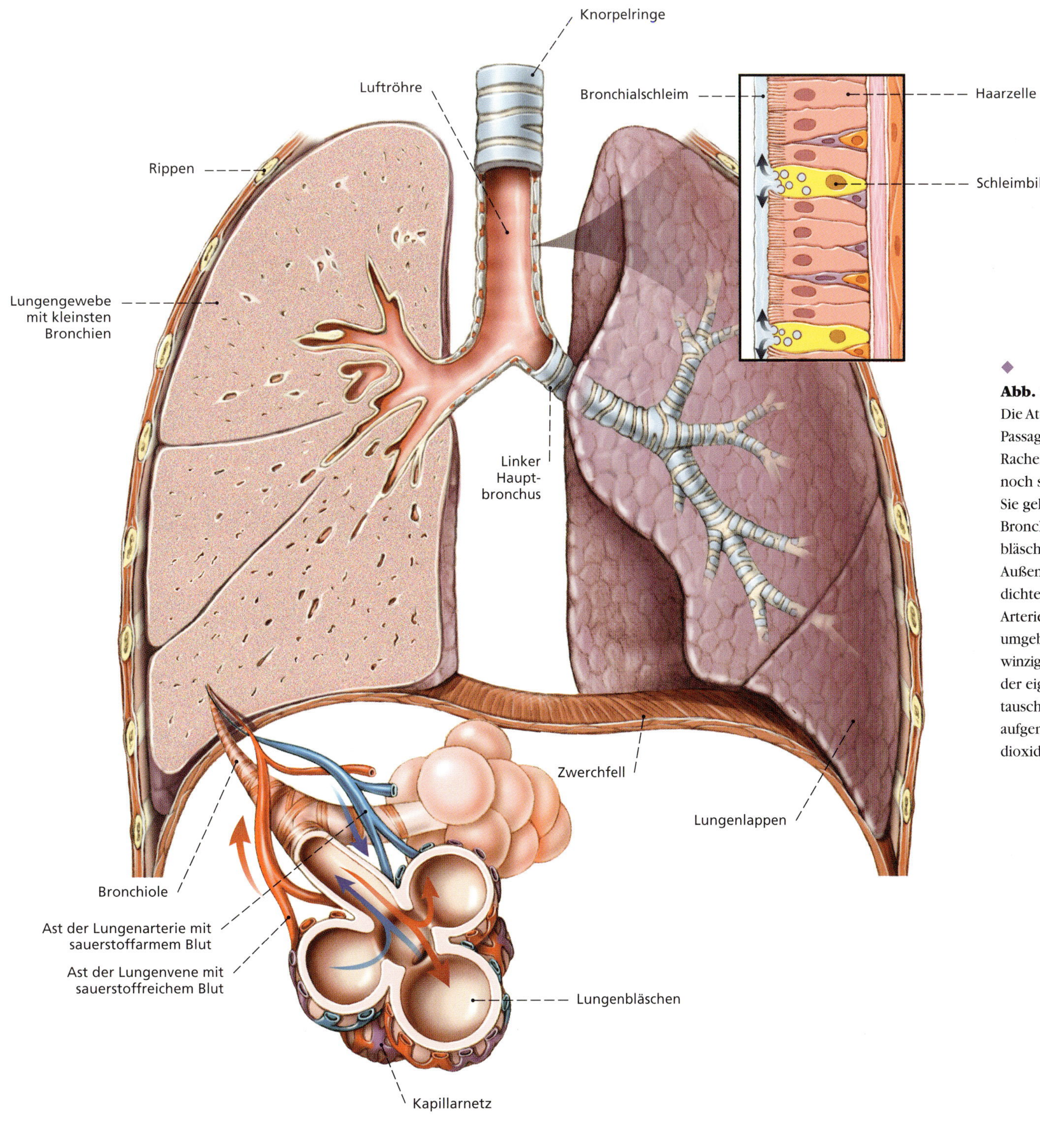

Abb. 223
Die Atemluft wird nach der Passage durch Nase und Rachen in der Luftröhre noch stärker befeuchtet. Sie gelangt über die Bronchien in die Lungenbläschen (Alveolen), deren Außenschicht von einem dichten Venen- und Arteriennetz (Kapillarnetz) umgeben ist. In diesen winzigen Hohlräumen findet der eigentliche Gasaustausch statt: Sauerstoff wird aufgenommen, Kohlendioxid abgegeben.

◆
Abb. 224
Nasen- und Rachenraum im Längsschnitt.

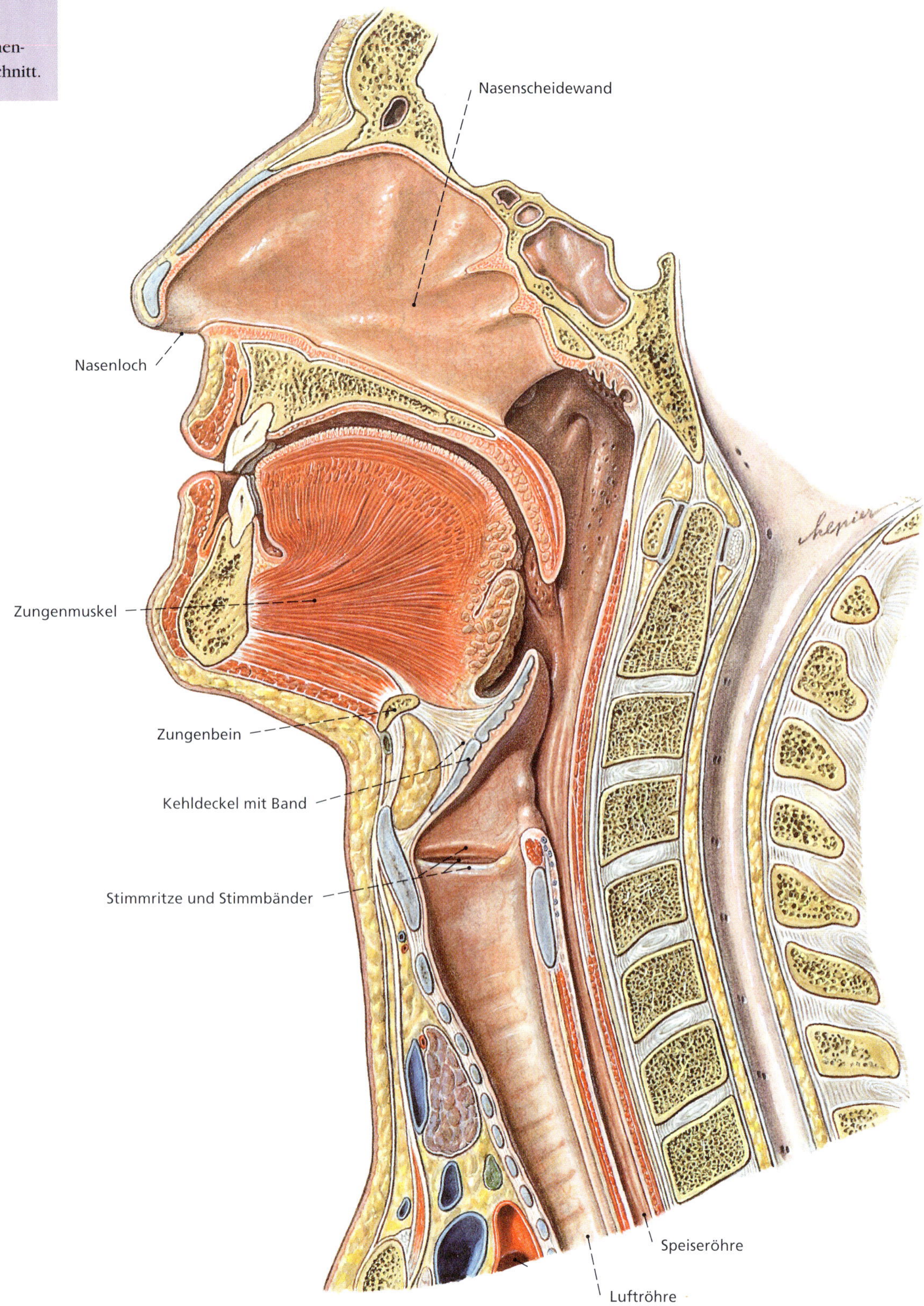

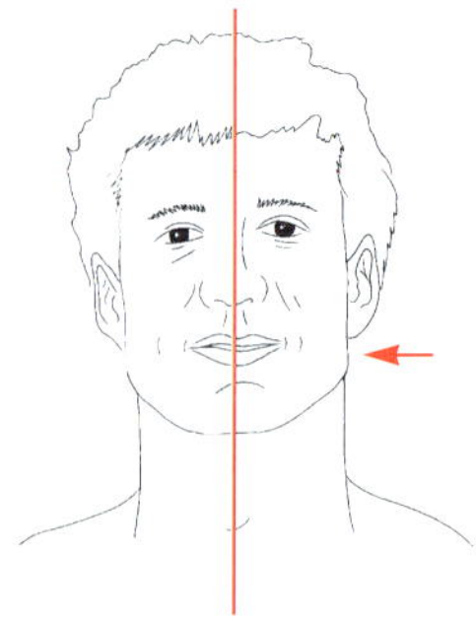

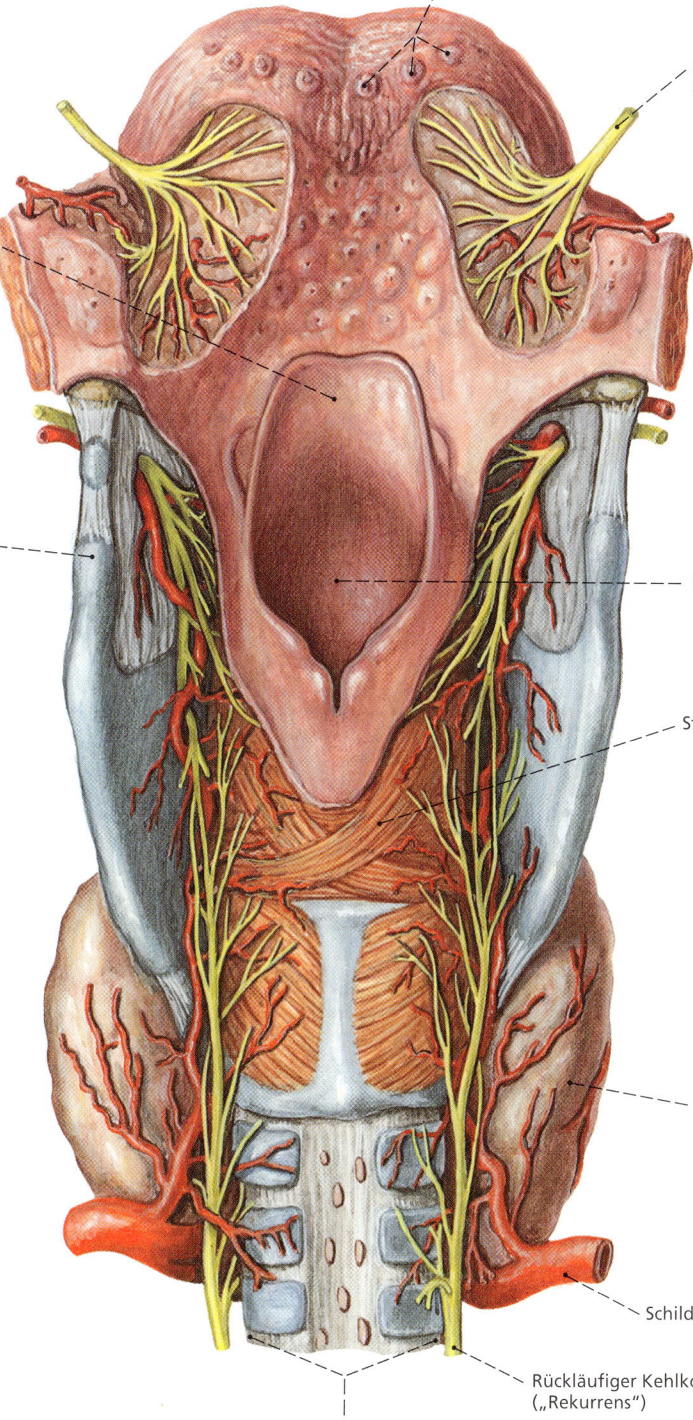

Abb. 225
Kehlkopfanteile mit Zungenwurzel von hinten nach vorne gesehen. Um die nervale Versorgung der Zunge darzustellen, ist die Zungenschleimhaut teilweise entfernt.

◆
Abb. 226
Kehlkopfspiegelung. Bei der indirekten Spiegelung (a) wird die Zunge nach vorne gezogen und dadurch Raum für den Kehlkopfspiegel geschaffen. Die direkte Kehlkopfspiegelung (b) erfolgt durch ein dünnes Metallrohr, das mit einer Optik versehen ist.

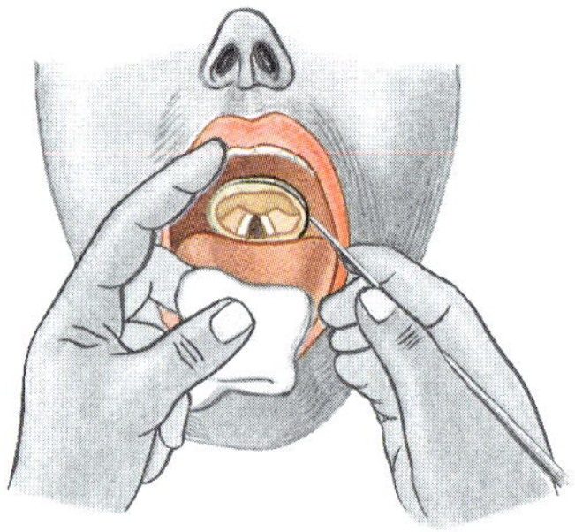

◆ Abb. 226a

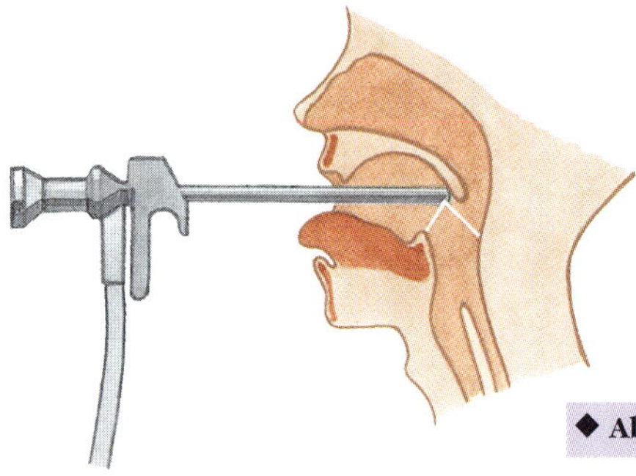

◆ Abb. 226b

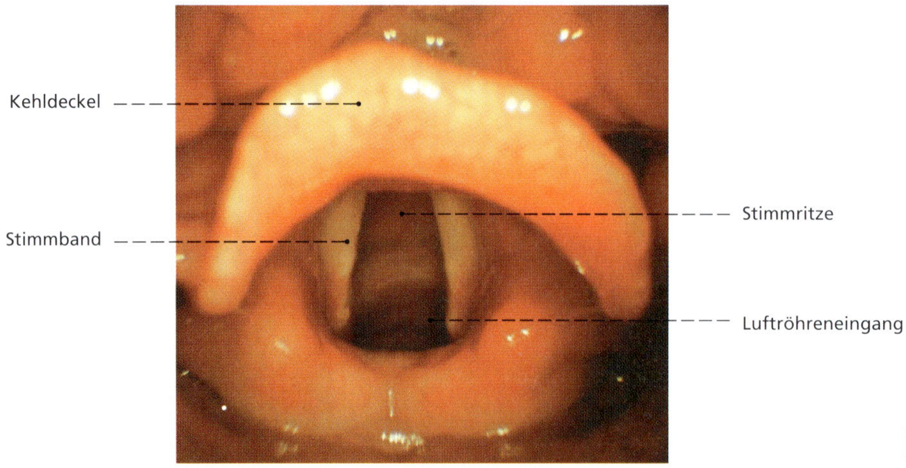

◆ Abb. 227a

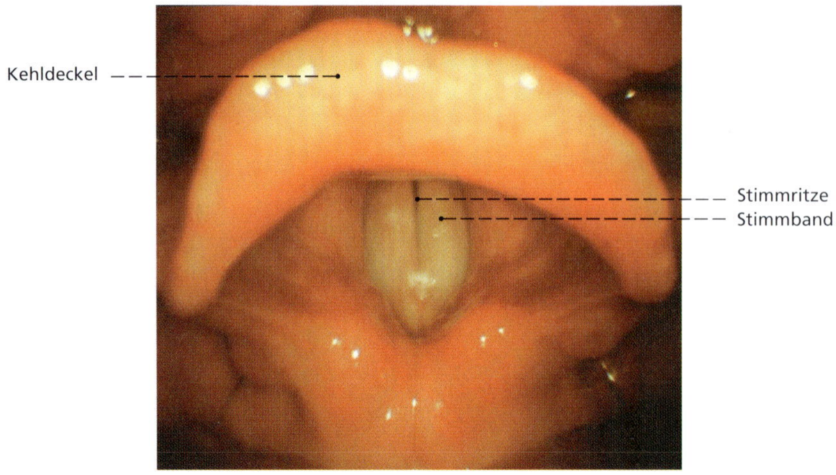

◆ Abb. 227b

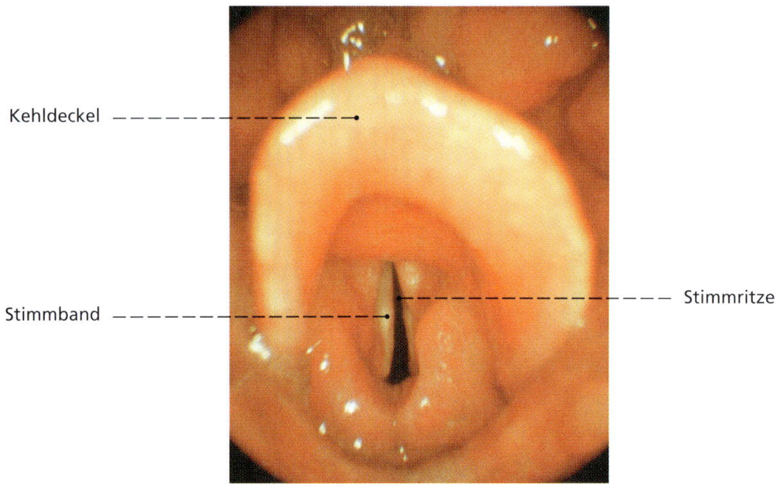

◆ Abb. 227c

◆
Abb. 227
Stellung der Stimmbänder in der direkten Kehlkopfspiegelung. a) Bei Atemstellung ist die Stimmritze weit geöffnet, b) bei Sprechstellung ist sie geschlossen und c) bei Flüsterstellung wenig geöffnet.

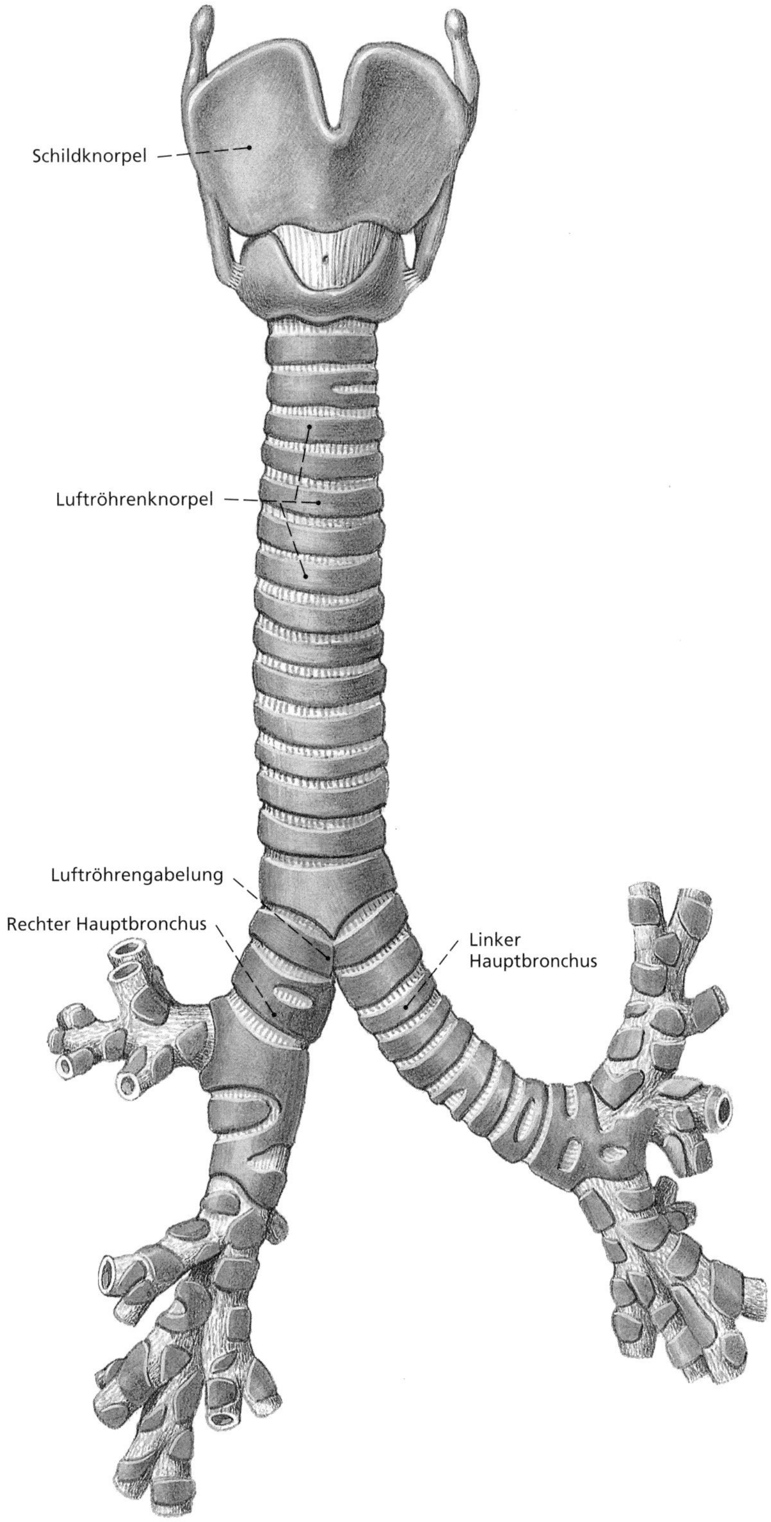

◆
Abb. 228
Knorpelskelett von Kehlkopf, Luftröhre und Bronchien von vorne. Besonderheit: Der rechte Hauptbronchus verläuft deutlich steiler als der linke.

◆
Abb. 229
Knorpelskelett von Kehlkopf, Luftröhre und Bronchien. Ansicht von hinten. Luftröhre und Bronchien bestehen aus Knorpelspangen. Jede einzelne von ihnen hat die Form eines nach hinten offenen C. Zwischen den Spangenenden zieht über die ganze Luftröhrenlänge eine bindegewebige Membran nach unten, in die ein ringförmiger Muskel eingebettet ist. Die Membran ist außerdem von einer dünnen Schleimhautschicht überzogen, die im oberen Drittel der Luftröhre entfernt wurde. Auf dem sichtbaren Anteil der Schleimhautschicht sind kleine, ovale Schleimdrüsen zu erkennen.

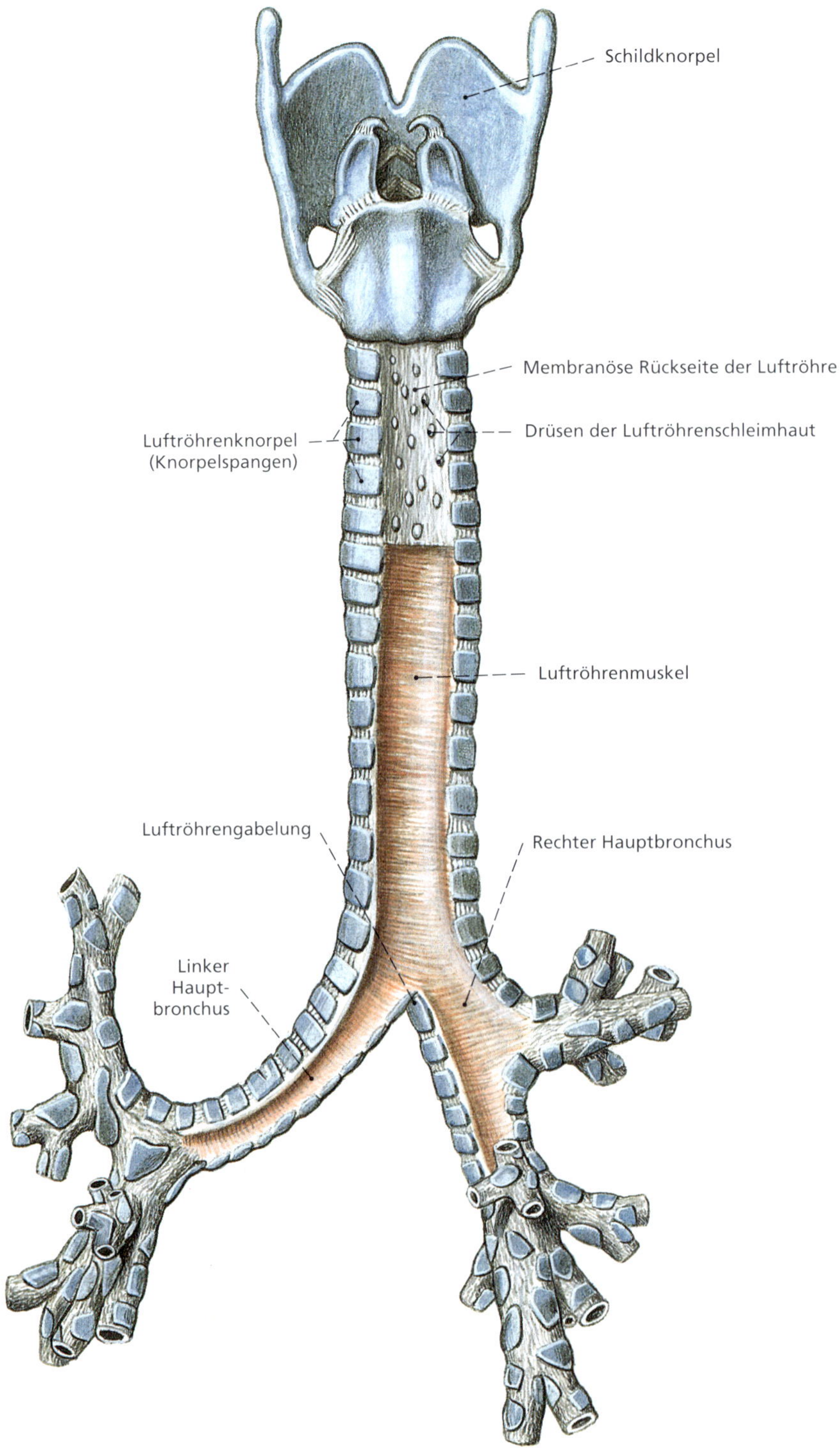

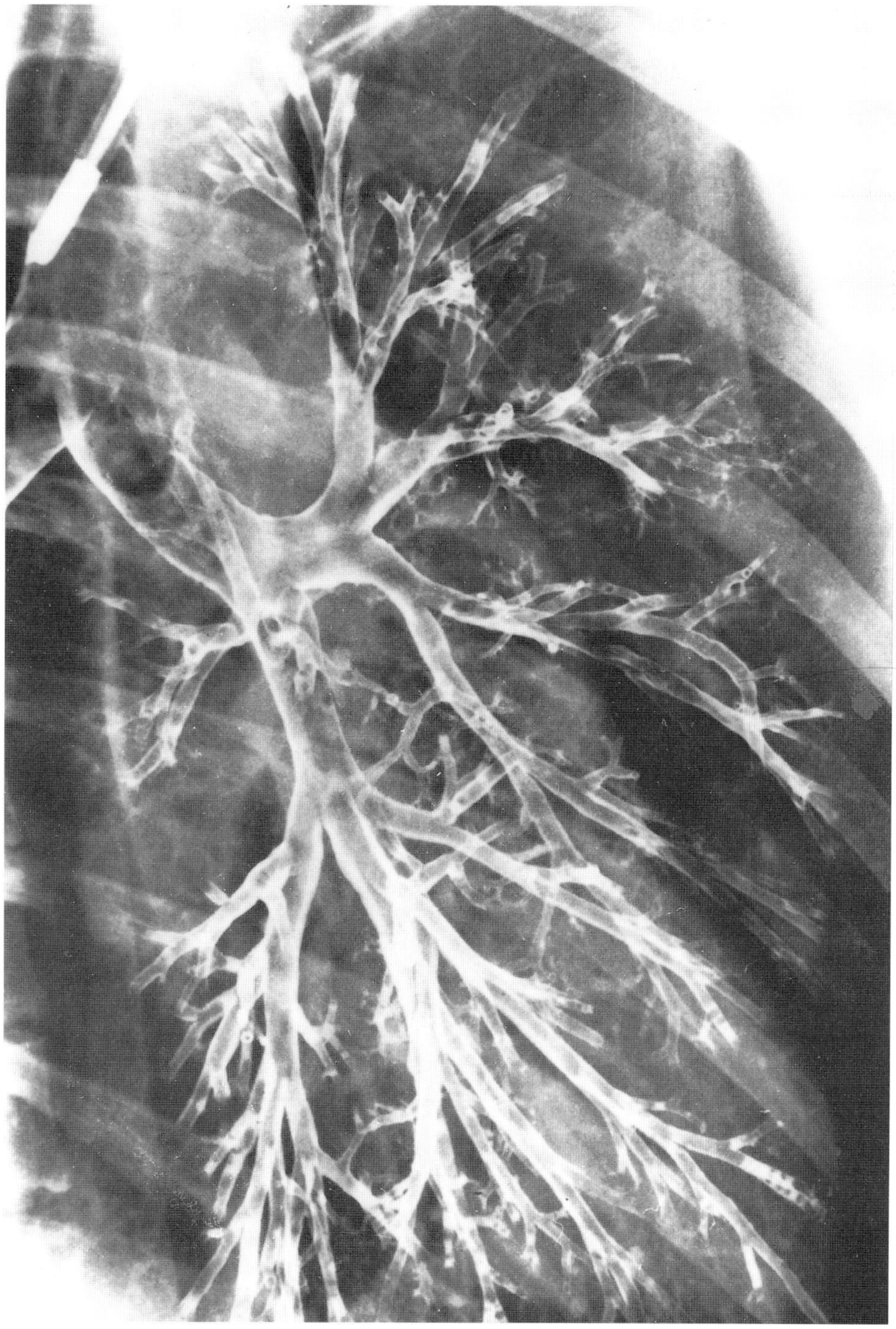

◆
Abb. 230
Bronchialbaum im Röntgenbild nach Einblasen eines kontrastmittelhaltigen Staubs. Ansicht von vorne.

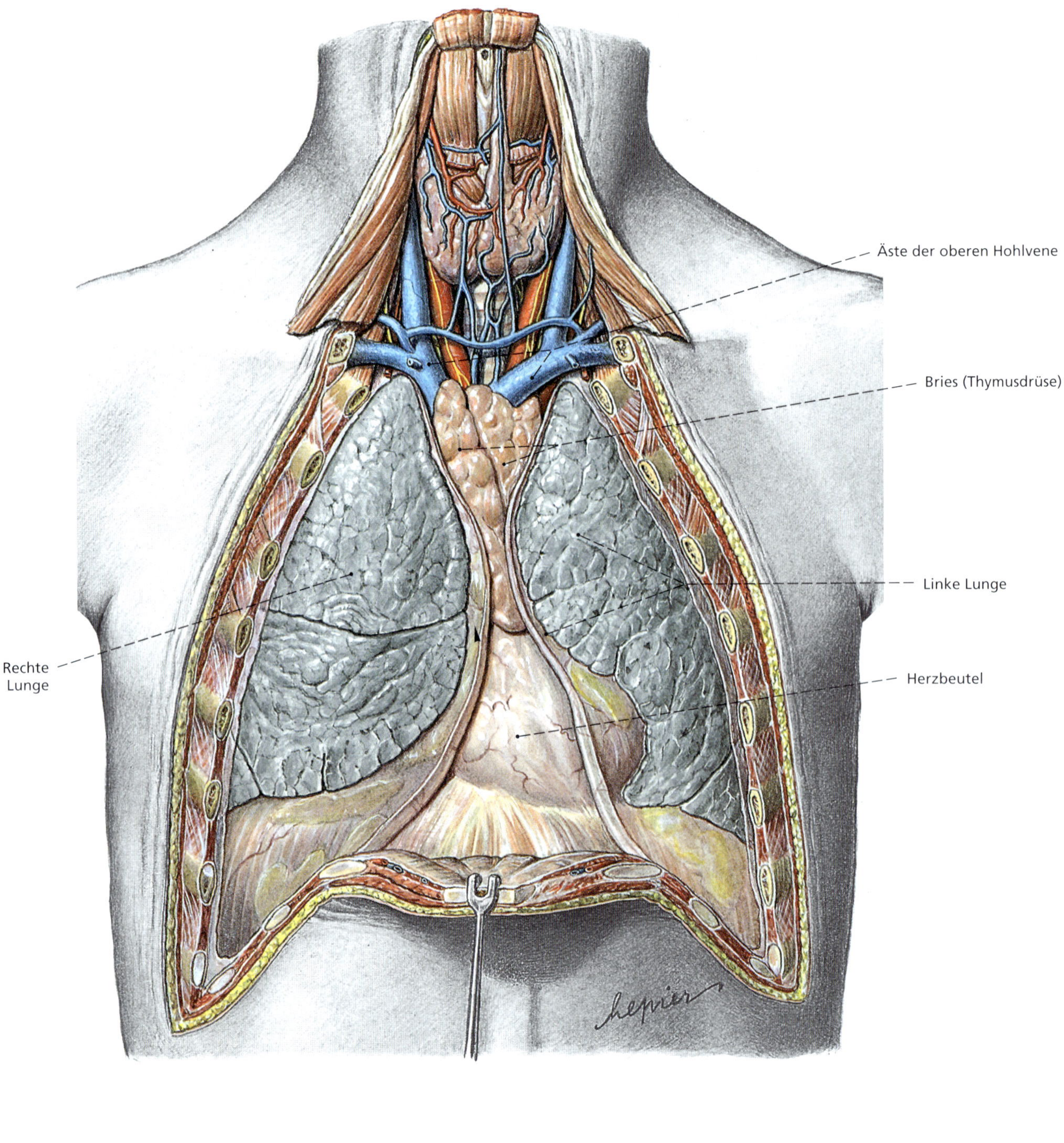

◆
Abb. 231
Lage der Lungen in der Brust. Die vordere Brustwand ist eröffnet.

◆
Abb. 232
Rechte Lunge von der Seite. Im Unterschied zur linken Lunge hat die rechte Lunge drei Lungenlappen. Die grau-schwarze, fleckige Zeichnung der Oberfläche kommt durch die im Laufe des Lebens eingeatmeten Staubteilchen zustande.

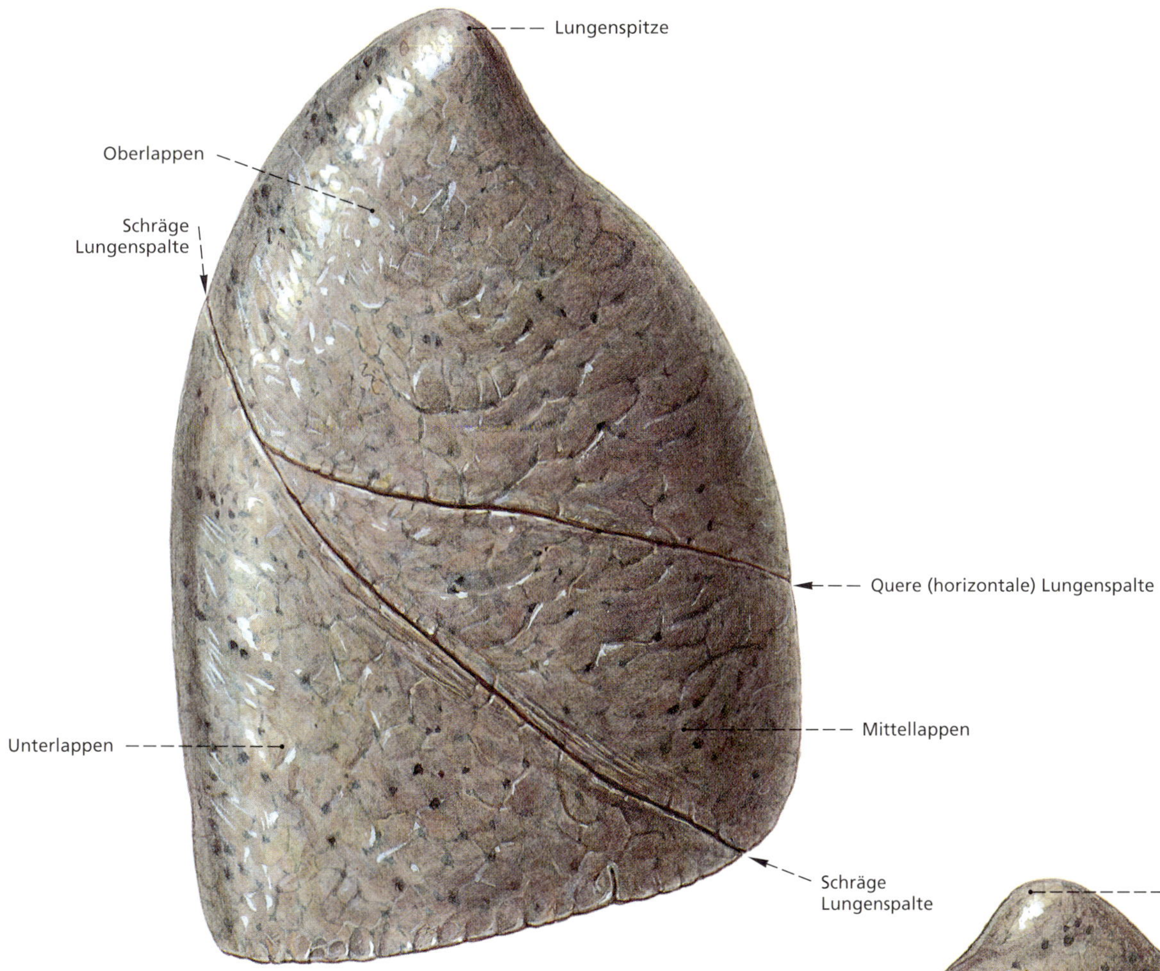

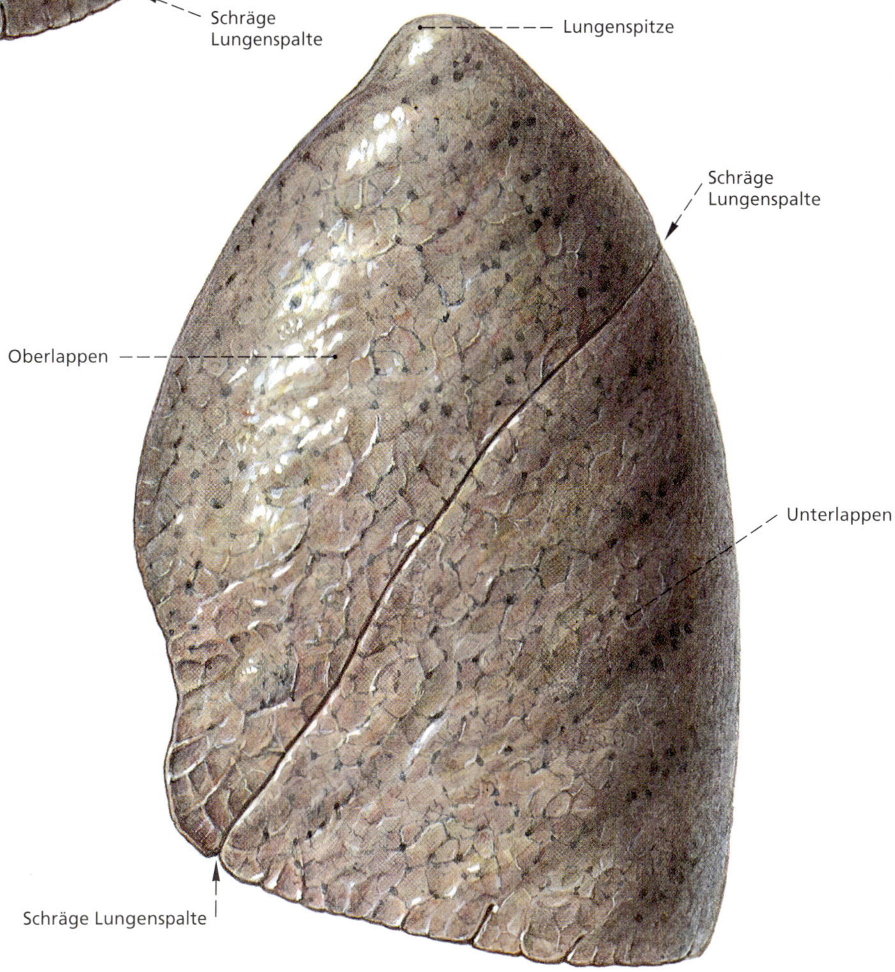

◆
Abb. 233
Linke Lunge von der Seite. Anders als die rechte Lunge, besitzt die linke Lunge nur zwei Lungenlappen.

◆
Abb. 234
Innenfläche der rechten Lunge, von links betrachtet. Die angeschnittenen Blutgefäße sind rot (Lungenarterien) bzw. blau (Lungenvenen) gefärbt.

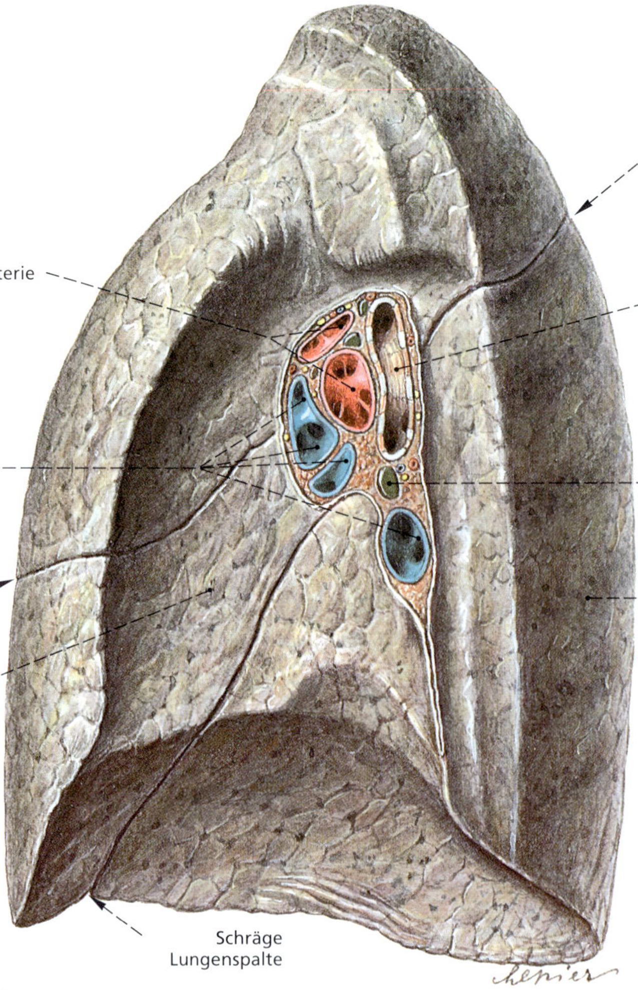

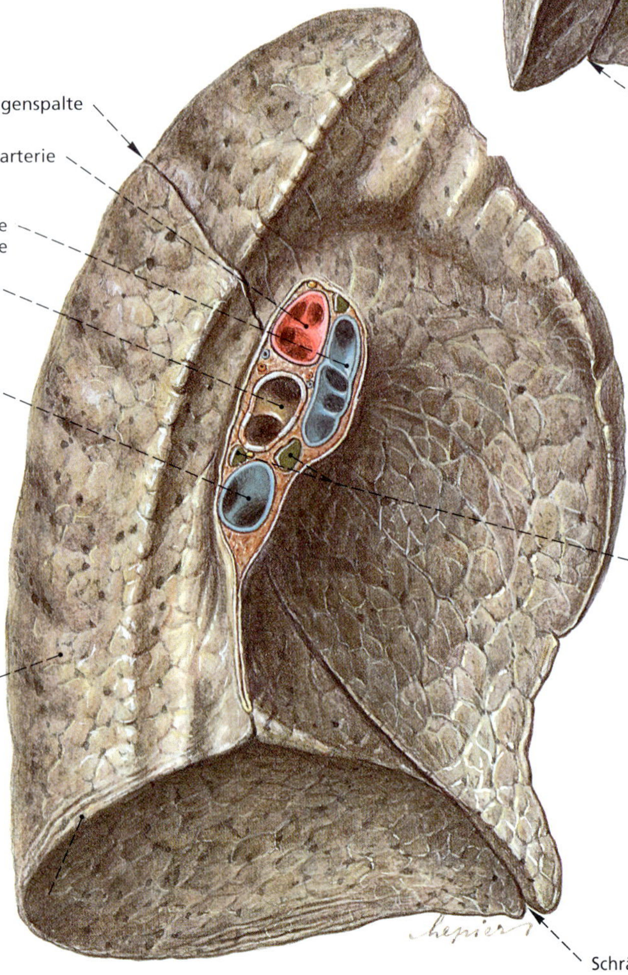

◆
Abb. 235
Blick von rechts auf die Innenfläche der linken Lunge.

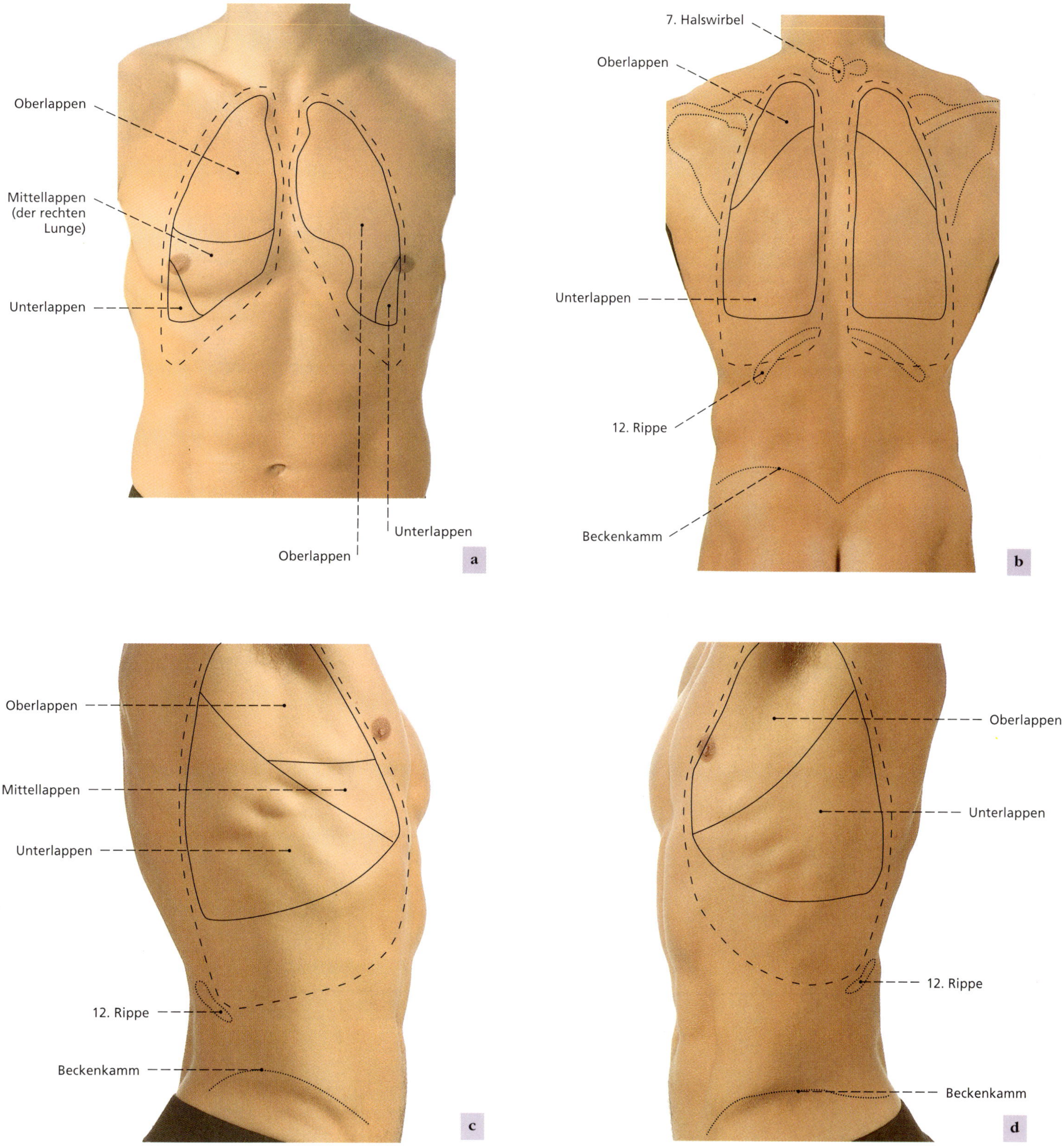

◆
Abb. 236
Lungen- und Rippenfellausdehnung. Aufzeichnung auf die Haut des Oberkörpers (gestrichelte Linie = Rippenfell, durchgezogene Linie = Lungenlappen): (a) auf die Vorderseite des Oberkörpers, (b) auf die Rückseite des Oberkörpers, (c) auf die rechte seitliche und (d) auf die linke seitliche Brustwand.

Herz

Das Herz ist ein sehr leistungsfähiger Hohlmuskel, der ständig Blut durch unseren Körper pumpt. Was das Herz leistet, ist erstaunlich: Bei durchschnittlich 70 Schlägen pro Minute tritt es pro Tag etwa 100 000mal in Aktion und erbringt allein pro Stunde eine Pumpleistung von 300–400 Litern.

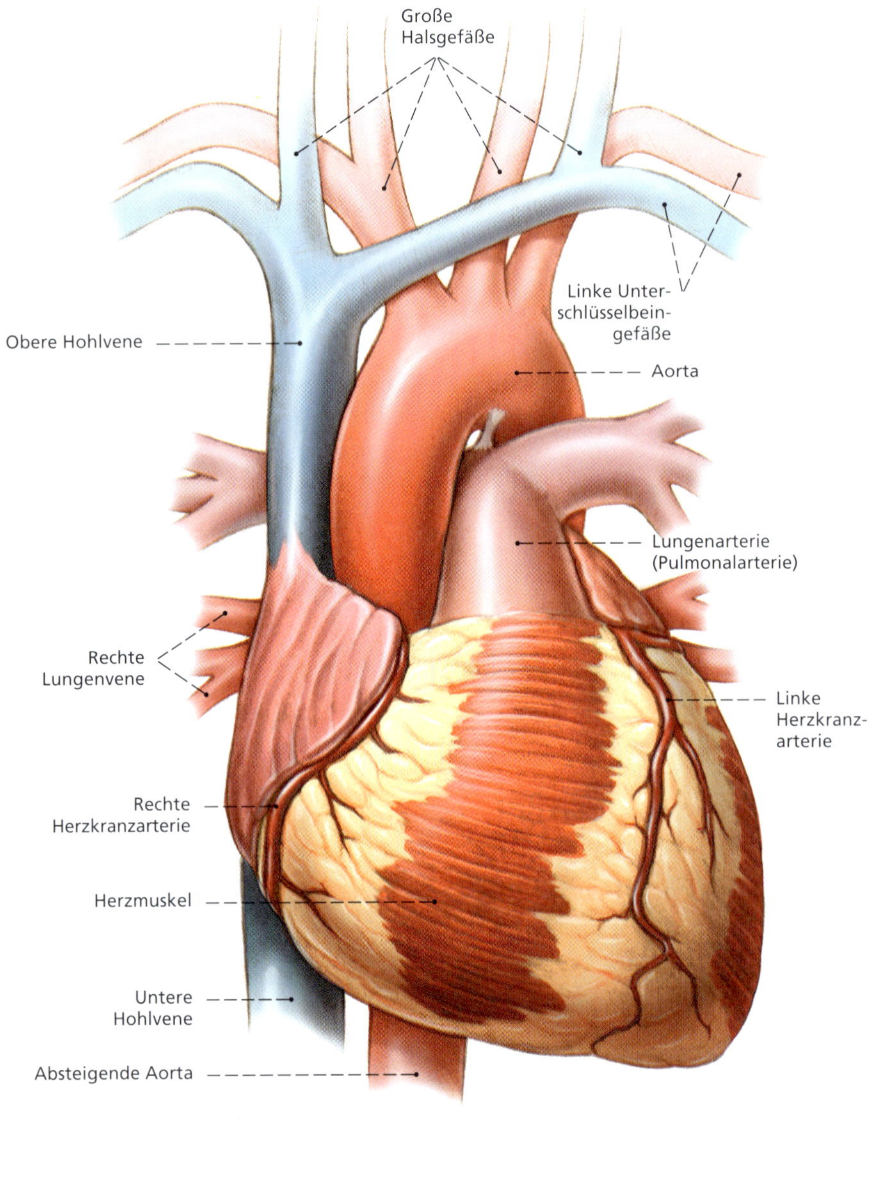

Abb. 237
Aus dem Herzhohlmuskel entspringen:
1. die große Körperschlagader (Aorta),
2. die obere und untere Hohlvene,
3. die Lungengefäße, bei denen man nach der Flußrichtung des Blutes Lungenarterien (vom Herzen weg) und Lungenvenen (zum Herzen hin) unterscheidet. Das Herz wird von den drei Herzkranzarterien mit sauerstoffreichem Blut versorgt.

Lage und Funktion

Das Herz liegt – von einer dünnen Haut, dem Herzbeutel, umhüllt – im linken Brustraum direkt hinter dem Brustbein und wird größtenteils von den beiden Lungenflügeln bedeckt. Es ist etwa so groß wie eine geschlossene Faust und wiegt beim Erwachsenen rund 300 g. Seine Hinterwand grenzt an die Speiseröhre, sein unterer Teil an das Zwerchfell. Die Längsachse zeigt nach links vorn, so daß die Herzspitze nah an die Brustwand reicht. Dort kann bei sehr mageren Personen der Herzschlag als sogenannter Herzspitzenstoß getastet oder sogar gesehen werden.

Das Herz wird durch die Herzscheidewand in eine rechte und linke Hälfte geteilt. In der rechten Herzhälfte befindet sich das sauerstoffarme Blut, während die linke Herzhälfte den Körper mit sauerstoffreichem Blut versorgt. Jede Herzhälfte ist durch segelförmige Klappen noch einmal unterteilt: in einen Vorhof und eine Kammer. Die dreiteilige Segelklappe im rechten Herzen heißt Trikuspidal- (lateinisch tricuspidalis = mit 3 Spitzen), die zweiteilige im linken Herzen Mitralklappe (lateinisch mitralis = zweizipfelig).

Beide Vorhöfe dienen als Sammelstelle für das sauerstoffarme, venöse Blut aus dem Körper (rechter Vorhof) bzw. das sauerstoffreiche Blut aus der Lunge (linker Vorhof). Von den Vorhöfen gelangt das Blut dann in die Herzkammern und wird von dort aus der rechten Kammer in den Lungenkreislauf, aus der linken in den Körperkreislauf gepumpt. Etwa 70mal pro Minute findet eine Herzaktion mit Erschlaffungs- bzw. Füllungsphase (Diastole) und Kontraktionsphase (Systole) statt. Sowohl die Segelklappen als auch die sogenannten Taschenklappen am Ausgang der Herzkammern sorgen dafür, daß das Blut nur in die vorgegebene Richtung fließen kann: Vom rechten Vorhof (dem das venöse Blut aus dem Körper über die obere und untere Hohlvene zugeführt wird) in die rechte Kammer und von dort aus in die Lunge, wo es mit Sauerstoff angereichert wird. Von der Lunge kommend, sammelt sich das mit Sauerstoff angereicherte Blut im linken Vorhof und wird von der linken Kammer über die Hauptschlagader (Aorta) in den Körperkreislauf gepumpt.

Herzrhythmus

Der elektrische Impuls für die Herztätigkeit entsteht im Herzen selbst. Es besitzt also ein eigenes, autonom arbeitendes Erregungsleitungssystem. Die Impulse gehen von zwei kleinen Knoten aus, die in der Wand des rechten Vorhofs plaziert sind: dem Sinusknoten, der pro Minute 70–80 Herzschläge auslöst, und dem Vorhof-Kammer-Knoten (AV-Knoten), der die - lebensnotwendige - Herzschlagfrequenz von 40–60 pro Minute aufrechterhält. Er springt allerdings nur dann als Impulsgeber ein, wenn der Sinusknoten als Hauptschrittmacher ausgefallen ist. An Sinus- und AV-Knoten schließt sich als weiteres impulsleitendes Herzmuskelgewebe das His-Bündel an, das die Erregung über die beiden Tawara-Schenkel und die Purkinje-Fasern (Fasergewebe in der Herzscheidewand und den Herzkammerwänden) über das ganze Herz ausbreitet.

Muß das Herz weniger oder, beispielsweise bei besonderen Anstrengungen oder Streß, mehr als üblich leisten, treten zwei Nerven des vegetativen Systems in Aktion: der Parasympathikus, der die Herzfrequenz herabsetzt, und der Sympathikus, der die Frequenz und damit die Herzleistung steigert (s.a. Gehirn und Nervensystem, Seite 96).

Blutversorgung des Herzmuskels

Der Herzmuskel wird durch die rechte und linke Herzkranzarterie, die beide von der Körperschlagader abzweigen, mit Blut versorgt. Sind diese Gefäße, beispielsweise durch Kalkablagerungen, verengt, wird der Herzmuskel weniger gut durchblutet. Das macht sich zunächst besonders bei körperlicher Belastung und/oder Streß als „Brustenge“ (Angina pectoris) bemerkbar. Bei plötzlichem Verschluß einer Herzkranzarterie durch ein Blutgerinnsel (Thrombus) kommt es zum Herz- oder Myokardinfarkt.

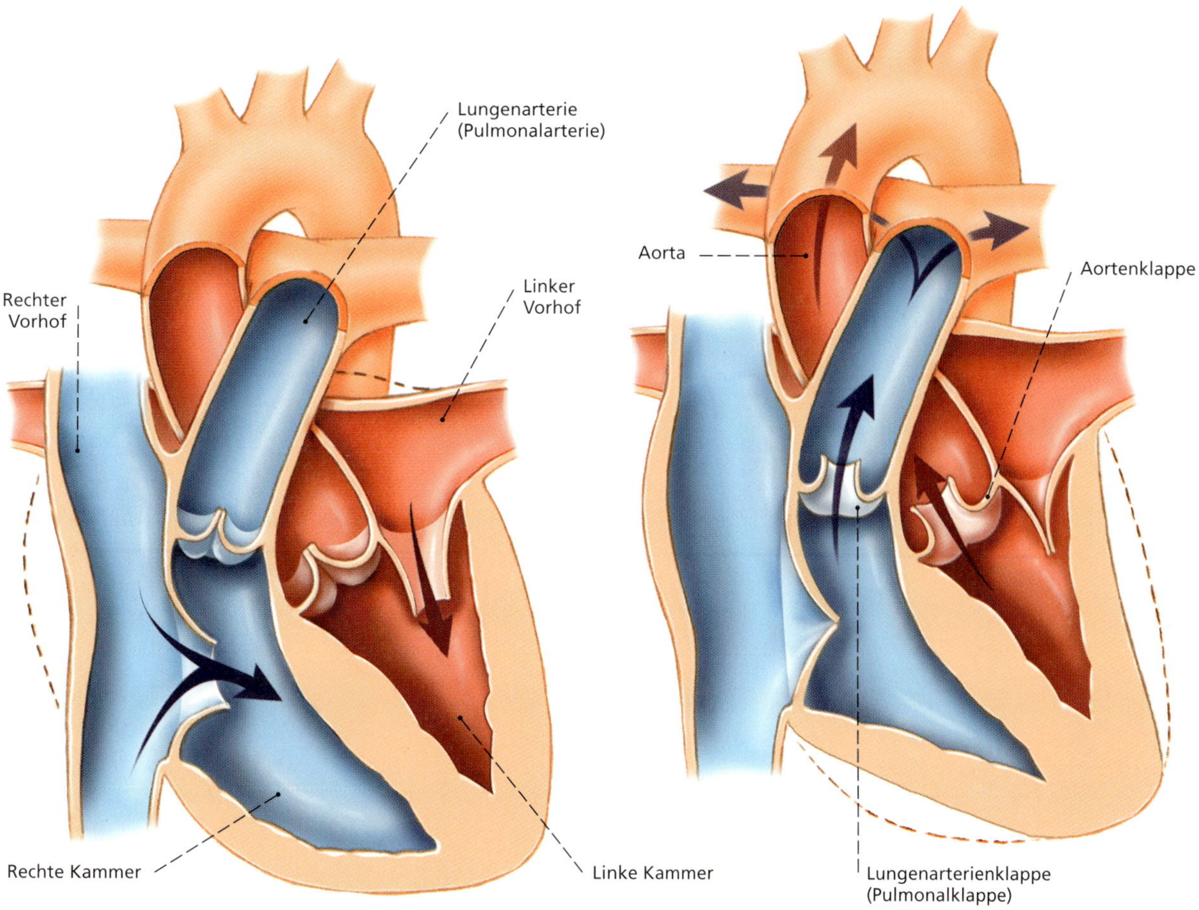

Abb. 238
In der Zeitlupe stellt sich die Herzkontraktion (Systole) so dar: Während der Vorhofkontraktion wird das Blut aus den Vorhöfen in die Herzkammern gedrückt. Nach Schließung der Klappen zwischen Vorhöfen und Kammern ziehen sich die Herzkammern zusammen und pumpen das Blut durch die Aortenklappe in die große Körperschlagader bzw. durch die Pulmonalklappe der großen Lungenarterie in die Lunge. Während der Herzerschlaffung (Diastole) füllt sich das Herz erneut mit Blut.

◆
Abb. 239
Herz mit Herzbeutel in der Brusthöhle. Die vordere Brustwand ist entfernt. Zu erkennen sind auch die aus der Halsregion zum Herzen ziehenden beiden Vagusnerven.

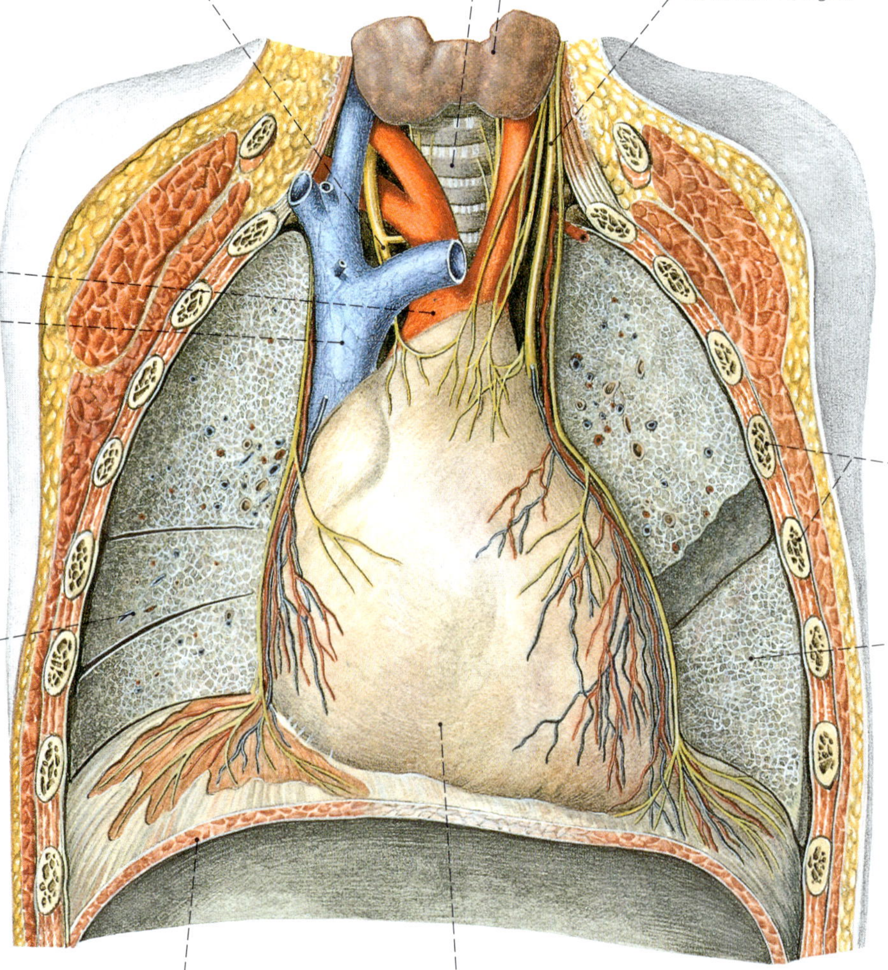

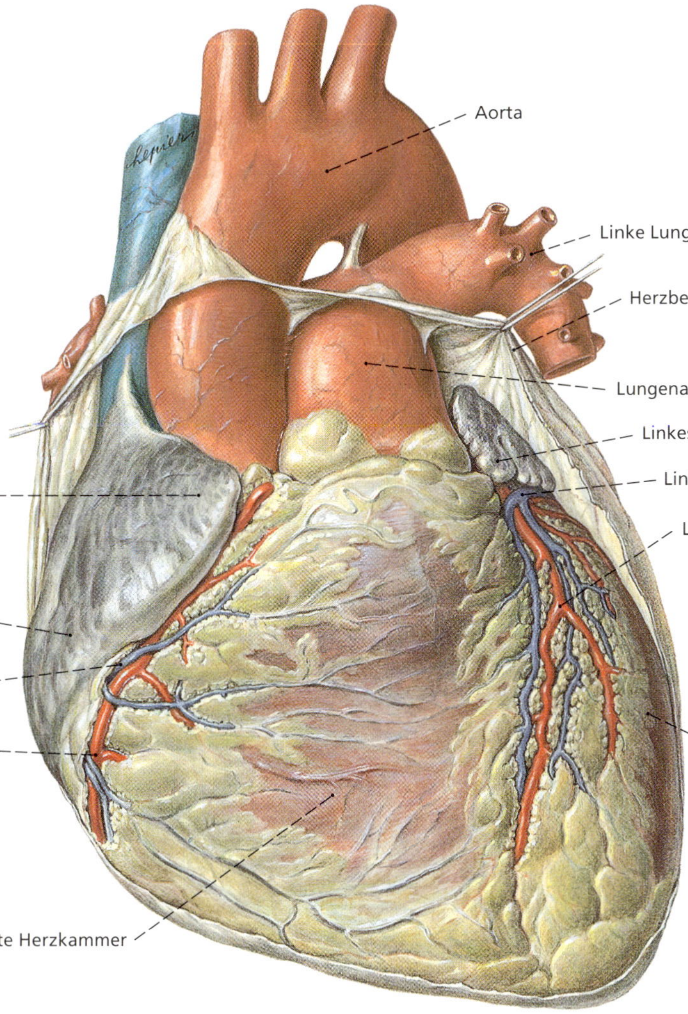

◆
Abb. 240
Herz nach Eröffnung des Herzbeutels. Das rechte und linke Herzohr entspricht jeweils einer Aussackung des rechten und linken Vorhofs.

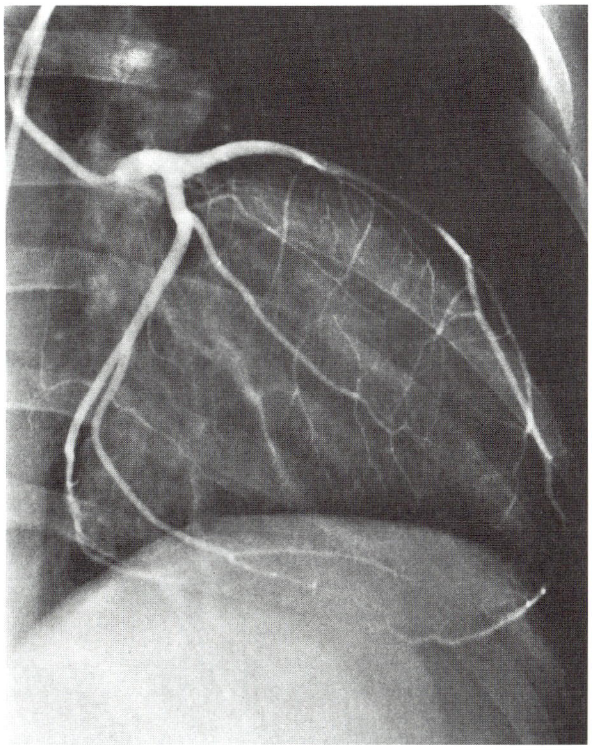

◆
Abb. 241
Röntgendarstellung der Herzkranzgefäße mit Hilfe eines Kontrastmittels.

◆
Abb. 242
Herz mit Herzkranzarterien (halbschematisch) von vorne. Um den Verlauf der linken Herzkranzarterie zu zeigen, ist ein Teil des Lungenarterienstamms (Truncus pulmonalis) entfernt. (Ein Pfeil zeigt in die Querbucht der Umschlagfalte des Herzbeutels zwischen der hinteren Fläche Aorta bzw. Lungenarterienstamm und Lungenvenen.)

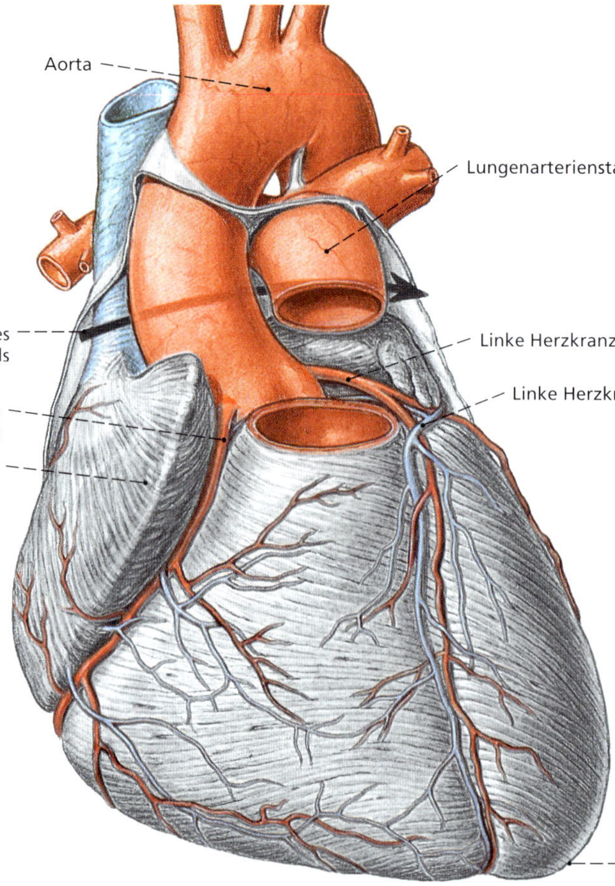

◆
Abb. 243
Herzkranzarterien von oben. Um ihren Verlauf besser darzustellen, ist der obere Herzanteil bis zu den Herzklappen entfernt (Schnitt durch die sogenannte Klappenebene des Herzens).

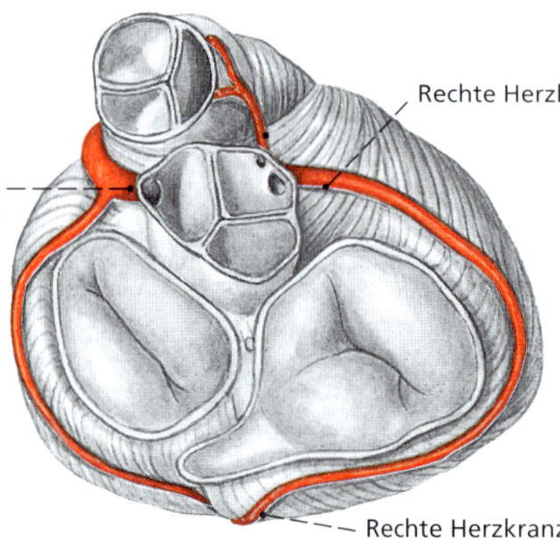

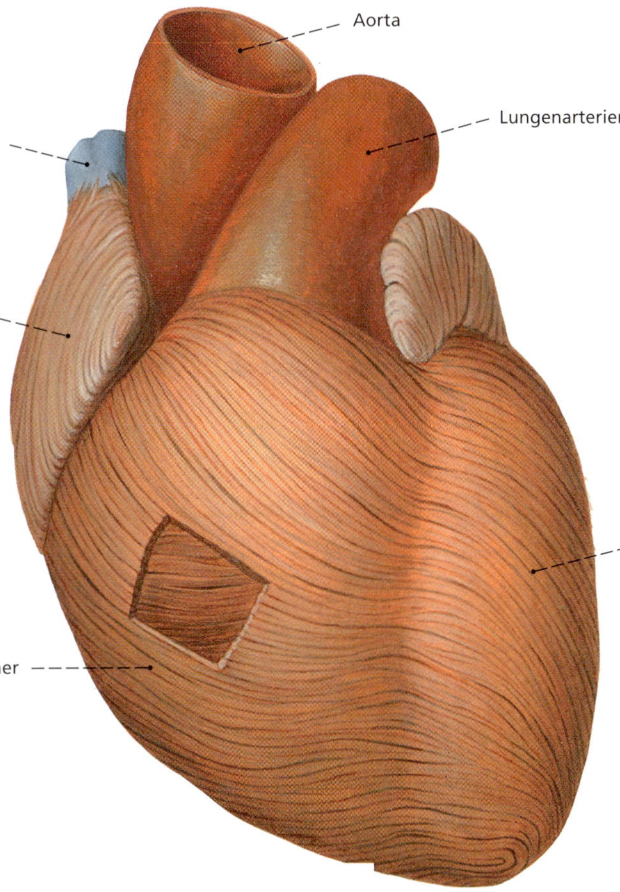

◆
Abb. 244
Verlaufsrichtung der Herzmuskelfasern, Ansicht von vorne. Um den unterschiedlichen Verlauf zu zeigen, ist über der rechten Herzkammer ein Teil der oberflächlichen Muskelschicht entfernt.

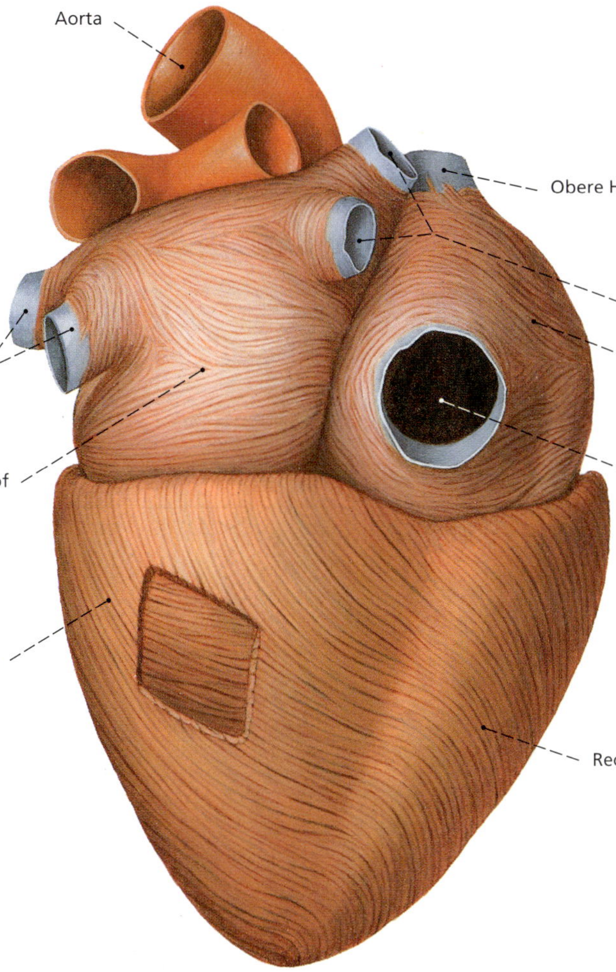

◆
Abb. 245
Verlaufsrichtung der Herzmuskelfasern, Ansicht von hinten. Um den unterschiedlichen Verlauf zu zeigen, ist über der linken Herzkammer ein Teil der oberflächlichen Muskelschicht entfernt.

◆
Abb. 246
Das Herz mit seinen Klappen auf die vordere Brustwand gezeichnet.

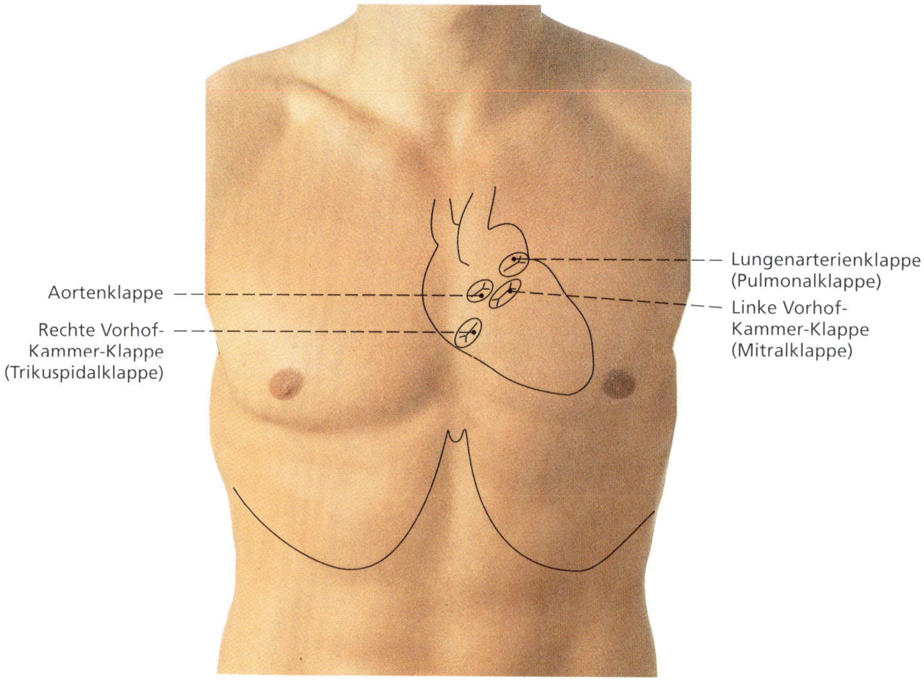

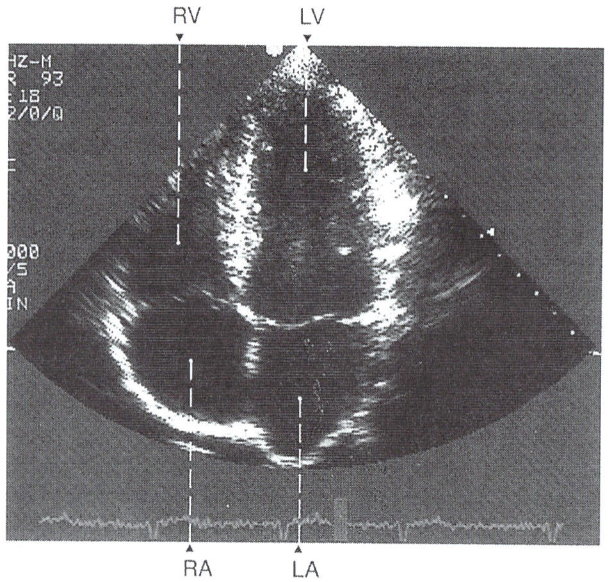

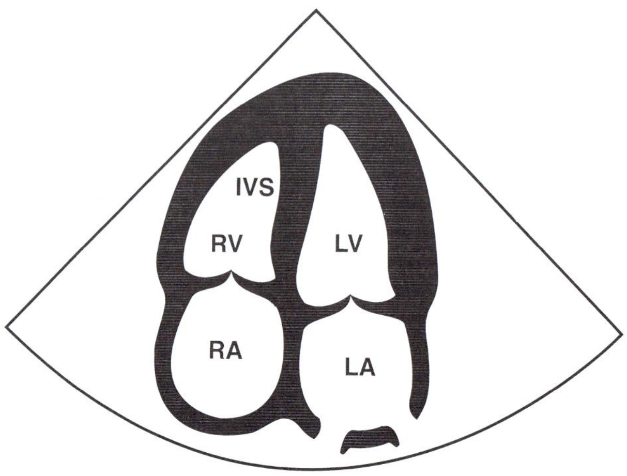

◆
Abb. 247
Ultraschallbild des Herzens (oben), einzelne Strukturen schematisch darunter: RV = rechte Herzkammer, LV = linke Herzkammer, IVS = Herzscheidewand, RA = rechter Vorhof, LA = linker Vorhof.

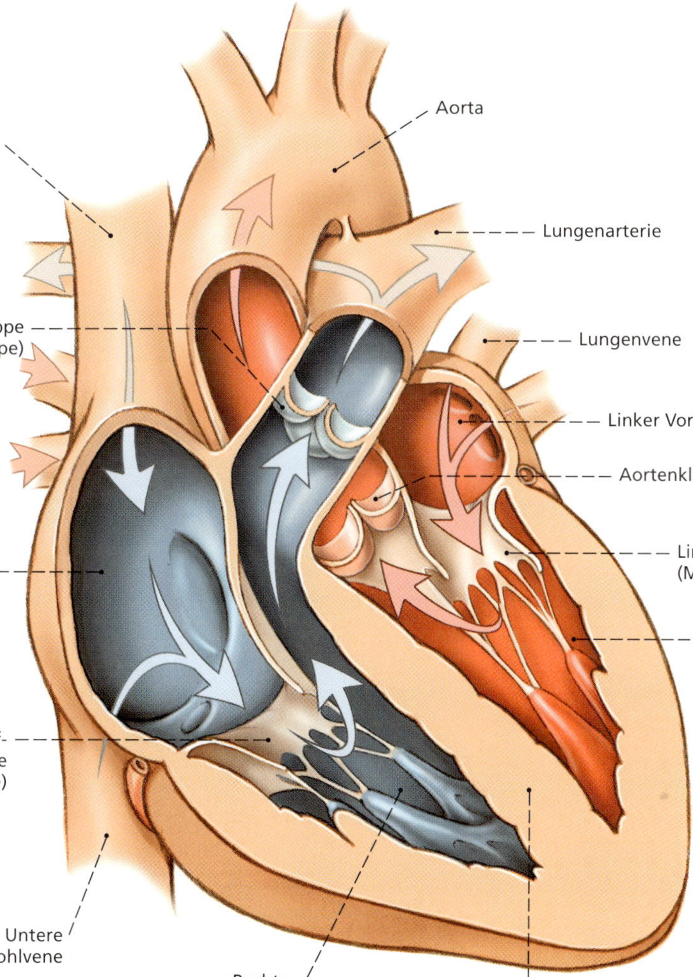

◆
Abb. 248
Herz mit Herzklappen. Halbschematische Darstellung des Blutflusses, dessen Richtung durch die Herzklappen geregelt wird (sauerstoffreiches Blut = rot, sauerstoffarmes Blut = blau).

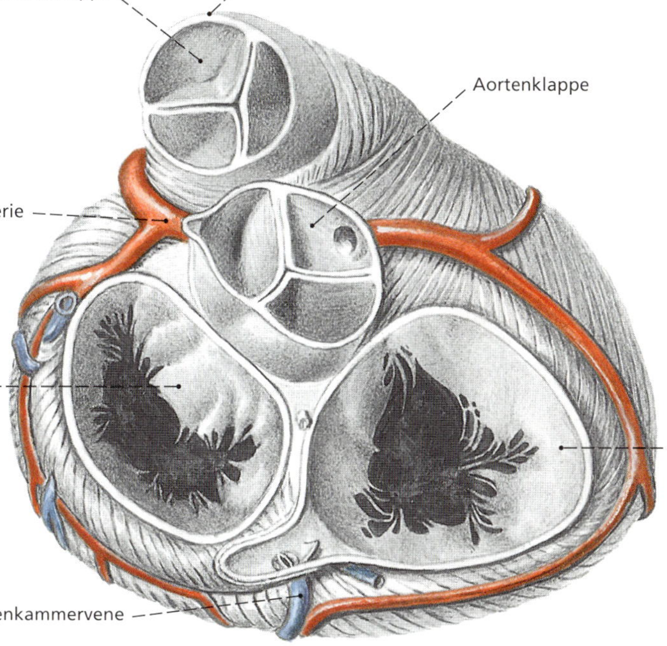

◆
Abb. 249
Klappenebene des Herzens von oben. Die Herzvorhöfe wurden entfernt, der Lungenarterienstamm (Truncus pulmonalis) durchtrennt. Der Herzmuskel ist erschlafft, die beiden Vorhof-Kammer-Klappen sind geöffnet.

◆
Abb. 250
Rechte Herzkammer und rechter Vorhof von vorne (Längsschnitt). Die rechte Vorhof-Kammer-Klappe (Trikuspidalklappe) ist eröffnet.

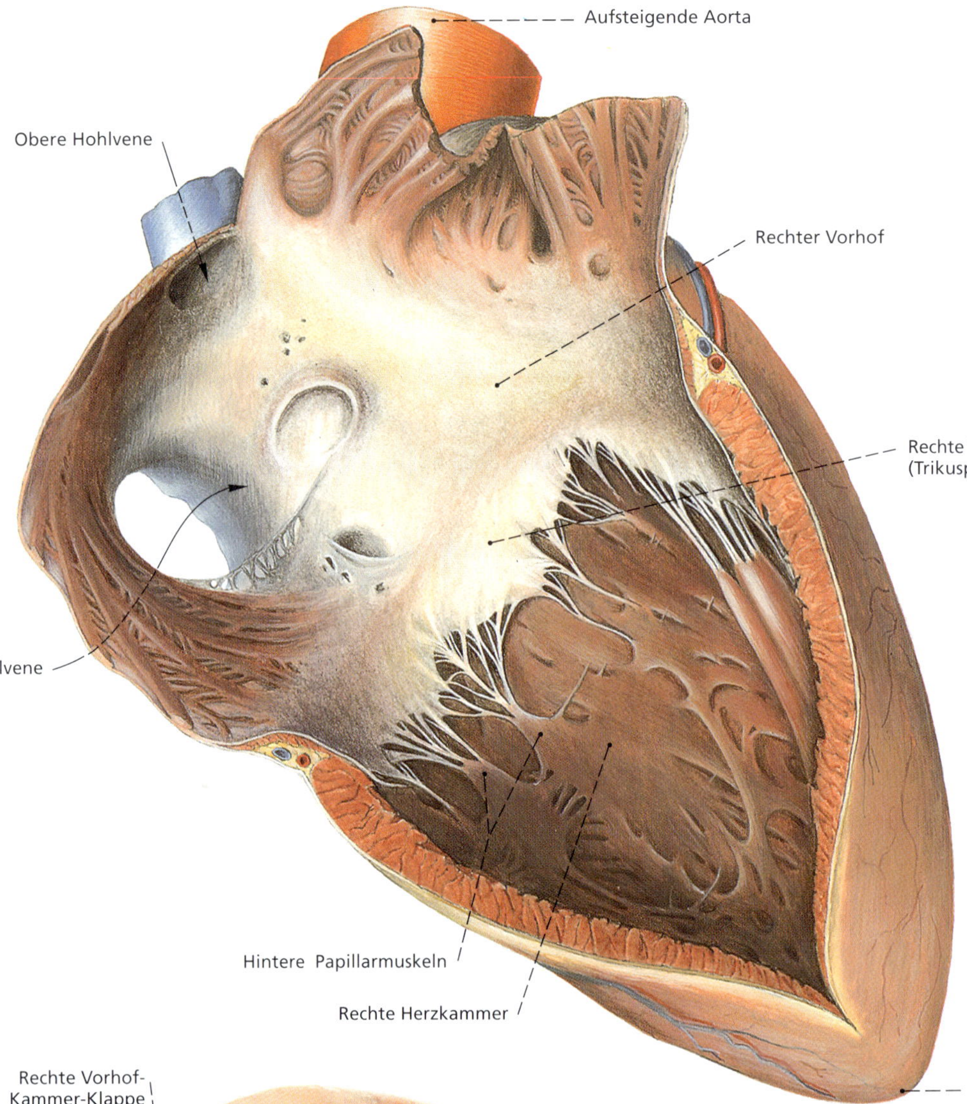

◆
Abb. 251
Papillarmuskeln und Sehnenfäden der rechten Herzkammer von hinten (Fensterschnitt, Orientierungsskizze rechts). Das Zusammenziehen der Papillarmuskeln bewirkt die Öffnung, das Erschlaffen die Schließung der rechten Herzkammer.

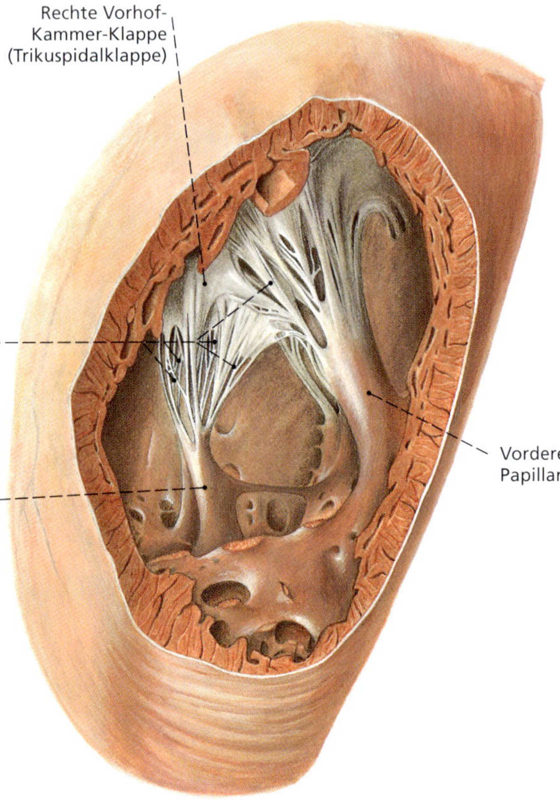

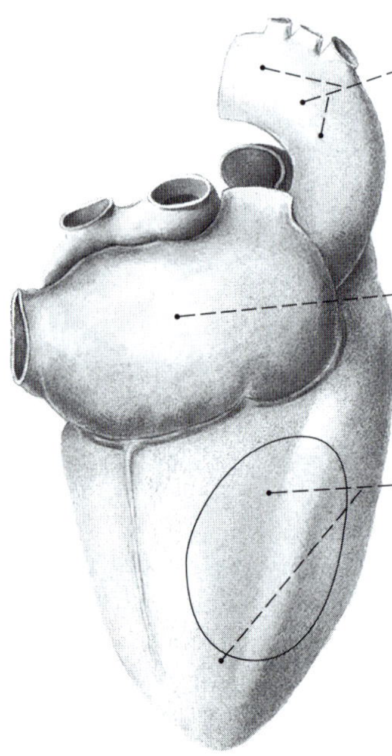

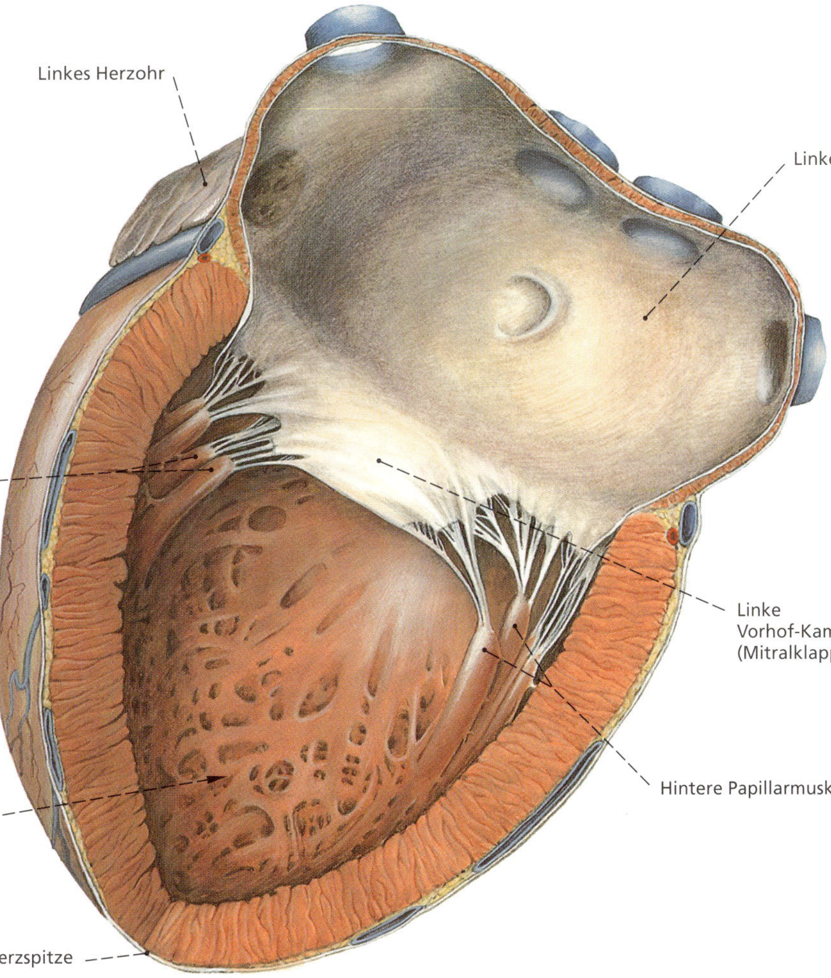

◆ **Abb. 252**
Linke Herzkammer und linker Vorhof von vorne links (Längsschnitt). Die linke Vorhof-Kammer-Klappe (Mitralklappe) ist eröffnet.

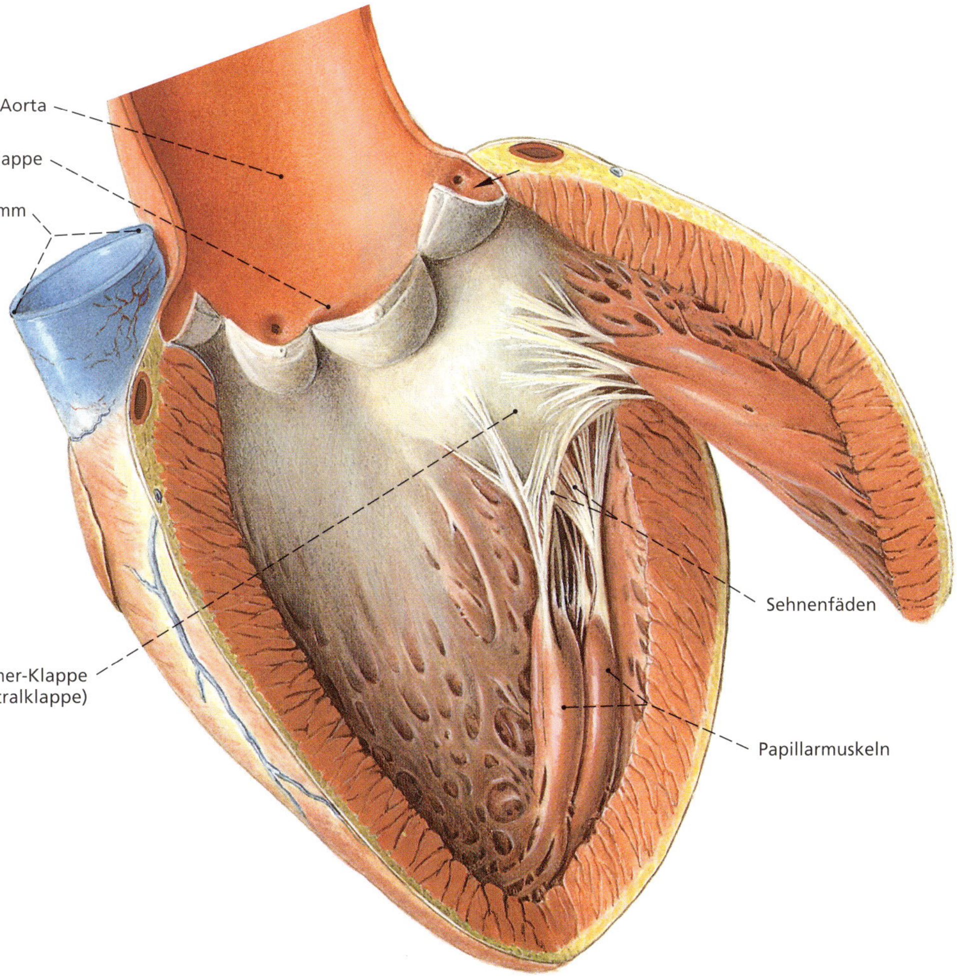

◆ **Abb. 253**
Linke Herzkammer mit Aortenklappe und linker Vorhof-Kammer-Klappe (Mitralklappe). Längsschnitt durch die Mitte der linken Herzkammer, Ansicht von vorne links und seitlich.

◆
Abb. 254
Rechte und linke Herzkammer (Längsschnitt durch die Herzachse, Ansicht von vorne links und seitlich). Die Kammern sind durch die Herzscheidewand getrennt. Die Muskelwand der linken Kammer ist deutlich stärker als die der rechten, weil die Zusammenziehung des linken Herzens gegen einen größeren Widerstand erfolgt als beim rechten Herzen.

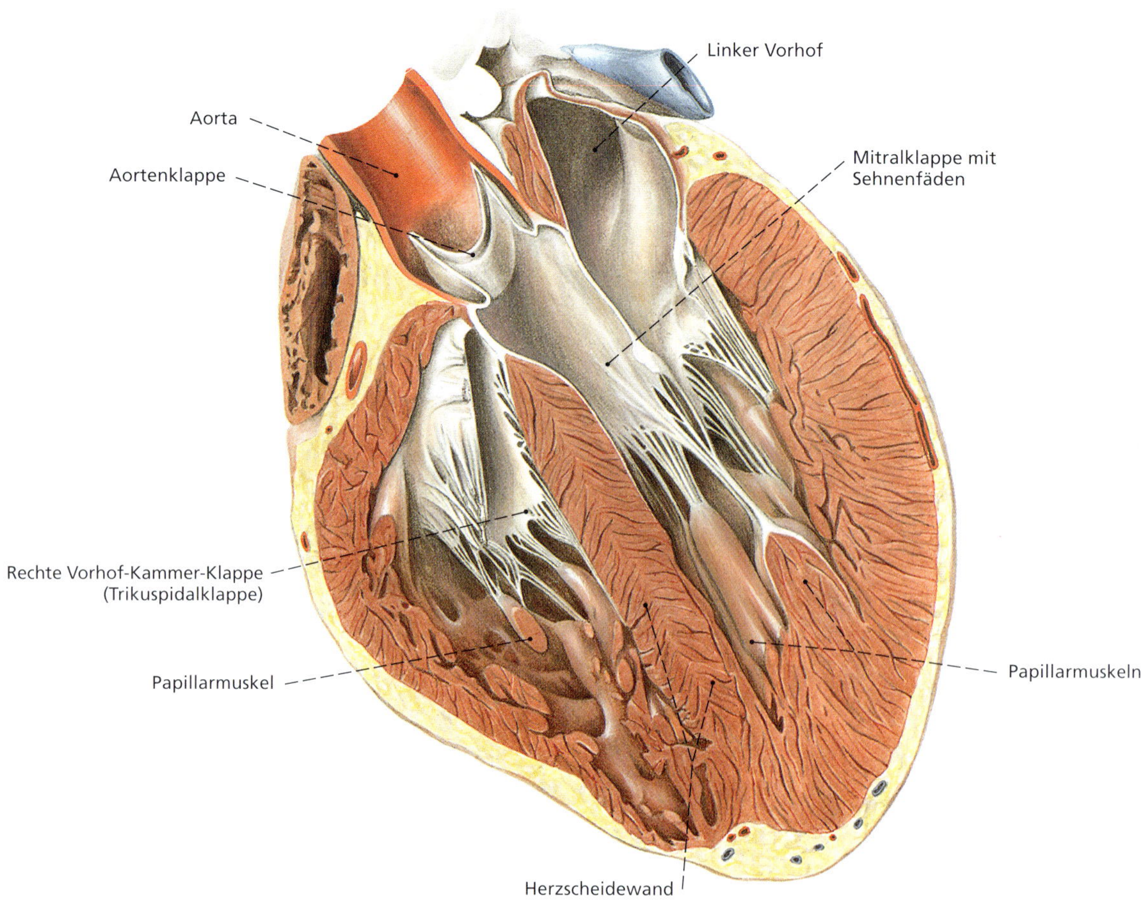

◆
Abb. 255
Rechte und linke Herzkammer (Querschnitt im rechten Winkel zur Herzachse, Ansicht von oben).

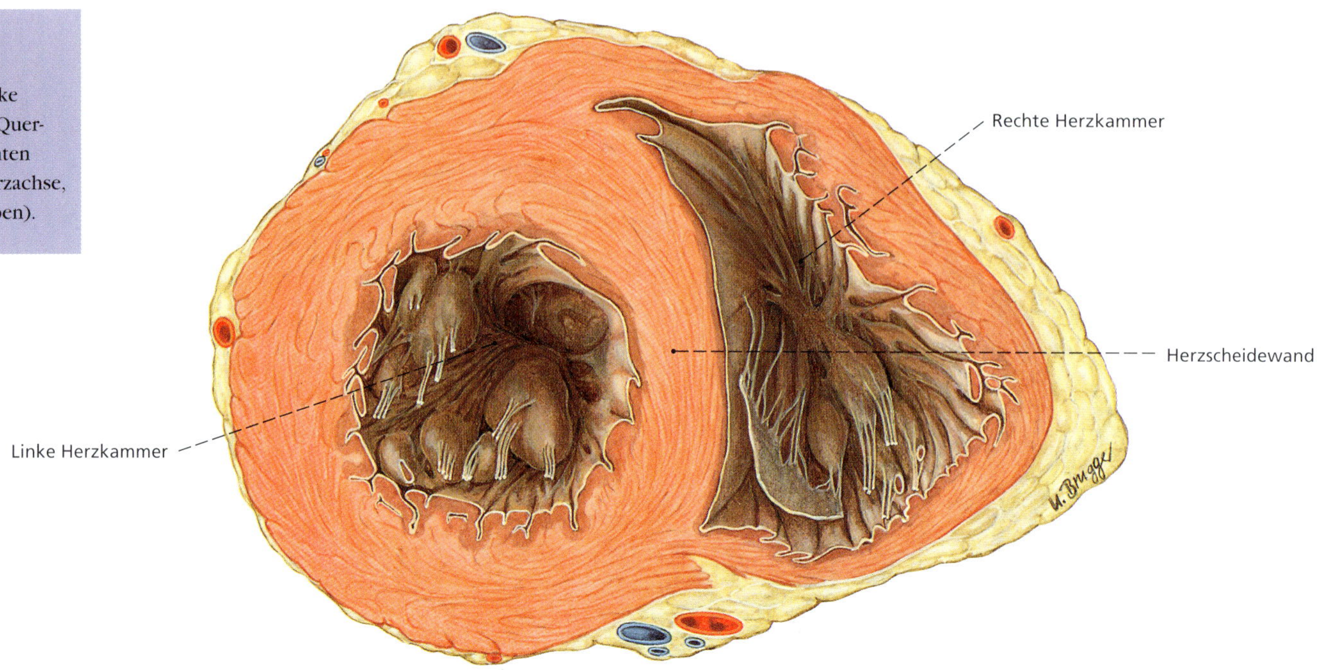

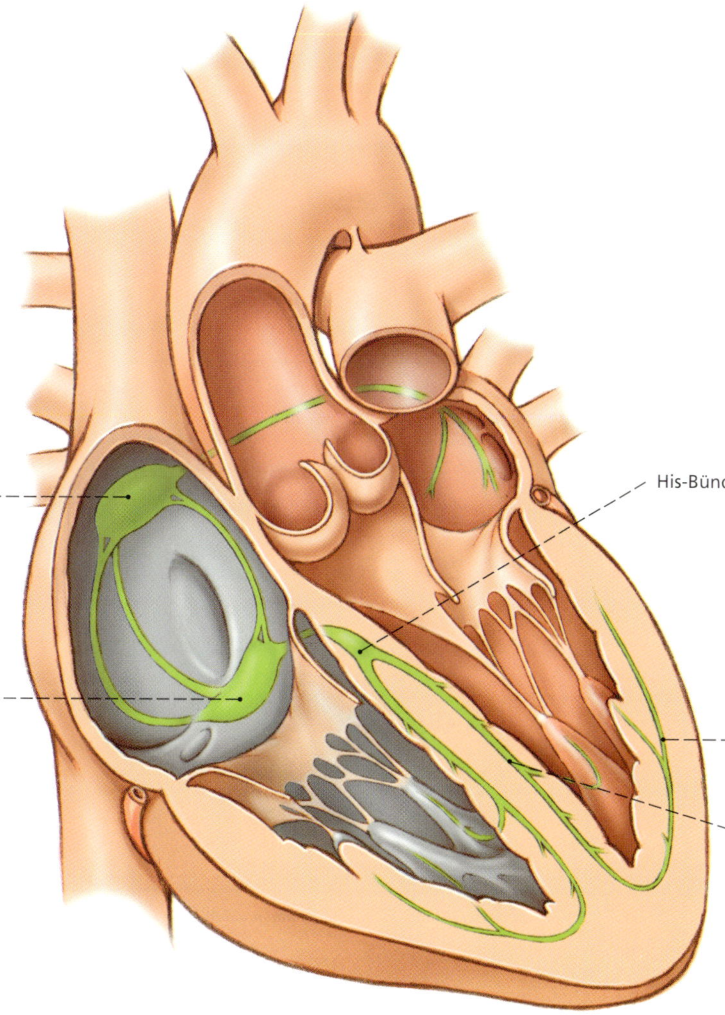

Abb. 256
Erregungsleitungssystem des Herzens (halbschematisch; die einzelnen Zentren sind grün gezeichnet).

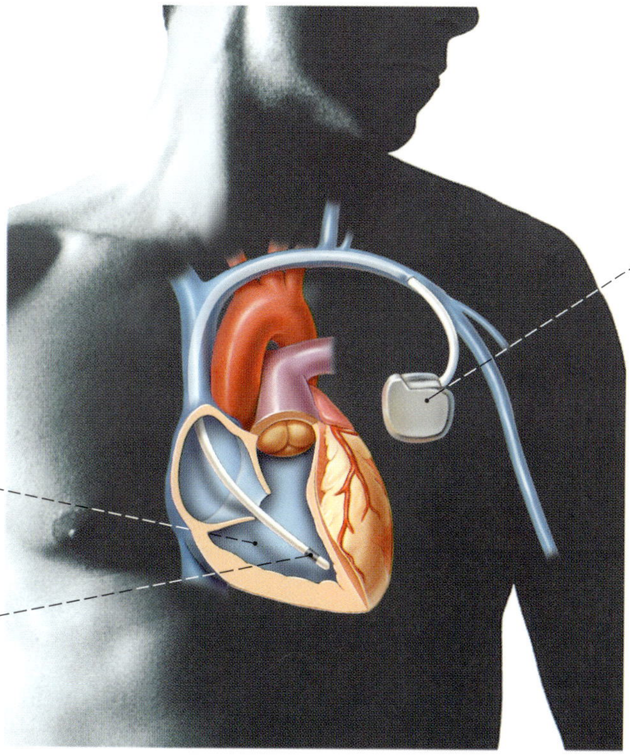

Abb. 257
Position eines Herzschrittmachers. Die Schrittmachersonde wird über die linke Schlüsselbeinvene bis in die rechte Herzkammer vorgeschoben. In die Spitze der Sonde ist eine Elektrode eingearbeitet, die ihre elektrischen Impulse an den Herzmuskel abgibt und diesen zu rhythmischen Zusammenziehungen anregt. Die Schrittmacherbatterie wird in eine Hauttasche unterhalb des linken Schlüsselbeins eingenäht.

Blutgefäße und Kreislauf

Zusammen mit dem Herzen bilden die Blutgefäße ein geschlossenes System, das Herz-Kreislauf-System. Seine Aufgabe besteht darin, sämtliche Körperzellen mit Sauerstoff und Nährstoffen zu versorgen. Außerdem ist es für den Abtransport von Abfallprodukten wie beispielsweise Kohlendioxid zuständig.

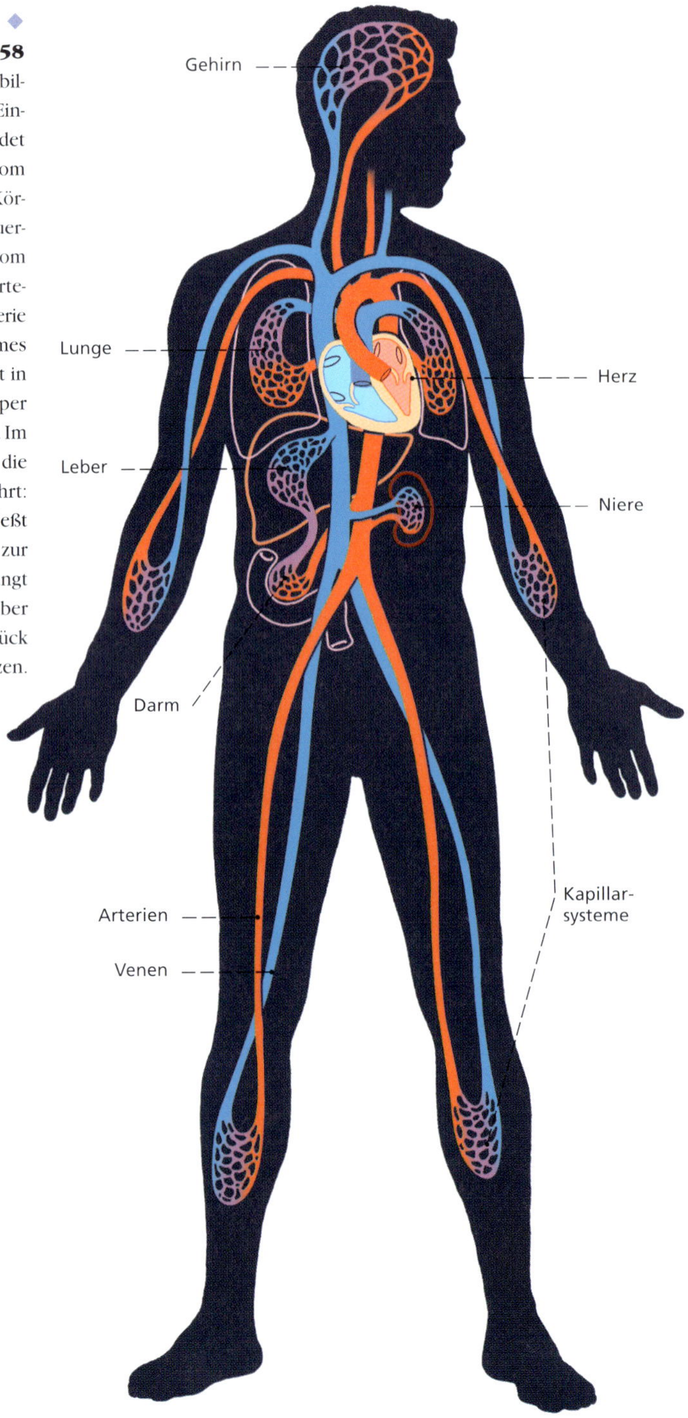

Abb. 258
Blutgefäße und Herz bilden eine funktionelle Einheit. Man unterscheidet den Körperkreislauf vom Lungenkreislauf. Im Körperkreislauf wird sauerstoffreiches Blut (rot) vom Herzen weg über die Arterien in die Körperperipherie gepumpt, sauerstoffarmes Blut (blau) fließt in den Venen aus dem Körper zurück zum Herzen. Im Lungenkreislauf sind die Verhältnisse umgekehrt: Sauerstoffarmes Blut fließt in den Lungenarterien zur Lunge, von dort gelangt es sauerstoffbeladen über die Lungenvenen zurück zum Herzen.

Blutkreislauf

Mit Sauerstoff angereichertes Blut wird vom linken Herzen in die große Körperschlagader (Aorta) gepumpt. Von dort gelangt es über immer kleiner werdende, sich stark verästelnde Arterien (Arteriolen) in das Kapillarnetz der Gewebe. Über diese feinen Haargefäße findet dann der Stoffaustausch zwischen Blut und Gewebe statt: Sauerstoff und Nährstoffe werden von den Zellen aufgenommen, die Abbauprodukte des Zellstoffwechsels dagegen in den venösen Teil der Kapillaren abgegeben. Das Kapillarblut sammelt sich in kleinsten Venen (Venolen), die zu immer größeren Gefäßen zusammenfließen und schließlich als obere und untere Hohlvene ins rechte Herz gelangen. Von dort wird das Blut in die Lunge gepumpt und erneut mit Sauerstoff angereichert.

Das Kreislaufsystem besteht demnach aus zwei Abschnitten:

- dem (kleinen) Lungenkreislauf, in dem das Blut auf seinem Weg vom rechten zum linken Herzen die Lunge durchströmt und
- dem (großen) Körperkreislauf, dessen Gefäße vom linken Herzen aus durch den ganzen Körper bis zum rechten Herzen ziehen.

Arterien und Venen

Als Arterien werden alle Gefäße bezeichnet, die das Blut vom Herzen wegtransportieren, während Venen das Blut dem Herzen wieder zuführen. Aufgrund ihrer verschiedenartigen Aufgaben ist die Gefäßwand bei Arterien und Venen auch unterschiedlich aufgebaut. Während Arterien wegen des hohen Drucks in ihrem Inneren über eine kräftige Schicht aus Muskelzellen und elastischen Fasern verfügen, ist die Muskelschicht in Venenwänden wegen des niedrigen Drucks wesentlich dünner. Statt dessen sind die meisten Venen an ihrer Innenseite mit Klappen ausgestattet, die den Blutstrom zum Herzen lenken und dadurch ein Zurückfließen des Blutes in Richtung Gewebe verhindern. Der Blutstrom wird durch die Kontraktionen der (Skelett-)Muskeln unterstützt, in die die tiefgelegenen Venen eingebettet sind (sogenannte Muskelpumpe).

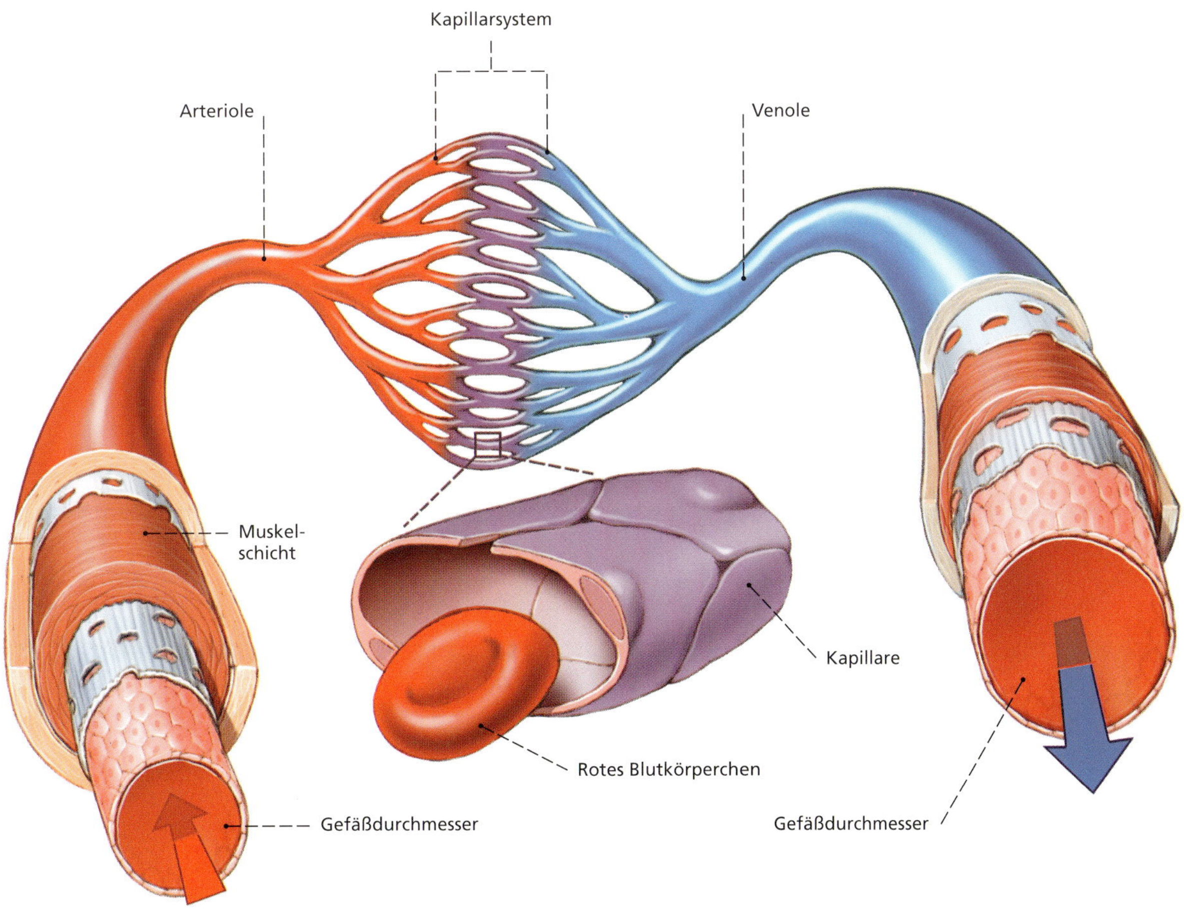

Abb. 259
Kleinste Einheit des Kreislaufs ist das Kapillarsystem des Körpergewebes, bei dem man einen arteriellen (links) und einen venösen Schenkel (rechts) unterscheidet. Im Kapillarsystem werden Sauerstoff und Nährstoffe an das Gewebe abgegeben. Der venöse Teil nimmt sauerstoffarmes Blut und auch Abfallstoffe auf. Der Querschnitt einer Kapillare ist wenig größer als der eines roten Blutkörperchens.

Steuerung der Durchblutung

Zur Anpassung der Organdurchblutung an den aktuellen Bedarf stehen dem Kreislaufsystem verschiedene Regulationsmechanismen zur Verfügung:

- Die Konzentration der Abbauprodukte des Zellstoffwechsels bzw. die Kohlendioxidkonzentration in den Körpergeweben steuert die Weite der Gefäße in den Organen, erhöht oder verringert also - je nach Bedarf - deren Durchblutung.
- Spezielle Nervenzellen in den Blutgefäßen - sogenannte Druckmeßfühler - melden über ihre Faserfortsätze dem Kreislaufzentrum im Gehirn den aktuellen Blutdruck im Inneren der Gefäße. Sinkt der Blutdruck dort ab, veranlaßt das Kreislaufzentrum über einen Nervenimpuls die Engerstellung der Gefäße, steigt er dagegen an, bewirkt es deren Weitstellung und dadurch eine Senkung des Blutdrucks.
- Die Hormone Adrenalin und Noradrenalin erhöhen den Blutdruck und sorgen so für einen beschleunigten Abtransport von Stoffwechselschlacken.

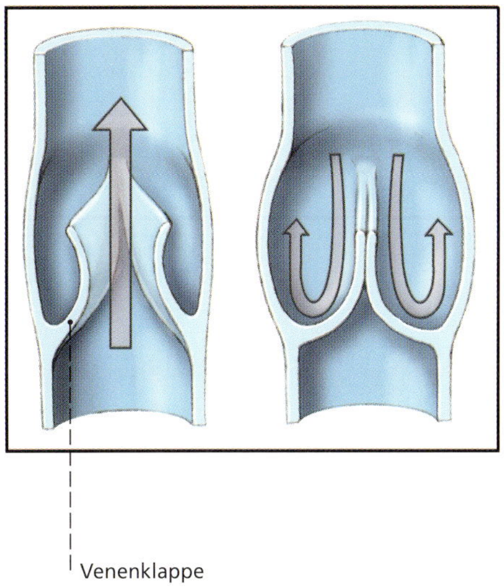

Abb. 260
Venenklappen verhindern den Rückstrom des Blutes.

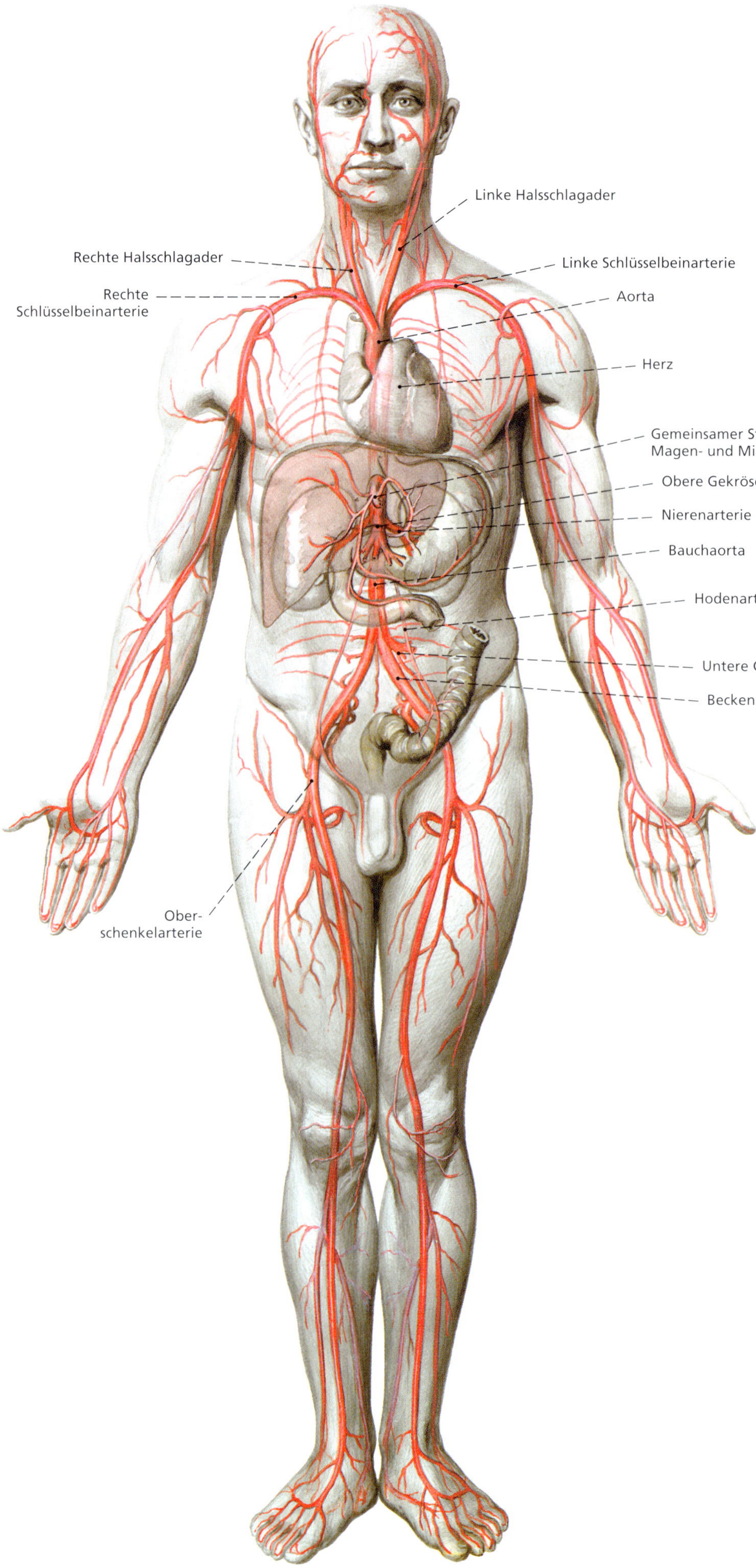

◆
Abb. 261
Arteriensystem des Körpers.
* bei der Frau Eierstockarterie

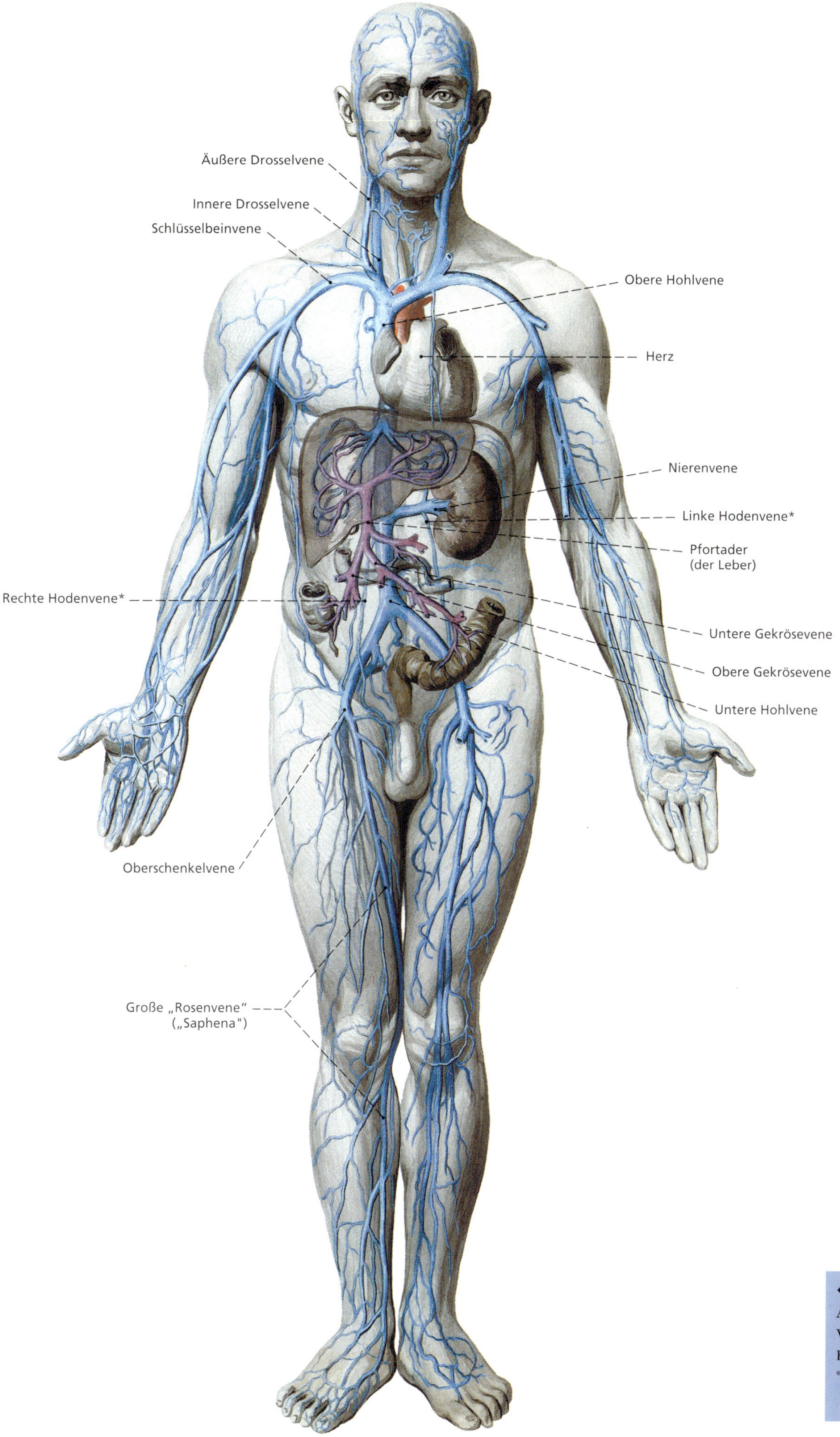

Abb. 262
Venensystem des Körpers.
* bei der Frau Eierstockvene

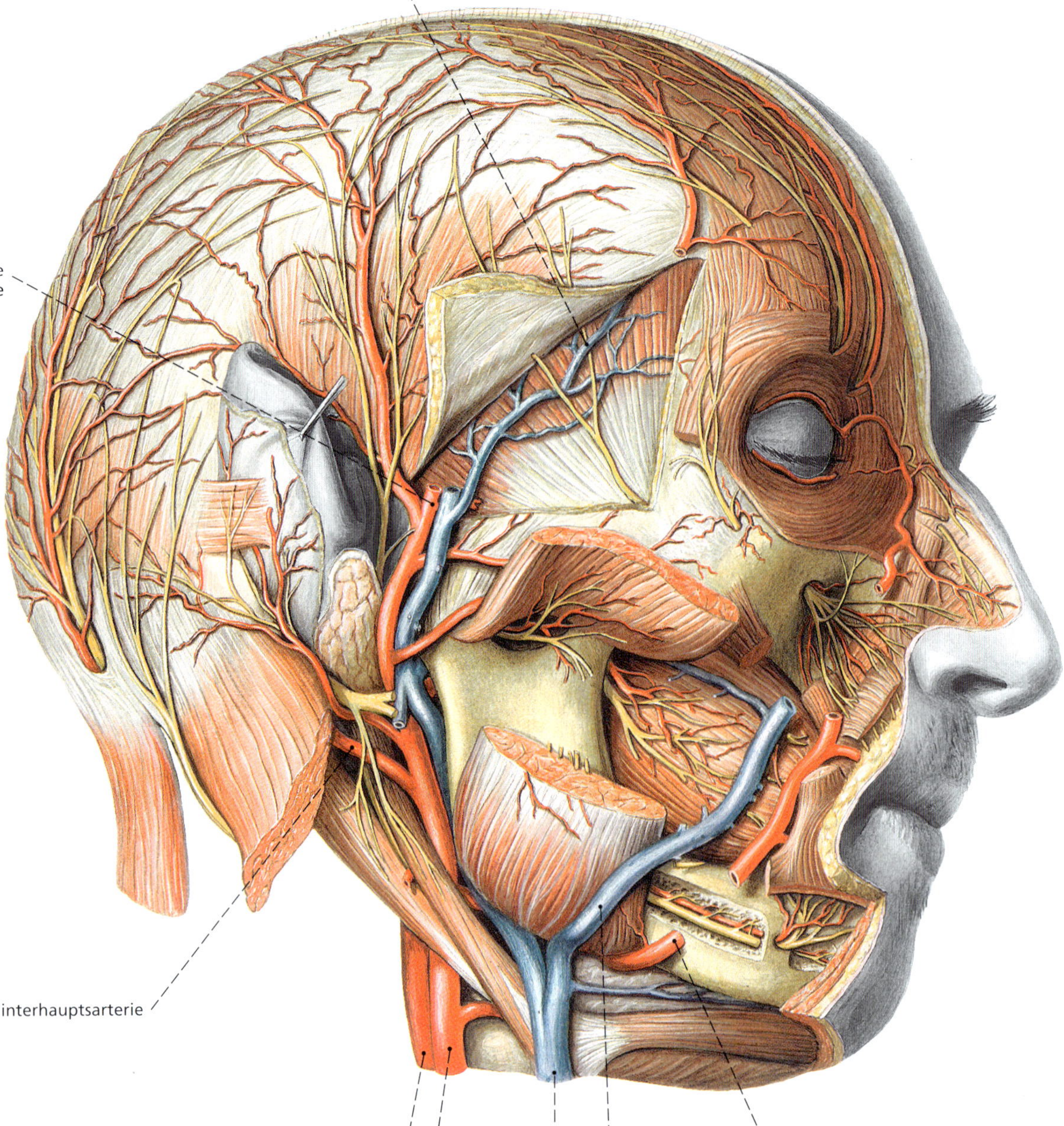

◆
Abb. 263
Große Arterien und Venen des Kopfes. Der größte Teil der Gesichtsmuskeln und der Ohrspeicheldrüse ist entfernt, ebenso Äste des Gesichtsnervs.
Der Kaumuskel und die Muskelhaut über der Schläfe sind durchtrennt und nach oben geklappt. Der Unterkieferknochen ist eröffnet.

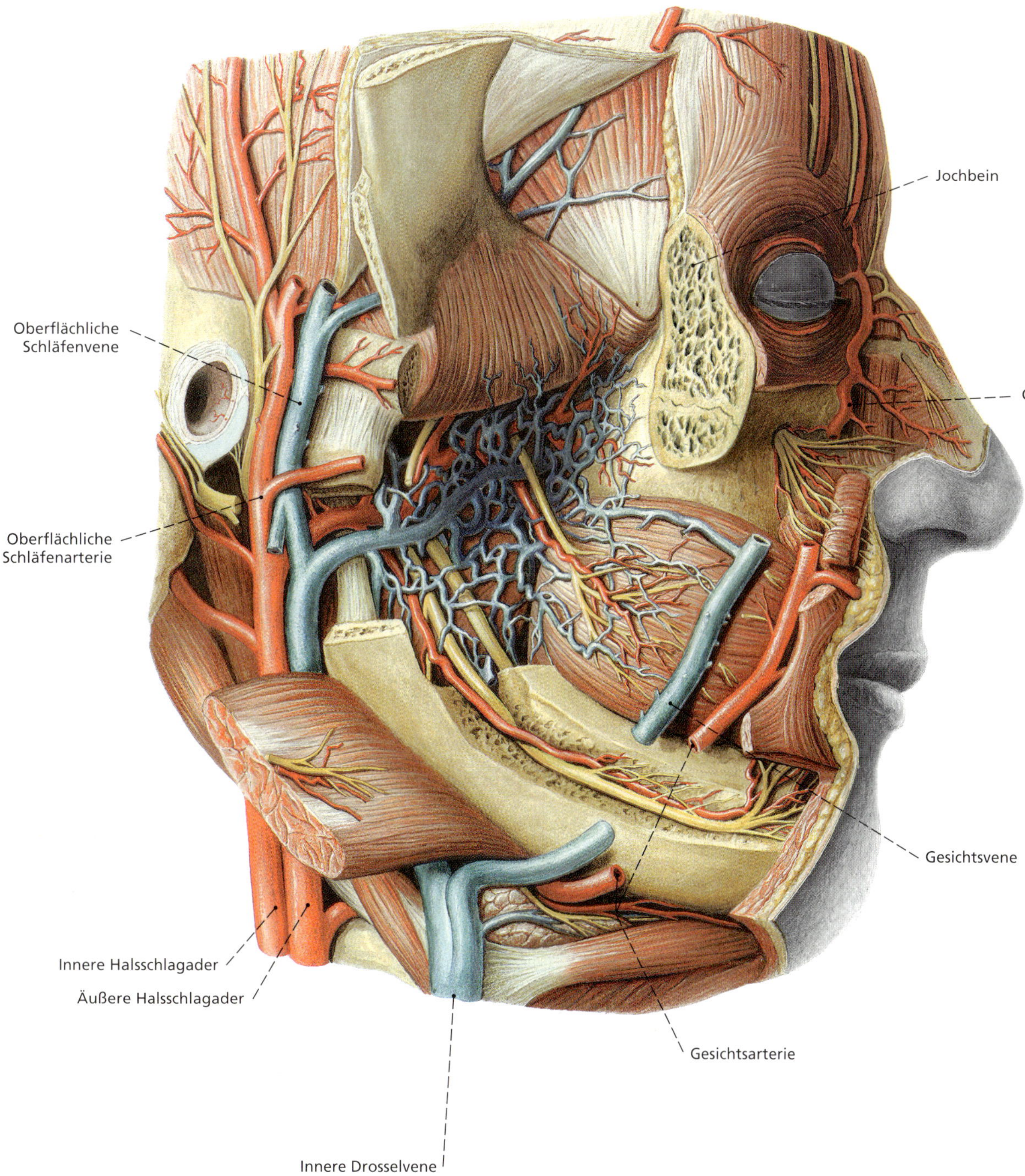

◆
Abb. 264
Arterien und Venen des Gesichts (tiefe Schicht) nach Entfernung eines Teils des Jochbogens.

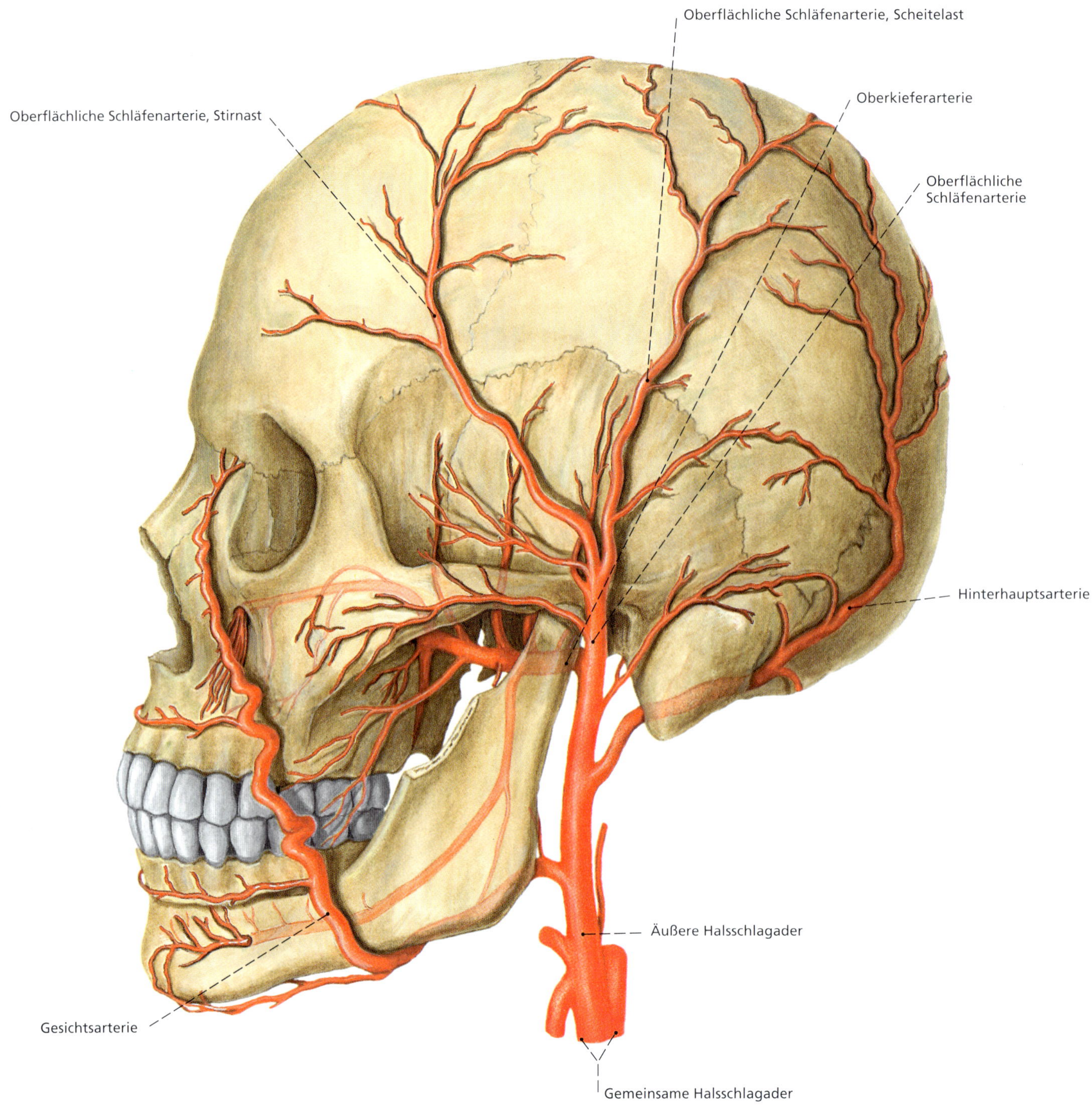

◆
Abb. 265
Die äußere Halsschlagader (Arteria carotis externa) mit ihren Ästen von der linken Seite gesehen.

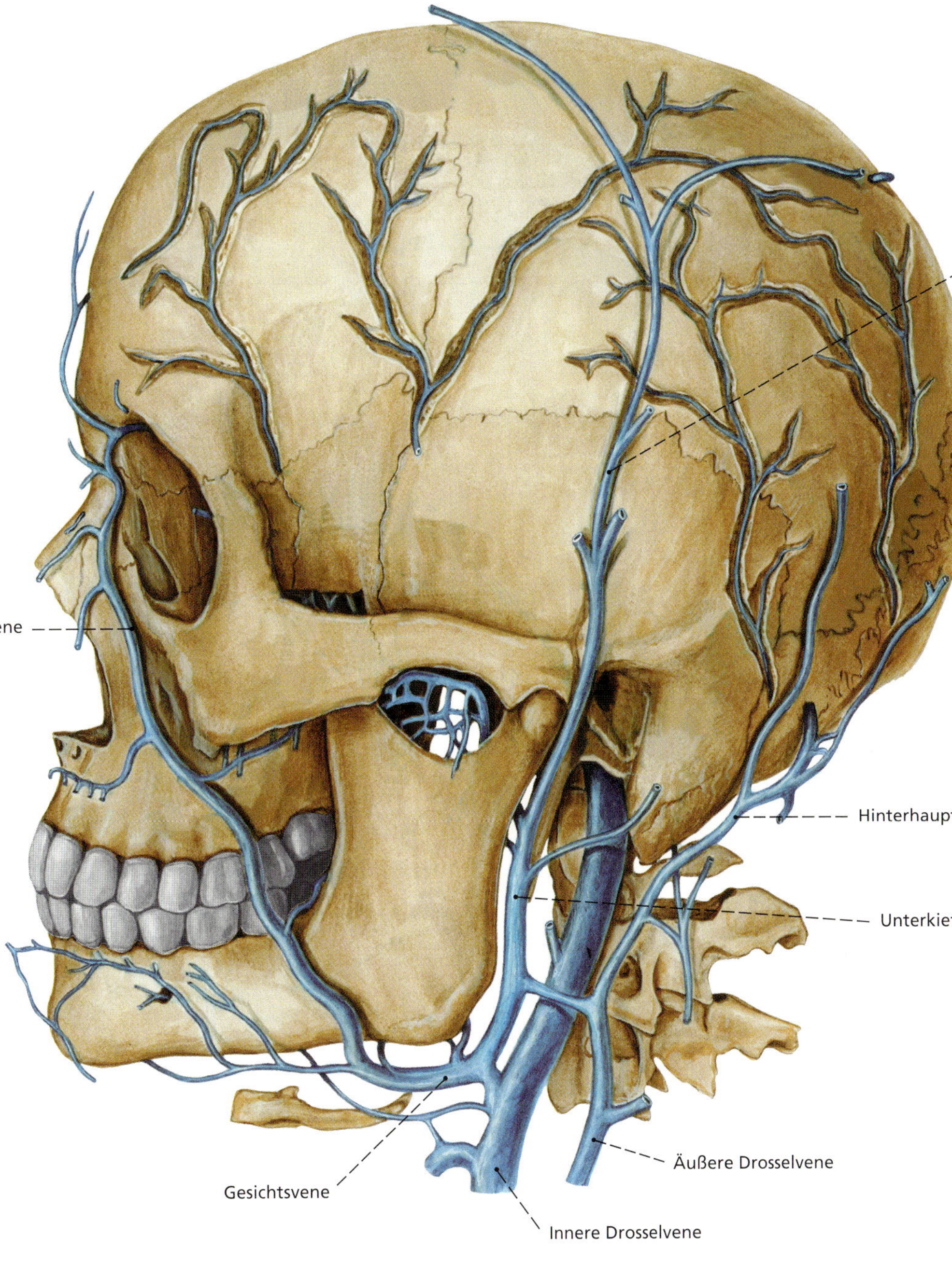

◆
Abb. 266
Die innere Drosselvene (Vena jugularis interna) mit ihren Ästen von der linken Seite gesehen.

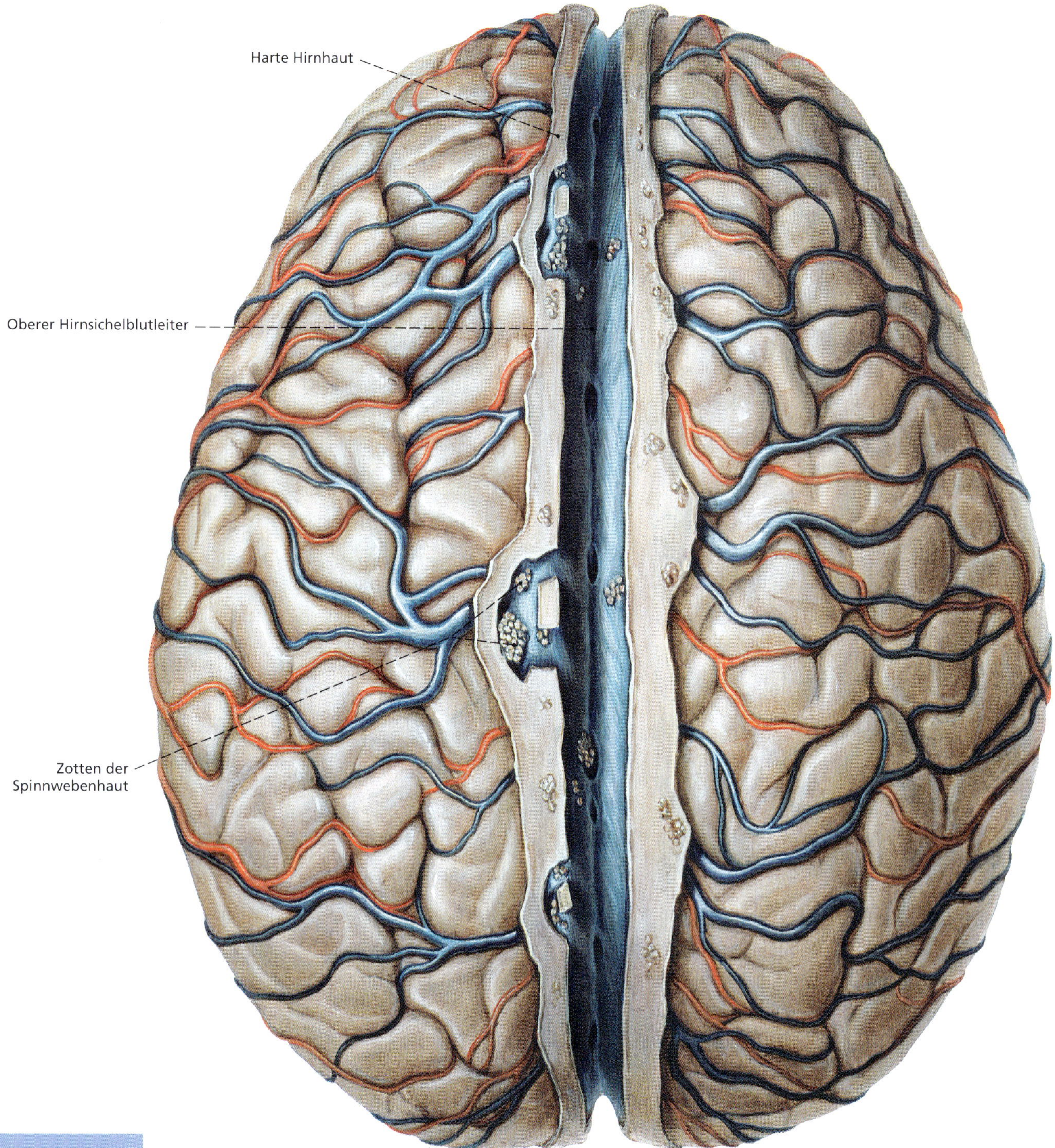

◆
Abb. 267
Arterien und Venen der Gehirnoberfläche (Großhirnrinde) von oben gesehen. Harte Hirnhaut (Dura mater) und oberer Hirnsichelblutleiter sind eröffnet. In die Zotten der Spinnwebenhaut tritt überschüssige Gehirnflüssigkeit (Liquor) über.

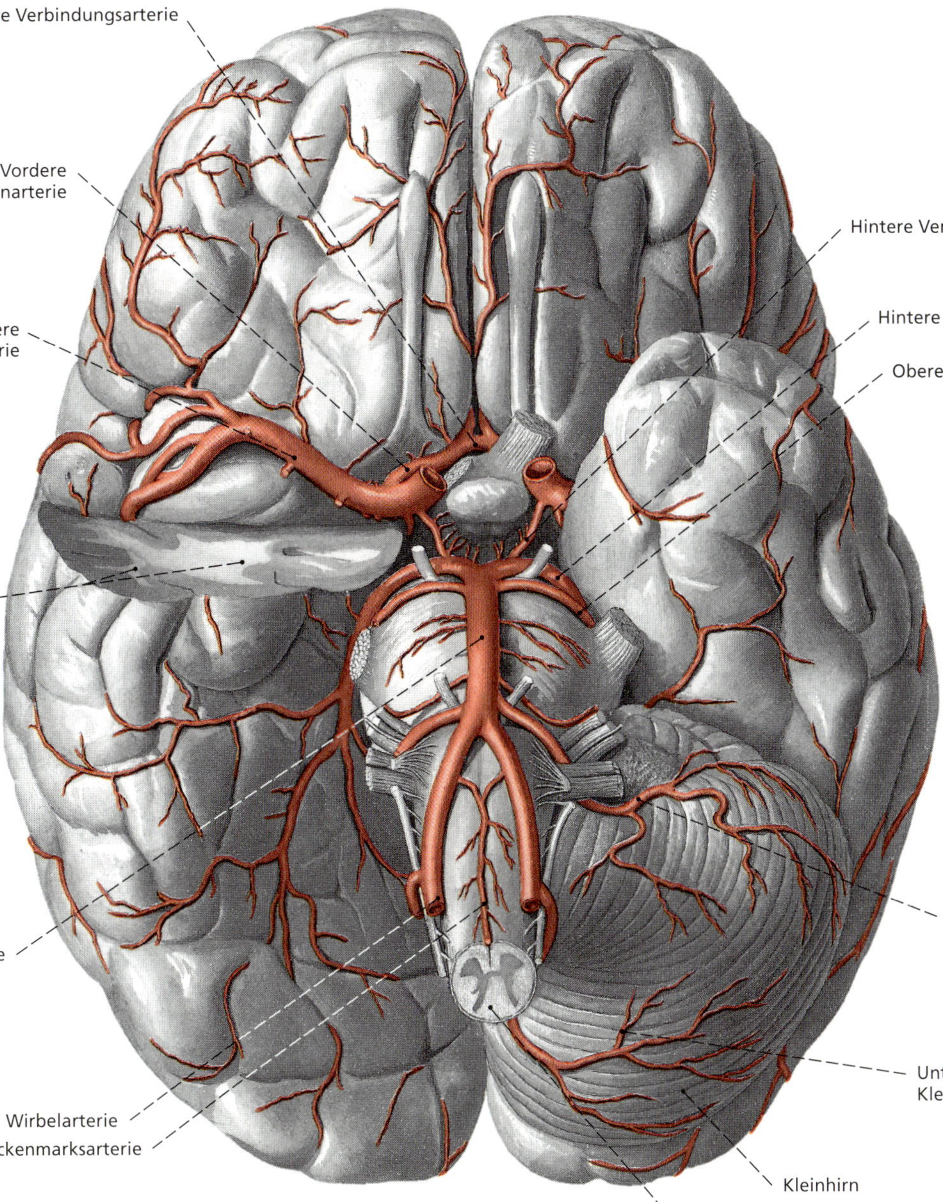

◆
Abb. 268
Gehirnarterien von unten. Ein Teil des rechten Schläfenlappens und die rechte Kleinhirnhälfte sind entfernt.

◆
Abb. 269
Arterielle Versorgung des Rückenmarks (Schema).

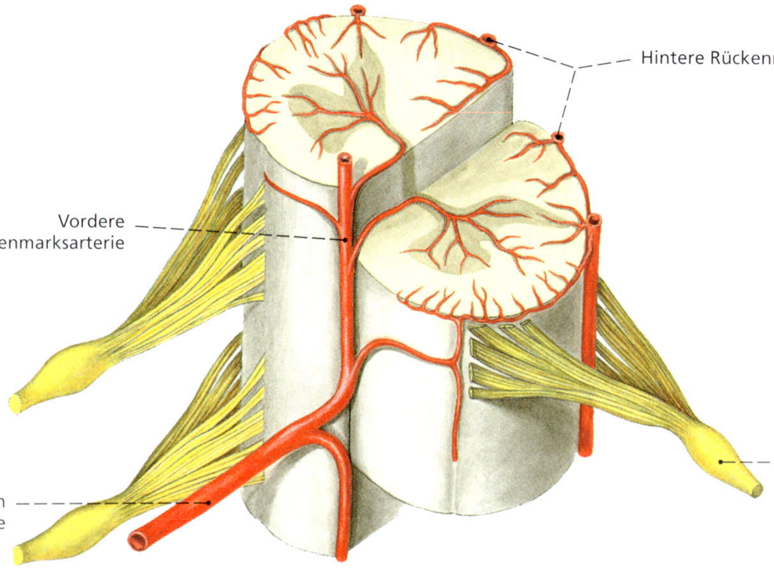

◆
Abb. 270
Venengeflecht des Wirbelkanals im Lendenwirbelbereich.

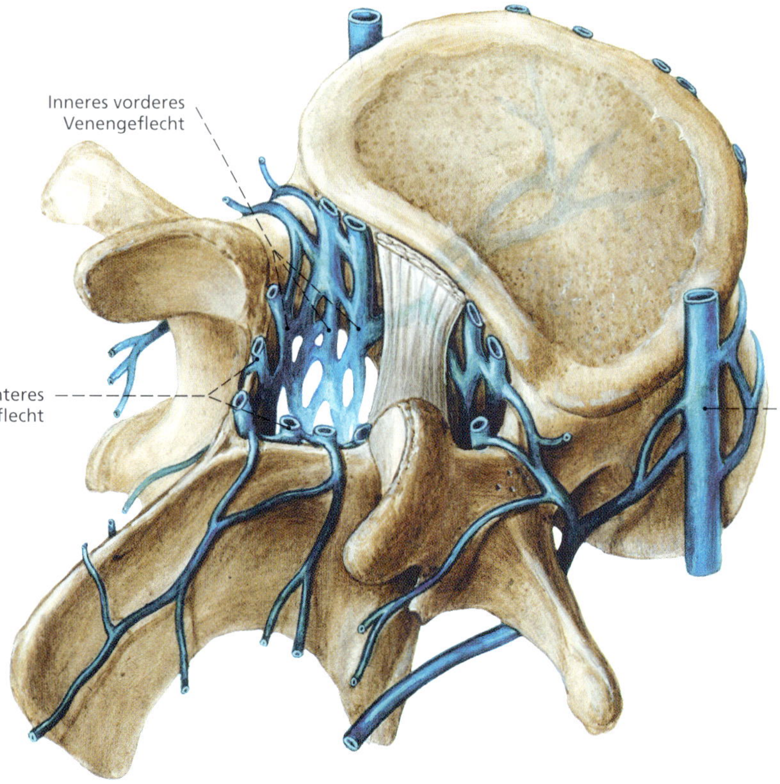

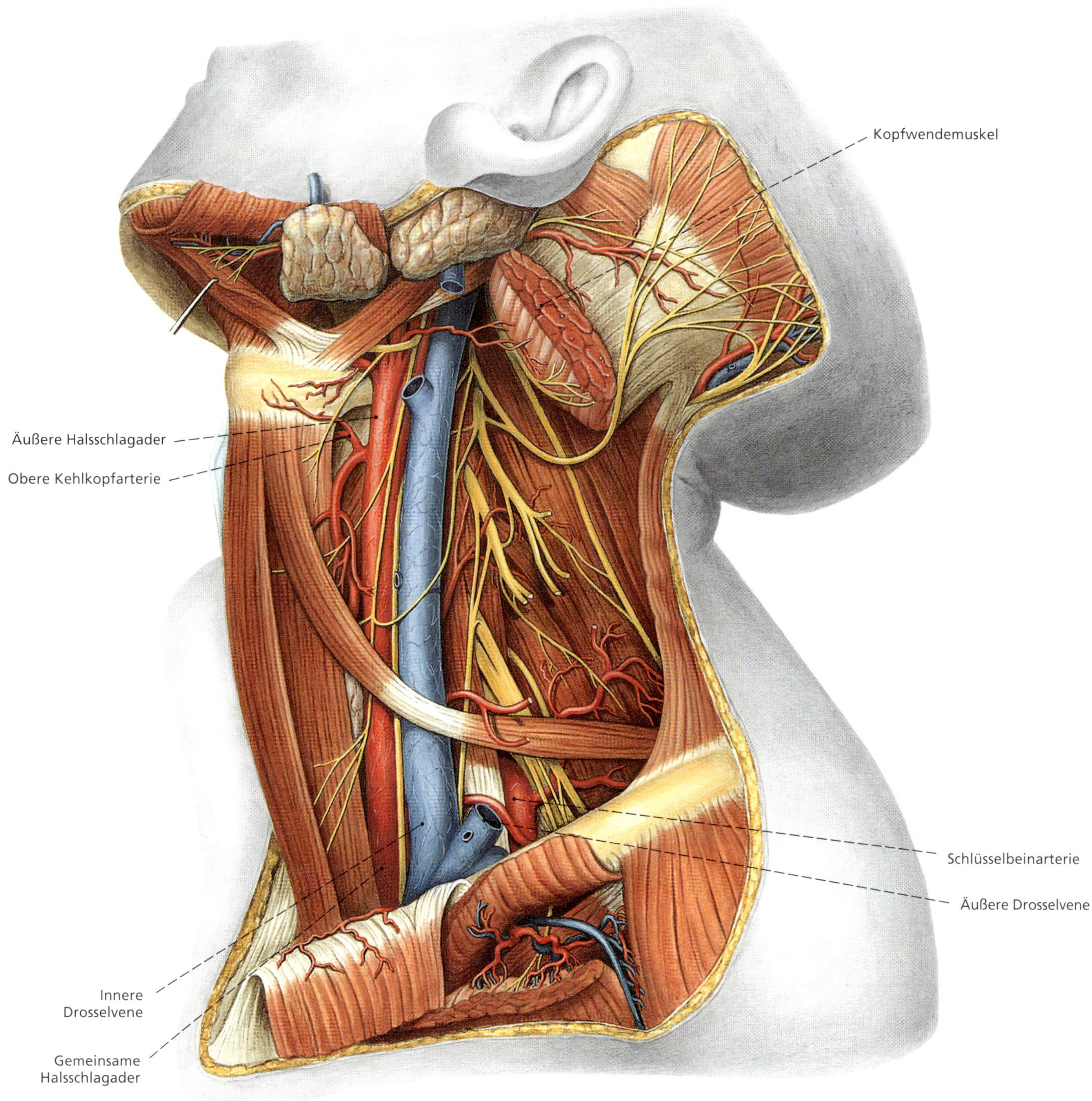

◆
Abb. 271
Blutgefäße des Halsbereichs von der linken Seite gesehen. Der Kopfwendemuskel ist weitgehend entfernt.

◆
Abb. 272
Blutgefäße des Halses und des oberen Brustbereichs von vorne. Die oberflächliche Schicht der Halsmuskulatur und der obere Anteil der Brustwand sind entfernt.

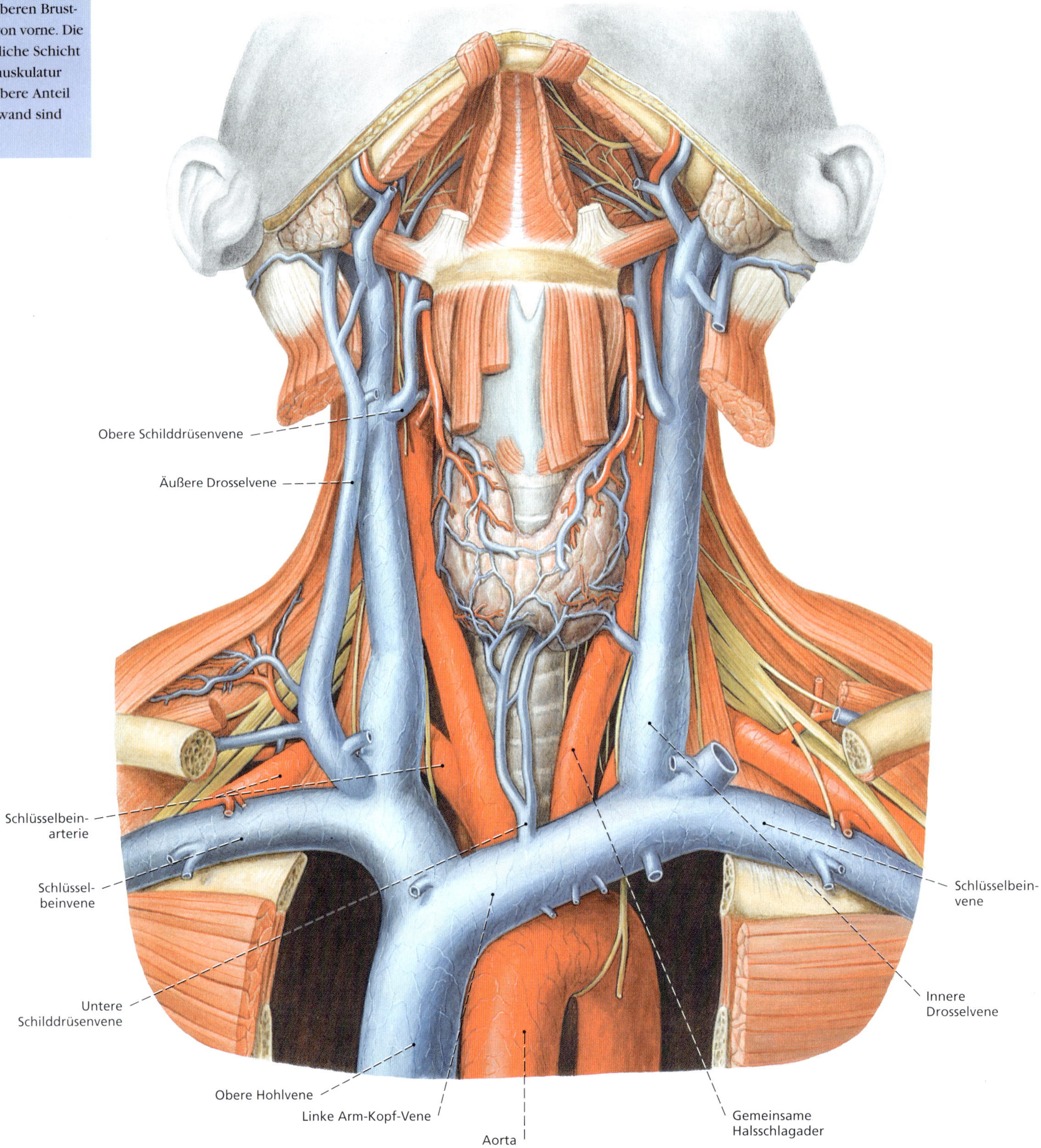

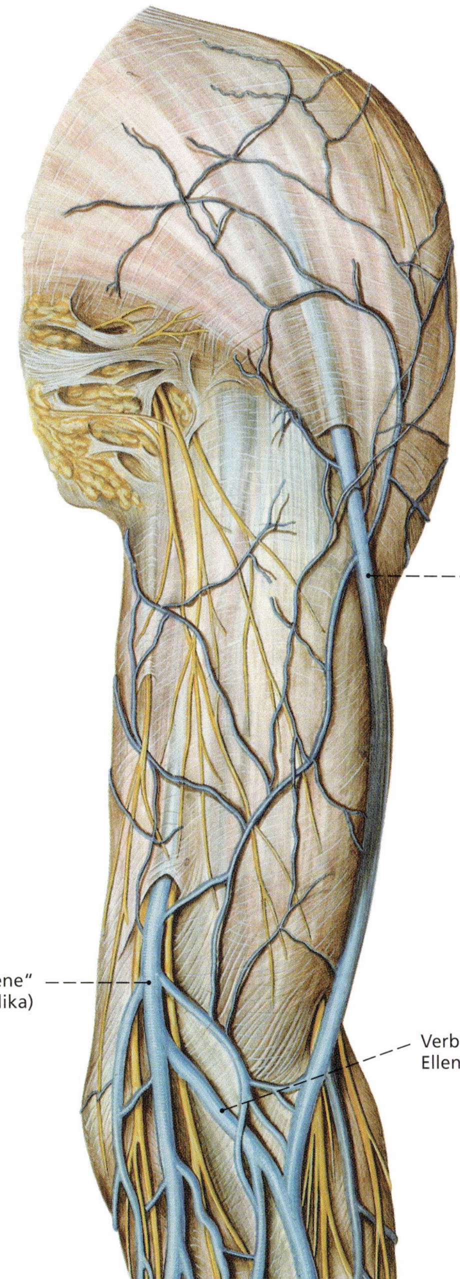

◆
Abb. 273
Oberflächliche Venen des linken Oberarms und der Ellenbeuge von vorne. (Die Hautnerven sind gelb eingezeichnet.)

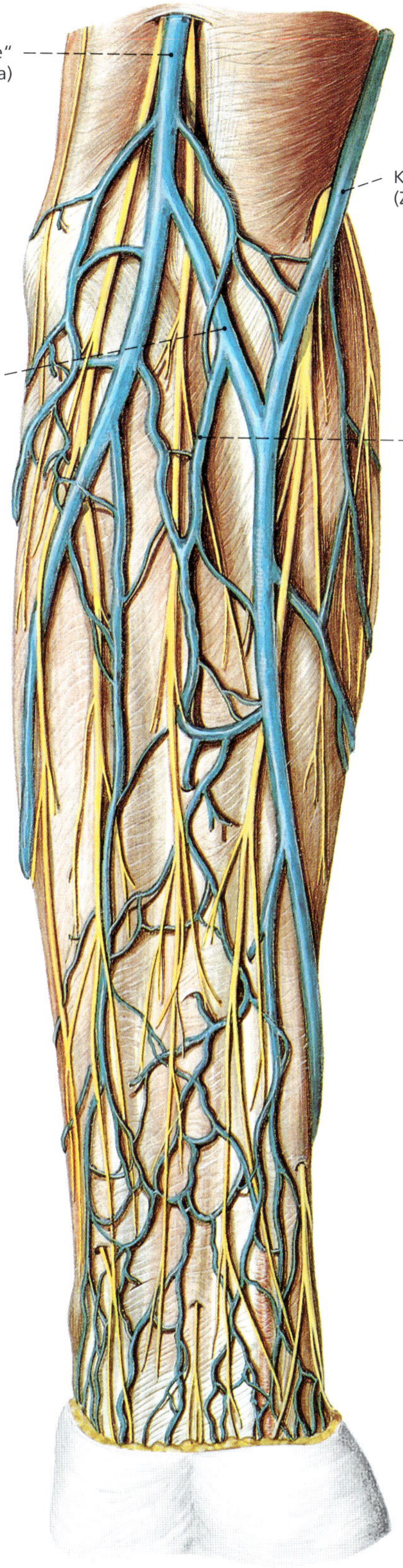

◆ Abb. 274a

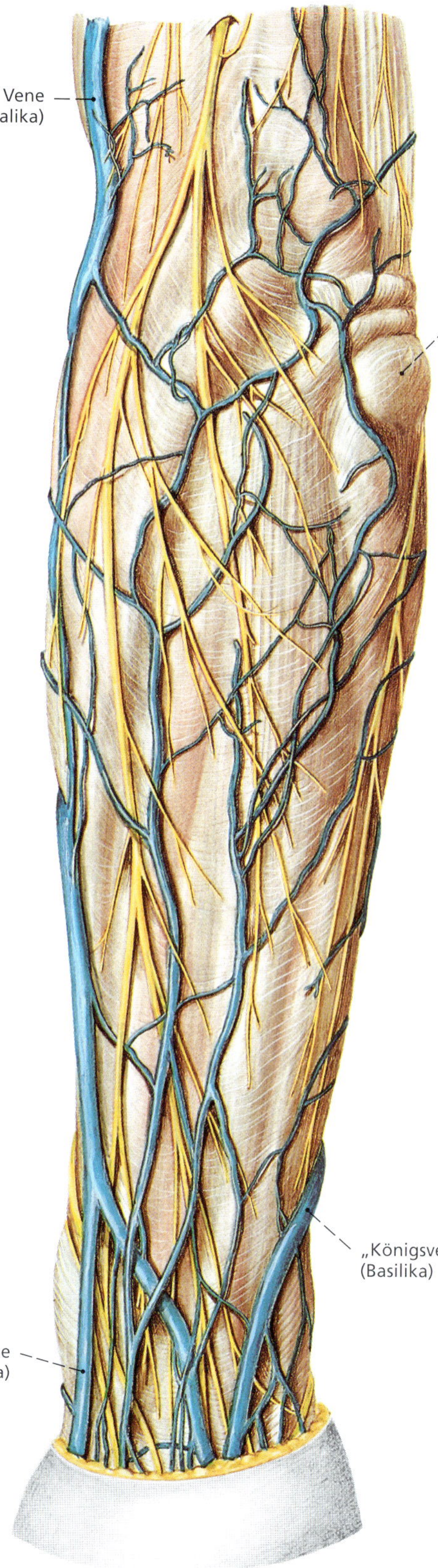

◆ Abb. 274b

◆
Abb. 274
Oberflächliche Venen des rechten Unterarms von (a) vorne und (b) hinten. (Die Hautnerven sind gelb eingezeichnet.)

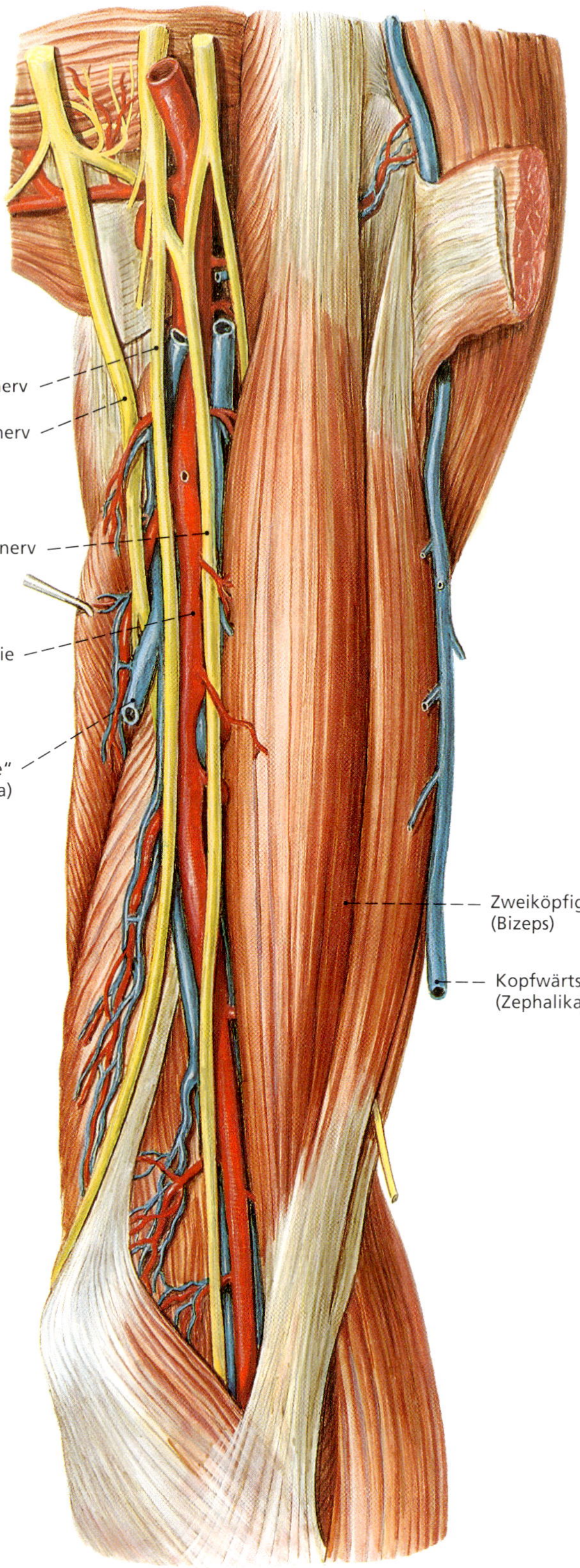

◆
Abb. 275
Blutgefäße des linken Oberarms von vorne. (Die Nerven sind gelb eingezeichnet.)

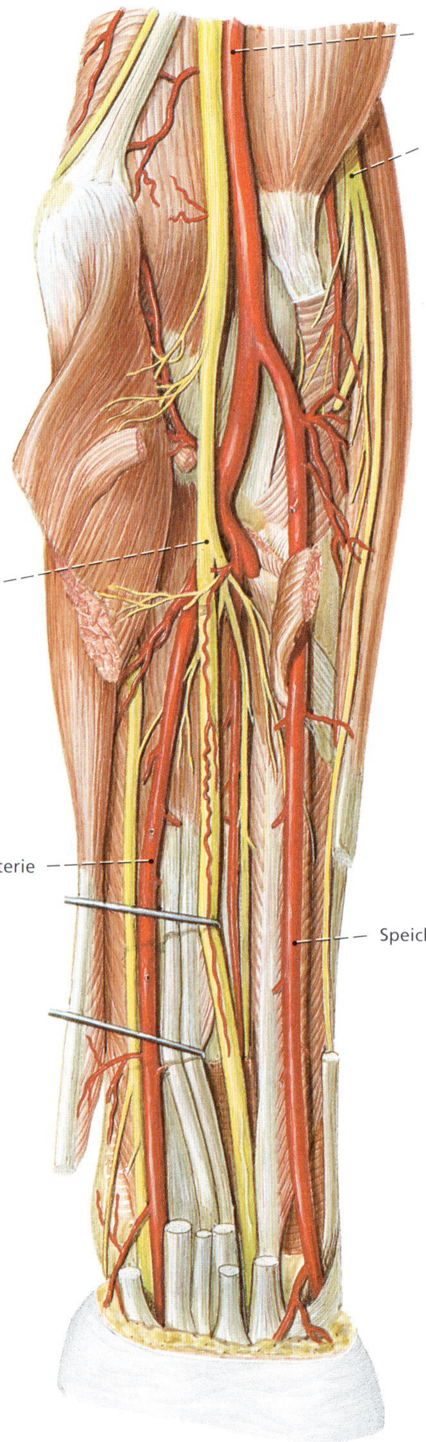

◆
Abb. 276
Arterien des linken Unterarms von vorne. Die oberflächlichen Unterarmmuskeln sind teilweise entfernt. (Nerven sind gelb eingezeichnet.)

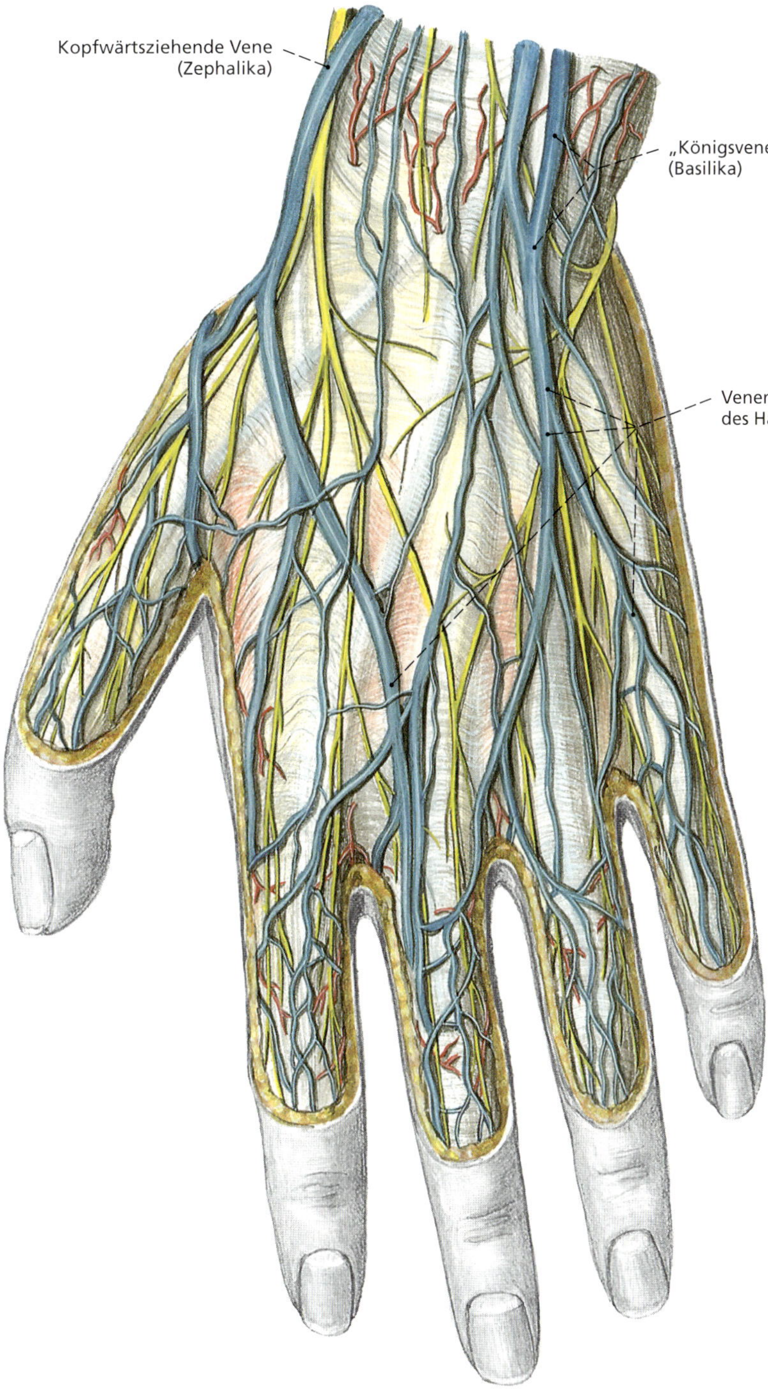

◆
Abb. 277
Venengeflecht des linken Handrückens. (Hautnerven sind gelb, kleine Arterien rot eingezeichnet.)

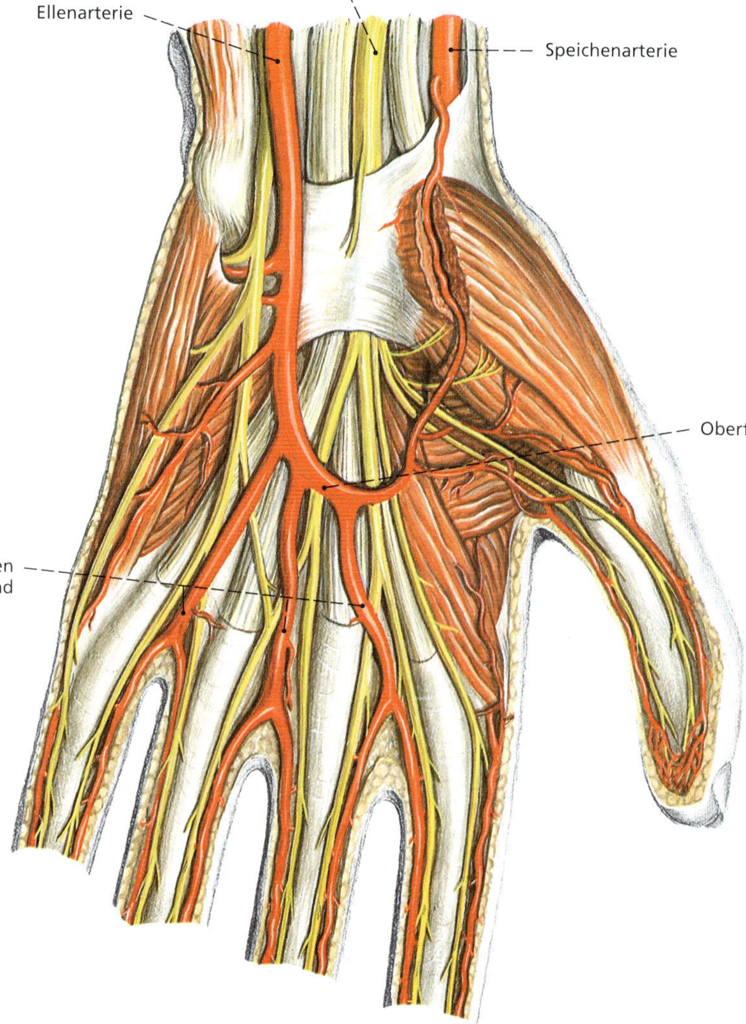

◆
Abb. 278
Arterien der linken Hohlhand (tiefe Schicht). Die Sehnenplatte der Hohlhand und die Fingerbeugemuskeln sind entfernt. (Nerven sind gelb eingezeichnet.)

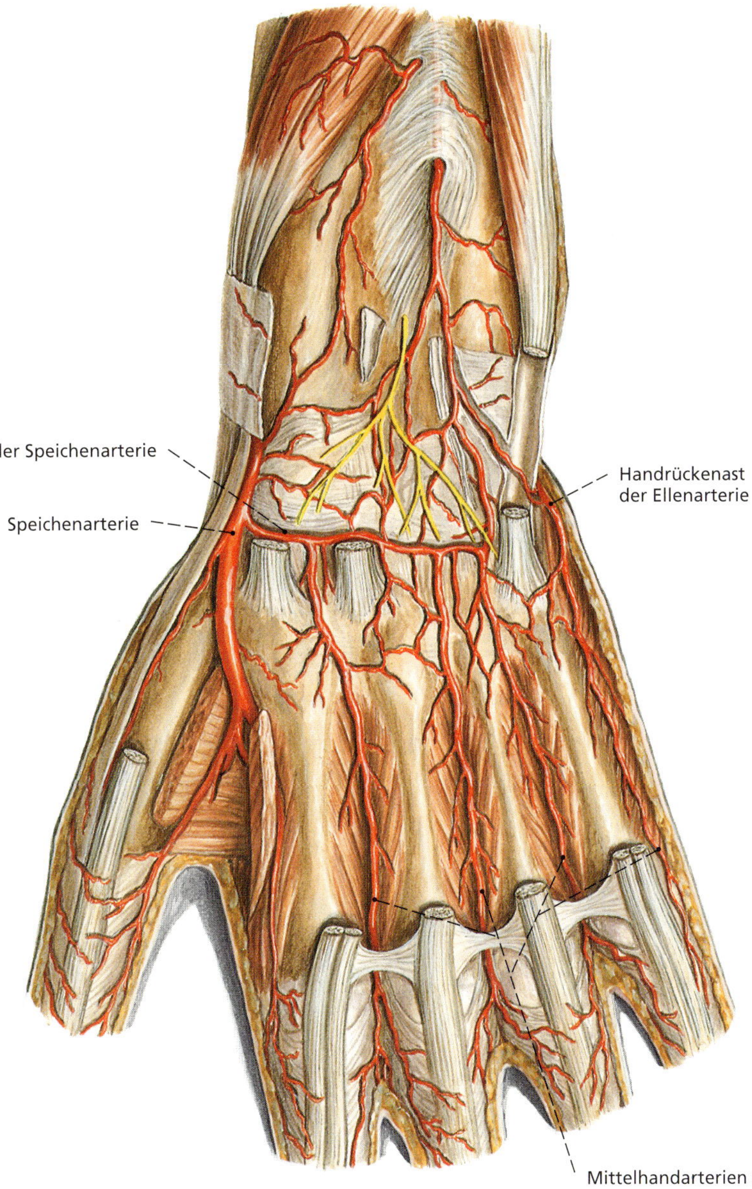

◆
Abb. 279
Arterien des linken Handrückens. Sehnen und Muskulatur sind entfernt.

◆
Abb. 280
Verlauf der Brust- und Bauchschlagader (Aorta). Die Brustorgane sind entfernt, Luftröhre und Speiseröhre durchtrennt.

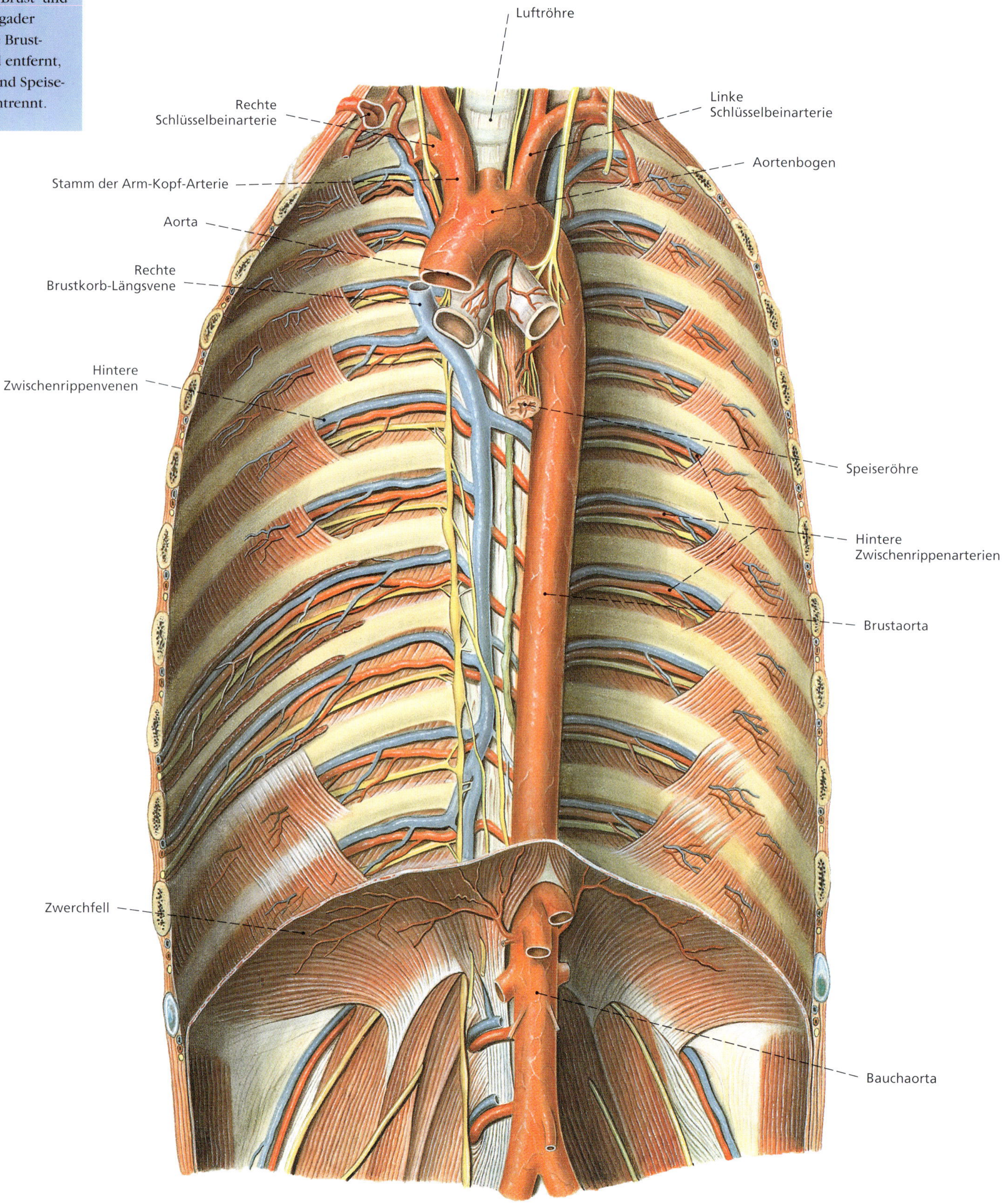

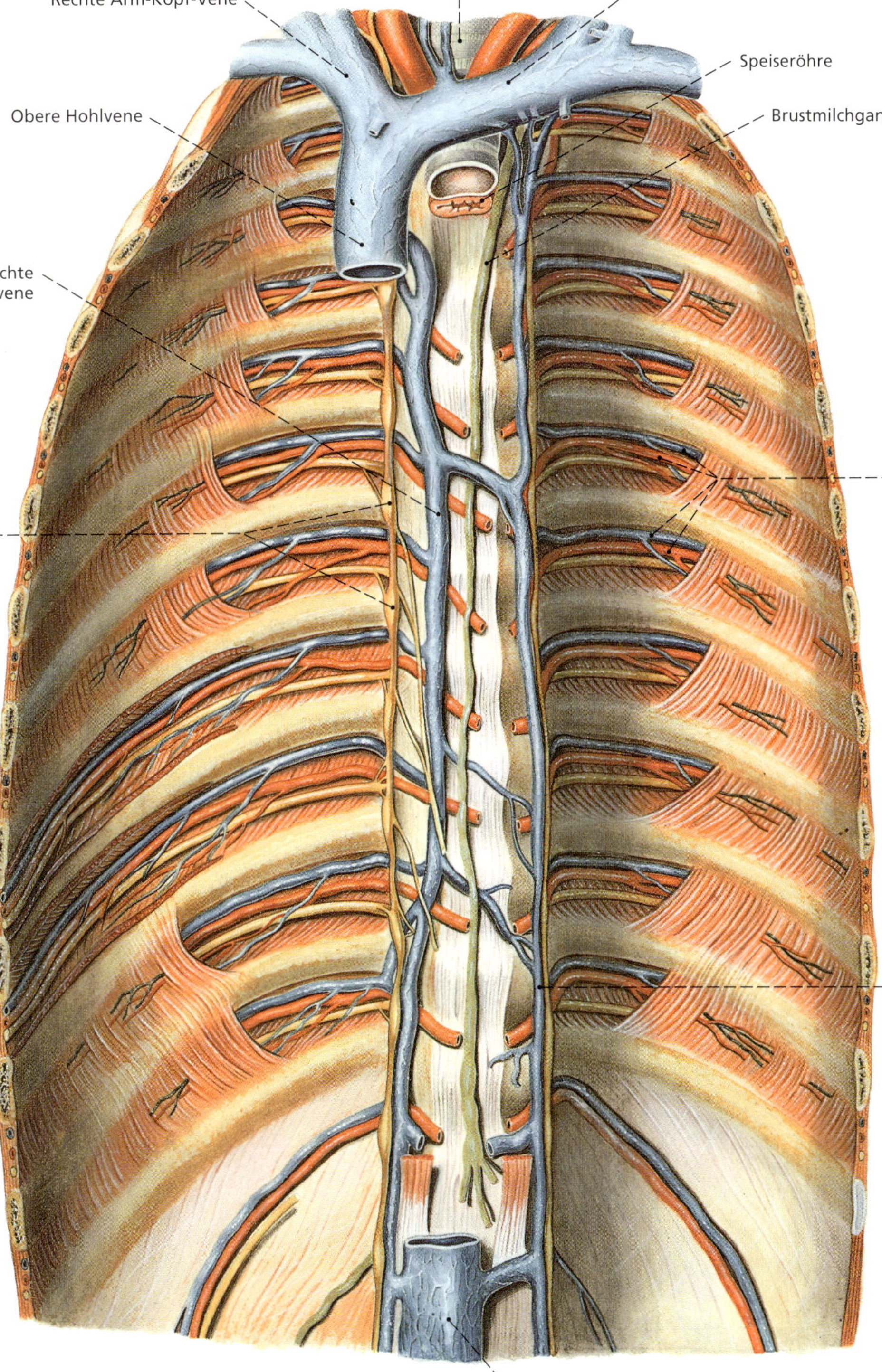

Abb. 281
Venen der hinteren Brustwand. Die Brustorgane sind entfernt. Die obere und untere Hohlvene sowie Luft- und Speiseröhre sind durchtrennt.

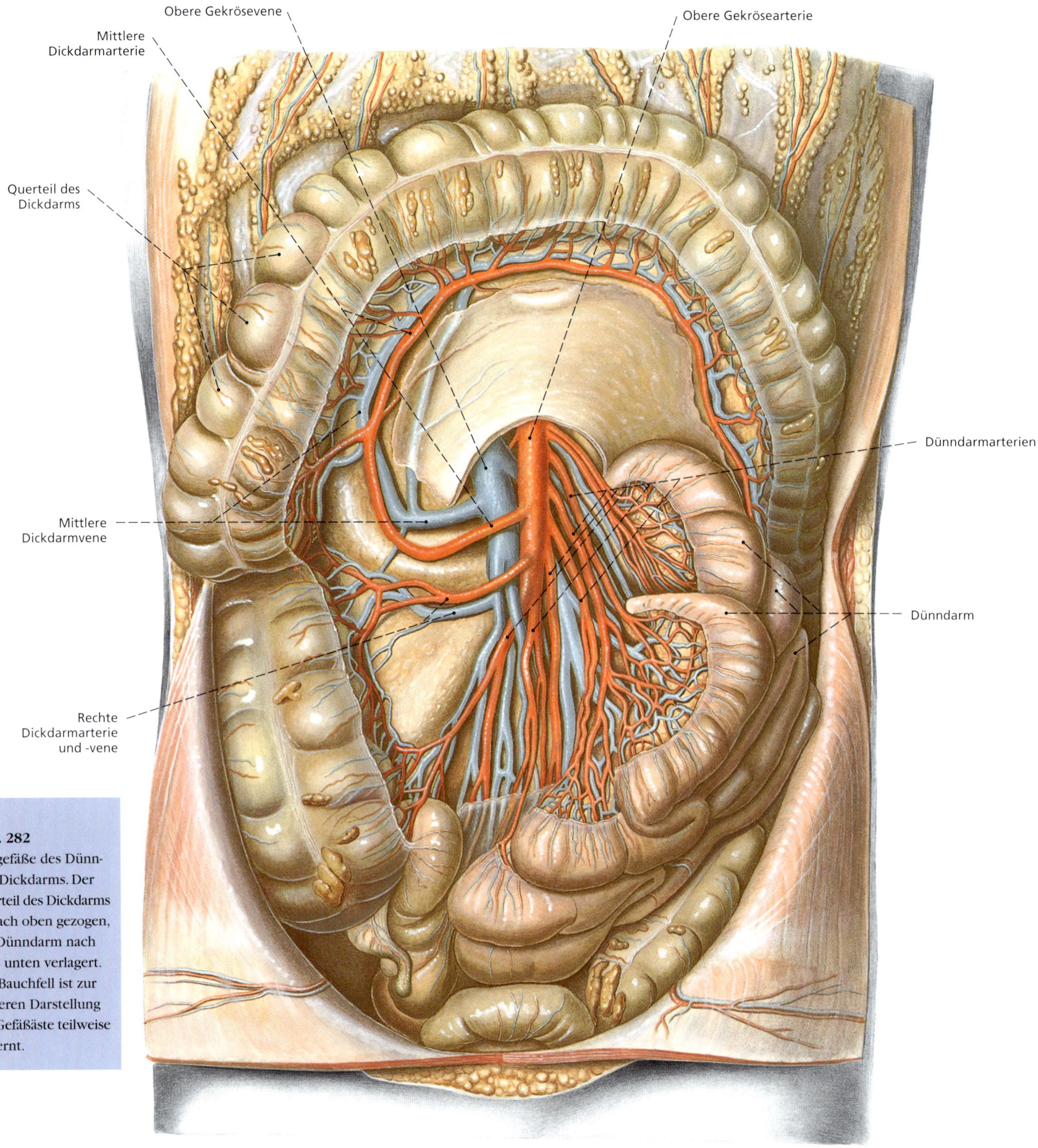

◆
Abb. 282
Blutgefäße des Dünn- und Dickdarms. Der Querteil des Dickdarms ist nach oben gezogen, der Dünndarm nach links unten verlagert. Das Bauchfell ist zur besseren Darstellung der Gefäßäste teilweise entfernt.

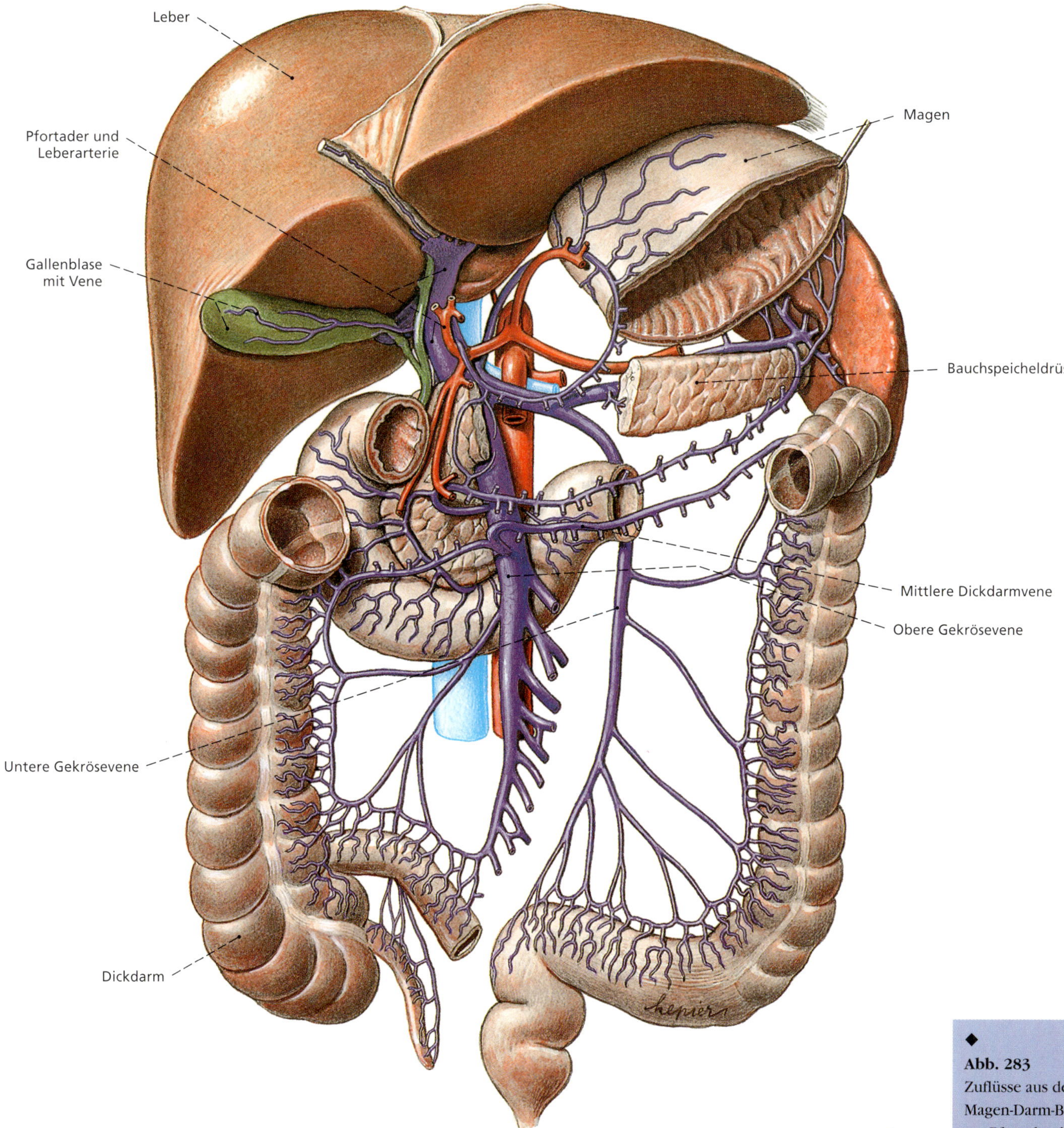

◆
Abb. 283
Zuflüsse aus dem Magen-Darm-Bereich zur Pfortader der Leber (lila; s.a. Seite 231). Ein Teil des Magens und der Bauchspeicheldrüse, der Querteil des Dickdarms sowie der gesamte Dünndarm sind entfernt. Ansicht von vorne.

◆
Abb. 284
Arterien und Venen der Beckenorgane des Mannes. Längsschnitt durch die Körperachse, Ansicht von der linken Seite. Das Bauchfell ist größtenteils entfernt.

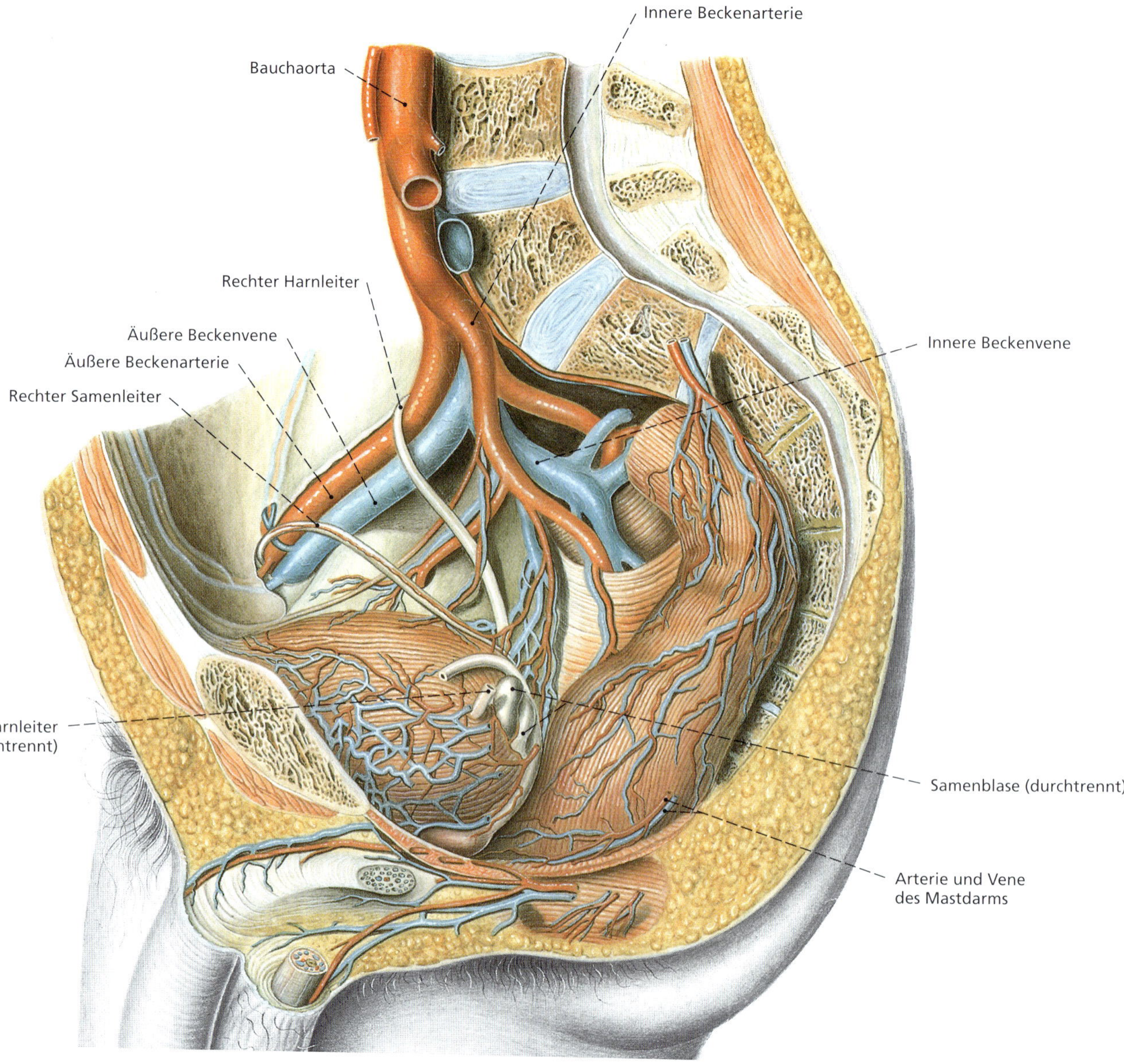

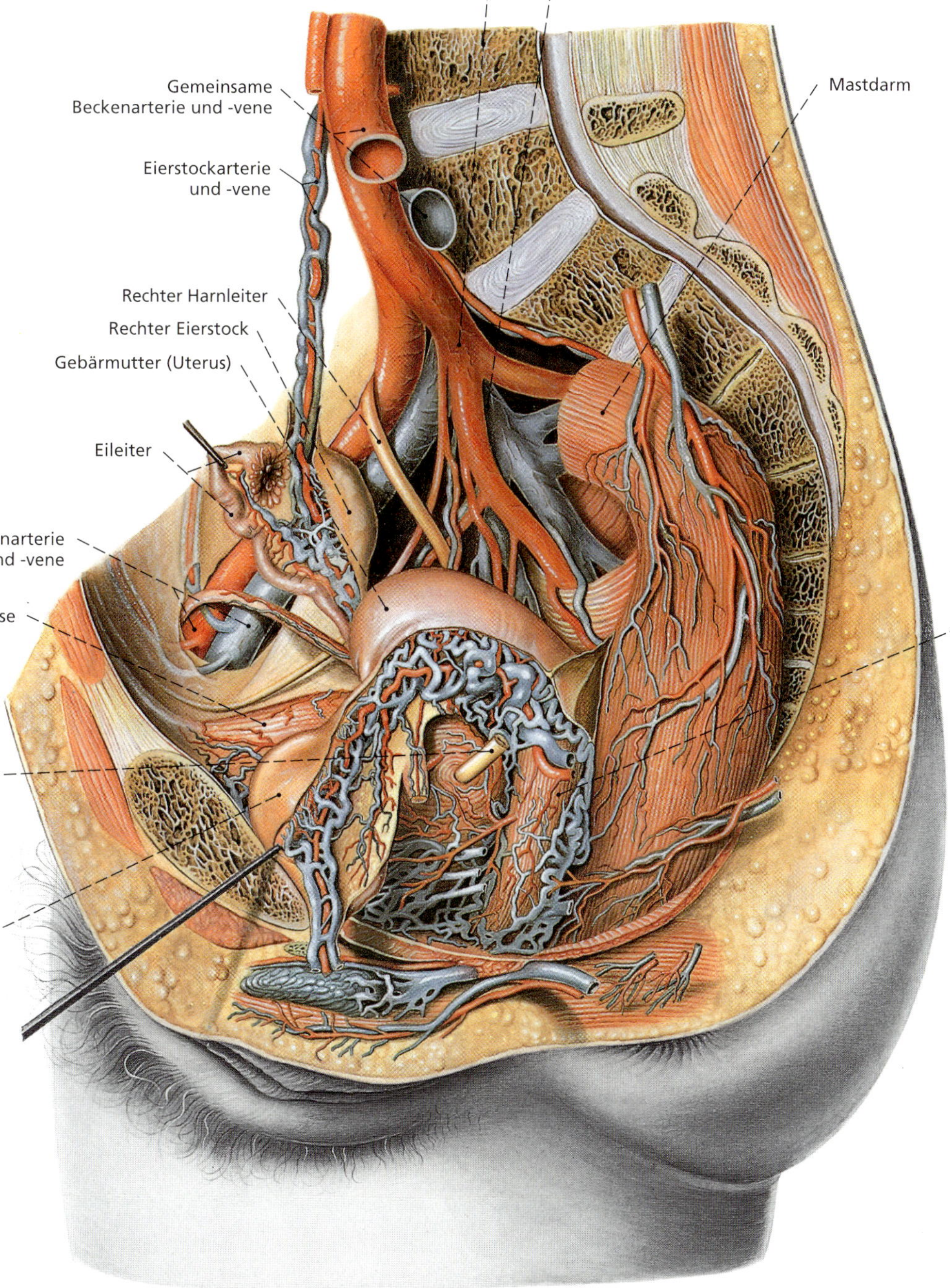

Abb. 285
Arterien und Venen der Beckenorgane der Frau. Längsschnitt durch die Körperachse, Ansicht von der linken Seite. Zur besseren Darstellung der Gefäße sind Darm und Bauchfell teilweise entfernt, der rechte Eierstock ist eröffnet und nach oben, der linke Eierstock nach vorne unten gezogen. Auffallend sind die dichten Venengeflechte in Gebärmutter, Eierstöcken und Blase.

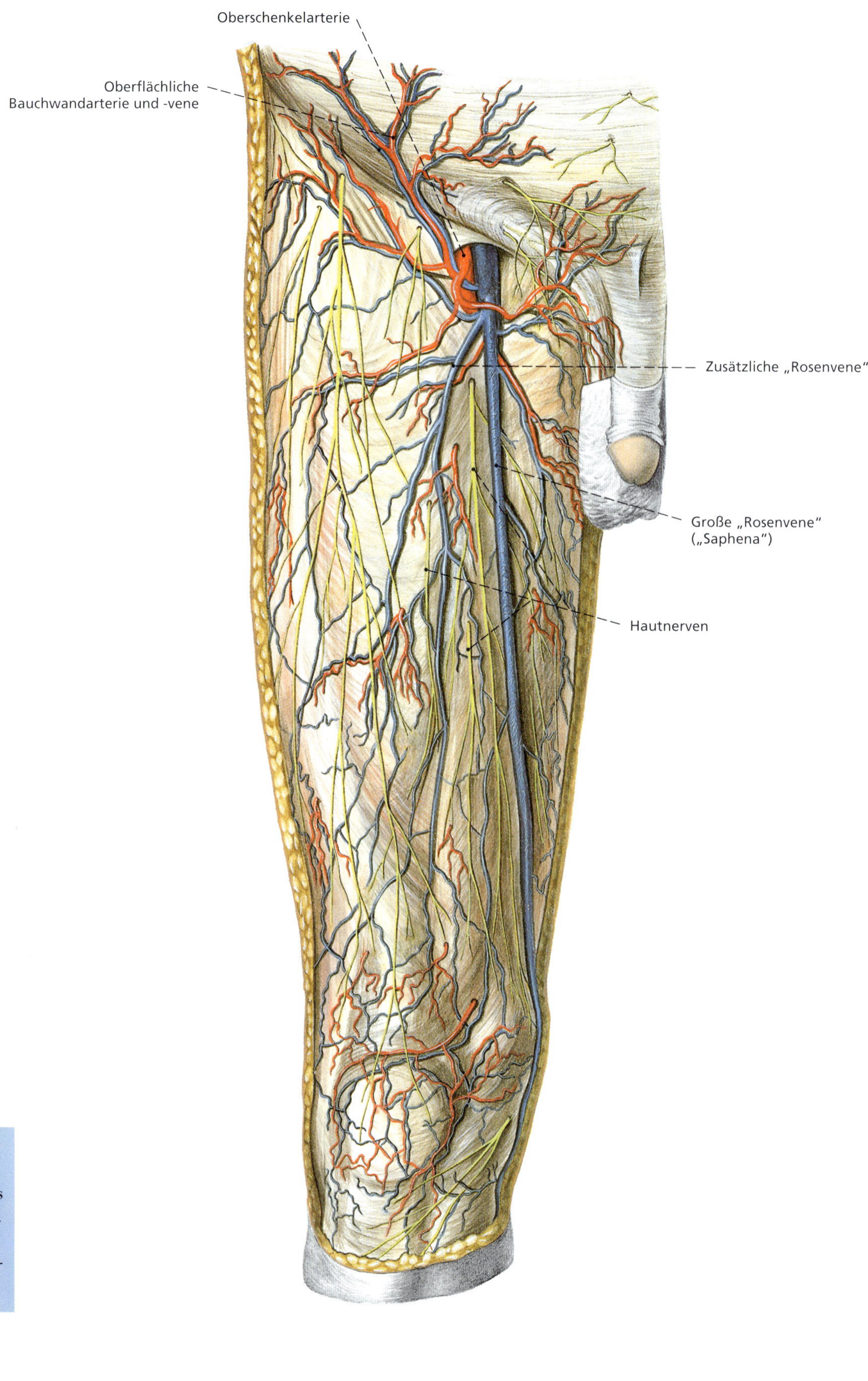

◆
Abb. 286
Oberflächliche Venen des rechten Oberschenkels. (Hautnerven sind gelb, Arterien rot eingezeichnet.)

◆
Abb. 287
Oberflächliche Venen des rechten Unterschenkels. Innenseite (a), Rückseite (b).

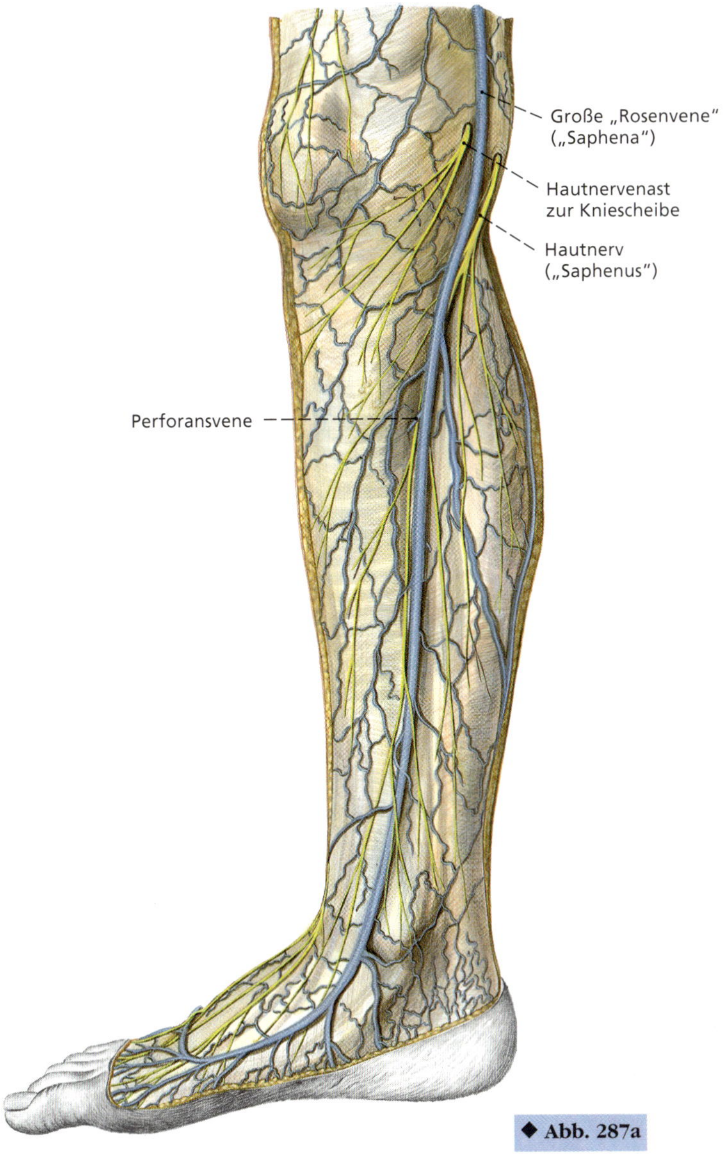

◆ **Abb. 287a**

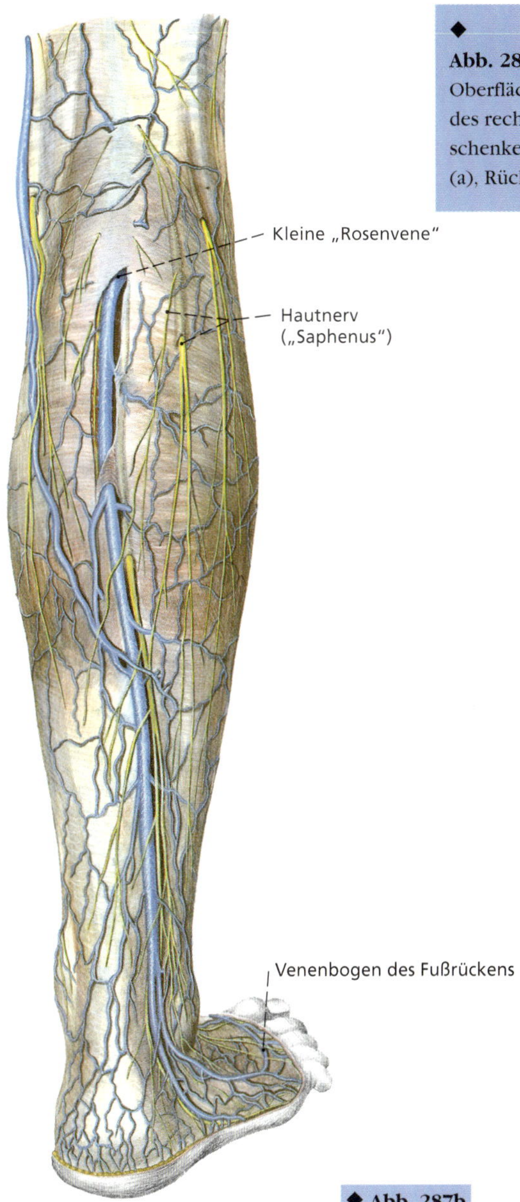

◆ **Abb. 287b**

◆
Abb. 288
Abflußsystem der Venen des Beines (Schema). Bei einem Verschluß der oberflächlichen Venen oder eines ihrer Verbindungsäste (z.B. durch ein Blutgerinnsel) bleibt der venöse Abfluß über die sogenannten Perforansvenen (lat. perforare = durchbohren) erhalten. Die Perforansvenen münden in die tiefen Beinvenen.

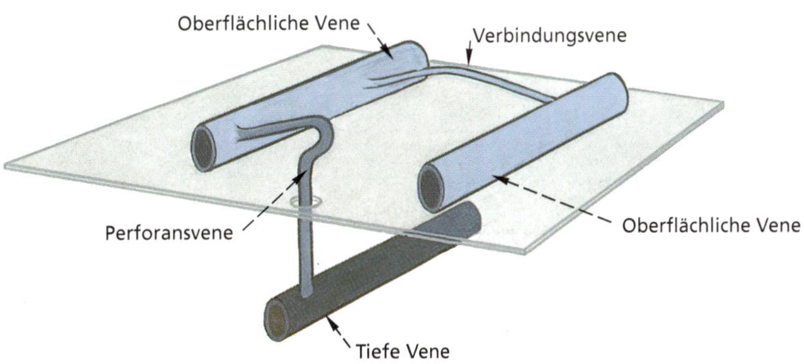

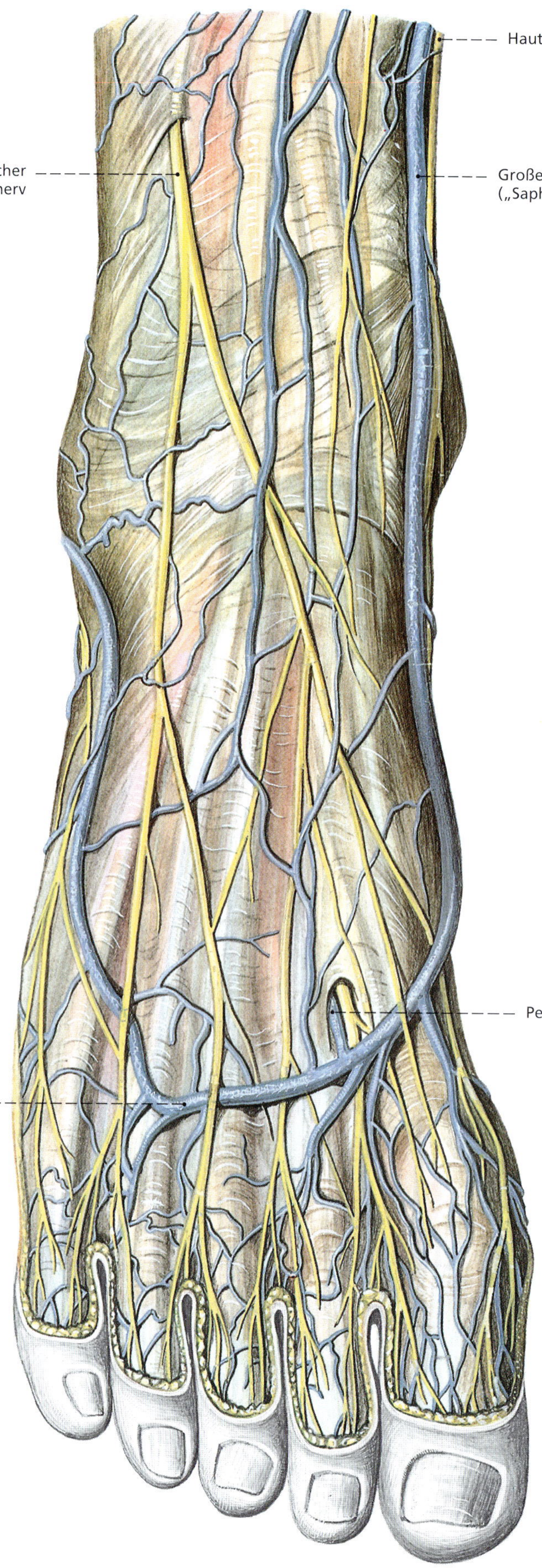

◆
Abb. 289
Oberflächliche Venen des Fußrückens.

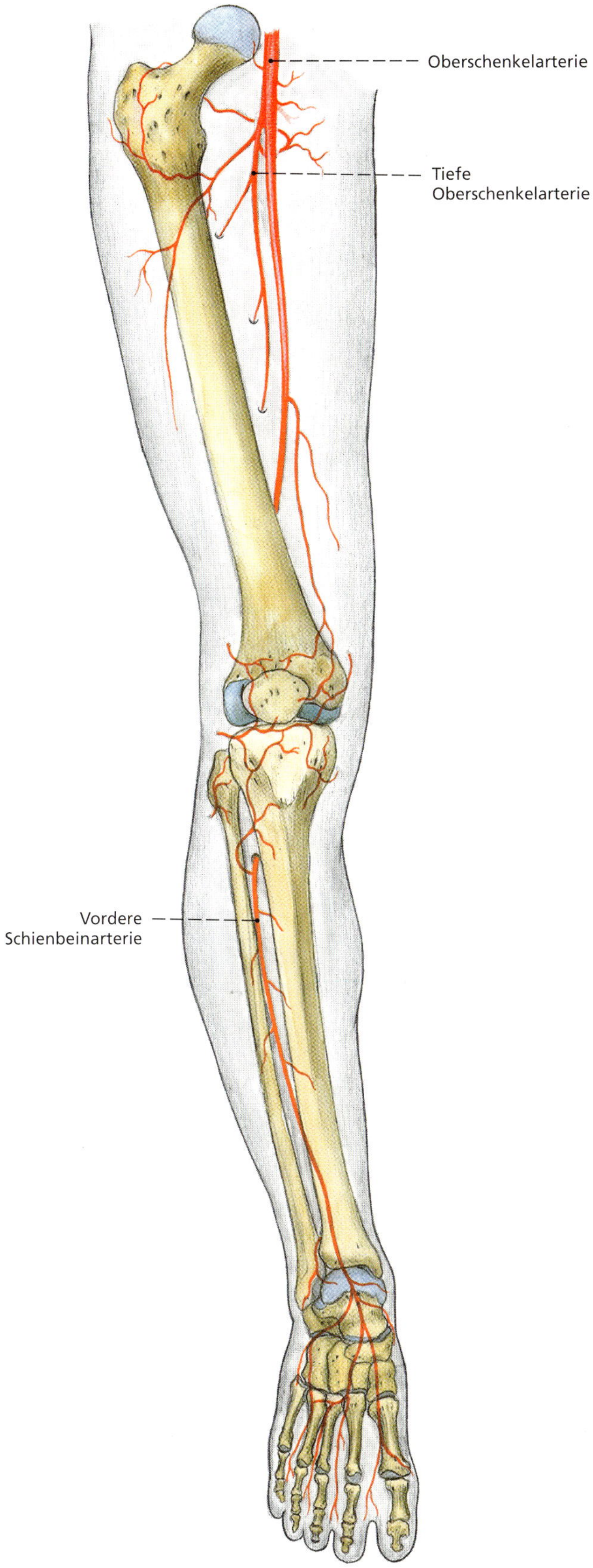

◆ **Abb. 290a**

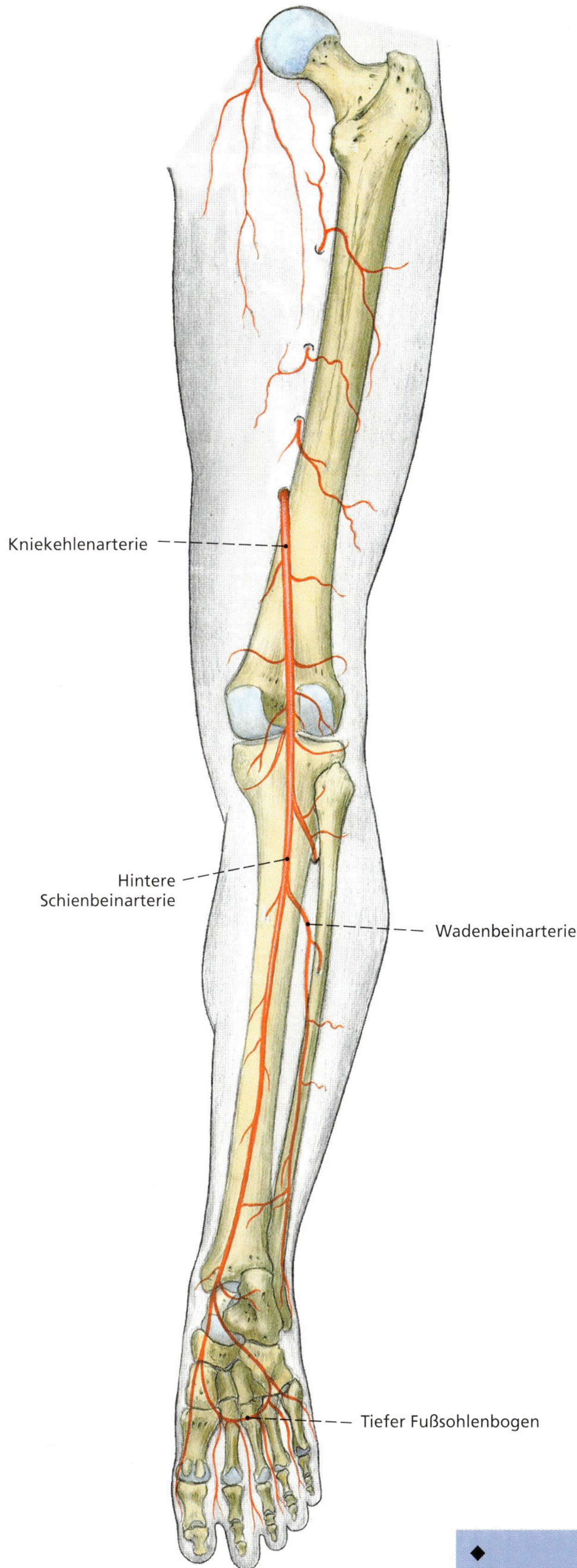

◆ **Abb. 290b**

◆
Abb. 290
Arterien des rechten Beines von vorne (a) und hinten (b).

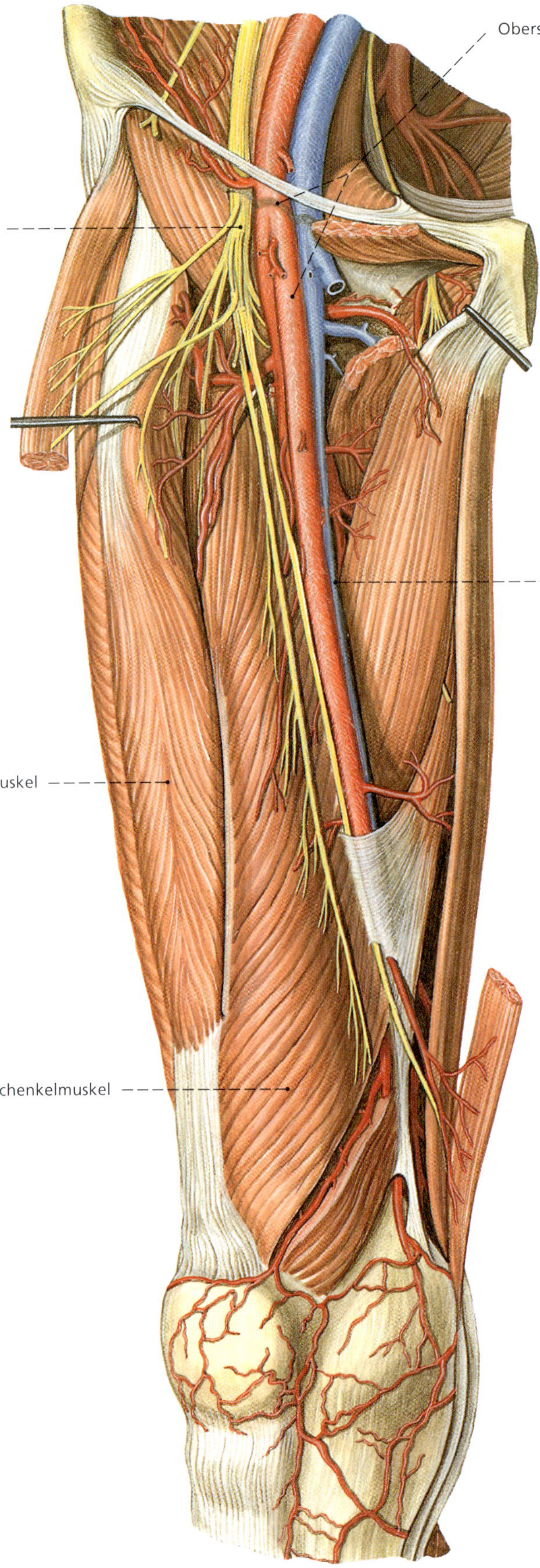

◆
Abb. 291
Arterien und Venen des rechten Oberschenkels (tiefe Schicht) von vorne. Ein Teil der Oberschenkelmuskulatur wurde entfernt.

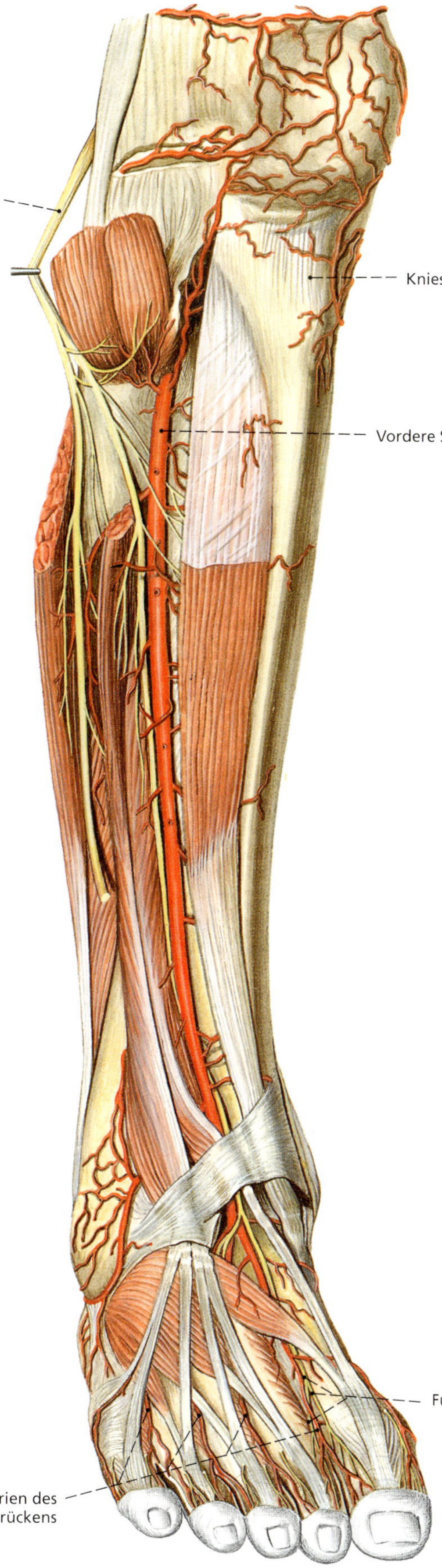

◆
Abb. 292
Arterien des rechten Unterschenkels (tiefe Schicht) von vorne. Ein Teil der vorderen Unterschenkelmuskulatur wurde entfernt.

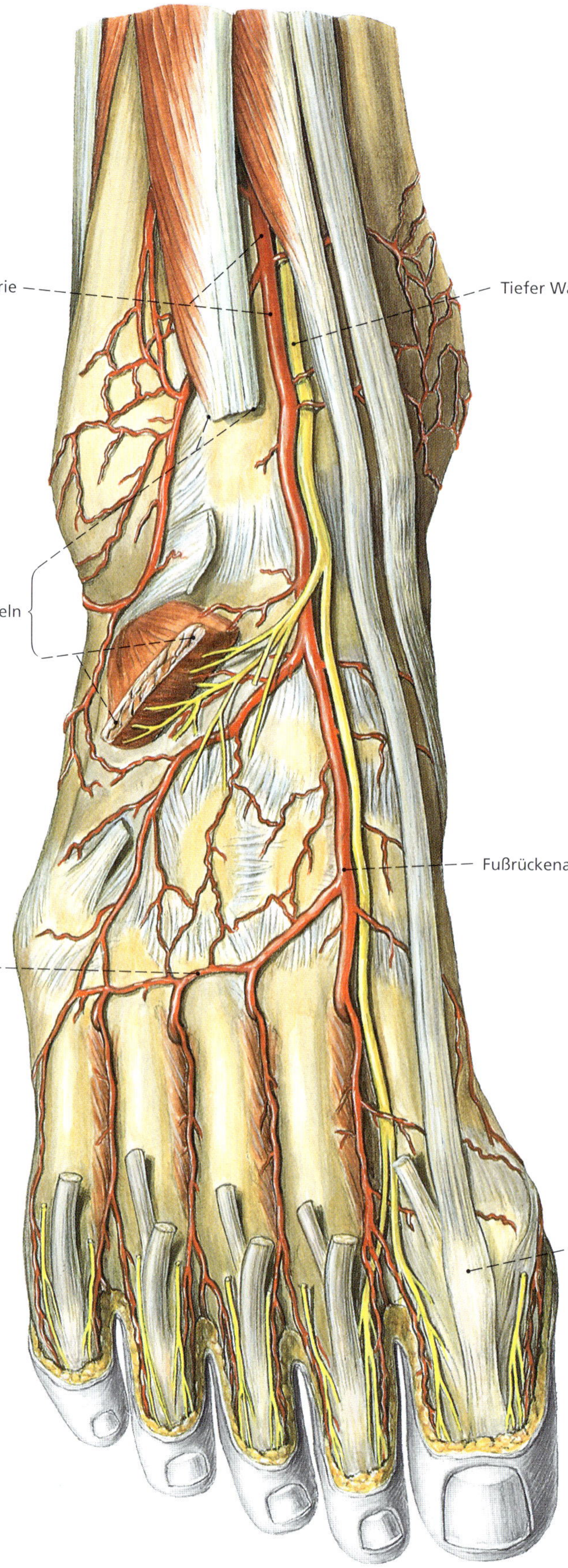

◆
Abb. 293
Arterien des rechten Fußrückens. Die Zehenstreckmuskeln sind entfernt.

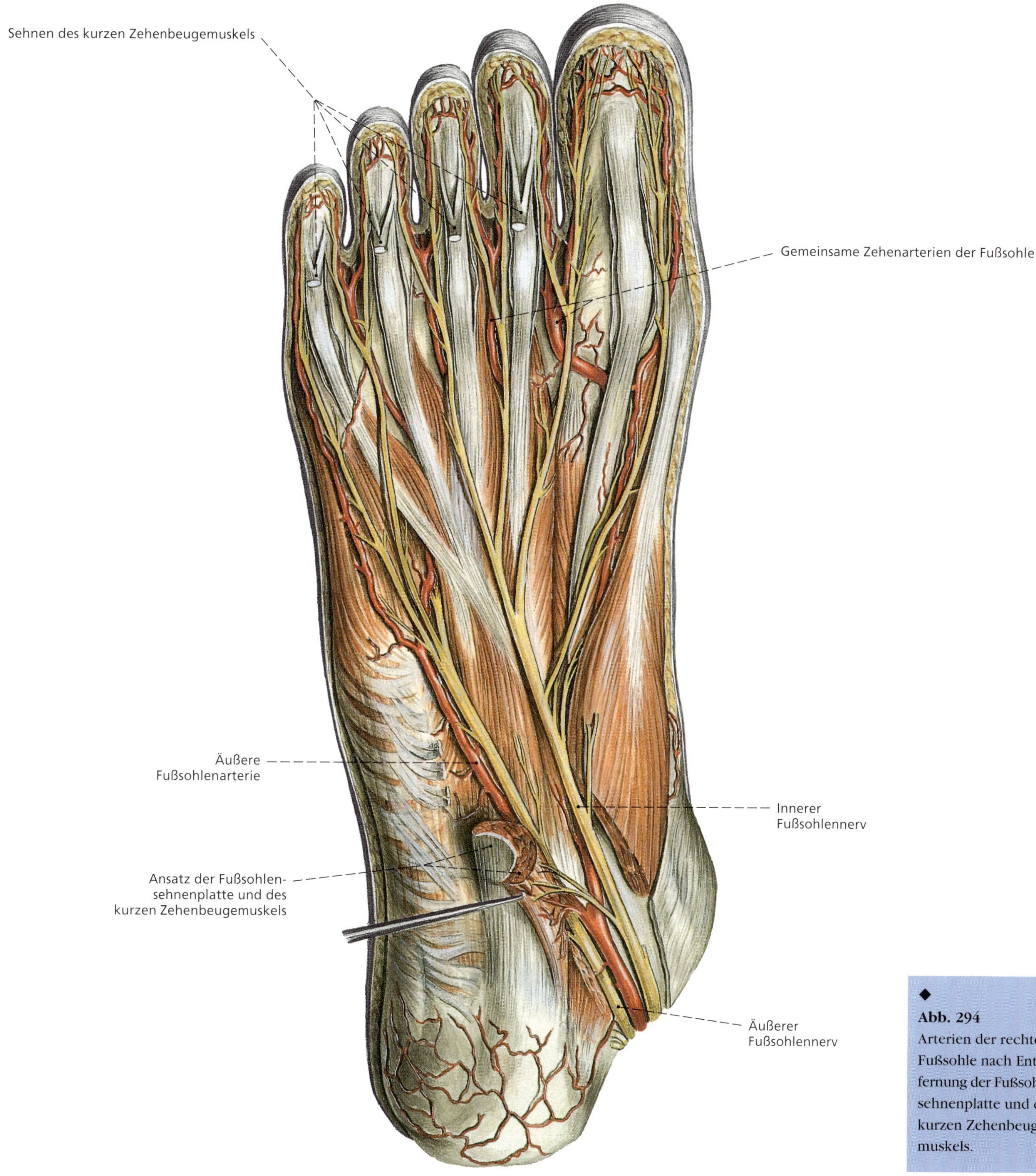

◆
Abb. 294
Arterien der rechten Fußsohle nach Entfernung der Fußsohlensehnenplatte und des kurzen Zehenbeugemuskels.

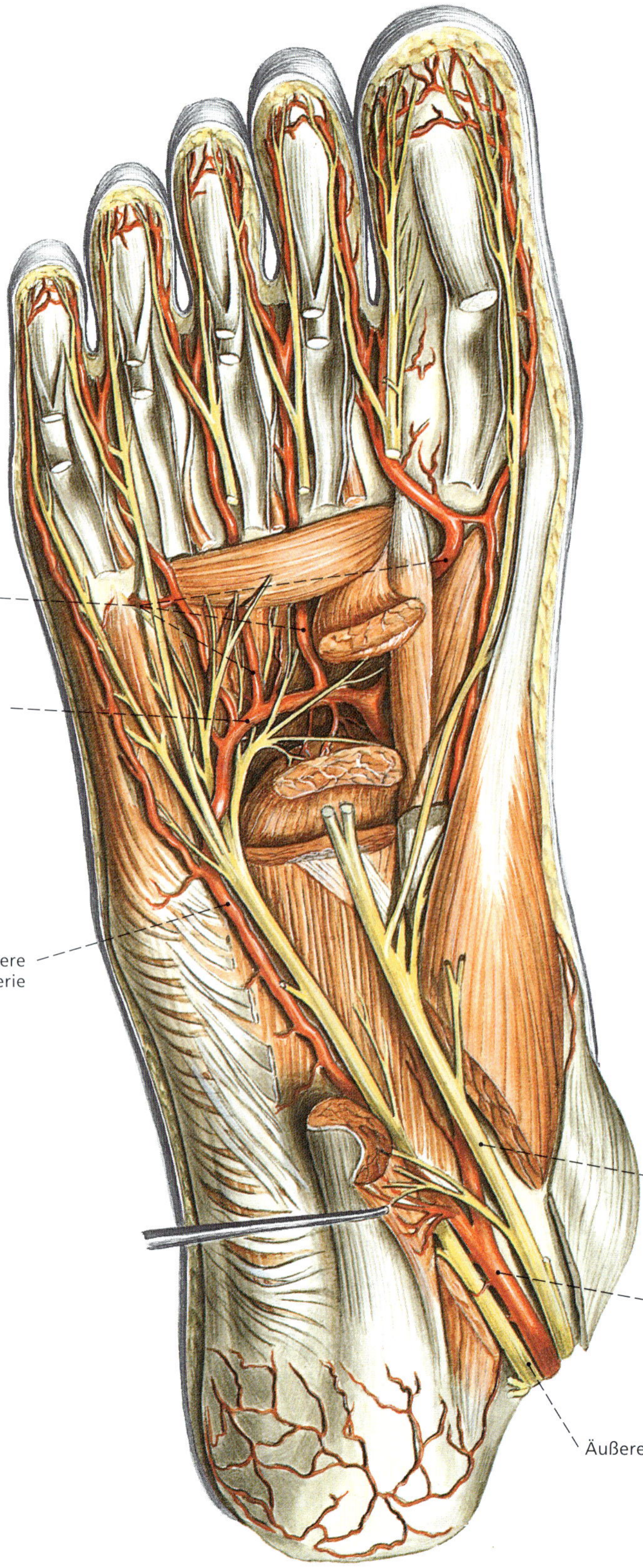

◆
Abb. 295
Arterien der rechten Fußsohle nach Entfernung der Fußsohlensehnenplatte und eines großen Teils der Zehenmuskulatur.

Lymphsystem

Unser Körper verfügt nicht nur über ein System aus Blutgefäßen, die die Gewebe mit Nährstoffen versorgen. Zusätzlich gibt es ein Drainagesystem, über das ein Teil der Gewebsflüssigkeit, die Lymphe, zur Weiterverarbeitung in die Körpervenen abtransportiert wird. Dieses sogenannte Lymphsystem besteht aus Lymphgefäßen mit zwischengeschalteten Filterstationen, den Lymphknoten. Die Aufgabe des Lymphsystems erschöpft sich aber nicht im Transport von Lymphflüssigkeit. Gemeinsam mit den Lymphknoten spielt es auch eine wichtige Rolle bei der Abwehr von Fremdstoffen und Krankheitserregern.

Lymphgefäße

Die kleinsten Verzweigungen der Lymphgefäße, die Lymphkapillaren, beginnen überall im Körper in den Gewebsspalten. Von dort nehmen sie einen Teil der Flüssigkeit wieder auf, die von den Blutgefäßen aus ins Gewebe übergetreten ist, um die Körperzellen mit Nährstoffen zu versorgen. Der Rücktransport der Gewebsflüssigkeit wird zwar größtenteils von den Venen übernommen, die Lymphgefäße stehen ihnen jedoch unterstützend zur Seite und verhindern dadurch, daß Flüssigkeit ins Gewebe eingelagert wird.

Die kleinen Lymphkapillaren vereinigen sich zu immer größeren Gefäßen, die ähnlich aufgebaut sind wie Venen. Auch sie verfügen über Klappen, die den Flüssigkeitsstrom in eine bestimmte Richtung lenken. Die Lymphflüssigkeit sammelt sich schließlich in einem großen Gefäß, dem Brustmilchgang, der in die obere Hohlvene einmündet.

Pro Tag werden etwa zwei Liter Gewebsflüssigkeit über die Lymphgefäße abtransportiert. Diese sogenannte Lymphe setzt sich aus Blutflüssigkeit (Blutplasma), Fettstoffen, Zellteilen, Fremdkörpern und Bakterien zusammen. Wegen ihres Fettgehalts sieht sie gelblich aus.

Lymphknoten

Die eigentliche Reinigungs- und Abwehrarbeit findet in den Lymphknoten statt, die als Filterstationen in die Lymphbahnen eingeschaltet sind. Es handelt sich dabei um kleine, bohnenförmige Organe sehr unterschiedlicher Größe. Manche sind mit bloßem Auge nicht zu erkennen, andere wiederum sind etwa haselnußgroß. Einige Lymphknoten liegen direkt unter der Haut, beispielsweise im Hals- und Nackenbereich, der Achselhöhle und der Leistenbeuge. Dort können sie getastet werden, wenn sie vergrößert sind.

Die Aufgabe der Lymphknoten besteht darin,
- die Lymphflüssigkeit von Verunreinigungen und Zelltrümmern zu befreien
- Abwehrzellen (Lymphozyten) zu bilden
- körperfremde Stoffe (Antigene) wie beispielsweise Bakterien und Pollen abzuwehren

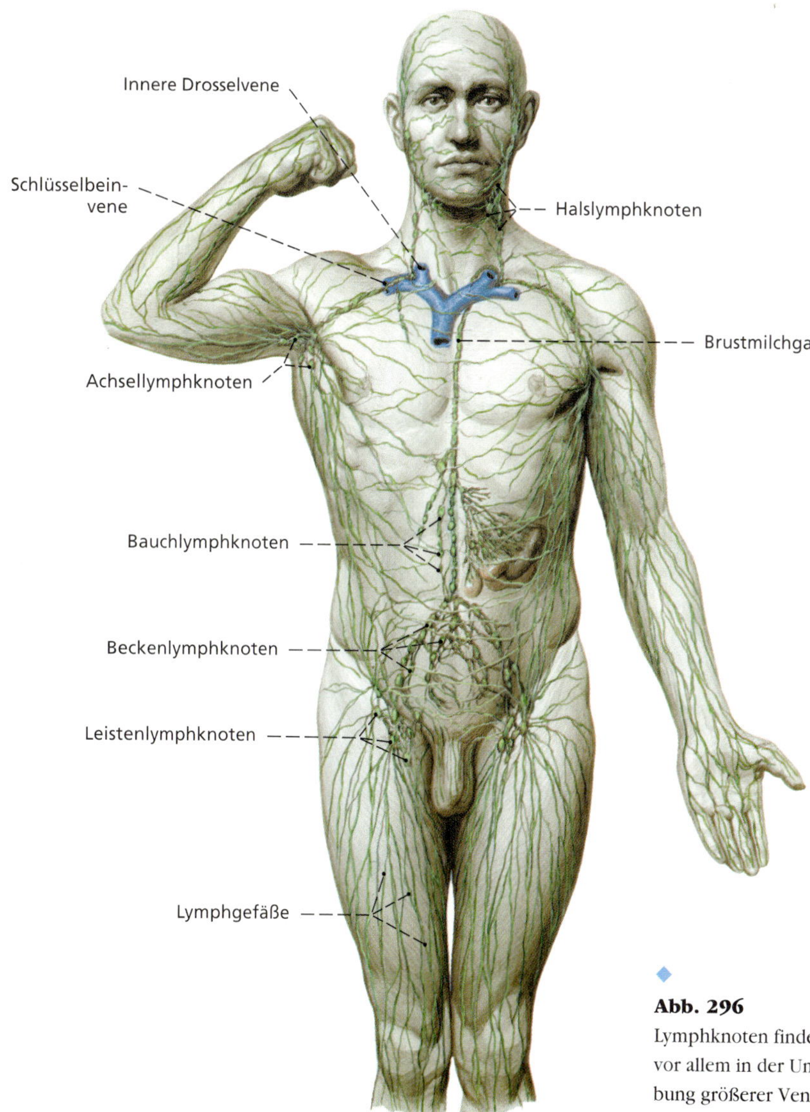

Abb. 296
Lymphknoten finden sich vor allem in der Umgebung größerer Venen. Wichtige Lymphknotengruppen sind die des Halses, der Achselhöhle, des unteren Bauchraums und der Leistenbeuge. Die Lymphgefäße durchziehen als ein feines Netz den ganzen Körper. Ihr Querschnitt ist in der Regel wesentlich kleiner als der von Blutgefäßen.

Um diese Aufgaben erfüllen zu können, weisen Lymphknoten eine bestimmte Baustruktur auf. Ihr lockeres, schwammähnliches Gewebe ist netzartig verflochten und bildet dadurch ein Filter für Fremdkörper und Erreger. Da die Lymphflüssigkeit dieses Netzwerk sehr langsam passiert, bleibt genug Zeit, um Krankheitserreger ausfindig und unschädlich zu machen. Bei einer Entzündung der Gaumenmandeln (Tonsillitis) beispielsweise sind die Lymphknoten in dieser Region stark gefordert, um die Erreger „aus dem Verkehr zu ziehen". Sie schwellen deshalb an, was manchmal schmerzhaft ist. Auch für Tumorzellen bilden die Lymphknoten eine Barriere und verhindern zunächst, daß der gesamte Körper mit diesen Zellen überschwemmt wird. Auch das führt zu einer tastbaren Vergrößerung der Lymphknoten in der entsprechenden Region.

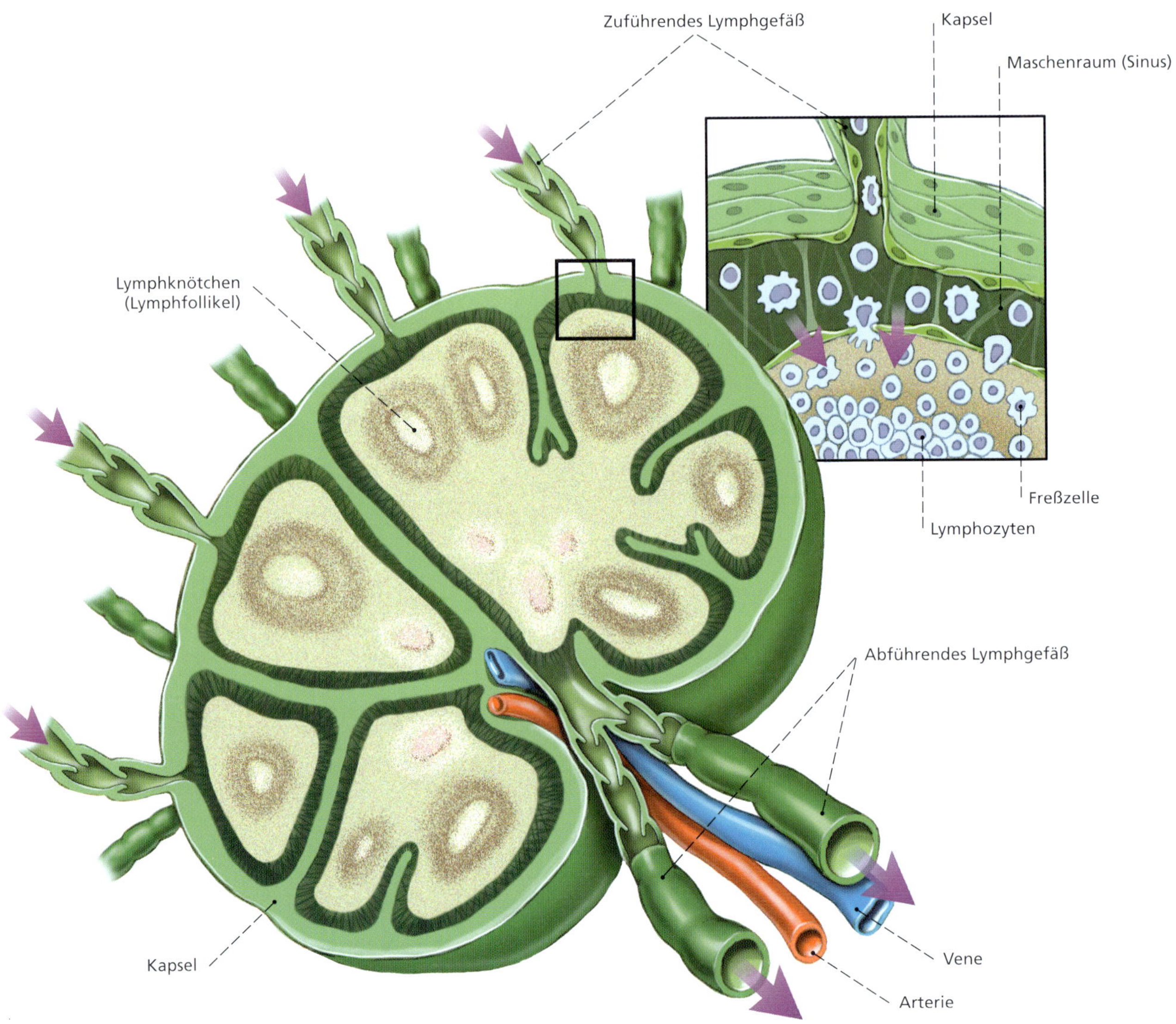

Abb. 297
An den Lymphknoten unterscheidet man zuführende und abführende Lymphgefäße. Über die zuführenden Gefäße tritt die Lymphflüssigkeit in die Lymphknoten ein *(Detail)*, kommt dort mit den Freßzellen in Kontakt, wird gefiltert und fließt schließlich über die abführenden Gefäße wieder ab.

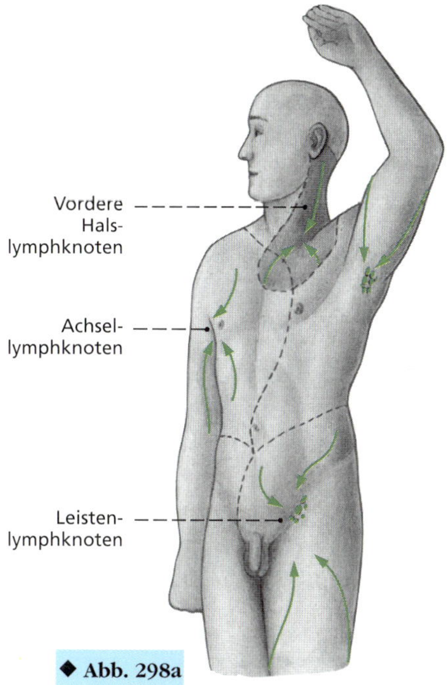

◆ Abb. 298a

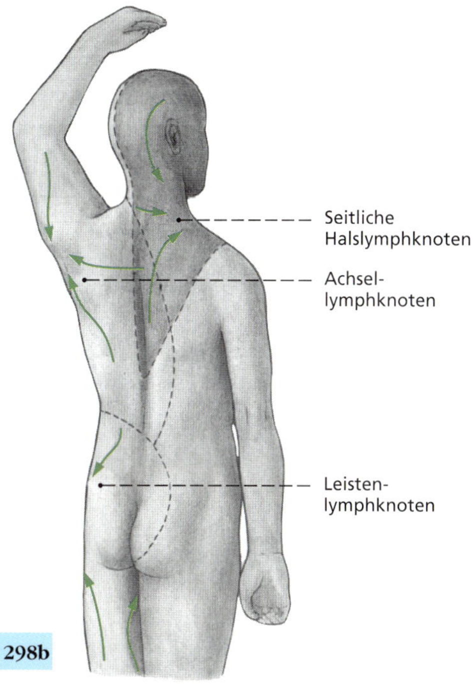

◆ Abb. 298b

◆
Abb. 298
Einzugsgebiete der Lymphknotengruppen des Körpers: (a) seitlich und vorne, (b) seitlich und hinten.
Halslymphknoten: Kopf-, Hals-, Schlüsselbein- und oberer Rückenbereich.
Achsellymphknoten: Schulter-, Arm- und Brustbereich bis über die Körpermittellinie, Rücken.
Leistenlymphknoten: Unterbauch-, Gesäß-, Bein- und Hüftbereich.

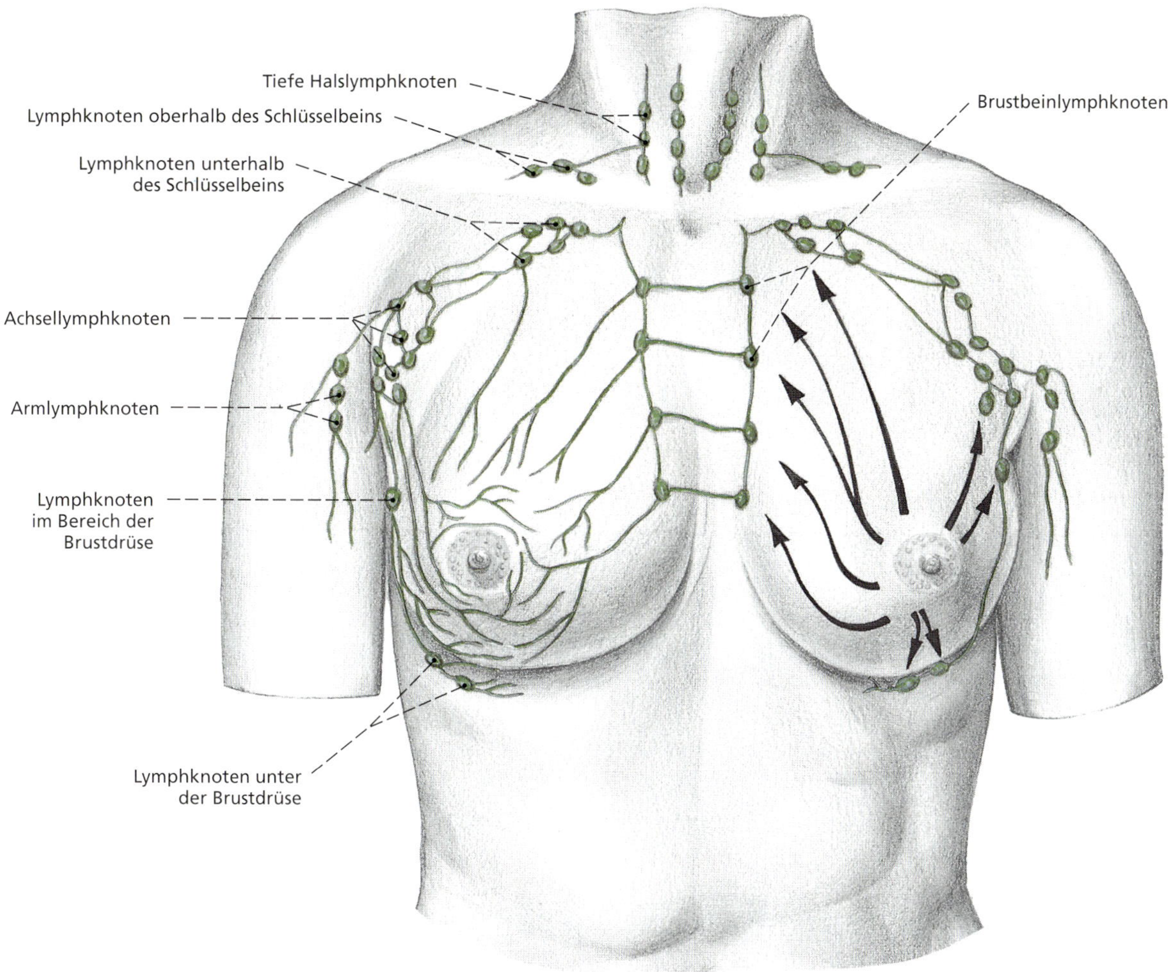

◆
Abb. 299
Lymphabflußwege der weiblichen Brust. Es bestehen Lymphgefäßverbindungen zwischen beiden Körperhälften.

◆
Abb. 300
Lymphknoten und Lymphgefäße des seitlichen Halsbereichs (links).

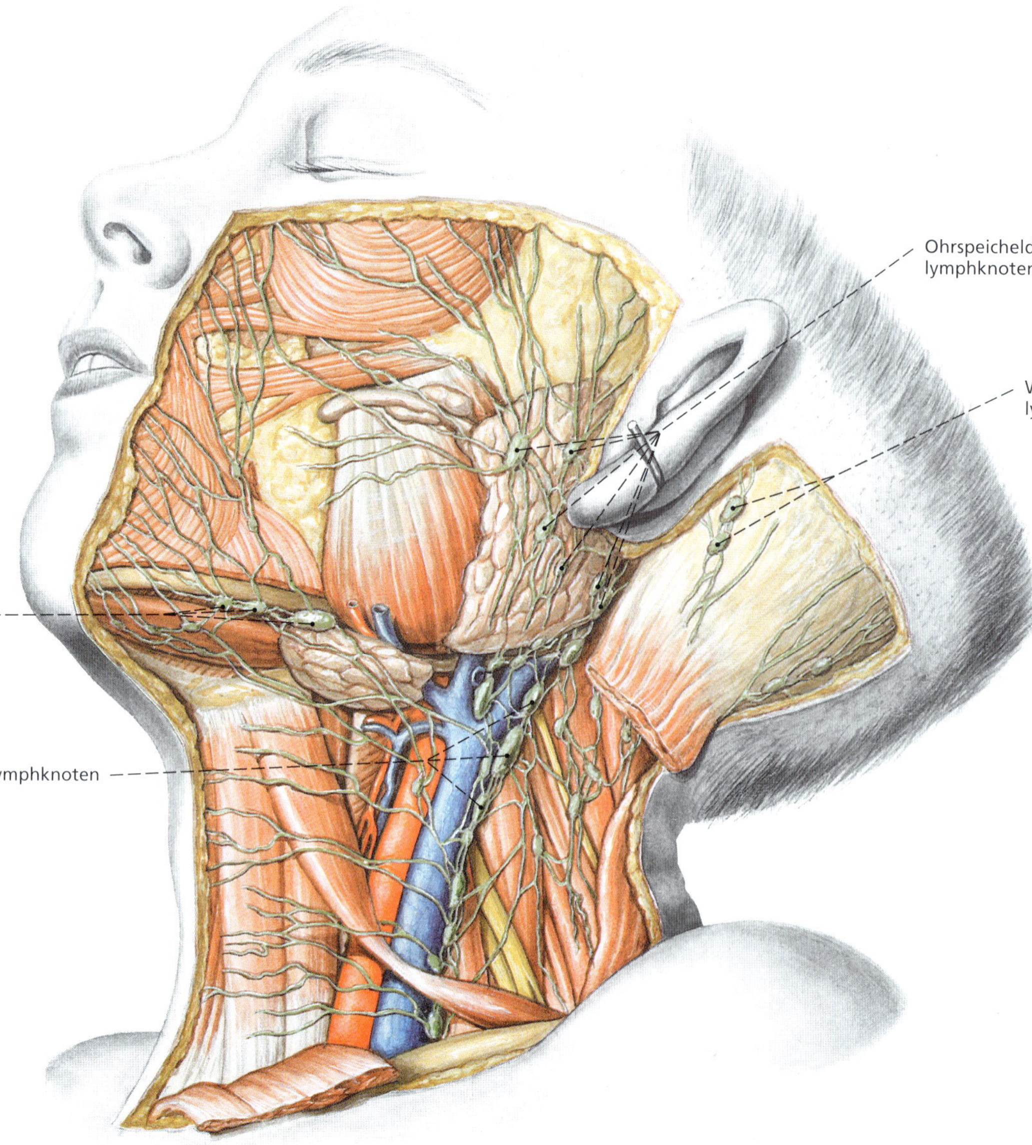

Abb. 301
Lymphknoten der Achselhöhle mit Zuflußgebieten aus seitlicher Brustwand und Arm (links).

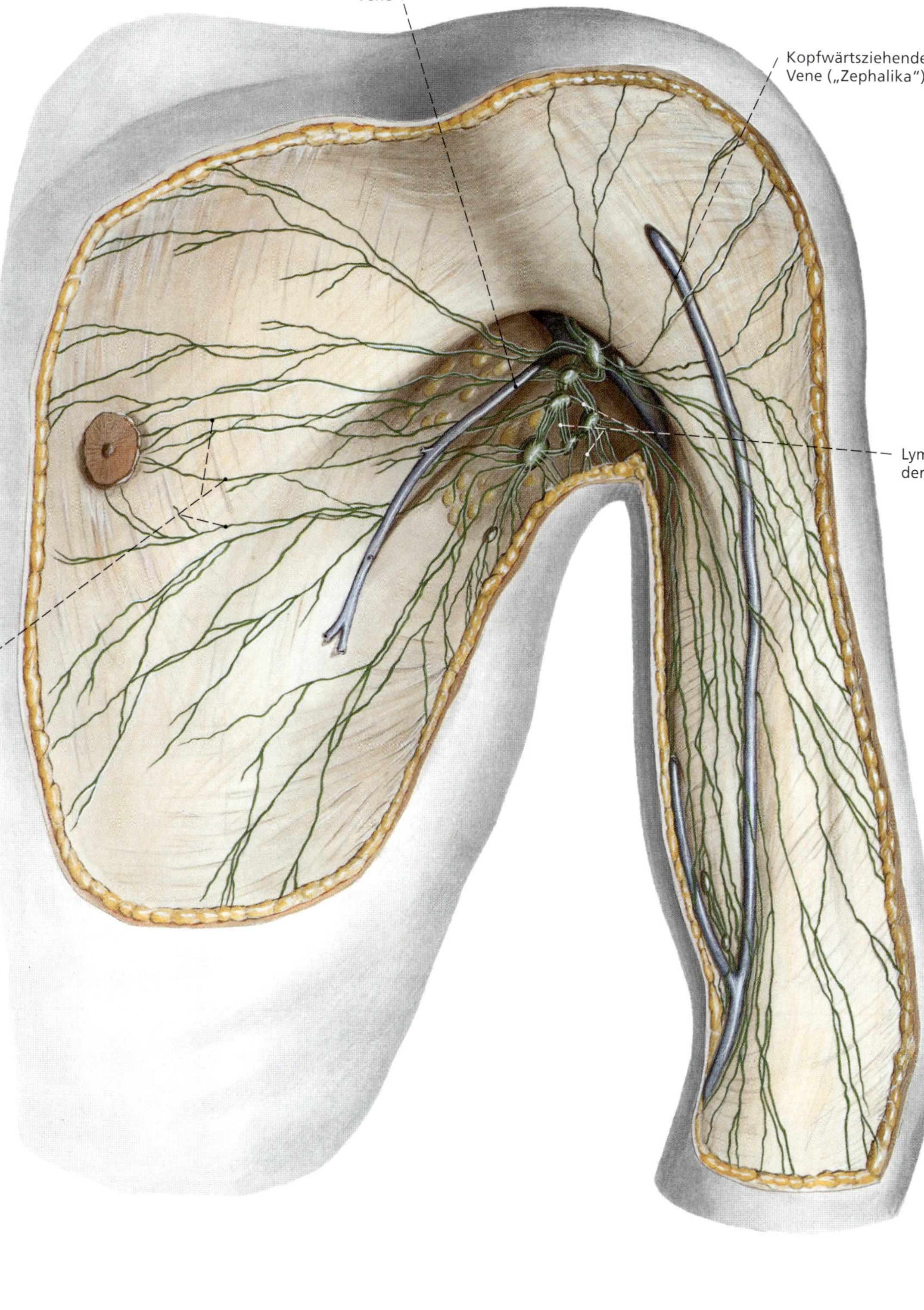

◆
Abb. 302
Lymphknoten der Achselhöhle und des tiefen seitlichen Halsbereichs. Das Schlüsselbein ist teilweise entfernt, die Brustmuskeln sind durchtrennt und weggeklappt.

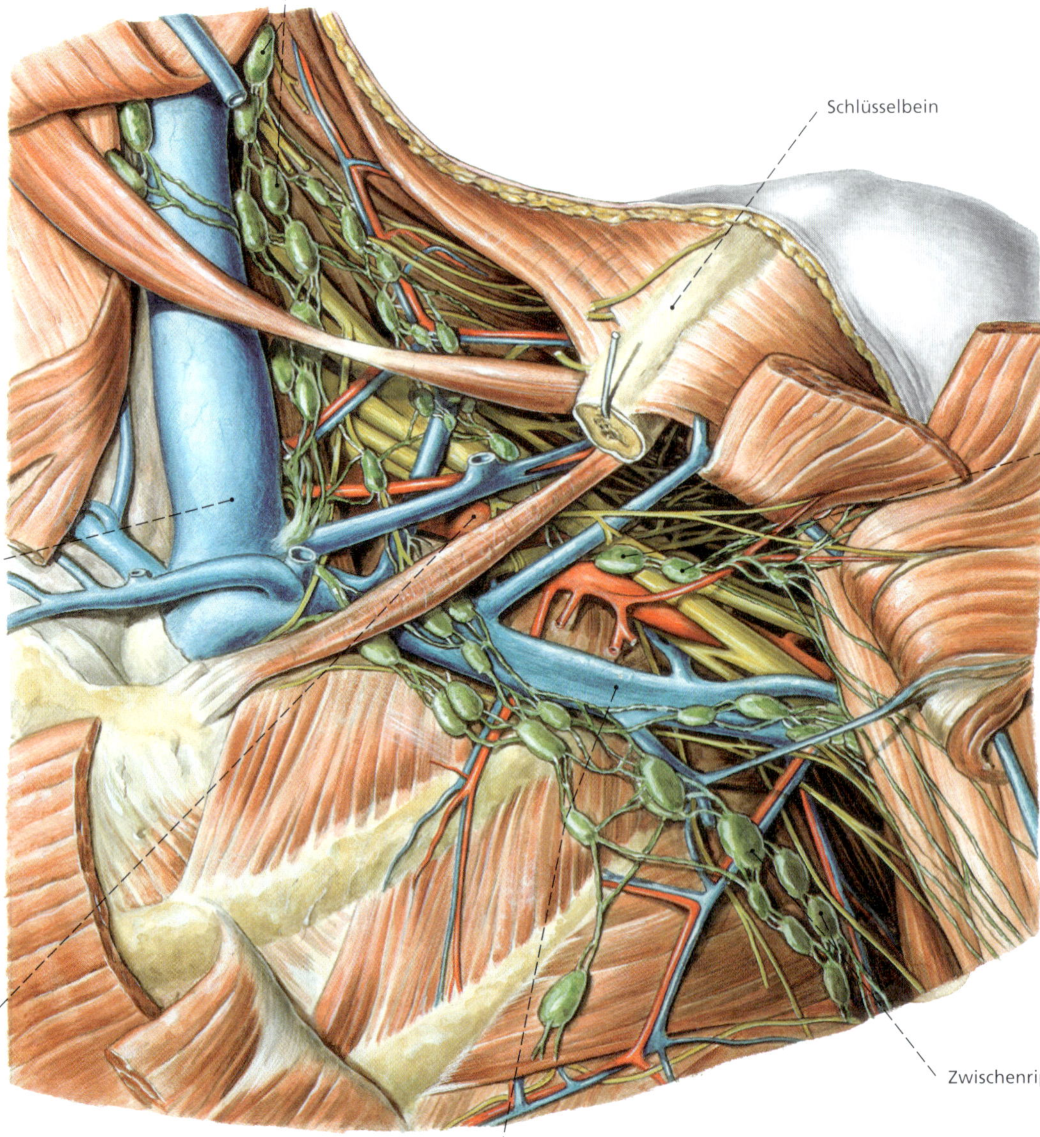

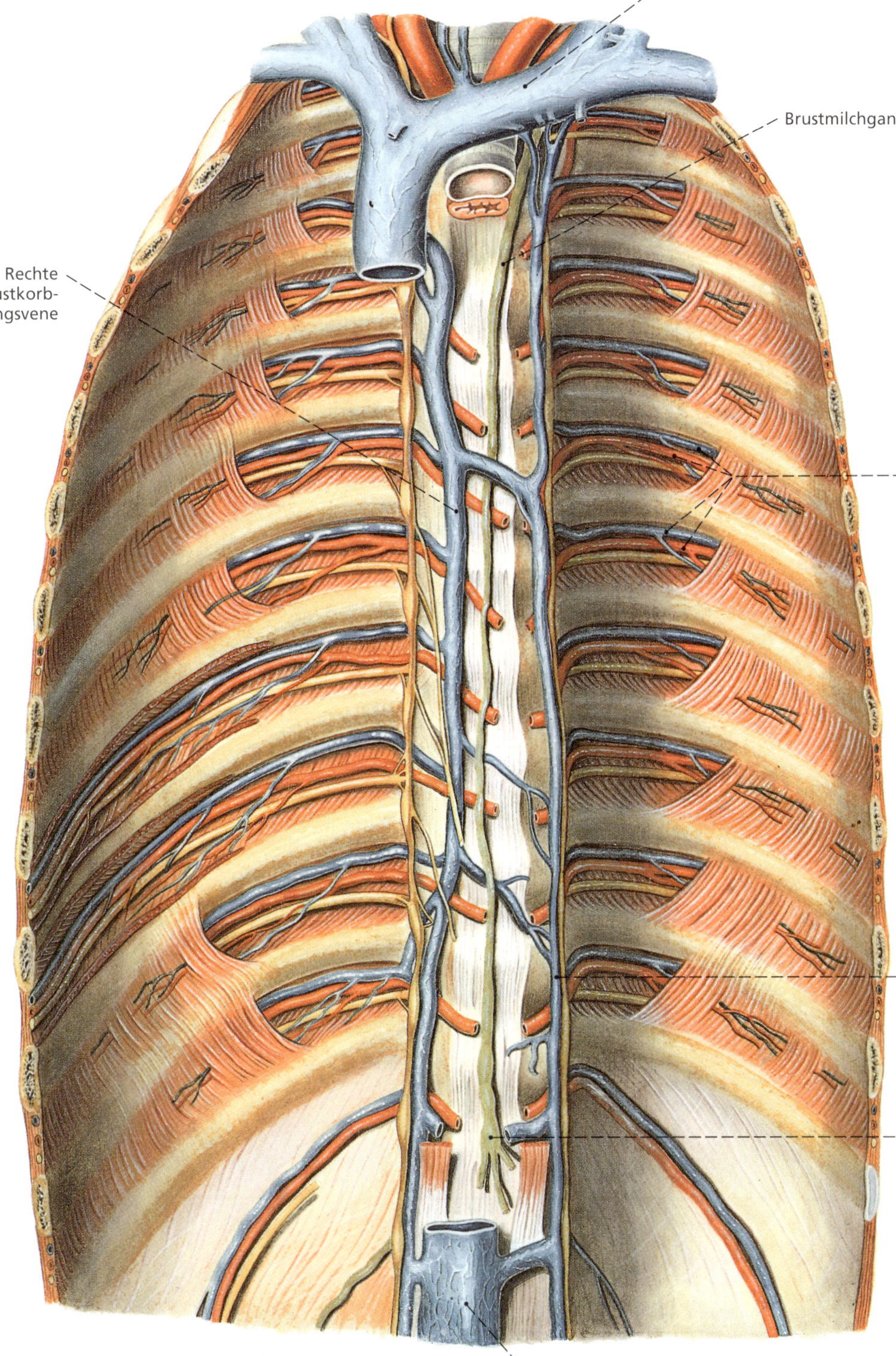

◆
Abb. 303
Brustmilchgang (hellgrün). Dieses größte Lymphgefäß des Körpers verläuft als dünner Strang neben der rechten Brustkorb-Längsvene (Vena azygos) auf der Vorderseite der Wirbelsäule nach unten. Es sammelt Lymphe aus dem gesamten Körper und mündet von hinten her in die linke Arm-Kopf-Vene.

◆
Abb. 304
Lymphknoten im Bereich des Herzens und der Luftröhre, die hier deutlich vergrößert sind. Ansicht von hinten. Die Bronchien sind vor ihrer Aufzweigung in die Lungen durchtrennt und entfernt.

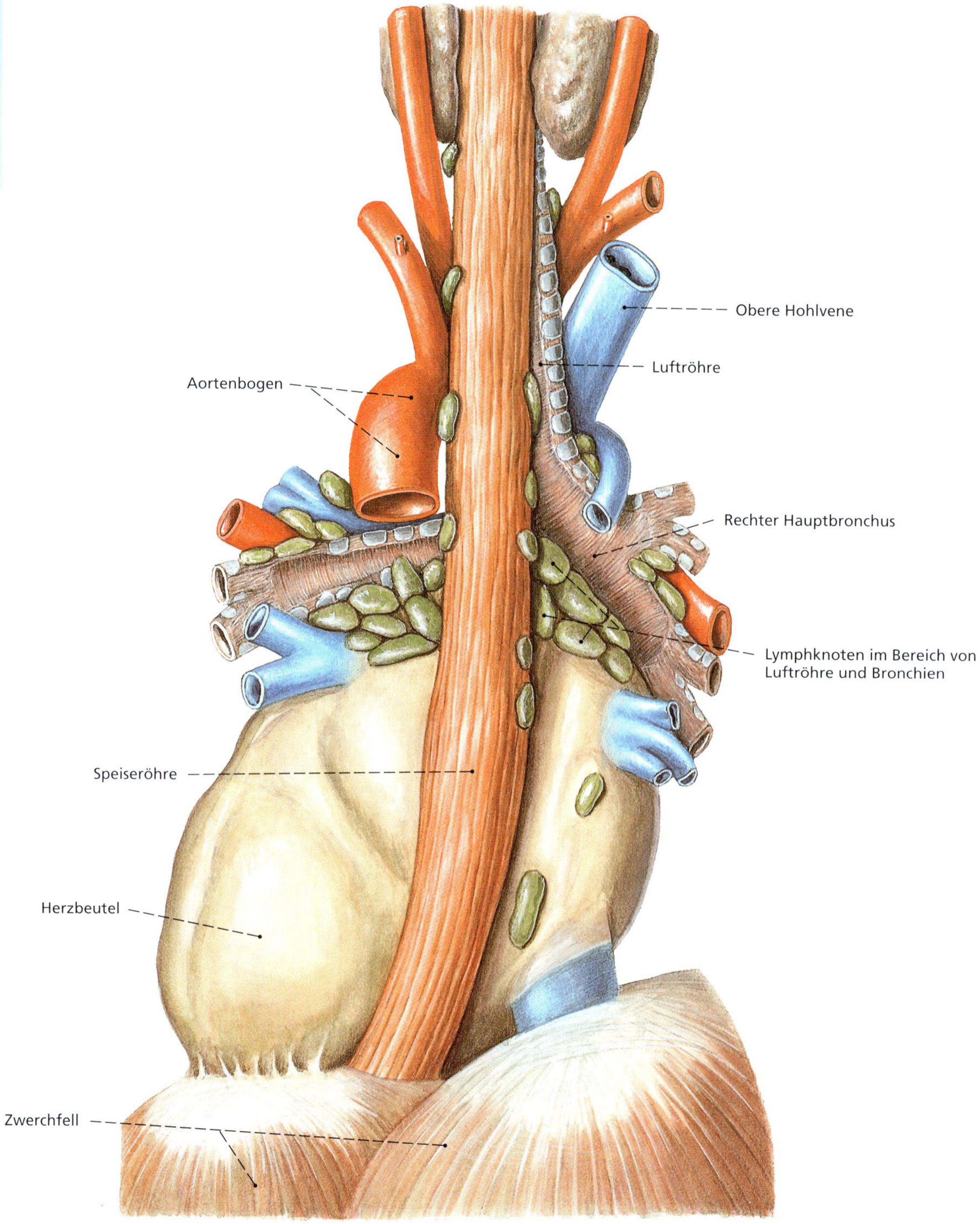

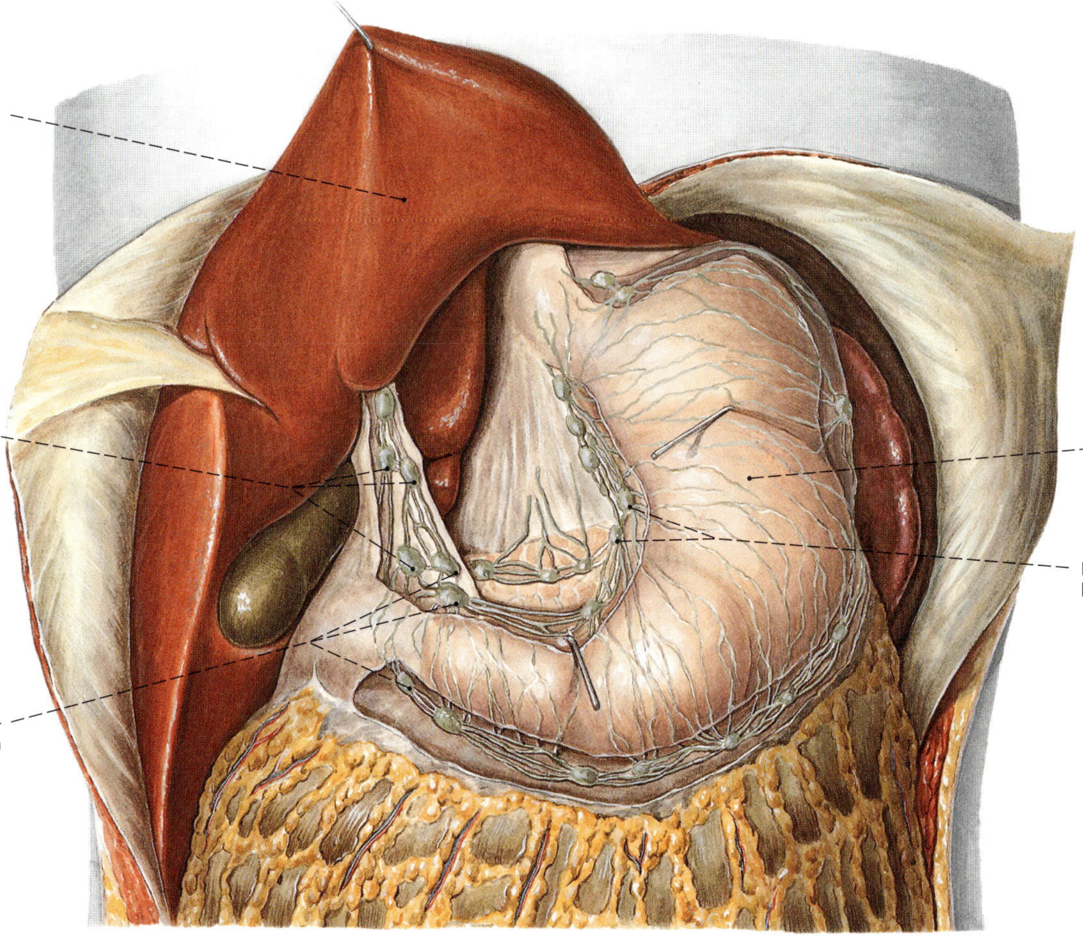

◆
Abb. 305
Lymphknoten im Bereich des Magens und der Leber. Ansicht von vorne. Der linke Leberlappen wurde nach oben gezogen, das Bauchfell an der kleinen und großen Magenkrümmung entfernt.

◆
Abb. 306
Dünndarmwand mit Lymphgefäßen in den Zotten (schematische Darstellung).

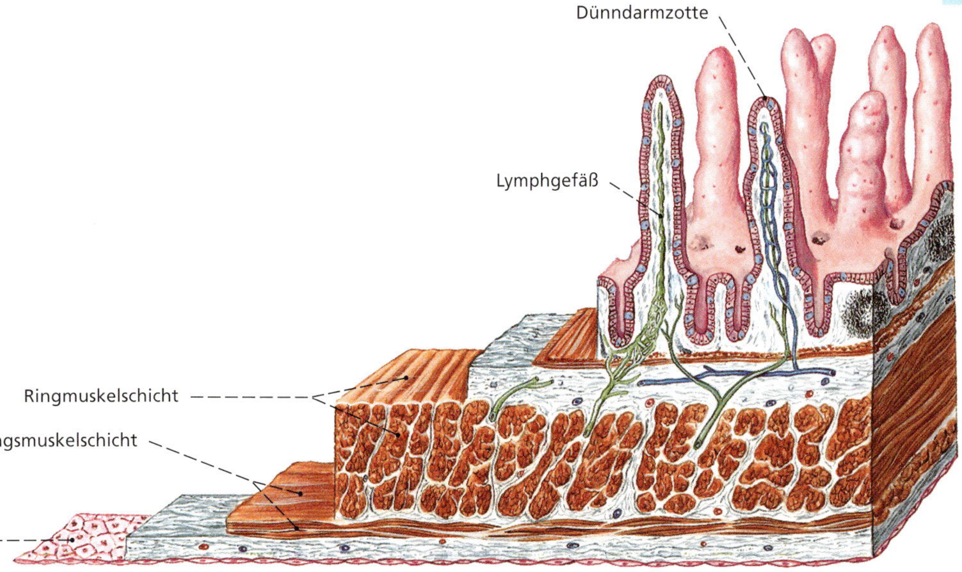

◆
Abb. 307
Lymphknoten und Lymphgefäße des Bauchraums und der Leistengegend von vorne. Die Bauchorgane sind entfernt.

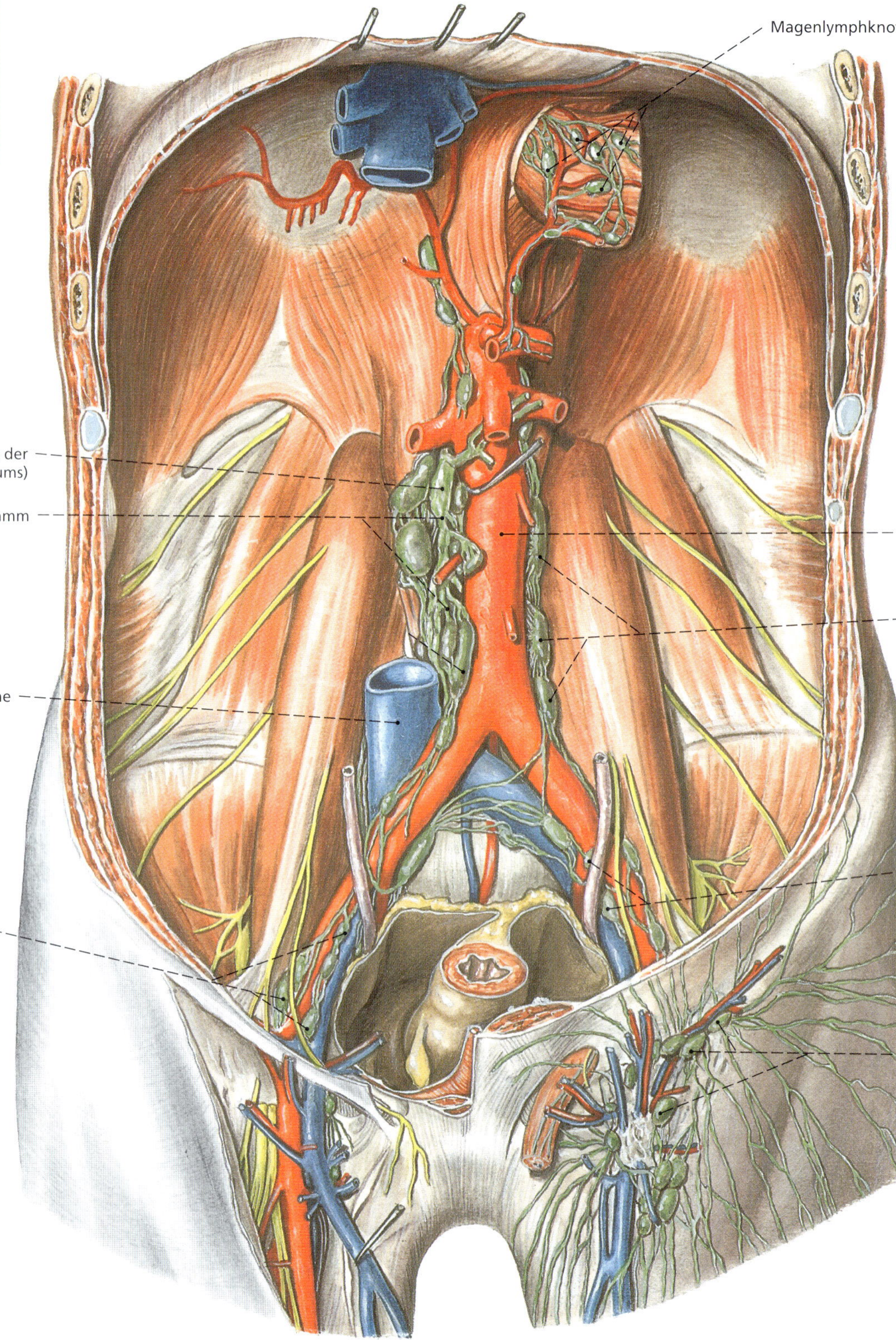

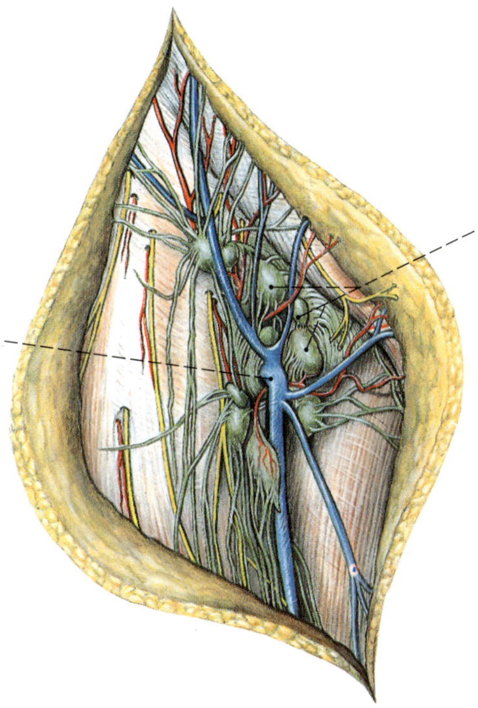

◆
Abb. 308
Lymphknoten und Lymphgefäße der rechten Leistengegend von vorne.

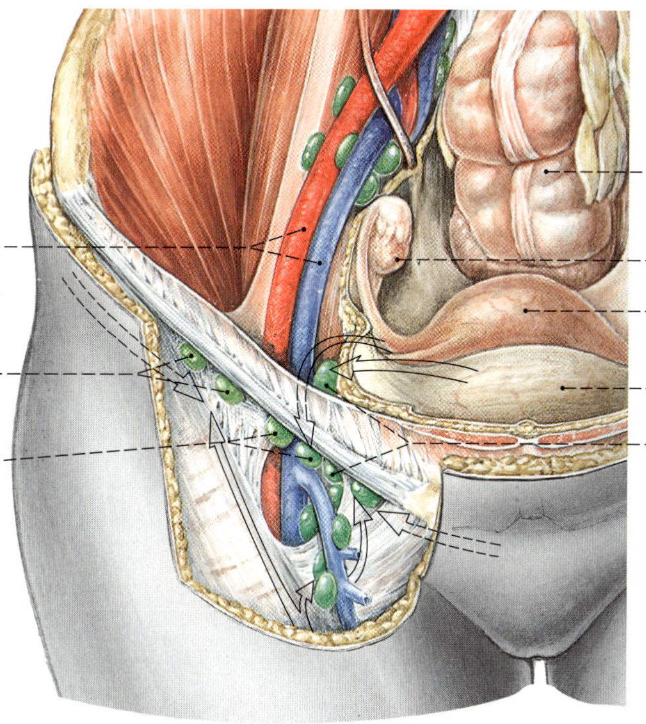

◆
Abb. 309
Einzugsbereich der Leistenlymphknoten (Pfeile) bei der Frau von vorne (rechts).

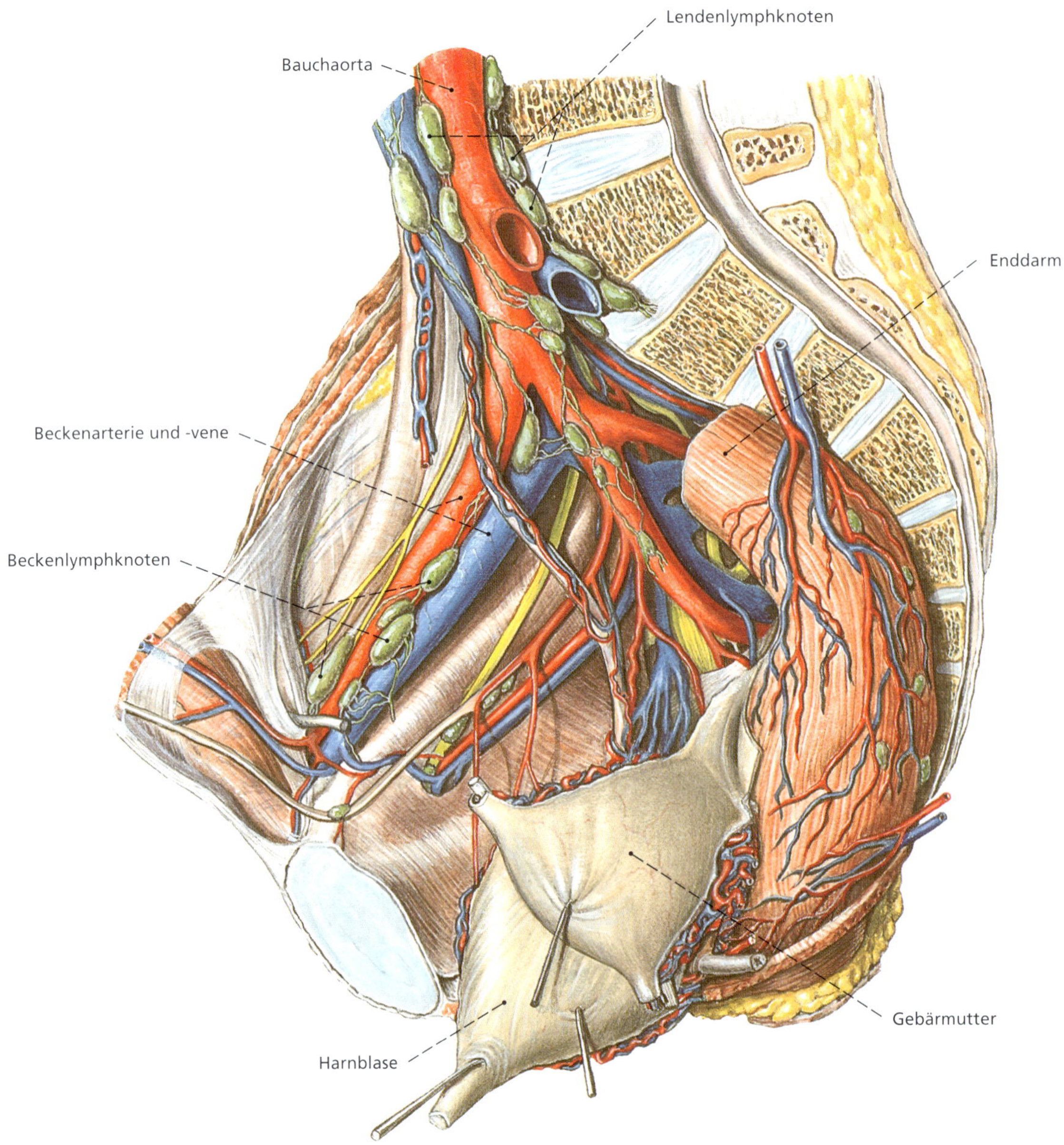

◆
Abb. 310
Lymphknoten und Lymphgefäße des weiblichen Beckens. Schnitt durch die Schambeinfuge des Beckens und die untere Wirbelsäule. Ansicht von links. Die Lymphknoten sind in der Regel viel kleiner als hier eingezeichnet.

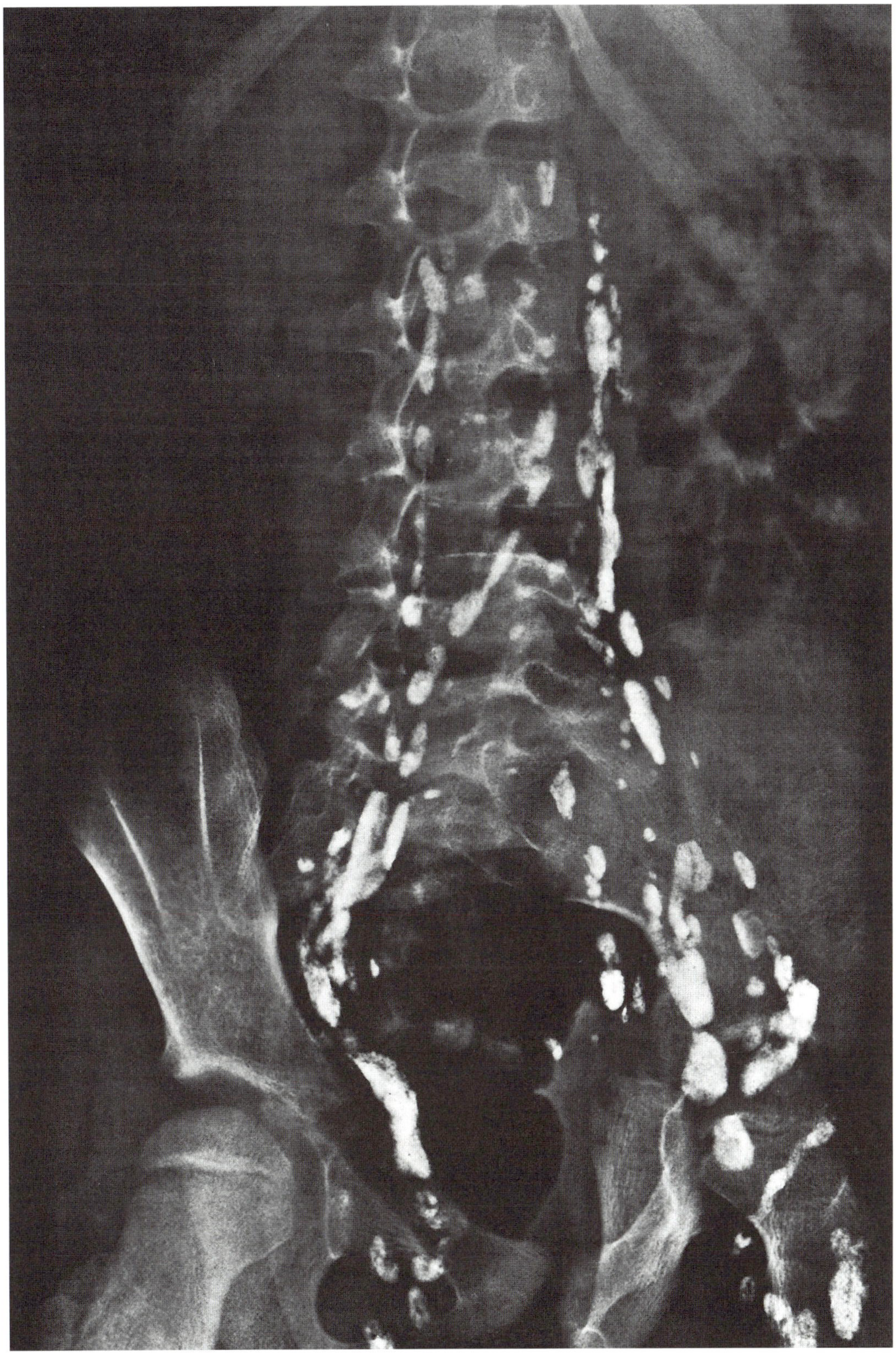

◆
Abb. 311
Lymphknotendarstellung (Lymphogramm) des Bauch- und Beckenraums (Röntgenbild).
Einzelstrukturen siehe Hilfsbild Seite 224.

◆
Abb. 312
Lymphknotendarstellung des Bauch- und Beckenraums. Hilfsbild zum Röntgenbild (Lymphogramm) Seite 223.

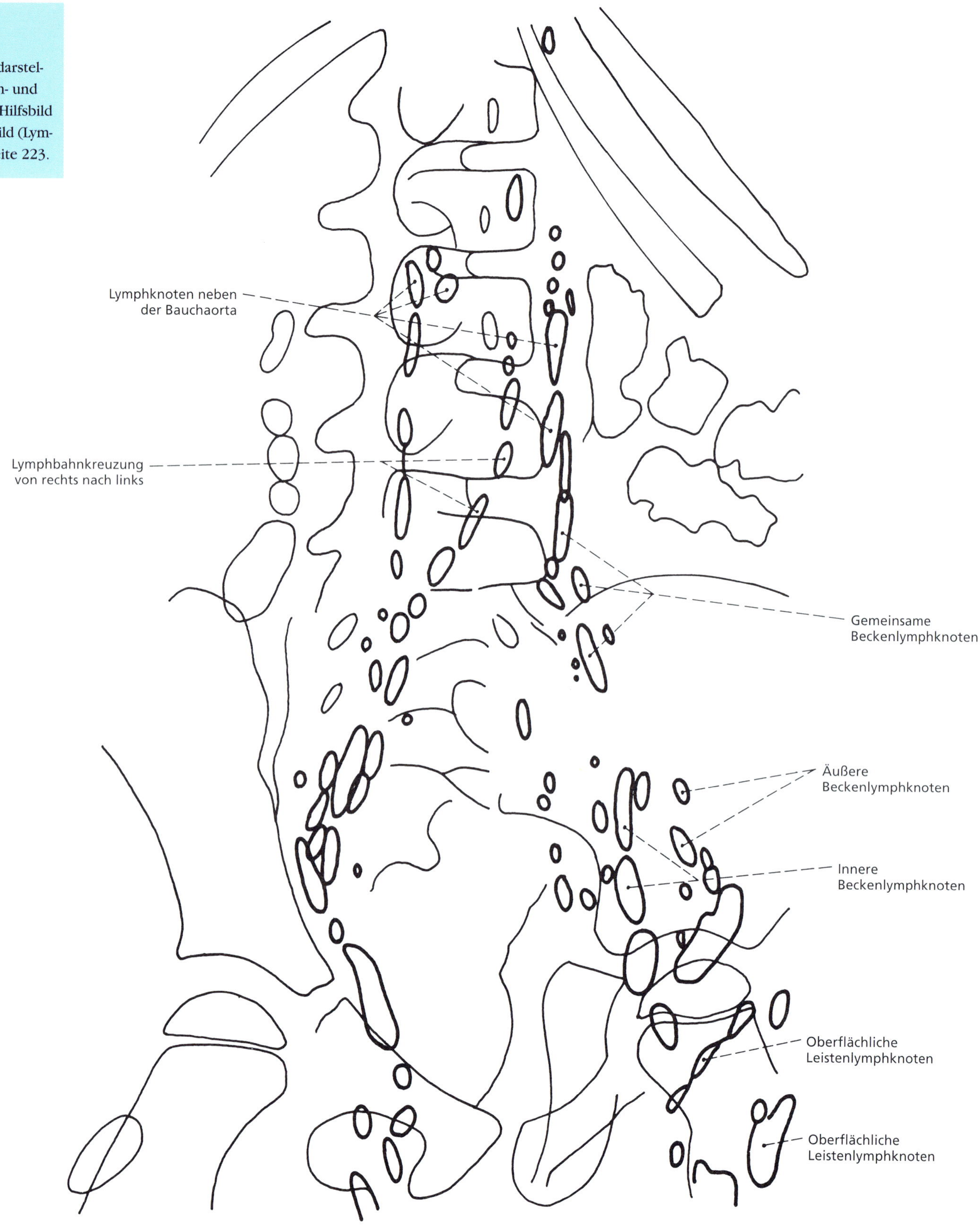

Milz

Die Milz ist das größte Organ unseres Immunsystems. Sie dient als Produktionsstätte für Immunzellen und Abwehrstoffe gegen Krankheitserreger. Außerdem werden in der Milz überalterte rote Blutzellen abgebaut - ein Vorgang, den man als „Blutmauserung" bezeichnet. Der Blutdurchfluß des Organs ist besonders hoch: Die Gesamtblutmenge des Körpers durchströmt die Milz im Lauf des Tages ungefähr 500mal.

Aufbau und Funktion

Das 150-200 g schwere, braunrote Organ liegt im linken Oberbauch direkt unterhalb des Zwerchfells. Die äußere Hülle bildet eine derbe Bindegewebskapsel, von der aus Bindegewebsstränge (Balken) in das Organinnere einstrahlen. Diese Balken bilden ein Gerüst für das Milzgewebe, die Pulpa.

Es gibt zwei verschiedene Gewebearten in der Milz:

- Die weiße Pulpa, die aus Lymphgewebe besteht. Hier werden Immunzellen (Lymphozyten) und Abwehrstoffe (Immunglobuline) gebildet.
- Die rote Pulpa. Sie besteht aus einem verzweigten Blutgefäßnetz mit stellenweise erweiterten Bluträumen (sogenannte Milzsinus). Hier werden nicht nur die überalterten roten Blutkörperchen abgebaut („Blutmauserung"), sondern auch Zelltrümmer, Krankheitserreger und Fremdstoffe „aus dem Verkehr gezogen".

Trotz dieser wichtigen Aufgaben gehört die Milz nicht zu den lebensnotwendigen Organen. Falls sie, beispielsweise bei einem Unfall, verletzt wird und entfernt werden muß, übernehmen andere Organe ihre Aufgaben. In der Leber findet dann der Abbau der roten Blutzellen, in Knochenmark und Lymphknoten die Bildung von Immunzellen und Abwehrstoffen statt.

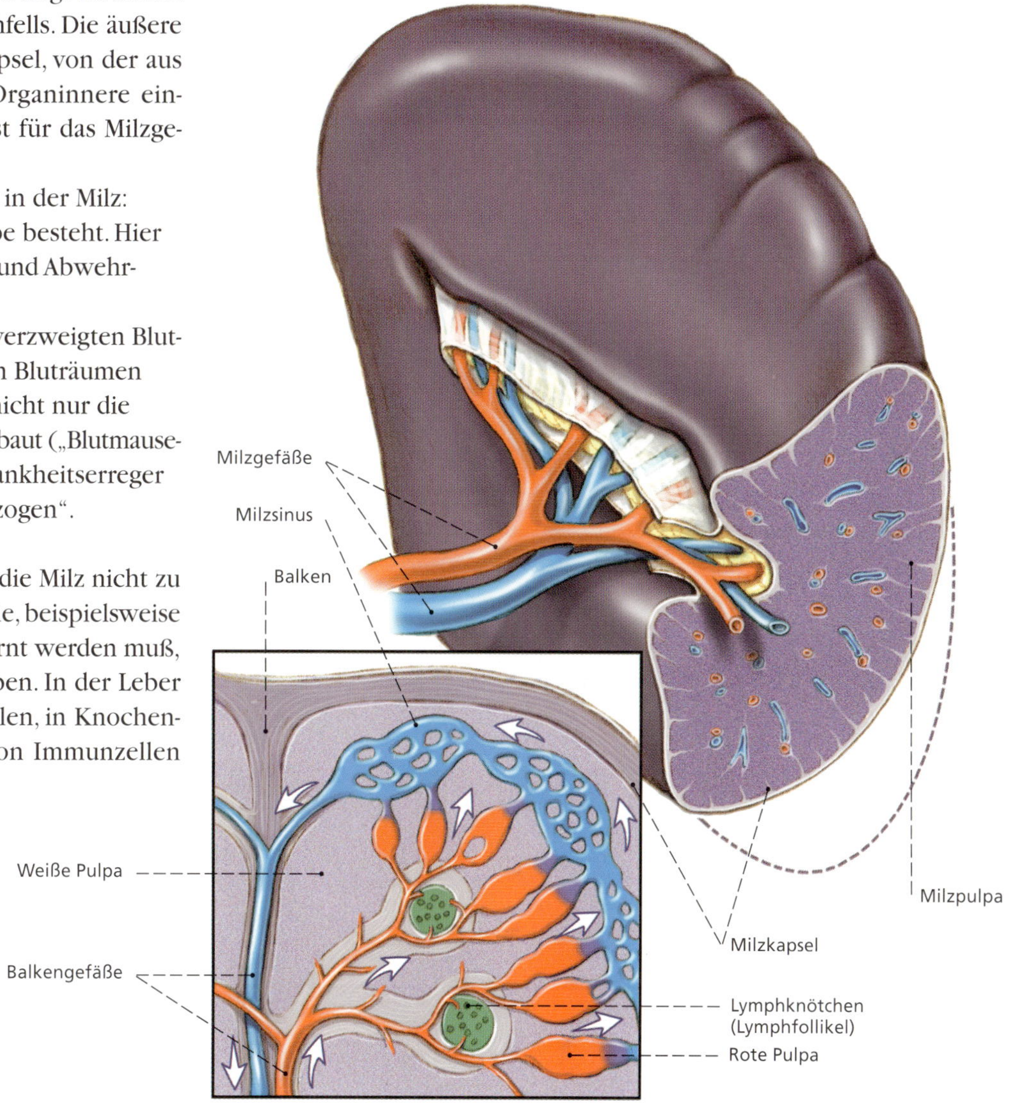

Abb. 313
Die Milzgefäße verzweigen sich bis in die Milzbalken und durchziehen dann als dichtes Netz die weiße und rote Pulpa *(Detail)*. In der weißen Pulpa liegen kleine Lymphknötchen. Über die Balkenvene fließt das in der Milz gefilterte Blut wieder ab.

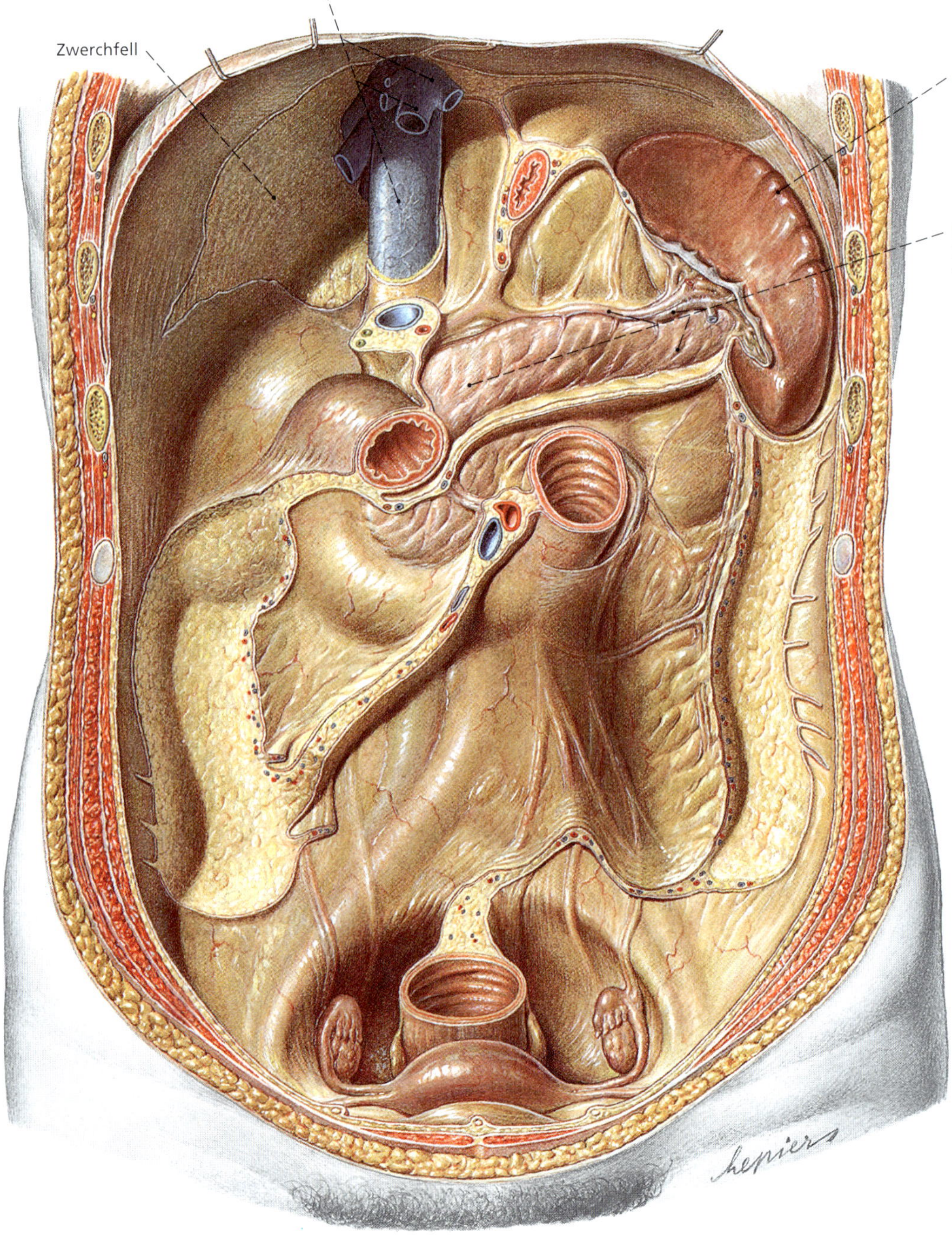

◆
Abb. 314
Die Milz liegt im linken oberen Bauchraum unter dem linken Rippenbogen und unterhalb des Zwerchfells. Alle Bauchorgane, außer der Bauchspeicheldrüse, sind entfernt. Der Schwanz der Bauchspeicheldrüse endet dort, wo die Milzgefäße in die Milz eintreten.

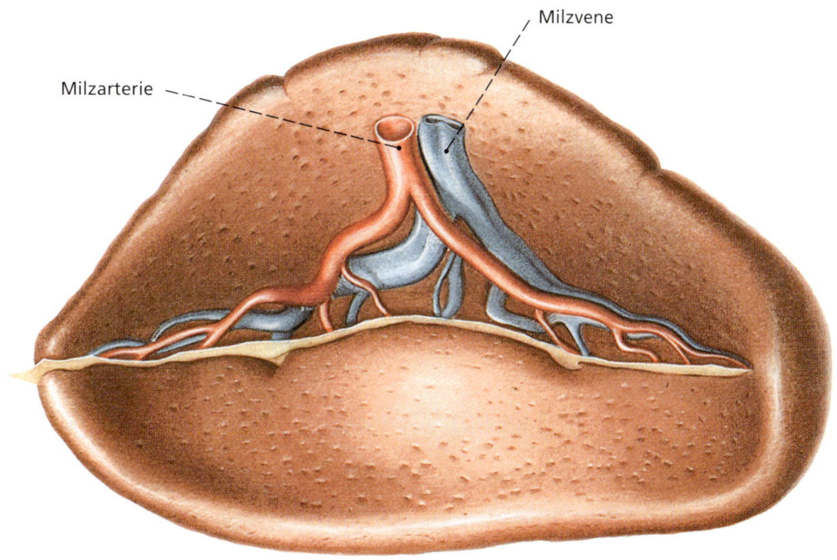

Abb. 315
Milzunterfläche mit Milzarterie und -vene.

Abb. 316
Außenfläche der Milz. Sie liegt direkt unter dem Zwerchfell.

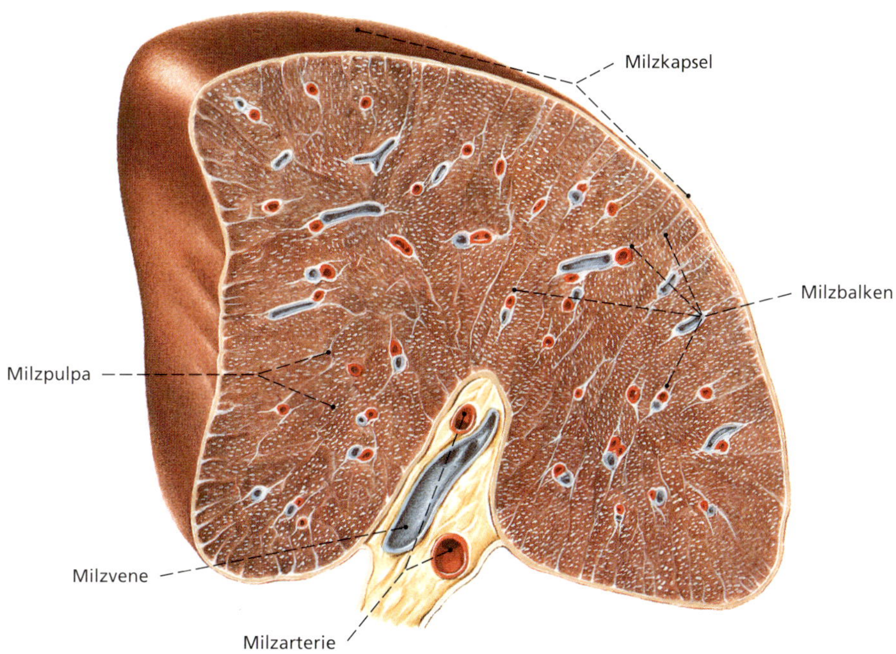

Abb. 317
Querschnitt durch die Milz. Ansicht von unten. Deutlich zu erkennen sind Kapsel, Milzbalken und quergeschnittene Blutgefäße (blau und rot).

Verdauungssystem

Vom Biß in das Brot bis zur Ausscheidung seiner unverdaulichen Bestandteile mit dem Stuhl ist es ein langer Weg. Zunächst wird das Brot im Mund zerkleinert und mit Speichel vermischt. Der so aufbereitete Nahrungsbrei gleitet dann durch die Speiseröhre in den Magen, wo er weiter verdaut wird. Während der anschließenden Passage durch den Dünndarm werden die Nahrungsbestandteile chemisch so verändert, daß sie über die Darmzotten in die Blutbahn übertreten können. Im Dickdarm wird dann der Darminhalt durch Wasserentzug eingedickt und schließlich über den After ausgeschieden.

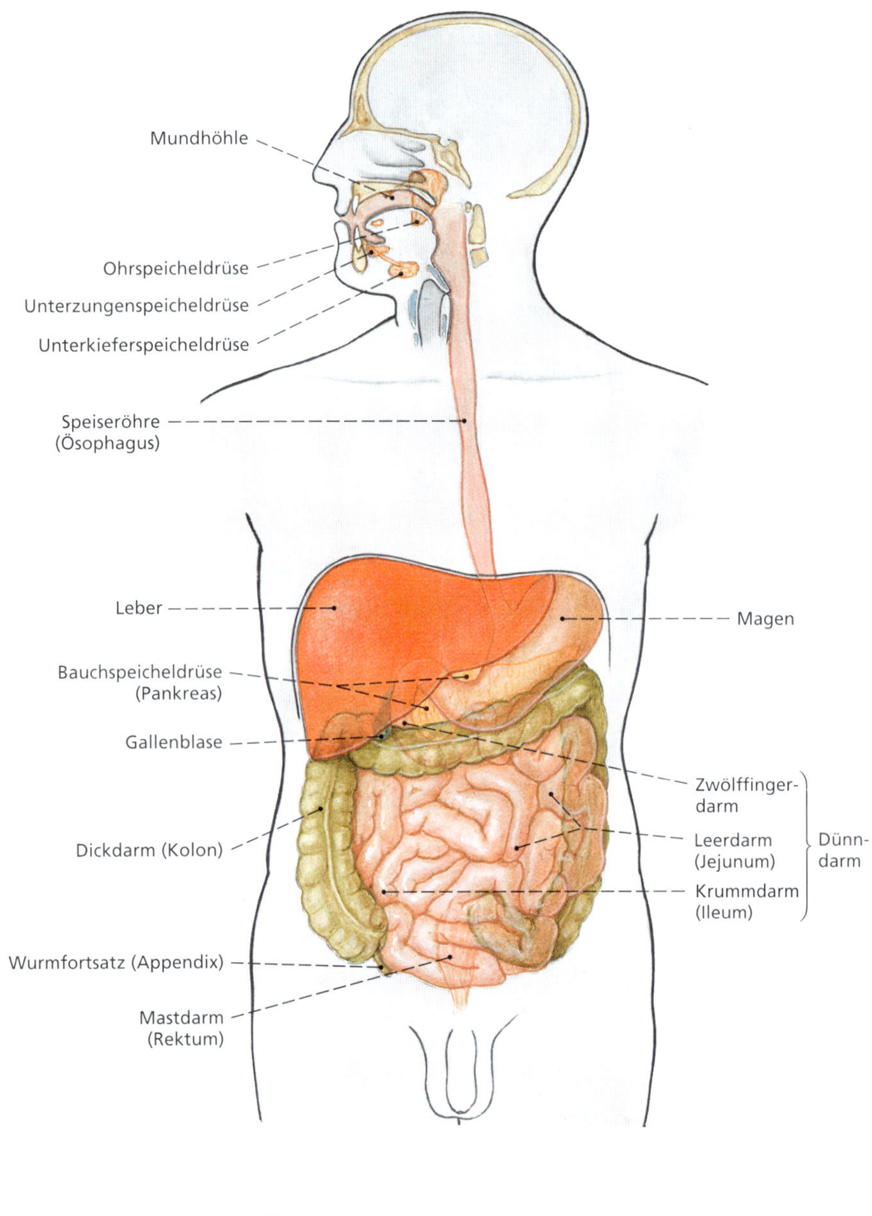

Abb. 318
Zum Verdauungssystem zählen die Mundhöhle mit dem Schlund, die Speiseröhre, der Magen und der Darm. In diese Hohlorgane münden die Ausführungsgänge einer Reihe von Drüsen, die an der Verdauung beteiligt sind, und der Hauptgallengang der Leber. Im Mundbereich sind das die Speicheldrüsen, im Bauchbereich die Leber und die Bauchspeicheldrüse.

Mundhöhle

In die Mundhöhle münden die Ausführungsgänge von drei Speicheldrüsenpaaren:

- der Ohrspeicheldrüse, die unterhalb des Ohres auf dem Kaumuskel liegt
- der Unterkieferspeicheldrüse an der Innenseite des Unterkiefers
- der Unterzungenspeicheldrüse am Mundboden

Der Speichel macht die zerkleinerte Nahrung nicht nur gleitfähig, sondern leistet auch erste Verdauungsarbeit: Er beginnt mit dem Abbau der Kohlenhydrate. Zusätzlich enthält der Speichel Stoffe, die Bakterien abtöten und dadurch eine Barriere für Infektionen bilden. Nicht zuletzt schützt er vor Karies.

Speiseröhre

Dieser etwa 25 cm lange, mit Schleimhaut ausgekleidete Muskelschlauch verbindet die Mundhöhle mit dem Magen. Verdauungsprozesse finden hier nicht statt. Aufgrund ihrer Elastizität kann die Speiseröhre ihre Lichtung auf das Doppelte ausdehnen – beispielsweise, wenn man einen zu großen Bissen unzerkaut verschluckt hat. Problematisch wird es allerdings an den drei anatomisch bedingten Engstellen, an denen sich die Speiseröhre nicht erweitern kann, so daß verschluckte Fremdkörper oder zu große Nahrungsteile steckenbleiben.

Magen

Im Magen wird die Nahrung gespeichert, mit dem Magensaft durchmischt und weiter verdaut: Eiweißstoffe werden aufgespalten, Fette in kleinste Fetttröpfchen zerteilt und Kohlenhydrate weiter aufgeschlüsselt. Dank wellenförmiger Bewegungen der Muskulatur in der Magenwand wird der Mageninhalt durchgeknetet und dann portionsweise in den Dünndarm weiterbefördert. Wie lange der Nahrungsbrei im Magen verweilt, hängt von seiner Zusammensetzung ab. Kohlenhydrate werden rasch in den

Darm weitergeleitet, während fette Speisen mehrere Stunden im Magen verweilen.

Für die Verdauung der Nahrungsbestandteile liefern die Drüsen der Magenschleimhaut, die in der Tiefe der sogenannten Magengrübchen liegen, täglich etwa zwei Liter Magensaft. Er besteht aus Magensäure, Verdauungssäften und Magenschleim. Letzterer legt sich wie ein Film über die Schleimhaut, um sie vor der aggressiven Magensäure zu schützen. Die Magensäure wirkt nicht nur verdauungsfördernd, sondern zerstört auch Krankheitserreger, die mit der Nahrung in den Magen gelangt sind.

Die Magensaftproduktion wird über das vegetative Nervensystem gesteuert. Die Menge hängt übrigens nicht nur von Art und Umfang der aufgenommenen Nahrung ab, sondern wird auch stark von psychischen Faktoren beeinflußt. Streß und Ärger, aber auch der Geruch, der Anblick oder auch nur der Gedanke an leckere Speisen, fördern die Produktion.

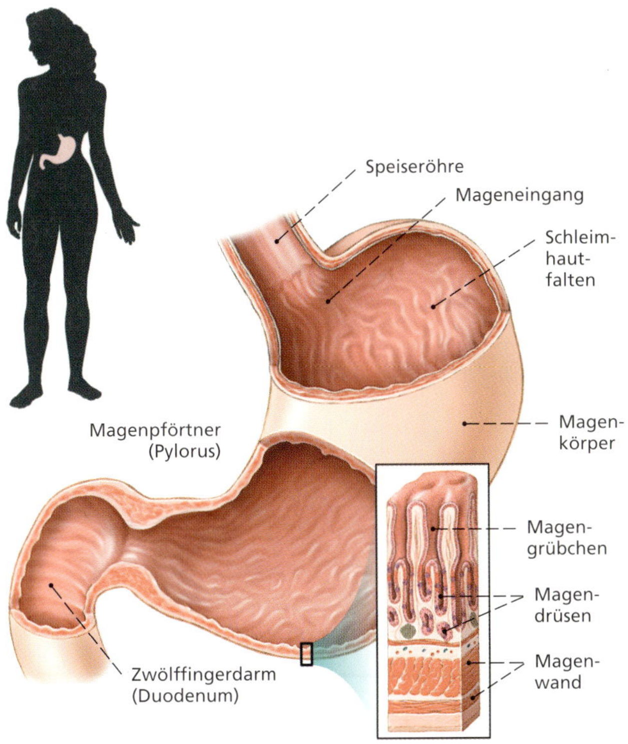

Abb. 319
In die stark gefältelte Magenschleimhaut sind winzige Grübchen eingelassen. In diese hinein sondern die Magendrüsen ihren Schleim ab *(Detail)*. Er enthält Magensäure und Verdauungssäfte.

Bauchspeicheldrüse

Die lebenswichtige Bauchspeicheldrüse (Pankreas) liegt unmittelbar hinter dem Magen. In dem etwa 15 cm langen und 100 g schweren Organ vereinigen sich zwei Drüsenanteile:

- Der eine Teil produziert pro Tag etwa einen Liter Verdauungssaft und gibt diesen über einen Ausführungsgang in den Dünndarm ab.
- Im anderen Teil werden die Hormone Insulin und Glukagon gebildet und direkt ins Blut abgegeben.

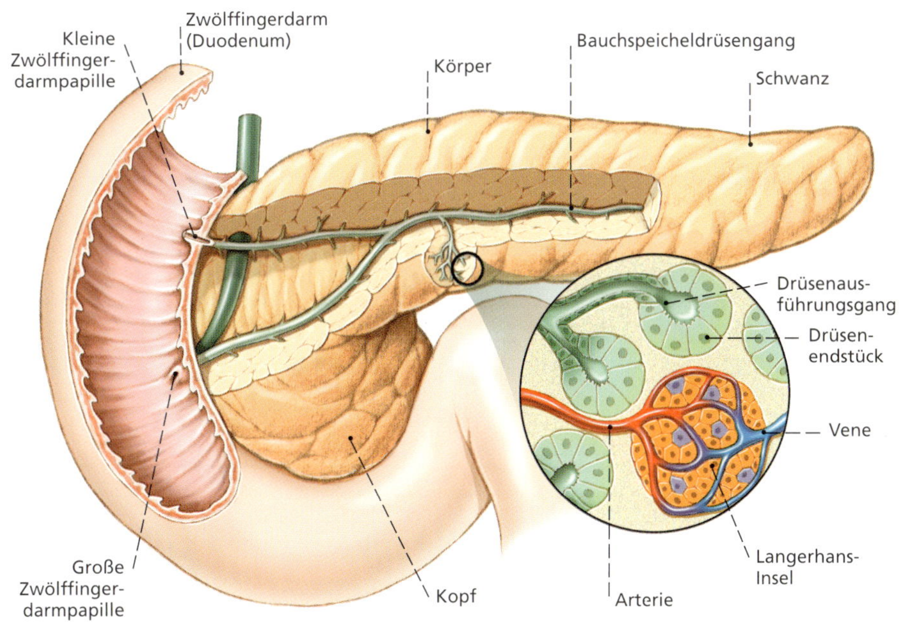

Abb. 320
Die Bauchspeicheldrüse besteht eigentlich aus zwei verschiedenen Organen: dem ausschließlich Speichel produzierenden Drüsenanteil, dessen Endstücke Verdauungssäfte in den Zwölffingerdarm absondern, und dem sogenannten Inselorgan, das die Hormone Insulin und Glukagon ins Blut abgibt.

Der Verdauungssaft mit seinen Fermenten entsteht in kleinen, beerenförmigen Drüsenläppchen, den sogenannten Drüsenendstücken, und sammelt sich im Bauchspeicheldrüsengang, der sich in der Mitte des Organs aufzweigt und über zwei Ausführungsöffnungen (große und kleine Zwölffingerdarmpapille) in den Zwölffingerdarm mündet (der untere meist gemeinsam mit dem Gallengang). Im Zwölffingerdarm werden Fett, Eiweiß und Kohlenhydrate durch die Fermente im Verdauungssaft in ihre Bestandteile zerlegt.

Bildungsort der Hormone Insulin und Glukagon sind Drüsenzellen, die sich wie Inseln (sogenannte Langerhans-Inseln) im Organ verteilen. Beide Hormone beeinflussen den Blutzuckerspiegel in gegenteiliger Weise: Während Insulin die Aufnahme von Glukose, dem wichtigsten Energielieferanten, aus dem Blut in die Zellen fördert und damit den Blutzuckerspiegel senkt, bewirkt Glukagon genau das Gegenteil. Es regt die Neubildung von Glukose an und erhöht dadurch den Zuckerspiegel im Blut. Die Insulinproduktion richtet sich nach dem Kohlenhydratgehalt der Nahrung, die wiederum die Höhe des Blutzuckerspiegels bestimmt: Bei hoher Glukosekonzentration im Blut wird viel Insulin gebildet und umgekehrt. Dieser Regulationsmechanismus ist bei Zuckerkranken (Diabetikern) gestört.

Leber und Gallenblase

Die Leber, beim Erwachsenen etwa 1,5 kg schwer, liegt im rechten Oberbauch unmittelbar unterhalb des Zwerchfells. Sie wird normalerweise vom rechten Rippenbogen fast ganz bedeckt. An der Unterseite des Organs, der Leberpforte, treten zwei große Blutgefäße (Pfortader und Leberarterie) in die Leber ein, während der Gallengang an dieser Stelle aus dem Organ austritt. Die Pfortader transportiert nährstoffreiches Blut aus den Verdauungsorganen zur Leber. Dagegen enthält die Leberarterie sauerstoffreiches Blut zur Versorgung des Lebergewebes. Die Lebervene sammelt das Blut aus den Leberzellen und führt es über die untere Hohlvene dem rechten Herzen zu.

Das Lebergewebe setzt sich aus zahlreichen Leberläppchen mit balkenförmig angeordneten Zellen zusammen. Diese Läppchen sind von feinsten Verästelungen der Leberarterie, Pfortader und Gallengängen umgeben, so daß ein intensiver Stoffaustausch zwischen Blut bzw. Gallenflüssigkeit und Leberzellen gewährleistet ist. Im Zentrum jedes Leberläppchens befindet sich ein Ast der Lebervene, der das Blut aus den Leberzellen in den venösen Kreislauf transportiert. Die in den Leberzellen gebildete Gallenflüssigkeit sammelt sich in den Gallengängen und wird dann durch die Leberpforte über den Hauptgallengang entweder in die Gallenblase oder direkt in den Zwölffingerdarm, den obersten Abschnitt des Dünndarms, geleitet.

Als zentrales Stoffwechselorgan hat die Leber zahlreiche Aufgaben:

- Um- und Abbau sowie Speicherung von Kohlenhydraten, Eiweißen und Fettstoffen. Dadurch kann Energie gewonnen bzw. gespeichert werden. Einen Teil der Eiweißstoffe aus der Nahrung nutzt der Körper zum Aufbau von Fermenten, Abwehrstoffen und Blutgerinnungsfaktoren.

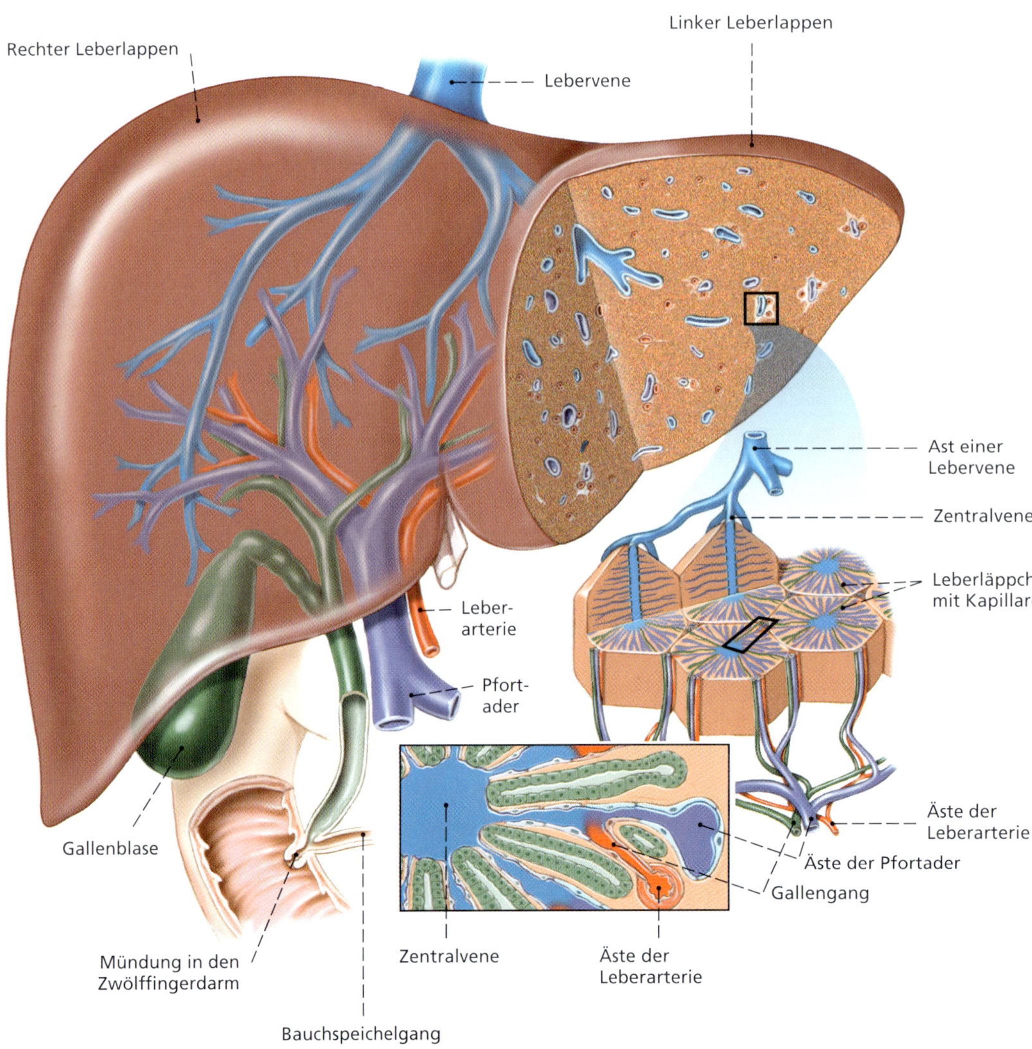

Abb. 321
Arterielles und venöses Blut tritt von unten in die Leber ein. In den Leberläppchen *(Detail)* umspült es in buchtenartigen, fein verzweigten Gefäßen die Leberzellen, sammelt sich dann in den Zentralvenen, die in die Lebervenen münden.

- Entgiftung körpereigener und körperfremder Stoffe. Diese werden entweder von den Leberzellen in die Galle abgegeben und gelangen so in den Dünndarm, um schließlich mit dem Stuhl ausgeschieden zu werden, oder sie werden von den Leberzellen umgebaut, ins Blut aufgenommen und über Niere bzw. Urin ausgeschieden.
- Bildung von Gallenflüssigkeit. Galle ist zur Aufbereitung der Fette im Dünndarm erforderlich, damit diese in die Blutbahn aufgenommen werden können. Die Gallenblase dient lediglich als Reservoir: Hier wird die stark eingedickte Gallenflüssigkeit „zwischengelagert", bis sie - beispielsweise nach einer fettreichen Mahlzeit - gebraucht wird. Man kann aber auch ohne Gallenblase auskommen. In diesem Fall wird die Gallenflüssigkeit direkt über den Hauptgallengang in den Dünndarm abgegeben.

Darm

Vom Magen aus geht der Speisebrei zunächst in den etwa drei Meter langen Dünndarm über. Dieser gliedert sich in Zwölffingerdarm, Leerdarm und Krummdarm. Während der (rund zwölf Querfinger lange) Zwölffingerdarm größtenteils an der hinteren Bauchwand fixiert ist, sind die übrigen Teile des Dünndarms sehr beweglich. Zu dieser Beweglichkeit trägt die dünne, feuchte Haut bei, die die Darmschlingen umgibt und für ein problemloses Aneinandergleiten sorgt. An diese Außenhaut schließt sich nach innen eine Muskelschicht aus Längs- und Ringmuskeln an. Sie ermöglicht die wellenförmigen Bewegungen der Darmwand (Peristaltik), die durch wechselseitige Entspannung der Längs- und Anspannung der Ringmuskulatur entstehen und für den Weitertransport des Darminhalts sorgen. Innen ist der Darm von einer Schleimhaut ausgekleidet, deren Oberfläche durch zahlreiche, ringförmig verlaufende Falten und zapfenförmige Ausstülpungen (Zotten) erheblich vergrößert wird. In den Drüsenzellen der Schleimhaut werden Verdauungssäfte gebildet, die - gemeinsam mit dem Saft der Bauchspeicheldrüse und der Gallenflüssigkeit - die Verdauungsvorgänge zum Abschluß bringen, die bereits in der Mundhöhle und im Magen begonnen haben. Der Schleim, der in den Becherzellen der Dünndarmzotten produziert wird, macht den Darminhalt gleitfähig. Außerdem verlaufen in der Darmwand zahlreiche Blut- und Lymphgefäße sowie Nervenfasern.

Die Aufgabe des Dünndarms besteht im wesentlichen darin, den noch unverdauten Teil des Speisebreis aufzuspalten und die dabei entstehenden Nahrungsbausteine ins Blut aufzunehmen. Eiweiß- und Kohlenhydratbausteine gelangen direkt in die Blutgefäße des Darms und von dort aus über die Pfortader in die Leber, wo sie weiterverarbeitet werden. Die Fettbausteine dagegen werden von den Lymphgefäßen aufgenommen und weitergeleitet.

Der etwa 1,5 Meter lange Dickdarm (Kolon) besteht aus dem Blinddarm mit seinem Wurmfortsatz (Appendix), dem Grimmdarm und dem Mastdarm. Der Wurmfortsatz wird in der Umgangssprache oft fälschlicherweise als Blinddarm bezeichnet. Eine ventilartige Klappe (Bauhin-Klappe) an der Einmündungsstelle vom Dünn- in den Dickdarm verhindert, daß der Darminhalt zurückfließen kann. Im Dickdarm wird der aufbereitete Nahrungsbrei durch Rückgewinnung von Wasser und Salzen eingedickt. Die Becherzellen in der Dickdarmschleimhaut sondern einen Schleim ab, der den immer fester werdenden Darminhalt gleitfähig macht. Unter Einwirkung der Darmbakterien (Darmflora) werden unverdauliche Nahrungsbestandteile durch Gärung und Fäulnis abgebaut und die Überreste als Stuhl über den After entleert.

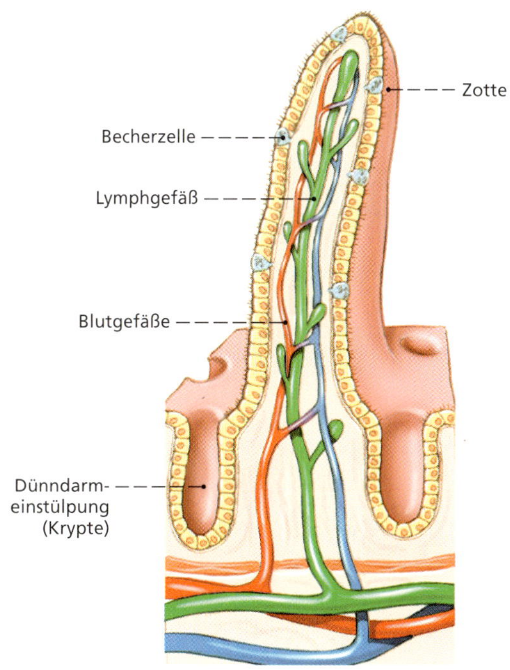

Abb. 322
Die Zotten des Dünndarms ragen als winzige, fingerartige Ausstülpungen in den Hohlraum des Darms hinein. An ihrer Oberfläche tragen sie eine dünne Zellschicht mit den schleimbildenden Becherzellen. In dem darunterliegenden Zottengewebe finden sich kleine Blut- und Lymphgefäße. Über sie werden die bereits vorverdauten Nahrungsstoffe zur Leber und in die größeren Lymphgefäße weitertransportiert.
In der Tiefe zwischen den Zotten liegen die Dünndarmkrypten mit schleimproduzierenden Drüsen.

◆
Abb. 323
Strukturen der Mundhöhle.

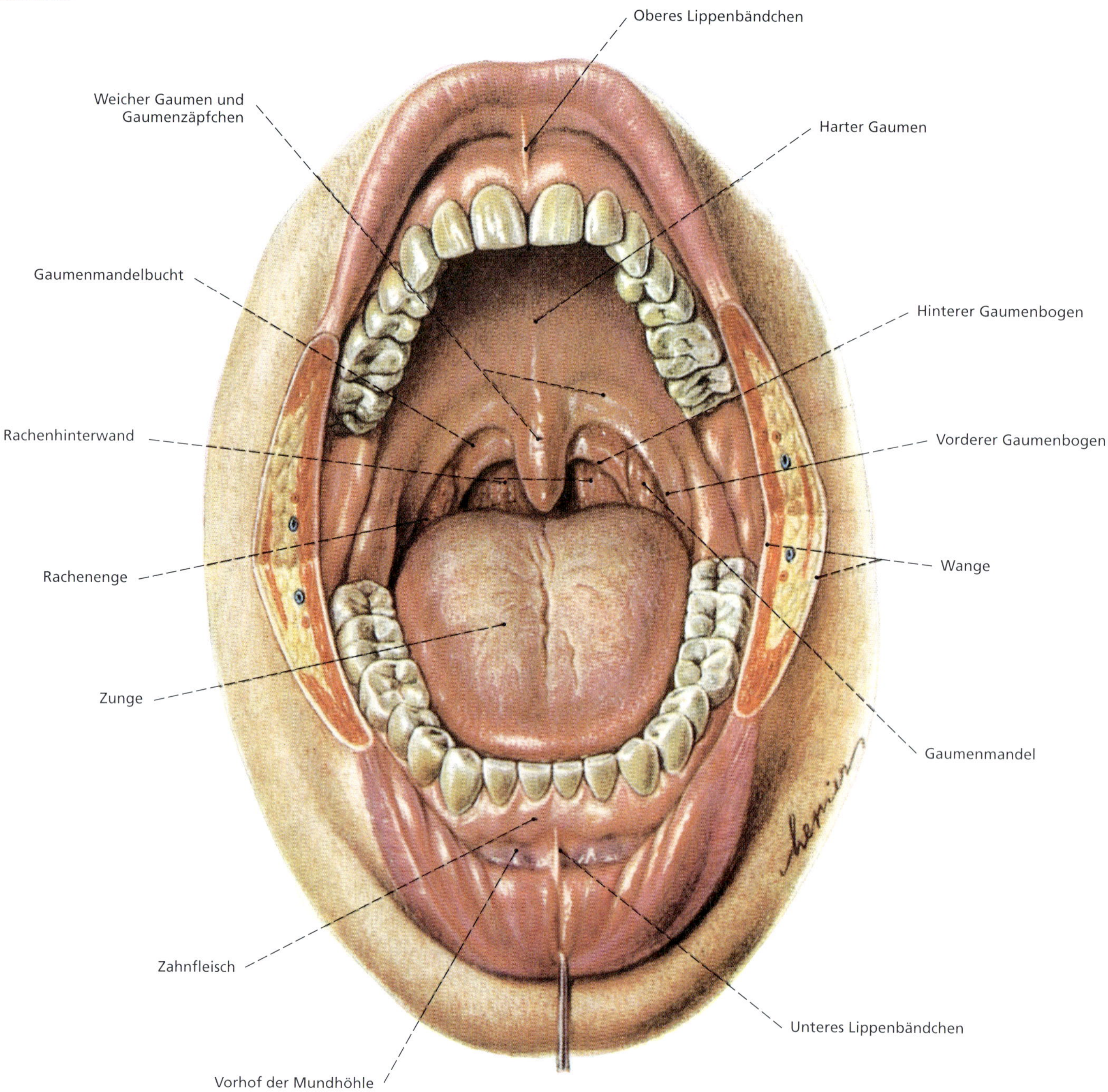

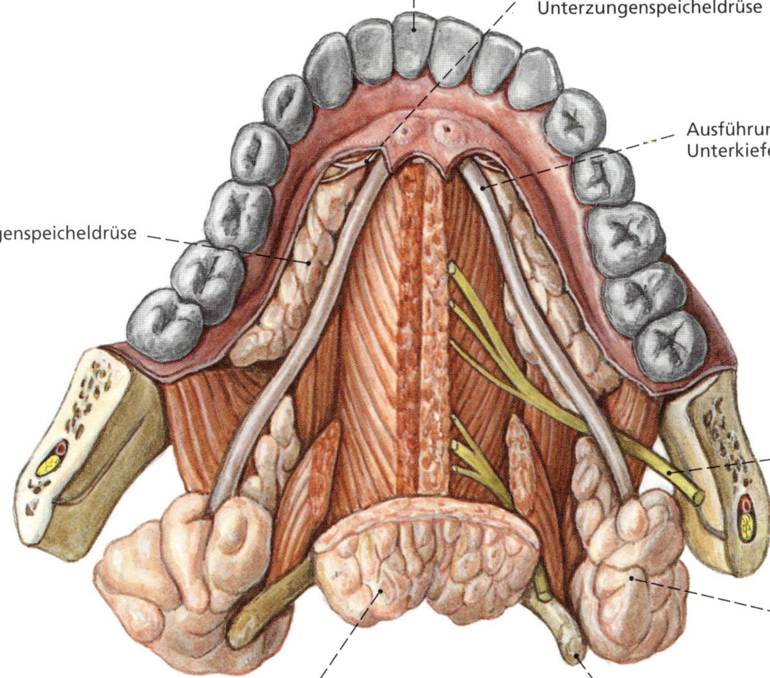

◆
Abb. 324
Unterkiefer- und Unterzungenspeicheldrüse. Blick von oben auf den Mundboden. Ein Teil der Mundbodenmuskulatur und die Zunge sind entfernt. Die Ausführungsgänge der Drüsen münden unterhalb der Innenfläche der Schneidezähne in die Mundschleimhaut.

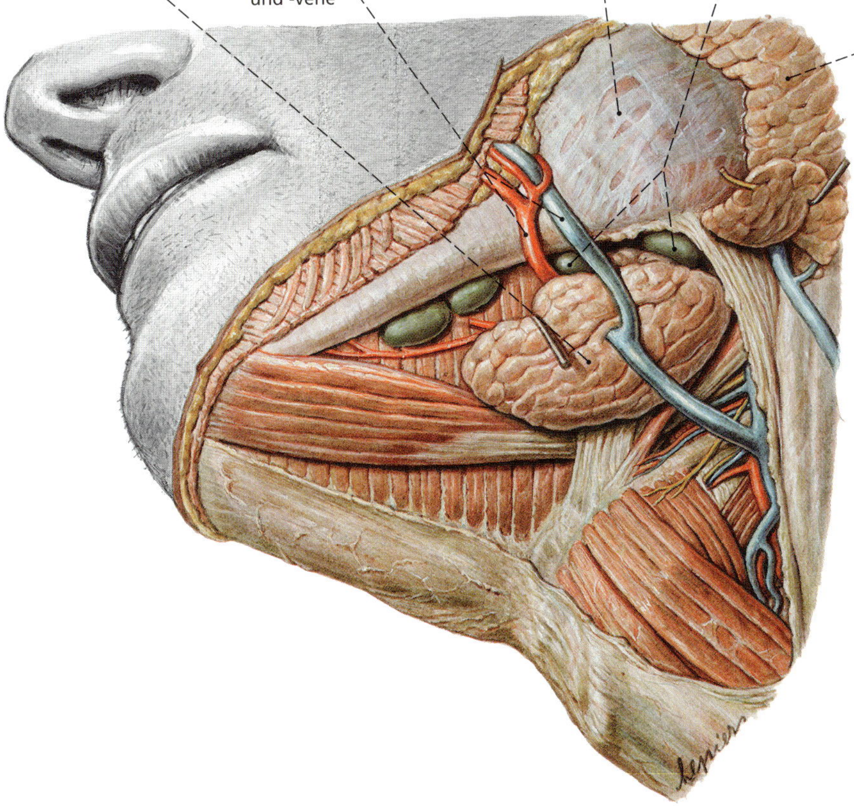

◆
Abb. 325
Unterkieferspeicheldrüse. Ansicht von unten und seitlich. Haut und Hautmuskel sind entfernt. Am Unterkieferwinkel ist auch die Ohrspeicheldrüse zu erkennen.

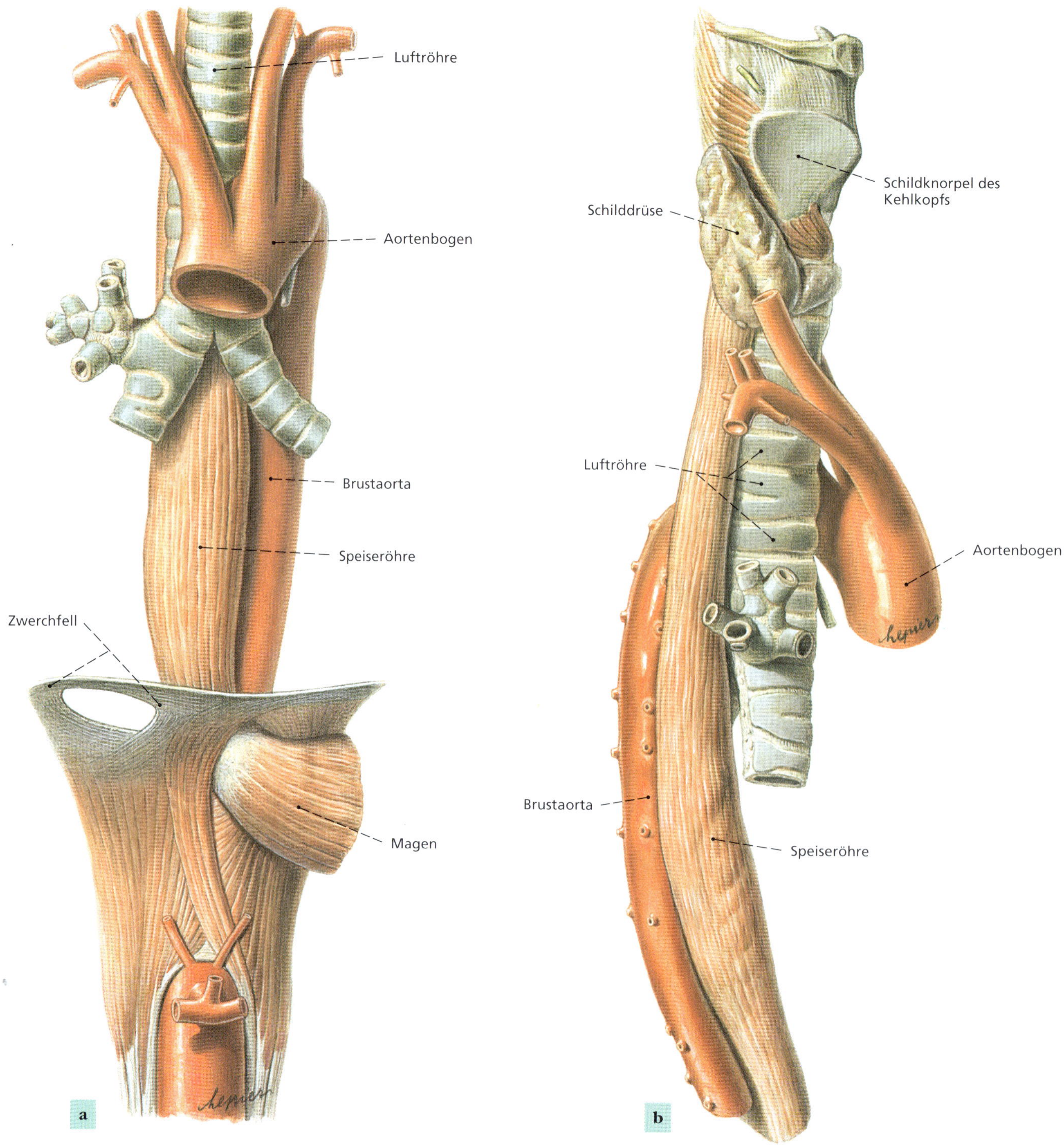

◆
Abb. 326
Speiseröhre ohne Brustorgane von vorne (a) und von rechts (b) in ihrer Beziehung zur Luftröhre und zur Aorta (große Körperschlagader). Auf beiden Abbildungen sind Aorta und Luftröhre durchtrennt. Abbildung (a) zeigt den Durchtritt der Speiseröhre durch das Zwerchfell, Abbildung (b) im oberen Bildteil zusätzlich den Kehlkopf mit der Schilddrüse.

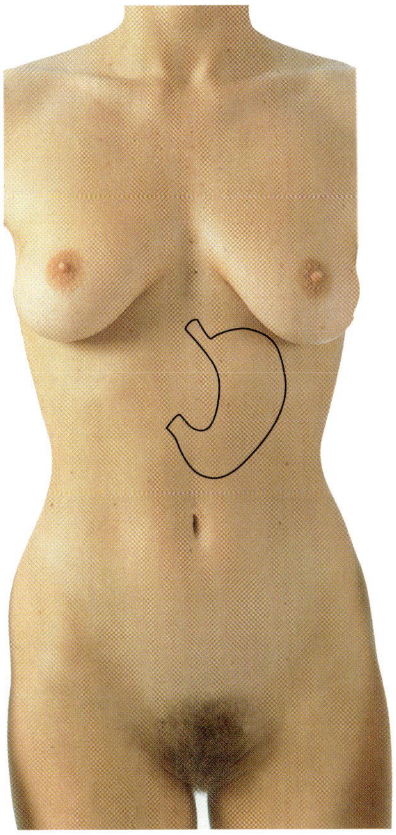

◆ **Abb. 327** Lage des Magens. Aufzeichnung auf die Bauchhaut.

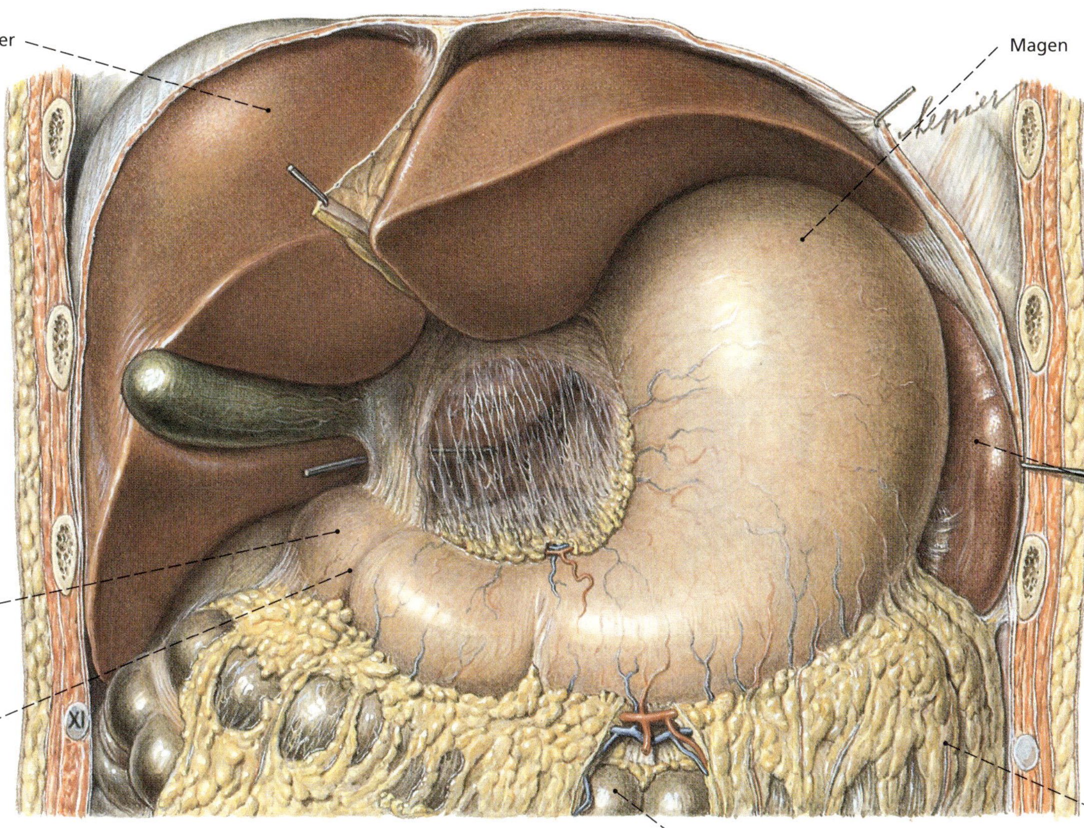

◆ **Abb. 328** Lage des Magens im Bauchraum nach Entfernung der Bauchdecke. Ansicht von vorne. Die Leber ist etwas nach oben gezogen. Das große Netz des Bauchfells zieht von unten an den Magen heran und ist mit diesem verwachsen.

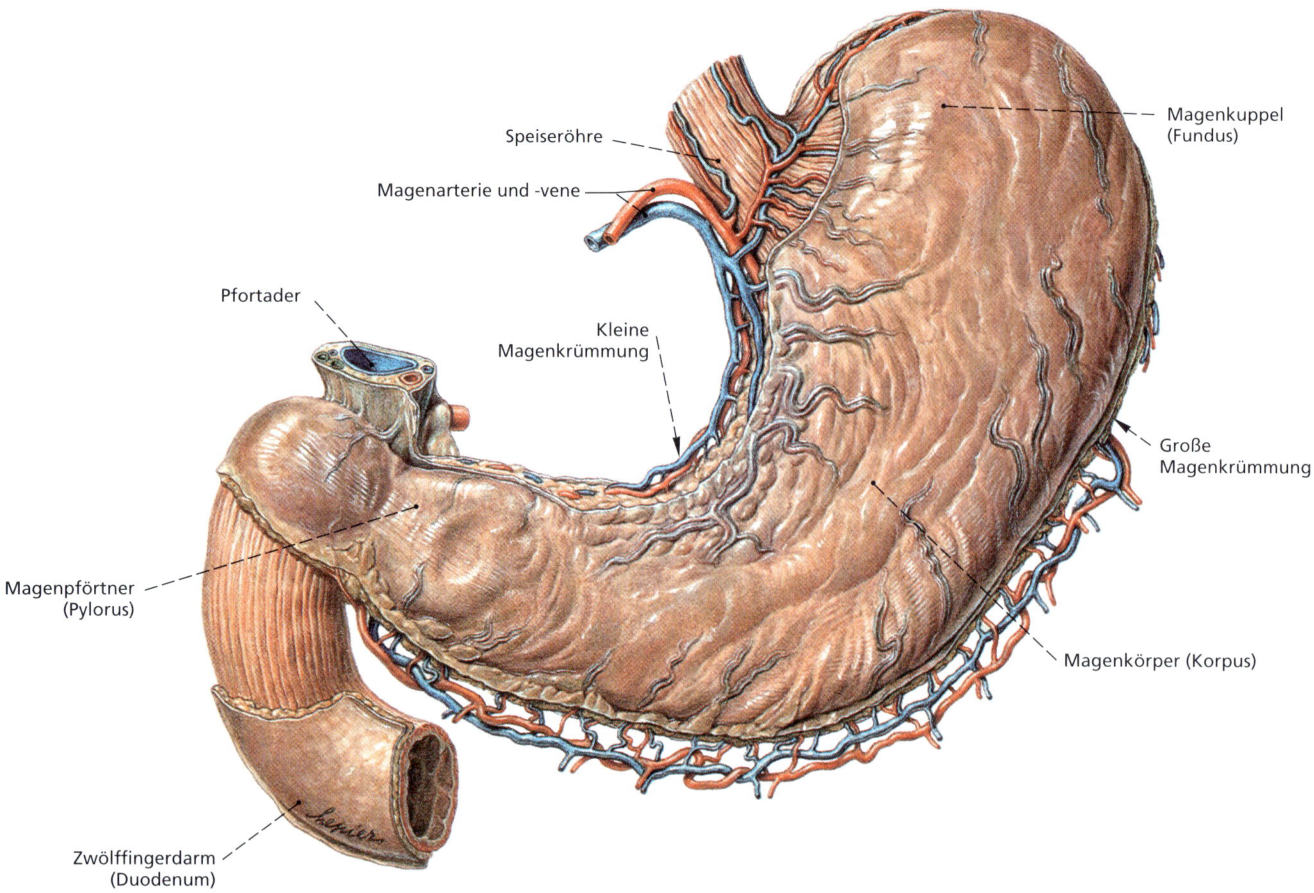

◆

Abb. 329

Magen mit oberem Abschnitt des Zwölffingerdarms. Deutlich zu sehen sind die Blutgefäße, die im Bereich der kleinen und großen Magenkrümmung in die Magenschleimhaut eintreten. Am Zwölffingerdarm wurde zur besseren Darstellung der Darmmuskulatur ein Teil des Schleimhautüberzugs manschettenartig entfernt.

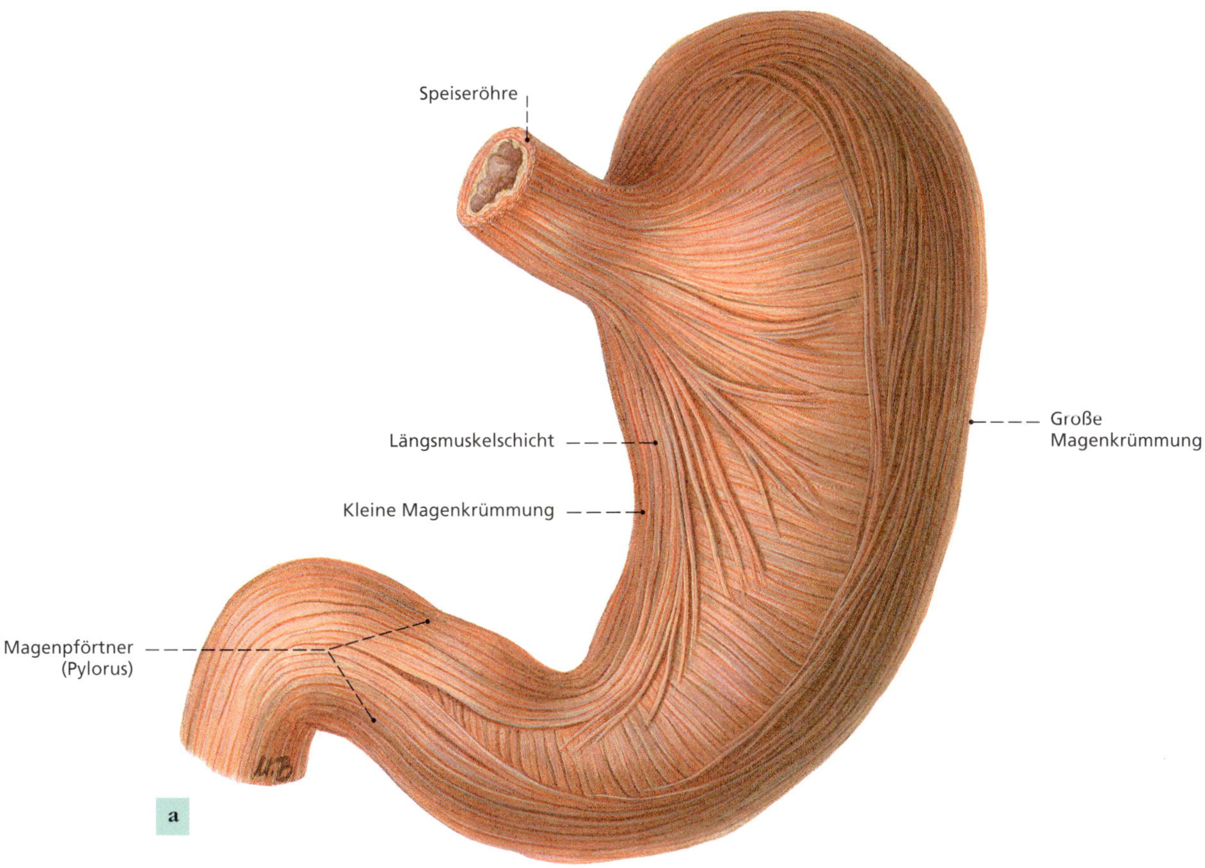

a

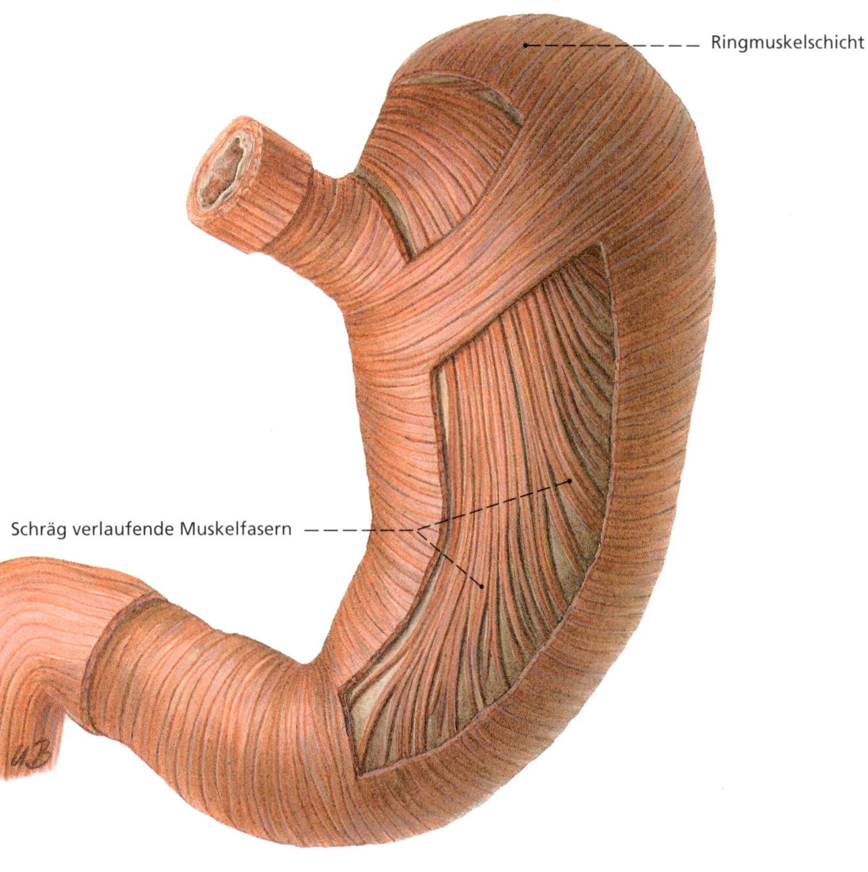

b

◆
Abb. 330
Muskulatur des Magens. Die Abbildung a) zeigt die Muskulatur nach Entfernung des äußeren Schleimhautüberzugs, auf der Abbildung b) wurden Muskelschichtanteile entfernt, um den unterschiedlichen Verlauf der Muskelfasern zu zeigen.

◆
Abb. 331
Längsschnitt durch den Magen. Die Magenvorderwand ist entfernt. Im Inneren sind die Magenschleimhautfalten deutlich zu sehen. Dargestellt ist auch der obere Anteil des Zwölffingerdarms. Im Bereich des Magenpförtners ist die ringförmige Muskulatur zu erkennen.

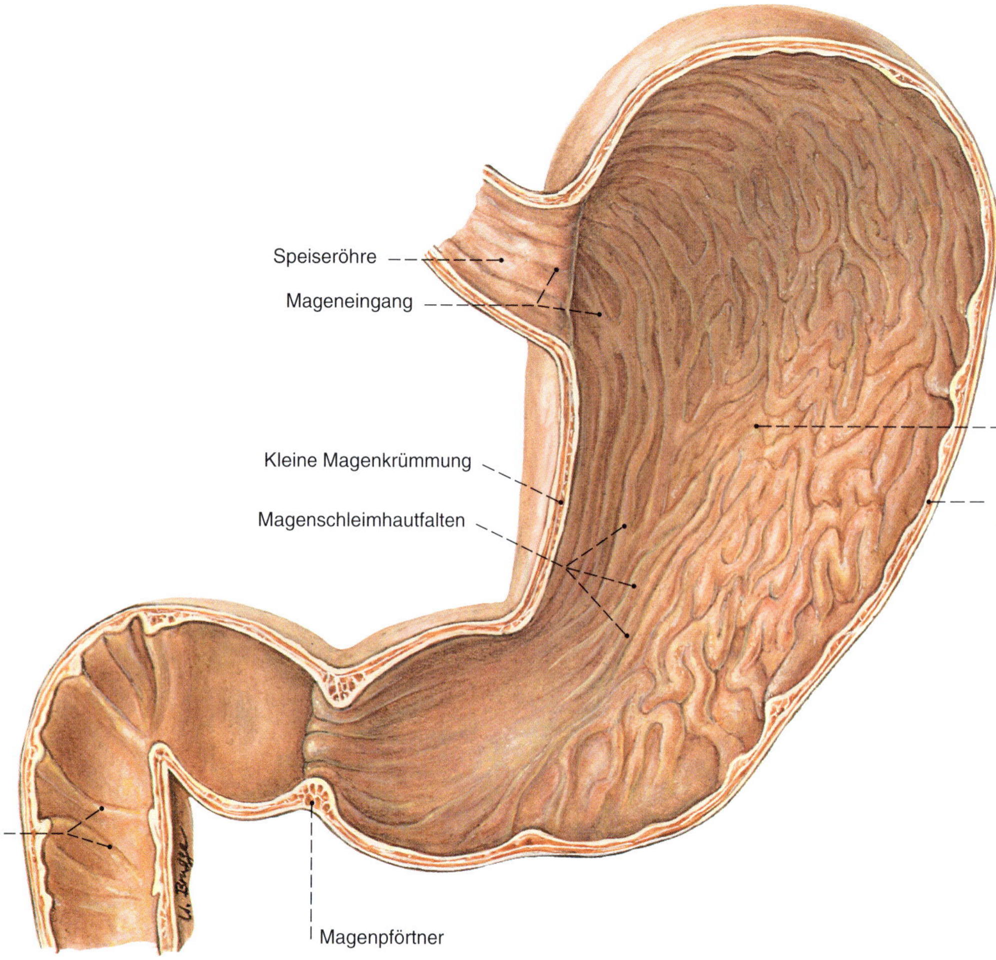

◆
Abb. 332
Aufbau der Magenwand (schematische Darstellung). Die innere Schleimhautschicht des Magens trägt Magenfelder und -grübchen, die äußere ist Bestandteil des Bauchfells.

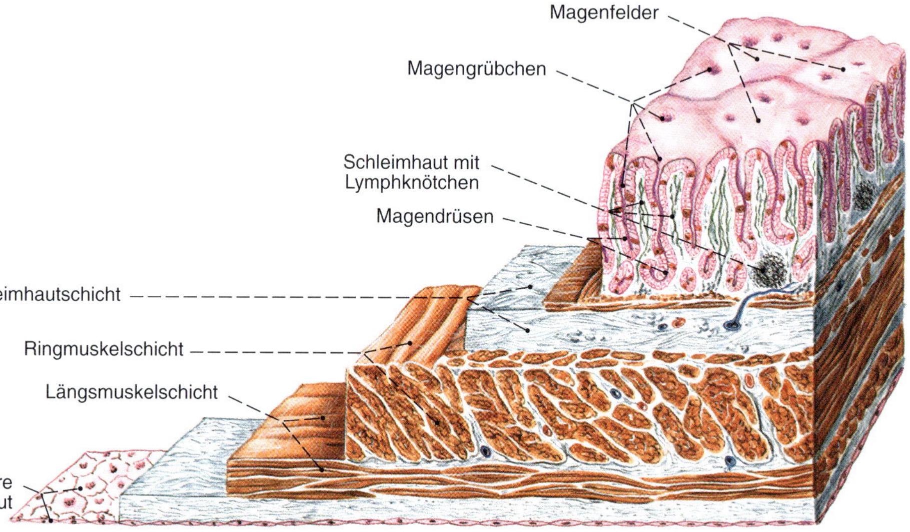

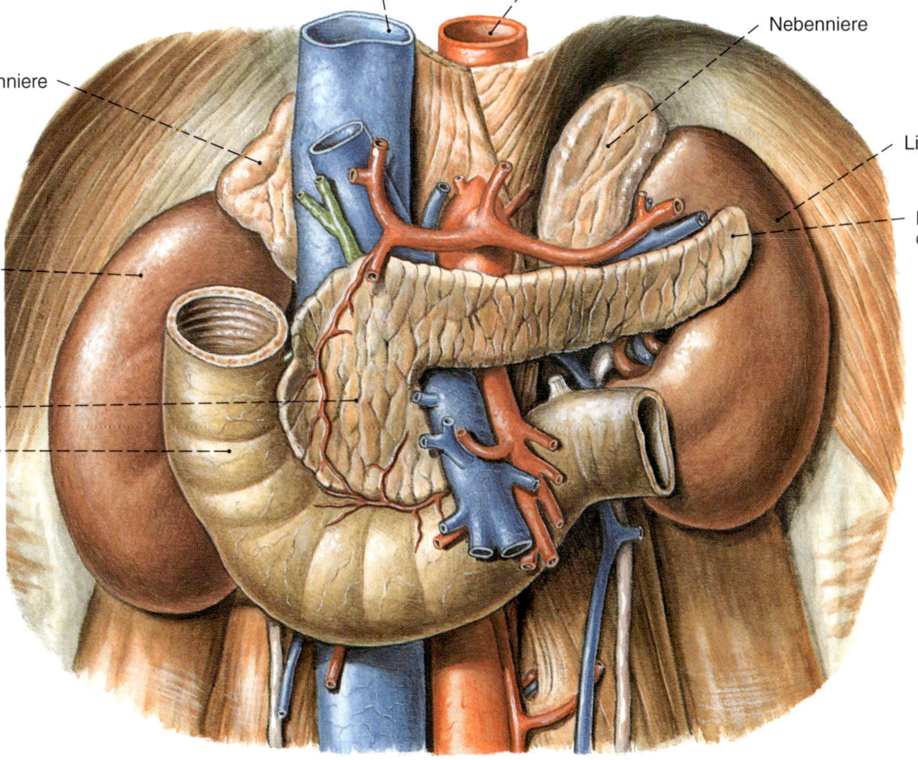

Abb. 333
Lage der Bauchspeicheldrüse im Bauchraum. Ansicht von vorne. Entfernt sind alle Organe außer den beiden Nieren und dem Anteil des Zwölffingerdarms, in den die Ausführungsgänge der Bauchspeicheldrüse münden.

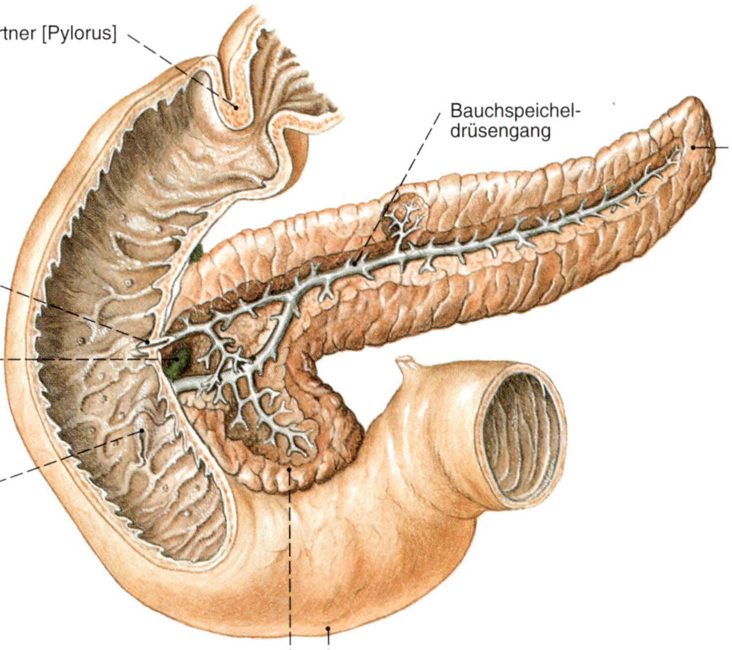

Abb. 334
Bauchspeicheldrüse mit oberem Abschnitt des Zwölffingerdarms. Ansicht von vorne. Um die Ausführungsgänge der Bauchspeicheldrüse und das Faltenrelief des Zwölffingerdarms darzustellen, sind Drüsenkörper und Darmanteil eröffnet.

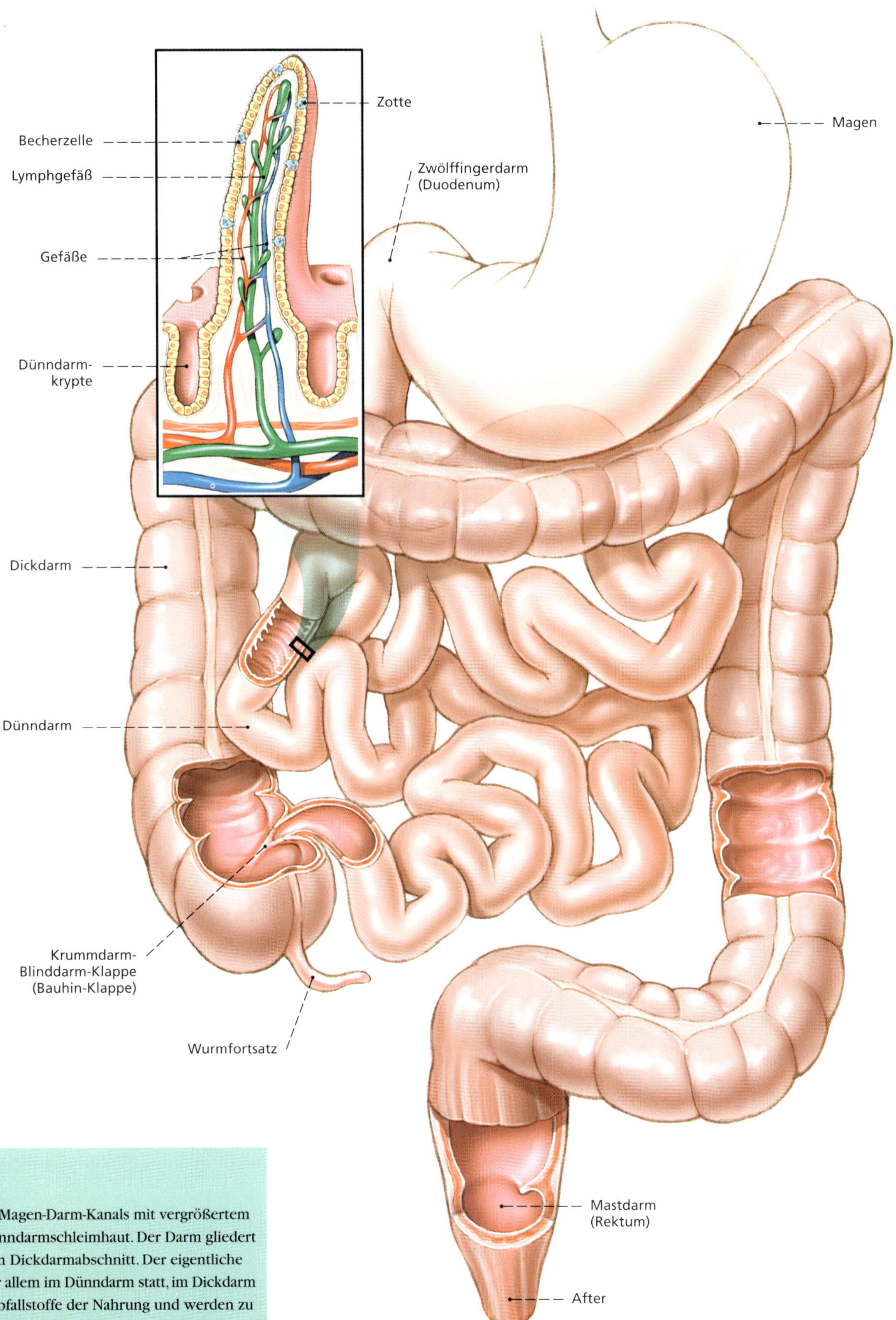

◆
Abb. 335
Übersichtsbild des gesamten Magen-Darm-Kanals mit vergrößertem Ausschnitt (s.a. S. 231) der Dünndarmschleimhaut. Der Darm gliedert sich in einen Dünn- und einen Dickdarmabschnitt. Der eigentliche Verdauungsvorgang findet vor allem im Dünndarm statt, im Dickdarm hingegen sammeln sich die Abfallstoffe der Nahrung und werden zu Stuhl geformt. Am Übergang vom Dünn- zum Dickdarm befindet sich die sogenannte Bauhin-Klappe, die den portionsweisen Übertritt des Verdauungsbreis in den Dickdarm ermöglicht. An das wulstartige Ende des Dickdarms schließt sich der Wurmfortsatz („Blinddarm") an.

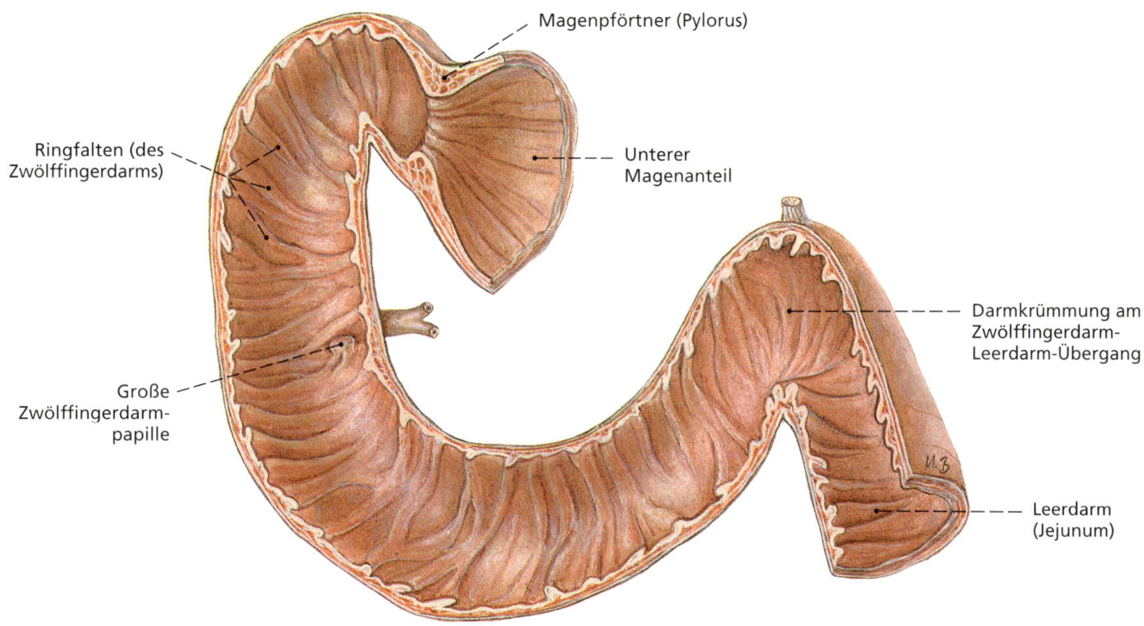

◆
Abb. 336
Zwölffingerdarm* von vorne. Die Vorderwand ist zur Darstellung der Schleimhautfalten und der Mündung des Bauchspeicheldrüsengangs (große Zwölffingerdarmpapille) eröffnet. Typisch ist die C-Form des Zwölffingerdarms.

* Der Name Zwölffingerdarm rührt von der Länge dieses Darmabschnitts her: Seine Länge entspricht etwa 12 Fingerbreiten.

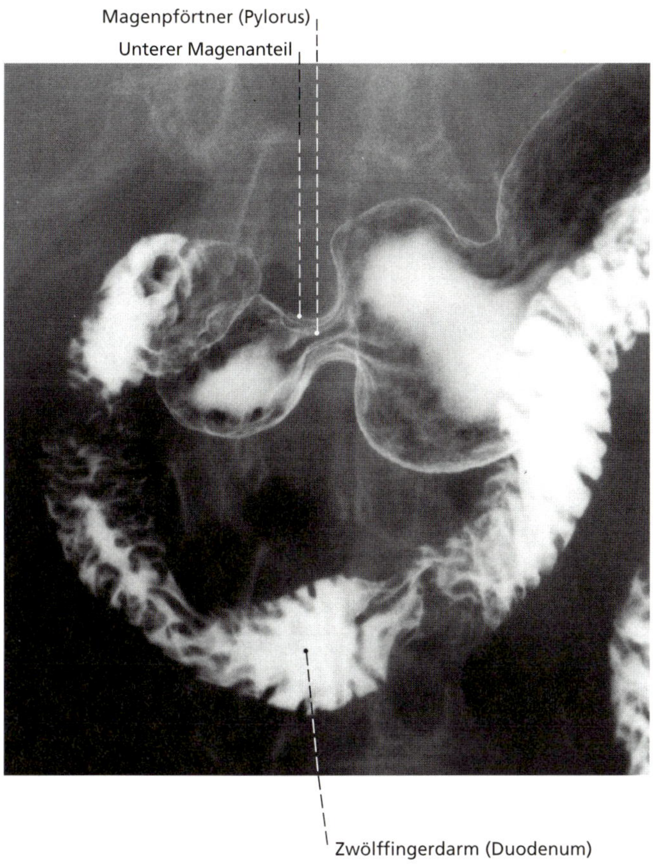

◆
Abb. 337
Röntgenbild des Zwölffingerdarms. Durch ein Kontrastmittel zeichnet sich die Schleimhautinnenfläche als weiße Kontur ab. Deutlich zu sehen ist auch die Einschnürung am Magenende durch den Magenpförtner.

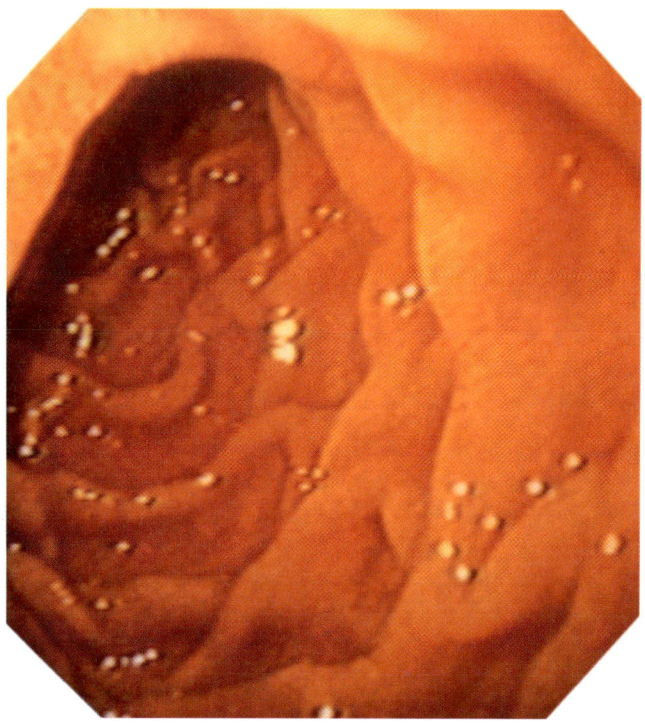

◆
Abb. 338
Zwölffingerdarm ohne krankhafte Veränderungen. Blick durch das Endoskop eines Magen-Darm-Spezialisten. Bei der Darmspiegelung wird vor allem das Schleimhautrelief begutachtet.

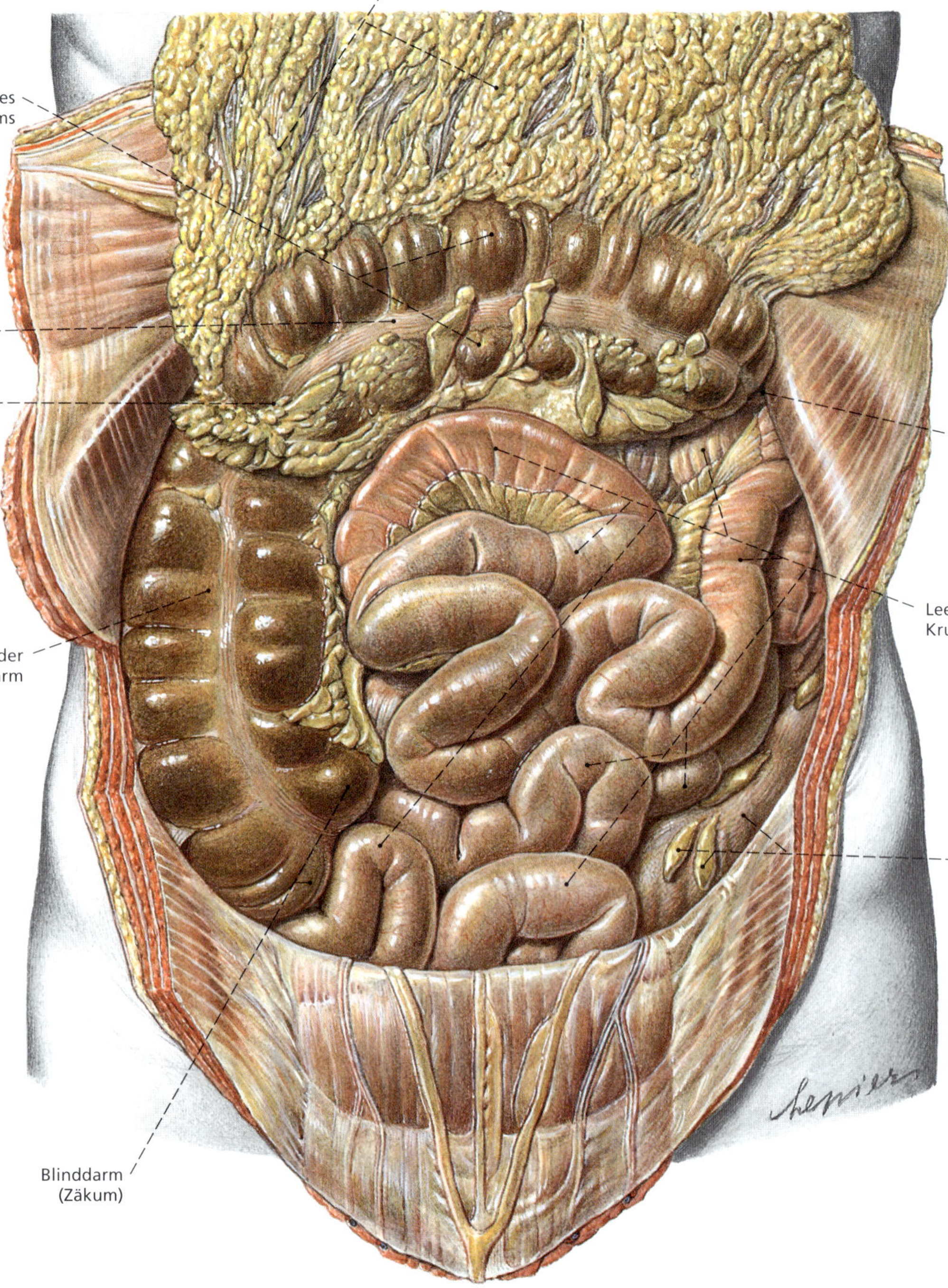

◆

Abb. 339
Eingeweide nach Eröffnung der Bauchdecke. Das große Netz und der Querteil des Dickdarms sind nach oben gezogen. Die Dünndarmschlingen füllen fast den gesamten Bauchraum aus. Im rechten Unter- und Mittelbauch ist der aufsteigende Teil des Dickdarms zu erkennen.

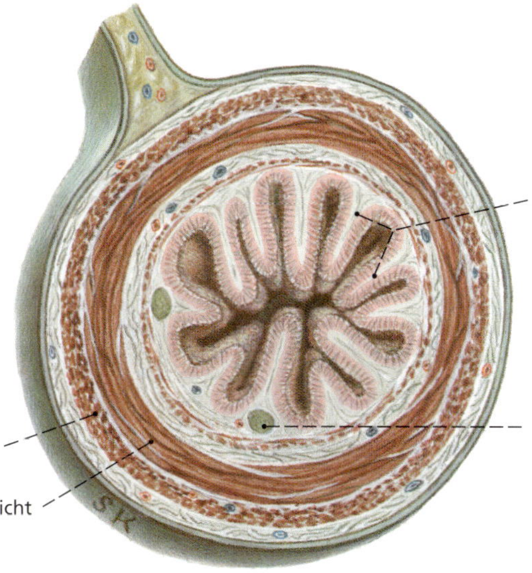

◆
Abb. 340
Querschnitt durch eine Dünndarmschlinge. Zu erkennen sind innere Ring- und äußere Längsmuskelschicht sowie das in den Hohlraum des Darms hineinragende Schleimhautrelief.

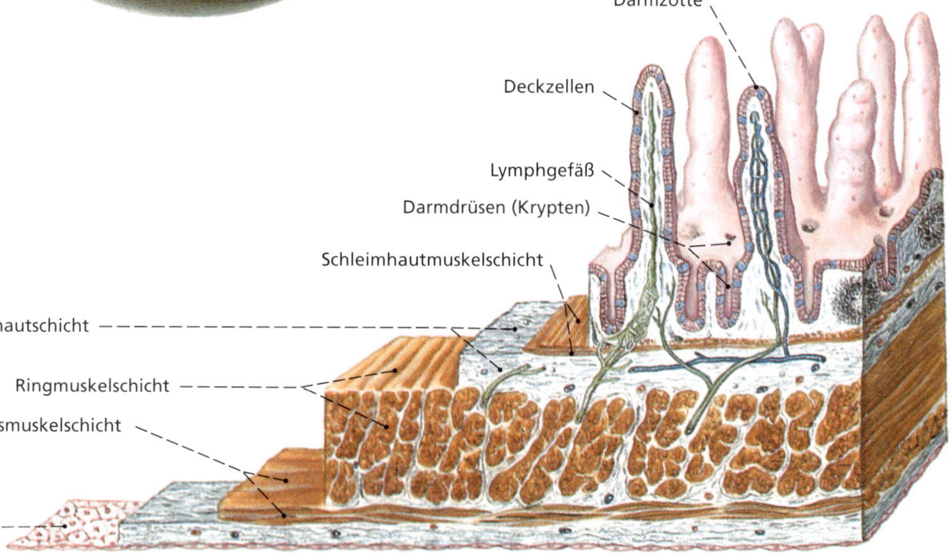

◆
Abb. 341
Aufbau der Dünndarmwand (schematische Darstellung). Die dem Darmhohlraum zugewandte Schleimhautschicht trägt die Zotten, die äußere Schleimhautschicht ist Bestandteil des Bauchfells.

◆
Abb. 342
Dünndarmzotten. Rasterelektronenmikroskopisches Bild.

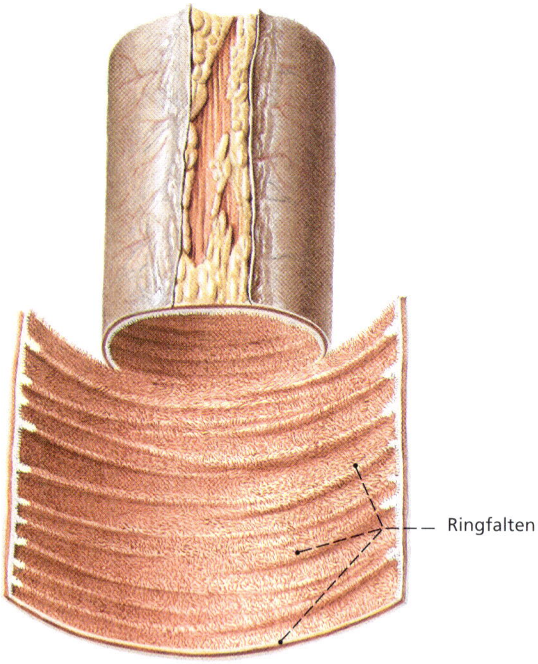

◆
Abb. 343
Ausschnitt aus dem Leerdarm (oberer Dünndarmabschnitt, Jejunum). Im Gegensatz zum Schleimhautrelief des Krummdarms stehen hier die Ringfalten eng.

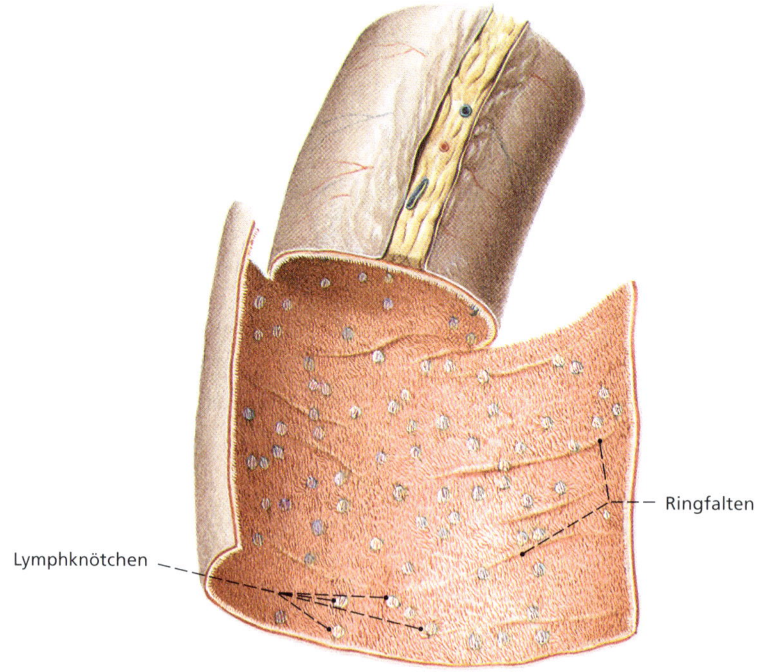

◆
Abb. 344
Ausschnitt aus dem Krummdarm (unterer Dünndarmabschnitt, Ileum). Die Ringfalten stehen deutlich weiter auseinander als im Leerdarm.

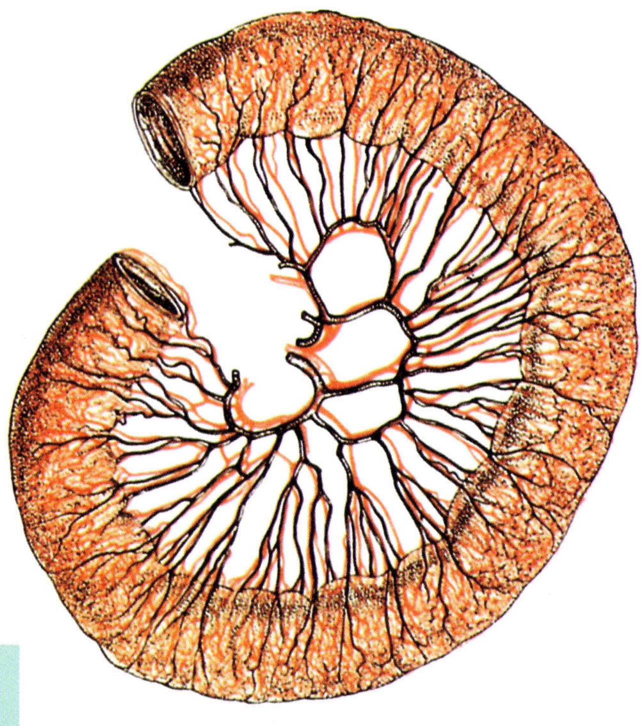

◆
Abb. 345
Blutversorgung eines Darmabschnitts. Die Blutgefäße sind aus der Umschlagsfalte des Bauchfells freipräpariert.

◆
Abb. 346
Lage des Dickdarms (Kolon) im Bauchraum. Ansicht von vorne bei vollständig entfernter Bauchdecke. Der gesamte Dünndarm ist am Ansatz des Bauchfells abgetrennt. Der Querteil des Dickdarms ist mit dem großen Netz des Bauchfells nach oben gezogen. Zu erkennen sind aufsteigender, absteigender und S-förmiger Dickdarmteil.

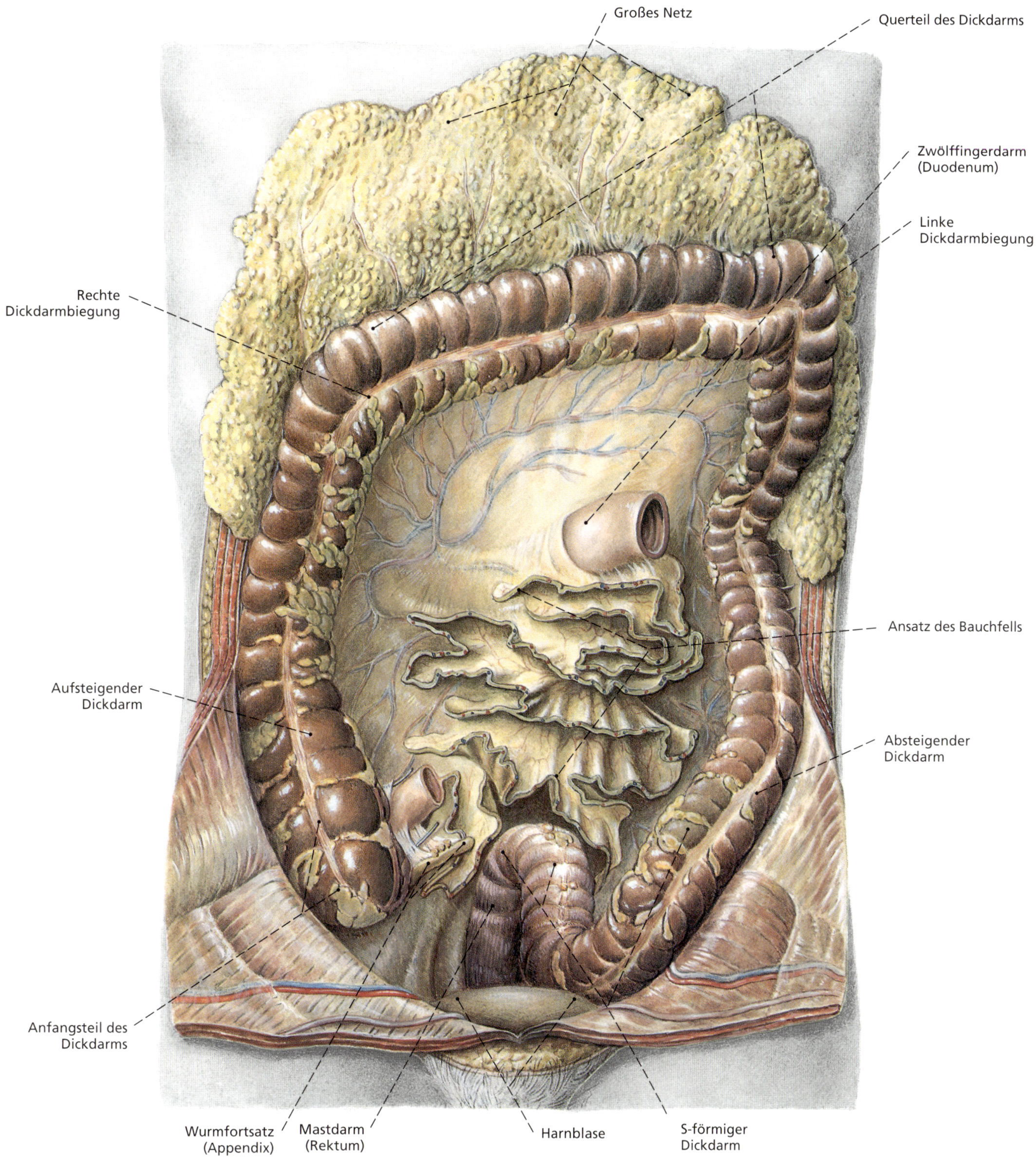

◆
Abb. 347
Ausschnitt aus dem Querteil des Dickdarms. Auf der rechten Seite ist der Darm eröffnet. Typisch für den Dickdarm sind die weit auseinanderstehenden, halbmondförmigen Falten auf der Innenseite der Schleimhaut, die Darmausbuchtungen und die seitlichen Längsmuskelbänder.

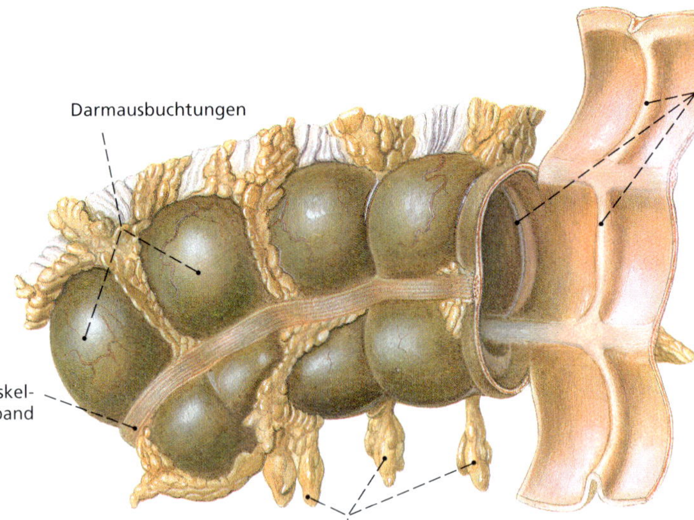

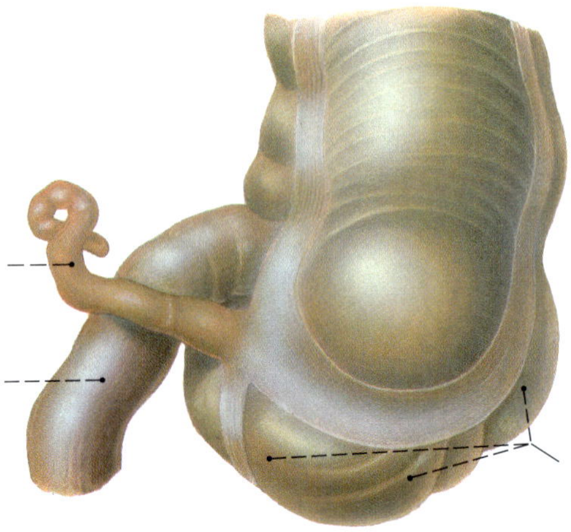

◆
Abb. 348
Anfangsstück des Dickdarms mit dem Wurmfortsatz* (Appendix). Ansicht von hinten. Hinter dem Wurmfortsatz kann man die Einmündung des deutlich dünneren Krummdarms in den Dickdarm erkennen.

* Die Bezeichnung „Blinddarm" für den Wurmfortsatz ist zwar sehr verbreitet, aber nicht korrekt. Als Blinddarm bezeichnen die Anatomen den „blind" beginnenden ersten Dickdarmabschnitt einschließlich des Wurmfortsatzes.

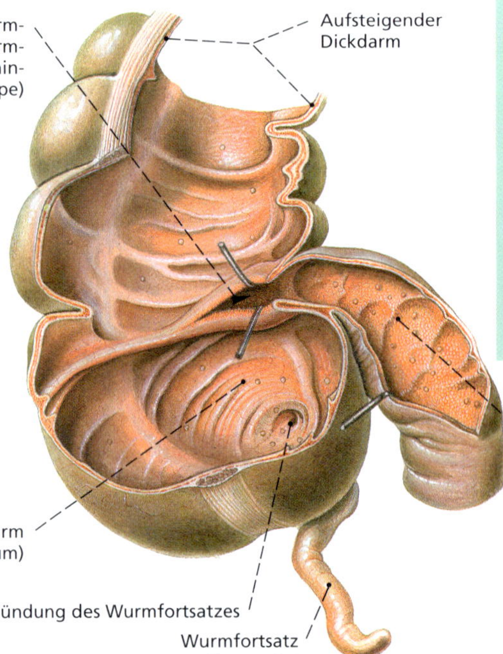

◆
Abb. 349
Anfangsstück des Dickdarms (wie in Abb. 348), diesmal von vorne nach Entfernung der Vorderwand. Die Bauhin-Klappe am Übergang vom Krumm- zum Dickdarm wird mit zwei Häkchen offengehalten.

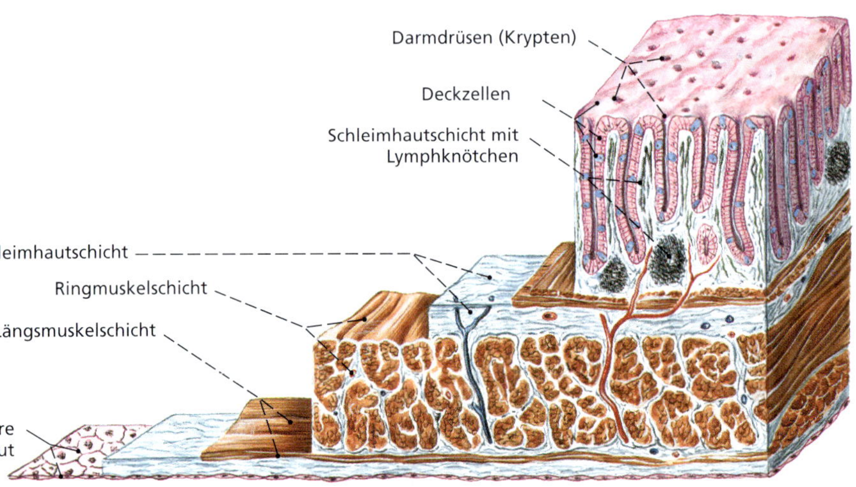

◆
Abb. 350
Aufbau der Dickdarmwand (schematische Darstellung). Die dem Darmhohlraum zugewandte Schleimhautschicht enthält die Darmkrypten (Mündungen der Darmdrüsen). Zu erkennen ist eine Ring- und eine Längsmuskelschicht.

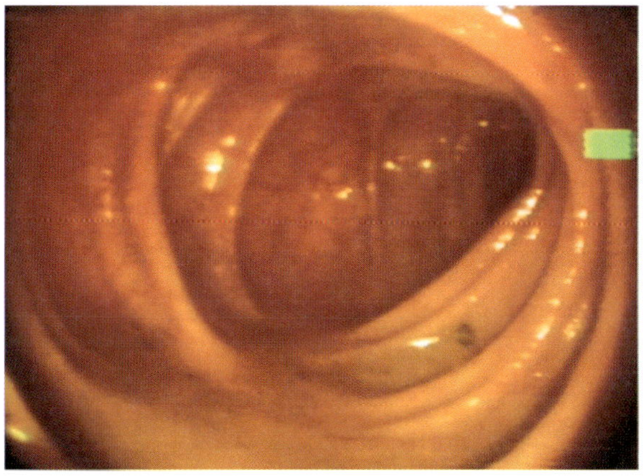

◆
Abb. 351
Aufsteigender Dickdarm. Blick durch das Endoskop des Magen-Darm-Spezialisten bei der Darmspiegelung.
Zu erkennen sind die typischen Querfalten und Ausbuchtungen des Dickdarms.

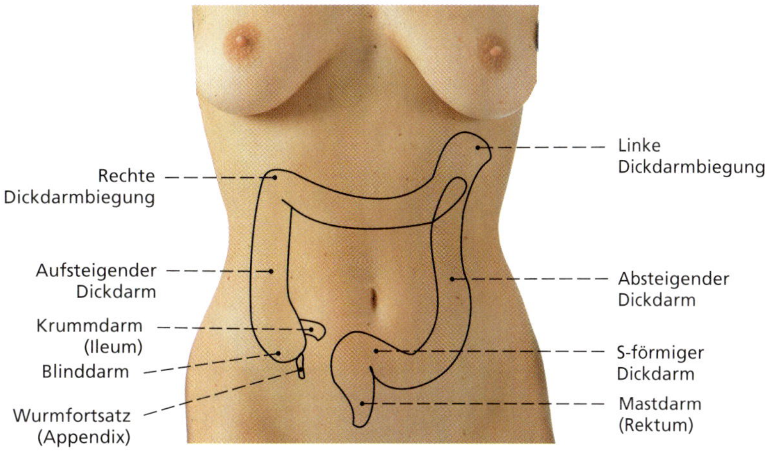

◆
Abb. 352
Lage des Dickdarms im Bauchraum. Die Umrisse sind auf die Haut aufgezeichnet.

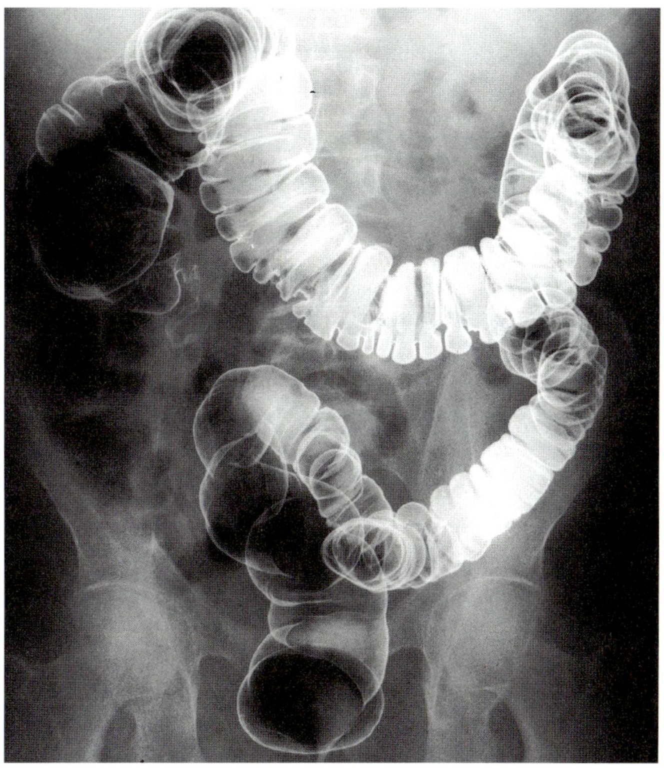

◆
Abb. 353
Röntgenbild mit Darstellung des Dickdarms. Durch ein Kontrastmittel zeichnet sich die Schleimhautinnenfläche als weiße Kontur ab.

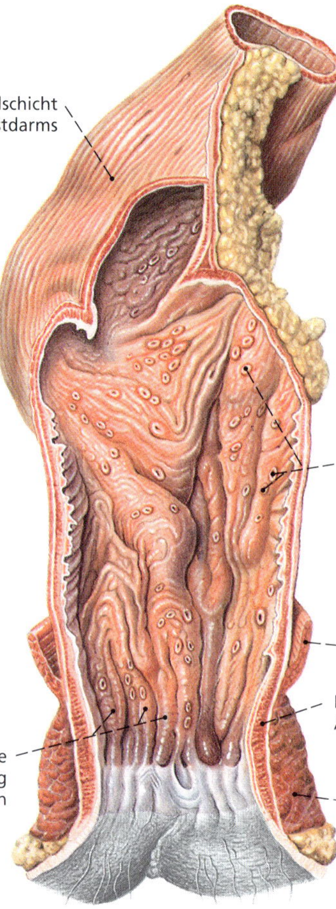

◆
Abb. 354
Mastdarm (Rektum). Längsschnitt. Typisch ist die säulenartige Fältelung der Schleimhaut in diesem Bereich. Deutlich zu erkennen sind auch Afterhebe- und Afterschließmuskeln.

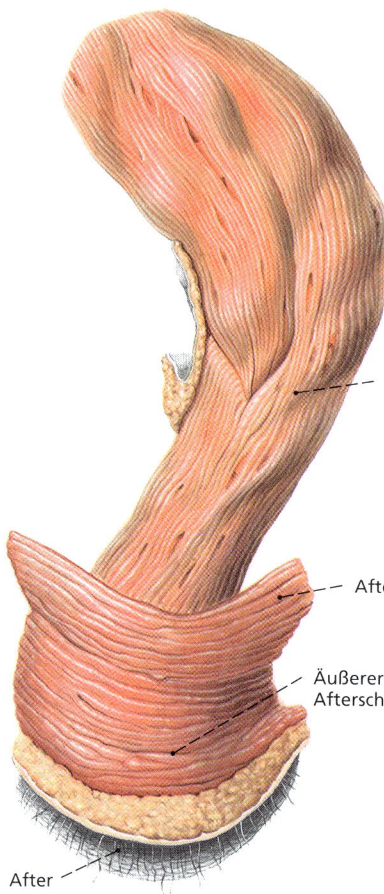

◆
Abb. 355
Muskulatur des Mastdarms (Rektum).

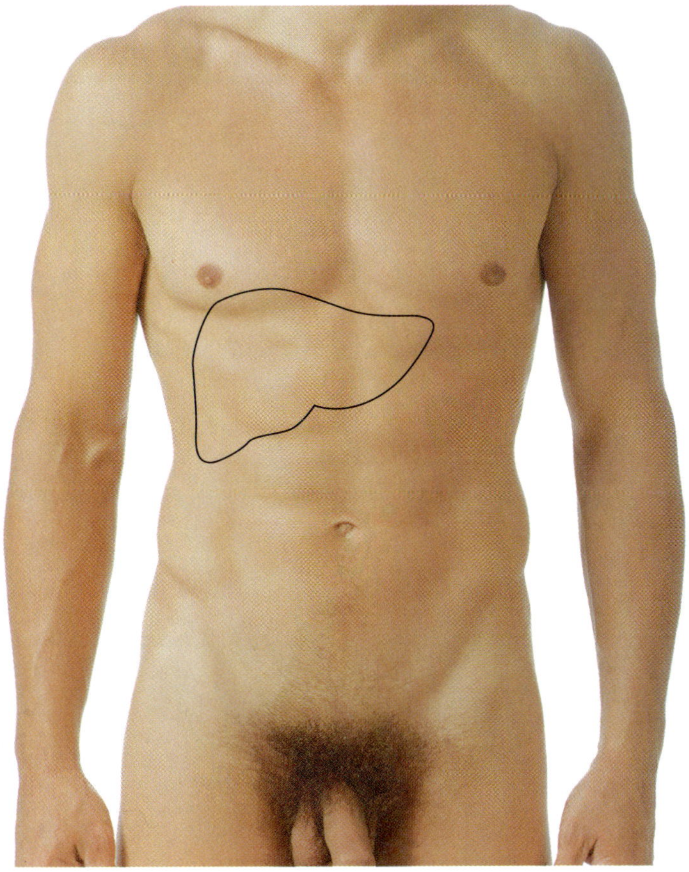

◆
Abb. 356
Lage der Leber im Bauchraum. Die Umrisse sind auf die Haut aufgezeichnet.

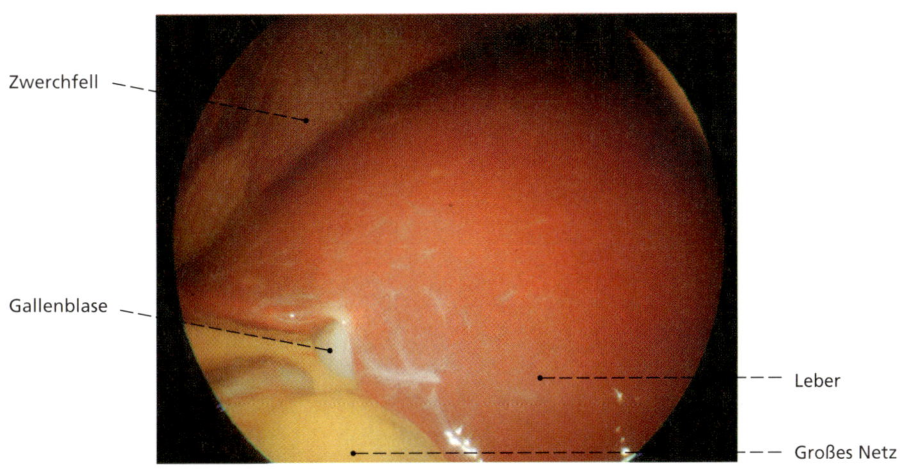

◆
Abb. 357
Vorderfläche der Leber. Blick durch das Endoskop bei der Bauchspiegelung. Dabei können Farbe, Oberflächenbeschaffenheit und Form der Leber sowie der Zustand der Gallenblase beurteilt werden.

◆
Abb. 358
Leber. Ansicht von vorne. Man unterscheidet einen linken und einen rechten Leberlappen. Die obere Fläche der Leber ist mit dem Zwerchfell verwachsen. Von diesem zieht ein sichelförmiges Band zwischen die beiden Leberlappen. Am unteren Rand des rechten Leberlappens ist die Gallenblase zu erkennen.

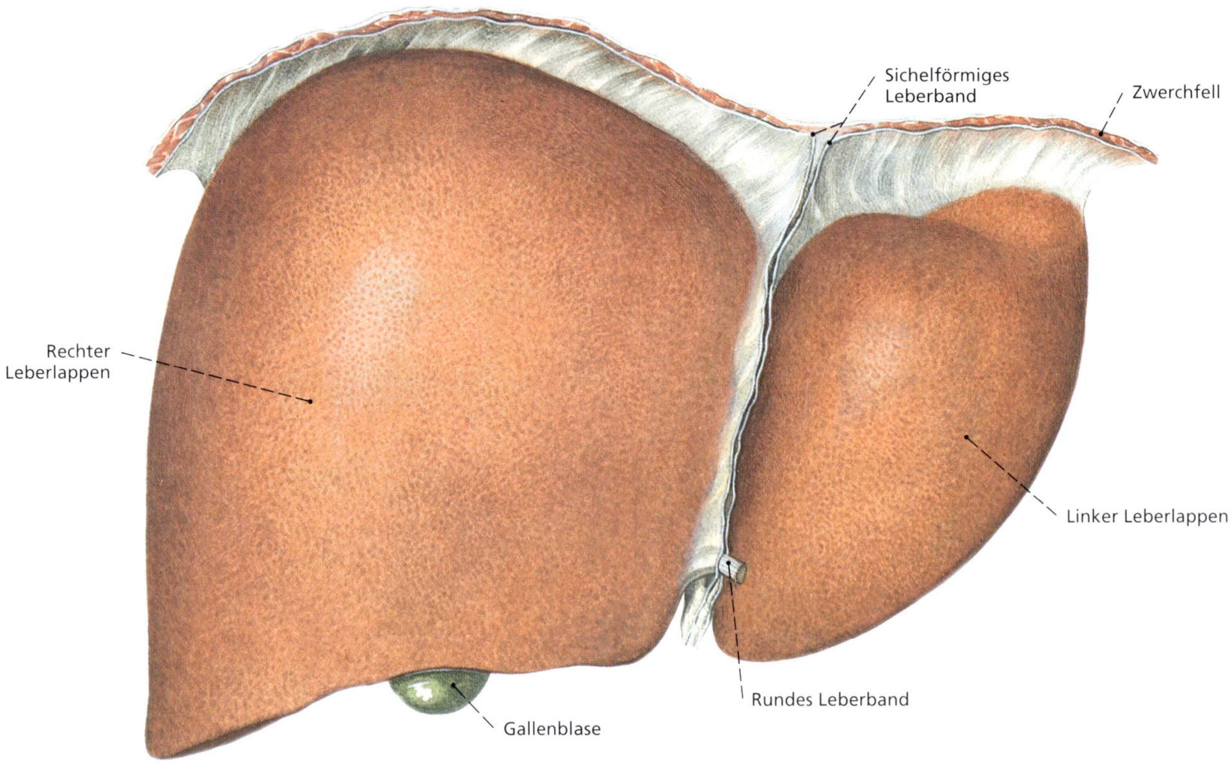

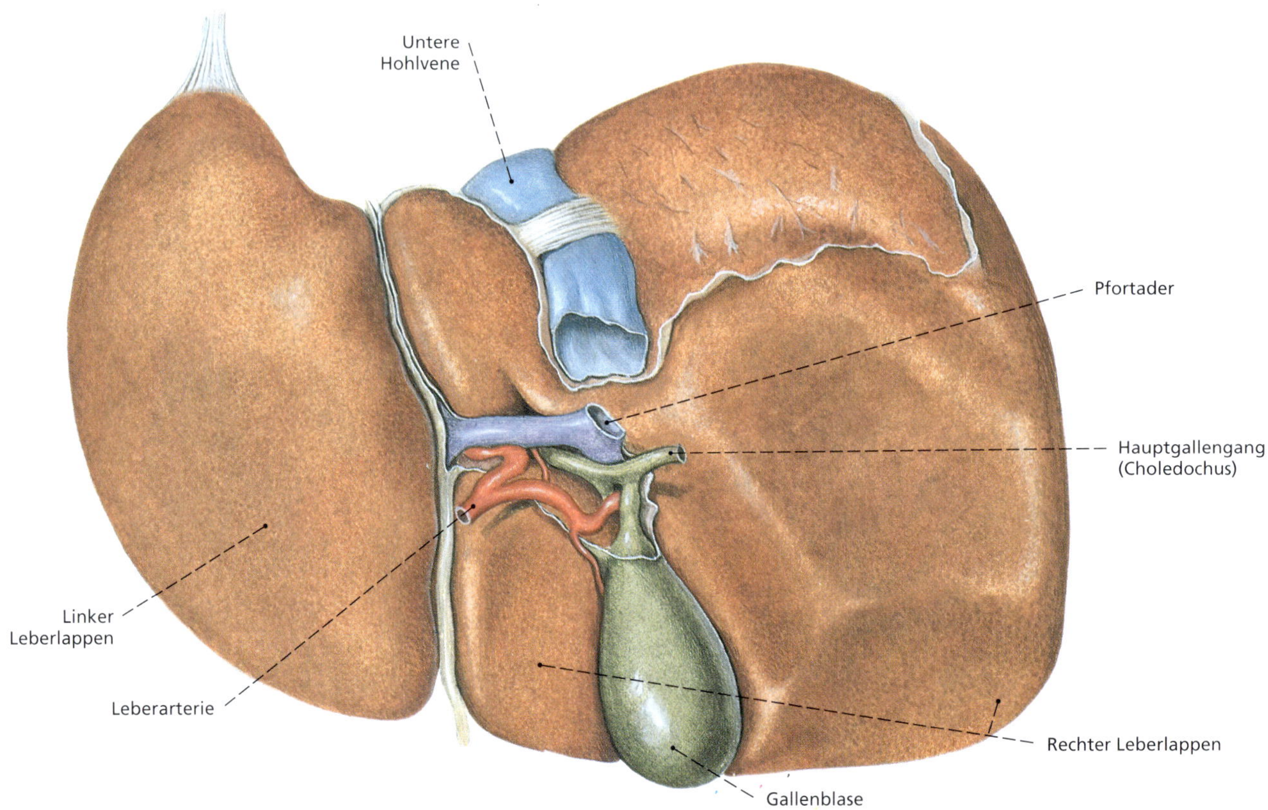

◆
Abb. 359
Leber. Ansicht von hinten. Zu erkennen sind linker und rechter Leberlappen sowie die Gallenblase mit dem Hauptgallengang, der in die Leber mündet. Die Ansatzstücke der Gefäße sind farbig eingezeichnet.

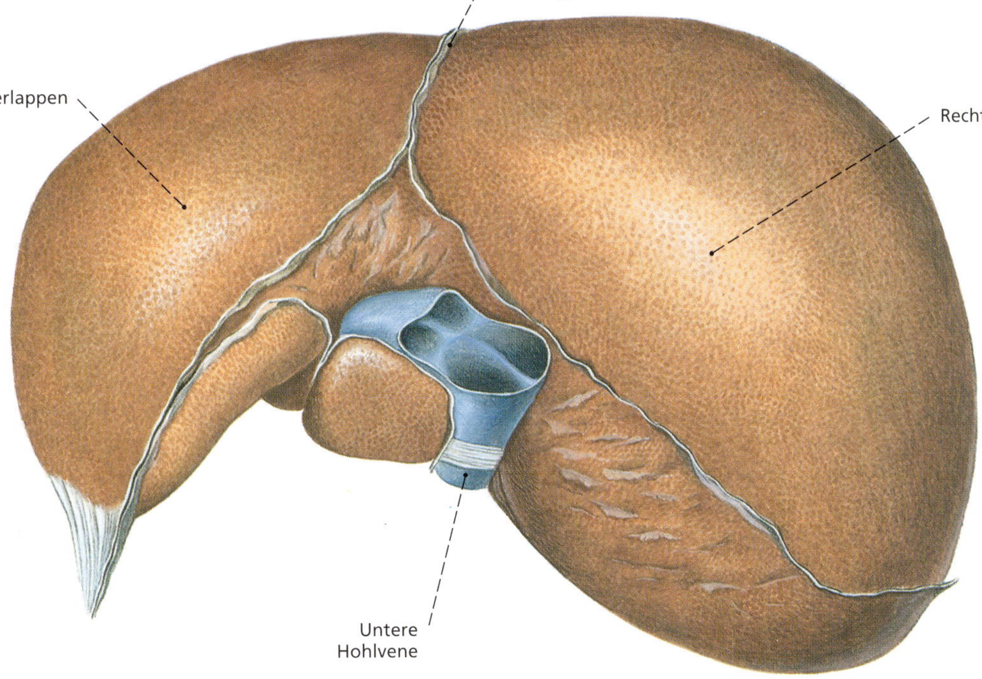

◆
Abb. 360
Leber. Ansicht von oben. Die Umschlagsfalten des Bauchfells, das die Leber als matt glänzende, dünne Haut überzieht, sind durchtrennt. Zwischen beiden Leberlappen ist die Mündungsstelle der unteren Hohlvene mit den abzweigenden Lebervenen zu sehen.

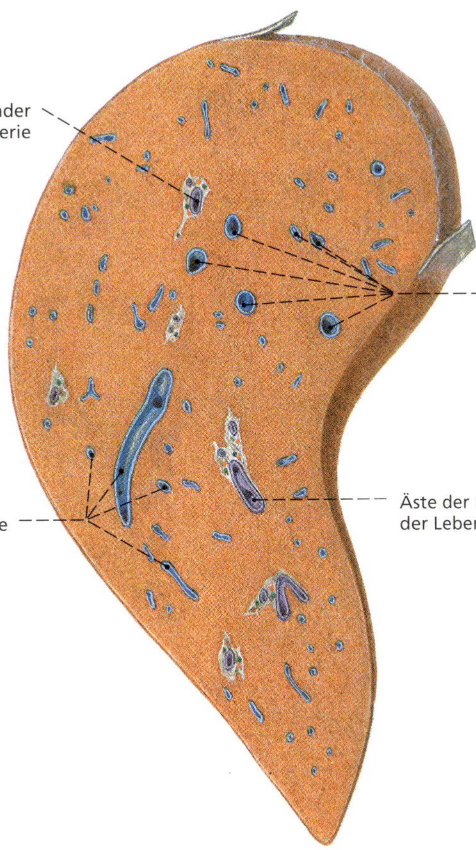

◆
Abb. 361
Schnitt durch den rechten Leberlappen. Die zahlreichen Lebervenen- und Pfortaderäste sind blau bzw. lila, kleine Arterienäste rot eingezeichnet.

◆
Abb. 362
Gallenblase mit Gallengängen. Die Vorderwand der Gallenblase, der Gallengänge und des Zwölffingerdarms ist z.T. entfernt. Die Schleimhaut der Innenfläche der Gallenblase trägt zahlreiche kleine Ausbuchtungen. Im unteren Bildteil sieht man die gemeinsame Ausführungsöffnung von Hauptgallengang und Bauchspeicheldrüsengang in den Zwölffingerdarm (große Zwölffingerdarmpapille).

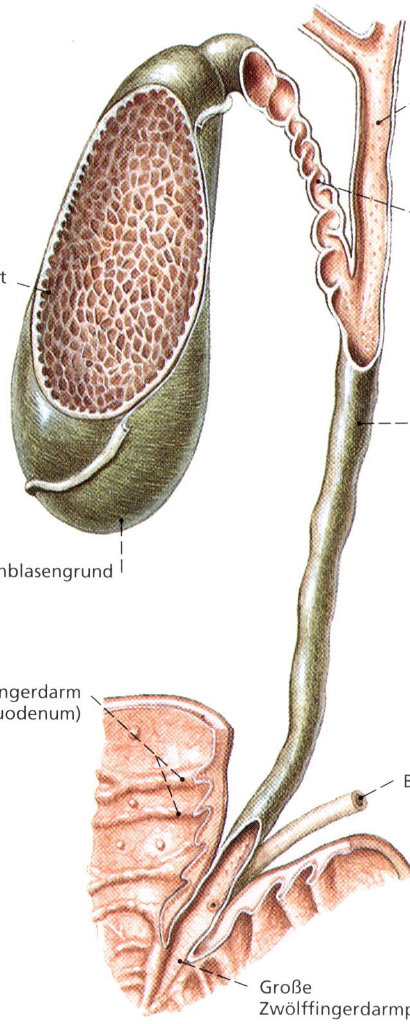

◆
Abb. 363
Gallenblase mit Gallengängen im Röntgenbild (Kontrastmitteldarstellung). Ansicht von vorne. Im rechten Bildabschnitt sind die Wirbelsäulenknochen zu erkennen.

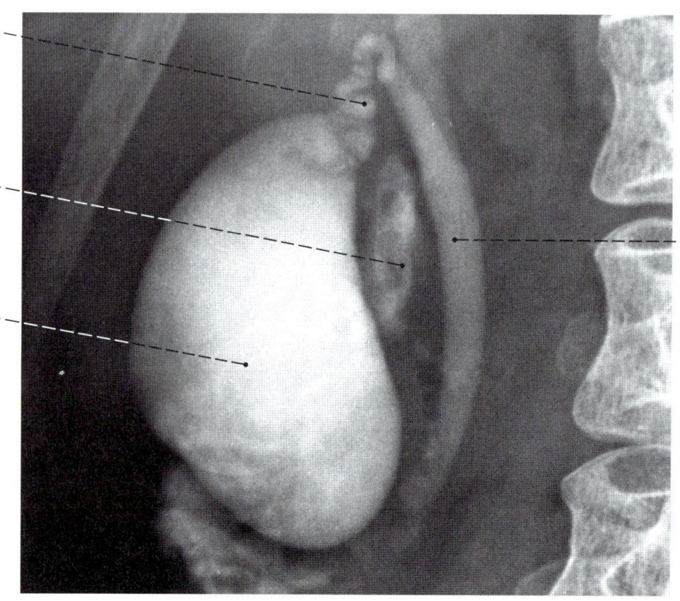

Nieren und Harnwege

Die Nieren sind für den Menschen lebenswichtige Organe: Sie filtern Stoffe, die der Körper nicht mehr verwerten kann, und Gifte aus dem Blut ab und scheiden sie über den Urin aus. Darüber hinaus regulieren sie den Mineralien- und Wasserhaushalt. Die Aufgabe von Nierenbecken, Harnleiter, Blase und Harnröhre besteht darin, den Urin zu speichern und aus dem Körper zu leiten.

Die beiden Nieren liegen rechts und links der Lendenwirbelsäule unmittelbar unter dem Zwerchfell. Die bohnenförmigen Organe sind etwa 12 cm lang, 6 cm breit und 4 cm dick und wiegen jeweils rund 150 g. Jede Niere ist außen von einer derben Kapsel überzogen und in Binde- und Fettgewebe eingehüllt. Beides schützt sie vor Verletzungen.

Aufbau

Schneidet man die Niere der Länge nach auf, kann man bereits mit bloßem Auge einzelne Gewebsschichten erkennen: die äußere Rindenschicht und das längsgestreifte Nierenmark mit seinen pyramidenförmigen Segmenten, die in das Nierenbecken einmünden. Hier wird der Urin gesammelt und über den Harnleiter zur Harnblase transportiert.

Um ihre vielfältigen Aufgaben erfüllen zu können, wird die Niere sehr gut durchblutet und verfügt außerdem über ein ausgeklügeltes Gefäßsystem. Jedes der rund eine Million Nierenkörperchen (Glomeruli) in der Nierenrinde wird von einer kleinen Arterie versorgt. Sie verzweigt sich darin zu einem knäuelartigen Gefäßgeflecht und tritt als abführende Arterie wieder aus. Das Blut aus dem abführenden Gefäß der Nierenkörperchen und dem übrigen Nierengewebe sammelt sich dann in der Nierenvene und wird über die untere Hohlvene ins rechte Herz geleitet.

Funktion der Niere

In den Nierenkörperchen erfolgt die erste Phase der Harnproduktion. Hier wird von dem Blut, das durch die knäuelartigen Gefäßschlingen fließt, ein wäßriges Filtrat abgepreßt und in das zugehörige Nierenkanälchen weitergeleitet. Die Nierenkanälchen sind von einem Netz aus kleinsten Blutgefäßen (Haargefäßnetz) umgeben, so daß ein ständiger Austausch von Stoffen zwischen Filtrat und Blut stattfinden kann (zweite Phase der Harnproduktion). Die Kanälchen (Sammelrohre) der einzelnen Nierenkörperchen bilden zusammen ein Kanalsystem, durch das der

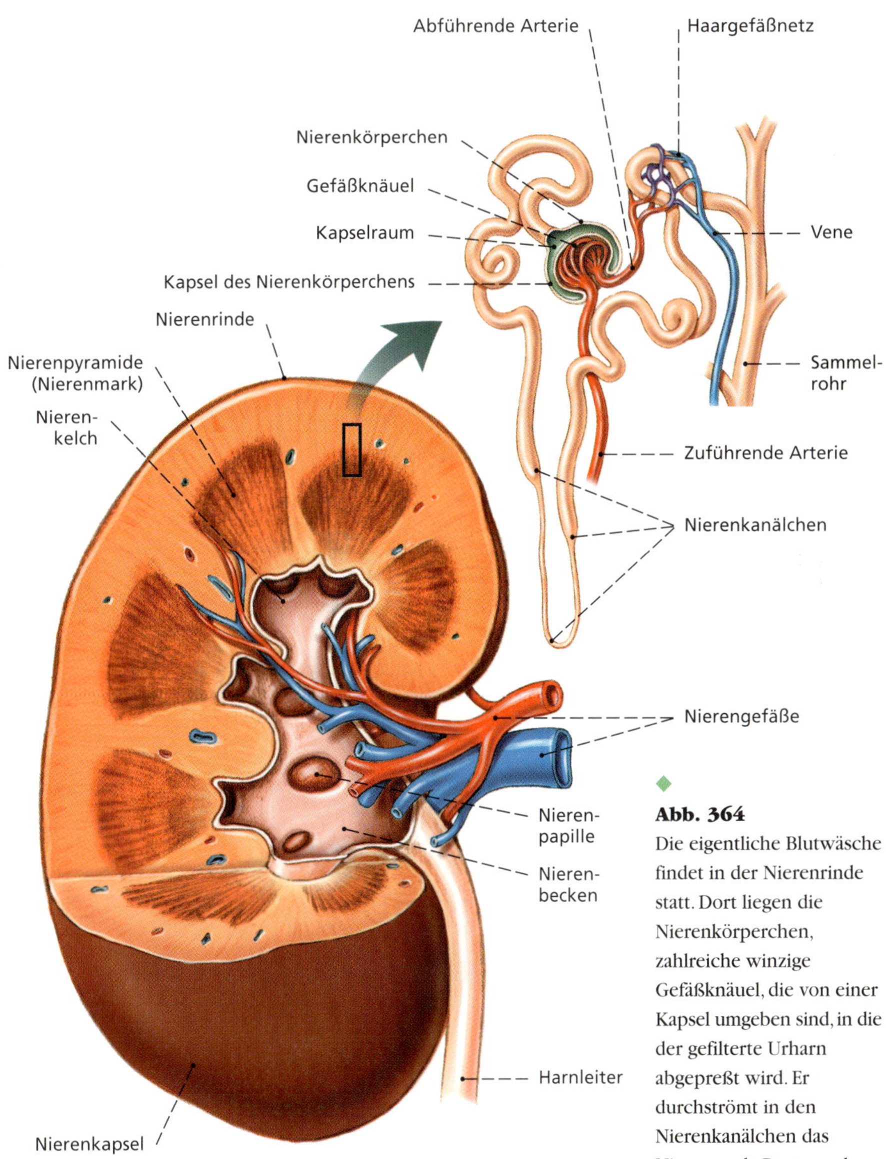

Abb. 364
Die eigentliche Blutwäsche findet in der Nierenrinde statt. Dort liegen die Nierenkörperchen, zahlreiche winzige Gefäßknäuel, die von einer Kapsel umgeben sind, in die der gefilterte Urharn abgepreßt wird. Er durchströmt in den Nierenkanälchen das Nierenmark. Dort werden ihm weitere Giftstoffe entzogen, außerdem tritt von hier aus bereits gefilterte Flüssigkeit ins Blut über. Über das Sammelrohr gelangt der Urin schließlich ins Nierenbecken und von dort in die Harnleiter.

Urin in das Nierenbecken geleitet wird. Von diesem Sammelbecken aus führt dann der Weg über den Harnleiter zur Harnblase.

Eine wesentliche Aufgabe der Niere besteht darin, das Blut von Stoffwechselschlacken zu befreien. Das sind in erster Linie Stoffe, die beim Abbau von Eiweiß entstehen, nämlich Harnstoff und Ammoniak. Auch Giftstoffe und Medikamente werden über die Niere ausgeschieden.

Allerdings werden in den Nierenkörperchen zunächst auch Stoffe abgefiltert, die der Körper noch gebrauchen kann, beispielsweise Eiweiß und Glukose. Damit sie dem Körper erhalten bleiben, treten sie aus den Nierenkanälchen in die kleinen Blutgefäße über, die diese Kanäle netzartig umspinnen. Normalerweise enthält also der Urin weder Eiweiß noch Glukose.

Die Niere ist auch dafür verantwortlich, daß der Wassergehalt der Blutflüssigkeit gleichbleibt und das Blut weder eingedickt noch verdünnt wird. Bei zu hohem Wassergehalt im Blut scheidet die Niere deshalb mehr Wasser aus, und der Urin hat eine hellgelbe Farbe. Umgekehrt wird bei zu geringem Wassergehalt weniger Flüssigkeit ausgeschieden. Dann ist der Urin sehr konzentriert und sieht dunkelgelb aus. Dieser Regulationsmechanismus wird über ein Hormon der Hirnanhangsdrüse, das Adiuretin, gesteuert.

Nicht nur der Wasser-, sondern auch der Mineralienhaushalt wird über die Niere reguliert. Sie trägt dafür Sorge, daß sich die Konzentration der Mineralstoffe Natrium, Kalium, Kalzium und Chlorid im Blut nicht verändert. Nimmt ihre Konzentration ab, werden mehr Mineralstoffe aus den Nierenkanälchen in die Blutgefäße zurückgeführt. Steigt die Konzentration dagegen an, werden die überschüssigen Mineralsalze mit dem Urin ausgeschieden.

Da jeder Mensch normalerweise über zwei Nieren verfügt, ist Erkrankung oder Verlust eines dieser Organe durchaus zu verkraften: Die funktionsfähige Niere übernimmt dann zusätzlich die Aufgaben der erkrankten. Weitaus gravierender ist es aber, wenn beide Nieren nicht mehr funktionieren. In diesem Fall muß das Blut regelmäßig durch eine künstliche Niere gereinigt werden. Bei Verlust beider Nieren kann dem Betroffenen durch die Übertragung einer Spenderniere langfristig geholfen und ein normales Leben ermöglicht werden.

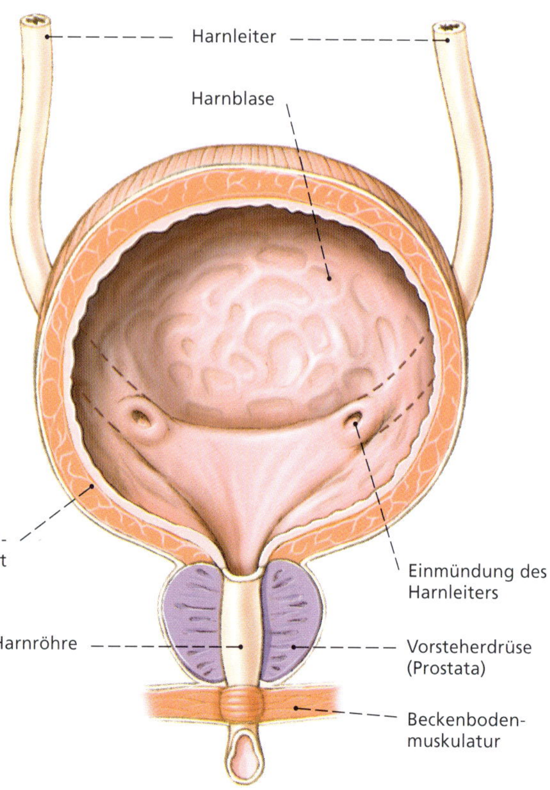

Abb. 365
Die Harnblase enthält eine kräftige Muskelschicht. Wenn sie sich zusammenzieht, entleert sich der Urin. Dem unteren Pol der Harnblase sitzt beim Mann die Vorsteherdrüse (Prostata) auf.

Ableitende Harnwege

Vom Nierenbecken aus wird der Urin über den Harnleiter in die Harnblase geleitet. Beide Harnleiter sind etwa 30 cm lange Schläuche mit einem Durchmesser von 2–3 mm, deren Wand aus Muskulatur besteht und den Urin durch rhythmische Bewegungen in Richtung Blase befördert. Ein Ventilmechanismus an der Eintrittsstelle in die Blase sorgt dafür, daß der Urin nur in eine Richtung – vom Harnleiter in die Blase – fließen kann.

Die Harnblase ist ein Hohlorgan mit einer Wand aus Muskelfasern und innen mit Schleimhaut ausgekleidet. Sie hat ein Fassungsvermögen von einem Dreiviertelliter. Bei gefüllter Blase löst der Füllungsdruck den Drang zur Entleerung aus – ein Vorgang, der bewußt gesteuert werden kann.

Der Urin fließt von der Blase aus durch die Harnröhre ab. Diese ist bei der Frau erheblich kürzer als beim Mann, so daß Krankheitserreger leichter in die Blase „aufsteigen" und Harnwegsinfektionen hervorrufen können.

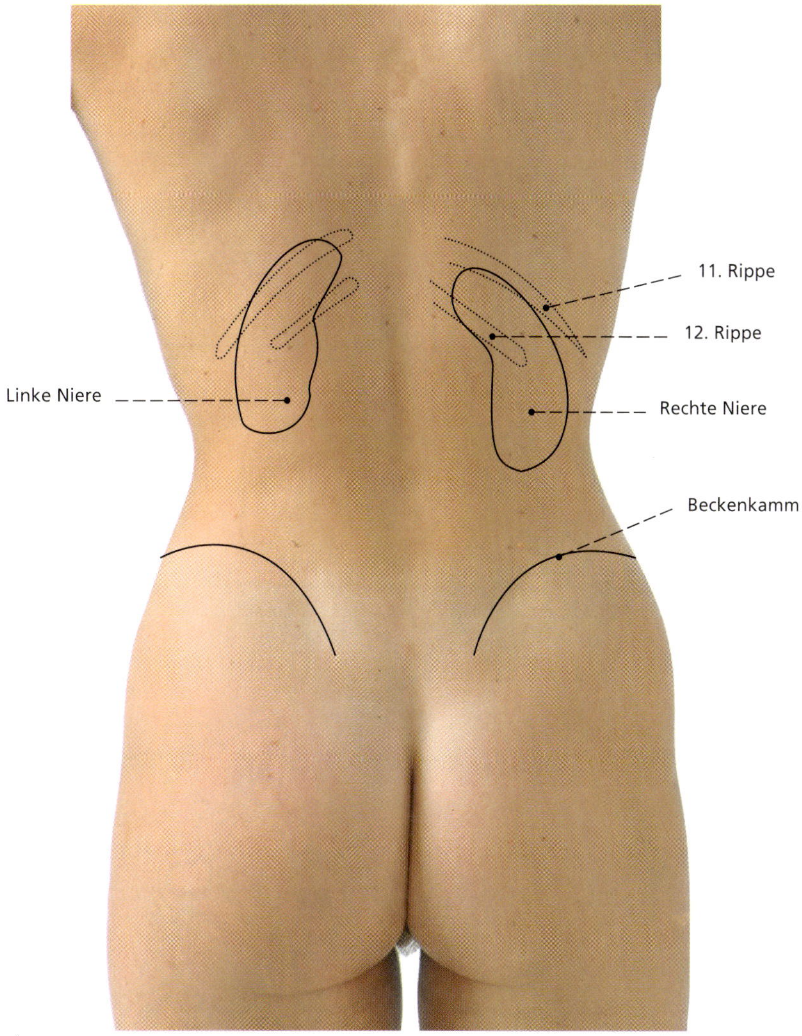

◆
Abb. 366
Lage der Nieren. Die Umrisse sind auf die Haut aufgezeichnet. Die rechte Niere liegt etwa 2 bis 3 cm tiefer als die linke Niere.

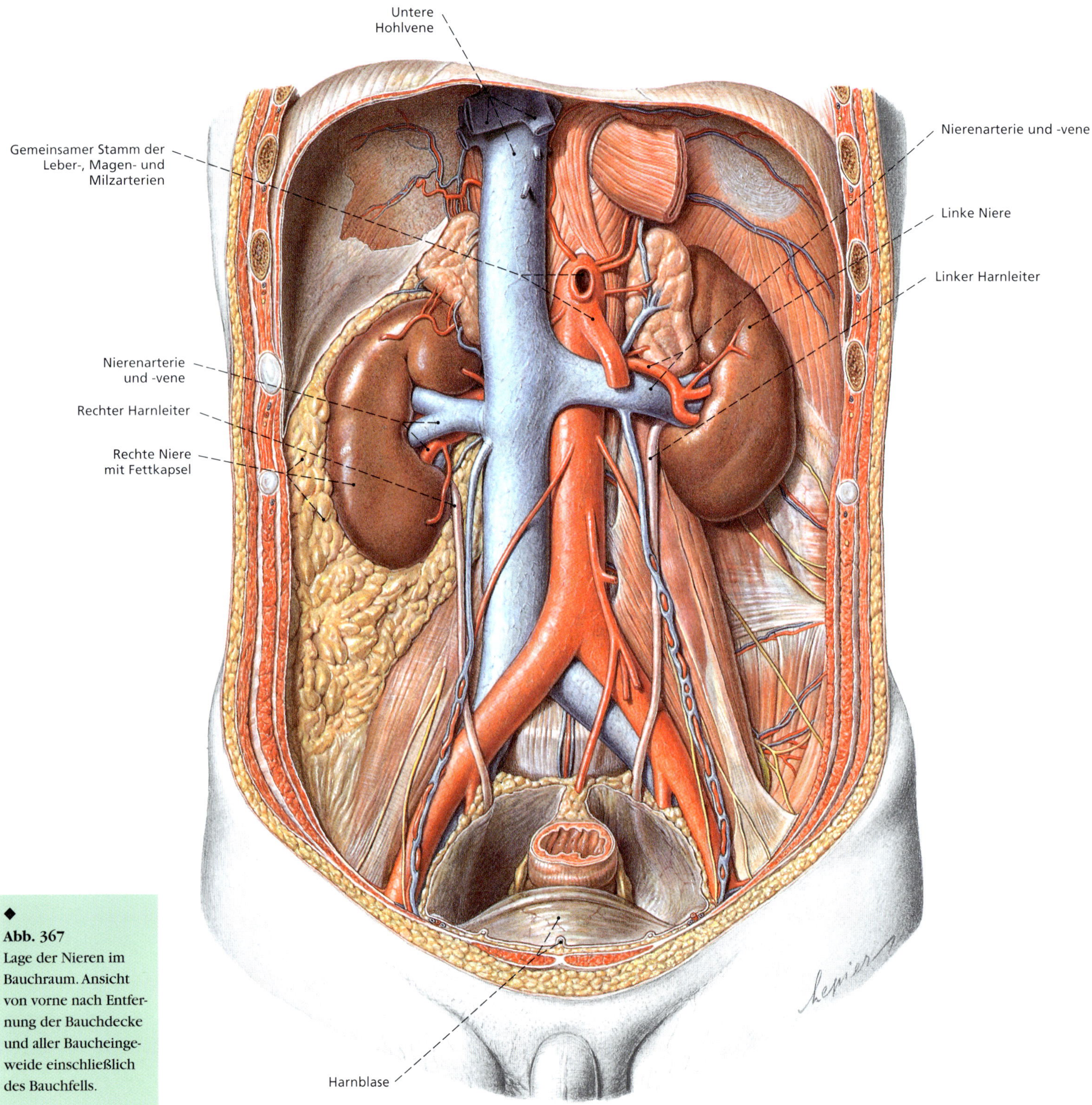

◆
Abb. 367
Lage der Nieren im Bauchraum. Ansicht von vorne nach Entfernung der Bauchdecke und aller Baucheingeweide einschließlich des Bauchfells.

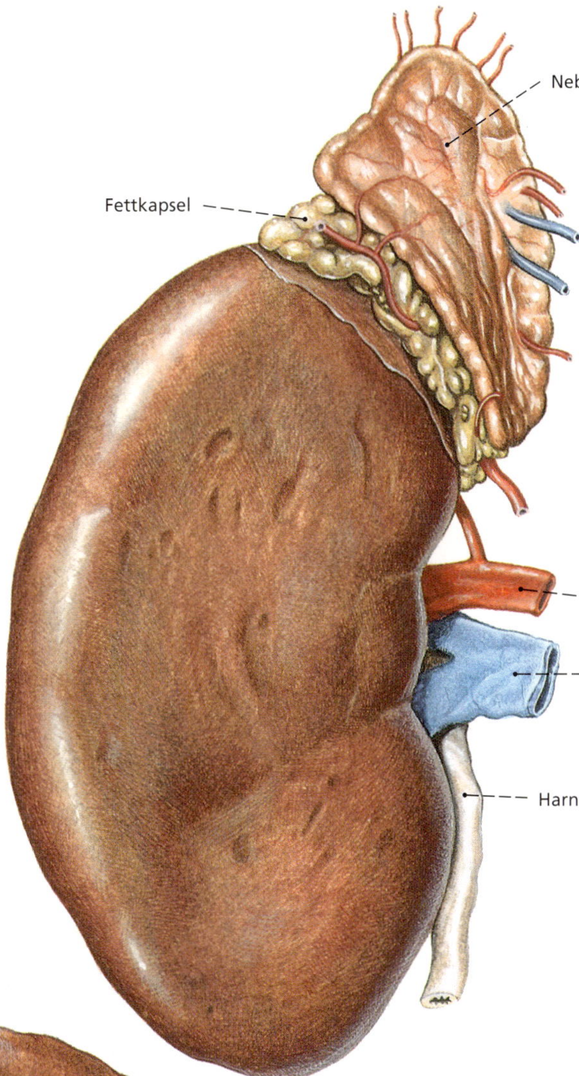

◆
Abb. 368
Rechte Niere. Ansicht von vorne. Dem oberen Nierenpol sitzt die Nebenniere wie eine Kapsel auf. Auf der nach innen gewölbten Seite treten Nierenarterie und -vene sowie der Harnleiter in die Niere ein.

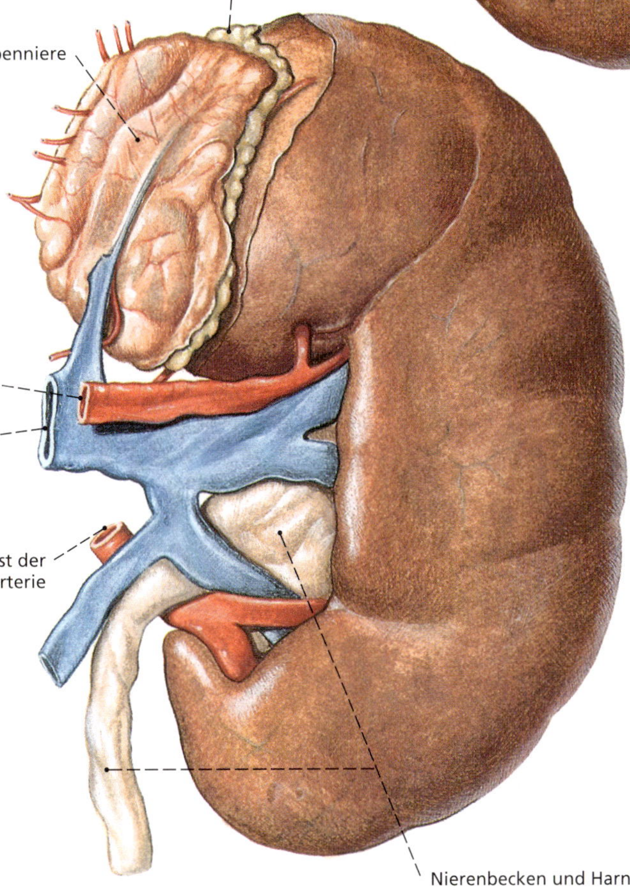

◆
Abb. 369
Linke Niere von vorne. Unterhalb von Arterien und Venen ist ein Teil des Nierenbeckens sichtbar.

◆
Abb. 370
Schnitt durch die Längsachse der linken Niere mit der Nierenbucht nach Entfernung von Blutgefäßen und Fettgewebe. Ansicht von vorne. Die Pyramiden ragen in die Nierenkelche hinein, über die der Urin in das Nierenbecken übertritt (Pfeile).

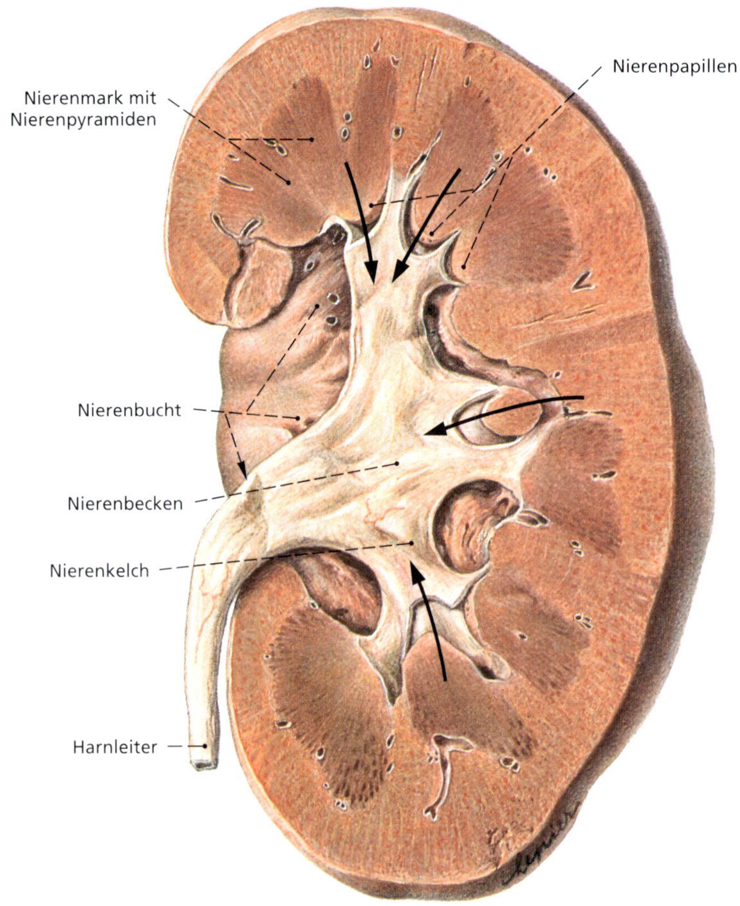

◆
Abb. 371
Schnitt durch die Längsachse der linken Niere. Ansicht von vorne. Das Nierenbecken ist eröffnet. Nierenarterie und -vene sind angeschnitten. Das Nierenbecken ist von einer glänzenden Schleimhaut ausgekleidet, in die die Markpyramiden hineinragen.

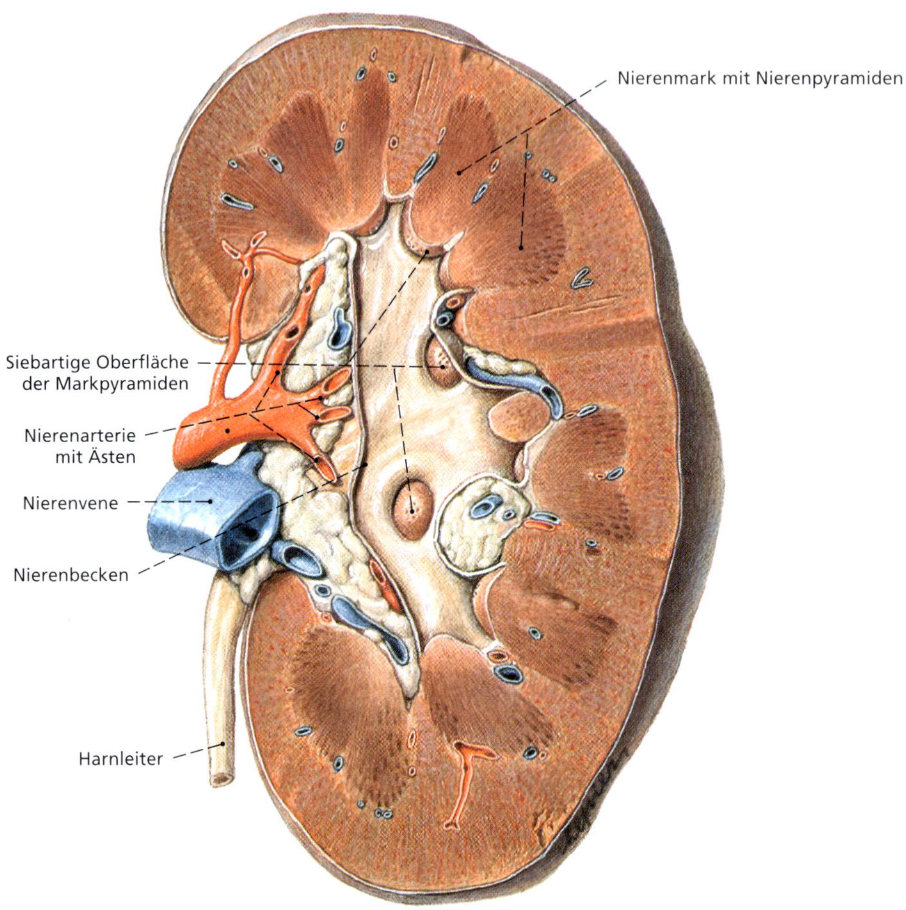

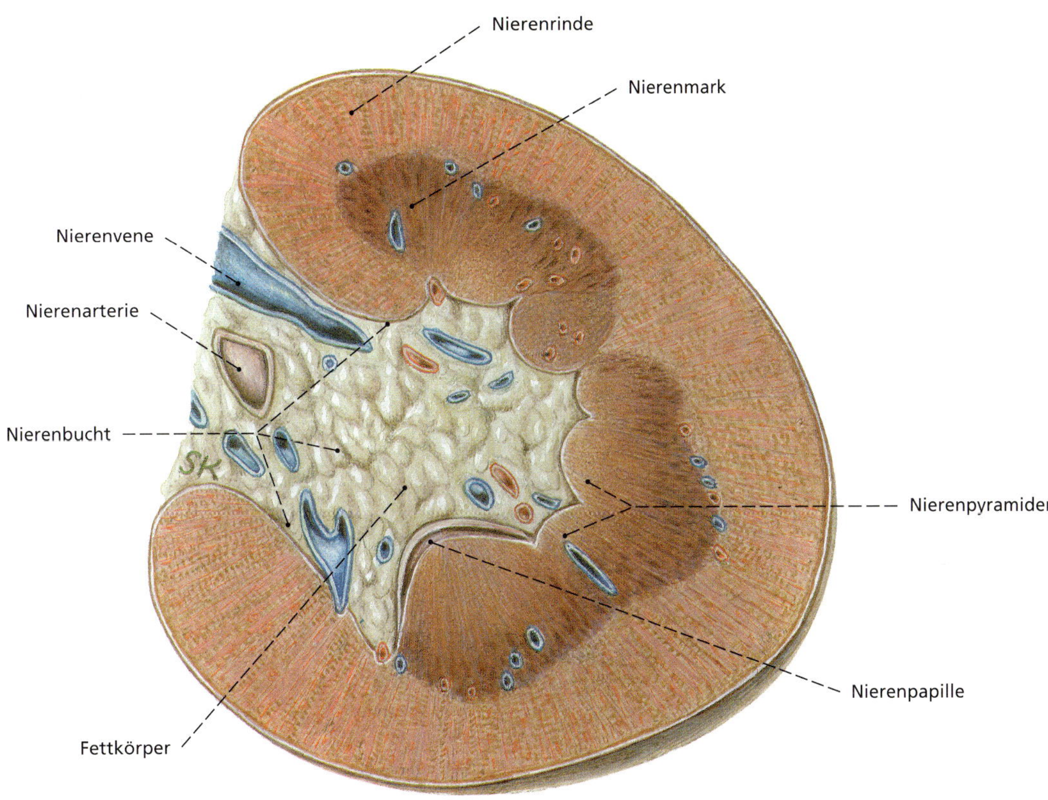

◆
Abb. 372
Querschnitt durch die linke Niere. Ansicht von unten zur Darstellung des Fettkörpers der Nierenbucht, der dem Nierenbecken aufliegt.

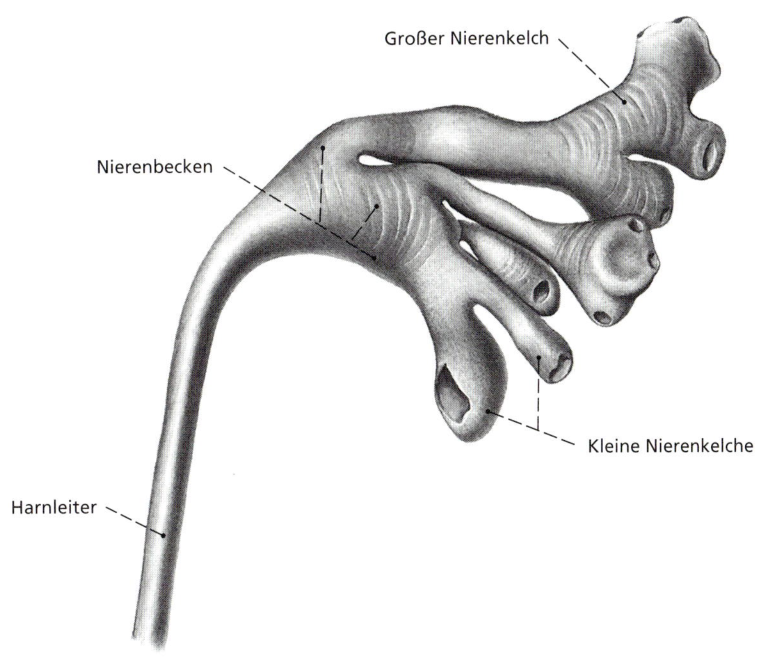

◆
Abb. 373
Nierenbecken mit Nierenkelchen. Zur besseren Darstellung der Strukturen wurde ein Ausgußpräparat mit aushärtendem Kunststoff angefertigt.

◆
Abb. 374
Rechte Niere von vorne. Gezeigt ist die Niere eines Erwachsenen, bei der die Lappenstruktur der frühen Embryonalphase erhalten ist. Seltene Normabweichung.

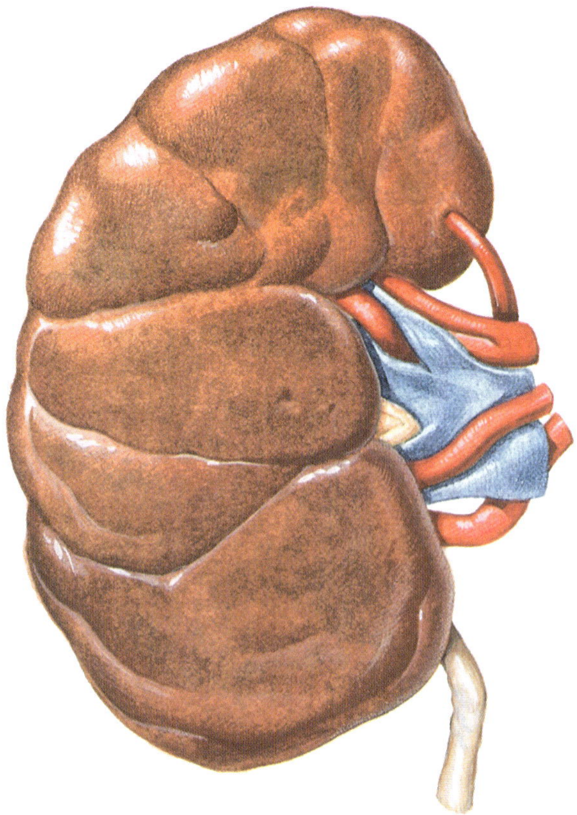

◆
Abb. 375
Sogenannte Hufeisenniere. Seltene Fehlbildung, bei der beide Nieren am unteren Pol zusammengewachsen sind.

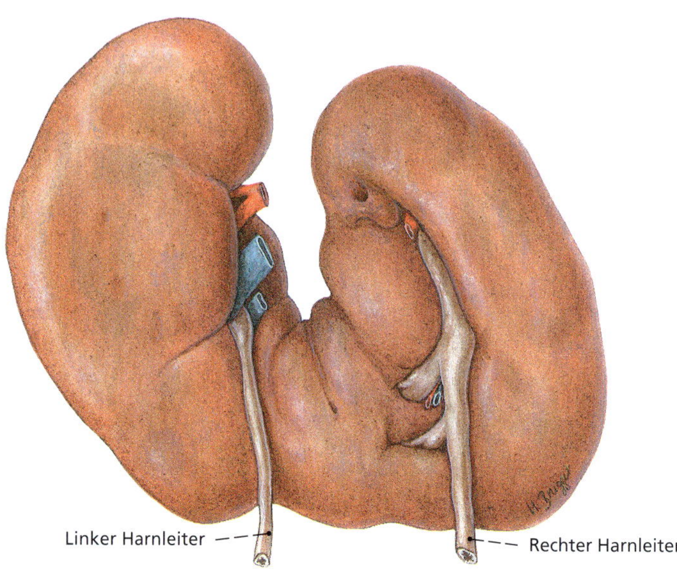

◆
Abb. 376
Darstellung des Gefäßbaums von Nierenarterien und -venen sowie des Nierenbeckens. Ausgußpräparat der rechten Niere nach Einspritzung unterschiedlich gefärbter und aushärtender Kunststoffe in die Nierengefäße (Arterien = rot, Venen = blau, Nierenbecken = gelb). Ansicht von vorne.

◆
Abb. 377
Darstellung der Nierenarterien und des Nierenbeckens. Ausgußpräparat der rechten Niere nach Einspritzung eines roten Kunststoffs in die Nierenarterie und eines gelben Kunststoffs in das Nierenbecken. Ansicht von vorne.

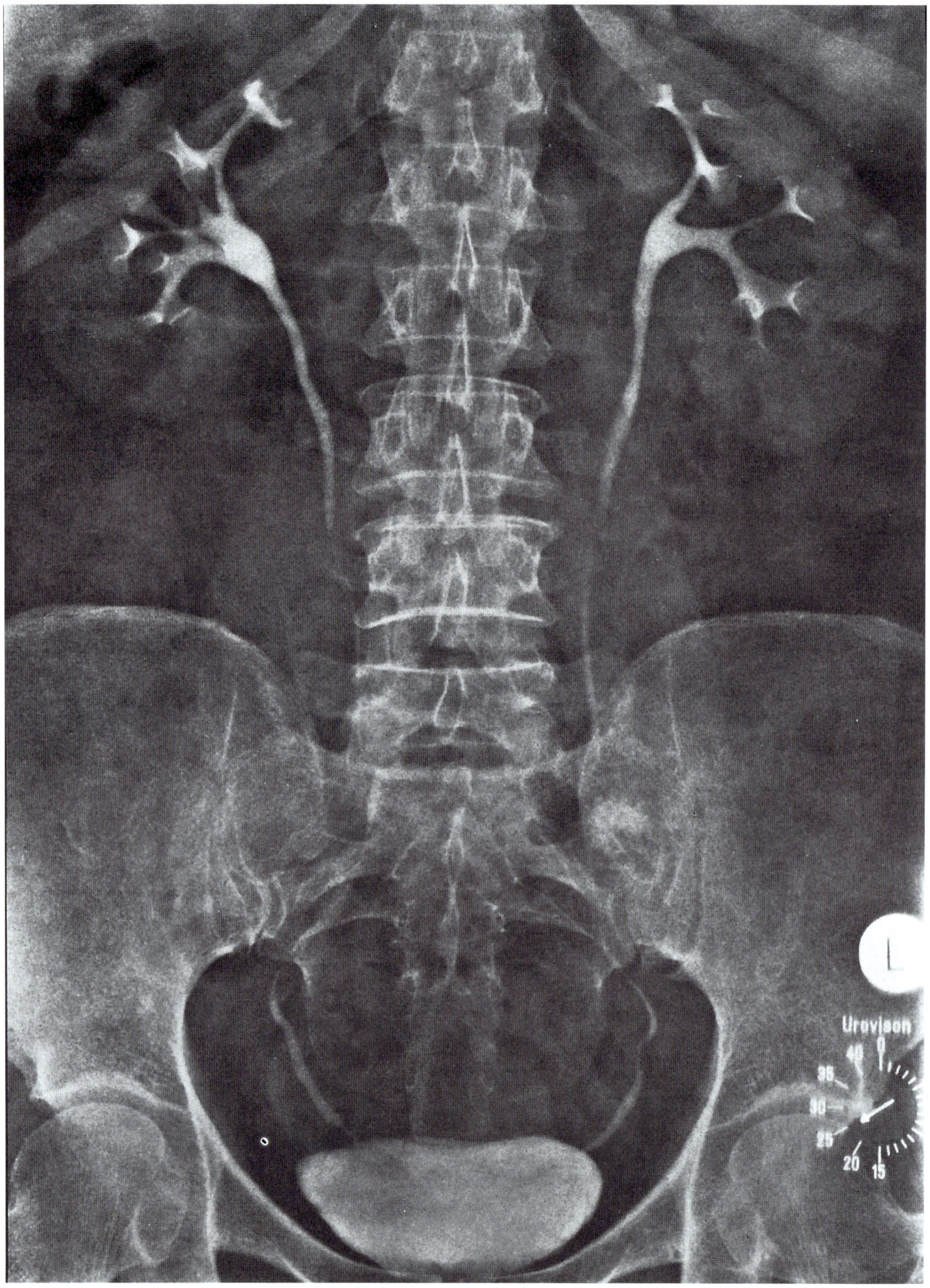

◆
Abb. 378
Röntgenbild des Nierenhohlsystems (Nierenbecken und Harnleiter) nach Einspritzung eines Kontrastmittels, das über die Nieren ausgeschieden wird und das Nierenhohlsystem weiß erscheinen läßt (Erklärung siehe Hilfsbild Seite 263).

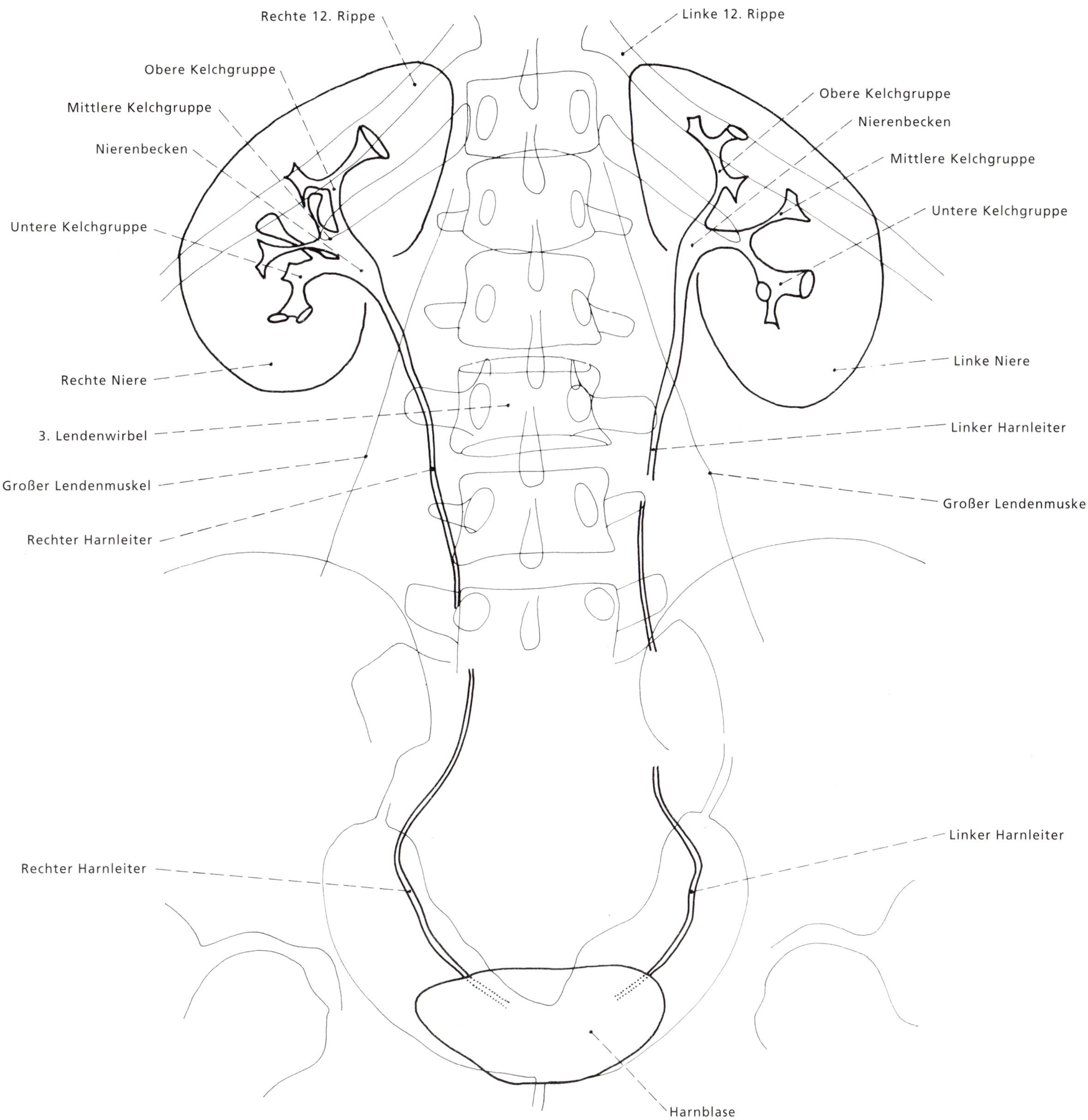

◆
Abb. 379
Nierenhohlsystem. Hilfsbild zu Seite 262.

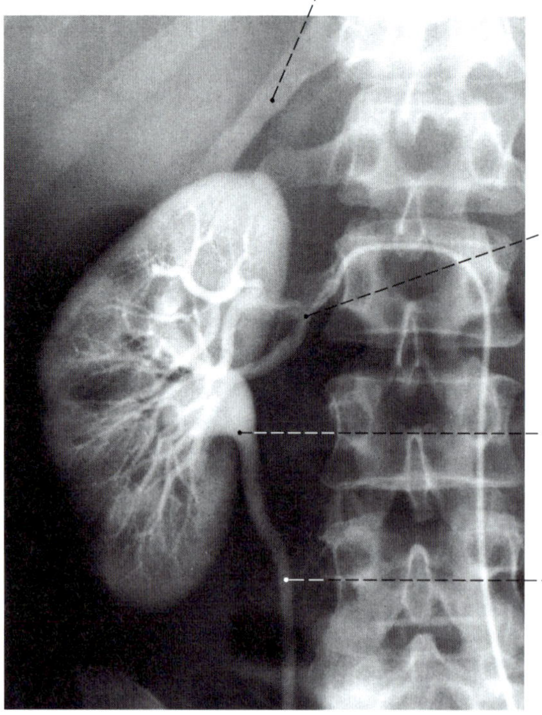

◆
Abb. 380
Röntgenbild der rechten Niere mit Nierenbecken und -gewebe sowie dem Harnleiter. Die Darstellung des Nierengewebes wird dadurch ermöglicht, daß ein Kontrastmittel eingespritzt wird, das sich im Hohlraumsystem der Niere anreichert. Ein anderes Kontrastmittel wird gleichzeitig über einen Katheter in die Nierenarterie injiziert, um den arteriellen Gefäßbaum der Niere sichtbar zu machen.

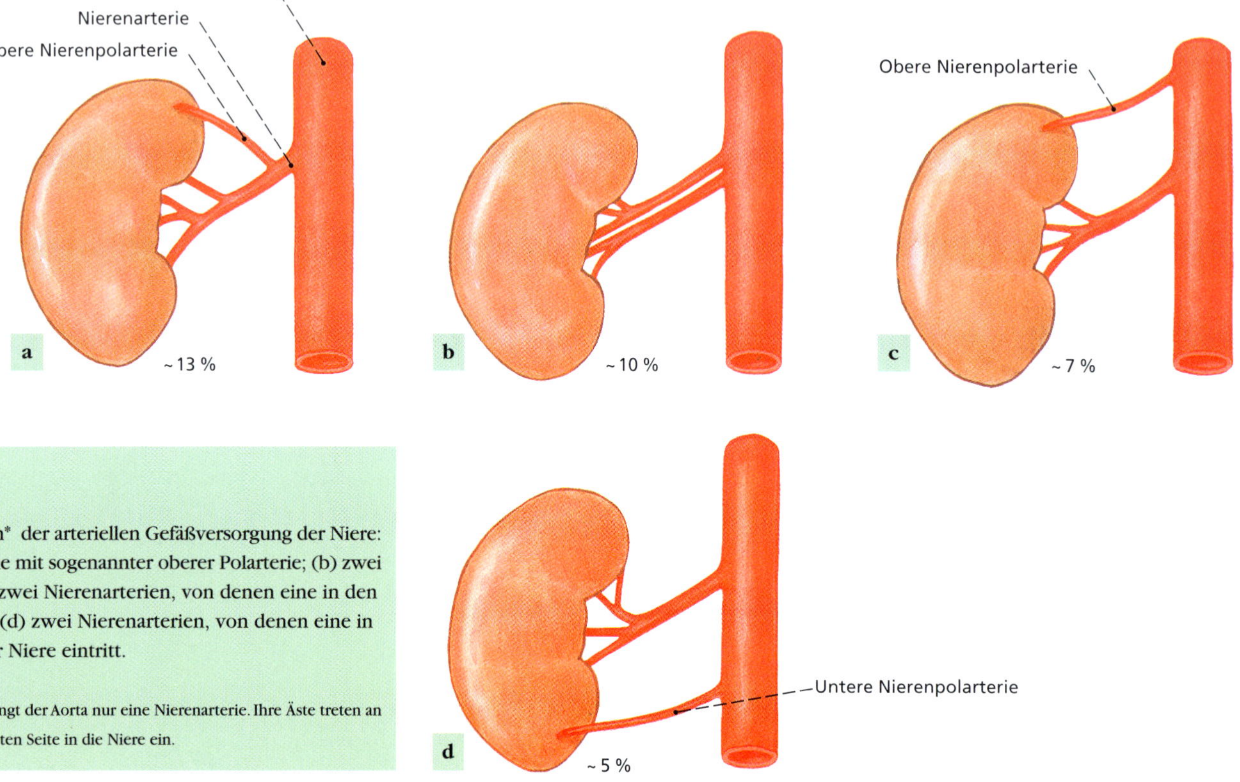

◆
Abb. 381
Normabweichungen* der arteriellen Gefäßversorgung der Niere: (a) eine Nierenarterie mit sogenannter oberer Polarterie; (b) zwei Nierenarterien; (c) zwei Nierenarterien, von denen eine in den oberen Pol eintritt; (d) zwei Nierenarterien, von denen eine in den unteren Pol der Niere eintritt.

* Normalerweise entspringt der Aorta nur eine Nierenarterie. Ihre Äste treten an der nach innen gewölbten Seite in die Niere ein.

Hormonsystem

Hormone sind körpereigene Wirkstoffe, die in bestimmten Zellen oder (Drüsen-)Geweben gebildet werden und auf viele entscheidende Vorgänge im Körper Einfluß nehmen. So regulieren die Hormone nicht nur Stoffwechselvorgänge, sondern wirken darüber hinaus auf Wachstum und Entwicklung, Sexualität, Psyche, Eß- und Trinkverhalten ein. Auch die Reaktion des Körpers auf Streßsituationen wird über Hormone vermittelt.

Fast alle Hormone werden in speziellen Drüsen gebildet und auf dem Blutweg im Körper verteilt. Die Hormonproduktion wird von bestimmten Zentren im Gehirn aus gesteuert: dem Hypothalamus, einem Teil des Zwischenhirns, der Hypophyse (Hirnanhangsdrüse) und der Epiphyse (Zirbeldrüse).

Hypothalamus

Der Hypothalamus ist eine Gehirnstruktur, die ganz in der Nähe der Hirnanhangsdrüse (Hypophyse) liegt und bei der Steuerung lebenswichtiger Organfunktionen eine übergeordnete Rolle spielt. Sie registriert die Konzentration der meisten Hormone im Blut und gibt dann – je nach Meßergebnis – Impulse an die Hirnanhangsdrüse zur Hormonproduktion weiter.

Hirnanhangsdrüse (Hypophyse)

Die Hypophyse hat nicht nur eine Kontrollfunktion über andere Hormondrüsen, sondern bildet auch selbst Hormone, die direkt im Körper wirken:

- Adiuretin, das die Wasserausscheidung der Nieren in Grenzen hält
- Gonadotropine, Hormone, die bei Mann und Frau auf die Geschlechtsdrüsen wirken und deren Wachstum und Funktion anregen
- Prolaktin, das bei Schwangeren die Milchproduktion in den Brustdrüsen anregt
- Somatotropin, ein Wachstumshormon, das das Längenwachstum und die Bildung von Eiweißstoffen fördert.

Zirbeldrüse (Epiphyse)

Über die Wirkung ihres Hormons Melatonin ist bisher nichts Genaues bekannt. Möglicherweise beeinflußt es den Schlaf-Wach-Rhythmus.

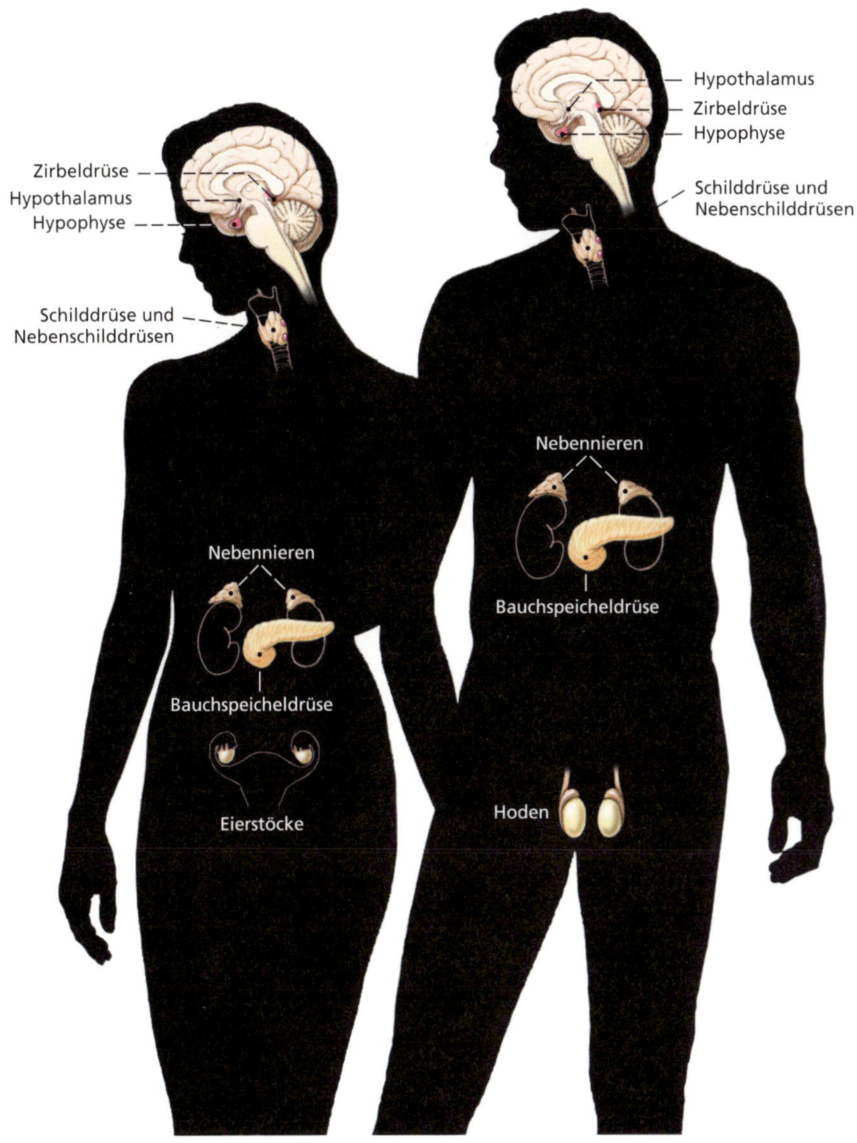

Abb. 382
Die übergeordneten Zentren aller Hormondrüsen liegen im Gehirn. Die Hormone gelangen auf dem Blutweg zu ihren jeweiligen Erfolgsorganen. Das Bries (Thymusdrüse) – auf dem Übersichtsbild nicht eingezeichnet, weil beim Erwachsenen nicht mehr vorhanden – bildet sich während der Pubertät vollständig zurück und verwandelt sich in Fettgewebe.

Schilddrüse

Die unterhalb des Kehlkopfs gelegene Drüse produziert das jodhaltige Hormon Thyroxin. Es steigert den Energieumsatz und fördert Wachstum und Entwicklung des Organismus, insbesondere die Gehirnreifung bei Neugeborenen.

Nebenschilddrüse

Die vier linsengroßen Körperchen sitzen an der Rückseite der Schilddrüse. Sie bilden Parathormon, das bei erhöhtem Bedarf an Kalzium dieses aus den Knochen freisetzt.

Nebennieren

Die beiden halbmondförmigen Drüsen sitzen jeweils kappenartig auf den oberen Nierenpolen. Sie produzieren

- Kortison, das den Eiweiß- und Fettabbau fördert und den Blutzuckerspiegel erhöht. Außerdem wirkt es entzündungshemmend und unterdrückt Allergien und Immunreaktionen.
- Aldosteron, das z.B. bei vermindertem Wassergehalt des Körpers die Salz- und Wasserausscheidung der Nieren hemmt
- Androgene, die die Geschlechtsentwicklung beim Mann und das Wachstum der (Skelett-)Muskulatur fördern
- Adrenalin und Noradrenalin, auch als Katecholamine bezeichnet. Sie steigern Blutdruck und Herzfrequenz und werden vor allem in Streßsituationen ausgeschüttet.

Bauchspeicheldrüse

Diese Drüse produziert sowohl Verdauungssäfte als auch Hormone, die in den Zuckerstoffwechsel eingreifen: Insulin fördert die Aufnahme des Energiespenders Zucker aus dem Blut in die Körperzellen und senkt dadurch den Blutzuckerspiegel, Glukagon setzt Zucker aus den Zellen frei und erhöht den Blutzuckerspiegel.

Weibliche Geschlechtsdrüsen

Die weiblichen Geschlechtshormone werden in den Eierstöcken gebildet. Sie fördern die Entwicklung der weiblichen Geschlechtsmerkmale und der geschlechtstypischen Körperform. Östrogen regt bei der geschlechtsreifen Frau die Reifung des Eis bis zum Eisprung an und baut die Gebärmutterschleimhaut auf. Außerdem steigert es den Sexualtrieb. Gestagen bereitet die Schleimhaut der Gebärmutter auf die Einnistung einer befruchteten Eizelle vor. Es führt bei erhöhter Ausschüttung zur vermehrten Einlagerung von Wasser ins Gewebe.

Männliche Geschlechtsdrüsen

Das wichtigste männliche Geschlechtshormon, das Testosteron, wird in den Hoden gebildet. Testosteron fördert die Ausbildung der sekundären Geschlechtsmerkmale (Körperbehaarung, Hoden- und Peniswachstum) und den Geschlechtstrieb.

Bries (Thymusdrüse)

Diese direkt über dem Herzbeutel liegende Drüse bildet sich bereits in der Pubertät zurück. Ihr Hormon Thymosin fördert wahrscheinlich die Bildung und Reifung von Abwehrzellen des Immunsystems.

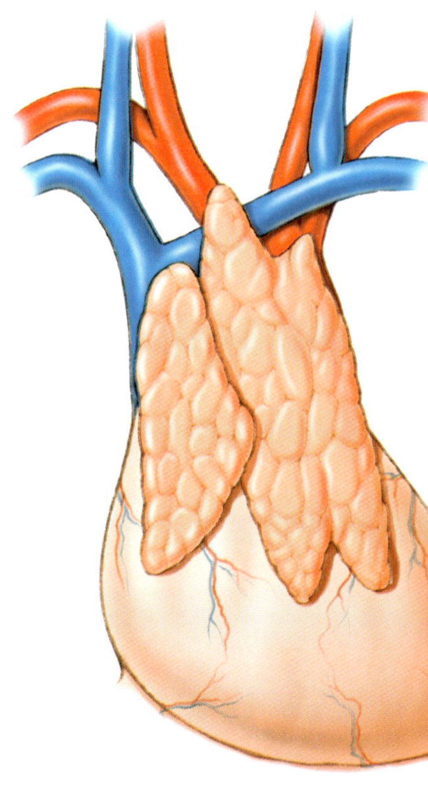

Abb. 383
Das Bries (Thymusdrüse) liegt bei Kindern direkt vor dem Herzen.

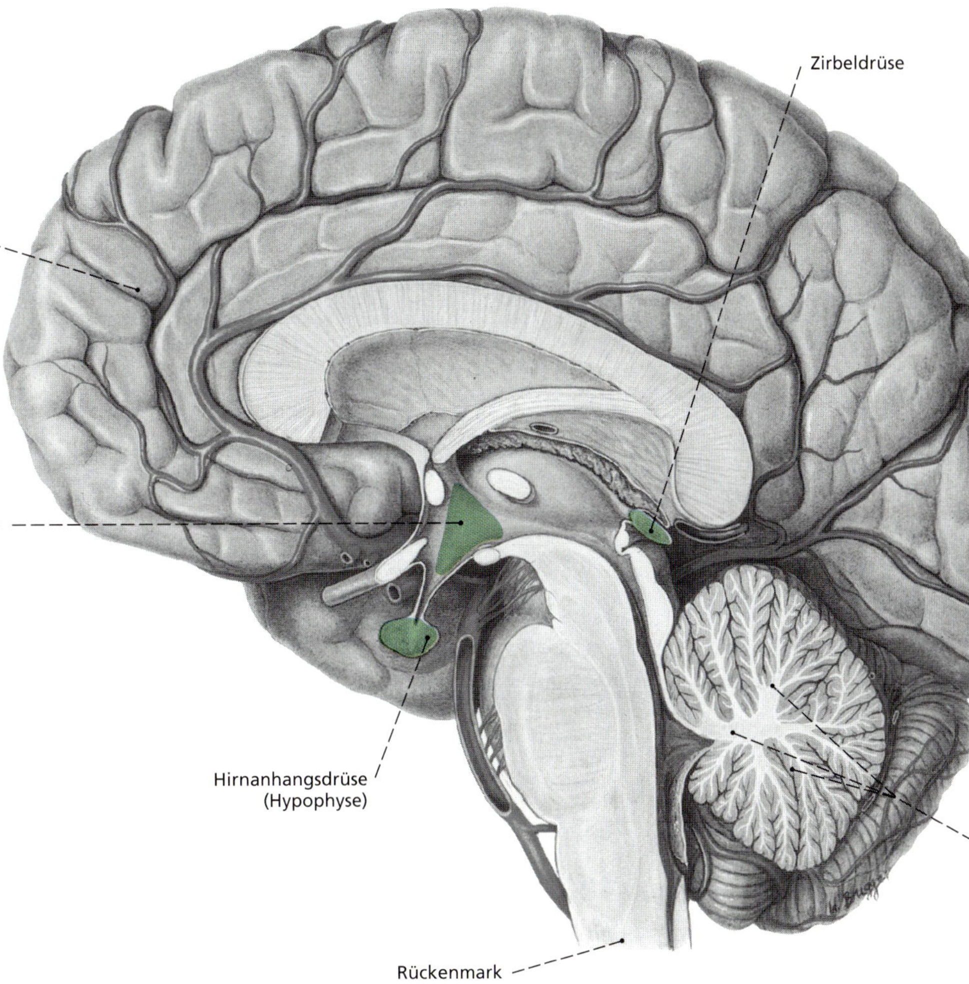

◆
Abb. 384
Hormonproduzierende Strukturen des Gehirns. Hypothalamus und Hirnanhangsdrüse (Hypophyse) sind übergeordnete Zentren des gesamten Hormonsystems und liegen in unmittelbarer Nähe zueinander. Die Zirbeldrüse ist etwas oberhalb des Kleinhirns zu erkennen.

◆
Abb. 385
Hirnanhangsdrüse (Hypophyse). Die etwa kirschgroße, hier grün eingefärbte Drüse sitzt direkt unterhalb der Sehnervenkreuzung (auf dieser Abbildung durchtrennt) der Hirnbasis auf. Ansicht von unten.

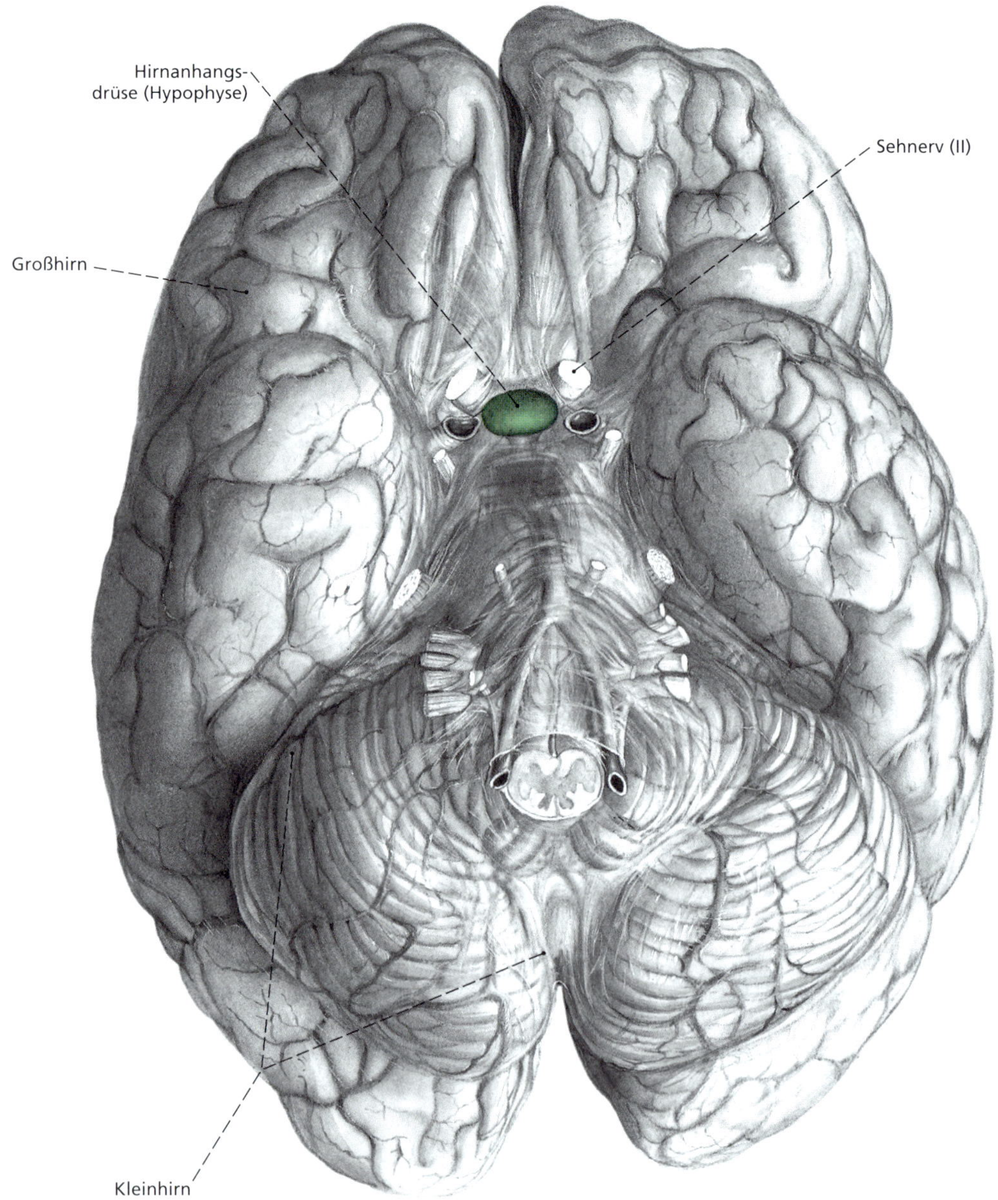

◆
Abb. 386
Hirnanhangsdrüse (Hypophyse) im Längsschnitt. Mikroskopisches Bild (10fache Vergrößerung). Der Vorderlappen ist blaurot, der Hinterlappen weißlich angefärbt.

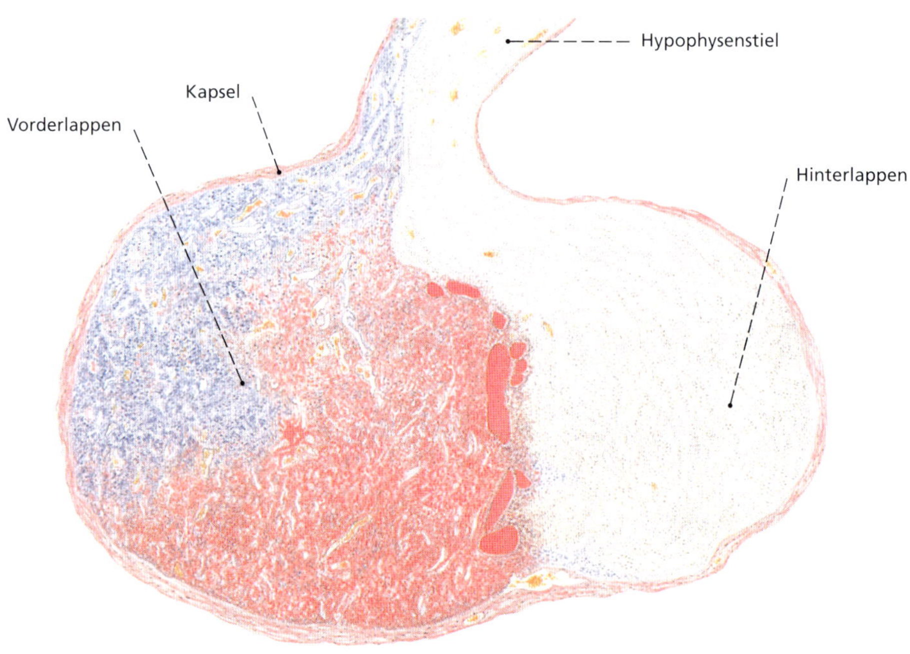

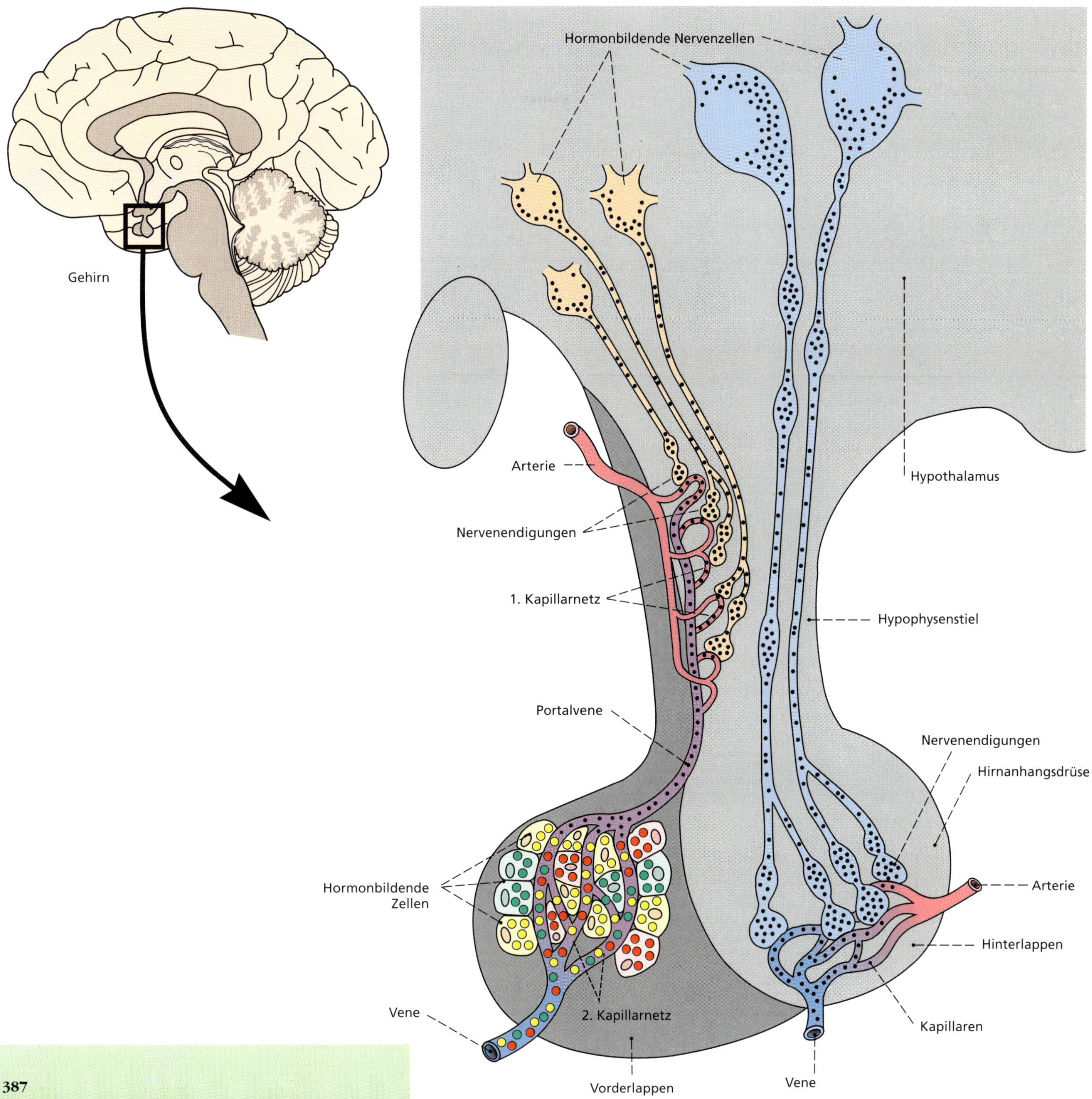

◆
Abb. 387
Hypothalamus und Hirnanhangsdrüse. Schematische Darstellung der Beziehung zwischen den beiden übergeordneten Zentren des Hormonsystems. Die in den Nervenzellen des Hypothalamus gebildeten Hormone gelangen auf zwei Wegen zur Hirnanhangsdrüse: zu den hormonbildenden Zellen des Vorderlappens über ein spezielles Gefäßsystem, in dem zwei Kapillarnetze über die sogenannte Portalvene miteinander verbunden sind; zum Hinterlappen direkt über Nervenfasern. Die Endigungen dieser hormonbildenden Nervenzellen setzen direkt an das Kapillarsystem des Hinterlappens an. Alle Hormone der Hirnanhangsdrüse gelangen schließlich über Venen in den Körperkreislauf.

◆
Abb. 388
Lage der Zirbeldrüse (grün angefärbt) im Inneren des Gehirns. Ansicht von oben. Das Organ ist nur so groß wie eine Haselnuß und liegt oberhalb der sogenannten Vierhügelplatte.

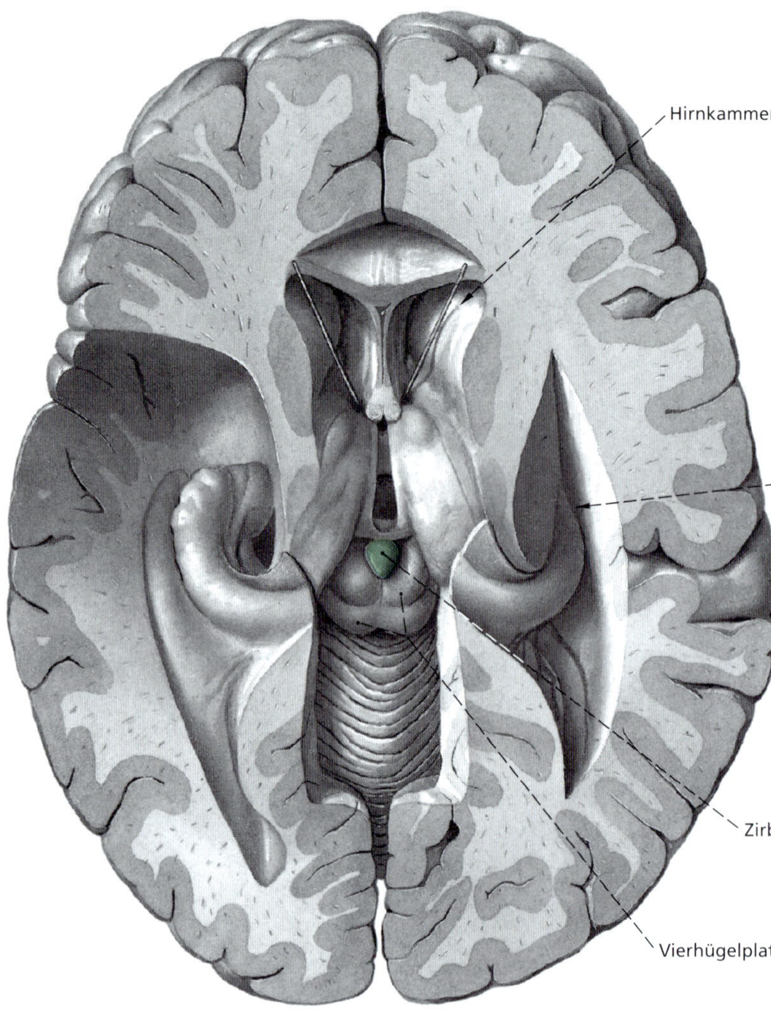

◆
Abb. 389
Zirbeldrüse nach Entfernung eines Großteils der umliegenden Gehirnstrukturen. Ansicht schräg von hinten und oben.

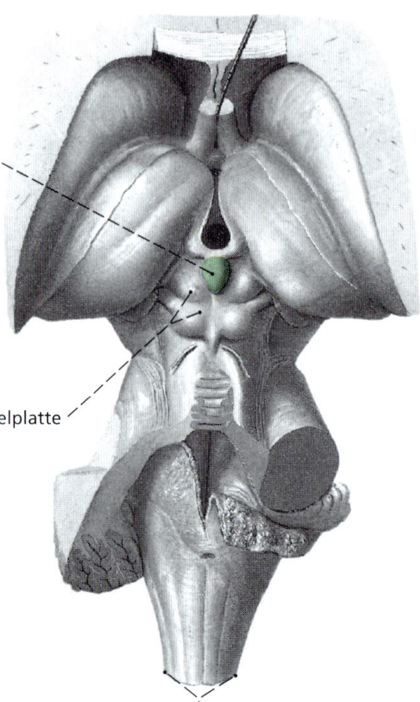

◆
Abb. 390
Bries (Thymusdrüse) beim Jugendlichen (grün angefärbt). Das Organ ist zwischen den beiden oberen Anteilen der Lungenflügel zu erkennen (Brustwand entfernt). Es bildet sich später vollständig zurück.

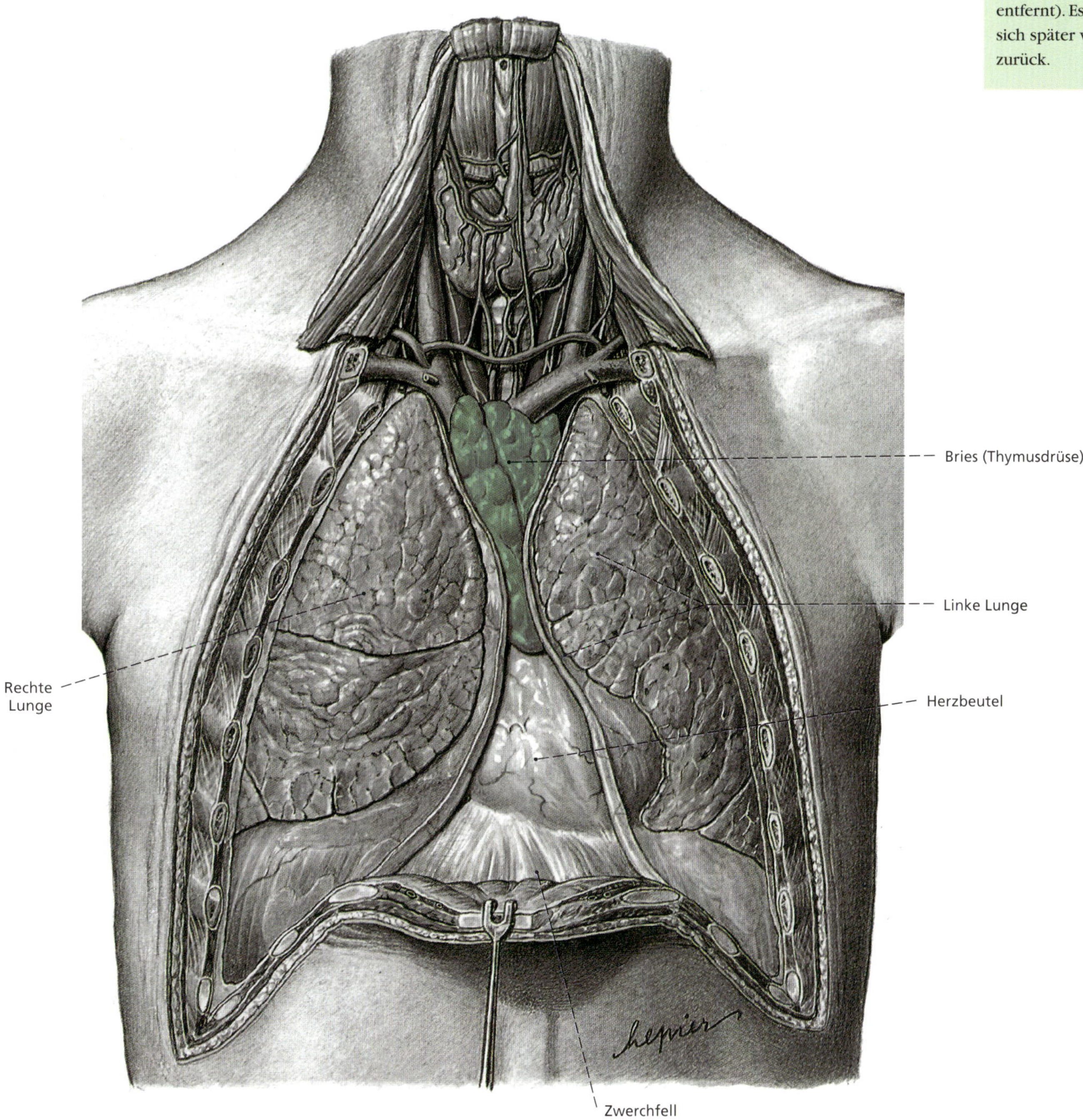

◆
Abb. 391
Bries (Thymusdrüse) beim Jugendlichen (grün angefärbt). Ansicht nach Entfernung der Brustwand. Der Oberlappen des linken Lungenflügels ist etwas nach außen gezogen. Die Drüse ist gelappt und liegt dem Herzbeutel in seinem oberen Anteil direkt auf.

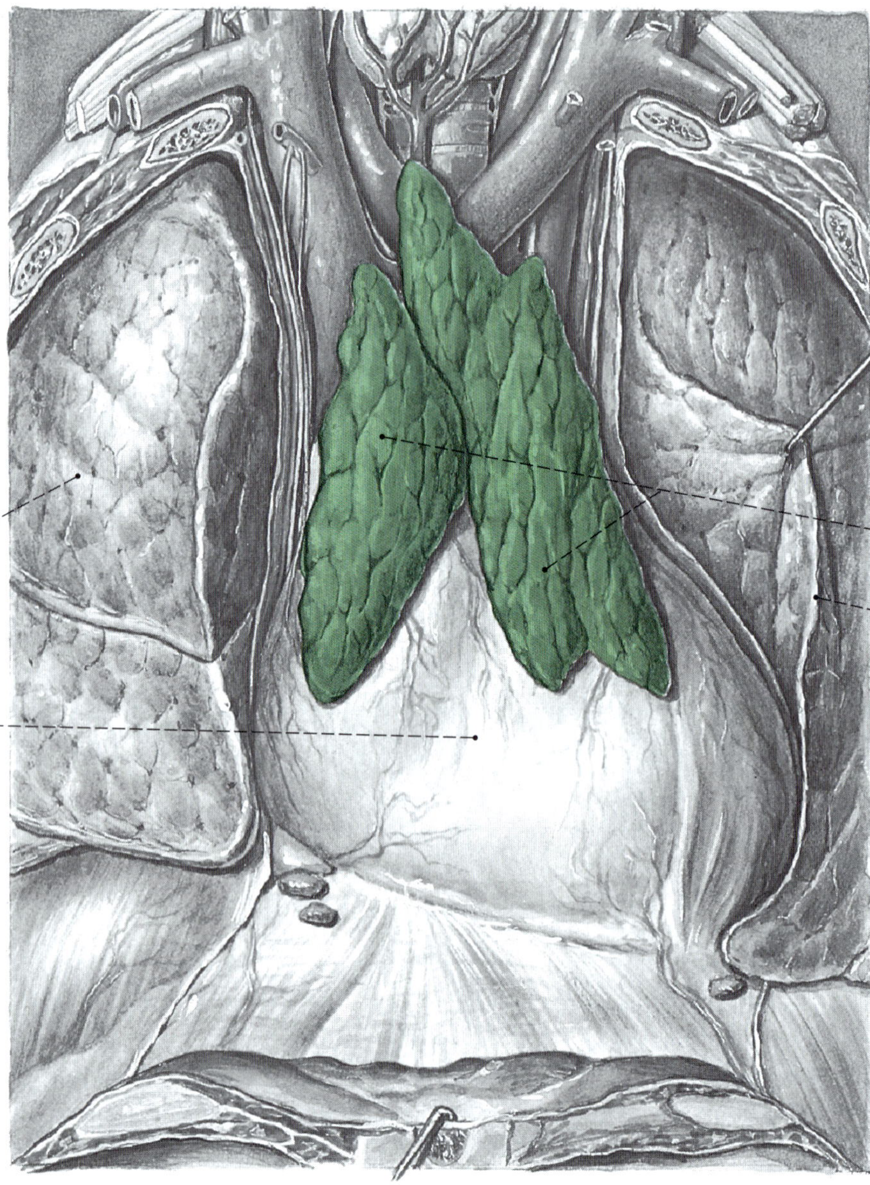

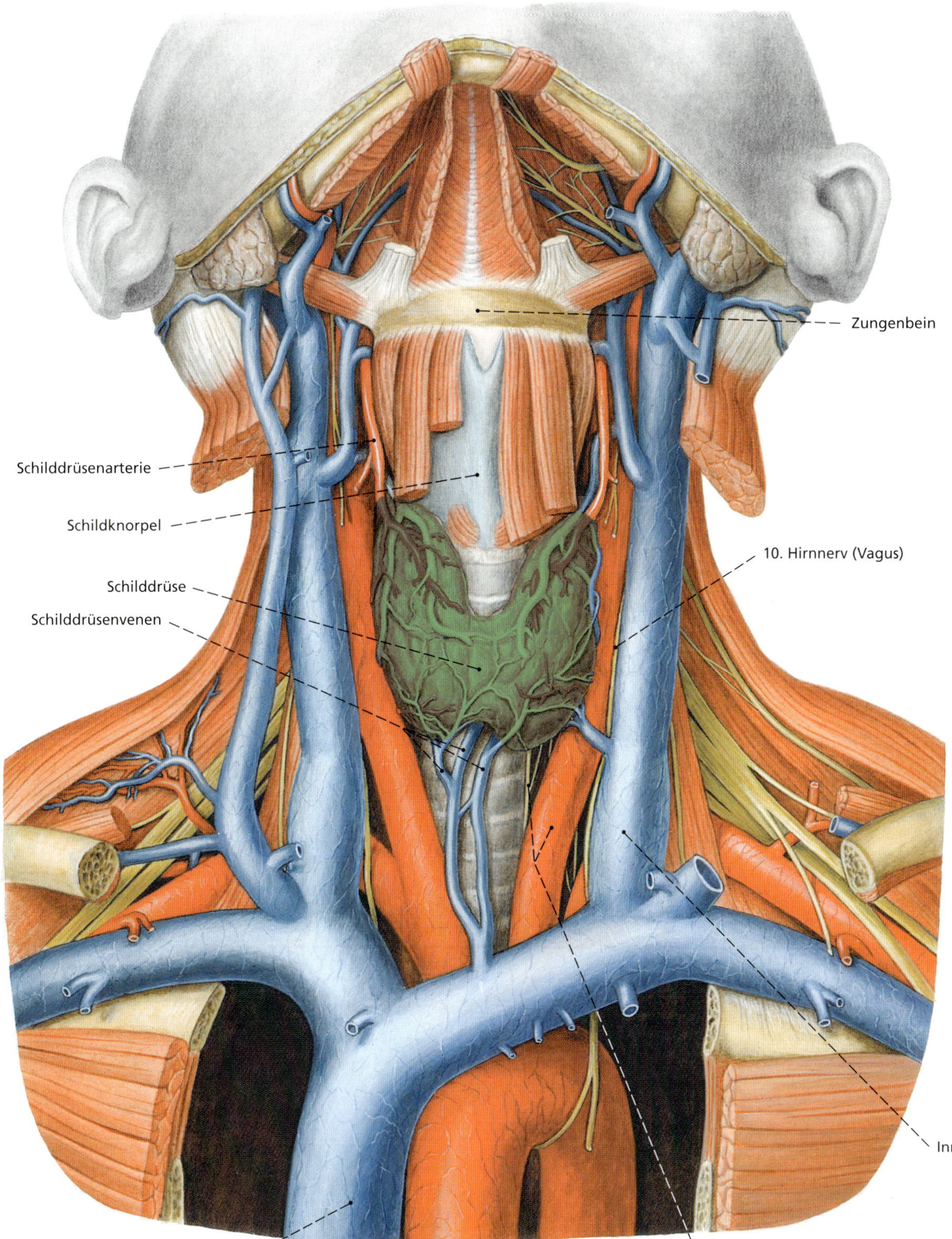

◆
Abb. 392
Schilddrüse (grün angefärbt). Ansicht von vorne nach vollständiger Entfernung der Halsmuskulatur. Die Drüse besteht aus zwei Lappen, die sich unterhalb des Kehlkopfs manschettenartig um den oberen Anteil der Luftröhre legen. Sie wird von zahlreichen Gefäßen mit Blut versorgt. Zu beiden Seiten tritt ein Ast des Vagusnervs (links als sog. rückläufiger Kehlkopfnerv zu erkennen) von unten in sie ein.

◆
Abb. 393
Seitliche Anteile der Schilddrüse (grün angefärbt, unter Blutgefäßen) mit Kehlkopfeingang und Luftröhre. Ansicht von hinten.

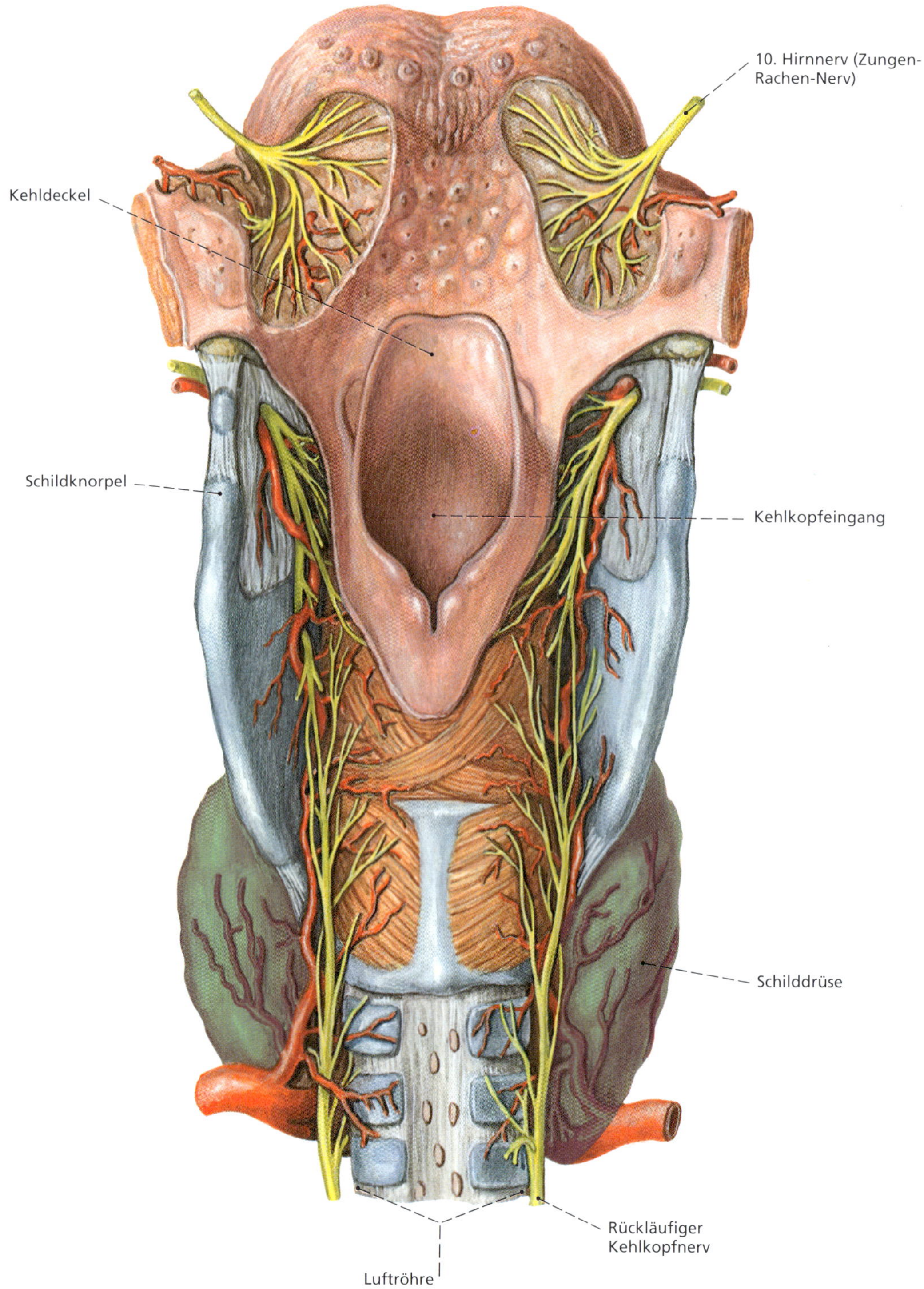

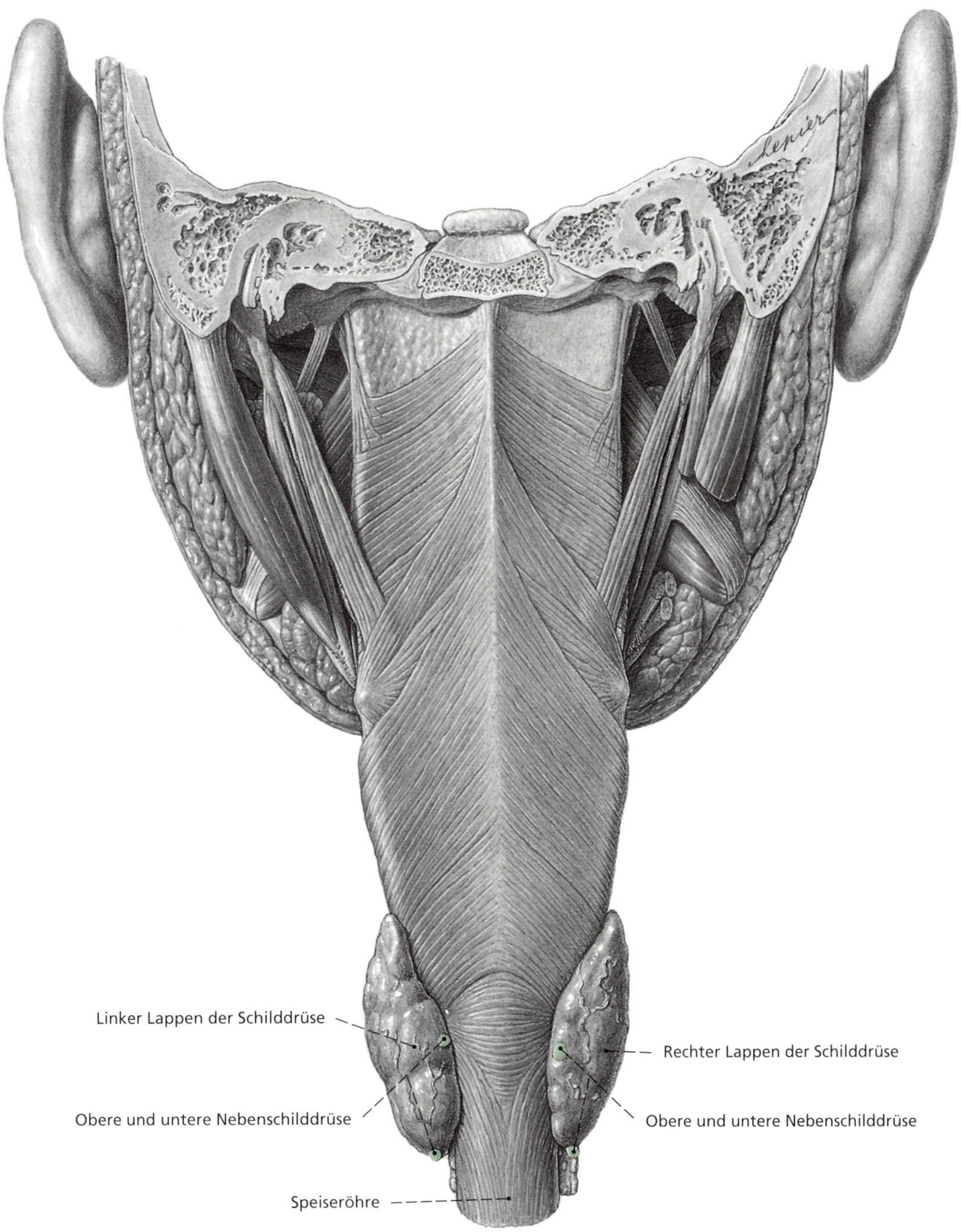

◆
Abb. 394
Nebenschilddrüsen (grün angefärbt). Ansicht der Schlundmuskulatur von hinten. Die paarig angelegten Organe sind nicht einmal erbsengroß und sitzen auf den hinteren freien Rändern der beiden Schilddrüsenlappen.

◆
Abb. 395
Bauchspeicheldrüse. Ansicht von vorne nach Entfernung der Baucheingeweide außer Zwölffingerdarm und Nieren. Die Drüse liegt vor der unteren Hohlvene und der Aorta. Ihr Kopf schmiegt sich in die C-förmige Rundung des Zwölffingerdarms. Der Schwanz liegt quer im Oberbauch und reicht bis über die Vorderfläche der linken Niere.

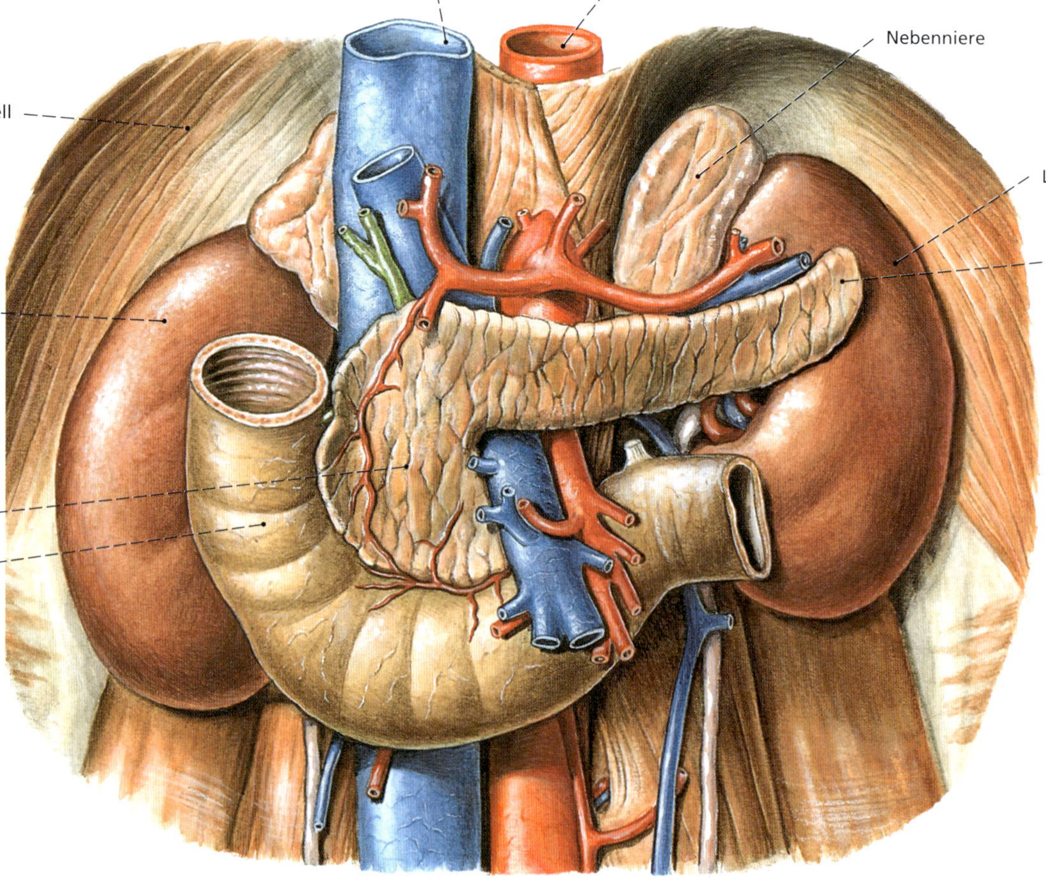

◆
Abb. 396
Bauchspeicheldrüse (z.T. aufgeschnitten von vorne) mit Zwölffingerdarmanteil und Bauchspeicheldrüsengang. Der Bauchspeicheldrüsengang teilt sich vor dem Zwölffingerdarm auf und mündet mit zwei Öffnungen in ihn. Der untere Drüsengang hat in der Regel eine gemeinsame Mündungsöffnung mit dem Gallengang (große Zwölffingerdarmpapille). Der Ausschnitt rechts zeigt Drüsenendstücke (grün) und eine Langerhans-Insel (orange), die Produktionsstätten von Verdauungssäften bzw. Insulin und Glukagon. Während die Verdauungssäfte aus den Drüsenendstücken in den Darm fließen, gelangen Insulin und Glukagon aus den Langerhans- Inseln ins Blut.

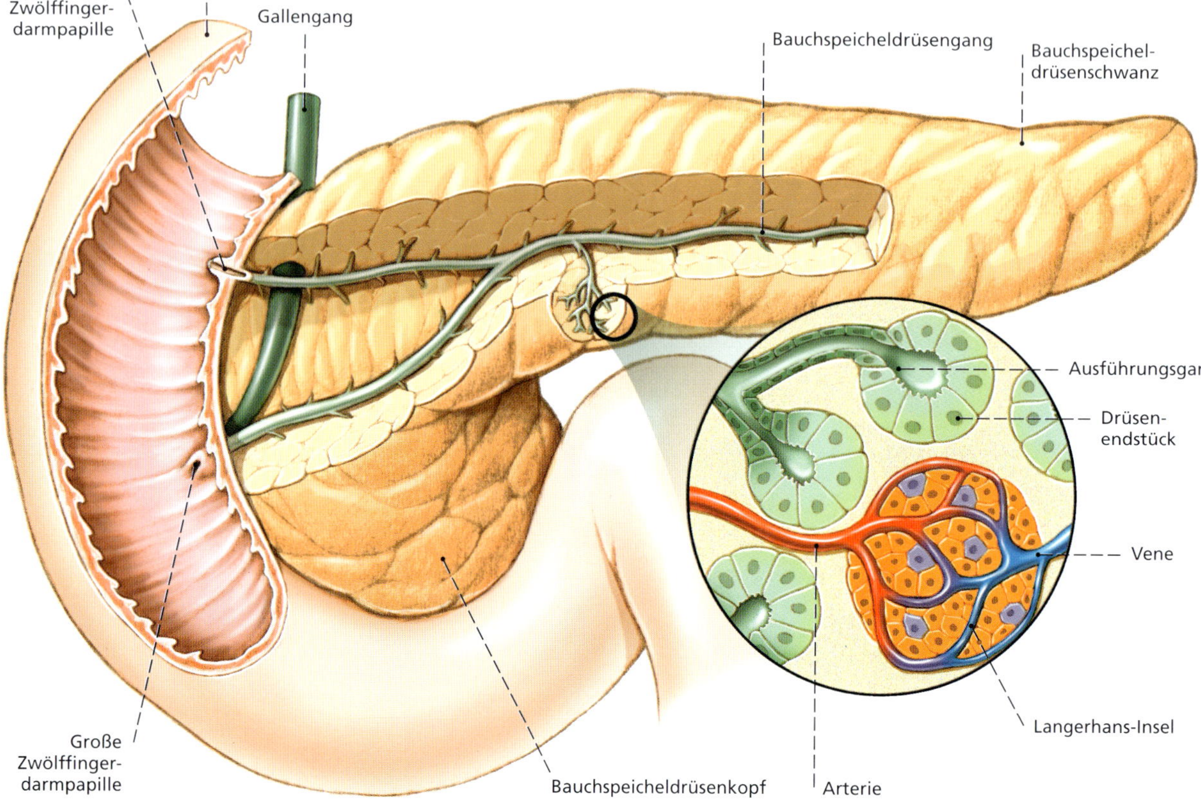

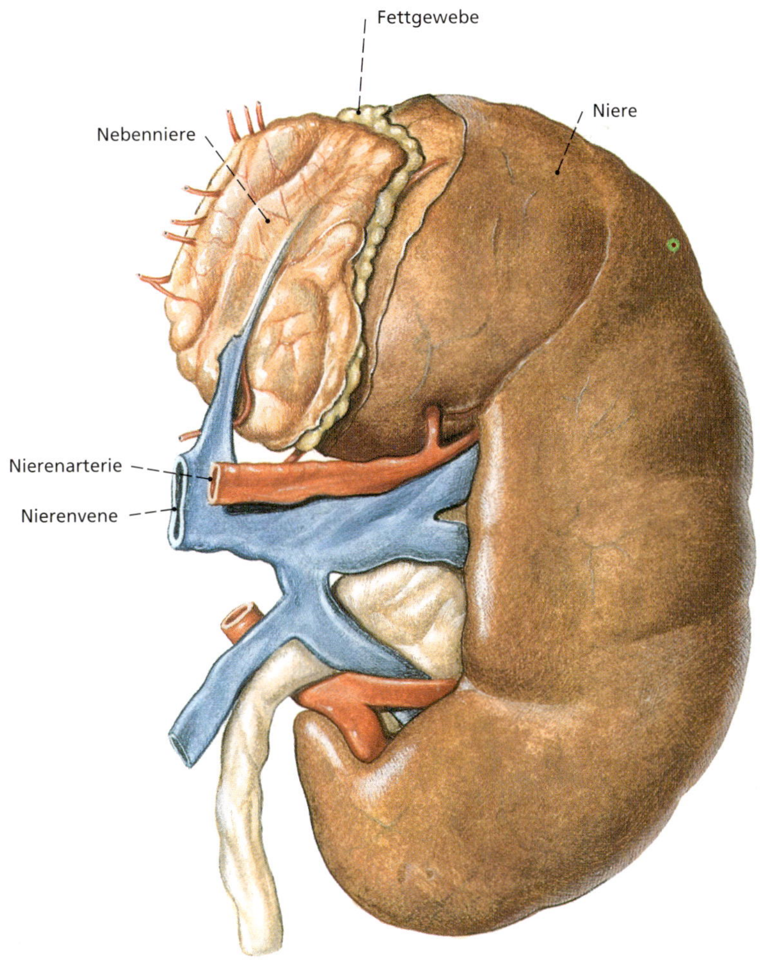

◆
Abb. 397
Linke Nebenniere von vorne. Sie sitzt der Niere wie eine Kappe auf. Zwischen ihr und der Niere liegt eine dünne Schicht von Fettgewebe.

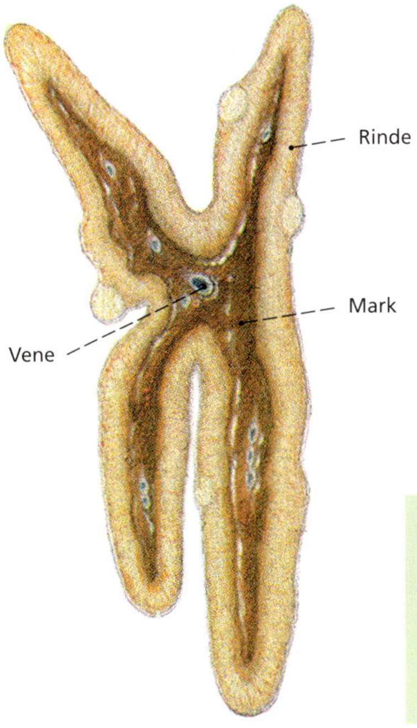

◆
Abb. 398
Nebenniere im Querschnitt. Das Mark ist von einer Rindenschicht umgeben.

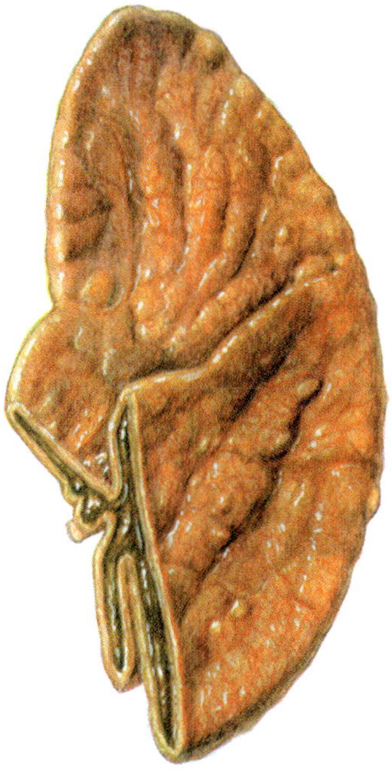

◆
Abb. 399
Dieselbe Nebenniere von vorne. Das Organ ist in seinem unteren Anteil quer durchtrennt.

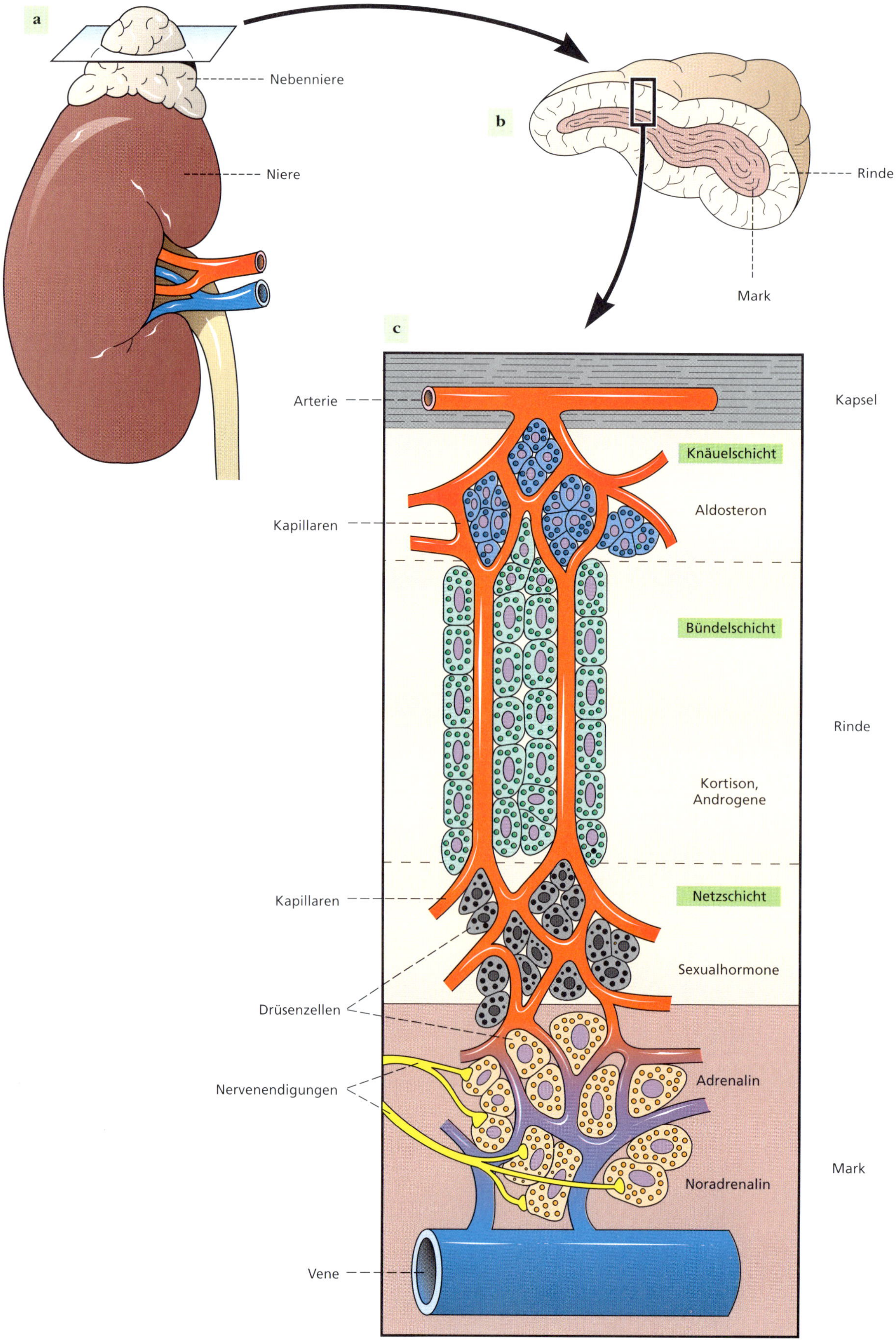

◆
Abb. 400
Nebenniere. Örtliche Beziehung zur Niere und Feinstruktur des Organs mit Produktionsstätten der verschiedenen Hormone, schematische Darstellung;
(a) Ansicht von vorne mit Schnittführungsebene, (b) Querschnitt zur Veranschaulichung der räumlichen Ausdehnung von Rinde und Mark, (c) Rinde und Mark mit verschiedenen Schichten.

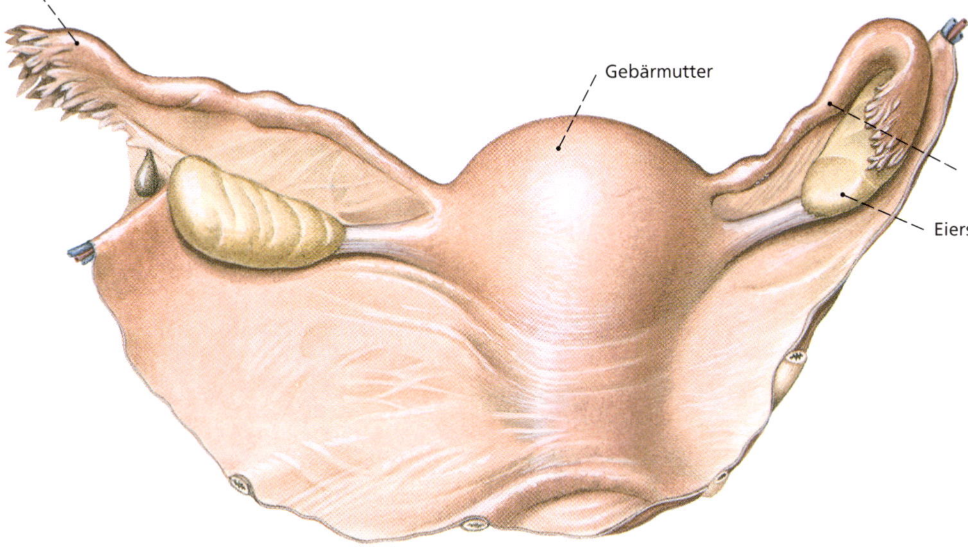

◆
Abb. 401
Darstellung der Eierstöcke mit der Gebärmutter. Ansicht von hinten. Der Fransentrichter des Eileiters ist auf der linken Seite vom Eierstock abgelöst.

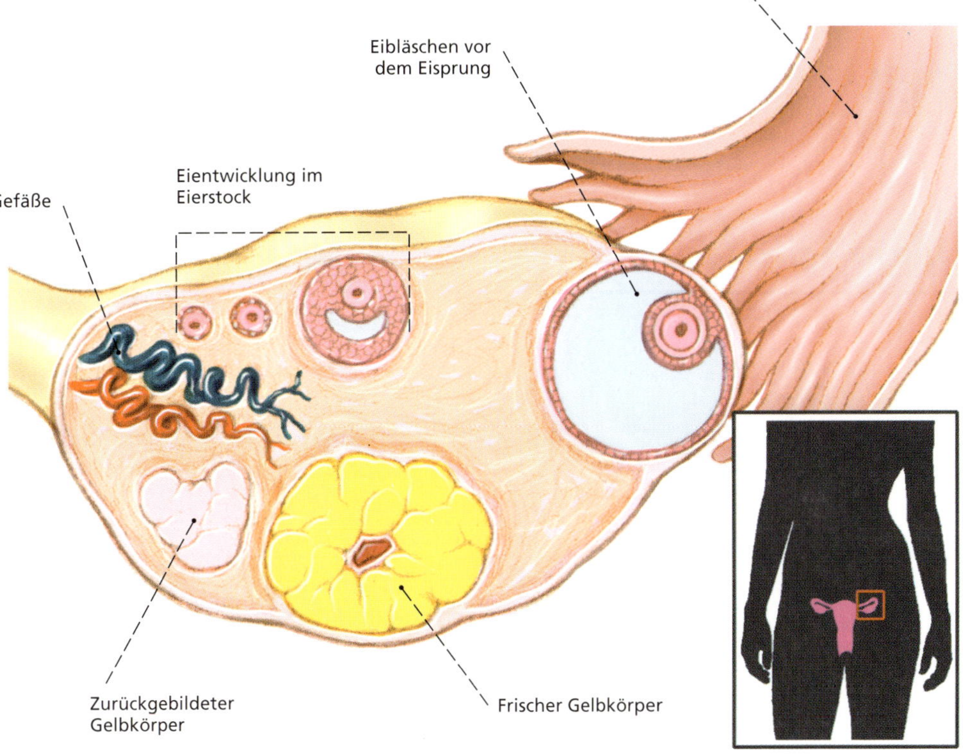

◆
Abb. 402
Eierstock im Längsschnitt. Halbschematische Darstellung mit Übersichtsbild zur räumlichen Orientierung. Dargestellt ist die Entwicklung des Gelbkörpers, der das Gestagen Progesteron produziert. Progesteron spielt eine wesentliche Rolle beim Aufbau der Gebärmutterschleimhaut zur Einnistung des befruchteten Eis.

◆
Abb. 403
Hoden mit Nebenhoden nach schichtweiser Eröffnung des Hodensacks (Skrotum).

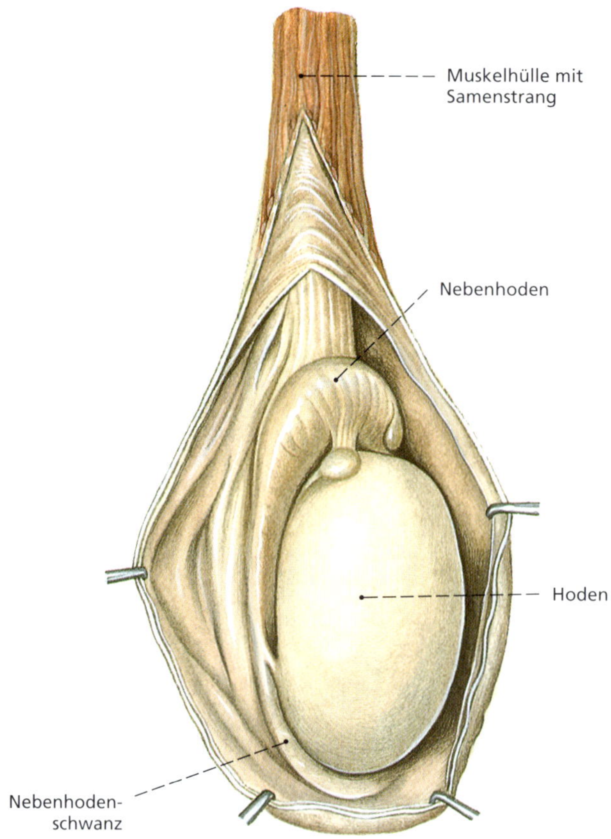

◆
Abb. 404
Hoden im Querschnitt. Zu erkennen sind die Hodenhüllen, der Hodenhebemuskel, dessen Fasern den ganzen Hoden umgeben, sowie die läppchenartige Struktur des Hodengewebes. Im Bindegewebe des Hodens wird das Hormon Testosteron gebildet. Im unteren Bildteil ist der Nebenhoden mit zahlreichen quergeschnittenen Kanälchen zu sehen.

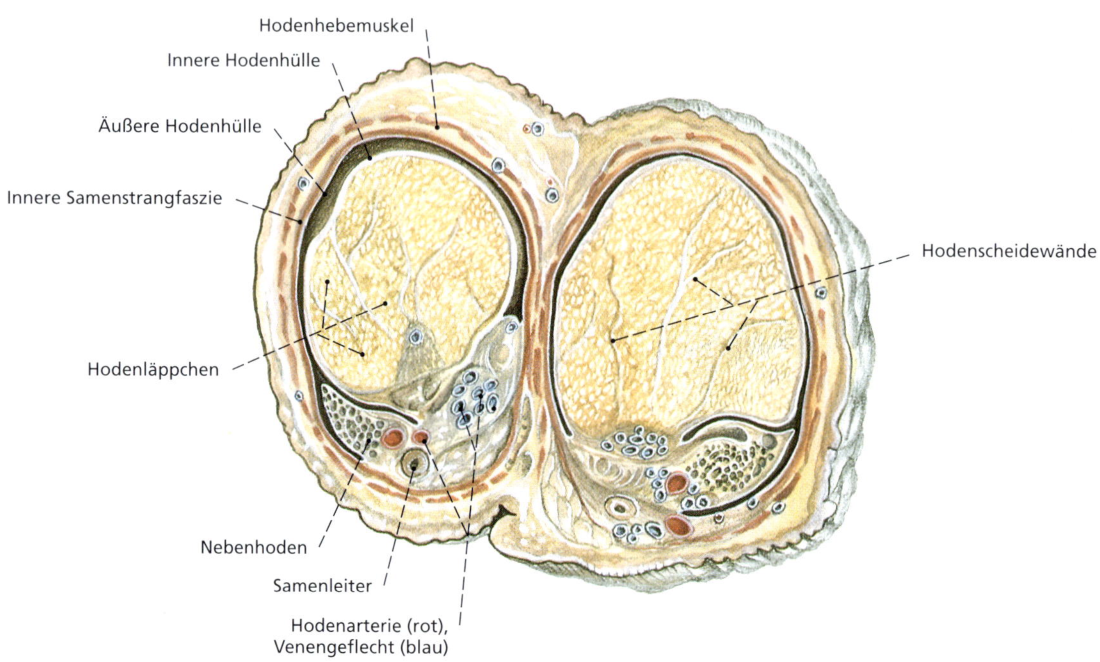

Geschlechtsorgane

Männliche und weibliche Geschlechtsorgane dienen in erster Linie der Fortpflanzung. In diesem Zusammenhang erfüllen sie verschiedene Aufgaben: Sie produzieren Geschlechtszellen, nämlich Eizellen bei der Frau und Samenzellen beim Mann. Außerdem werden in den Geschlechtsorganen die Geschlechtshormone gebildet sowie Sekrete, die optimale Bedingungen für den Transport und die Vereinigung der Keimzellen schaffen.

Die Geschlechtsorgane der Frau

Man unterscheidet zwischen äußeren und inneren Geschlechtsorganen. Zu den äußeren Geschlechtsorganen der Frau zählen die großen und kleinen Schamlippen, der Kitzler (Klitoris) und der Scheidenvorhof. Die großen, aus Fett- und Bindegewebe bestehenden Schamlippen sind nach außen hin behaart und enthalten Talg-, Schweiß- und Duftdrüsen. Bei den weiter innen liegenden kleinen Schamlippen handelt es sich dagegen um weiche haarlose Hautfalten. Sie rahmen den Scheidenvorhof ein. Der Kitzler, nur etwa ein bis zwei Zentimeter groß, ist von Schwellkörpern umgeben und schwillt bei sexueller Erregung an. Am Übergang zwischen Scheidenvorhof und Scheide befindet sich eine Membran, das Jungfernhäutchen (Hymen). Es reißt beim ersten Geschlechtsverkehr ein („Entjungferung").

Zu den inneren Geschlechtsorganen zählen Scheide (Vagina), Gebärmutter (Uterus), Eileiter (Tuben) und Eierstöcke (Ovarien). Die etwa zehn Zentimeter lange Scheide stellt die Verbindung zwischen dem unteren Ende der Gebärmutter, dem Gebärmutterhals (Zervix), und äußerem Genitale her. Ihre Schleimhaut sondert eine saure Flüssigkeit ab und ist außerdem von Bakterien besiedelt (sog. „Scheidenflora"), die sie vor von außen eindringenden Krankheitskeimen schützen.

Die Gebärmutter, ein birnenförmiger Hohlmuskel, ist innen von einer dicken Schleimhaut überzogen. Unter dem Einfluß der weiblichen Geschlechtshormone verändert sie sich im Verlauf des monatlichen Zyklus stark. Zunächst verdickt sie sich und stellt sich so auf die Einnistung eines befruchteten Eies ein. Findet keine Befruchtung statt, wird die verdickte Schleimhautschicht wieder abgestoßen, und es kommt zu einer (Menstruations-)Blutung.

In den oberen Teil der Gebärmutter münden zu beiden Seiten die etwa fünfzehn Zentimeter langen Eileiter (Tuben). Mit ihrem trichterförmig erweiterten, fransigen Ende umschließen sie die Oberfläche der Eierstöcke. Ihre Aufgabe besteht darin, das Ei nach dem Eisprung aufzufangen und in die Gebärmutter zu transportieren.

Die etwa pflaumengroßen Eierstöcke produzieren die weiblichen Geschlechtshormone. Bei Frauen im gebärfähigen Alter (zwischen Pubertät und Wechseljahren) wächst in den Eierstöcken etwa einmal monatlich eine befruchtungsfähige Eizelle in einem Eibläschen (Follikel) heran. Beim Eisprung platzt dieses Bläschen, und das Ei gelangt in den Eileiter und von dort aus weiter in die Gebärmutter.

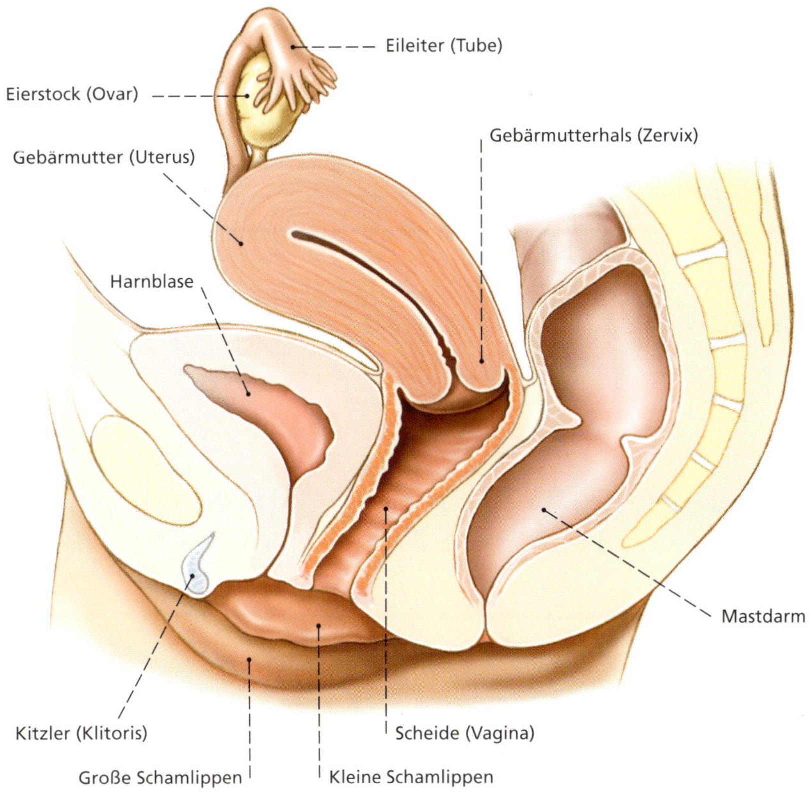

Abb. 405
Weibliche Geschlechtsorgane (Längsschnitt durch die Beckenmitte)

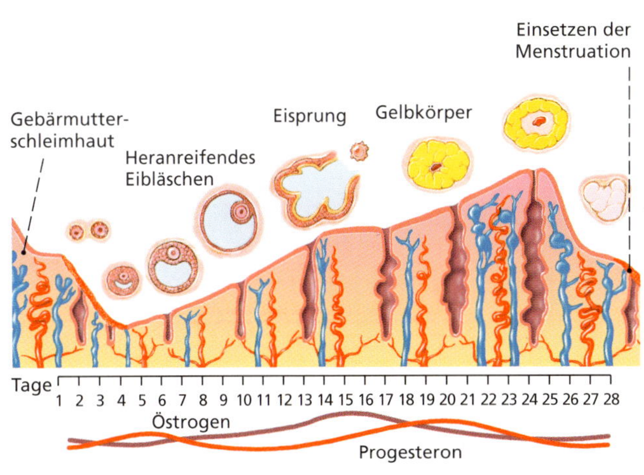

Abb. 406
Der Menstruationszyklus der Frau dauert etwa 28 Tage. Während dieser Zeit baut sich die Gebärmutterschleimhaut unter der Einwirkung der Hormone Östrogen und Progesteron auf. In der Mitte des Zyklus kommt es zum Eisprung. Wird das Ei nicht befruchtet, geht es zugrunde. Seine Hülle wandelt sich in den Gelbkörper um. Die Gebärmutterschleimhaut wird am Ende der zweiten Zyklushälfte abgestoßen (Menstruation).

Die Geschlechtsorgane des Mannes

Auch beim Mann werden äußere und innere Geschlechtsorgane unterschieden. Zu den äußeren Geschlechtsorganen gehören männliches Glied (Penis) und Hodensack (Skrotum), während Hoden und Nebenhoden, Samenleiter, Vorsteherdrüse (Prostata) und Samenblase zu den inneren Geschlechtsorganen gerechnet werden.

Das männliche Glied ist von einer dehnbaren, verschieblichen Haut überzogen, die sich an der Penisspitze (Eichel) faltenförmig zur sogenannten Vorhaut verdoppelt. Sie ist auf der Unterseite mit der Eichel verwachsen. Die Talgdrüsen der Vorhaut bilden ein weißliches Sekret. An der Oberseite des Penis befinden sich Schwellkörper. Sie bestehen aus einem schwammähnlichen, bindegewebigen Maschenwerk, dessen Hohlräume sich bei sexueller Erregung mit Blut füllen. Gleichzeitig wird der venöse Abfluß durch die Penisvenen gedrosselt, der Penis wird steif und richtet sich auf (Erektion). Nach Abklingen der Erregung fließt das Blut wieder ab, und der Penis erschlafft.

Die paarig angelegten Hoden produzieren das männliche Geschlechtshormon Testosteron. Außerdem werden dort die Keimzellen des Mannes (Spermien) gebildet. Diese gelangen vom Hoden aus in den Nebenhoden, wo sie gespeichert werden und heranreifen. Hoden und Nebenhoden sowie ein Teil des Samenleiters sind im Hodensack untergebracht. Dort liegt die Temperatur einige Grad unter der normalen Körpertemperatur, eine für die Keimzellbildung unerläßliche Bedingung. Die Wärmeregulation erfolgt über die äußere Hodenhaut, die sehr temperaturempfindlich ist. Bei Kälte zieht sie sich zusammen. Dadurch verkleinert sich ihre Oberfläche und gibt weniger Wärme ab. Ist es dagegen für die Hoden zu warm, erschlafft die Haut und gibt mehr Wärme ab.

Von den Nebenhoden aus ziehen die etwa 50 cm langen Samenleiter durch den Leistenkanal in den Bauchraum. Kurz vor ihrem Eintritt in die Vorsteherdrüse (Prostata) nehmen sie das Sekret der Samenblasen auf, die sich hinter der Harnblase befinden. Samenleiter und Ausführungsgang der Vorsteherdrüse vereinigen sich zu einem Gang und münden gemeinsam in die Harnröhre. Nicht nur in den Samenblasen, sondern auch in der Vorsteherdrüse wird ein milchiges Sekret gebildet, das die Spermien beweglicher macht. Die Vorsteherdrüse liegt direkt unterhalb der Harnblase und umschließt die Harnröhre ringförmig. Eine Vergrößerung der Prostata geht deshalb zwangsläufig mit einer Entleerungsstörung der Harnblase einher.

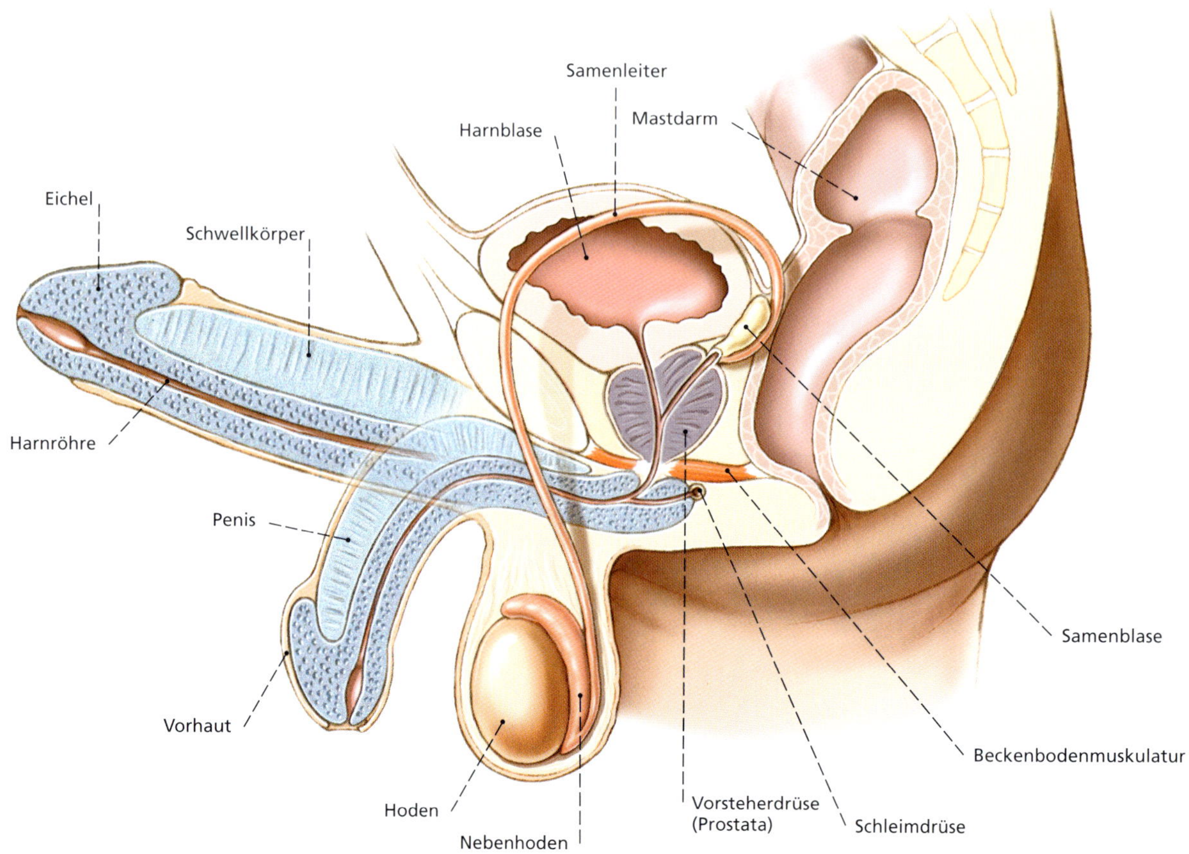

Abb. 407
Männliche Geschlechtsorgane (Längsschnitt durch die Beckenmitte). Der Penis kann bei der Erektion auf das Dreifache seines Volumens anschwellen.

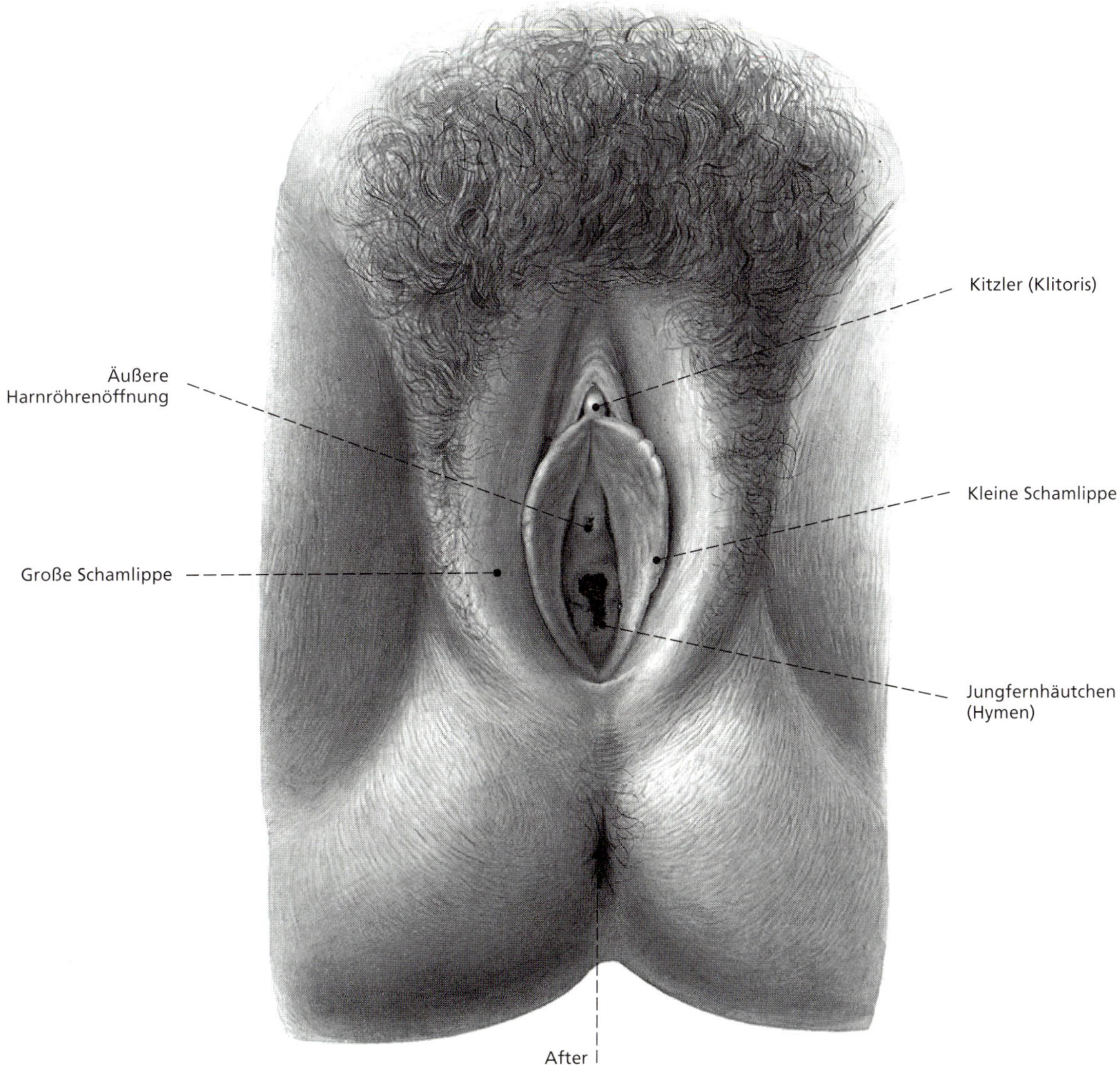

◆
Abb. 408
Äußere weibliche Geschlechtsorgane.

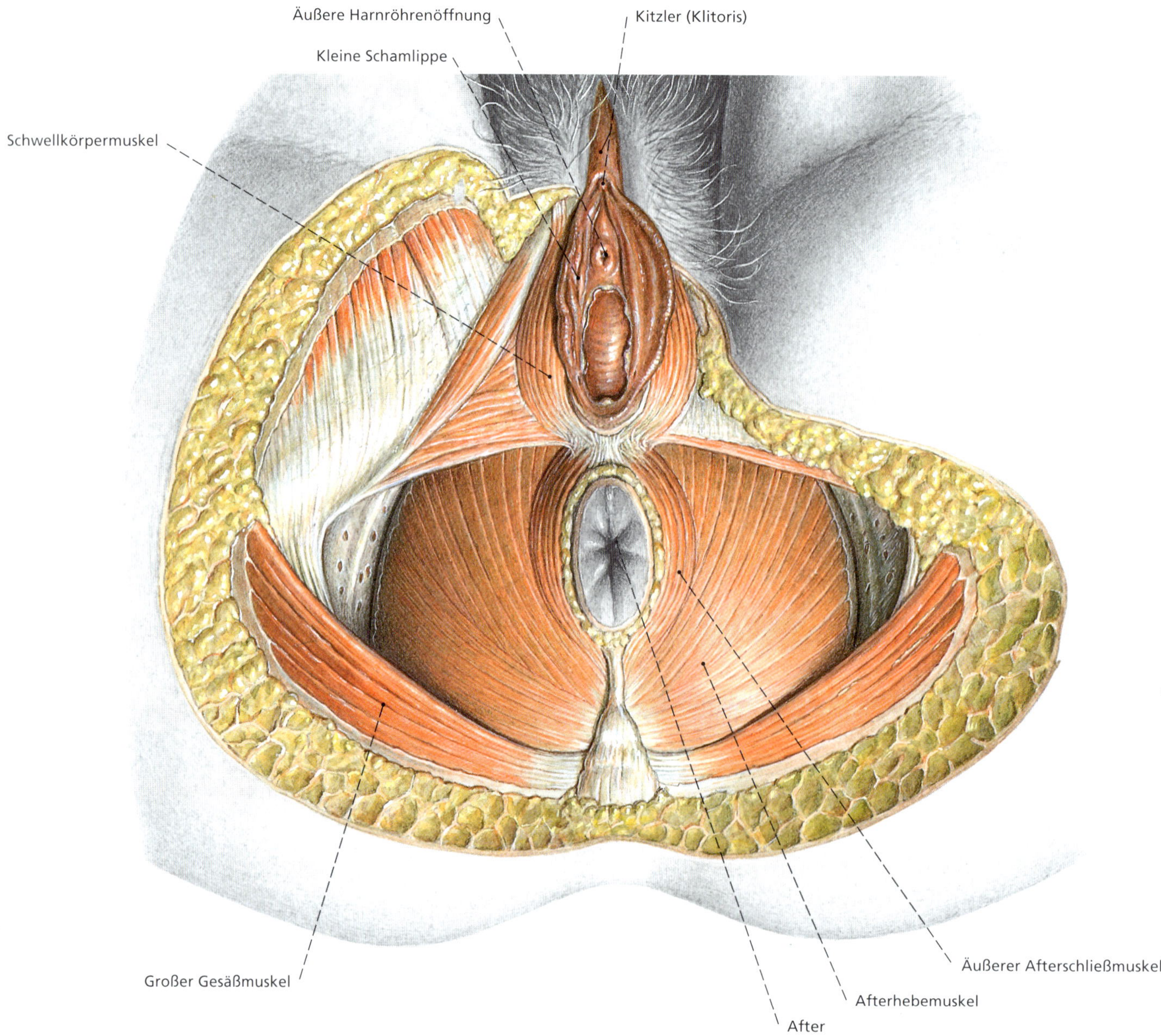

◆
Abb. 409
Dammgegend der Frau nach Entfernung von Haut und Fettgewebe. Dargestellt ist die äußere Schicht der Muskulatur um Scheide und After.

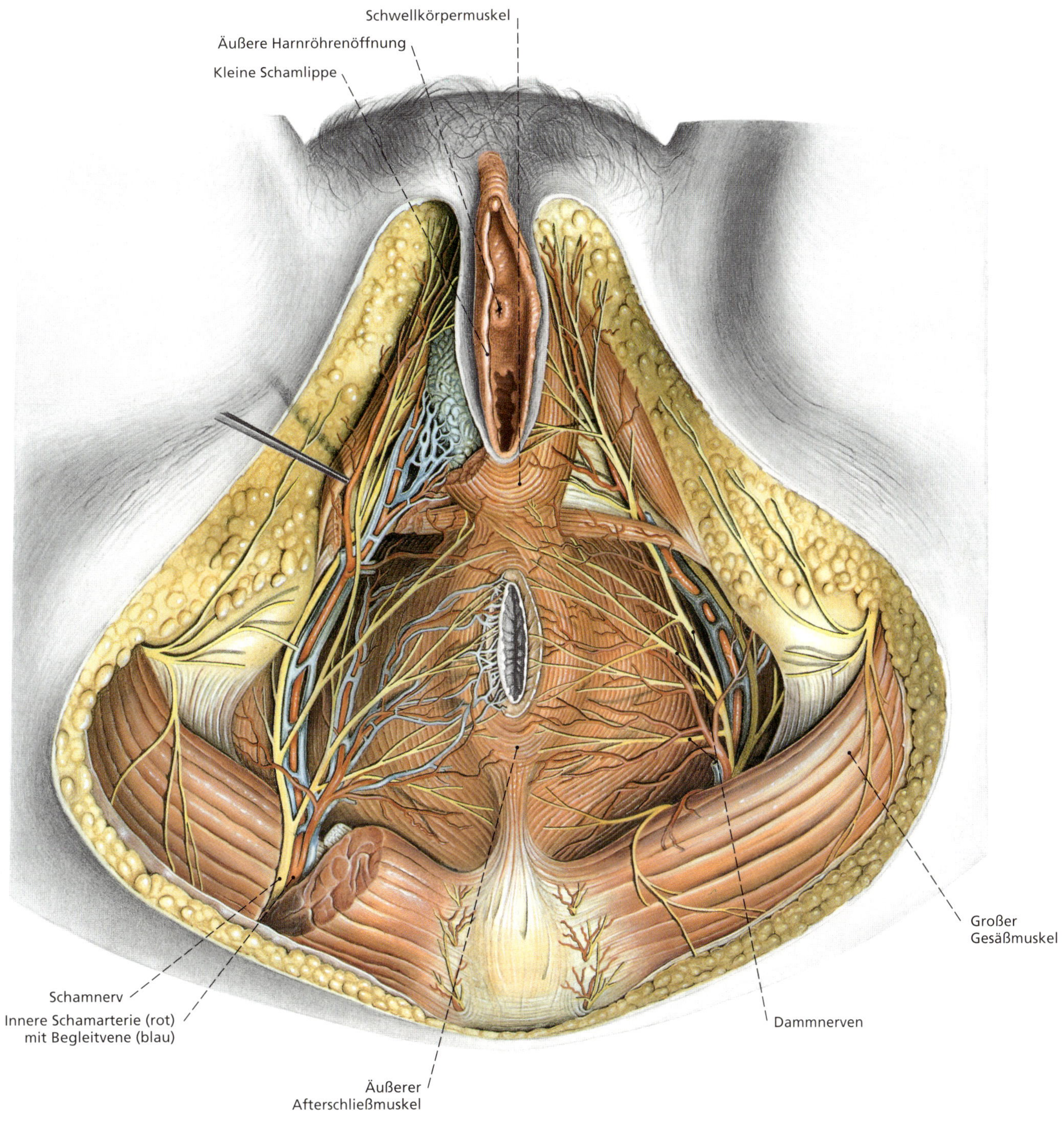

◆
Abb. 410
Dammgegend der Frau mit Gefäßen und Nerven. Haut und Fettgewebe wurden entfernt. Der rechte große Gesäßmuskel wurde eingeschnitten, um den Verlauf von Nerven und Gefäßen zu zeigen.

◆
Abb. 411
Muskeln des Beckenbodens der Frau von unten.

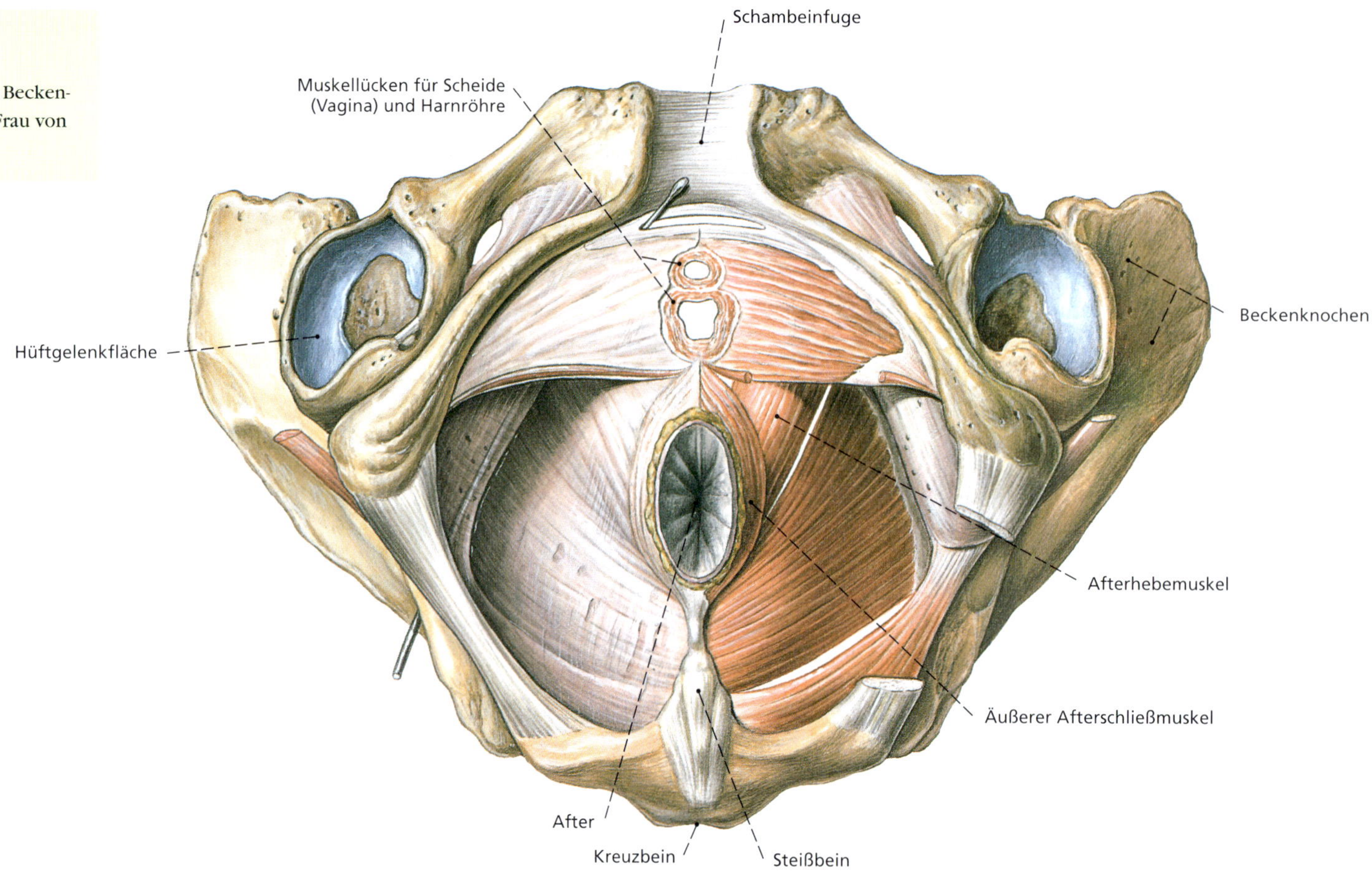

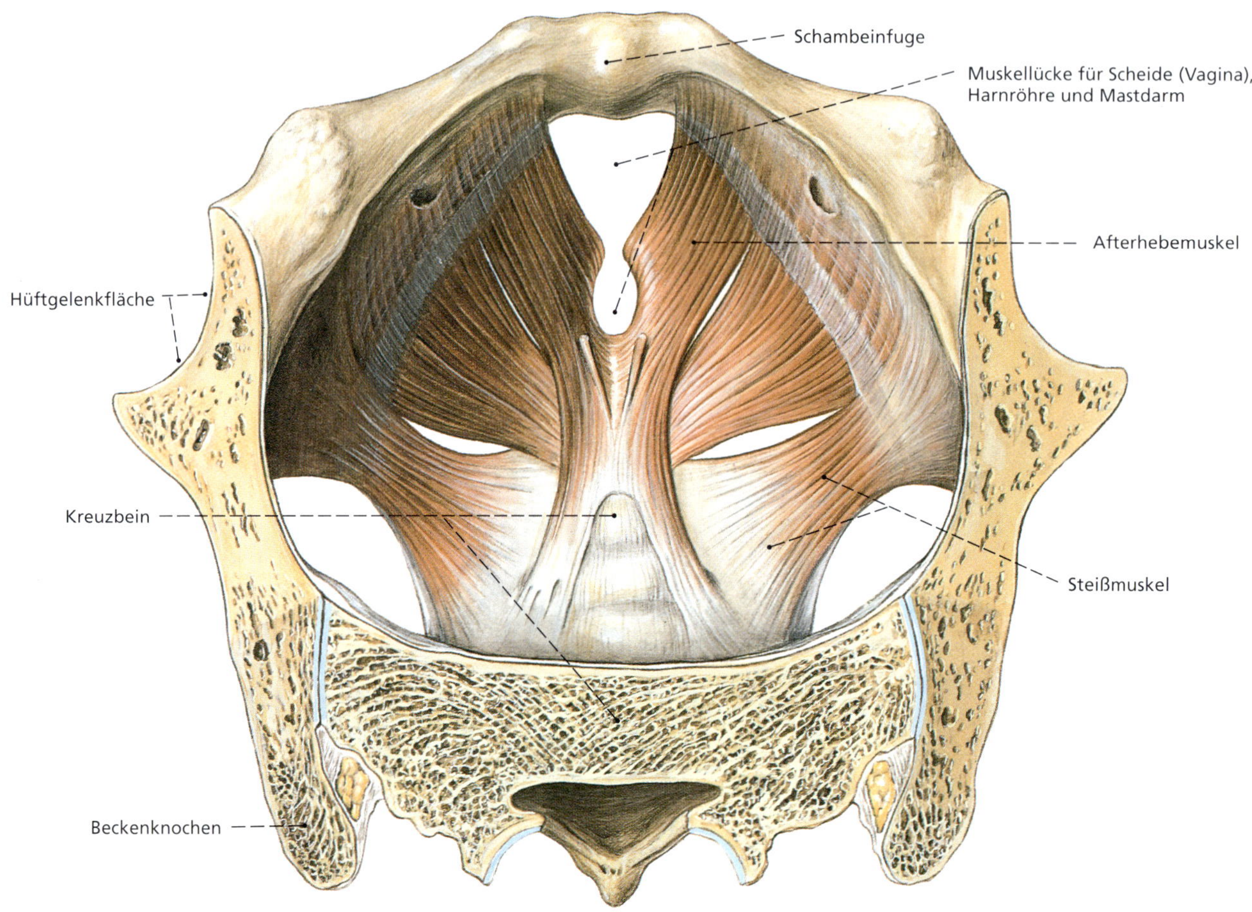

◆
Abb. 412
Beckenbodenmuskulatur der Frau. Blick von oben in die Beckenhöhle. Der obere Teil der Beckenknochen sowie des Kreuzbeins ist quer geschnitten.

◆
Abb. 413
Becken der Frau. Längsschnitt durch die Schambeinfuge. Der Dickdarm ist bis auf seinen Mastdarmanteil (hier längs geschnitten) entfernt.

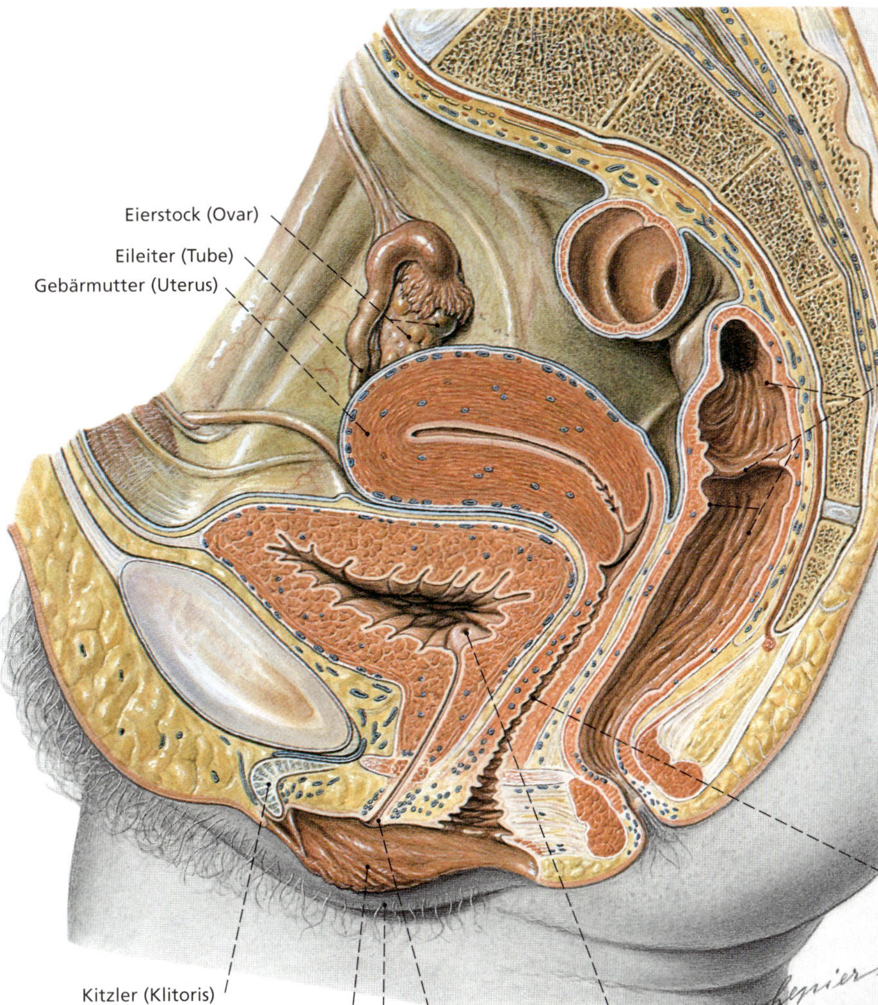

◆
Abb. 414
Gebärmutter mit Eileitern und Eierstöcken. Blick von vorne. Die Bauchdecke ist bis zur Schamhaargrenze vollständig entfernt. Die Gebärmutter ist mit einem Häkchen etwas angehoben, um die zwischen ihr und der Harnblase liegende Bauchfelltasche darzustellen. Der linke Eileiter wird mit einem Bändchen nach oben gehalten, um den Fransentrichter zu zeigen.

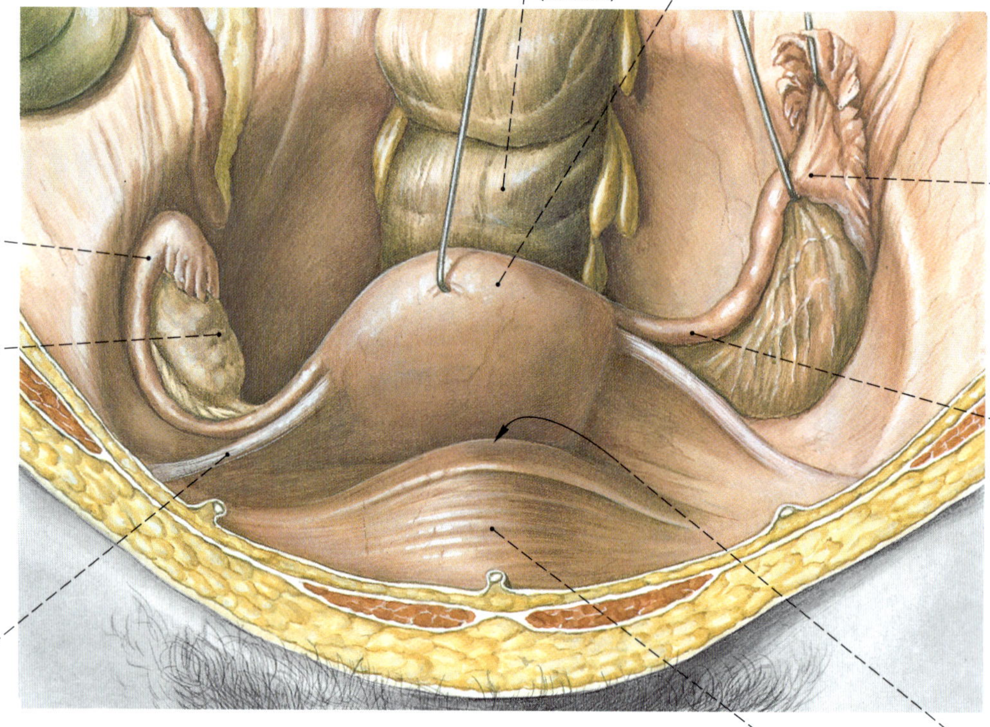

◆
Abb. 415
Gebärmutter im Längsschnitt zur Darstellung der Gebärmutterhöhle. Ansicht von der Seite. Die Gebärmutterkuppe zeigt in Richtung der vorderen Bauchwand.

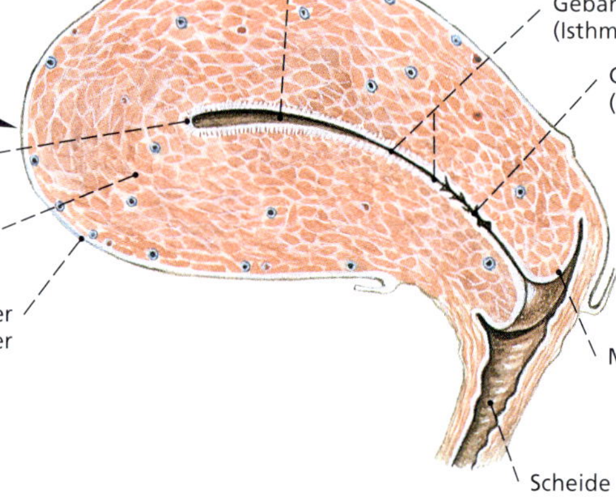

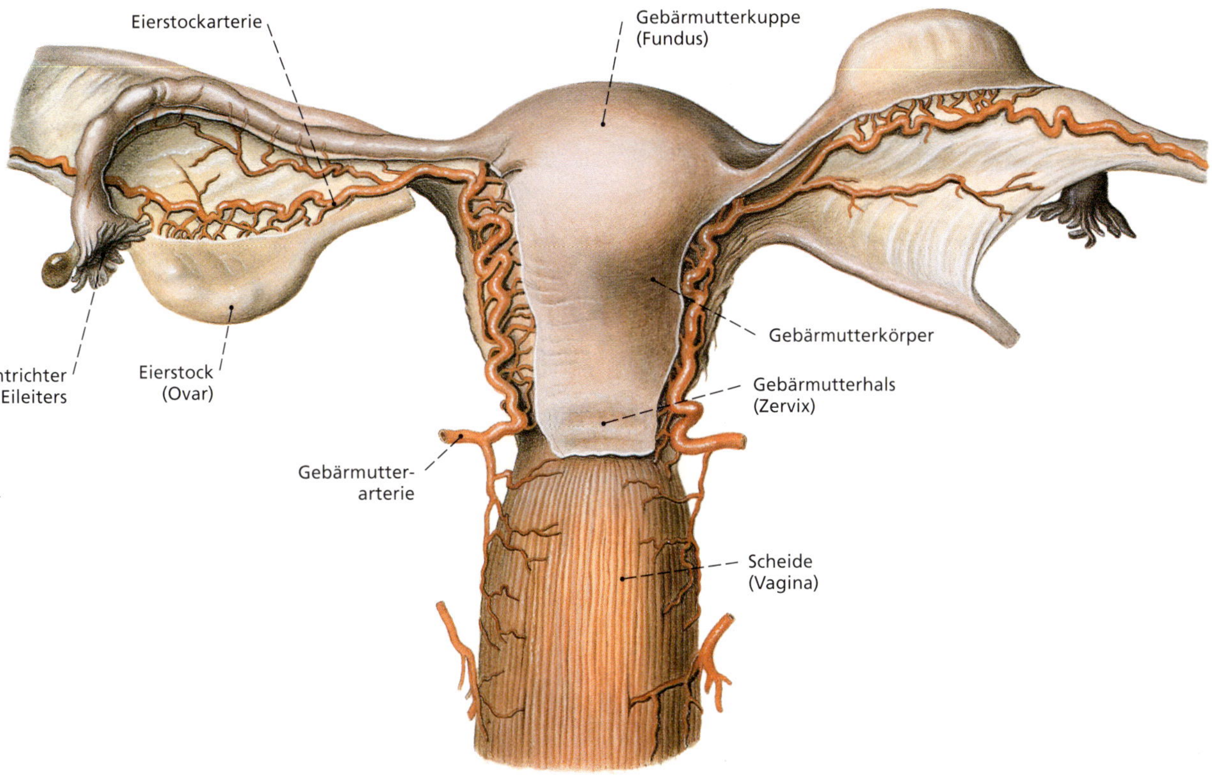

◆
Abb. 416
Arterielle Gefäßversorgung der inneren Geschlechtsorgane der Frau. Der äußere Schleimhautüberzug (Teil des Bauchfells) ist zum Teil entfernt.

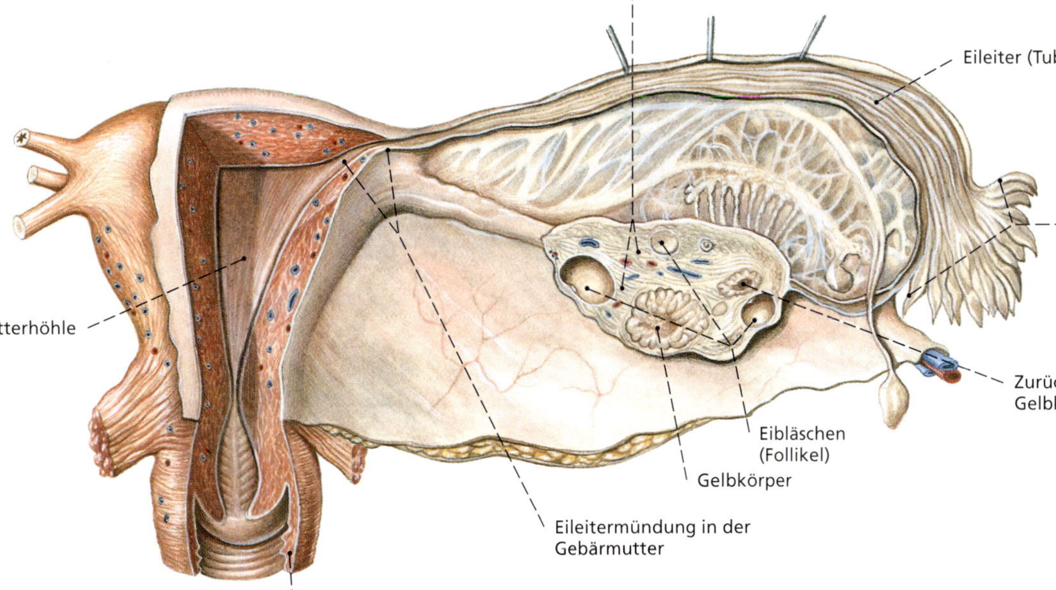

◆
Abb. 417
Gebärmutter und Eierstock einer Frau im fortpflanzungsfähigen Alter. Zur Darstellung der Gebärmutterhöhle ist ein keilförmiger Teil der Gebärmutterwand entfernt. Eierstock und Eileiter sind längs durchschnitten.

◆
Abb. 418
Die Lage des Kindes im mütterlichen Bauch kurz vor der Geburt. Der Kopf des Kindes zeigt in der Regel nach unten. Der Darm der Schwangeren ist nach oben und zur Seite hin verdrängt.

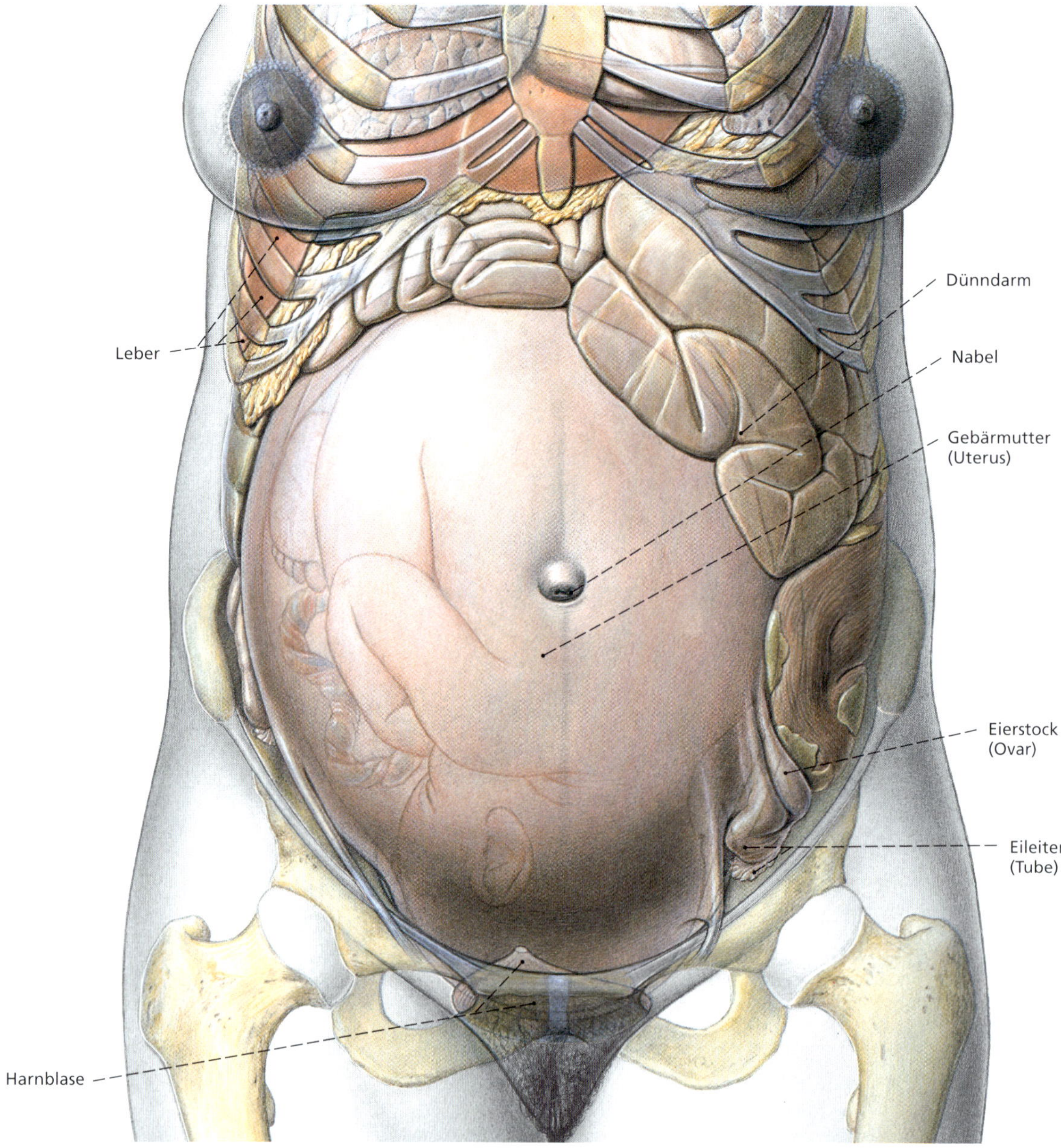

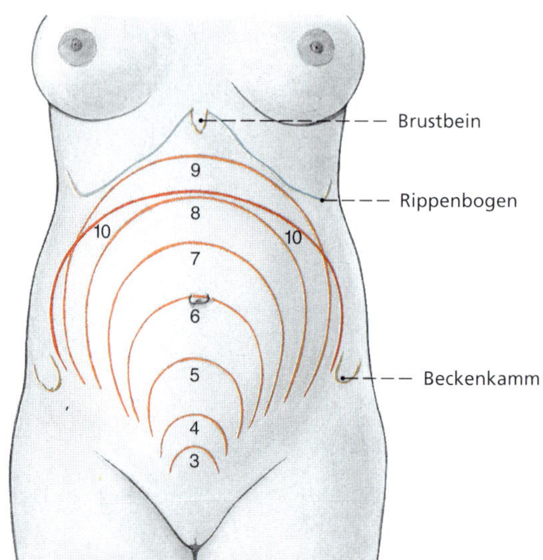

◆
Abb. 419
Veränderung der Höhe der Gebärmutterkuppe während der Schwangerschaft. Die Zahlen beziehen sich jeweils auf das Ende des entsprechenden Schwangerschaftsmonats, der mit 28 Tagen berechnet wird. Kurz vor der Geburt - im 10. Schwangerschaftsmonat - senkt sich die Gebärmutter wieder, weil der Kopf des Kindes in das kleine Becken eintritt.

◆
Abb. 420
Die Lage des Kindes in der Gebärmutter. Ansicht von der Seite. Die Gebärmutterkuppe ist nach vorne gekippt, der Kopf des Kindes zeigt zum Gebärmuttermund hin. Gegen Ende der Schwangerschaft wird die Gebärmutterwand noch dünner.

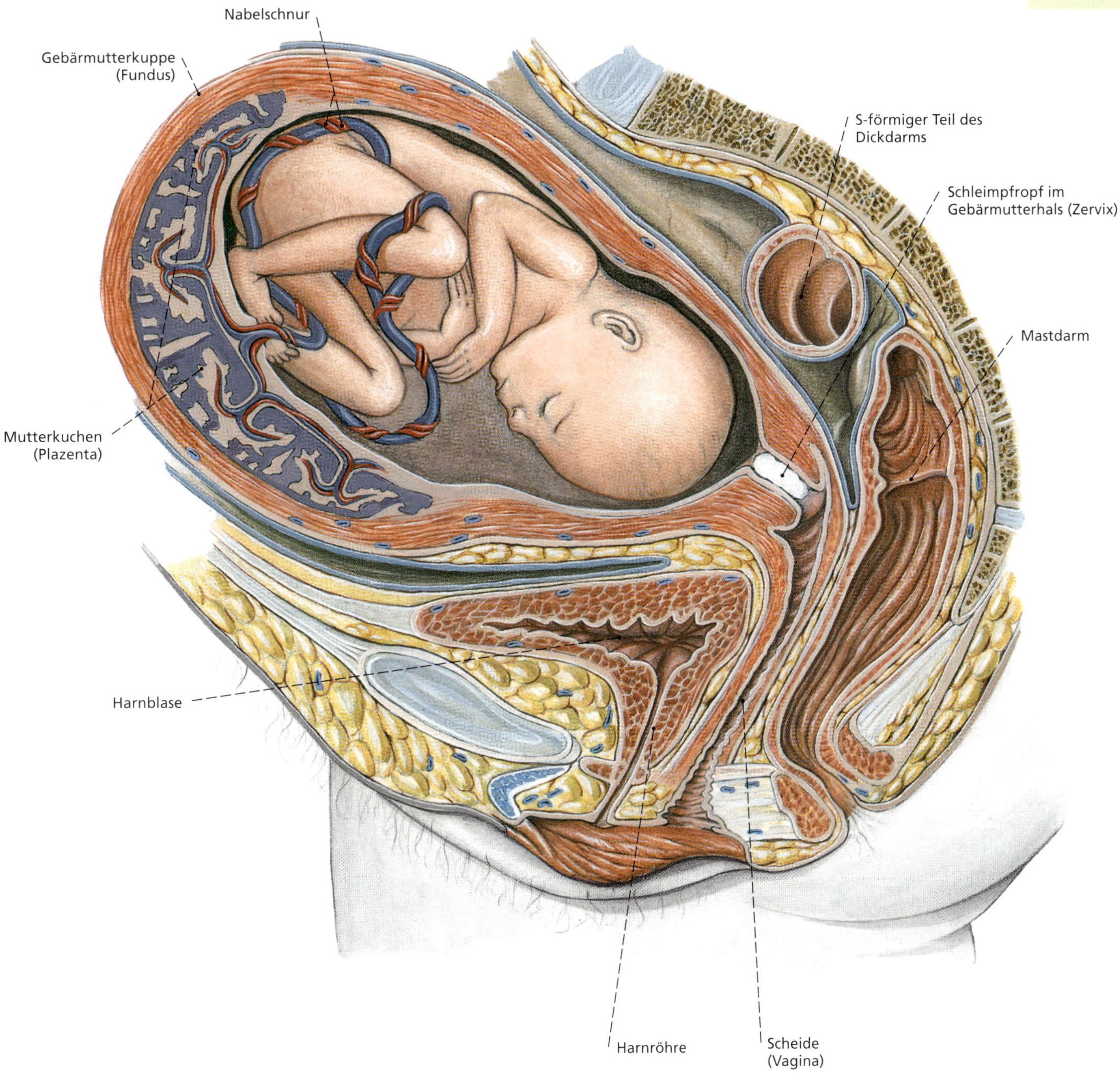

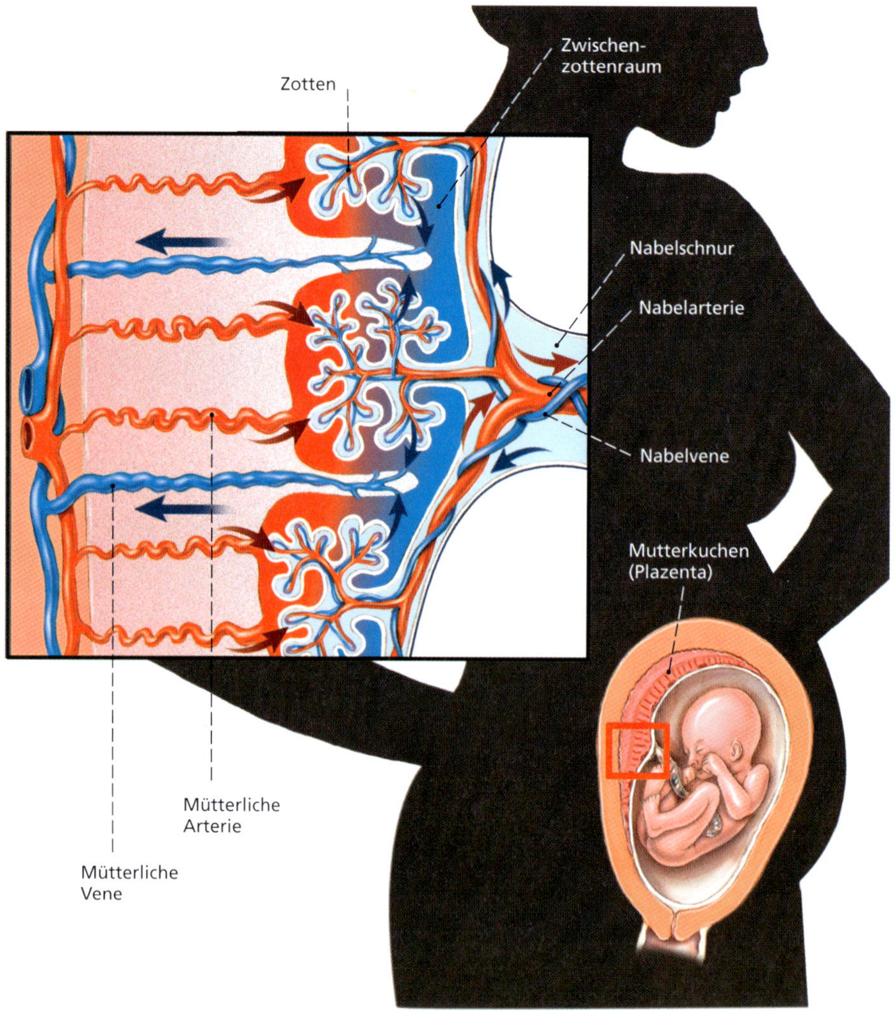

◆
Abb. 421
Mutterkuchen (Plazenta), schematische Darstellung. Das Organ liegt in der Regel der hinteren Gebärmutterwand an. Das ungeborene Kind wird etwa vom 4. Schwangerschaftsmonat an vollständig über die Nabelschnurarterie versorgt. In den Zotten der Plazenta (Ausschnitt) findet der Stoffaustausch zwischen kindlichem und mütterlichem Blutkreislauf statt.

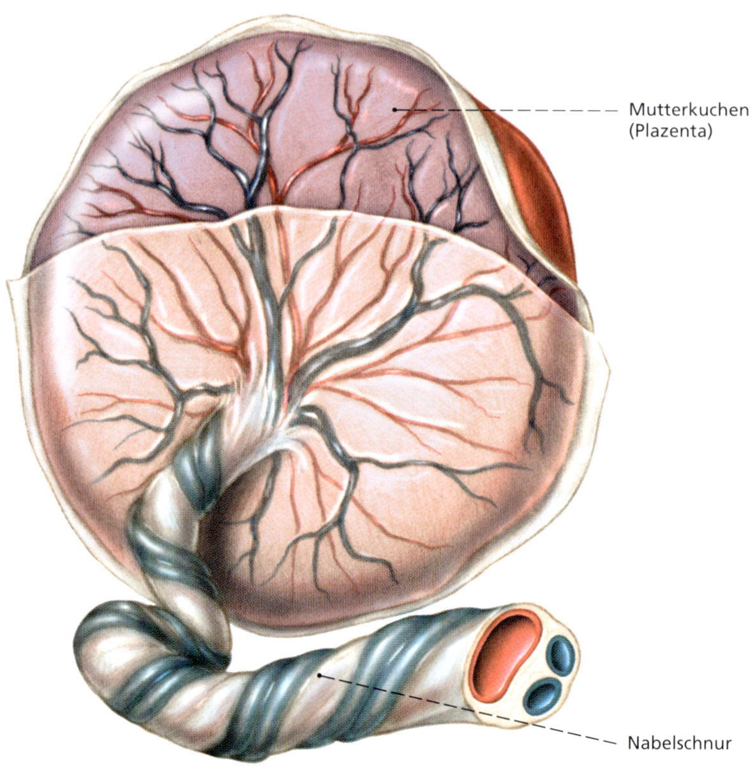

◆
Abb. 422
Die Plazenta ist von einer zarten weißlichen Haut überzogen. Die Nabelschnur mit Nabelarterie und -vene (hier durchschnitten) tritt in der Mitte des Organs ein.

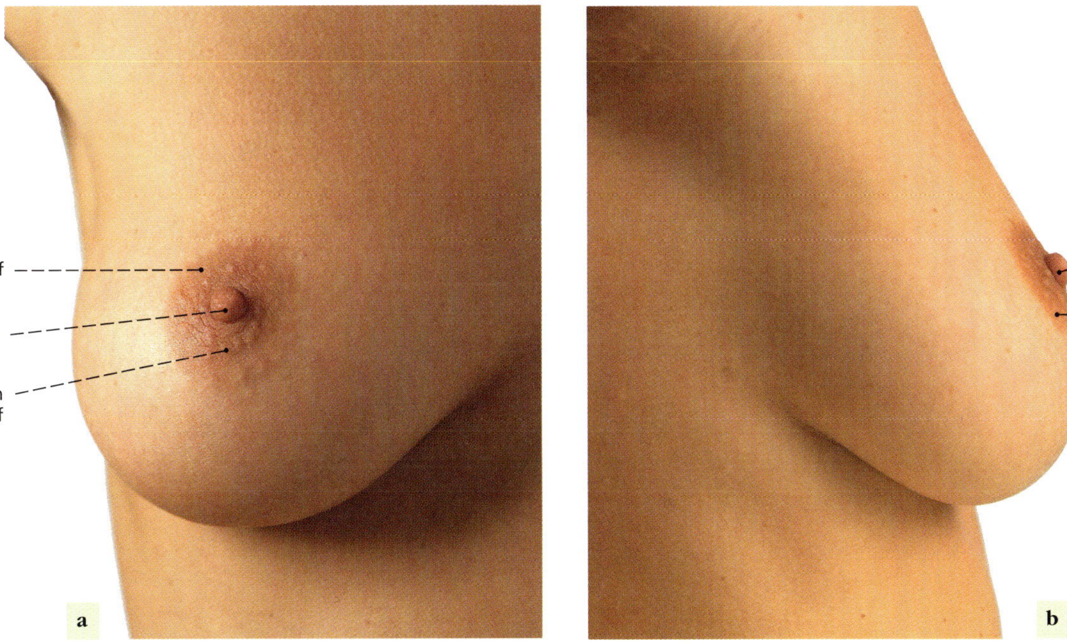

◆
Abb. 423
Weibliche Brust von vorne (a) und von der Seite (b).

◆
Abb. 424
Brustdrüse der Frau im Längsschnitt.

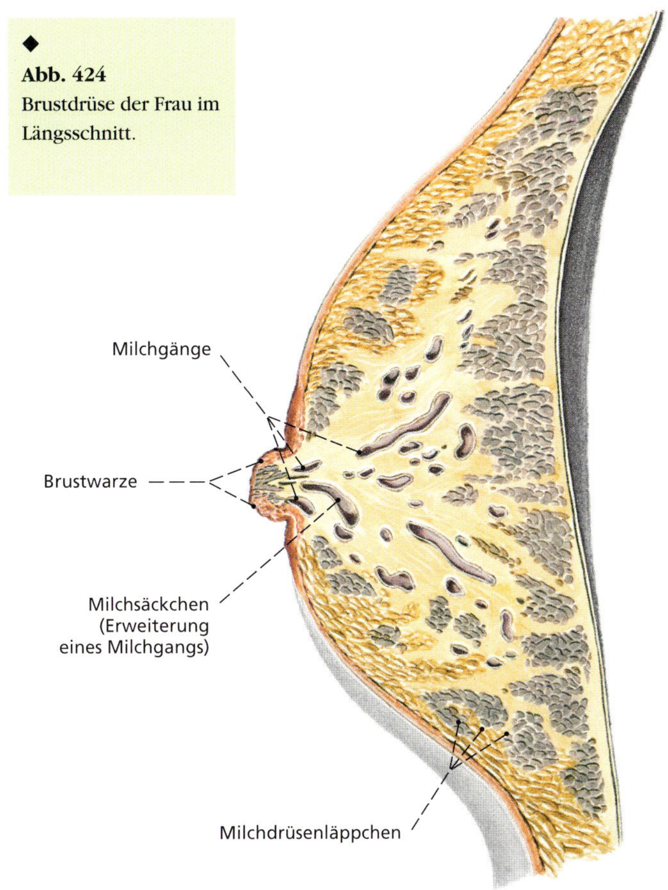

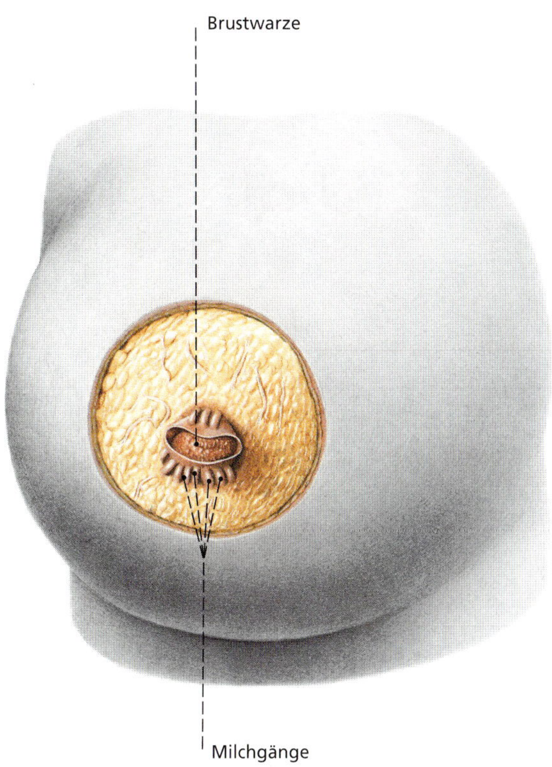

◆
Abb. 425
Brustdrüse einer Schwangeren nach Entfernung der Haut des Warzenvorhofs. Die Haut um die Brustwarze ist umgeschlagen, um die Mündung der Milchgänge in die Brustwarze zu zeigen.

◆
Abb. 426
Mammographie. Seitliche Aufnahme einer weiblichen Brust ohne krankhafte Veränderungen.

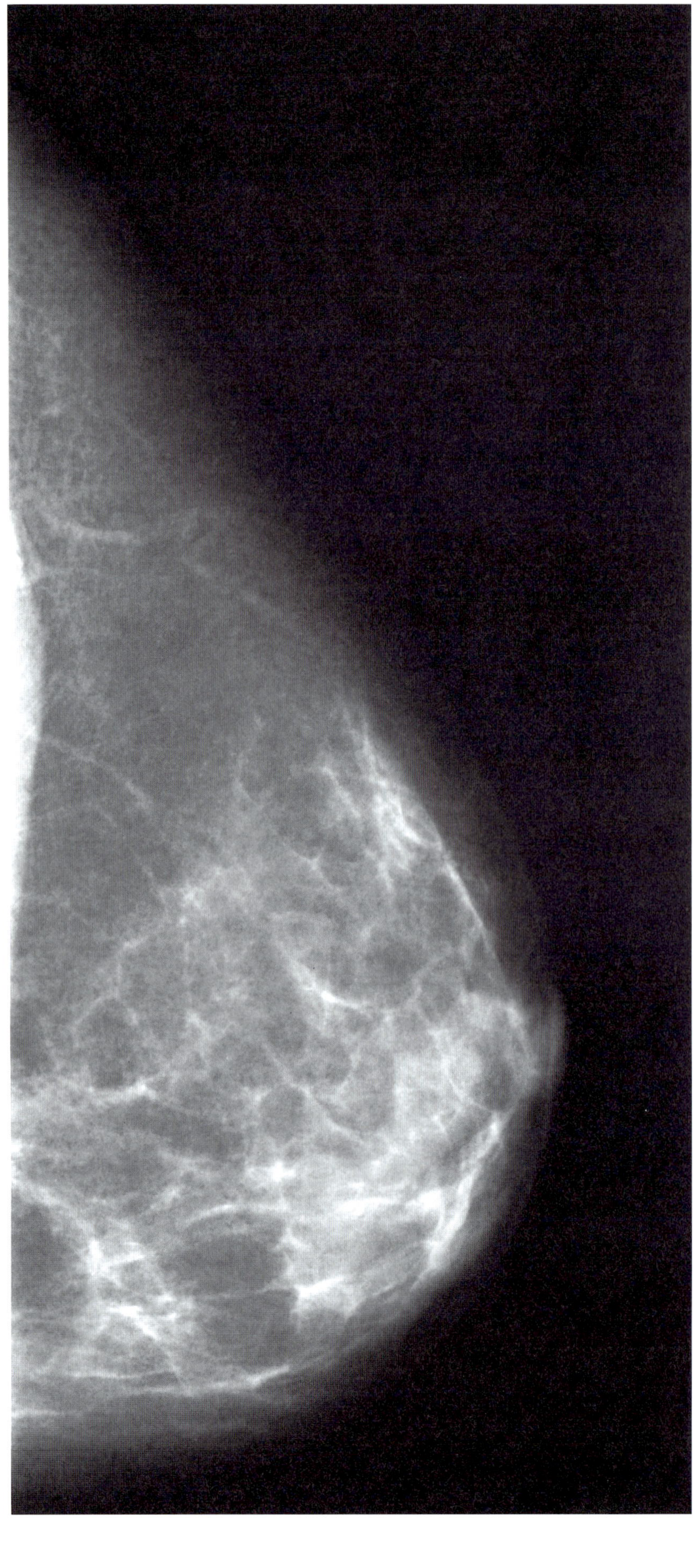

◆
Abb. 427
Äußere männliche Geschlechtsorgane. Um den Verlauf von Gefäßen und Nerven zu zeigen, ist die Haut zum Teil entfernt.

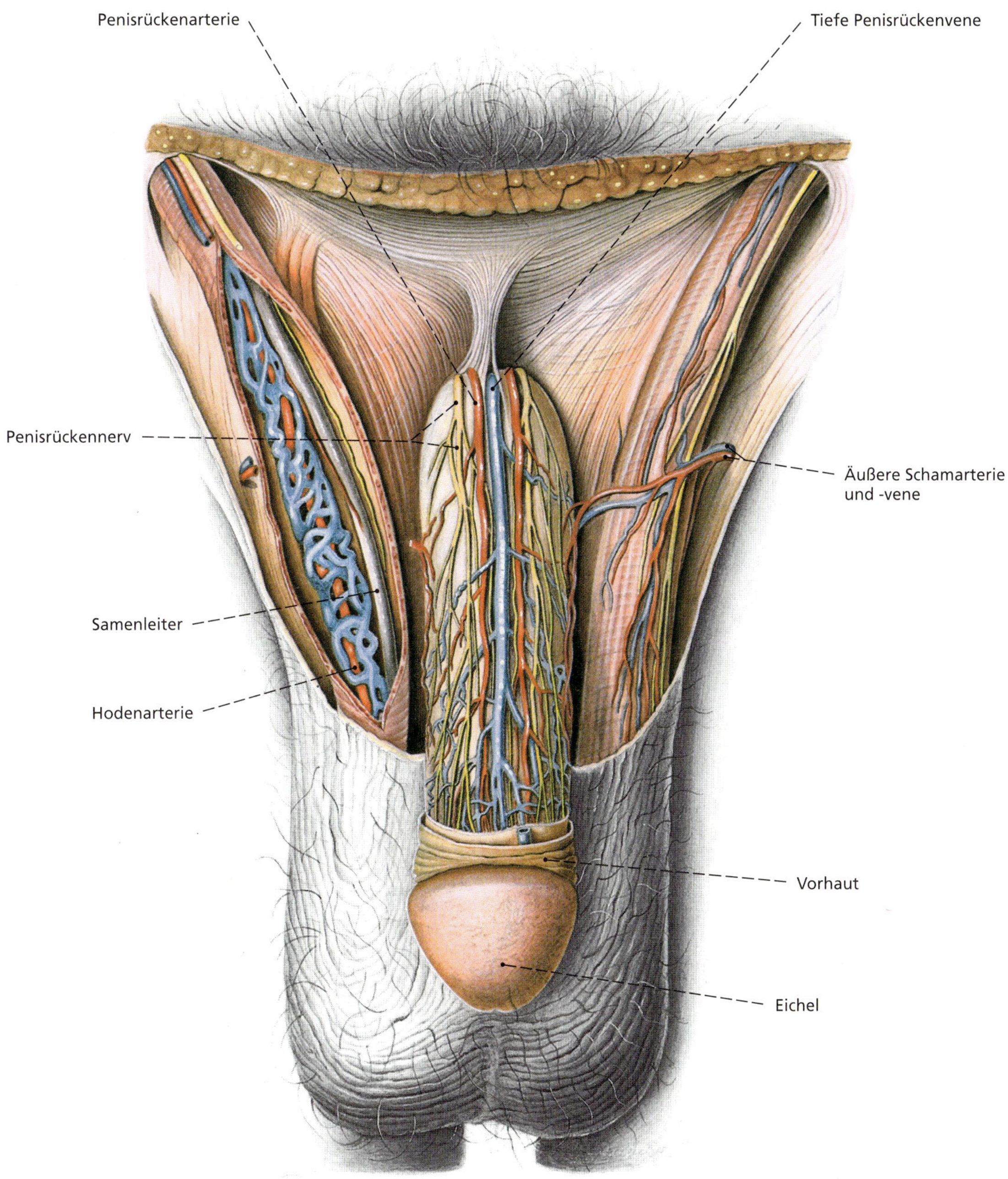

◆
Abb. 428
Schwellkörper des Penis mit Harnröhre, Vorsteherdrüse (Prostata) und Harnblase. Um die Strukturen genauer zu zeigen, sind die Organteile längs durchschnitten. Deutlich zu erkennen sind die bei der Erektion des Penis mit venösem Blut gefüllten Schwellkörper.

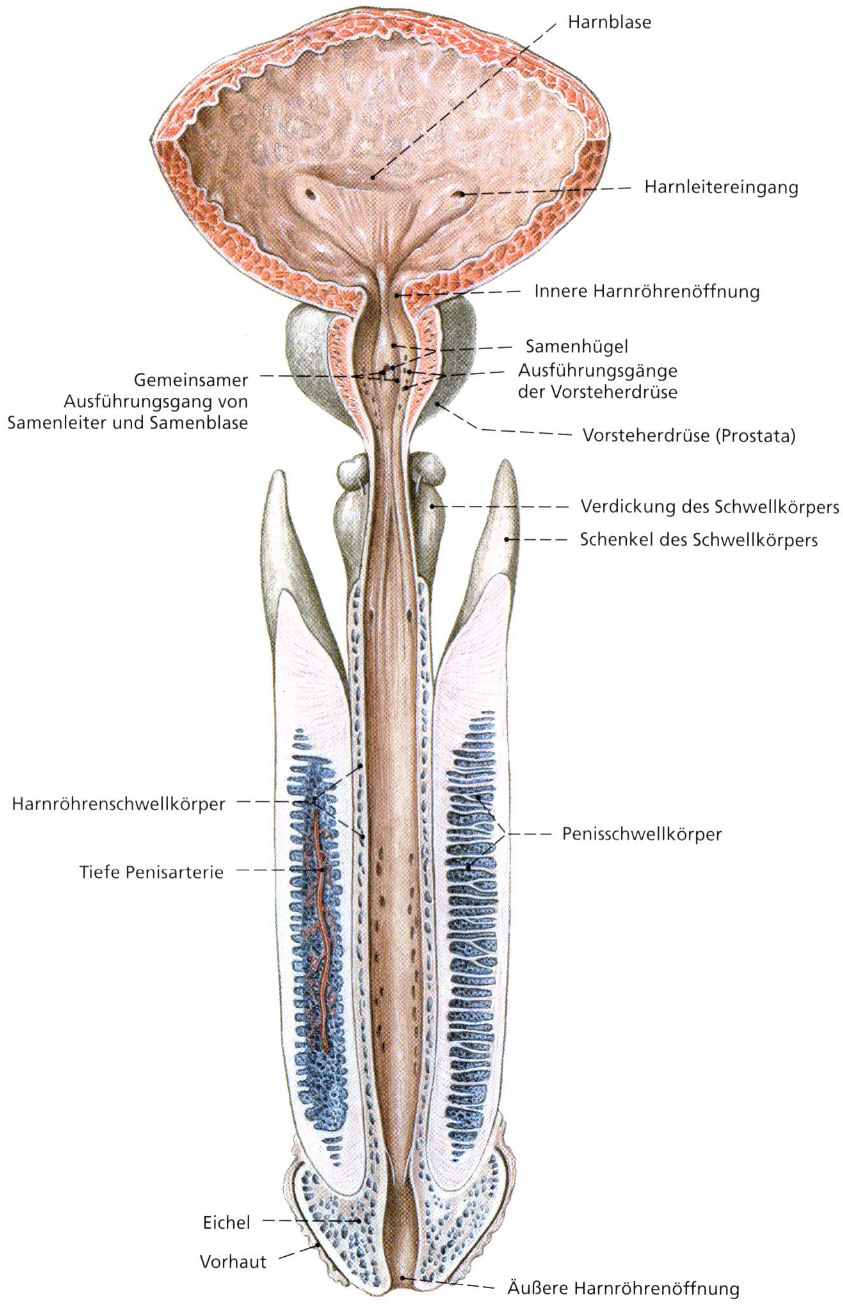

◆
Abb. 429
Penis (Querschnitt). Man erkennt die beiden Schwellkörper.

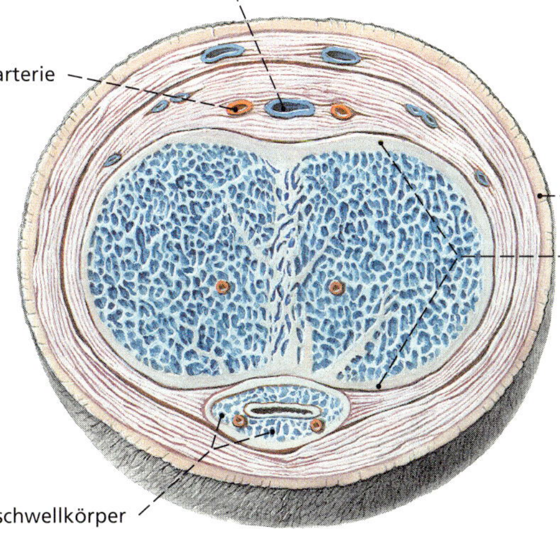

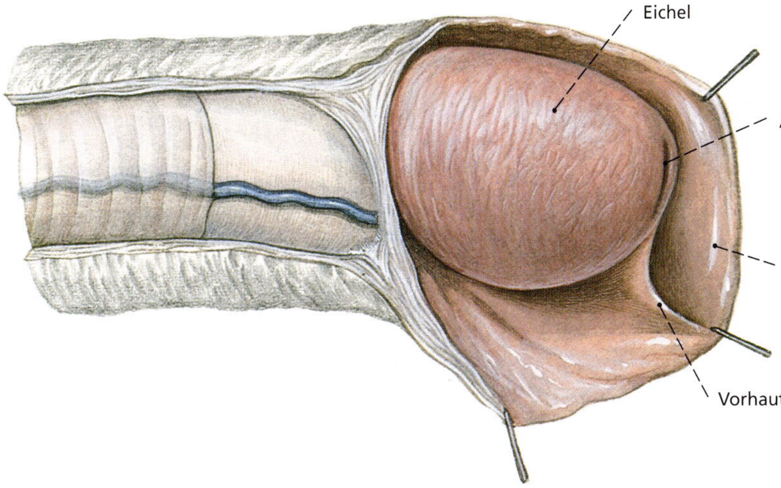

◆
Abb. 430
Penis mit Eichel und Vorhaut. Die Haut ist teilweise entfernt, die Vorhaut eingeschnitten.

◆
Abb. 431
Hoden und Nebenhoden nach Eröffnung der Hodenhüllen.

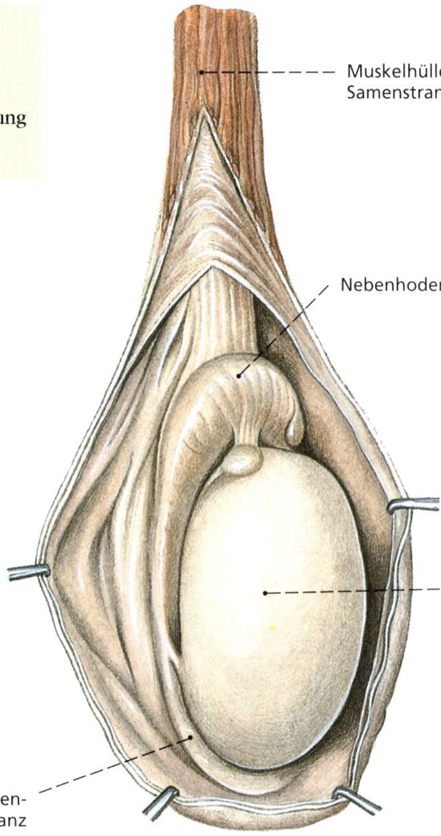

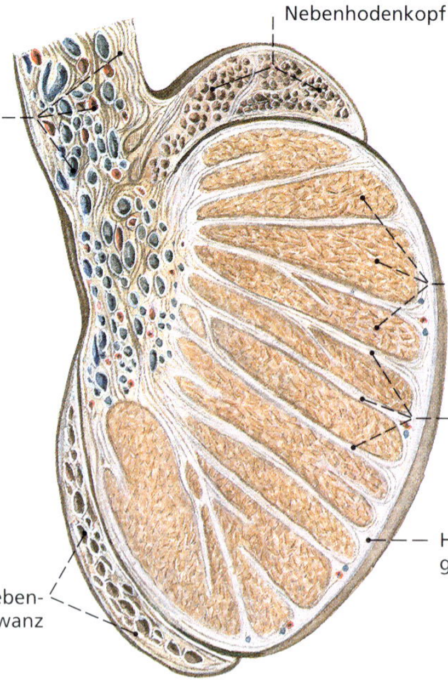

◆
Abb. 432
Längsschnitt durch Hoden und Nebenhoden. Der Nebenhoden sitzt dem Hoden an seinem oberen und unteren Pol kappenförmig auf. Während der Hoden eine läppchenförmige Struktur besitzt, besteht der Nebenhoden aus zahlreichen gewundenen Kanälchen (hier quer geschnitten).

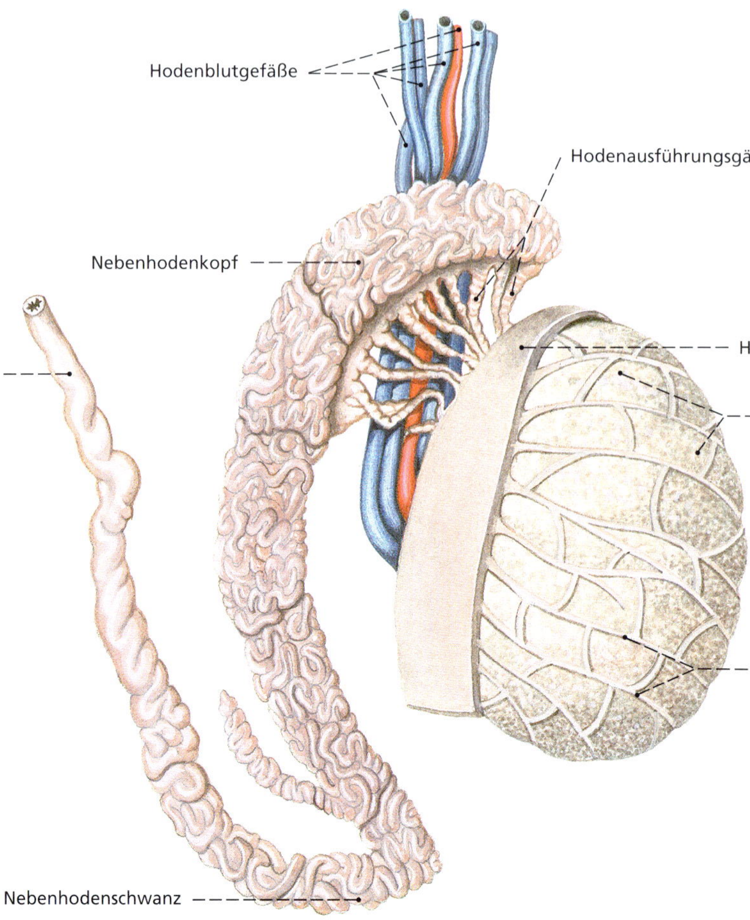

◆
Abb. 433
Hoden mit Nebenhoden nach teilweiser Entfernung der Hodenhüllen. Deutlich zu sehen sind die Hodenscheidewände und der gewundene Verlauf der Nebenhodenkanälchen, in denen die Spermien gespeichert werden. Diese Kanälchen münden in den Samenleiter, in dem die Spermien zur Samenblase transportiert werden.

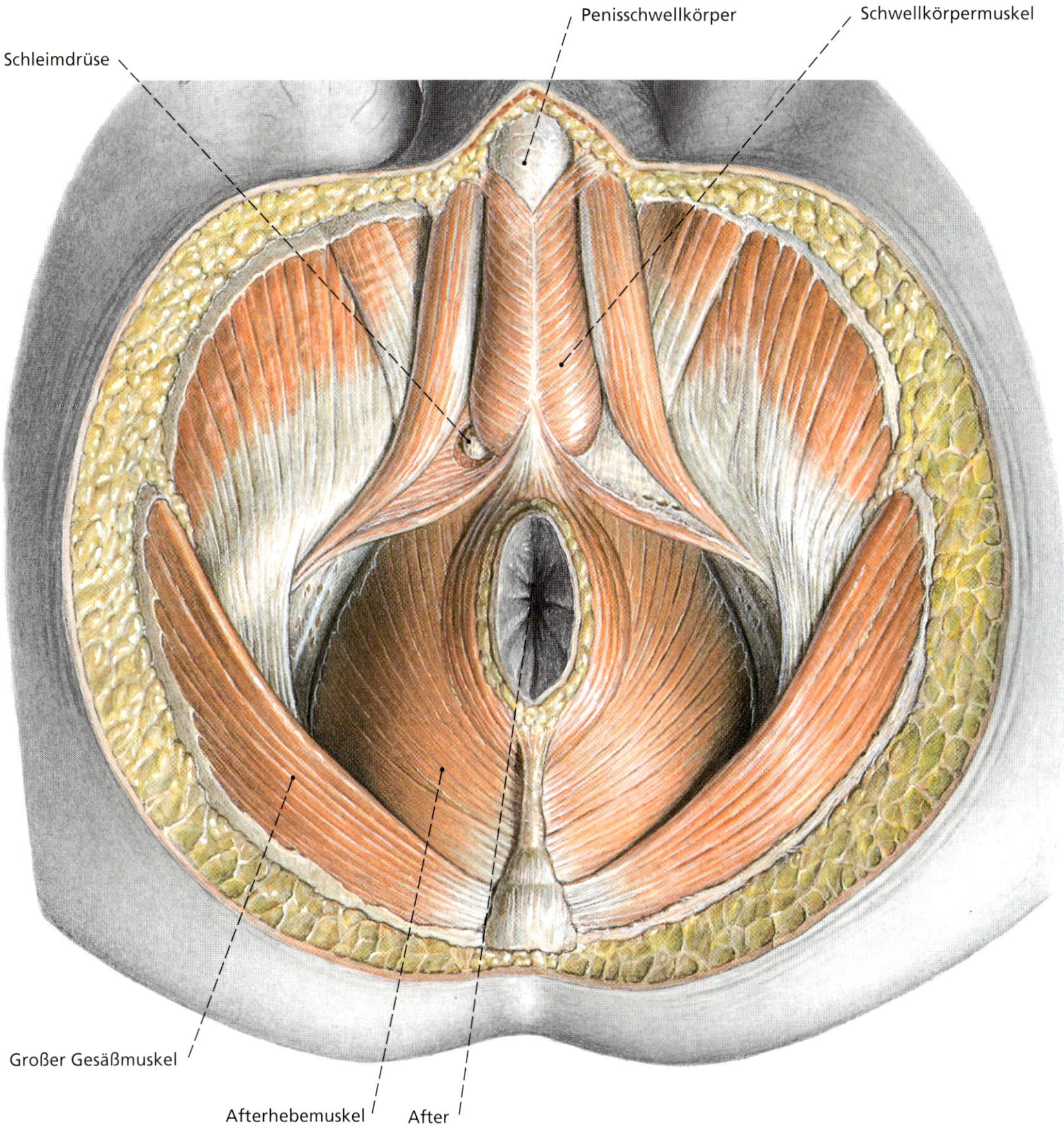

◆
Abb. 434
Dammgegend des Mannes nach Entfernung von Haut und Fettgewebe. Dargestellt ist die äußere Schicht der Muskulatur um Peniswurzel und After.

◆
Abb. 435
Dammgegend des Mannes mit Gefäßen und Nerven. Haut und Fettgewebe sind entfernt. Der rechte große Gesäßmuskel wurde eingeschnitten, um den Verlauf von Nerven und Gefäßen zu zeigen.

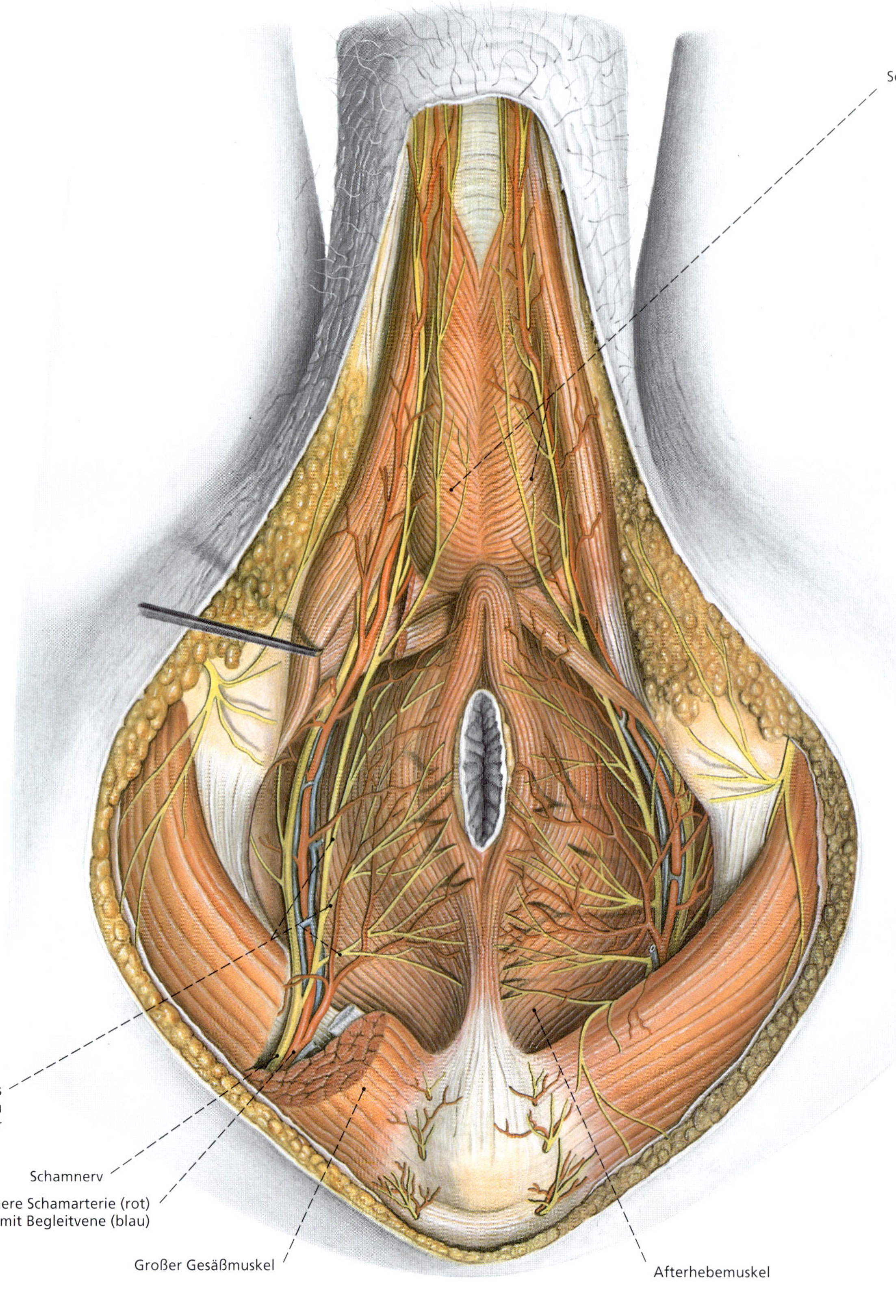

◆
Abb. 436
Becken des Mannes. Längsschnitt durch die Schambeinfuge.

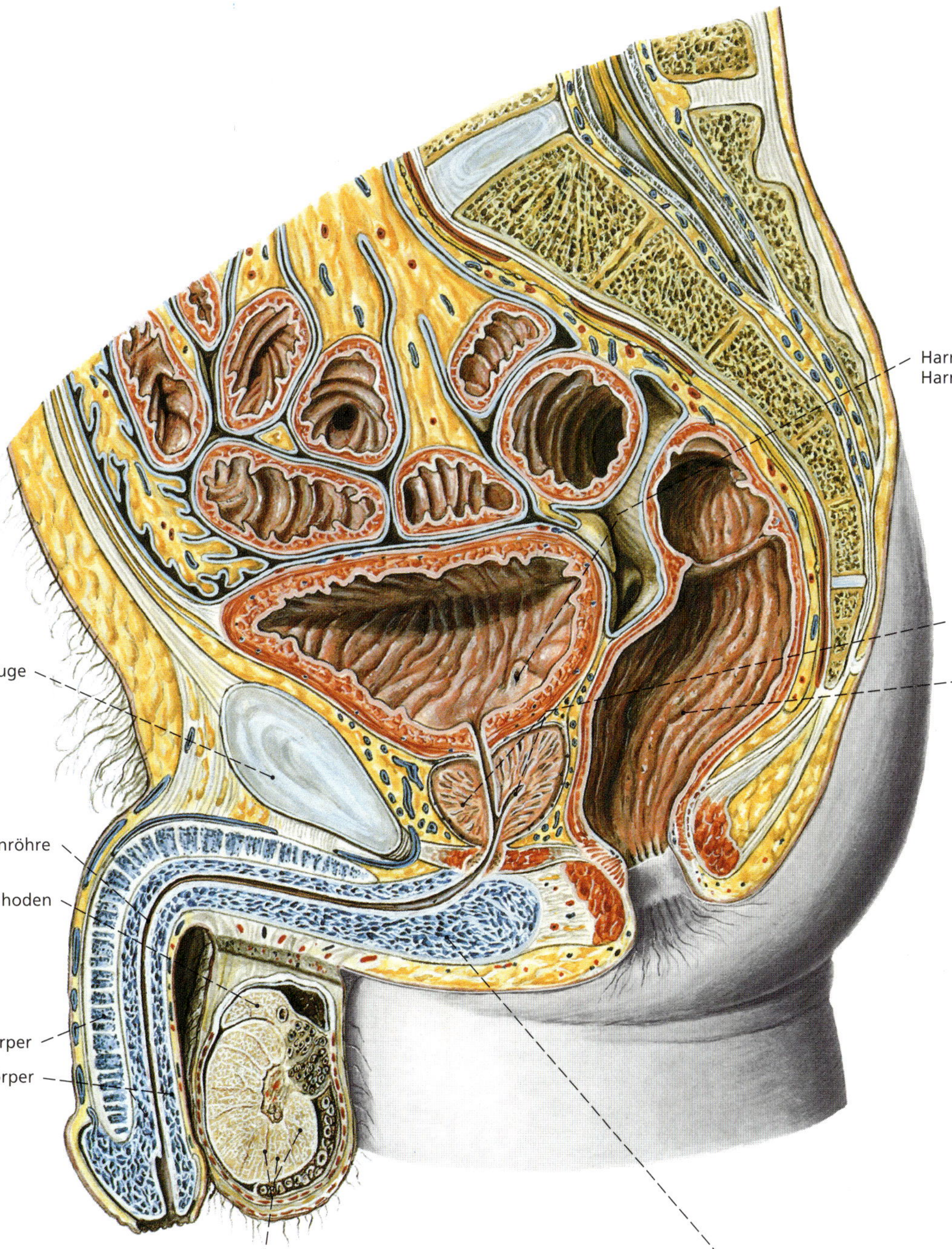

◆
Abb. 437
Harnblase des Mannes von hinten. Der Schleimhautüberzug der Harnblase ist bis auf deren äußerste Muskelschicht wegpräpariert. Der linke Lappen der Samenblase ist eröffnet, ebenso der linke Samenleiter. Die Harnleiter sind kurz vor ihrem Eintritt in die Harnblase durchtrennt.

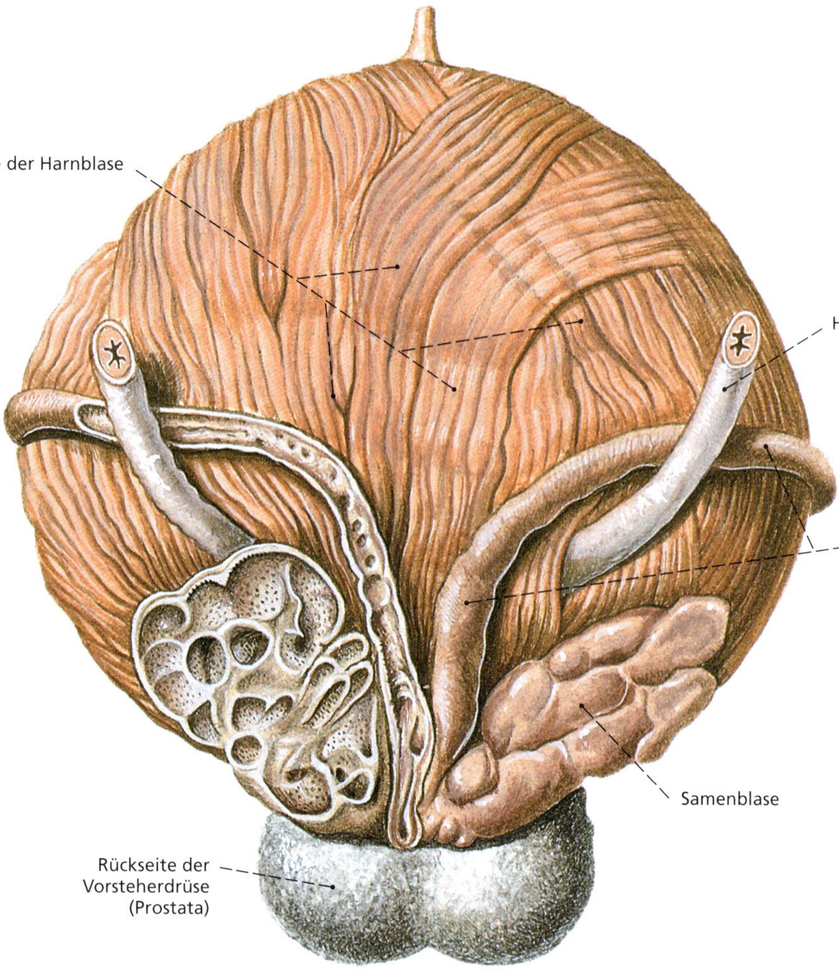

◆
Abb. 438
Harnblasengrund mit Vorsteherdrüse (Prostata) und Samenblase. Schrägschnitt zur Darstellung der Einmündung des gemeinsamen Ausführungsgangs von Samenblase und Nebenhoden in die Harnröhre.

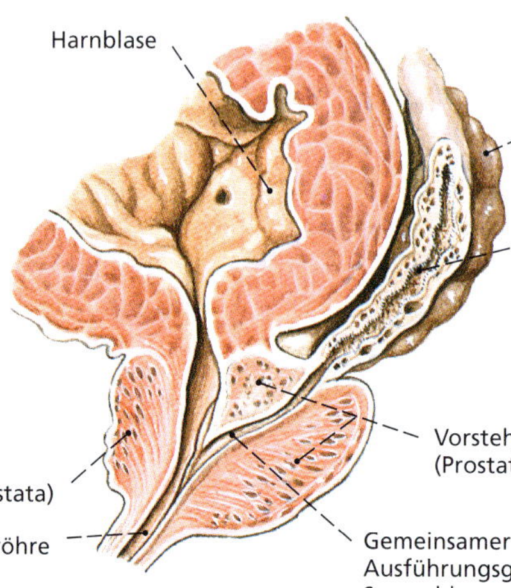

Die Zelle

Die Zelle ist die kleinste Bau- und Funktionseinheit des Organismus. Alle Lebewesen sind „Vielzeller", d.h. sie bestehen aus einer unglaublichen Vielzahl einzelner Zellen. Deren Aufgabe besteht darin, Stoffe aufzunehmen, zu verwerten und in veränderter Form wieder freizusetzen. Um diese teilweise sehr unterschiedlichen Aufgaben innerhalb des Organismus erfüllen zu können, haben sich alle Zellen spezialisiert. Sie können fest miteinander verbunden sein (z.B. in Organen), aber auch frei in einer Flüssigkeit schwimmen (z.B. Blutzellen). Form und Größe der einzelnen Zellen sind wegen ihrer unterschiedlichen Aufgaben sehr verschieden. Ihre Grundstruktur ist aber außer bei den roten Blutkörperchen immer gleich: Sie bestehen aus einem Zelleib mit Grundsubstanz (Zellflüssigkeit oder Zytoplasma) und unterschiedlichen kleinen Zellorganen (sogenannten Zellorganellen wie z.B. Mitochondrien, endoplasmatisches Retikulum), einem Zellkern und der Zellwand (Zellmembran), die die Zelle umhüllt.

Aufgrund der zahlreichen Aufgaben, die jede Zelle erfüllen muß, ist sie gut „durchorganisiert"; jeder Bestandteil erfüllt eine besondere Aufgabe:

- Mikrozotten, winzige Zellausstülpungen, sorgen für die Aufnahme von Nährstoffen aus der Umgebung.
- Haftplatten verbinden die Zellen miteinander.
- Das endoplasmatische Retikulum, ein verzweigtes, von einer Membran begrenztes Hohlraumsystem, ist für den Stoff- und Flüssigkeitstransport in die Zelle zuständig.
- Der Golgi-Apparat schleust Abfallstoffe aus der Zelle aus (sog. Zellexport).
- Lysosomen haben die Aufgabe, aufgenommene Fremdstoffe zu verdauen.
- Mikrotubuli sind die Boten der Zelle: Sie leiten Informationen von der Zelloberfläche zum Zellkern weiter.
- Mitochondrien erzeugen die für den Zellstoffwechsel erforderliche Energie und werden deshalb auch als „Kraftwerk" der Zelle bezeichnet.
- Kern- und Zentralkörperchen spielen bei der Zellteilung eine wichtige Rolle.
- Der Zellkern beherbergt die genetische Information der Zelle und ist außerdem maßgeblich an der Steuerung des Zellstoffwechsels beteiligt.

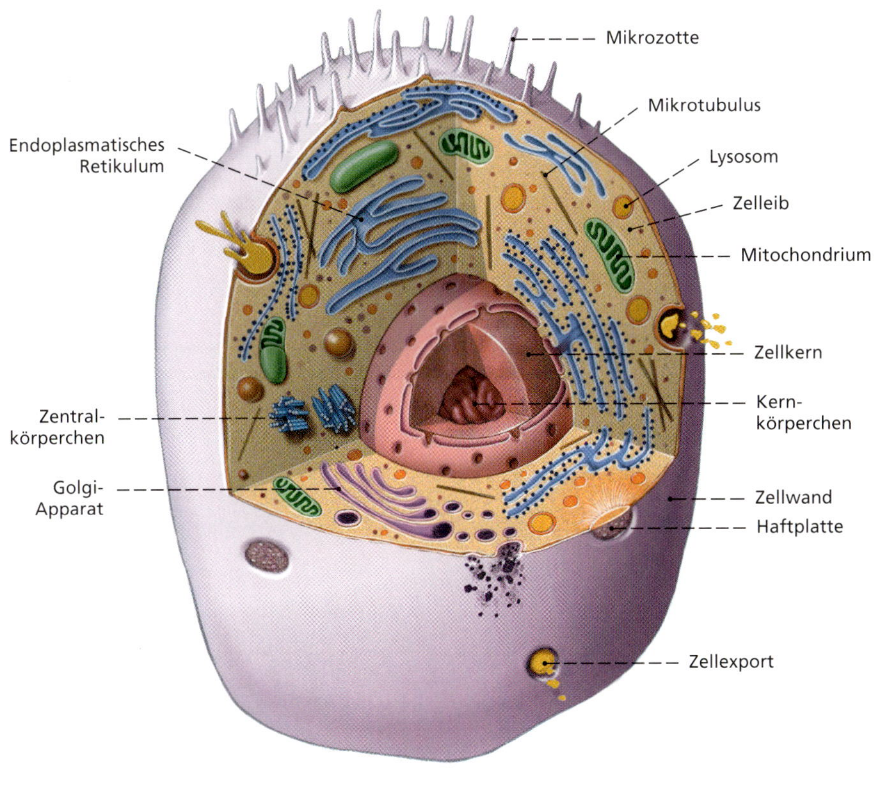

Abb. 439
Zellen haben mit einer Ausnahme (rote Blutkörperchen) denselben Aufbau. Je nach Aufgabe sind sie unterschiedlich groß. Der Durchmesser der kleinsten Zellen beträgt nicht mehr als 2 Tausendstel Millimeter.

Die Abbildungen dieses Werkes sind folgenden Büchern des Verlages Urban & Schwarzenberg, München - Wien - Baltimore, entnommen:
A. Benninghoff: Anatomie, hrsg. von D. Drenckhahn/W. Zenker, Band 1., 15. Aufl. 1994
A. Benninghoff/K. Goerttler: Makroskopische und mikroskopische Anatomie des Menschen, Bd. 2, 8. Aufl. 1967
R. Birkner: Das typische Röntgenbild des Skeletts, 3. Aufl. 1996
H. Kremer/W. Dobrinski: Sonographische Diagnostik, 4. Aufl. 1994
G. Reiffenstuhl/W. Platzer/P. G. Knapstein: Die vaginalen Operationen, 2. Aufl. 1994
Roche Lexikon Medizin, 4. Aufl. 1999
J. Sobotta: Atlas der Anatomie des Menschen, hrsg. v. R. Putz/R. Pabst, 2 Bände, 20. Aufl. 1993
J. Sobotta: Histologie, neubearb. von U. Welsch, 5. Aufl. 1997
J. Sobotta/H. Becher: Atlas der Anatomie des Menschen, Bd. 2, 16. Aufl. 1965
E.-J. Speckmann/W. Wittkowski: Bau und Funktionen des menschlichen Körpers, 18. Aufl. 1994
P. R. Wheater/H. G. Burkitt/V. G. Daniels: Funktionelle Histologie, 2. Aufl. 1987
L. Wicke: Röntgen-Anatomie, 5. Aufl. 1995
sowie aus:
Das Lexikon der Gesundheit, ADAC Verlag, München 1996